有限责任公司

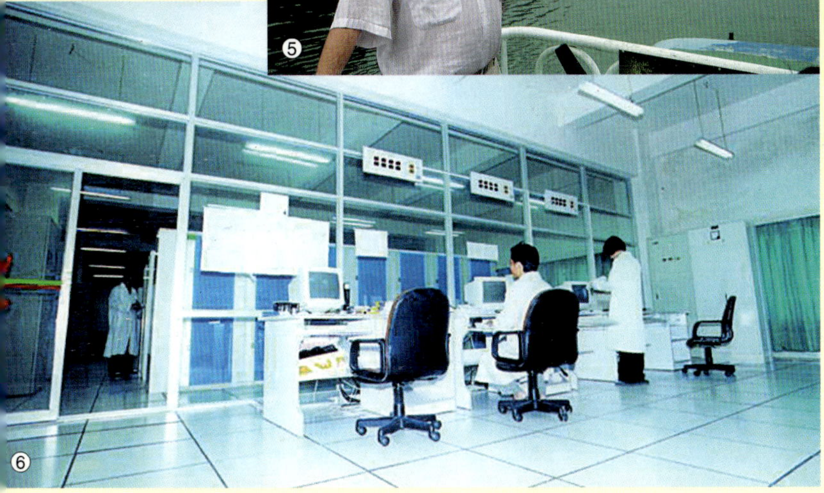

①"移动梦网"满足客户个性化需求
②"彩信"带您进入有声有色的移动多媒体世界
③中国移动基站遍布城乡
④中国移动信号全程覆盖桂海高速公路
⑤实现漓江"黄金水道"无缝覆盖
⑥移动通信机房
⑦时尚、好玩、实惠的"动感地带"

做信息社会栋梁

广西壮族自治区化工进出口公司

总经理：蒋怀亮

广西壮族自治区化工进出口公司成立于1980年，是省级国有专业外贸公司，是广西唯一经国家经贸委批准、具有成品油批发权的外贸企业。二十多年来，为广西的工农业生产的发展做出了积极的努力，建立了稳定的进出口贸易渠道。同时，公司在广西沿海防城港投资建设了液体化工品及成品油储库，总储量为3.3万立方米，有配套的万吨级油气码头，是广西目前具有储存、中转、运输等功能一体化的最有实力的仓储设施之一，为公司开展成品油及其它液体化工品的经营提供了坚实的仓储条件。

自营进出口、代理进出口主要商品有：广西区自用的化肥、成品油、橡胶、农药、农膜原料、氧化锌、钛白粉、立德粉、氧化铁颜料系列、聚乙烯醇、柠檬酸、电解二氧化锰、三氯异氰尿酸等化工产品；余柑栲胶、香料油、松油等林化产品，乳胶手套等橡胶产品。承办中外合资经营、合作生产；自营和代理除国家组织联合经营的16种出口商品以外的商品及技术的进出口业务；开展“三来一补”进料加工业务；经营对销贸易和转口贸易。

地　　址：广西南宁市七星路137号广西外贸大厦8楼
邮政编码：530022
电话(Tel)：86-771-5313531(进口)　　5316541、5317637(出口)
传真(Fax)：86-771-5317937
电子邮箱(E-mail)：gxhg0088@public.nn.gx.cn

广西国内经济技术合作发展创新水平

广西壮族自治区经济技术协作办公室

年广西加快西部大开发步伐，大力推进东西部合作，主
产业转移，开展引进外省（市）民营企业“百企入桂”活动，
区域经济合作，全区招商引资取得了新的成果，签订国内经济
合作项目2066项，已实施1891项；合同引进自治区外的资金
63亿元，实际到位资金84.25亿元。引进自治区外的资金到位
额在西部地区12个省区市中，仅次于内蒙古自治区和四川省
3位。

展

两广经贸合作：年内广西与广东省共签订经贸合作项目333
总投资56.06亿元，实施项目296项，广东方资金到位18.05
。两广经贸合作从广州市与百色市、东莞市与河池市结对帮扶
区扩展，产业转移，兼并重组国有企业、资源开发成为两广经
作的重点。广州药业集团、深圳航空公司、深圳华强股份公司、
万基药业、佛山塑料股份公司、珠海中富股份公司等知名的大
和上市公司投资的大型项目落户广西。

“百企入桂”活动：自治区开展引进外省（市）民营企业“百企入桂”活动，由自治区党委统战部、自治区工商联、共青团广西区委邀请了全国26个省（市）297家民营企业的406位企业家到广西考察投资，签订合作项目70项，总投资76.83亿元，其中合同项目21项，投资金额37.09亿元。外省（市）民营企业投资的项目呈现出履约率高、开工率高和独资比重大的明显特点。

西南区域合作：广西与西南各省区市年内签订经济技术合作项目78项，总投资24.41亿元，合同引进资金13.46亿元，实施项目69项，自治区外的资金到位2.89亿元。9月5日至6日，广西作为主席方，在南宁主持召开了六省区市七方（川、滇、黔、桂、藏、渝、蓉）经济协调会第十八次会议。会议主题是“联合大开放，携手大开发，完善大通道，共谋大发展”。会议通过了加强区域合作的四个专题意见。

区校科教合作：2002年广西与北京航空航天大学科技教育合作进一步扩大，双方签订科技合作项目18项，合同金额3380万元。合作项目涵盖新材料、工业自动化、光机电一体化、汽车工程、电子信息、精细化工等领域。在教育合作方面，北航与自治区经贸委联合举办了项目管理研究生班，为广西培养一批项目管理高级人才。

自治区党委
副书记刘奇葆出
席项目签约仪式

广西、重庆
两省区领导在座
谈会上交流情况

合作

湖南省怀化宝庆集团
投资6000万元建设融安综
合批发市场开业庆典

广 西 壮 族

2002年12月份，自治区统计局举办处级以上干部十六大精神学习班。图为廖新华局长在学习班上作重要发言。

2003年7月3日，自治区党委常委、自治区人民政府副主席王万宾到自治区统计局检查工作。

2003年1月21～22日，全区统计局长会议在南宁召开。会议对2002年度的先进集体和个人进行了表彰。图为廖新华局长为获奖的部分单位和个人颁奖。

2003年7月1日，自治区统计局举行庆“七·一
兴起学习贯彻“三个代表”重要思想新高潮动员大会

2002年11月份，由自治区统计局和自治区综治委联合开展的全区社会公众安全感调查培训会议在南宁举行。自治区综治委办副主任刘耀龙和自治区统计局党组成员、纪检组长张澄汉同志出席了会议，并分别作了重要讲话。

2003年6月17～29日，自治区统计局举办庆“七·
扑克牌“拖拉机”和乒乓球比赛等文体活动。图为乒乓
赛选手在比赛中。

治区统计局

2003年3月28日，全区统计系统纪检监察工作会议在南宁召开，会议传达、学习中央纪委二次全会和全国统计系统纪检监察工作会议精神，布置了2003年广西统计系统纪检监察工作任务。

2003年4月17日，自治区统计局召开2003年第一季度全区经济运行形势新闻发布会，自治区统计局新闻发言人、综合处处长梁杰才同志(前排中)对一季度全区的经济运行情况进行了发布，自治区统计局副局长黄卫东出席了发布会。

2003年2月份，全区统计法制工作会议在南宁召开，会议研究部署了2003年广西统计法制工作，并首次实行统计行政执法责任制。

2003年7月5日，区直统计系统干部职工举行庆“七·一”环南湖健身走活动。

为丰富干部职工节日文娱生活，愉快地度过一个祥和喜庆的新春佳节，2003年1月27日下午，自治区统计局举行迎新春游园活动。图为干部职工和家属参加“抛圈活动”。

您身边的银行　可信赖的银行

中国工商银行是中国最大的国有商业银行，总资产超过四万亿元人民币，金融电子化水平在同业居领先地位，电子化网点覆盖率达98%以上，全年结算业务量占中国金融业的50%以上。1999年至2002年连续4年被美国《财富》杂志评为“世界500强”企业之一。2002年英国《银行家》杂志以一级资本排序，工商银行名列全球大银行第十位。2000年以来，工商银行连续3年被《银行家》、连续2年被《环球金融》、1次被《欧洲货币》等多家国际知名杂志授予“中国最佳银行”等称号。工商银行网上银行被《环球金融》、《银行家》杂志评为2002年“中国最佳企业网站”和“全球最佳银行网站”称号。

中国工商银行广西分行是中国工商银行下属的一级分行，是广西金融机构中一家资金实力雄厚、业务种类齐全、服务优质快捷、科技手段领先、信誉高的国有商业银行。

雄厚的资金实力

截至2002年末，中国工商银行广西分行各项资产达760多亿元，各项存款690亿元，各项贷款516亿元，雄居区内商业银行首位。

强大的科技支持平台

中国工商银行广西分行始终坚持“科技兴行”的方针，实施了全行性的数据集中工程，2002年完成了大机集中上挂总行数据中心工程，全面投产新一代综合业务系统，加快发展以网上银行为代表的电子银行业务，建立了新型技术支持体系，全面优化、提升业务处理流程和速度，大大提高了集约化经营水平，为广大客户提供了更为优质、便捷、高效的金融服务。

丰富的业务品种

中国工商银行广西分行以顾客满意为宗旨，致力于业务创新，现有各类金融产品多达210多种，能为广大客户提供全方位、多元化的金融服务，同时为客户度身打造个性化金融服务。近年来，率先推出银证通、开放式基金、缴费易、汇款直通车、网上银行、汇市通、支票直通车等多个较有影响力的金融产品，满足客户不同的需求。

完善的服务网络

中国工商银行广西分行下设1个营业部、7个二级分行，拥有营业网点近800个，自助银行24家，ATM机340台，POS机1222台，CDM机26台，业务覆盖全区各地，网点电子化率达100%。依靠遍布五大洲近百个国家和地区的700多家代理行，依托国际上最先进的全球SWIFT系统，能高效、快捷、安全地完成与国内外1200多家银行的资金结算、收付汇及资金调拨业务。

充满活力的员工队伍

中国工商银行广西分行拥有员工近1万人，平均年龄35岁，71%的员工具有大专以上学历，素质高、业务精、充满活力、团结向上的员工队伍是中国工商银行广西分行持续快速健康发展的动力。

业务简介

个人金融业务	企业金融业务
存款业务：	存款业务：
人民币储蓄存款	活期存款
外汇储蓄存款	定期存款
教育储蓄存款	外汇存款
贷款业务：	单位协定存款
个人住房贷款	单位通知存款
个人汽车消费贷款	集团帐户存款
个人综合消费贷款	融资业务：
个人大额耐用消费品贷款	流动资金贷款
个人信用贷款	固定资产贷款
个人存单质押贷款	委托贷款
个人助学贷款	银团贷款
中间业务：	贸易融资
存款证明业务	住房信贷
缴费易	票据贴现
汇款直通车	综合授信
个人理财	中间业务：
开放式基金发行、申购、赎回	国内结算业务
个人电话银行	代收代付
个人网上银行	企业银行
保管箱	企业理财
个人外汇买卖	现金管理
私人结汇	代理证券资金清算
外汇汇款	代理保险
外币携带证	基金托管
个人购汇	债券结算代理
牡丹国际卡	开放式基金发行、申购、赎回
牡丹贷记卡	企业网上银行
牡丹信用卡	企业电话银行
牡丹灵通卡	保管箱
牡丹智能卡	国际结算业务
牡丹专用卡	牡丹商务卡
牡丹彩照卡	支票直通车
牡丹联名卡	

中心夜景

①

②

③

④

广西统计年鉴

GUANGXI STATISTICAL YEARBOOK

2003

总第21期

广西壮族自治区统计局 · 编

中国统计出版社
China Statistics Press

(京)新登字041号

图书在版编目(CIP)数据

广西统计年鉴.2003/广西壮族自治区统计局编
北京:中国统计出版社,2003.5
ISBN 7-5037-4069-8

Ⅰ.广...　Ⅱ.广...　Ⅲ.统计资料-广西-2003-年鉴　Ⅳ.C832.67-54

中国版本图书馆CIP数据核字(2003)第037974号

广西统计年鉴—2003

作　　者/ 广西壮族自治区统计局
责任编辑/ 蔡启新
E·mail / yearbook@stats.gov.cn
责任校对/ 杨耀忠
设　　计/ 王　涛　苏孟光
出版发行/ 中国统计出版社
通信地址/ 北京市西城区三星河月坛南街75号　中国统计出版社
邮　　编/ 100826
电　　话/ (010)63262295
印　　刷/ 广西民族印刷厂
经　　销/ 新华书店
开　　本/ 880×1240毫米 1/16
字　　数/ 120万
印　　张/ 34
印　　数/ 5000册
版　　别/ 2003年8月第1版
版　　次/ 2003年8月第1次印刷
书　　号/ ISBN 7-5037-4069-8/F·1585
定　　价/ 220.00元

编者说明

一、《广西统计年鉴—2003》是一部全面反映广西壮族自治区国民经济和社会发展情况的大型资料性年刊。本书收录了全自治区2002年以及1978年以来重要年份的主要统计数据，各地市县2002年的主要统计数据。

二、全书内容分为23个篇章，即：1.行政区划和自然资源；2.综合；3.国民经济核算；4.人口；5.从业人员和职工工资；6.固定资产投资；7.能源生产与消费；8.财政、金融和保险；9.物价；10.人民生活；11.环境保护及城市公用设施；12.城市概况；13.农业；14.工业；15.建筑业；16.交通运输和邮电通信业；17.国内贸易；18.对外经济贸易和旅游；19.教育、科技和文化；20.体育、卫生、社会福利和服务业；21.区域经济；22. 市地基本情况；23.县（市）基本情况。为便于读者更直观地了解全书内容和正确使用资料，大部分篇章的前面附有统计图，后面附有主要统计指标解释。书的后面还另附2002年广西国民经济和社会发展统计公报和广西第二次基本单位普查主要指标。

三、资料中所使用的度量衡单位均采用国际统一标准计量单位。

四、本年鉴部分数据合计数或相对数由于单位取舍不同产生的计算误差均未作机械调整。

五、本年鉴的资料来源：大部分来自统计年报，部分来自抽样调查。

六、本年鉴表中的符号使用说明：

“…”表示数据不足本表最小计量单位数；

“空格”表示该项统计数据不祥或无该项统计数据；

“#”表示其中的主要项。

七、由于统计制度的改革，对统计年鉴中某些统计指标数据相应作了调整，对这些指标我们作了脚注。

八、根据国家民政部的文件，到2002年12月，广西已全部撤地设市。但由于崇左市尚未正式成立，所以在分地市数据中，除城市公用设施外，绝大部分仍按南宁市、南宁地区进行分列，南宁市数据中不包括宾阳、横县、上林、马山、隆安等五个县的数据。柳州市、来宾市的大部分数据已按新的行政区划进行整理编印，但有一些部门的统计数据，由于多种原因未能按新的行政区划进行统计，仍按柳州市、柳州地区分列。这一点请读者在使用数据时要加以注意。

九、在本年鉴的编辑过程中，得到了许多单位和同志的大力支持，在此我们深表谢意。限于我们的水平，年鉴中的错误和不足之处在所难免，欢迎读者给予批评指正，帮助我们提高年鉴的编辑水平，更好地为广大读者服务。

《广西统计年鉴—2003》编辑委员会及编辑人员

编辑委员会

主　　任　廖新华

委　　员　邹伟忠　黄卫东　张澄汉　韦世良　周树民

主　　编　廖新华

副 主 编　邹伟忠　黄卫东　张澄汉

编辑工作人员

年鉴资料部分

责任编辑　梁杰才　杨耀忠

执行编辑　李士创　冯华春　黄贵忠　韦学敏

编辑人员　（以姓氏笔画为序）

韦　震　司丽锋　史　进　李剑波　许景玲　陈玉娟
陈伟豪　邱　燕　杜雪勇　杨　荣　陆寿湖　林家豪
林春波　居　青　周光辉　郑健琳　钟业宁　莫可扬
唐　旭　梁　葵　黄文钊　谢　胜

统计制图　冯华春

英文目录　杨耀忠

图片资料部分

责任编辑　卢金邦　卢增勤　杨寿欧

编　　辑　谭慧英　江智新　林桂生　覃梅珍　吕俊山　韦文春
李晓群

发行人员　谭慧英　李晓群

《广西统计年鉴》编辑委员会特邀编委委员名单

覃日飞	广西区高级法院院长
温吉彝	武警广西总队总队长
黄海坤	广西区民族事务委员会主任
赖德荣	广西区计生委主任
陆炳华	广西区公安厅厅长
蓝天立	广西区科技厅厅长
张廷登	广西区民政厅厅长
蔡江生	广西区司法厅厅长
余益中	广西区教育厅厅长
李良业	广西区劳动和社会保障厅厅长
文　明	广西区水利厅厅长
张明沛	广西区农业厅厅长
陈秋华	广西区审计厅厅长
章远新	广西区发展计划委员会副主任
谭明杰	广西区卫生厅副厅长
谢景开	广西区国家税务局局长
秦文凯	广西区环保局局长
谢向东	广西区体育局局长
蔡永伦	广西区工商局局长
黎梅松	广西区林业局局长
陈听正	广西区旅游局局长
梁雨祥	广西区粮良局局长
陈荣贵	广西区水产畜牧局局长
耿文福	广西区海事局局长
邓于仁	广西区质量技术监督局局长
阳建国	广西区广播电影电视局局长
钟夏平	广西区信息产业局局长
林国强	南宁市人民政府市长
李汉金	广西区侨务办主任
陈柱雄	广西区边防委员会办公室主任
蒋济雄	广西区农垦局局长
徐　昇	广西区公安厅副厅长、禁毒办主任
张振东	广西区经济协作办公室主任
李继喜	广西区监狱管理局局长

黄明初	广西区档案局(馆)局(馆)长
雷爱祖	广西区物价局局长
岑鸿平	广西区乡镇企业局局长
申志伟	广西通信管理局局长
龙安明	广西区地震局副局长
黄树芬	广西区供销联社主任
靳学斌	工商银行广西区分行行长
庄立嗣	中国银行广西分行行长
曲　曙	广西电力有限公司总经理
甘悦才	广西移动通信有限责任公司总经理
蒋文杰	柳州锌品股份有限公司总经理
黄日波	广西区科学院院长
李扬瑞	广西农业科学院院长
陈大克	桂林工学院院长
蒙丽珍	广西区财政高等专科学校校长
颜石廉	南宁市公安局局长

到4400多万元，为民族地区办了一大批实事好事。

四、大力发展民族教育　提高少数民族整体素质

自治区民委积极呼吁各级政府逐步加大对民族地区的教育投入、采取各种特殊措施发展民族教育，如从2002年起，提高寄宿制民族班学生的补助标准等。并坚持每年用部分民族专项扶持资金扶持民族教育，促使少数民族教育得到较快发展。目前，全区办有民族高小班136个，民族初中班50个，民族高中班116个，民族小学164所，民族中学35所，民族中等专业学校22所，民族高等院校3所。此外全区14所高等院校开设了少数民族学生预科班，每年招收734名农业户口的少数民族学生。到2002年，广西各普通高校中少数民族学生人数达4.23万人，比八十年代初增加10倍多。自治区民委在发展和弘扬民族传统文化方面也做了许多工作，如配合有关部门举办少数民族传统体育运动会、民族节庆，扶持开展民族艺术表演和出版民族报刊、书籍、古籍、民族文学等。

五、配合有关部门培养少数民族干部

自治区民委积极配合组织、人事部门做好少数民族干部的培养工作。如举办各类民族干部培训班，选荐部分少数民族干部到高等院校深造，有组织、有计划地分期分批选派少数民族干部到基层单位、经济发达地区、上级政府机关甚至中央部委机关挂职锻炼。2001年底，全区各类少数民族干部总数已达40.9万人，占全区干部总数的36.4%；有各类少数民族专业技术人才28.5万人；在县（市、区）、乡镇领导班子中，分别有少数民族干部528人和755人，分别占县（市、区）、乡镇领导班子干部总数的43.6%和50.8%。

全区第六期少数民族女干部培训班开学典礼。

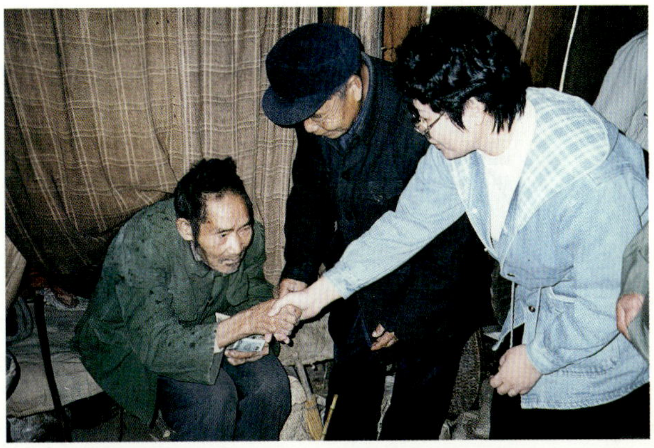

自治区民委副主任黄苹（女）到少数民族群众家里访贫问苦。

自治区民委援建的兴安县毛竹山瑶族移民新村。

自治区民委纪检组长黄济健（前）到寄宿制少数民族女童学校考察 。

FA ZHAN

迅猛发展的

自治区党委曹伯纯书记、自治区政府主席李兆焯主席、自治区党委王万宾副书记在听取广西水产畜牧局陆世降副局长介绍广西水产畜牧业发展的情况。

在自治区党委、政府的领导下，水产畜牧业已成为广西大农业的一个支柱产业，成为农民增收、农业增效的一个新亮点。

——渔牧经济总量有了较大的增加。2002年，全区渔牧业总产值占大农业总产值的45%。广西的渔业总产量居全国第7位、肉类总产量居全国第10位。全区饲料工业、兽药生产健康发展。

——经济结构进一步优化，综合效益不断提高。2002年，我区已成为全国最大的海水对虾养殖基地之一。瘦肉型肉猪在生猪总量中的比重达到41%，牛肉、羊肉产量每年均以10%的速度递增，牛奶连续几年每年都以50%的速度递增。全区有水产畜牧产品加工企业（户）426家，有水产畜牧产品流通企业5103家，流通专业户5.03万户，流通经纪人8.7万人；出口生产基地17个，出口外销企业47家。

——标准化生产迅速推进，产品卫生质量逐步提高。2002年，全区水产畜牧业有15项广西地方标准已开始实施，有20项即将付诸实施。自治区先后在博白县、合浦县等5个县（区），分别组织实施了规模化猪场、规模化鸡场标准化生产示范项目，建立标准化生产示范场33个，年出栏量460.2万头（羽）。自治区兽药监察所、自治区渔业环境监测中心正在逐步完善监测手段，提高监测能力。

——产业化经营水平逐年提高。2002年，全区水产畜牧业共有龙头企业199家，年销售收入46.26亿元，带动农户40.84万户。

工厂化养虾开拓了北海市科学养殖对虾的模式，并成为全国推广对虾养殖的典范。图为北海市工厂化养虾基地场景。

广西壮族自治区

审计厅

2002年，我区各级审计机关认真贯彻落实国务院领导“全面审计，突出重点”、“查深查透、解剖麻雀”的指示精神和国家审计署“依法审计、服务大局、围绕中心、突出重点、求真务实”的工作方针，紧紧围绕政府工作中心开展审计工作，取得了较好的成绩。据统计，全区2002年共完成审计项目2909个，完成计划的175%，与上年同期相比增加了310个审计项目。其中：各市、地、县完成审计项目2826个，完成计划的178%；自治区本级完成审计项目83个，完成计划的115%。全区共查出违规金额550724万元，应上交财政33490万元，已上交财政15732万元，占应上交财政的47%，应归还原渠道资金21273万元，减少财政拨款或补贴2402万元，应调帐处理金额62547万元，应纠正金额530192万元。向司法机关移送案件11件，向纪检监察移送案件23件。提交审计调查报告191篇，被批示采用39篇。

GUANGXI ZHUANGZU ZIZHIQU SHENJITIN

2002年8月20日，南宁地区审计局召开领导干部任期经济责任审计工作会议。

象州县审计局积极开展固定资产投资项目审计（审计人员深入基建工地进行实地勘察）

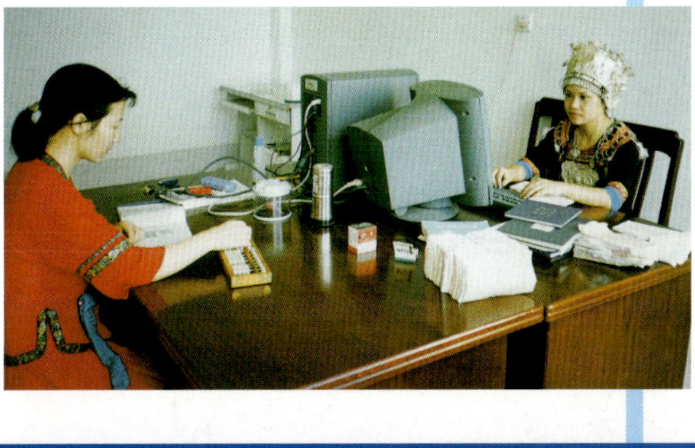

融水苗族自治县审计局利用计算机辅助审计

高举民族团结进步旗帜

广西壮族自治区民族事务委员会是自治区人民政府主管民族工作的职能部门。多年来，在自治区党委、自治区人民政府的直接领导下，为巩固和发展我区平等、团结、互助的社会主义新型民族关系，促进各民族共同发展繁荣，主动参与、积极工作，取得了可喜的成绩。

一、认真宣传贯彻党的民族政策

多年来，自治区民委通过广播、电视、书籍、报刊、培训、会议等形式，积极宣传党的民族政策和民族法律法规，使之深入人心。同时，自治区民委还充分发挥参谋助手作用，认真做好调查研究和民族信息工作，为国家民委和自治区党委、政府贯彻落实党的民族政策出谋献策，多次受到国家民委和自治区党委、政府的好评。

二、正确协调民族关系　加强民族团结

长期以来，自治区民委坚持以维护民族团结为基本准则，大力宣传民族团结的先进典型，努力化解矛盾，使“汉族离不开少数民族，少数民族离不开汉族，少数民族之间也相互离不开”的思想深深扎根在全区各民族群众心中。多年来，广西没有发生一起严重影响民族团结的事件，各民族之间始终紧密团结。

三、努力帮助少数民族和民族地区发展经济

多年来，自治区民委通过“少数民族发展资金”和“少数民族地区补助费”两项专项资金，扶持和帮助少数民族和民族地区发展经济、教育、文化以及改善民族地区的交通、电力、水利等基础设施，仅在2001年，这两项资金的投入就达

自治区民委主任黄海坤(右三)到平果县视察民族新村建设。

自治区民委副主任龙毅(中)到百色民族中专调研

自治区民委副主任粟永华(右)看望少数民族孤寡老人。

自治区民委副主任冯成善(右)看望少数民族女童。

广西水产畜牧业

自治区水产畜牧局

自治区党委陆兵副书记、自治区政府孙瑜副主席在参观广西水产畜牧业成就展台。

自治区政府孙瑜副主席在自治区人民政府韦肇晋副秘书长、广西水产畜牧局陈荣贵局长陪同下视察南宁市罗非鱼产业化开发基地。

——行政执法工作进一步加强。渔业执法部门开展了200海里专属区的渔业巡航、打击非法捕捞专项行动、保护水生野生动物、伏季休渔等执法活动，维护了我国海洋渔业权益和渔业生产秩序。动物免疫防疫执法、饲料和兽药管理水平不断提高，确保了养殖业的健康发展。

——基础设施建设有了较大的改善。近年来，全区水产畜牧业先后新建了600多个乡镇兽医站，建造了4艘大型渔业执法船，开工建设了3个大渔港，建设了4个地市级、31个县级无规定动物疫区和14个县（区）的动物疫情监测站，配套完善了12个地市级、24个县级冷链设施，新建了500多个冻配点，建设了一批种苗场、种畜场，为基层渔政站配备了一批执法车（艇），基本完善了沿海渔业防疫检疫仪器设备。

2003年全区水产畜牧业力争实现三个较大的突破：一是结构调整要有较大的突破，即草食动物养殖、奶业生产、淡水渔业、产品加工、流通、出口外销等方面要有较大的发展；二是产业化经营有较大突破，即龙头企业、合作经济组织、行业协会等要有较大的发展；三是产品安全管理和可持续发展有较大突破，即标准化生产、饲料兽药监管、动物防疫检疫和资源、生态环境保护等有较大的发展。

2002年广西水产畜牧局把奶水牛作为广西畜牧业的一个特色产业来抓，重点发展，重点扶持，力争把奶水牛开发成我区畜牧业的一个优势产业。图为广西水牛研究所奶水牛繁育基地一隅。

SHUICHANXUMUYE

加快气象现代化建设

广西壮族自

改革开放以来，我区气象现代化取得了长足发展，气象服务能力不断增强，服务领域不断拓宽，服务手段科技含量提升，服务社会经济效益显著提高。

在新时期我们主要着力抓以下几项工作：一是千方百计提高天气气候预报预测准确率，切实做好气象服务工作。要把定时、定点、定量的精细天气预报提上日程，并力求有所进展。在公众预报服务方式上要有新举措，实现预报时效的延长和电视预报播出方式的更新。继续坚持把决策服务放在首位，同时做好为国民经济各行各业的服务，特别要做好为“三农”服务，积极推进“兴农网”建设。二是紧紧抓住发展这个第一要务，继续加快推进气象现代化建设。加快大气探测自动化系统工程建设，抓好7部新一代天气雷达的建设。完善气象信息网络系统，推进宽带网建设和天气预报电视会商系统工程建设。三是实施拓展领域战略，积极稳步拓展气象业务服务领域。通过开展大气化学项目的观测和推广动力气候模式及天气预报指导产品解释应用技术等方式实施拓展领域战略。开展生态环境监测、海洋气象灾害预警服务、城市和农村洪涝预报业务试验等工作。四是实施科技兴气象战略，为气象事业的快速发展提供强有力的科技支撑。五是实施人才强局战略，努力建设一流的高素质的科技人才和领

广西气象大厦

提高气象服务能力

治区气象局

导人才队伍。按照“需求拉动、适度超前、突出重点、机制创新”的原则，紧紧抓住培养人才、吸引人才、用好人才三个环节，以高层次科技人才和领导人才队伍建设为重点，加强人事人才工作。加强培训、轮训工作，全面提高队伍素质。

广西区气象局领导班子研究工作。局长林少雄(右二)、纪检组长黄立谦(左二)、副局长韦力行(右一)、丁凤育(左一)

世界气象组织在南宁召开会议：中国气象局局长秦大河(右三)、世界气象组织官员(左三、右二)、广西自治区副主席王万宾(左二)、广西区气象局局长林少雄(左一)

自治区党委书记会见到广西视察工作的中国气象局局长秦大河

地面气象观测场

《广西壮族自治区气象条例》颁布实施

广西气象部门获“文明系统”称号

2002年，广西较好地完成了国家下达的人口出生控制计划，继续稳定低生育水平，年人口出生率为13.3‰，自然增长率为7.0‰，总和

广 西 区

20世纪90年代以来，广西顺应改革开放和市场经济新形势，在总结计划生育实践经验和借鉴外省先进做法的基础上，开展计划生育与发展农村经济、与帮助农民勤劳致富奔小康、与建设文明幸福家庭的计划生育"三结合"活动，并取得显著成绩，受到国家计生委领导的肯定。图为2002年4月，国家计生委主任张维庆（右一）在田阳县农村"三同"时考察当地计划生育"三结合"工作。

2002年9月，广西计划生育协会成立17周年，自治区召开全区计划生育协会第四次会员代表大会，表彰先进、交流经验、布署新一轮的计划生育协会工作。图为自治区党委书记曹伯纯、自治区政府主席李兆焯、自治区党委副书记马庆生接见广西计划生育协会代表。

2002年，广西较好地完成了国家下达的人口控制计划，继续稳定低生育水平，年人口出生率为13.3‰，自然增长率为7.0‰，总和生育率1.8，计划生育率88.3%，综合节育率89.12%，年终考核群众对计划生育工作满意率达86.63%。图为自治区计生委领导班子在研究工作。

大力开展计划生育"三好一满意"活

"男性积极参与计划生育"是新时期对计划生育工作的新要求，如今男同志也积极主动地接受计划生育宣传教育。图为贺州市农村的男性青年在观看计划生育宣传栏。

2002年9月，广西计划生育成立17周年，自治区召开全区计划生育协会第四次会员代表大会，表彰先进，交流经验，布置新一轮的计划生育协会工作。图为自治区党委书记曹伯纯、自治区政府主席李兆焯、自治区党委副书记马庆生接见广西计划生育协会代表。

20世纪90年代以来，广西顺应改革开放和市场经济新形势，在总结计划生育实践经验和借鉴外省先进做法的基础上，开展计划生育与发展农村经济、帮助

生育率1.8，计划生育率为88.3%，综合生育率为89.12，年终考核群众对计划生育工作满意率达86.63%。

2002年10月，国家计生委副主任王国强（左一）考察自治区计划生育药具管理站。

计 生 委

2002年2月29日，联合国人口基金计划生育/生殖健康项目会议在南宁举行。图为联合国人口基金官员及驻华代表考察广西项目县之一的隆安县农村。

2002年9月10日，自治区计生委领导与原河池地区及宜州市领导在全区计划生育『国策杯』山歌比赛现场上同唱开台歌。

2002年广西有7个基层计划生育部门和12名计划生育工作人员分别被国家人事部、国家计生委评为计划生育先进集体、先进工作者和优秀工作者。

实际行动实践“三个代表”重要思想

农民勤劳致富奔小康、建设文明幸福家庭“三结合”活动，取得显著成绩，受到国家计生委领导的肯定。

多年来，计划生育工作坚持宣教育为主的方针，全区各地采取众喜闻乐见的多种形式宣传计生育。图为防城港市大板瑶姑娘山歌宣传党的计划生育政策好。

2002年9月广西计划生育“国策杯”山歌比赛在宜州市举行。

广西区电信公

广西区电信公司总经理 孙竣彦

广西区电信公司的宽带业务搭建了一条连向世界的信息高速公路。

GUANGXI

DIANXIN GONGSI

广西区电信公司推出“挑战大富翁”电话信息业务，吸引了众多客户参与。

广西区电信公司是隶属于中国电信集团公司，具有法人资格的全资子公司。下设12个地市分公司，78个县（市）电信局和2个直属单位，现有员工1.2万人，固定资产原值119亿元，是广西目前电信技术实力最强、网络规模最大、资产实力最雄厚的通信企业。广西区电信公司的发展目标是成为具有较强综合竞争实力的大型电信运营企业，其企业理念是“用户至上、用心服务”。

主要通信能力： 截止2002年8月，广西区电信公司已经在全广西建成“三纵三横”的光缆传输网络和开通以高速、宽带公众多媒体通信网为象征的“信息高速公路”，拥有全广西通信光缆4.4万公里，其中长途干线光缆1.3万多公里。数字微波线路2351公里，长途业务电路总数15.75万条，本地电话网总容量610万门，各类数据通信端口5.51万个。实现了全广西县县通会议电视，乡乡通光缆，90%以上的行政村通电话。

通信服务水平： 截止2002年8月，广西区电信公司拥有全广西固定电话用户469万户，全广西固定电话普及率10.39部/百人，主线普及率8.81线/百人，城市固定电话普及率33.53部/百人。拥有宽带用户2.8万户，IP拨号用户12.11万户。广西区电信公司作为主体通信企业，承担着全广西电信普遍服务、应急通信、党政专用通信服务义务，并以“用户至上，用心服务”为理念，努力扩大服务网络，积极开发新业务，不断满足社会日益增长的多元化通信需求。目前，广西区电信公司可向社会提供本地网电话、国内、国际长途及港澳电话、无线市话（小灵通）、IP电话、会议电视、ISDN（一线通）、来电显示、200卡、300卡、IC卡电话、168全自动声讯系统、图文传真、鲜花礼仪电报、公众和拥护电报、DDN、分组交换、电子信箱、163、169等业务服务。

近期发展目标： 面对全球信息技术革命的汹涌浪潮，面对我国加入WTO给电信市场带来的机遇和挑战，面对国民经济信息化和社会日益增长的通信要求，广西区电信公司把推动和加速广西国民经济和社会信息化作为重要目标，以加快发展为主线，以市场需求为导向，以深化改革为动力，以用心服务为宗旨，以提高效益为中心，争取用五年左右的时间，使广西电信主要通信能力和主要技术指标达到全国中上水平，网络整体技术层次，企业经营管理和运营服务达到全国先进水平，为促进广西国民经济和社会发展作出更大的贡献。

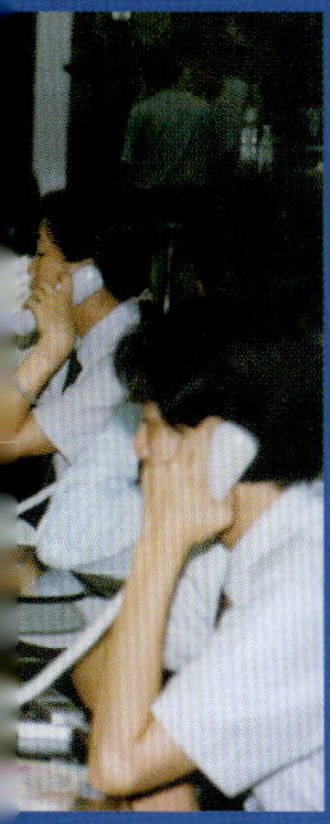

图为广西在用的第一高楼
——南宁电信第二枢纽大楼

广西地震局隶属中国地震局和广西壮族自治区人民政府双重领导，其前身为1971年8月成立的广西壮族自治区地震办公室，1978年4月更名为广西壮族自治区地震局。

广西地震局是全区防震减灾工作主管部门，行使广西壮族自治区人民政府赋予的防震减灾工作行政职能，制订全区防震减灾工作的方针、政策，组织起草有关地方法律、法规，制定防震减灾的技术规范并监督实施；管理地震监测预报并承担在破坏性地震发生后政府指挥抗震救灾办事机构的职责，管理抗震设防标准和震害预测工作；推进地震科技现代化，开展防震减灾的宣传教育工作等。2000年来，广西地震局对南宁地区、河池地区、百色地区、柳州地区、贺州地区、柳州市、梧州市、玉林市、贵港市的建设工程地震安全性评价和抗震设防工作进行了检查；2001年，在各地自查的基础上，对国务院确定的地震重点监视防御区内的南宁、北海、钦州、防城港、玉林、贵港等市的地震行政执法进行了抽查，检查都达到了预期效果。

自成立以来，广西地震局不断加强地震监测台网的建设。“九五”期间完成了灵山地震台的测震和应力数字化观测技术改造、邕宁地震台应力和地磁数字化观测技术改造、桂林测震数字化观测技术改造、地震局通信网络中心和前兆台网中心建设，使广西地震台网建设迈上一个新台阶。百色水利枢纽的地震台网建设完成设计，龙滩水库地震台网建设的设计通过初步审查。各市（地）监测台网建设取得新的进展，全区地震监控能力得到提高。柳州市建成数字地震监测台网并投入运行，大大提高了柳州市及桂中地区的地震监控能力。

多年来，广西地震局始终坚持为国民经济建设服务的宗旨，积极开展防震减灾研究及技术服务，取得了很大成绩。广西地震局工程地震研究中心是广西唯一具有国家资质的建设工程地震安全性评价许可证书的单位，具有大中型建设工程项目地震安全性评价、桩基检测、地球物理勘探等多项资质，先后完成南宁市永和大桥、桂林市解放桥、柳州市潭中高架桥、百色水利枢纽、平果铝业基地、百龙滩电站、贵港航运枢纽、南宁市应急联动中心等近百项大中型项目的地震安全性评价和南宁市高新技术开发区、北海市铁山港等地震小区划工作，都取得了很好的社会效益和经济效益。

百尺竿头，更进一步。广西地震局乘着十六大的春风，以“三个代表”重要思想为指导，与时俱进，为实施西部大开发，为全区社会经济发展做出更大贡献。

西　地　震　局

◀ 2003年1月，吴恒副主席（左二）在袁家治局长（左三）的陪同下视察广西壮族自治区防震减灾指挥中心

1

2

◀ 中国地震局副局长汤泉（左二）视察广西灵山地震台期间与台站人员交谈

3

4

▶ 自治区地震局领导班子研究全区防震减灾“十五”计划。局长袁家治（左三），副局长李竞志（左二）、副局长劳王枢（左四）、副局长龙安明（左一）。

5

自治区通信管理局党组书记、局长申志伟

自治区通信管理局负责通信行业的监管，把帮助人类沟通作为己任，认真履行职责，依法加强监管，规范市场秩序，推动公平竞争，促进了广西电信业的发展。据统计，2002年，广西电信运营企业完成业务总量比上年增长39.8%，高于全国平均增幅13.1个百分点；电信业务收入同比增长18.2%，高于全国平均增幅近4个百分点。全区电信用户年净增长259万户，增量为历史之最。更为可喜的是，截至2003年2月底，广西电话用户突破1000万户，总数达到1003.6万户。其中，固定电话用户545.64万户，移动电话457.99万户。这是在西部地区12个省（自治区）、直辖市中第三个电话用户达到1000万的省份。

加强监管，规范市场秩序。区通信管理局认真贯彻执行电信监管有关法律法规，严格实行经营电信业务许可证制度，及时制止擅自经营电信业务违规行为。目前，广西共有7大基础电信运营企业，3000多家增值电信服务企业，多元化竞争的市场格局已经形成。为了规范市场秩序，区通信管理局明确规定广西区内电信业务经营者执行的各种电信业务资费，必须提前向区通信管理局报备。会同公安、工商、文

2003年3月18日，自治区通信管理局召开"规创"活动动员大会，自治区副主席张文学(右四)出席会议并讲话。

2002年12月5日，自治区党委副书记、自治区副主席王万宾(左三)到区通信管理局视察指导工作。

加快发展帮助全人类沟通

区通信管理局

TONG XIN GUAN LI JU

化等部门开展“网吧”、互联网有害信息和打击非法经营国际电信业务专项整治活动，有效地保障了信息安全。

积极协调，推动互联结算。研究制定了《广西电信网间互联管理制度》，建立电信网间互联互通工作基本规范。积极督促协调电信、移动、联通、铁通等电信运营企业签订并履行双边互联及结算协议。组织实施电信网间“畅通工程”，建立电信网间互联互通情况通报制度，定期召开互联互通例会，研究解决互联互通和资费结算存在的问题。目前，全区七大电信运营企业的网络都实现了多边互联，网间互联电路从2001年1月的28000条增加到现在的40800条，固定电话、移动电话、IP电话、数据上网、移动短信息等业务顺畅互通；移动电话、固定电话的网间中继接通率由45%提高到58%。

搞好服务，树立行业形象。区通信管理局积极组织全区电信行业开展贯标、达标活动并进行督促、检查和考核。建立了电信用户委员会，多渠道收集用户意见，有针对性的提出改进服务措施。设置了电信用户申诉信箱和申诉电话“12300”，热情受理电信用户申诉。组织指导电信企业开展创建文明窗口活动，推进电信服务规范化工作。开展了行风评议“回头看”活动，积极解决社会普遍关注的热点问题；督促企业搞好普遍服务，完成了漓江旅游景区和高速公路信号的覆盖，加强了边境通信建设，村通率达到98.2%，超额完成了自治区人民政府下达的任务。

几年来，世界通信业形势复杂多变，国内市场环境也发生深刻变化。多元竞争主体的形成，监管法规的不健全，经验和人手的不足，都增加了做好监管工作的难度。面对困难和挑战，自治区通信管理局全体工作人员精诚团结，各司其职，以奋发有为的精神状态创造性地开展工作，努力行使“服务、协调、监管”三项职能，营造了公平有序、健康有效的发展环境，促进了广西电信业的持续快速发展。

广西区通信管理局组织区电信公司、移动通信公司、联通广西分公司等电信运营企业员工学习贯彻《中华人民共和国电信条例》知识竞赛活动。

广西区电信公司和广西区通信股份公司签订网间互联及结算协议

统揽全局抓重点

胡锦涛总书记视察广西现代农业示范园

农业部杜青林部长（中）在自治区副主席孙瑜（左2）、农业厅厅长张明沛（左1）陪同下视察恭城生态农业

自治区代主席陆兵（左1）考察广西现代农业示范园。农业厅厅长张明沛（右2）、副厅长韦祖汉（右1）陪同。

过去的一年，全自治区农业部门坚持用“三个代表”重要思想和十六大精神统揽农业、农村工作全局，认真贯彻自治区党委“1234610”的农业和农村工作思路，坚持以生态农业为基础，以信息农业为手段，以品牌农业为重点，以增加农民收入为目标的战略发展思路，不断加大农业和农村工作力度，调整结构，强化管理，促进了农业发展，农民增收，农村稳定。

2002年全自治区农林牧渔业总产值916亿元，比上年增长7.8%。主要农产品产量除粮食、油料、烤烟因种植面积调减分别比上年减少3.6%、2.2%和38.9%外，其余均保持不同程度的增长，其中甘蔗、水果、蔬菜、茶叶、蚕茧产量分别为4593.38万吨、455.78万吨、1781.53万吨、1.96万吨和7.43万吨，分别比上年增长7.8%、12.2%、4.2%、3.7%和32.7%。

农业结构进一步优化，优质品率继续提高。全年粮食作物种植面积342.1万公顷，比上年调减12.9万公顷；经济作物和其他农作物种植面积274.3万公顷，比上年增加9.7万公顷。粮食和经济作物种植比例由上年的1:0.75调整为1:0.80。农产品优质品率进一步提高，其中优质水稻面积比重达64.4%，蔬菜、水果良种

信息已经成为广西农业生产者生产农村经济发展的倍增器。图为广西信息农业网络培训中心人员培训情况。

广西农业部门把发展生态农业作为推进小康建设新举措认真抓好落实。图为恭城生态农业水果园。

强化管理促发展

自治区农业厅厅长 张明沛

覆盖率均超过70%。

区域特色农业加快发展，农业产业化经营取得新突破。全自治区甘蔗播种面积67万公顷，产糖量480.3万吨，两项均占全国50%以上。蔬菜种植面积96.8万公顷，蔬菜总产量1781.5万吨，在全国分别排第一和第五位。至年底，全自治区共有6家国家农业产业化重点龙头企业和12家自治区农业产业化重点龙头企业，实现了广西重点龙头企业零的突破。

农民收入继续增长，生产生活条件进一步改善。农民人均纯收入2013元，比上年增长3.5%。年末农业机械总动力1639.54万千瓦，比上年增长5.6%，农村用电量31.2亿千瓦小时，增长1.8%，农田有效灌溉面积151.85万公顷，继续保持上年水平。农民居住条件不断改善，农村竣工住宅面积3005万平方米，增长12.3%，农村人均居住面积24.9平方米，比上年增长0.8平方米。

2003年是贯彻落实十六大和全国十届人大一次会议精神的第一年，我们要高举邓小平理论伟大旗帜，坚定不移地实践“三个代表”重要思想，认真贯彻落实党的农业和农村工作的方针政策以及区党委关于“1234610”农业和农村工作思路和富民兴桂新跨越的战略，以发展优质、高产、高效、生态、安全农业为核心，以不断增加农民收入为基本目标，不断深化农村经济体制改革，积极推进农业和农村经济结构调整以及农村工业化、城镇化建设，加收实用农业技术的推广应用，以推进农业竞争力增强、农业增效和农民增收为突破口，大力发展生态、信息、品牌三大农业，全面推进农业现代化建设。重点抓好十项工作：

一、优化农业结构，特别是种植业结构，积极培育农民增收新的增长点；二、加快农产品质量安全保障体系建设，提高农业标准化水平；三、找准切入点，大力推进农业产业化经营；四、加快农村信息体系和市场流通体系建设，搞活农产品流通；五、加强新技术和农业教育工作，重点推广几项对提高种植业起决定性作用的先进技术；六、综合利用资源，保护生态环境，促进可持续发展；七、大力发展“两头在外”农业，不断扩大对外开放与合作；八、加快农业执法规范化建设，确保农业和农村经济持续稳定健康发展；九、认真落实党的农村政策，加强农民负担监督管理；十、积极促进农村富余劳动力转移，扩大农民就业和增收空间。努力推进富民兴桂新跨越和全面建设农村小康社会战略目标的实现。

“跳出种养抓农业，盯着市场抓农业，围绕小康抓农业”已经成为广西农业人的共识。

粮食安全 农民增收

广西壮族自

2002年是我区实施粮食购销市场化改革的第一年。在这一年里，我区粮食系统坚持以邓小平理论和"三个代表"重要思想为指导，抓住西部大开发和我国加入世贸组织的机遇，积极稳妥地推进粮食流通体制改革，进一步完善粮食调控体系，加大国有粮食企业改革力度，积极推进粮食产业化经营，大胆探索粮食行业发展的新路子，切实加强党的建设和社会主义精神文明建设，各项工作取得了新的成效，切实做到"粮食安全，农民增收，企业增效，职工稳定"。

——确保了粮食安全。各地把确保粮食安全作为我区实施粮食购销市场化改革后的一项至关重要的工作来抓。一是加强储备粮食管理工作。建立和完善各级储备粮管理机构，加强自治区储备粮的垂直管理，合理调整自治区储备粮储存库点布局和品种结构，储备粮管理体系进一步完善;全区地方储备粮规模7亿公斤已落实到位，储备粮轮换任务如期完成;搞好春秋两季粮油安全普查，推广先进的储粮技术，提高储粮的科技水平。二是切实做好粮食购销工作，稳定粮食购销市场。根据粮食购销市场化改革后的新形势，粮食企业及时调整策略，采取有效措施，做好粮食购销工作。2002年全区国有粮食企业购进粮食9亿公斤（贸易粮，下同），销售粮食10亿公斤。积极配合有关部门安排好两户两属、水库移民和灾区缺粮困难群众生活。进一步建立和完善军粮供应体系，强化自治区粮食局军粮供应中心的职能，加快军供网点建设和自治区军粮配送中心的筹建工作，初步形成了自上而下的军粮供应体系;积极主动抓好退耕还林粮食供应，2002年全区累计退耕还林任务126万亩，已兑现退耕还林补助粮食3000万公斤。三是积极培育粮食市场体系，整顿和规范粮食市场。整顿和规范粮食市场，严格审查经营粮食业主的资格，积极配合工商行政管理等部门，强化粮食市场监管，加强粮食质量检测，防止有毒粮油进入市场。经自治区质量技术监督部门抽查检验，全区国有粮食企业经营的大米合格率为100%。加强与粮食主产区的购销合作，2002年6月下旬我区与湖南省签订了粮食购销合作协议，并做好与吉林、河南省粮食购销协议相关事项的落实工作。四是搞好粮食基础设施建设。继续抓好世行项目建设收尾工作，完善西南粮食流通走廊的功能;继续抓好中央储备粮库建设，南宁、柳州自治区储备粮库建设按计划进行;各地还多渠道筹资维修改造部分仓库，进一步改善储粮条件。

原自治区主席李兆焯、自治区副主席吴恒、自治区党委常委李纪恒及南宁市领导在自治区粮食局局长梁雨祥的陪同下，到广西粮油科学研究所视察。

——确保了农民增收。各地粮食部门围绕农业增效和农民增收，积极开展工作。一是大力发展优质稻产业化经营。2002年在区内建立12个优质稻种子培育、繁殖基地，扩大优质稻种植面积，提高产业化经营质量，推动了面上发展。为推动优质稻产业化经营的发展，全年奖励了港北区等12个优质稻产业化经营示范基地县（市）70多万元。2002年全区粮食系统参与优质稻产业化种植超过500万亩，收购优质谷3亿多公斤，农民通过种植优质稻每亩可增收100-200元。二是发展龙头企业。自治区粮食局与广西农科院合作成立的广西农乐种业有限责任公司被自治区人民政府评为农业产业化经营龙头企业，2002年该公司推广优质稻种子55万公斤，面积30万亩。公司培育推广的油粘8号、桂华粘、新马粘、桂香粘等优质品种得到了粤、港、澳等消费者欢迎。三是加大优质米宣传力度。为更好地宣传我区优质米，打出优质米品牌，组织参加了第四届全国粮油精品交易会和广东东莞市第二届大京九农副产品食品（常平）交易会，同时在东莞市举办了广西优质大米推介会，与会客商反映良好，收到了较好效果。

——确保了企业增效。一是积极稳妥地推进国有粮食企业改革。各地各单位以制度创新、机制创新、管理创新和技术创新为重点，加快企业改革步伐，加大扭亏增盈工作力度。国有粮食购销企业实行"三减二重一增"

企业增效 职工稳定

自治区粮食局

（减员、减官、减灶，企业重组、人员重组、增加效益）改革。对附营企业实施放开搞活的办法，盘活存量资产，发展非公有制经济。加强企业的内部管理，继续深化企业内部三项制度改革。各地粮食企业大力实施品牌战略，通过创品牌提高企业知名度，提高企业效益。力源大米、银雪面粉、骏驰面粉被评为国家免检产品。2002年全区国有粮食企业比上年减亏8584万元，减幅34%，其中国有粮食购销企业比上年减亏3260万元，减幅33%。桂林、柳州、梧州等市在企业改革中成效明显。二是积极开展多种经营。按照市场经济的要求，坚持一业为主、多种经营的方针，通过引进资金搞开发，积极开展种养业、餐饮、旅游、食品加工业、中小粮油批发市场建设等，多种经营有了新的发展，做到企业投资多元化，经营方式多样化。企业的发展既解决了职工的就业问题，也促进了企业的扭亏增盈工作。

——**确保了职工稳定。**在企业改革中，我们始终把发展作为第一要务，把维护职工稳定摆在突出的位置，正确处理改革、发展与稳定的关系。**一是努力扩大就业。**各地通过深化改革促进企业发展，搞活企业经营，提

广西自治区粮食局与湖南省粮食局在长沙签订建立粮食购销关系协议书（左为湖南省粮食局长王柏林，右为广西区粮食局局长梁雨祥）。

梁雨祥局长到贵港市港北区检查优质稻产业化经营情况。

高企业效益;通过盘活企业存量资产，新上一批项目，促进企业的发展，创造新的就业机会。**二是落实社会保障政策。**职工分流安置严格执行有关法规，坚持做到“三个必须”，即:凡粮食企业职工必须参加社会保险;凡解除劳动关系的职工，必须给予经济补偿;凡下岗职工必须发给最低生活保障金。争取各级政府的支持和有关部门的配合，把粮食职工全部纳入社会保障体系，安置好企业离退休人员和富余人员，促进“两个确保”工作的落实。据统计，2002年全区国有粮食企业筹集资金1亿元左右用于安置职工。**三是切实做好职工思想稳定工作。**各地在企业改革中注意做好职工的思想教育工作，想职工所想，急职工所急，切实为职工办实事，维护职工的利益。目前职工思想稳定，理解和支持改革，没有发生影响稳定的过激行为。

——**转变了职能，进一步提高粮食行政管理水平。**各级粮食行政管理部门积极适应新形势的要求，切实转变职能，努力提高粮食行政管理工作的水平。搞好机构改革，转变工作职能;加强基础管理工作，提高粮食行业管理水平;做好科教兴粮工作;加强学习和交流开阔了视野，增长了知识，拓展了思路。

2003年，全区粮食部门坚持以邓小平理论和“三个代表”重要思想为指导，按照党的十六大提出的发展要有新思路，改革要有新突破，开放要有新局面，各项工作要有新举措的要求，以发展为第一要务，以确保粮食安全为目标，以粮食流通体制改革为中心，以粮食产业化经营为重点，以深化国有粮食企业改革为动力，解放思想、转变观念，与时俱进、开拓进取，抓住机遇、加快发展，努力完成粮食工作的各项任务，为开创我区粮食工作新局面，加快富民兴桂新跨越的步伐，全面建设小康社会而奋斗。

中国联合通信有限公司

中国联合通信有限公司（简称中国联通）是经国务院批准成立的我国目前全面经营各项基本电信业务和增值业务的特大型国有电信骨干企业，经营业务范围涵盖移动电话、无线寻呼、长途电话、固定电话、数据互联网等基本电信业务及其增值业务。2000年6月21日，中国联通在纽约、香港成功上市，标志着中国联通已经稳步进入国际资本市场。2002年10月9日，中国联合通信股份有限公司在上海证券交易所挂牌上市，成为第一个进入A股市场的基础电信运营商。今天的中国联通已成为在香港、纽约和上海三地上市、拥有国内外两个融资渠道、受到境内外两个资本市场监督、按照现代企业制度和国际规范治理的综合电信运营企业。

中国联通广西分公司于1996年2月在南宁成立，六年来，在各级党委、政府及有关部门的关心和支持下，广西联通始终以实现“企业价值和股东利益最大化”为目标，以提高企业核心竞争力为中心，以发展、改革、管理、服务为主线，加大了投资与管理力度，通过全体员工的共同努力，取得了长足发展，经营业务范围由成立之初的单一移动电话迅速发展到目前的移动电话（GSM130和CDMA133）、长途电话（193）、数据IP电话（17910、17911）、互联网（165）、无线寻呼（126、127、191、192、198、199）等多项综合性电信业务，营业网点遍及广西城乡，下辖南宁、柳州、桂林、梧州、北海、玉林、钦州、防城港、贵港、河池、百色、贺州等十二个分公司，已真正成为名符其实的综合性电信运营企业。

目前，广西联通GSM网络容量达103万门，极大地缓解了市区和县城迅速增长的容量需求，并进一步提高城市建筑物的深度覆盖率，基本覆盖重点交通干线和重要旅游点。

CDMA网络覆盖全区12个地市、县城及发达乡镇和重要交通干线的主要路段，交换容量达25万门，无线容量达30万门，全区所有地级以上城市、县城、重要高速公路路段、部分乡镇已经实现覆盖，城市内重要场所安装了室内分布系统实现覆盖，实现了点对点收发短信。

193长途电话业务、IP电话业务及互联网业务发展迅猛。同时，作为国家公众寻呼网，联通寻呼业务发展继续保持广西市场的主导地位。

目前，广西联通GSM130、131移动用户超过100万，市场占有率超过30%；长途数据带宽3×115兆，传输光缆1.5万公里。业务月收入2002年9月首次突破亿元大关。

几年来，广西联通与其他通信运营企业密切合作，相互促进，共同发展，通过竞争不断完善自我，使通信技术含量和服务质量不断提高，给消费者带来实实在在的实惠，共同推动了广西电信市场的繁荣。

①

②

①② 移动交换机房

广西分公司——中国联通 CHINA UNICOM

公司领导班子

在“十五”期间，中国联通广西分公司将按照国际一流电信运营公司的标准和要求，继续坚持“两新、两高、一综合”（建立新机制、建设新网络、采用高技术、实现高增长、发展综合业务）的发展战略，进一步加快GSM和CDMA两个移动通信网络的建设，秉承“以市场为导向，以客户为中心”的宗旨，以移动通信、数据互联网、国内长途通信为重点业务，继续保持无线寻呼在市场的绝对优势。通过深化改革，加强管理，改善服务，全面提高企业核心竞争力，努力为广西经济建设和广大消费者提供更为全面、快捷、便利、有特色的通信服务。

马占一总经理出席天等县新民联通希望小学教学楼落成典礼，并亲自剪彩。

广西壮族自

广西农垦集团

创新发展思路 加快

2002年，在自治区党委、自治区人民政府的领导下，广西农垦坚持以邓小平理论和“三个代表”重要思想为指导，认真贯彻自治区党委“富民兴桂新跨越”的战略部署，进一步落实“1234610”农业和农村工作思路，以发展为第一要务，奋发图强，全面推进五大发展行动计划，借助外资、外脑和外力加快发展。2002年实现国内生产总值8.78亿元，比上年增长25.45%，提前三年超额完成“十五”计划；所有者权益由2000年初的2.96亿

自治区党委副书记李纪恒(左一)在蒋济雄局长(左二)的陪同下到广西农垦现代农业王灵示范基地考察。

元增长到16.1亿元，增加了4.3倍；总资产由2000年的42亿元增加到54亿元。主要产品产量大幅度增加，经济效益明显改善，彻底扭转了连续6年亏损的困难局面，实现扭亏为盈。农垦经济在结构的优化调整中稳步前进，甘蔗、水果、畜牧、机制糖、剑麻制品、淀粉等主导产品产量大幅度增长，产业化龙头企业在发展区域优势产业中发挥了较好的示范带动作

年产3万吨剑麻制品的剑麻工业园初具规模。

治区农垦局
有限责任公司
展步伐　实现新的突破

用。对外开放迎来了崭新的局面，招商引资取得重大突破，国内外一批有实力的大财团大企业参与农垦投资开发，仅九曲湾新城和桂林良丰生态家园两个项目引进意向资金就达50多亿元。

2003年和今后一段时期广西农垦将借助“四个二”，大力推进“三步走”战略。充分利用国际国内两种资源、两个市场，采取产品运营和资本运营两种方式，通过内部发展与走出去发展两条腿走路，利用一到两年的

广西农垦对外合作交流日益频繁，农垦建设成就吸引了越来越多的目光。图为瓦努阿图共和国总理纳塔佩到农垦明阳生化股份公司参观访问。

时间在完成第一步资产重组和第二步结构战略调整两大任务，重组整合优势产业、优势资源、优良资产，打造产业化龙头企业，调优经济结构，形成多元投资格局，建立以现代企业制度为特征的专业集团公司，实施第三步资本运营战略，引进战略投资者，谋求企业上市，构建融资平台，实现农垦的跨越式发展，为实现富民兴桂新跨越作出更大的贡献。

高技术含量的农垦东兴榕树头3000亩连片对虾养殖基地效益显著，带动了当地农村发展水产养殖业。

奋发向上 与时俱进

全区国税工作取得了“十五”计划的良好开局

——自治区国税局

自治区副主席袁凤兰(右三)出席全区国税系统依法治税工作会议并作重要讲话。

2001年，全区国税系统在国家税务总局和自治区党委、政府的正确领导下，坚持以邓小平理论和党的十五大精神为指导，按照“三个代表”重要思想的要求，坚决贯彻“加强征管，堵塞漏洞，惩治腐败，清缴欠税”的工作方针，依法治税，从严治队，开拓进取，与时俱进，各方面都取得了新的进步，实现了新的飞跃，为广西的改革开放社会发展做出了新的贡献。

组织收入工作成绩显著。据统计，2001年，全区国税系统共组织各项税收收入131.86亿元，完成年度计划的110.9%，比上年同期增长13.2%，增收15.37亿元。办理出口退税12.90亿元，同比增长57.7%；代征收防洪保安费1.46亿元。去年，全区国税系统组织收入工作实现了历史性的新突破，取得了“十五”计划的良好开局，是国民经济持续稳定发展、税收管理质量提高、税收环境改善以及税收政策调整等因素共同作用的结果。各级国税机关坚持做到依法征税，应收尽收，坚决不收“过头税”，严格禁止有税不收；严厉打击出口骗税，大力整顿和规范税收秩序，查偷堵漏；全面加强欠税管理，大力清缴欠税，确保税收及时足额入库。据测算，去年全区通过加强税收征管增加的税收达7亿元，占税收增收总额的43%。

整顿和规范税收秩序工作成效明显。一是打击骗取出口退税专项斗争取得重要成果。经过一年多的努力，全区共追补入库税款1.20亿元，入库罚款455.30万元。税务机关查结并移送公安机关查处的企业113户，司法机关依法刑拘、逮捕57人，摧毁涉税犯罪团伙3个。二是税收专项检查成效显著。全年共检查纳税户1420户，查补税款4647万元，罚款680万元，加收滞纳金1360万元。取消了一般纳税人资格2013户。结合税务登记证年审工作，清理漏征漏管户8200户。组织开展了对个体户、农村税

谢景开局长(前排右二)在柳州地区检查基层国税机关建设情况。

收、集贸市场的检查，共检查8288户，补税罚款210万元。三是狠抓涉税大案要案的查处工作，如“钦州税案”、“博白税案”等涉税案件税务方面已基本查结并移送司法机关。通过整顿和规范税收秩序工作，虚开增值税专用发票偷骗税和骗取出口退税等严重破坏市场经济秩序和税收秩序的势头得到了有效遏制，税收秩序明显好转，税收环境大为改善。

依法治税工作全面推进。一是依法治税作为税收工作的灵魂和生命线的思想观念得以确立和巩固。要求全系统把依法治税作为税收工作的基石、灵魂和生命线，并以此来总揽国税工作的全局，在全系统开展了依法治税大讨论，召开了依法治税工作会议，提出了推进依法治税的总体思路、阶段性目标和主要措施。这一系列举措，使依法治税观念在广大国税干部的头脑中确立和巩固。二是全面推行依法治税目标管理。将原有的“税收收入目标管理责任状”深化为“依法治税目标管理责任状”，使其由单纯考核税收收入计划扩展为涵盖税收执法、组织收入、税收管理、工作质量等综合性目标考核体系，既促进了税收任务的完成，也促进了征管质量、执法水平和工作效率的提高。三是加强制度建设。组织力量编写了《广西国税系统基层税收征管岗责体系》，拟订了《全区国税系统税务行政执法责任制度》等一系列制度和办法，促进规范执法。四是深入开展新《征管法》的学习宣传。共举办各类新《征管法》学习班645期，参加人员5.5万人，通过报纸、电视、广播宣传报道1490次，发放宣传资料45.38万份(本)。

税收信息化建设取得重大进展。一是建成了金税工程主体网络。各级国税机关认真落实国务院领导同志关于加快金税工程建设的重要指示精神，从讲政治的高度抓好金税工程建设，圆满完成了各项建设任务，建成了上联总局、下达地、市、县局的四级专用网络系统，确保了金税工程各子系统如期开通，平稳运行，标志着我区国税系统信息化取得了重大进展，为全区税收信息化建设奠定了坚实基础。二是防伪税控开票系统得到迅速推广。已纳入防伪税控开票系统管理的增值税一般纳税人2995户，纳入开票系统的专用发票86.6万份。三是防伪税控认证系统已全面使用。认证率达到100%，利用假票、虚开发票骗取出口退税和抵扣税款的行为得到有效遏制。四是增值税计算机交叉稽核系统在县以上国税机关联网运行。防伪税控企业报税率达到100%，存根联年度采集率达到99.9%。五是金税工程协查系统运行正常。共发出委托协查844起；收到受托协查865起，均已按规定复函。

机构改革和人事制度改革不断深化。一是机构改革工作圆满完成任务。全系统共分流人员2800多人，占改革前人员总数的20.66%。同时还清退了一批助征员。在职人员中，45岁以下的占93.81%，大专以上文化的占75.34%，较机构改革前分别提高了8.52个百分点和16.73个百分点。二是人事制度改革力度加大，领导班子建设进一步加强。区局对机构改革后各地、市局空缺的24个副处级领导岗位，在全系统实行公开选拔，竞争上岗。经过笔试、面试、组织考核等程序，24名同志脱颖而出，走上了新的领导岗位。各地、市、县也把握机构改革的良机，进一步推进竞争上岗、干部交流、岗位轮换等改革。三是以“两权监督”为重点，党风廉政建设取得新成果。各级国税机关坚持“依法治税、从严治队、科技加管理”的方针，以税收执法权和行政管理权为监督重点，建立健全反腐败工作机制，层层签订党风廉政建设责任状。全面实行并完善了基建项目公开招标、服装制作、大宗物品采购等政府采购制度，开展了对银行帐户、“小金库”的清理检查。实行领导干部公开选拔、任前公示、竞争上岗、轮岗交流、离任审计等制度，扩大了干部人事工作中民主和公开的程度。切实纠正行业不正之风，治理整顿税收执法队伍，坚决查处违法违纪案件，进一步推进税务干部队伍建设。四是教育培训工作不断深化，队伍素质明显提高。全系统注重抓好干部的各种专业培训，特别是加强了对税收信息化知识的培训工作，使广大干部的计算机应用和操作能力显著提高。据统计，全区共举办各类培训班421期，培训干部2.46万人次。同时，区局还与长春税务学院、辽宁税专等院校开办了专科、本科和研究生学历教育。五是精神文明建设深入开展，队伍形象日益提升。各级领导干部和广大税务人员积极实践“三个代表”的重要思想，在坚持依法治税、依法行政的基础上，认真落实国家的税收政策，特别是促进西部大开发的相关政策和鼓励下岗职工再就业，扶持困难企业、弱势群体的有关政策，使他们真正享受到税收政策实惠。进一步增强服务意识，自觉服从服务于国家改革发展和稳定的大局，深入企业、深入征管第一线调查研究，帮助解决实际问题，排忧解难，扶贫济困，为纳税人服务，受到了广大纳税人的好评。在民主评议行风“回头看”测评中，群众的满意率明显提高。各级国税机关积极参加各类文明创建活动，一批先进单位和个人获得有关部门的表彰。去年，有1个单位获得全国妇联“巾帼文明示范岗”，26个单位获得自治区“青年文明号”，8个单位获得自治区“文明单位”；有4人获得“广西杰出(优秀)青年卫士”。

南宁市兴宁区政府

东沟岭改造开发“圣展大物流”项目签约仪式

2002年南宁国际民歌艺术节兴宁歌台

兴宁区位于广西首府南宁市中心，辖区总面积253平方公里，辖2个镇、2个街道办事处、28个社区居委会、18个村委会、常住人口17万。兴宁区具有得天独厚的优势，以朝阳路为轴线3平方公里范围内，汇集了上千家商场、商店、宾馆，其中有素称南宁市“王府井”的兴宁路、民生路步行街商号旺铺鳞次栉比，有南宁市交易场、和平商场、民族商场构成的商业“金三角”，有中华路、朝阳路、人民路、新华街等一批人气旺盛的商业街，有开发建设中的东沟岭新区。兴宁区犹如镶嵌在绿城之中一颗璀璨的明珠，展现出蓬勃发展的生机和迷人风采。

近年来，兴宁区委、区政府在市委、市政府领导下，坚持以邓小平理论为指导，贯彻落实“三个代表”的重要思想，以“西部大开发”为契机，充分利用区位优势，实施区域经济发展战略，以优惠的政策和良好的投资环境，推进城区经济持续、快速发展。2002年实现国内生产总值8.18亿元，财政总收入2.5亿元，分别同比增长14.29%、42.26%；社会消费品零售总额完成41.27亿元，增长19.34%。作为兴宁区头号工程的东沟岭改造开发实现良好开端，景观大道建成通车，建设周转房2.5万平方米，妥善解决了1800多户拆迁户的安置与遣散，先后接待国内外客商1000多人次，与香港利华远东公司等投资机构签订了“南宁金桥物流园”项目，合同引资6000万美元和6亿元人民币。党的建设、精神文明建设和各项社会事业同步协调发展，城区先后荣获首批全国科普示范城区，全国科技进步先进城区，全国“婚育新风进万家”活动先进城区，自治区双拥工作先进城区，自治区、南宁市社会治安综合治理模范城区，南宁市文明县区达标竞赛活动第一名等荣誉称号。

兴宁，这片热土，古老而又生机勃勃，充满了无限希望与迷人魅力。这里有首府繁华的商贸中心区，有正炙热开发的东沟岭新区，有繁花似锦的南国风光和浓郁的民族风情，她正以宽阔的胸怀和生机盎然的前景迎接八方来客。

兴宁区首届乡镇社区文化艺术节

兴宁区成立打防控巡防大队

崛起中的广

2002年，广西烟草坚持以发展为主题，以企业、产业、产品三个结构调整为主线，做精主业，做强工业。关闭了区内所有7家小烟厂，斥巨资进行大规模技改，狠抓产品改造、开发，使南宁、柳州两家烟厂规模迅速扩大，规模效益日益显现。2002年，全区烟草行业工商利税突破20亿元大关，同比增长29.71%，实现了广西烟草历史性的跨越，作为广西烟草两艘“旗舰”的南宁、柳州卷烟厂功不可没。广西烟草工业正驶上高速发展的快车道。

柳州卷烟厂是全国烟草行业36家“扶优扶强”重点企业之一，该厂秉承“人本、正直、创新、卓越”的企业价值观，与时俱进，开拓创新。2002年，该厂以斥6亿元巨资进行的50万箱异地搬迁技改工程为契机，深化改革，推进人力资源管理，初步形成了哑铃型、扁平化、精简高效的现代企业组织架构。企业通过了ISO9001-2000版国际质量体系认证，并用一年时间完成了新厂生产线的联动。在发展名优品牌“甲天下”系列产品的同时，新开发了“九九红运”、“大伯爵”等产品。全年累计完成卷烟产量44.39万箱，销量45.79万箱，实现利税8.13亿元，利润1亿元，各项指标均创历史新高。企业荣获“广西质量效益型先进企业”、“中国质量万里行杰出贡献奖”和“全区烟草系统先进集体”等称号。

南宁卷烟厂是一家拥有资产约10亿元、年创税利近7亿元的国有大型工业企业。2002年，该厂围绕“推进二次创业、

西烟草工业

——自治区烟草专卖局

实现跨越式发展”的战略思路，加快改革与发展步伐，全年生产卷烟39万箱，销售卷烟41万箱，实现税利7.1亿元，均创历史新高。该厂以高新技术为载体，新推出了“大地飞歌”、“御品真龙”等产品。“刘三姐”、“真龙”牌卷烟被中国食品工业协会评为“全国质量信得过食品”，“真龙”卷烟还获得“全国卷烟产品质量监督检验综合评比第一名”。企业多项QC成果在全国性的评比中荣获第一名，被评为“广西QC小组活动优秀企业”。斥资8亿元的50万箱卷烟技术改造工程进展顺利，技改完成后的南宁卷烟厂将以“新企业、新观念、新管理、新机制、新发展”的崭新风貌不断超越自我，缔创非凡。

① 柳州卷烟厂新建成的具有国内行业先进水平的现代化厂房
② 柳州卷烟厂领导班子（前排）在该厂品牌发展研讨会上
③ 团结有力的南宁卷烟厂领导集体(从左到右依次为:党委副书记、纪委书记孔海涛，常务副厂长陈峰，党委书记、厂长王全，副厂长卫国、莫华华、袁利强)
④ 甲天下广告标准版
⑤ 真龙广告标准版
⑥ 大伯爵广告标准版

广西区通信股份有限公司

GUANGXI ZHUANG AUTONOMOUS REGION COMMUNICATIONS CO.,LTD

Introduction

公司简介

中国网络通信集团公司副总裁、广西区通信股份有限公司董事长：裴爱华

中国网络通信集团是按照党中央、国务院关于电信体制改革重组的决策，在原中国电信集团公司及其所属北方十个省区市（北京、天津、河北、辽宁、黑龙江、吉林、山东、河南、山西、内蒙古）电信公司、中国网络通信（控股）有限公司、吉通通信股份有限责任公司的基础上组建成立的国有特大型通信企业。

中国网络通信集团的企业理念是：竞合赢得市场，融合创造力量，诚信铸就品牌，服务编织未来。

广西区通信股份有限公司是中国网络通信集团按照其在南方拓展的战略部署，以股份制方式组建的省级公司，其股份构成为：中国网络通信集团公司占百分之六十；中国网络通信集团北方十个省区市通信（原电信）公司各占百分之四，公司注册初期资金二亿元人民币，现辖十一个地市分公司和南宁营销部。广西区通信股份有限公司在全广西范围内现拥有三分之一的全国一级传输干线资源，目前正在加紧建设先进、完善的区内传输网、本地电话网和数据通信网。根据国家相关政策及中国网通集团公司的授权，广西区通信股份有限公司在全广西范围内主要经营：国内、国际固定电信网络与设施；基于固定电信网络的话音、数据、图像及多媒体通信与信息服务；与通信及信息业务相关的系统集成、技术开发、技术服务、设计施工等业务；经电信主管部门批准的其它业务。

广西区通信股份有限公司将用三至五年的时间，把公司建设成为“机制灵活、管理科学、服务一流、精干高效”的现代企业，给用户提供方便快捷、安全可靠的通信服务，为广西通信业的发展、加快广西信息化建设的步伐、实现“富民兴桂”战略部署和党的十六大提出的全面建设小康社会的奋斗目标做出应有的贡献。

总经理：刘运尧（中） 副总经理：陈海（右） 毛一致（左）

企业理念

服务编织未来　诚信铸就品牌

融合创造力量　竞合赢得市场

深化改革促发展　依法治价保稳定

——2002年广西价格工作综述

自治区物价局

价格决策听证引起社会普遍关注

价格诚信得到进一步弘扬

2002年，广西进一步深化了价格体制改革，价格管理从调定价为主向“定规则，当裁判”转变，进一步加强价格基础工作和法制建设，提高价格决策的科学化、民主化和透明度，充分发挥价格杠杆和价格监督管理作用，解决了影响经济发展和社会稳定的一些重要价格问题，治理整顿了价格和收费秩序，为促进地方经济发展和社会稳定作出了贡献。

各级价格主管部门充分用好西部开发有关价格政策，支持基础设施建设，促进地方经济结构调整。为广西农网一、二期改造项目出具收益权质押证明，争取国家安排广西农网改造资金109.9亿元，保证农网改造项目顺利完成；2002年3月，第一期完成农网改造任务的82个县实现了城乡居民生活用电同价，农民生活用电平均到户电价由0.8元／千瓦时降至0.55元／千瓦时，全年减轻农民电费负担7亿元。此外，还通过收取过路费权质押承诺，支持广西多条高速公路及30多个县的二级公路建设。

为配合地方经济结构调整，全区改革了地方铁路运价管理，允许地方铁路经营企业在规定的浮动幅度内根据运输市场情况灵活确定具体运价，争取西南更多的货物从广西港口出海；对实行政府定价的农产品实行优质优价，拉开质量差价。调动农民自觉调整品种结构；结合广西产业政策，对部分生产具有一定规模，发展潜力较大的特色企业用电，实行免“价区加价”优惠，对企业实行超基数用电电价优惠办法，超基数电价按不同类别降低0.05–0.10元／千瓦时。扶持其吸引资金，进行技术改造，向规模化经营发展。为了刺激广西旅游为“龙头”的第三产业的发展，陆续放开了一批涉及旅游的服务业的政府定价管理，如餐饮、宾馆、经营性景点门票等，严格按我国对世界贸易组织的价格承诺的规定项目进行规范。

为促进教育事业发展，广西进一步改革了教育收费体制，试行“学分制”收费。在保持2000年收费水平的基础上，对普通高校、普通中专、电大试行学费“学分制”的收费制度；先后出台了《广西壮族自治区社会力量办学收费管理暂行办法》和《广西大中专院校学生住宿收费管理暂行办法》，运用收费政策促进了高校办学，后勤社会化改革。

为进一步规范政府价格行为，自治区价格主管部门制定颁布了《广西价格决策听证目录》对重要商品和服务价格决策实行听证，并成功举办了2002年公路春运客票价格听证会、容县城市供水价格听证会等听证会，广泛吸取社会各界参与定调价方案的论证。还完成了《广西壮族自治区定价目录》的编制和审批任务。政府价格行为进一步得到规范。

涉农价格和收费公示制度深受广大农民欢迎

为了进一步规范市场价格秩序，优化投资与消费环境，促进投资与消费的增长，全区加强了价格监督执法的力度，各级价格主管部门共查处价格违法案件1128件，查处违法所得金额8261万元，实行经济制裁总金额4095万元，维护了正常的市场价格秩序。

为了切实制止向农民的乱涨价、乱收费行为，维护农民利益，减轻农民负担，全区将推行涉农价格和收费公示制度作为全年价格工作的重点，并取得了很好的成效。全区共设立涉农价格和收费公示牌1.75万个，发放明白卡（公示表）100万张，乡镇一级公示率达96%，行政村一级公示率达到89%，受到广大农民及社会各界的好评。

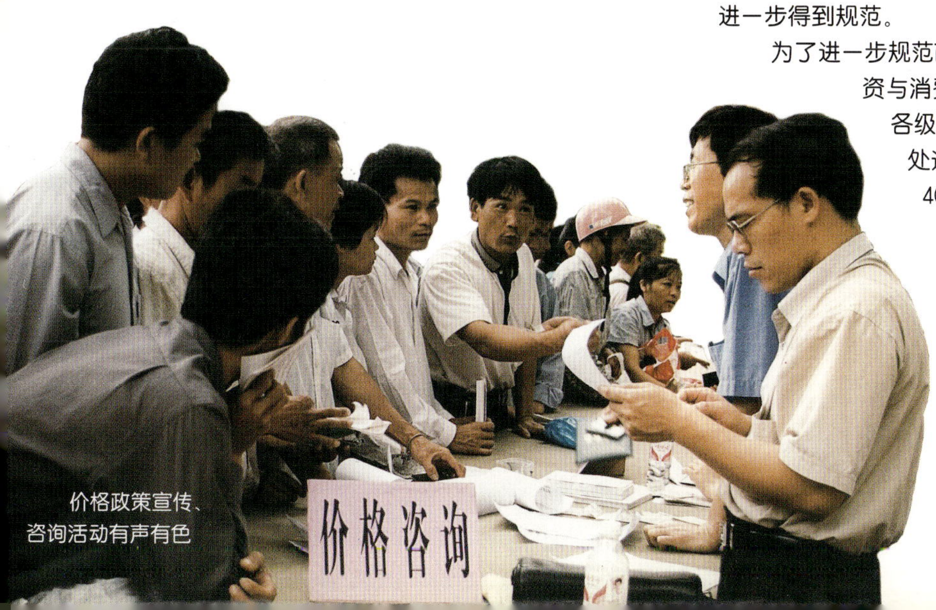

价格政策宣传、咨询活动有声有色

广西社会科学界联合会

GUANGXI SHE HUI KE XUE JIE LIAN HE HUI

自治区社科联主席　周国丰

自治区社科联党组书记　庞汉生

广西壮族自治区社会科学界联合会（简称广西社科联）成立于1984年12月11日，现有团体会员124个。其中：自治区级学会、研究会、协会106个，市、县、高校社科联18个。共有个人会员约15万人。

广西社科联机关设办公室、学会部、外联部、科普部四个部室，另设广西社会科学杂志社、改革与战略杂志社、东南亚经济与政治研究中心和机关服务中心等事业单位。

广西社科联是全区性社会科学界学术性社会团体的联合组织，是自治区党委领导的人民团体，是党和政府联系广大社会科学工作者的桥梁和纽带。主要职责是：

（一）领导和协调社会科学界各个学会、协会、研究会的工作，审批新建学会、指导市（地）、县、高校、大中型企业社科联的工作。

（二）组织召开自治区社科联代表大会、全委会、常委会以及全区社科联系统的工作会议。

（三）组织社会科学理论研究、学术交流、人才培训和调研工作。

（四）组织社会科学优秀成果的评奖工作。

（五）组织开展社会科学的宣传普及和咨询服务工作，协调社会科学刊物的交流与合作。

（六）联络区外社科联和国外学术团体，组织开展对外学术交流活动。

（七）负责对有关的社会科学社团进行监督管理，维护团体会员和广大社会科学工作者的合法权益，听取并反映社科界的情况和意见，奖励和表彰先进团体及其工作者。

（八）承担自治区党委、自治区人民政府交办的其他事项。

广西社科联主办两个公开出版发行的期刊即《广西社会科学》和《改革与战略》，各地市、高校社科联和区级各学会、协会、研究会也办有各种社科刊物，它们是我区广大社科工作者发表科研成果、交流理论信息、开展学术探讨的学术理论园地。

广西社科联承办广西社会科学研究优秀成果评奖活动，两年一次。从1984年至2001年，共组织开展了七次全区社会科学研究优秀成果评奖。

用科技缔造市场　让市场拥抱科技

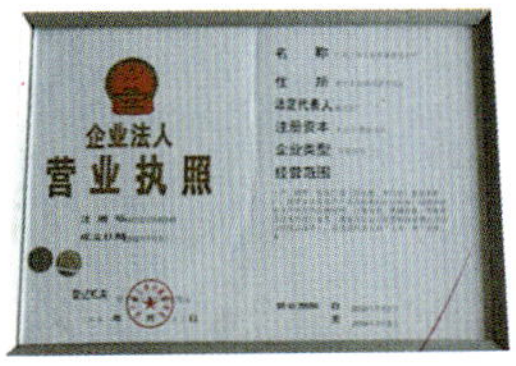

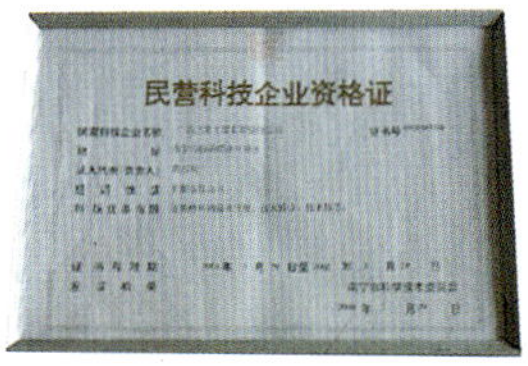

广西三奇工贸有限责任公司

窗，能否“昌”，关键在于它的实用，美观和成本。

为使对窗的有识之士真正能在马年马到成功，我公司隆重推出新产品——多功能滑动式组合窗，该窗与去年推广的——改进型推拉平开多功能组合窗相比，有以下几大优点：

一、结构新颖　使用方便

该窗的推拉形式是采用滚珠滑动，故该窗在使用时能保证推拉轻松，它的品字型钢珠排列，使窗在平开时稳定牢固，由于窗扇是利用轴为边支点，故窗扇能向外自由旋转，既方便搞卫生，又能引风入室。

二、成本低

窗全部用国标材料，如 1500 × 1500 的窗，每平方米用料仅约 150 元。

三、生产安装简单

窗虽然功能多，配件很少，并且整个窗的设计充分考虑了型材的通用性，所以其生产安装都极为简单。

四、技术转让方法

区域性实施许可。

五、技术转让费

一个县 5 万元，一个地级市 15 万元，省（区）首府城市，直辖市面谈。

六、生产设备投入

机械冲切 2 万元以下，手动冲切 5 千元以下。

我们在中国绿城南宁等您

推拉功能

引风入室的功能

平开功能

窗扇外旋的功能

地　址：广西南宁市仙葫经济开发区
电　话：(0771) 4780333　4780666
2650666　2651666
传　真：(0771) 4781329

柳州市地方税务局

2001年6月12日，广西区人民政府副主席袁凤兰一行在柳州市地方税务局进行工作调研，与局干部座谈。（前排左一为广西区地税局副局长黄明汉，前排左二为袁凤兰副主席）。

【概况】 2000年，柳州市地方税务局下辖1个稽查局、11个分局、2个县局，税务所106个，干部职工623人，担负着全市及两县4.4万户工商业户的地方税收征管，其中国有经济2717户、集体经济4274户、个体经济3.2万户、其他经济5009户。

【税收收入】 2000年，柳州市地方税务局累计完成地方税收收入83223万元（不含防洪保安费，下同），完成自治区地税局下达年度收入计划79000万元的105.3%； 2000年，柳州市地方税务局市局本级累计完成市级收入67696万元，完成市政府下达年度收入计划59800万元的113.2%。

【征管改革】（1）适应征管工作新形势，建立并落实新的征管档案管理规定。实践中，把征管档案分户立卷归档改为分类立卷归档为主与分户立卷归档为辅相结合；将税收征管档案除税务违章处理类资料长期保管外，其余档案资料的保管期限均规定为3年等。（2）制定并实施了征管质量考核标准，有效地提高了征管质量。依据上级要求，结合该局征管模式、征管流程、计算机网络建设要求，经过认真研讨、征求意见、反复修改，对登记率、申报率、入库率、滞纳金加收率、欠税增减率、申报准确率、处罚率等七个率的考核目的、考核内容、考核指标、考核对象、考核方法进行了严格、细致的规定。（3）确保计算机广域网络在全局顺利开通运行。（4）精心组织，周密部署，促使《广西地税信息系统》在两县局的推广应用试点工作圆满成功。

【干部队伍建设】（1）以树立行业文明为特征的精神文明创建活动扎实开展。截止至2000年11月份，该局共有29个各级青年文明号集体，其中，国家级“青年文明号”集体1个，区级“青年文明号”集体10个，市局“青年文明号”集体18个；同时，该局共有9个各级巾帼先进集体，其中，国家级两个，区级7个。在争先创优活动中，市局领导身先士卒，罗树生同志荣获“柳州市巾帼建功优秀领导者”、“柳州市中心学习组先进个人”、“鱼峰区双拥十佳”等称号，周秋容同志荣获“广西十佳优秀女地税工作者”称号，与此同时，辛桂勇、覃庆荣、刘坚、陈田喜、杨玉斌、谢小聪、徐晟等一批中层干部也荣获市县级和城区级的创先争优活动奖励。（2）加大教育、培训力度，努力培养一支高素质的干部队伍。（3）教育与建章立制并举，使党风廉政建设工作卓有成效地深入开展。

2001年6月中旬，柳州市地方税务局鱼峰分局共青团中央等部门授予“全国杰出青年文明号”及“全国青年文明号信用建设示范创建单位”称号，图为柳州市地方税务局党组书记、局长罗树生（右二）在鱼峰分局指导创建工作。

广西柳州钢铁(集团)公司

广西柳州钢铁（集团）现有固定资产总值55亿元，资产净值42亿元，是集冶金、科研、设计、建筑、疗养、商贸、环保于一体的国家特大型企业。

目前，柳钢已有300m³级高炉五座，35吨转炉三座，轧机七套以及焦化、烧结、制氧等配套设施，可生产中厚板、中型材、棒材、线材、薄板、冷拔无缝管等六大系列产品，已具备180万吨钢的综合生产能力，其中中板四辊轧机是目前中南、西南地区装备较先进的一套轧机。

面对西部大开发的机遇和我国加入世贸组织带来的挑战，柳钢领导班子综合对比分析了所面临的形势，邀请国内钢铁行业的专家对柳钢的发展规划进行论证后，果断地调整了“十五”发展规划。通过引进先进生产工艺对现有设备进行改造，到“十五”末实现钢产量320至350万吨，年销售收入达60到70亿元，利税10亿元的目标。2002年铁、钢、材产量奋斗目标为三个168万吨，上半年铁、钢、材产量分别达到了84.1万吨、79万吨、85.67万吨，分别比上年同期增长43.96%、44.92%、41.19%，实现工业总产值（现价）达16.97亿元，比上年同期增长26.55%，钢材销售量达86.75万吨，销售收入达17.34亿元，实现利税2.75亿元，利润1亿元，为实现今年跨越式发展奠定了基础。

在做优做强钢铁主业的同时，柳钢在发展环保、钢铁深加工、旅游、房地产、物业管理等方面也取得了较好的成绩，今年上半年非钢产业实现销售收入8660万元，利润761万元。

▲ 董事长、党委书记吴集成(前排右)、总经理梁景理(前排左)陪同自治区党委书记曹伯纯(前排中)到生产现场视察。

◀ 柳钢投资1.5亿元达到国际先进技术水平的大板坯连铸机。

▼ 柳钢投资9000多万元的连续棒材生产线生产的螺纹钢为国家免检产品。

联系电话：
(集团)公司办公室：0772-2592651
(集团)公司传真：0772-2313416
经销公司经理室：0772-2592749 2593929 2592504
经销公司传真：0772-2311819

训练有素的客服队伍

铁通柳州分公司

CHINA RAIL COM LIUZHOU BRANCH

党建工作不放松

铁道通信信息有限责任公司(简称“铁通”)是经国务院批准，信息产业部核准，国家工商管理局注册，由铁道部及所属铁路局、(集团)公司共同出资组建的国有大型电信运营企业。公司总资产136亿元(人民币)，员工6.9万人。公司成立于2000年12月26日，接受国务院电信行业主管部门的行业的管理。公司是自主经营、自负盈亏的独立法人实体。

铁道通信信息有限责任公司柳州分公司(简称铁通柳州分公司)于2001年6月28日注册成立，是隶属于铁通公司的地市级分公司，由铁通广西分公司直接领导。公司现有固定资产近三亿元，员工600多人，享有柳州地市境内铁通网络的经营管理权。铁通柳州分公司的前身是柳州铁路局直属通信段和柳州电务段通信部门，创建于1958年，作为柳州铁路局的通信枢纽，担负柳州铁路局行车调度、干局线长途电报电话、卫星、数传通信线路和设备的使用维护管理，集40多年的通信运营维护管理经验，拥有完整的通信生产和维护管理体系、规程、规章及一体化的管理、安装、维护能力。公司组建以来，经过一年多的基础建设，建成各城区通信管道线路近100多公里，交换机容量近10万线。固定本地电话网已覆盖柳州市及周边县市，对社会提供公网码号，国内长途电话网通达全国各省市。公司本着优势互补、共同发展的原则，与中国电信、中国移动、中国联通、中国网通实现了互连互通。

通信的技术优势

通信网络具有业务门类齐全的能力，可以在基础层、业务层、服务层三个层次上进行经营。

传输网是以光缆为主，卫星和微波为辅的大容量、高速度的传输网络。传输技术采取了以光纤传输媒介为主的数字同步系列(SDH)，并正在扩大密集波分复用(DWDM)的光缆网；电话交换采用数字程控交换技术；数据通信采用帧中继和ATM技术；以IP over ATM技术构建计算机骨干互联网；采用IP over SDH技术开通了2.5G bps宽带城域网。

中心局监控中心

业务与发展

铁通柳州分公司享有柳州地市范围内铁通通信网的经营管理权，可向广大企事业单位和个人提供全国范围内的长途电话业务、本地电话业务、传真电报业务、公共数据传送业务、视讯业务、声讯业务、网络资源出租业务、互联网接入服务(ISP)、互联网信息服务(ICP)、卫星通信业务、专用通信业务、与通信信息业务相关的软件开发、技术咨询、系统集成业务等综合性业务，还可向广大公众用户提供96069金桂卡(区内使用长途电话)、17990IP卡、068300长话卡(全国使用长途电话卡)、铁通95868上网卡、96066校园卡、IC电话卡等各种卡类业务。

铁通柳州分公司坚持“为用户创造价值，为用户降低成本，为用户提供长久优质服务”的经营理念，将抓住电信市场开放和发展的机遇，积极推行现代企业制度，推进公司体制和机制创新，完善公司管理，以诚信、质量、服务为用户提供一个新的选择，为发展柳州信息产业作出积极贡献！

通信大楼

利达（柳州）化工有限公司

KHALISTA (LIUZHOU) CHEMICAL INDUSTRIES LTD.

公司全景图

利达（柳州）化工有限公司始建于1994年，是由新加坡利达（远东）私人有限公司独资经营管理，专业生产山梨醇及其它淀粉增值产品的新型技术型企业。公司占地约10万平方米，工厂内已建成山梨醇生产线及为其提供全方位支持的锅炉房、配电房、废水处理站、制氢车间、办公大楼和员工食堂等各种附属设施。公司现有员工230人，并在广州市及上海市设有联络处。

海外母公司计划在利达(柳州)化工有限公司投资5,000万美元。自1994年破土兴建至今，公司已在第一、第二阶段完成投资2，900万美元。到2001年7月，第一期扩建工程完工后，我公司已形成年产4万吨70%山梨醇的生产规模。预计到2003年6月，第二期扩建工程完工时，公司年产量可达到8万吨。

作为国内山梨醇行业的领头羊，我公司一直为客户提供优质的产品及完善的售后服务。产品广泛应用于维生素C、牙膏、食品、饮料、添加剂、化妆品和制药等行业，深受客户好评。

我们很荣幸能够为我们尊敬的客户和业务伙伴提供服务并展开合作，真诚希望与您携手谋求共同发展。

令客户满意是我们的宗旨。

① 2000年11月11日广西壮族自治区党委书记曹伯纯到公司视察工作。

②③ 生产技术与设备，所有重要设备及控制系统均由欧美进口。精良的设备，先进的生产工艺为产品的产量及质量提供了可靠的保证。

④ 2002年5月21日公司产品首次出口启运仪式，公司成功开拓海外市场，山梨醇产品远销日本花王集团。

地址：广西柳州市西江路静兰经济开发区
邮编/P.C.：545006
电话/Tel：86-772-3122901（总机）
86-772-3111394（销售市场开发部）
传真/Fax：86-772-3121724
电子信箱/
E-mail：lida@public.lzptt.gx.cn

桂林站全貌

桂林站领导班子认真研究车站改革发展思路。

桂 林 車 站

桂林车站是柳州铁路局湘桂线上的一等客运站，位于“山水甲天下”的桂林市中心，是铁道部、柳州铁路局的主要窗口单位，也是桂林市对外开放的重要窗口。车站下设客运、行装、售票、运转、旅行服务部、综合服务公司等六个部门，融行车指挥、客运服务和商贸、住宿、旅游多功能于一体，可发售和办理至全国所有车站的客票及行包业务，年发送旅客近200 万人，运输收入1.7 亿元，是柳州铁路局的收入大户之一。为方便旅客，车站实行24 小时不间断售票，开设了荔蒲、阳朔、贺州及市内联网售票点，并与邮政“185”客户服务中心合作，形成了一个以车站为中心、辐射面广的售票网络，旅客在本站可以直接购买换乘站至目的站的联程票以及从外地返回本地的返程票，为旅客出行提供了极大的方便。

近年来，车站从改善服务、完善机制、强化营销入手、遵循“教育、机制、管理”三者并举的原则，把树立旅客至上的新理念、提供满足旅客货主需求的新服务、塑造“优质服务与山水同美”的企业新形象作为搞好车站工作的重点，以确保旅客运输安全为主线，以不断满足旅客货主日益增长的需要为目的，转变服务理念，改善服务设施，落实服务标准，规范服务行为，造就了一支开拓进取、服务人民、奉献社会的职工队伍，实现了两个文明建设同步发展。连续多年保持了“全国卫生车站”、铁道部“文明车站”、自治区“ 文明单位”等称号。

为了更好地为旅客服务，车站服务设施的科技含量也逐年提高，在原有设施的基础上，添置了微机客票发售结帐系统、客运微机补票系统、行包微机制票系统、自动语音合成广播系统、触摸访问式查询系统、揭示引导系统、剩余票额显示系统，配备了自动温控开水器和夜间照明标示牌，对站内各种服务揭示、标志、标识和整体绿化进行统一规划，实现了各种揭示美观大方，准确及时；引导标志规范，布局合理，服务设施完善，功能配套。

车站永远遵循以人为本的原则，按照安全优质、旅客满意的要求，热忱欢迎南来北往的宾客！

桂林站地址：桂林市中山南路57 号　　邮政编码：541002　　联系电话：2164752

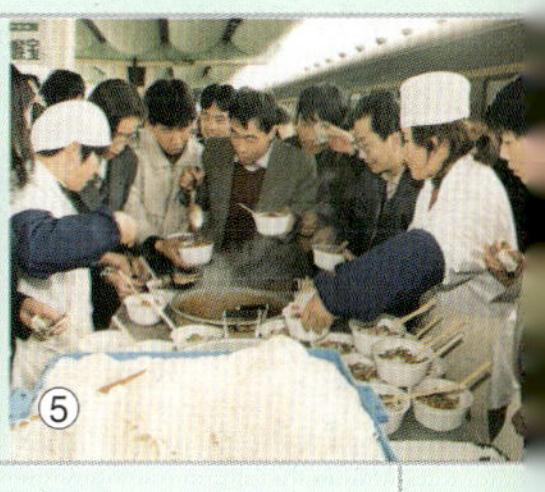

GuiLinchezhan

①②桂林站主动诚恳征求人大代表和旅客货主意见，不断提高服务质量。
③客运服务人员引导、扶送老大娘上车。
④⑤“桂林米粉”吸引着南来北往的旅客。
⑥主动上门为旅客办理行包托运。
⑦桂林站贵宾室一角。
⑧桂林站售票车间一角。

GuiLin chezhan

桂林工学院

GUI LIN GONG XUE YUAN

自治区副主席吴恒视察我院

全区高校宣传思想政治工作创新研讨会在我院召开

基本情况：2002年，桂林工学院继续贯彻落实2001年学院第一次党代会提出的“育人为本、科教并重、实施三大工程、推进四项改革”的总任务，广大师生员工奋发进取，开拓创新，实现了办学质量、办学规模和办学效益的协调发展。

到2002年10月底，学院各类在校生总数已达15000人，其中硕士研究生118人，本科生6592人，专科生574人，高职生3084人，成人教育在读生4210人。在职教职工976人，其中专任教师527人。专任教师中，博士导师6人，教授31人，副教授118人，讲师185人，助教89人。教职工中拥有博士学位的16人，硕士学位的139人。

硕士学位授权点已增至10个，本科专业增至28个，拥有地质工程等4个自治区级重点学科、材料工程实验室等4个自治区级重点实验室。

2002年，学院新增管理学院、外语系、艺术设计系等3个二级教学机构，并将基础学科部更名为数理系。至此桂林工学院已成为拥有桂林、南宁两个校区，十个二级教学单位（系、院、部）的文、理、经、管兼容的多科性工科院校。

教学改革和学科建设：重点抓了10个硕士点的建设和博士授权单位和博士学位点的申报工作，重新厘定了7个院级重点学科并与学科带头人签订了责任状，地质、材料、环境、旅游和管理等学科已逐渐成为在社会上较有影响的优势学科。加大了对学科建设和实验室建设的投入，全年投入学科建设资金1300多万元。课程建设方面，启动了学院第三轮重点建设课程共37门（其中：区级6门，院级21门，系级10门）。

教书育人先进集体、先进个人表彰大会

科研工作：2002年，共举办学术报告会、学术讲座等44场，承办国家级学术会议2场；承担纵向科研项目62项，横向科研项目77项。通过努力，全年科研和科技服务到位资金1000多万元，发表学术论文近400篇。

招生和就业：2002年共招收本科新生2159人，专科生339人，高职高专生1515人，研究生141人。通过扩大招生，创造了较好的社会效益和经济效益。

2002年，学院共有毕业生927人，其中本科782人，专科生44人，高职生86人。2001届毕业生就业率达93.2%，远高于65.4%的全区平均水平。

教师队伍建设和党政管理工作：全年共引进教师122人，是建院以来引进新教师最多的一年。其中硕士以上和具有高级职称29人。共投入40万元用于师资培训，送出22人进行在职和离职进修，其中，有16人攻读博士学位。至此，学院在读博士已经达到59人。通过人事制度改革，强化了竞争机制，聘任了一批学术带头人、学科带头人和中青年学术骨干，学科梯队建设进一步加强。

加强了岗位聘任考核，表彰了一批先进集体和个人。加强了对校园安全稳定工作的领导，至今未发生重大安全责任事故。学院档案管理通过国家二级认定考核。

基础设施建设：建筑面积20000平方米、总投资3000多万元的教学主楼于2002年8月建成并投入使用，这是学院成立以来建筑规模最大、投资最多、科技含量最高且唯一利用国债建设的项目，可提供180多个自然班共计7655个座位同时开课。与此同时，青年教师公寓、学生公寓、体育馆、科技大楼、土木结构大楼等工程也相继开工兴建，部分已完工。还对教学楼、学生公寓等进行了维修改造，对校园进行了绿化、美化，使校园的面貌焕然一新。

新建的现代化教学大楼

后勤社会化改革：2002年初，后勤服务中心正式从学院行政系统剥离，成立后勤服务集团。经过一年的努力，后勤各部门均超额完成任务，实现了后勤中心发展资金积累、职工收入同步增长的良好局面。

桂林北车站

站长：王永昌

党委书记：韦全生

桂林北车站位于湘桂线北端，是柳州铁路局的一个客货一等站，被称为广西运输的重要北大门。车站分为新客站，北货场和南货站三个部分。其中新客站占地面积4.36万平方米，候车厅一次可容纳旅客5000人，集候车、购物、娱乐、旅游一体的大型综合客运站，是华南第一大站。服务功能齐全，运输设备先进，为旅客提供舒适、安全便利、快捷的候车环境和乘车条件。对促进桂林旅游和其他行业的发展发挥十分重要的作用。

南北货场占地9.65万平方米，是全国53个大货场之一。年货物吞吐量300多万吨，具有先进的现代化微机管理系统，承办各种铁路货物运输业务包括国际联运、水陆联运业务。主要办理整车到发、零担发送、冷藏运输及各种类型集装箱业务。拥有机型齐全的大小装卸机械50余台，年装卸能力超过400万吨，并配有三台调车机车24小时进行列车解编作业及取送作业。

车站全体干部职工坚持以邓小平理论和江泽民总书记“三个代表”的重要思想为指导，深入贯彻党的十五届五中、六中全会精神紧密围绕车站生产经营中心，发扬“开拓进取、从严务实、团结协作争创一流”的企业精神，不断加强运输组织，充分利用运能运力优势强化客货营销，以优质的服务于旅客货主。经济效益一年一个台阶2001年运输收入超亿元。货物发送吨超百万吨的佳绩。

2002年车站面对市场的激烈竞争，紧紧抓住客货运市场，围绕运输安全这一中心工作，以客车安全为重点，大力开展安全大检查和安全专项整治活动，抓好干部作风转变和职工“两纪一化”的落实，确保了车站安全生产基本稳定，运输生产保持良好的发展。截止2002年9月30日，实现安全生产2129天，劳动安全3138天，创建站以来的最好成绩。

车站连续4年被铁道部授予“安全优质站”荣誉称号。铁路局“安全防火达标”单位、“四好领导班子”、连续保持自治区“文明单位”

目前全站干部职工以与时俱进的精神，努力实践“三个代表”，再创新的辉煌。

供电局局长　李昌富

桂林供电局

【概况】桂林供电局为国有中[illegible]型企业，隶属广西电力有限公司，对桂林市郊、灵川县、临桂县、阳朔县、兴安县、永福县的供电企业实行代管。局本部内设18个管理职能部室，4个二层机构，在册员工783人。下辖7个多种经营企业，员工307人。2001年末资产总值12.17亿元，固定资产原值9.93亿元。拥有35～220千伏变电站27座，主变压器39台，220千伏变电容量780兆千伏安，35～220千伏输电线路52条，线路总长度1507公里，10千伏配电线路124条，线路总长度1921公里。直供客户81300户，趸售客户13个。

【生产经营持续稳健发展】

一、安全生产稳定。全年未发生人员责任的重大设备事故、特别重大设备事故、电网稳定破坏导致的大面积停电事故、恶性误操作事故、污闪停电事故、以及重大火灾事故，实现年内2个连续安全生产100天的安全记录，年内最长连续安全生产天数为148天。

二、电力营销完成指标稳步提高。全年完成供电量21.58亿千瓦时、售电量20.54亿千瓦时，分别同比增长8.34%和8.44%，再创历史最高记录，增幅位居广西电力有限公司系统各大供电局之首。全年实现售电收入66751.91万元，完成平均售电单价325.06元/兆瓦时。当年电费回收率为97.16%，陈欠电费回收率为46.07%。

三、技术监督指标完成良好。35项技术监督指标均完成良好，其中30项达到一流企业标准。其中：线损率为4.85%，配电系统供电可靠率为99.74%，供电系统电压合格率为97.93%。

四、年度大修、技改、科技项目完成良好。完成大修项目21项，投资855.6万元；完成技改项目18项，投资918.45万元；完成科技项目1项，开工1项，投资8.8万元。

五、城乡电网改造工作成绩显著。在城网改造、直供农网改造及趸售县农网改造三个方面，分别完成年内投资22653.4万元、8959.6万元、10652.7万元，分别完成年度投资计划的97.74%、294.72%、183.95%，累计投资计划完成率分别为90.21%、93.36%、96.08%。新建成投运220kV变电站2座、110 kV变电站6座，改造110 kV变电站1座，220kV变电容量增加270MVA，可满足桂林未来10年的用电增长需求。

六、多经企业经营效益明显提高。所辖多经企业共完成总收入5656万元，实现利润总额635.5万元。

【全年重点工作】坚持"安全第一"不动摇，落实安全生产责任，加大检查监督力度，杜绝习惯性违章行为；结合ISO9001贯标认证和建设企业运行评价体系工作，进一步规范健全规章制度，抓好生产基础管理，确保电网安全稳定运行；集中精力做好城乡电网建设与改造工作，加强工程管理及配合协调，加快工程进度；采取积极的电力营销策略，进行客户用电分析和优惠电价政策宣传，规范电费电价管理，稳健拓展营销市场；加强内部财务预算控制与内审工作，重点作好电网改造项目的审计监督，促进提高企业经营效益；实施多经企业体制改革，调动职工参与多经企业管理的积极性，以改革促进企业经营效益提高；认真开展"电力市场整顿和优质服务年"活动，深化民主评议行风工作，推进优质服务再上新台阶。

桂林市殡葬管理处

殡葬管理处休息长廊全貌（内有火化车间和业务大厅、收殓车间）

桂林市殡葬管理处在自治区民政厅的指导下，在桂林市委、市政府、市民政局的直接领导和关心下，通过广大干部、职工的艰苦努力，使殡葬业自创业至今有了较大的发展，取得了较好的社会效益和经济效益。特别是近年来，通过学习“三讲”和行业行风整顿，努力践行“三个代表”思想，与时俱进，取得了辉煌的成就，为桂林市殡葬业的发展、为在WTO框架中参与竞争奠定了坚实的基础。

殡管处领导班子研究学习“三个代表”重要思想

一、桂林市殡葬管理处基本发展概况

桂林市殡葬管理处位于桂林市东郊尧山西南山麓，占地面积270亩，建筑面积4882平方米。现有干部、职工91人。1985年4月定为副处级事业单位，1988年6月更名为“桂林市殡葬管理处”。1999年成立了公墓管理所，隶属于殡葬管理处，这样殡管处就下设有“一馆一所二科”：殡仪馆、公墓管理所、政秘科、宣传科。目前固定资产有2980万元，其中殡仪馆1180万元，公墓1800万元。殡葬管理处的主要任务是：完成全市的殡仪服务和殡葬管理工作。殡仪馆在1997年12月被评为国家二级馆，尧帝公墓于2001年荣获广西二等奖。

二、建立高效机制，营造窗口服务环境

历届殡管处领导均以殡仪馆建设作为工作重要一环来抓，特别是在新的领导班子舒良林主任、覃荣亮书记的带领下，广大党员干部深入学习贯彻“十六”精神，积极实践“三个代表”重要思想，实事求是，开拓创新，从思想意识、业务技能、服务方式、基础设施等方面上着手，在进入国际殡葬业快车道过程中，形成了“内强素质，外树形象”的核心格局。

三、加强殡改宣传，强化殡葬执法力度。

鉴于近几年来桂林市火化率徘徊不前的局面，地市合并后，民政局及时召开了殡葬改革领导小组和各县（区）分管殡葬改革工作领导参加的殡葬会议，规定每年例行会议一次，为桂林市的殡葬改革指明了方向，明确了目标。

1、各县（区）均开展清明节前后殡葬宣传月活动。每年清明前夕，殡葬管理处均利用广播、电视、报刊和其它宣传媒介、宣传车开展轰轰烈烈的殡葬宣传活动，并且抽出资金组织殡葬文艺宣传队下到城乡结合部进行殡葬改革演出，今年3月。殡葬管理处制作的“视点追踪”宣传片，在电视台滚动播出时，就引起了社会各阶层的广泛关注。

2、由市民政局牵头组织各县（区）民政局鉴定年度殡改岗位承包责任状，将殡改工作任务分解落实到各县（区）。

3、加强殡葬执法，检查有关市政府下发的公告落实情况，1997年以来，桂林市政府为保护风景山三次下发公告，共迁乱埋乱葬在风景山上的坟3800余座，有效的净化了桂林的山水环境。

殡管处业务大厅全貌

公墓管理所树葬全貌

①

桂林市

公共交通集团有限公司

GUILINSHI GONGGONG JIAOTONG GONGSI

桂林市公共交通集团有限公司是由原桂林市公共交通总公司通过资产重组、改制而来的。公司现有员工1900人、市内公交线路38条、公交车辆540台、总资产2.5亿元，下辖有桂林市新城市巴士公司（含4个分公司和新福利公司）、桂林市新世纪运输有限公司（含阳朔、灵川、临桂3个县汽车站）、桂林市顺通出租汽车有限公司、桂林市城市国际旅行社有限公司、物业管理公司、修理厂、桂林市顺大旅游船运公司（筹备阶段）、巴士广告公司等11个经营实体，年产值达8200多万元，客运量达1.2亿人次，营运里程达1800万公里，主营收入达6800万元。

2002年，是桂林公交的改革发展之年。在市委、市政府的领导下，公司领导班子坚持以“三个代表”重要思想为指导，紧紧抓住城市公交改革的契机，不断开拓创新，不断探索和谋求城市公交发展的新路子，企业经济取得显著成绩。2002年4月19日，公司正式接管原连通集团阳朔、临桂、灵川三个县汽车站的人、才、物和全部业务。2002年5月1日，根据市委、市政府城市公交改革要求，投入110台低地板、大容量新型公交车，首开全国先河在市区二环以内开通51、52、53、54、55、56、57、58路共8条免费公益线路；6月27日，集团公司正式挂牌成立；7月，集团公司购置的50台出租汽车正式投入营运；9月26日，集团公司与连通集团正式合并组建桂林运输发展集团有限公司。目前，集团公司已形成以城市公共交通运营为主业，集长、短途道路客运、汽车出租、旅游车船、旅游服务、物业管理、汽车维修及配件供应、饭店、广告等为一体的多行业生产经营格局，成为桂林市城市公共交通运输的骨干企业。

多年来，公司坚持“两手抓、两手都要硬”方针，坚持“以人为本”，狠抓优质服务和职工思想道德建设，持续开展“双十佳”、“文明乘客”评选、“军警民共建”、“青年文明号”、“诚信示范线”等“诚信建设工程”创建活动，企业先后获创全国文明行业先进单位、全国职业道德教育先进单位、全国建设系统精神文明建设先进单位、自治区“青年文明号”标兵单位、自治区职工思想政治工作先进单位等多项殊荣。

③

④

②

① “两手抓，两手都要硬”，企业两个文明建设获得丰硕成果。
② 团结、拼搏、锐意改革的领导班子。
③ 多年的“双十佳”评选活动，有力地促进了我市两个文明建设，为公司培养了一批高素质的职工队伍。
④ 图为广大员工和共建单位官兵在贯彻落实《公民道德实施纲要》争做诚信公民倡议书上签字。

广西建工集团第五建筑工程有限责任公司

广西建工集团第五建筑工程有限责任公司是具有国家建筑一级资质的施工企业，有独立的科研设计机构及一级中心实验室，2002年6月通过建设部资质认证，获房屋建筑施工总承包一级，钢结构工程总承包一级。公司下设土建施工分公司、钢结构分公司、工业设备安装分公司、机械化施工分公司和路桥工程分公司，装饰、装潢分公司，模板分公司，还有大型混凝土预制构件厂、建筑防水材料厂、金属结构厂、铝板厂、网架厂、彩板厂等工业产品生产厂。是一个门类齐全的综合性大型建筑企业，具有年完成15亿元以上的综合能力。

公司一贯奉行百年大计，质量第一，用户至上的宗旨，本着“精心施工、科学管理、创一流精品、让顾客满意”的质量方针。近年来，先后荣获国家荣誉称号5项，省、部荣誉称号45项，柳州市华侨大厦1998年荣获“鲁班奖”，1990年起连续十一年被广西工商局评为“重合同、守信用”企业，1999年通过了ISO9002质量体系认证，获北京中质协保证中心颁发的《质量体系认证证书》和中国质量管理协会质量保证中心颁发的《质量体系注册证书》，在社会上有良好信誉。

① 富有中国传统古典园林特色的公司大门。

② 广西柳州华侨大厦，建筑面积23000m²。1998年被评为广西优质工程，同年获中国建筑工程“鲁班奖”。

③ 广西民族艺术宫由民族艺术宫、民族商业中心、民族大厦三部分组成，总建筑面积29万m²，两幢主楼均高30层，整个建筑群极富民族特色。

④ 广西柳州饭店，柳州首家四星级涉外饭店。

⑤ 广西柳州柳江大桥，我国第一座跨箱悬臂结构大桥，主跨120米，采用三向预应力钢筋混凝土技术施工，1978年获全国科学大会奖。

广西三建公司大门

GUANGXI JIANGONG JI TUAN

广西建工集团
第三建筑工程有限责任公司

DISAN JIANZHU GONGCHENG YOUXIAN ZHERENG GONGSI

广西建工集团第三建筑工程有限责任公司是国有独资的国家一级资质施工企业，成立于1966年1月，2002年6月通过建设部资质认证，获房屋建筑工程施工总承包一级资质。1999年通过了ISO9002质量体系认证，目前正在进行ISO9000质量标准、ISO14001环境和GB/T28001-2001职业健康安全管理三项体系的认证。公司注册资本金6030万元，净资产6308万元，现有在职员工2559人，其中管理人员953人、有技术职称的人员613人、一级项目经理33人、二级项目经理80人，是集土建、设备安装、建筑装饰、建筑设计及职工培训等业务为一体的综合性建筑企业。

公司有科学严格的质量保证体系和丰富的施工经验，施工生产能力强，社会信誉好。在所承建的工程项目中，获得市级和自治区级以上优良或优质工程共115个。1989年起连续十二年被广西工商局评为“重合同、守信用”企业，2000年被评为“全国施工企业设备管理优秀单位”，2000年和2001年连续两年荣获“广西先进建筑施工企业”、“广西建筑施工质量管理优秀企业”、“广西建筑施工安全生产（管理）先进单位”等荣誉称号。

由广西建工集团第三建筑工程公司承建的南宁地税局培训中心大楼，地下一层，地上十五层，建筑面积21154平方米，于1998年11月24日开工，2001年2月26日竣工。

广西建工集团第三建筑工程有限责任公司承建的广西龙泉山医院住院楼，建筑面积6248平方米，1999年10月开工，2000年12月竣工，获柳州市“龙城杯”奖。

广西建工集团第三建筑工程有限责任公司承建的广西工学院第三教学楼，建筑面积6559平方米，2000年6月开工，2001年8月竣工，获柳州市“龙城杯”奖。

广西建工集团第三建筑工程有限责任公司承建的广东东莞怡乐花园商住楼，建筑面积45000平方米，高120.6米，共39层，获市优工程。

柳州市雅维乳品公司

雅维乳品公司是1997年由8名大学生创办的，自创办以来，得到了政府各部门的大力支持。目前，公司按“公司＋基地＋农户”的奶业产业化模式正在不断发展壮大，如今已发展成为一家集团化公司。公司由雅维乳品一厂、雅维乳品二厂、雅维奶牛饲养基地、雅维营销公司四部分组成，拥有三千多万固定资产。目前公司集奶牛饲养、乳品加工、科研开发、营销服务于一体，是区内大型的农业产业化龙头企业。2001年公司通过了柳州市卫生局、市防预站、市技术监督局、市教育局、市农委、市工商局等多个部门的联合认证，成为柳州市学生奶定点生产企业。

总投资1000万元的乳品生产二厂，占地12亩，其环境优美，是广西最好的乳品生产厂区，拥有国内最先进的乳品加工设备，加上其完善的生产管理，足以使公司成为区内同行的佼佼者。乳品二厂的建成将对柳州郊县的农村经济发展具有广泛的拉动作用。

雅维乳品公司总部

地址：柳州市洛埠开发区1号
电话：(0772)2750321

基地内健康的奶牛

严格的质量检验

环境优美的生产厂区

先进的生产线

玉林市环境保护局

甘并福局长（右四）带队到福绵管理区检查调研

蔡明副局长带队对玉州区氰化金钾建设项目“三同时”执行情况进行检查

玉林市是桂东南政治、文化、商贸中心，属典型亚热带季风气候，物产丰富，人杰地灵，土地面积12838平方公里，人口580多万。主要工业产业有机器制造、陶瓷、水泥、制纸、制药、食品等。

2002年在市委市政府的领导下，围绕市委政府的工作导向，在大力调整产业结构中，充分发挥环境保护的监督职能。大力宣传环境法律法规，提高市民的环境意识，同时加大环保执法力度，集中力量抓好整治区域性的老污染源，严格控制新污染，努力改善全市的环境质量，2002年全市空气质量控制在国家二级标准，主要河流的大部分河段地表水水质在国家Ⅲ类标准。饮用水水质100%达标，为玉林市的经济发展打下了坚实的基础。

加强环境宣传教育，大力开展“绿色大行动”环保宣传活动

玉林市交通局精神文明建设成效明显

● 玉林市交通局在全市交通系统开展了学习贯彻“十六大”精神知识竞赛活动，李海文局长（前左一）作了重要讲话。

玉林市交通局以“三个代表”重要思想为指导，以“讲文明，树新风”为主要内容，以“三学四建一创”活动为载体，全面开展创建活动。

首先是把握时代脉搏，创新学习方式。深入学习贯彻十六大精神、“三个代表”重要思想和世贸组织有关知识，牢牢把握社会主义先进文化的前进方向，认真贯彻公民道德建设实施纲要，引导广大干部职工树立正确的世界观、人生观和价值观。表彰好人好事，树立各种先进典型，使职工学有榜样，形成“比、学、赶、帮、超”热潮。通过组织广大干部职工深入学习贯彻开展“转变作风年”和“调查研究年”活动，以及开展知识竞赛、撰写心得体会、论文评比等活动，交通队伍的思想素质和业务水平有了较大提高。

其次是加强内部管理，形成规范化、制度化。通过大力加强源头管理，从抓制度入手，制订了年度责任目标和检查、考核、奖惩办法，建立了局机关会议、请销假、调研、财务、督查、党风廉政建设、政务公开等10多个制度，完善了各科处220个内部管理制度，建立健全了岗位职责，制订和完善了各种管理、监督和工作制度。及时转变不适应形势发展的传统观念、思维方式和工作方法，规范行政审批行为，革除与形势发展需要不相适应的制度及审批事项，内部管理逐步走上规范化轨道。

第三是全面开展“三学四建一创”活动，创建文明行业。以“三学四建一创”活动为载体，努力建设“交通基础设施优质廉政工程”、“交通行政执法素质形象工程”、“交通运输通道文明畅通工程”、“交通运输企业安全效益工程”、“文明样板路”，创建文明行业活动，不断完善创建思路，拓宽创建范围，丰富创建形式，发展创建内容，形成多形式、多层次、群众性的企业文化、道班文化和站所文化，增强了交通行业的凝聚力。

近年来，我局年年被自治区评为双文明建设先进单位，下属运输管理处被交通部评为全国先进单位，下属一批企业、单位被评为国家级、自治区级文明企业、单位。

● 为了进一步贯彻落实“十六大”精神，我局分别召开了学习动员大会和经验交流会，局领导班子分别作了重要讲话。图为：党组书记、局长李海文（左二），副局长杨柳岸（左一），副局长莫逊群（右一）。

● 玉林市委、市人大、市政府、市政协四家班子高度重视我局的各项交通工作，参加了我局召开的2003年交通工作暨革命老区公路建设大会战工作会议，玉林高书记高雄（左四）作了重要讲话，市交通局党组书记、局长李海文（右一）作了工作报告。

● 为了不断提高全体干部职工的整体素质，玉林市交通局举行了道德建设宣讲报告会，邀请师院有关教授到会进行了道德建设教育。

广西壮族自治区妇女联合会

妇联是各族各界妇女在党的领导下联合起来的社会群众团体，是党和政府联系妇女群众的桥梁和纽带，是国家政权的重要社会支柱。妇联的基本职能是：代表和维护妇女利益，促进男女平等。

近年来，自治区妇联以“三个代表”重要思想为指导，大力加强妇联的思想理论、“学习型”组织和作风建设，坚持“一手抓发展，一手抓维权”的工作方针，不断深化“双学双比”、“巾帼建功”和“五好文明家庭”三项主体活动，全面推进“巾帼社区服务工程”、“巾帼科技致富工程”、“女性素质工程”与“家庭文明工程”四项工程，配合政府实施“两法”、“两纲”，使妇联工作又迈向一个新台阶。

1.围绕增加农民收入加强农村妇女工作。 六年来，全区妇联系统累计发放小额信贷6526.23万元，扶持农户47240户185456人，农村小额信贷扶贫已被打造成民心工程和德政工程。

2.围绕扩大就业帮助下岗失业女工再就业。 三年来，全区11个市地妇联开展小额信贷扶持下岗女工再就业工作，筹集资金785.39万元，累计滚动放贷889.6万元，扶持2838名下岗女工实现再就业，带动、安置3529名下岗女工再就业，受益人口2万多人。

3.围绕西部大开发和加入WTO，争取国内外项目资金支持妇女发展。 2001至2002年，区妇联争取到国内外项目资金共计1154.66万元，项目覆盖69个县，受益妇女10多万人。

4.围绕“公民道德建设”开展“爱心使者”活动，发动社会关注弱势群体。 全区成立“爱心使者”队伍4170个，志愿者8.6万人；组织妇女禁毒帮教小组8900多个，2.9万人。

5.围绕妇女维权努力构建社会化的维权工作新格局。 全区妇联与法院建立维权合议庭50个，237名妇联干部受聘为特邀陪审员；建立社区维权服务站1206个，接待来信14225件，来访27849人。各级妇女抓住各级人大、政府、政协换届契机，及时推荐优秀妇女人才，妇女参政水平明显提高。我区十六大女代表占代表总数的28.57%，高于全国10个百分点；自治区十届人大女代表占代表总数的27.06%，比上届高0.4个百分点；九届政协女委员占委员总数的22.40%，比上届提高了4.5个百分点。

6.围绕“儿童优先”原则促进儿童健康成长。 推行“小公民道德建设计划”；举办“广西儿童发展状况考察夏令营”；组织我区儿童参加“西部儿童进京大型公益活动”；实施香港妇协项目建女子职业技术培训学校4所，新办女童班23所，帮助2025名贫困女童重返校园。

双学双比：自治区妇联干部参观农村女能手黄玉琼的养鸡场。

小额信贷结硕果

春蕾女童在学习刺绣工艺

南宁市社会应急联动中心

【概况】 中共南宁市社会应急联动中心党委直属市委领导，南宁市社会应急联动中心（正县、处级单位）在南宁市政府的直接领导下负责南宁市社会应急联动系统的运行、指挥、协调工作。经自治区编制委员会批准，中共南宁市委、市政府按照正处级单位设置了南宁市社会应急联动中心机构。南宁市社会应急联动中心下设办公室、人事教育与法制科、通信中心、信息与通信实验室、网络中心、自动控制与水电科、后勤保卫科等七个科室。南宁市社会应急联动系统正式对外运行时，市委、市政府信访局、市公安局指挥中心、市公安消防支队、市公安局交警支队、市卫生局急救中心等单位派驻的领导、干警在市社会应急联动中心指挥大厅实行24小时工作制，统一接警、统一处警，将分别处理市民涉及市长公开电话12345、匪警110、火警119、交警122、急救120等报警救助电话，最大限度地打击各种犯罪活动，减少国家和人民生命财产的损失。南宁市社会应急联动中心应急事务接警、处警人员由市公安局、市卫生局、市公安消防支队、市公安局交警支队派驻的原110、120、119、122等救助系统指挥调度人员组成，由南宁市社会应急联动中心和原建制单位双重管理。正式运行后，原110指挥中心接处警部分将成为联动中心的备用指挥中心，原110、120、119、122的接处警职能将由南宁市社会应急联动中心承担。南宁市社会应急联动中心负责建设的南宁市社会应急联动系统，是联合国开发计划署在华的第一个应急联动智力援助项目，是国家计委批准建设的中国第一套城市应急联动系统，是2000年度、2001年度自治区和南宁市的重点建设项目，是南宁国家信息化试点城市的龙头工程项目。2001年11月该系统的市长公开电话子系统投入试运行，每天平均受理市民的投诉电话约100个。截止2002年底，中共中央宣传部、中央精神文明委员会、全国人大科教文卫工作委员会、国务院西部办、国家发展计划委员会、国家信息产业部、公安部、中国社会科学院、全国总工会等二十个部委办的领导和北京市、上海市、天津市、南京市、广州市、郑州市等五十多个区内外考察团到联动中心考察、参观和调研。

【南宁市社会应急联动系统功能】 经国家计委批准，该系统项目总投资约1.6亿元，系统关键设备和技术从美国引进，系统软件由南宁市社会应急联动中心组织国内有关单位开发研制。

该项目第一期工程在南宁市辖区的东、西、南、北、中部各建一个800兆无线集群基站，覆盖面积为南宁市辖区10029平方公里；并利用数字化、网络化技术建成市长公开电话12345、公安110报警服务台、火警119、急救120、交警122的统一指挥平台和信息网络平台，共享各种资源，实现跨部门、跨警区以及不同警种之间的统一指挥协调，向市民提供便捷的紧急救助服务。二期建设还将防洪、护林防火、防震、防空、水、电、气等公共救助系统纳入该系统。该系统由计算机骨干网络系统、数据库、计算机辅助调度系统、地理信息系统、无线调度通信系统、无线移动数据传输系统及应用软件、有线通信系统、车辆定位系统、图像监控及大屏幕显示系统、语音记录子系统、卫星现场图像实时传送子系统、联动中心安全系统、无人值守机房集中监控系统、其它相关配套系统和市长公开电话网络系统共15个子系统构成。

该系统覆盖南宁市区和所辖两县共10029平方公里范围，在计算机辅助下，24小时受理市民的报警与求助电话。系统可对现场的公安、交警、消防和救护等资源进行指挥控制，帮助处警调度员选择最佳的资源，对事件做出最快速的反应；可在重大紧急事件发生期间由市领导在应急中心召集政府各部门领导人对事件的处理进行特别调度指挥；通过无线集群通讯系统可与现场人员进行语音、资料、图像的双向传送；可观察、记录或干预南宁市重要路口车辆交通情况；车载无线集群通信移动基站可以作为临时的现场指挥中心，并为个别无线集群通讯的盲区提供现场应急指挥通讯，由卫星图像传输系统（VSAT）将紧急重大事件现场图像实时传送到应急联动中心；强大的数据库查询功能和无线数据传输终端使现场操作人员和中心指挥调度人员既可在联动中心又可在执行任务的车辆中调用各种资料信息；车辆自动定位系统（全球卫星定位系统GPS）具有在电子地图上直接查看公安、交警、消防、急救等执行任务车辆精确位置的能力；在接警和处警时，与报警、处警事件相关的全部语音及资料信息都被记录存储，供未来检索查询。

① 拥有全国第一套社会应急联动系统的南宁市社会应急联动中心——接处警指挥大厅。

② 2002年4月2日，中共中央总书记、国家副主席、中央军委副主席胡锦涛（前一）在中共广西壮族自治区党委书记曹伯纯（左一）、自治区政府主席李兆焯（右四）、自治区常委、中共南宁市委书记李纪恒（右三）、南宁市市长林国强（右五）陪同下视察南宁市社会应急联动中心接处警大厅。

③ 2002年4月，中共中央总书记、国家副主席、中央军委副主席胡锦涛在自治区和南宁市领导的陪同下视察南宁市社会应急联动系统的市长公开电话。

④ 2002年4月，中共中央总书记、国家副主席、中央军委副主席胡锦涛在自治区和南宁市领导的陪同下视察南宁市社会应急联动中心处警大厅的交警122处警台。

⑤ 联合国开发计划署（UNDP）中国代表处与南宁市人民政府签约，对南宁市城市应急联动项目实施智力援助。

中国联通柳州分公司

中国联通董事长杨贤足(中)、广西联通总经理刘维身(左)视察柳州联通龙城路营业厅、柳州联通总经理(右)曹曦陪同视察

公司领导班子及党委成员：党委书记、总经理曹曦(左三)、副总经理孔凡亚(左四)、副总经理贺兢(左二)

中国联合通信有限公司是经国务院批准成立的中国第二家经营电信基本业务的全国性大型国有电信企业，自成立以来，一直坚持以“技术高起点，服务高质量”的方针，通信网络不断扩大，各项业务迅速发展。随着2002年4月8日CDMA网络开通运营，中国联通已成为全球少有的同时经营GSM和CDMA两大制式移动通信系统的运营商，业务范围包括移动通信、无线寻呼、长途通信、固定通信、数据通信等多个领域。中国联通于2000年6月在美国、香港两地同时成功上市，融资67.25亿美金（折人民币550亿元）；这标志着中国联通已经成为国际性的综合通信集团企业，表明中国联通已与国际接轨，走向国际化，为大众提供专业化的优质服务。

中国联通柳州业务区从1999年3月9日开始筹建，同年7月注册成立柳州分公司，2000年5月12日开业。在柳州市委、政府及有关部门的关心和支持下，以发展、改革、管理、服务为主线，加大了投资与管理力度，通过全体员工的共同努力，取得了长足发展，营业网点遍布市内各城区及周边十二县（市）大部分乡镇。公司目前员工总数500多人，平均年龄26.8岁，其中中层以上干部平均年龄33.3岁，具有大专以上学历者占71%。

一、GSM移动通信网络

柳州联通GSM网络建设仅用了三年的时间，覆盖范围就实现了柳州市区及周边十二个县城、高速公路沿线、主要交通干道、大部分发达乡镇，南面七县（象州、武宣、合山、柳江、柳城、来宾、鹿寨）已经实现“乡乡通”。目前，柳州联通正在加紧GSM五期工程建设，预计年底可实现GSM交换容量扩至27.2万门，无线容量扩至26万门，全面实现地市12个县“乡乡通”。

二、CDMA移动通信网络

2001年7月，柳州联通与全国同步开始进行CDMA一期网络工程建设，并于年底完工。2002年1月8日，柳州CDMA网络开始试运行，4月8日向社会公众开放，CDMA一期建设交换机容量达4.5万门，无线容量达3万门，2002年8月底，CDMA二期工程正式启动，并实现由CDMAIS95加强型向CDMA2000-1X全面升级，使CDMA移动通信无线上网的速度达到100Kbs左右，峰值速度达144Kbs，移动数据及动态图象等丰富多彩的多媒体信息变成了现实。

柳州联通营业厅实行“站立服务，微笑迎宾”温馨服务

CDMA在柳州运营短短的半年时间以来，随着其网络覆盖范围的不断扩大，其高清晰的通话质量、高保密性功能、绿色环保、抑制背景噪音得到了市场的认可和消费者的高度评价，受到了越来越多成功人士和追求时尚的年轻人的喜爱，用户群迅速增大。CDMA正成为形成一股移动通信的新潮流，越来越贴近老百姓的生活。

三、长途、数据互联网

柳州数据网络经过两年建设，已经具备一定规模。目前可向用户提供193长途电话，17910、17911 IP电话，165互联网等数据、长途、语音、宽带互联网接入业务。

四、无线寻呼业务

柳州联通的寻呼品牌126/127、198/199目前占柳州市场的主导地位，寻呼用户总量占有绝对优势。目前，正向社会推出并普及新的寻呼概念——联通新资讯，由此，传统的寻呼概念将由“寻呼机＝10%呼入＋90%信息”转变，寻呼用户可以在小小的寻呼机上随时随地获得大容量的资讯：股票信息、足球信息、彩票信息、生活服务信息等等。

五、传输网络建设

柳州城域网已基本完成了主干环管道建设，敷设管沟长度120多公里，各POP点传输设备正安装，本地传输网基本形成环路，目前已经逐步投入使用。

成立两年以来，中国联通柳州分公司的企业文化建设和精神文明建设也取得了一定的成效，公司建立了窗口网站“WWW.lz165.com”，为广大联通用户、网民提供了各项业务资费、促销活动、话费查询及免费电子邮箱等服务。同时，公司龙城路营业厅和话务中心先后获得了自治区级“青年文明号”、“广西联通十佳标准营业厅”、全国“巾帼文明示范岗”等荣誉，公司及各营业网点多次获得“消费者信得过单位”。近日，中国联通柳州分公司话务中心又传来喜讯：被评为2001年度“全国青年文明号”。

中国联通柳州分公司通过深化改革，加强管理，改善服务，全面提高企业核心竞争力，努力为柳州的经济建设和广大消费者提供更为全面、快捷、便利、有特色的通信服务。

柳州锌品股份有限公司

柳州锌品集团在生产发展的同时不忘关心职工生活，1998年以来积极组织职工集资建房，现在已基本上解决了职工住房难问题。图为职工住宅小区一角。

柳州锌品股份有限公司是广西最大的锌品加工企业，是亚洲最大的氧化锌生产基地，是中国最大的立德粉生产厂家之一。该公司的前身柳州锌品厂创建于1951年4月，1992年改组为股份制企业，直属中国有色金属工业总公司，2000年从中央下放广西。到2001年底，在册职工3139人，拥有资产总额6.54亿元。

主要产品及生产能力：系列氧化锌80000吨／年；立德粉40000吨／年；锌锭40000吨／年；硫酸200000吨／年。此外，企业还利用原料的废渣大搞综合回收，生产一水硫酸锌、七水硫酸锌、碳酸锌等产品。芭蕉牌氧化锌和立德粉、三角牌锌锭均是广西名牌产品，其中芭蕉牌氧化锌和立德粉为出口免检产品。公司拥有自营出口权，产品市场包括国内除西藏外的所有省区以及欧美、亚洲等20多个国家和地区。2000年出口创汇2000多万美元。1997年11月，质量保证体系正式通过了中国质量协会的ISO9002质量体系认证，荣获了证书。2000年7月，通过了中国质量管理协会的复查审核。

在科学日新月异的21世纪，柳州锌品股份有限公司将不断用高新技术改造传统产业，以信息化带动工业化，继续抓好名优品牌工业，加快改革步伐，向多元化发展，并将以强者的身份迎接全球化的挑战。

柳州锌品集团长期以来非常注重环保工作，并取得很好的成效。图为绿草相伴的硫酸厂一角

地址：广西柳州市白沙路2号　联系电话：(0772)2858735　传真：(0772)2868042

特别鸣谢单位

桂林市开易市场研究咨询有限责任公司

广西区防汛抗旱指挥部

柳州市财政局

柳州第三中学

玉林市中医院

做时代文明使者　为国税事业增辉

玉林市国家税务局

玉林市国家税务局于1997年9月撤地设市挂牌成立，下辖玉州、兴业、北流、容县、陆川、博白6个县（市）区国税局和稽查局、直属分局、福绵分局、涉外分局、进出口税收管理分局5个直属行政单位。玉林市国家税务局现有干部职工62人，平均年龄37岁，党团员占90.63%，大专以上学历占89.06%。这是一支朝气蓬勃、年轻有为、团结奋进的蓝色方队，他们在用自己的聪明与才智、青春与热血，在平凡的岗位上创出了一个又一个辉煌：2000年荣获全区国税系统思想政治工作先进单位、全区国税系统税收宣传先进单位、玉林市文明大院；2001年荣获广西自治区"文明单位"；2002年荣获玉林市"文明单位"。与此同时，组织税收收入连上新台阶，从1999年6亿元到2001年的7亿元，2002年更是达到9亿元，为全区国税收入任务的完成和玉林市财政收入任务的完成作出了杰出的贡献。玉林市国税局大胆开拓，勇于创新。他们在税收领域里，以改革为切入点，以争创文明单位为动力，以完成各项税收任务为落脚点，取得了一个又一个成功：早在八十年代，，玉林市国税系统就在全国率先推行"上门缴税"。继1994年推出全国反响较大的"以票管税"重大举措后，1995年又先一步在广西国税系统实行以优化资源配置为取向，以计算机网络为依托，集中征收，重点稽查的"分局辖所"管理模式；1999年，出台了以"管住户籍、管住发票、管住双定、管住源头、管住账户、管住政策、管住队伍"为主要内容的"七个管住"办法，实现了征管堵漏的新突破。2000年率先在全区国税系统实行一级稽查，并确立了选案、查案、审理、执行"四分离"基本规范，按照选案不查案、查案不定案、定案的不审理、审理的不执行的要求，从整体上形成了"内防不廉、外防偷漏"的机制。2002年，在"分局辖所"的基础上，全面收缩基层征管机构，取消116个农村税务所，调整了征管范围，改变了纳税申报办法，重组了计征稽查力量，实现了人员向分局集结、税源向分局收拢、征收向分局集中、投入向分局倾斜的目标，进一步优化了集中征收和资源有效配置。

积极参与各种社会公益活动。图为局领导带队参加"三、一二"植树活动。

示证上岗、文明执法。图为国税人员到纳税人经营场所检查经营情况。

积极开拓，努力做好职能工作，大力开展各项创建活动，涌现了一批先进单位和个人，全面促进了国税工作水平的提高。图为国税工作会议上对先进进行表彰。

通过各种渠道，利用各种方式向公众宣传税收法规。图为国税人员在税收宣传日中解答群众的咨询。

在改革中与时俱进 在实践中走向辉煌

——广西壮族自治区招生考试院

广西壮族自治区招生考试院成立于1995年。从建院开始，考试院人就齐心协力，艰苦奋斗，抓住机遇，大胆实践，不断改革创新，使我区高校招生考试工作取得了令世人瞩目的巨大成就。

1996年我区在全国率先实施高校招生网上远程录取，并取得了成功。在这基础上，我区1998年再次在全国率先实现普通高校招生录取工作计算机投档与阅档过程无纸化（即无纸化网上录取）。这一改革试验的成功，在中国高校招生史上具有里程碑的意义，并迅速在全国得到推广应用。

1999年我区又一次在全国率先成功实施高考英语科无纸化网上阅卷，率先攻克控制主观题评卷误差的难题。从此，我区实现了招生录取和考试评卷工作由手工操作向计算机网上无纸化操作的飞跃。由于广西壮族自治区招生考试院勇于探索，敢为人先。1999年被教育部授予“高校招生工作网上录取先锋”称号。

2000年我区进一步扩大无纸化网上阅卷的范围，对高考英语科、语文科的作文卷实施无纸化网上阅卷。两年的实践，我区为缩小和控制大规模考试主观试题评卷误差在理论上和实践上提供了新经验。这一成果，又一次在全国大多数省市招生考试系统得到了推广应用。

2002年我区实施的高考“3+X”科目设置改革和一年两次高考试验工作，改革力度大，改革风险大。为了组织好3+X科目设置下的高考，高考期间，我区认真贯彻高考的国家意志、政府行为，做到领导到位，工作到位，宣传到位，同时全面推行招生考试第一责任人制度，分级管理、分工负责制度，培训上岗制度，考试巡视和异地监考制度，签订责任状制度，使考试管理步入规范化、程序化的轨道。在全区上下的共同努力下，我区2002年两次高考90个考区、150个考点，8000多个考场（次），考试秩序井然，考风考纪良好，”共查处零星作弊考生本科考试19人，专科考试36人，作弊率为近几年来最低的，连续五年实现自治区人民政府提出的考风考纪根本好转的目标。

2002年，我区又把无纸化阅卷的科目数由2科拓展到4科（语文作文、英语、政治、历史），使我区高考评卷控制误差工作在更大的范围内取得了的成功。

2002年我区报名参加普通高考本科考试的考生129892人，报名参加普通高考专科考试的考生96013人。今年区内外本、专科院校在我区计划招生98405人，实际录取98502人，比2001年的78341人增加25.73%，其中本科实际录取37787人，专科实际录取59406人，预科实际录取1309人。2002年我区普通高校本、专科招生比2001年实际录取数增加了20064人，录取的新生中的少数民族考生38387人，占新生总数38.97%，高于少数民族人口在全区人口的比例；农村考生50299人，占新生总数的51.1%。按时、超额完成了任务，达到了改革的设计目标—让更多的我区适龄青年有机会接受高等教育，使2002年参加高考的我区广大考生真正成为受益者。标志着我区2002年高考3+X科目设置改革和一年二次高考试验已经取得成功。

考试院业务大楼

2002年是我区在新一轮高考改革中，实施普通高考3＋X科目设置改革和一年两次高考试验的第一年。在这里，值得一提的是：我区的高考改革方案，对共性与个性，统一性与选择性，本科与专科分层次考试等问题进行了独树一帜的前所未有的探索。

自1998年以来，国家连续五年扩大高等教育规模，为我区招生考试工作带来了新的机遇和挑战，创造了一个大显身手的舞台。

五年间，各类高等学校在我区共录取新生611380人。其中，普通高校本、专科录取358041人，成人高校录取285049人，硕士研究生5035人。

连续五年，我区普通高校和成人高校招生的录取率都以较快的速度增长，1998年至2002年普通高校招生本专科录取率分别为：43.29%、46.05%、53.65%、60.02%、62.10%、63.09%。1998年至2002年成人高校招生本专科录取率为：41.25%、43.09%、51.52%、69.74%、72.02%。

我们知道，成绩的取得来之不易，更大的挑战还在前面。只要我们不骄不躁，一如既往，奋发努力，一个充满希望的广西壮族自治区招生考试院将在新世纪从胜利走向胜利，从辉煌走向辉煌。

目　　录

CONTENTS

第一篇　行政区划和自然资源

CHAPTER 1. DIVISIONS OF ADMINISTRATIVE AREA AND NATURAL RESOURCES

第二篇　综　合

CHAPTER 2. GENERAL SURVEY

第三篇 国民经济核算

CHAPTER 3. NATIONAL ECONOMIC ACCOUNTING

第四篇　人　口

CHAPTER 4. POPULATION

第五篇　从业人员和职工工资

CHAPTER 5. EMPLOYMENT AND WAGES

第六篇 固定资产投资

CHAPTER 6. INVESTMENT IN FIXED ASSETS

第七篇 能源生产与消费

CHAPTER 7. ENERGY PRODUCTION AND CONSUMPTION

统计图

Statistical Chart

第八篇 财政、金融和保险

CHAPTER 8. FINANCE, BANKING AND INSURANCE

第九篇 物 价

CHAPTER 9. PRICE

第十篇 人民生活

CHAPTER 10. PEOPLE'S LIVELIHOOD

第十一篇 环境保护及城市公用设施

CHAPTER 11. ENVIRONMENTAL PROTECTION AND PUBLIC FACILITIES IN CITIES

第十二篇　城市概况

CHAPTER 12. GENERAL SURVEY OF CITIES

第十三篇　农　业

CHAPTER 13. AGRICULTURE

第十四篇　工　业

CHAPTER 14. INDUSTRY

第十五篇 建筑业

CHAPTER 15. CONSTRUCTION

第十六篇 交通、运输和邮电通信业

CHAPTER 16. TRANSPORTATION, POSTAL AND TELECOMMUNICATIONS SEVERICES

第十七篇 国内贸易

CHAPTER 17. DOMESTIC TRADE

第十八篇 对外经济贸易和旅游

CHAPTER 18. FOREIGN ECONOMY, TRADE AND TOURISM

第十九篇 教育、科技和文化

CHAPTER 19. EDUCATION, SCIENCE AND CULTURE

第二十篇 体育、卫生、社会福利及服务业

CHAPTER 20. SPORT, PUBLIC HEALTH, SOCIAL WELFARE AND OTHERS

统计图

Statistical Chart

第二十一篇 区域经济

CHAPTER 21. ECONOMIC ZONES

第二十二篇 市地基本情况

CHAPTER 22. BASIC STATISTICS OF PREFECTURE AND CITY

第二十三篇　县（市）基本情况

CHAPTER 23. BASIC STATISTICS OF COUNTY(CITY)

附录

APPENDIX

第一篇

CHAPTER 1

行政区划和自然资源

DIVISIONS OF ADMINISTRATIVE AREA AND NATURAL RESOURCESNATION

1—1 行政区划（2002年末）

单位：个

名称	地级单位	市数			县数			乡镇数				自治区辖市城（郊）区
		合计	地级市	县级市	合计	县	自治县	合计	乡	民族乡	镇	
全自治区	14	21	14	7	69	57	12	1327	576	61	751	32
南宁市	1	1	1		7	7		130	36	3	94	5
柳州市	1	1	1		6	4	2	98	53	6	45	4
桂林市	1	1	1		12	10	2	145	81	15	64	5
梧州市	1	2	1	1	3	3		65	6	2	59	3
北海市	1	1	1		1	1		27	3		24	3
防城港市	1	2	1	1	1	1		30	16	1	14	2
钦州市	1	1	1		2	2		61	1		60	2
贵港市	1	2	1	1	1	1		85	28	2	57	2
玉林市	1	2	1	1	4	4		118	14		104	1
百色市	1	1	1		11	10	1	183	122	16	61	1
贺州市	1	1	1		3	2	1	67	17	5	50	1
河池市	1	2	1	1	9	4	5	164	113	11	51	1
来宾市	1	2	1	1	4	3	1	74	44		30	1
崇左市	1	2	1	1	5	5		80	42		38	1

注：行政区划数据由自治区民政厅提供。下表同

1—2　行政区划一览表（2002年末）

地级市名称	县及县级市、县级区名称
南宁市	兴宁区　新城区　城北区　江南区　永新区　邕宁县　武鸣县　横　县　宾阳县　上林县　隆安县　马山县
柳州市	城中区　鱼峰区　柳南区　柳北区　柳江县　柳城县　鹿寨县　融安县　三江侗族自治县　融水苗族自治县
桂林市	秀峰区　叠彩区　象山区　七星区　雁山区　阳朔县　临桂县　灵川县　全州县　兴安县　永福县　灌阳县
	龙胜各族自治县　资源县　平乐县　荔浦县　恭城瑶族自治县
梧州市	万秀区　蝶山区　市郊区　苍梧县　藤　县　蒙山县　岑溪市
北海市	海城区　银海区　铁山港区　合浦县
防城港市	港口区　防城区　上思县　东兴市
钦州市	钦南区　钦北区　灵山县　浦北县
贵港市	港南区　港北区　平南县　桂平市
玉林市	玉州区　容　县　陆川县　博白县　兴业县　北流市
百色市	右江区　田阳县　田东县　平果县　德保县　靖西县　那坡县　凌云县　乐业县　田林县　隆林各族自治县
	西林县
贺州市	八步区　昭平县　钟山县　富川瑶族自治县
河池市	金城江区　罗城仫佬族自治县　环江毛南族自治县　南丹县　天峨县　凤山县　东兰县　巴马瑶族自治县
	都安瑶族自治县　大化瑶族自治县　宜州市
来宾市	兴宾区　象州县　武宣县　金秀瑶族自治县　忻城县　合山市
崇左市	江州区　扶绥县　大新县　天等县　宁明县　龙州县　凭祥市

1—3 自 然 资 源（2002年）

指　　标	单位	2002年
一、土地		
土地总面积	万平方公里	23.67
按土地特征分：		
林地面积	万公顷	1151.23
牧草地面积	万公顷	75.19
水域面积	万公顷	80.00
按地形分各类土地所占比重	%	100
山地（海拔400米以上）	%	39.8
石山（海拔400米）	%	19.7
丘陵（海拔200--400米）	%	10.3
台地（海拔200米以下）	%	6.3
平原	%	20.6
水面	%	3.3
二、海洋		
海岸线长度	公里	1595
浅海面积	平方公里	6488.31
滩涂面积	平方公里	1005.31
海洋近期可养殖面积	平方公里	1000
三、气候		
年平均气温	℃	21.08
年日照时数	小时	1395.69
年降水量	毫米	1835.41
四、森林		
森林面积	万公顷	981.91
人均森林面积	亩	3.07
森林蓄积量	万立方米	36477

注：海洋资料由自治区海洋局提供。

1—3 续表

指　　标	单　位	2002年
森林覆盖率	%	41.33
按市地分		
南 宁 市	%	39.1
柳 州 市	%	31.0
桂 林 市	%	66.5
梧 州 市	%	72.3
北 海 市	%	28.6
防城港市	%	58.5
钦 州 市	%	49.2
贵 港 市	%	41.9
玉 林 市	%	49.6
百 色 市	%	42.3
贺 州 市	%	66.1
河 池 市	%	54.0
南宁地区	%	43.3
柳州地区	%	57.1
五、矿产资源（保有储量）		
锰（矿石）	万吨	22338
锡	万吨	87
砷	万吨	71
膨润土	万吨	68657
钒	万吨	203
钨	万吨	35
锑	万吨	59
银	吨	7090
铝土矿	万吨	45238
滑石	万吨	2244
重晶石	万吨	5754
镁（白云岩）	万吨	161
重稀土矿	吨	36836
轻稀土矿（轻稀土氧化物）	吨	165572
硫铁矿（矿石）	万吨	10152
煤炭	万吨	218692

1—4 主要河流基本情况（2002年）

名 称	流域面积（万平方公里）	年径流量（亿立方米）	水力资源蕴藏量（万千瓦）	流域面积占全区总面积的比重（%）
全自治区	23.67	2231.44	**2133.00**	
#红水河	3.86	265.94	690.00	16.31
郁 江	6.81	399.86	355.86	28.77
西江下游区	2.14	142.18	25.82	9.04
桂 江	1.81	224.00	146.20	7.65
南流江	0.92	161.23	49.06	3.89
柳 江	4.20	545.05	341.82	17.74
贺 江	0.84	149.15		3.55

注：本表由自治区水文资源局提供。

1—5 主要城市气象站点平均气温（2002年）

单位：℃

城市名称	1月	2月	3月	4月	5月	6月	7月	8月	9月	10月	11月	12月	年平均
桂林市	11.2	12.3	15.1	19.6	23.1	27.1	27.6	26.5	24.5	20.2	16.2	9.3	19.4
河池市	13.4	15.7	18.2	22.4	25.7	27.9	28.5	27.0	25.7	22.4	18.2	12.8	21.5
百色市	14.2	18.5	21.1	25.5	26.6	28.4	28.1	27.0	25.5	22.6	18.6	15.1	22.6
梧州市	13.6	16.5	19.0	23.3	26.0	27.8	27.7	27.1	25.2	22.1	17.7	13.7	21.6
南宁市	13.5	16.7	19.7	23.8	25.9	27.5	27.9	27.0	25.1	22.0	17.7	14.4	21.8
钦州市	15.1	17.4	20.6	24.5	26.7	27.7	28.6	28.1	26.1	23.9	19.5	15.7	22.8

注：本表及下表资料由自治区气候中心提供。

1—6 主要城市气象站点降水量（2002年）

单位：毫米

城市名称	1月	2月	3月	4月	5月	6月	7月	8月	9月	10月	11月	12月	年平均
桂林市	70.3	85.3	223.3	197.2	663.7	758.0	215.6	169.3	10.1	193.5	22.9	197.8	2807.0
河池市	49.1	42.5	48.9	63.3	216.9	367.6	208.4	225.5	51.3	97.8	8.5	114.5	1494.3
百色市	35.0	8.3	40.2	34.9	258.4	286.2	252.2	115.1	56.8	28.2	17.7	73.2	1206.2
梧州市	41.3	35.7	120.6	82.6	135.3	218.4	264.0	242.9	85.2	127.4	80.5	91.6	1525.5
南宁市	24.5	21.7	27.8	24.4	181.5	202.1	350.8	141.3	114.7	96.6	72.6	60.5	1318.5
钦州市	27.4	23.2	84.5	155.8	465.0	638.2	414.4	264.9	217.2	54.8	138.6	78.3	2562.3

主要统计指标解释

自然资源 指人类可以直接从自然界获得，并用于生产和生活的物质资源。自然资源一般可以分成可再生资源和非再生资源两大类。可再生资源指在较短时间内可以再生、可以循环利用的资源，包括土地资源、水资源、气候资源、生物资源和海洋资源等。非再生资源指在使用后不能再生的资源，包括矿产资源和地热能源。

土地资源 土地是指陆地的表层部分，它主要由岩石、岩石的风化物和土壤构成。土地资源按利用类型可以分为农用地、建筑用地和未来用地。农用地包括耕地、园地、林地、牧草地和水面。建筑用地包括居民点及工矿用地、交通用地和水利设施用地。未利用地指家用地和建筑用地以外的土地，包括滩涂、荒漠、戈壁、冰川和石山等。

矿产资源保有储量 指探明的矿产储量（包括工业储量和远景储量）扣除已开采部分和地下损失量后的年底实有储量。它反映国家矿产资源的现状。

林业用地面积 指生长乔木、竹类、灌木、沿海红树林等林木的土地面积，包括有林地、灌木林、疏林地、未成林造林地、迹地、苗圃等。

草地面积 指牧区和农区用于放牧牲畜或割草，植被盖度在5%以上的草原、草坡、草山等面积。包括天然的和人工种植或改良的草地面积。

森林面积 指由乔木树种构成，郁闭度0.2以上（含0.2）的林地或冠幅宽度10米以上的林带的面积，即有林地面积。森林面积包括天然起源和人工起源的针叶林面积、阔叶林面积、针阔混交林面积和竹林面积，不包括灌木林地面积的疏林地面积。

森林蓄积量 指一定森林面积上存在着的林木树干部分的总材积。它是反映一个国家或地区森林资源总规模和水平的基本指标之一，也是反映森林资源的丰富程度、衡量森林生态环境优劣的重要依据。

森林覆盖率 指一个国家或地区森林面积占土地总面积的百分比。森林覆盖率是反映森林资源的丰富程度和生态平衡善的重要指标。在计算森林覆盖率时，森林面积包括郁闭度0.2以上的乔木林地面积和竹林地面积，国家特别规定的灌木林地面积、农田林网以及四旁（村旁、路旁、水旁、宅旁）林木的覆盖面积。计算公式为：

$$\text{森林覆盖率（\%）}=\frac{\text{森林面积}}{\text{土地总面积}}\times 100\%$$

气温 指空气的温度，我国一般以摄氏度（℃）为单位表示。气候观测的温度表是放在离地面约1.5米处通风良好的百叶箱里测量的，因此，通常的气温指的是离地面1.5米处百叶箱中的温度。其统计计算方法为：

月平均气温是将全月各日的平均气温相加，除以该月的天数而得。

年平均气温是将12个月的平均气温累加后除以12而得。

降水量 指从天空降落到地面的液态或固态（经融化后）水，未经蒸发、渗透、流失而在地面上积聚的深度。其统计计算方法为：

月降水量是将全月各日的降水量累加而得。

年降水量是将12个月的月降水量累加而得。

日照时数 指太阳实际照射地面的时间。其统计方法与降水量相同。

海洋 是海和洋的统称。洋为地球表面上相连接的广大咸水水体的主体部分。海为地球表面相连接的广大咸水水体被陆地、岛礁、半岛包围或分隔的边缘部分。

海水可养殖面积 指利用滩涂、浅海、港湾进行鱼、虾、蟹、贝、藻等海水经济动植物的工人养殖的水面面积。

径流量 指在一定时段内通过河流某一过水断面的水量，用以反映一个国家或地区水资源的丰歉程度。计算公式为：

径流量=降水量-蒸发量

第二篇
CHAPTER 2

综　　合

GENERAL SURVEY

广西主要经济指标占全国比重（%,2002年）

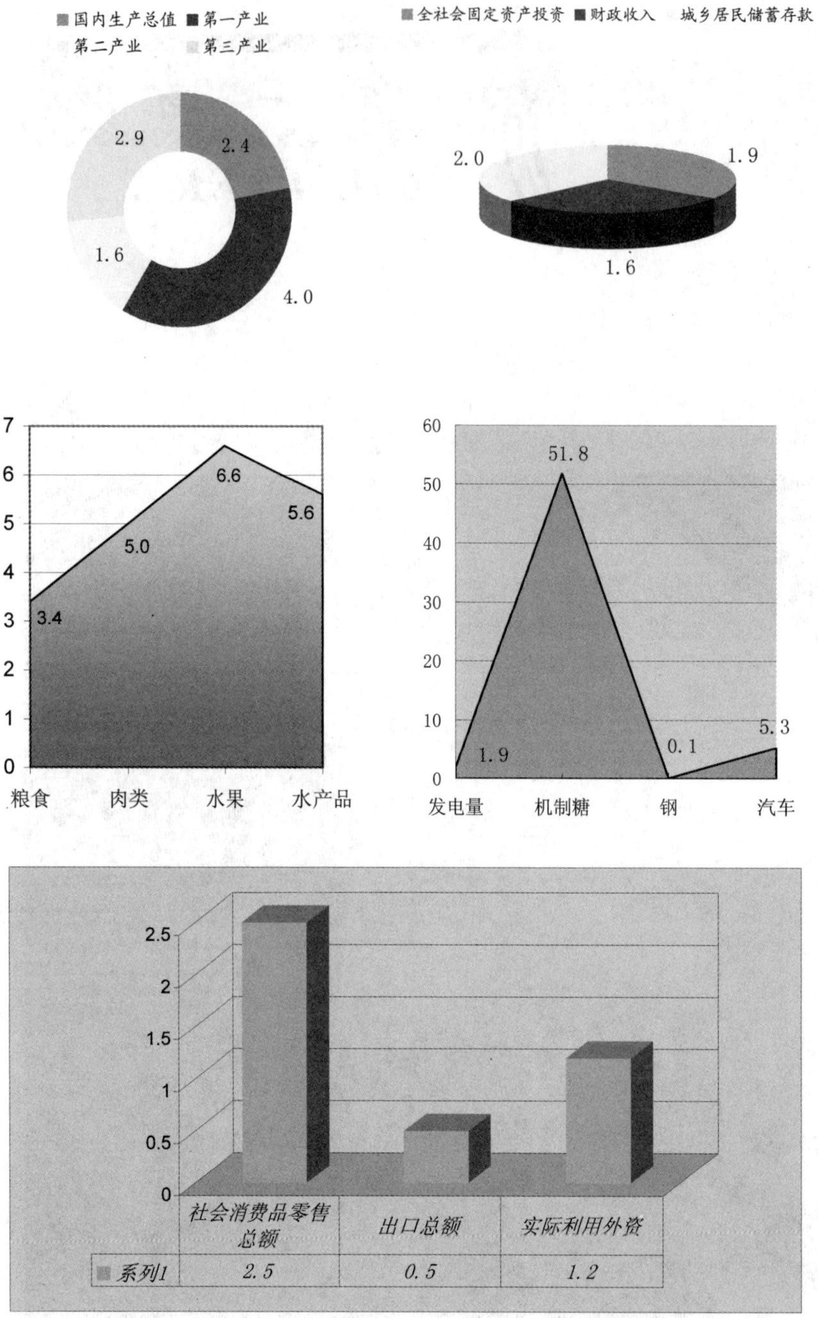

2—1 主要年份国民经济和社会发展主要指标

指 标	单 位	1990年	1995年	2000年	2001年	2002年
人口与就业						
人 口						
年末总人口	万人	4242	4543	4751	4788	4822
非农业人口	万人	565	745	826	846	864
农业人口	万人	3677	3757	3898	3912	3927
总人口中：男性	万人	2205	2377	2484	2506	2521
女性	万人	2037	2166	2267	2282	2301
就 业						
从业人数	万人	2109	2383	2566	2578	2589
#职工人数	万人	312	343	320	310	292
#国有经济	万人	259	283	251	243	216
乡村劳动者	万人	1768	1965	2145	2160	2189
城镇登记失业人数	万人	13.9	10.1	11.3	14.2	14.7
宏观经济						
国民核算						
国内生产总值	亿元	449.06	1497.56	2050.15	2231.19	2455.36
第一产业	亿元	175.61	449.64	538.70	562.52	595.68
第二产业	亿元	118.45	535.86	748.00	791.85	863.96
#工业	亿元	104.79	461.25	619.84	648.19	699.16
第三产业	亿元	155.00	512.06	763.45	876.82	995.72
人均国内生产总值	元	1066	3304	4319	4668	5099
按支出法计算的国内生产总值	亿元	449.06	1497.56	2050.15	2231.19	2455.36
最终消费	亿元	346.68	993.95	1443.17	1597.05	1698.54
居民消费	亿元	265.41	754.12	1019.36	1075.89	1157.95
政府消费	亿元	81.27	239.83	423.81	521.16	540.59
资本形成总额	亿元	107.40	618.75	676.12	769.04	877.93
固定资本	亿元	72.60	423.37	670.65	735.56	842.72
存贷增加	亿元	34.80	195.38	5.47	33.48	35.20
固定资产投资						
全社会固定资产投资	亿元	68.57	423.37	660.01	731.25	834.99
#国有单位	亿元	41.17	216.29	328.77	357.56	402.36
集体单位	亿元	5.47	57.00	60.49	53.29	
#基本建设	亿元	21.29	157.10	281.54	324.31	372.52
更新改造	亿元	16.96	68.56	80.16	86.60	105.54
新增固定资产	亿元		358.81	638.25	529.84	529.20
财 政						
财政收入	亿元		133.29	220.01	257.45	305.51
#一般预算收入	亿元	46.83	79.44	147.05	178.67	186.73
人均一般预算收入	元	112	176	311	375	389
一般预算支出	亿元	65.00	140.59	258.49	351.65	419.86

注:总人口中,1990年为户籍统计数,2000年为第五次人口普查数，其他年份为人口变动抽样调查数，农业、非农业人口为户籍统计数，不能直接相加等于总计。

2—1　续表1

指　　　标	单　位	1990年	1995年	2000年	2001年	2002年
物价总指数（上年=100）						
居民消费价格总指数	%	101.1	118.4	99.7	100.6	99.1
城　市	%	98.3	118.0	100.0	101.3	98.9
农　村	%	104.4	118.6	99.5	99.6	99.3
商品零售价格总指数	%	100.1	116.4	98.6	97.8	98.1
利用外资						
新签外商直接投资合同额	亿美元	1.25	10.42	7.15	5.87	7.38
实际利用外资额	亿美元	0.6	9.64	7.53	5.76	6.86
产　业						
农　业						
耕地面积	千公顷	2595.9	2614.2	2652.57	2648.5	2631.4
农林牧渔业总产值	亿元	252.22	698.28	828.97	872.9	916.5
主要农产品产量						
粮　食	万吨	1402.57	1553.3	1667.24	1607.35	1549.38
油　料	万吨	25.19	45.35	58.61	57.23	55.99
甘　蔗	万吨	1501.84	2556.00	2937.89	3653.33	4593.38
水　果	万吨	91.61	266.60	360.14	406.28	455.78
猪牛羊肉	万吨	90.52	160.94	230.13	244.67	259.53
水产品	万吨	32.35	103.29	239.86	247.77	255.15
工　业						
全部工业总产值	亿元	353.43	1463.17	1800.24	1903.14	2036.56
轻工业	亿元	195.32	695.59	862.00	912.35	976.06
重工业	亿元	158.19	767.58	938.24	990.78	1060.49
国有及规模以上非国有工业企业主要经济指标						
主要工业产品产量						
钢	万吨	52.41	88.78	104.73	122.96	165.32
成品钢材	万吨	45.48	80.50	102.63	128.66	184.13
生　铁	万吨	57.98	96.76	125.32	150.4	191.12
十种有色金属	万吨	8.68	27.27	60.59	71.58	61.03
发电量	亿千瓦时	125.62	217.29	289.09	297.19	317.03
原　煤	万吨	979.45	1391.42	706.67	613.52	436.75
农用化肥（折纯100%）	万吨	41.35	43.12	53.3	73.75	71.84
水　泥	万吨	765.28	1980.47	2198.35	2140.45	2401.18
机制糖	万吨	136.64	178.12	325.76	270.37	480.03
固定资产原价	亿元	228.49	833.27	1296.41	1343.96	1382.05
资金总额	亿元	259.06	1047.58	1583.97	1655.36	1658.3
利税总额	亿元	41.68	85.01	117.01	123.22	122.76

注：1990、1995年国有及规模以上非国有工业企业为乡及乡以上独立核算工业企业

2—1 续表2

指　　　　标	单 位	1990年	1995年	2000年	2001年	2002年
建筑业						
建筑企业年末从业人数	万人	42.28	101.92	64.86	66.18	62.30
建筑业总产值	亿元	33.48	274.26	287.05	328	363.13
交通运输业						
货运量	万吨	19898	28620	31270	33267	33392
＃铁路	万吨	3798	5072	5843	6316	6636
客运量	万人	26272	34317	42952	44451	45868
＃铁路	万人	2391	2819	2508	2270	2148
公路通车里程	公里	36214	40904	52910	54752	56297
铁路正线里程	公里	2118	2440	3155	3197	3236
主要港口货物吞吐量	万吨	1101	1717	2917	3090	3729
邮电通信业						
邮电计费业务总量	万元	14235	205600	963559	1036708	1265902
电话用户	万户	12.41	76.69	319.12	415.28	516.56
城　市	万户	8.91	65.65	233.48	289.65	355.74
农　村	万户	3.5	11.04	85.64	125.63	160.82
国内商业						
社会消费品零售总额	亿元	175.44	532.48	859.16	935.88	1025.54
对外经济贸易和国际旅游						
进出口总额	亿美元	8.98	32.11	20.38	17.97	24.30
进口总额	亿美元	1.69	9.65	5.45	5.62	9.22
出口总额	亿美元	7.29	22.46	14.93	12.35	15.08
国际旅游人数	万人	51.83	41.85	124.03	124.51	130.22
国际旅游收入	亿元	3.66	10.92	21.78	20.55	21.82
金融、保险						
全社会金融机构存款余额	亿元	271.17	1152.32	2269.07	2518.94	2784.14
＃城乡居民储蓄存款	亿元	152.29	735.50	1374.42	1538.95	1736.60
金融机构贷款余额	亿元	326.29	1055.67	1613.25	1764.05	1941.07
国内保险承保额（财险、寿险）	亿元	655.00	3103.00	4289.00	7364.00	7849.00
教育、科技、文化						
教　育						
专任教师数						
高等学校	万人	0.68	0.75	0.93	1.01	1.21
中等专业学校	万人	0.73	0.78	0.88	0.87	0.92
普通中学	万人	8.15	9.77	12.67	13.37	14.07
小　学	万人	20.47	19.48	19.9	20.03	20.55

注：进出口总额1990年、1995年为外贸部门数，其他年份为海关数。

2—1 续表3

指　　标	单 位	1990年	1995年	2000年	2001年	2002年
在校学生数						
高等学校	万人	3.78	6.00	11.79	15.16	18.63
中等专业学校	万人	7.17	11.67	15.87	15.77	17.18
普通中学	万人	140.88	194.05	285.63	288.69	298.71
小　学	万人	560.55	639.92	536.79	525.29	510.04
科　技						
国有企事业单位科技人员	万人		69.19	79.46	79.62	78.13
文　化						
图书出版数量	万册	13360	25397	23868	22158	26229
杂志出版数量	万册	3226	4630	5243	5491	5492
报纸出版数量	万份	33603	47475	56056	59724	68024
家庭　生活　环境						
家　庭						
家庭总户数	万户		1020	1150	1178	1197
城镇居民平均每户家庭人口	人	3.62	3.30	3.19	3.15	3.09
农村居民平均每户家庭人口	人	5.62	5.32	4.82	4.80	4.79
居住生活						
城镇居民人均居住面积（抽样调查）	平方米		14.51	18.91	19.52	21.01
农村居民人均生活用房面积（抽样调查）	平方米	15.80	18.21	23.40	24.12	24.91
城镇居民人均可支配收入（抽样调查）	元	1448	4792	5834	6666	7315
农村居民人均纯收入（抽样调查）	元	639	1446	1865	1944	2013
工资和福利						
职工工资总额	亿元	62.4	172.31	222.17	255.51	287.97
职工平均工资	元	2049	5105	6772	8214	9821
参加城镇基本养老保险人数	万人		187.80	239.36	248.95	257.16
参加失业保险人数	万人		169.54	224.62	217.68	215.53
参加城镇基本医疗保险人数	万人			98.52	165.01	201.78
离退休退职职工保险福利费用	亿元	8.52	30.24	52.89	60.49	74.96
卫　生						
卫生机构数	个	5791	5571	13707	13363	10107
#医院、卫生院	个	1496	1709	1868	1870	1762
医院、卫生院病床数	万张	6.90	7.88	8.30	8.56	8.32
卫生技术人员数	万人	10.78	11.65	12.70	12.79	12.20
市政建设　环境						
自来水供水总量	亿吨	13.23	16.62	13.58	13.34	17.48
排水管道长度	公里	782	2142	2885	3248	5439
园林绿地面积	公顷	6313	37350	44149	44449	52909
污染治理本年完成投资额	亿元	0.32	3.32	7.37	2.52	1.62
污染治理本年施工项目	个	292	1002	1270	464	320
工业废水排放达标量	万吨	33235	42227	30303	72785	81774
工业粉尘回收量	万吨	86	135	267	412	470

注：2002年的卫生机构数不包括高、中等医学院校、药检机构和非卫生部门举办的计划生育指导站。

2—2 主要年份国民经济和社会发展速度指标

指　　标	2002年为下列各年%				平均增长速度（%）		
	1990年	1995年	2000年	2001年	1991—1995	1996—2000	2001—2002
人口与就业							
人　口							
年末总人口	113.7	106.1	101.5	100.7	1.4	0.9	0.7
非农业人口	152.9	116.0	104.6	102.1	5.7	2.1	2.3
农业人口	106.8	104.5	100.7	100.4	0.4	0.7	0.4
总人口中：男性	114.3	106.1	101.5	100.6	1.5	0.9	0.7
女性	113.0	106.2	101.5	100.8	1.2	0.9	0.7
就　业							
从业人数	122.8	108.6	100.9	100.4	2.5	1.5	0.4
#职工人数	93.6	85.1	91.3	94.2	1.9	-1.4	-4.5
#国有经济	83.4	76.3	86.1	88.9	1.8	-2.4	-7.2
乡村劳动者	123.8	111.4	102.1	101.3	2.1	1.8	1.0
城镇失业人数	105.8	145.6	130.2	103.6	-6.2	2.3	14.1
宏观经济							
国民核算							
国内生产总值	357.2	176.4	119.6	110.5	15.2	8.1	9.3
第一产业	224.5	149.8	110.9	107.3	8.4	6.2	5.3
第二产业	551.0	185.4	120.3	111.3	24.3	9.0	9.7
#工业	539.4	182.5	119.8	110.9	24.2	8.8	9.4
第三产业	357.9	188.9	125.1	111.9	13.6	8.6	11.9
人均国内生产总值	312.4	166.2	117.9	109.7	13.5	7.1	8.6
按支出法计算的国内生产总值	356.9	176.3	119.6	110.5	15.1	8.1	9.3
最终消费	297.9	178.7	116.4	107.0	10.8	9.0	7.9
居民消费	268.3	161.7	113.5	108.5	10.7	7.3	6.5
政府消费	394.9	232.9	123.5	103.9	11.1	13.5	11.1
资本形成总额	542.7	141.8	127.6	113.9	30.8	2.1	12.9
固定资本	766.9	190.0	122.8	114.2	32.2	9.1	10.8
存货增加	74.7	22.0	716.1	108.3	27.7	-50.1	167.6
固定资产投资							
全社会固定资产投资	1217.7	197.2	126.5	114.2	43.9	9.3	12.5
#国有单位	977.3	186.0	122.4	112.5	39.3	8.7	10.6
#基本建设	1749.7	237.1	132.3	114.9	49.1	12.4	15.0
更新改造	622.3	153.9	131.7	121.9	32.2	3.2	14.7
新增固定资产		147.5	82.9	99.9		12.2	-8.9
财　政							
财政收入		229.2	138.9	118.7		10.5	17.8
#一般预算收入	398.7	235.1	127.0	104.5	11.1	13.1	12.7
人均一般预算收入	347.3	221.0	125.1	103.7	9.5	12.1	11.8
一般预算支出	645.9	298.6	162.4	119.4	16.7	13.0	27.4

2—2 续表1

指标	2002年为下列各年%				平均增长速度（%）		
	1990年	1995年	2000年	2001年	1991—1995	1996—2000	2001—2002
利用外资							
新签外商直接投资合同额	590.4	70.8	103.2	125.7	52.8	-7.3	1.6
实际利用外资额	1143.3	71.2	91.1	119.1	74.3	-4.8	-4.6
产　业							
农　业							
耕地面积	101.4	100.7	99.2	99.4	0.1	0.3	-0.4
农林牧渔业总产值	237.8	148.4	113.1	107.8	9.9	5.6	6.4
主要农产品产量							
粮　食	110.5	99.7	92.9	96.4	2.1	1.4	-3.6
油　料	222.3	123.5	95.5	97.8	12.5	5.3	-2.3
甘　蔗	305.9	179.7	156.3	125.7	11.2	2.8	25.0
水　果	497.5	171.0	126.6	112.2	23.8	6.2	12.5
猪牛羊肉	286.7	161.3	112.8	106.1	12.2	7.4	6.2
水产品	788.7	247.0	106.4	103.0	26.1	18.4	3.1
工　业							
全部工业总产值	551.0	173.4	119.9	111.0	26.0	7.7	9.5
轻工业	399.6	148.0	118.3	113.2	22.0	4.6	8.8
重工业	584.8	163.3	120.4	108.9	29.1	6.3	9.7
主要工业产品产量							
钢	315.4	186.2	157.9	134.5	11.1	3.4	25.6
成品钢材	404.9	228.7	179.4	143.1	12.1	5.0	33.9
生　铁	329.6	197.5	152.5	127.1	10.8	5.3	23.5
十种有色金属	703.1	223.8	100.7	85.3	25.7	17.3	0.4
发电量	252.4	145.9	109.7	106.7	11.6	5.9	4.7
原　煤	44.6	31.4	61.8	71.2	7.3	-12.7	-21.4
农用化肥（折纯100%）	173.7	166.6	134.8	97.4	0.8	4.3	16.1
水　泥	313.8	121.2	109.2	112.2	20.9	2.1	4.5
机制糖	351.3	269.5	147.4	177.5	5.4	12.8	21.4
国有及规模以上非国有							
工业企业主要经济指标							
固定资产原价	604.9	165.9	106.6	102.8	29.5	9.2	3.3
资金总额	640.1	158.3	104.7	100.2	32.2	8.6	2.3
利税总额	294.5	144.4	104.9	99.6	15.3	6.6	2.4

2—2 续表2

指标	2002年为下列各年%				平均增长速度（%）		
	1990年	1995年	2000年	2001年	1991—1995	1996—2000	2001—2002
建筑业							
建筑企业年末从业人数	147.4	61.1	96.1	94.1	19.2	-8.6	-2.0
建筑业总产值	1084.6	132.4	126.5	110.7	52.3	0.9	12.5
交通运输业							
货运量	167.8	116.7	106.8	100.4	7.5	1.8	3.3
#铁路	174.7	130.8	113.6	105.1	6.0	2.9	6.6
客运量	174.6	133.7	106.8	103.2	5.5	4.6	3.3
#铁路	89.8	76.2	85.6	94.6	3.3	-2.3	-7.5
公路通车里程	155.5	137.6	106.4	102.8	2.5	5.3	3.2
铁路正线里程	152.8	132.6	102.6	101.2	2.9	5.3	1.3
主要港口货物吞吐量	338.7	217.2	127.8	120.7	9.3	11.2	13.1
邮电通信业							
邮电计费业务总量	8892.9	615.7	131.4	122.1	70.6	36.2	14.6
电话用户	4162.4	673.6	161.9	124.4	43.9	33.0	27.2
城　市	3992.6	541.9	152.4	122.8	49.1	28.9	23.4
农　村	4594.9	1456.7	187.8	128.0	25.8	50.6	37.0
国内商业							
社会消费品零售总额	584.6	192.6	119.4	109.6	24.9	10.0	9.3
对外经济贸易和国际旅游							
进出口总额	270.6	75.7	119.2	135.2	29.0	-8.7	9.2
进口总额	545.6	95.5	169.2	164.1	41.7	-10.8	30.1
出口总额	206.9	67.1	101.0	122.1	25.2	-7.8	0.5
国际旅游人数	251.2	311.2	105.0	104.6	-4.2	24.3	2.5
国际旅游收入	596.2	199.8	100.2	106.2	24.4	14.8	0.1
金融、保险							
全社会金融机构存款余额	1026.7	241.6	122.7	110.5	33.6	14.5	10.8
#城乡居民储蓄存款	1140.3	236.1	126.4	112.8	37.0	13.3	12.4
金融机构贷款余额	594.9	183.9	120.3	110.0	26.5	8.9	9.7
国内保险承保额（财险、寿险）	1198.3	252.9	183.0	106.6	36.5	6.7	35.3
教育、科技、文化							
教　育							
专任教师数							
高等学校	177.9	161.3	130.1	119.8	2.0	4.4	14.1
中等专业学校	126.0	117.9	104.5	105.7	1.3	2.4	2.2
普通中学	172.6	144.0	111.0	105.2	3.7	5.3	5.4
小　学	100.4	105.5	103.3	102.6	-1.0	0.4	1.6

2—2 续表3

指　　标	2002年为下列各年%				平均增长速度（%）		
	1990年	1995年	2000年	2001年	1991—1995	1996—2000	2001—2002
在校学生数							
高等学校	492.9	310.5	158.0	122.9	9.7	14.5	25.7
中等专业学校	239.6	147.2	108.3	108.9	10.2	6.3	4.0
普通中学	212.0	153.9	104.6	103.5	6.6	8.0	2.3
小　学	91.0	79.7	95.0	97.1	2.7	-3.5	-2.5
科　技							
国有企事业单位科技人员		112.9	98.3	98.1		2.8	-0.8
文　化							
图书出版数量	196.3	103.3	109.9	118.4	13.7	-1.2	4.8
杂志出版数量	170.2	118.6	104.7	100.0	7.5	2.5	2.3
报纸出版数量	202.4	143.3	121.4	113.9	7.2	3.4	10.2
家庭　生活　环境							
家　庭							
家庭总户数		117.4	104.1	101.6		2.4	2.0
城镇居民平均每户家庭人口	85.4	93.6	96.9	98.1	-1.8	-0.7	-1.6
农村居民平均每户家庭人口	85.2	90.0	99.4	99.8	-1.1	-2.0	-0.3
居 住　生　活							
城镇居民人均居住面积		144.8	111.1	107.6		5.4	5.4
农村居民人均生活用房面积	157.7	136.8	106.5	103.3	2.9	5.1	3.2
城镇居民人均可支配收入	505.2	152.7	125.4	109.7	27.0	4.0	12.0
农村居民人均纯收入	315.0	139.2	107.9	103.5	17.7	5.2	3.9
工资和福利							
职工工资总额	461.5	167.1	129.6	112.7	22.5	5.2	13.8
职工平均工资	479.3	192.4	145.0	119.6	20.0	5.8	20.4
参加城镇基本养老保险人数		136.9	107.4	103.3		5.0	3.7
参加失业保险人数		127.1	96.0	99.0		5.8	-2.0
参加城镇基本医疗保险人数			204.8	122.3			43.1
离退休退职职工保险福利费用	879.8	247.9	141.7	123.9	28.8	11.8	19.0
卫　生							
卫生机构数	174.5	181.4	73.7	75.6	-0.8	19.7	-14.1
#医院、卫生院	117.8	103.1	94.3	94.2	2.7	1.8	-2.9
医院、卫生院病床数	120.6	105.6	100.2	97.2	2.7	1.0	0.1
卫生技术人员数	113.2	104.7	96.1	95.4	1.6	2.1	-2.0
市政建设　环　境							
自来水供水总量	132.1	105.2	128.7	131.0	4.7	-4.0	13.5
排水管道长度	695.5	253.9	188.5	167.5	22.3	6.1	37.3
园林绿地面积	838.1	141.7	119.8	119.0	42.7	3.4	9.5
污染治理本年完成投资额	506.3	48.8	22.0	64.3	59.7	17.3	-53.1
污染治理本年施工项目	109.6	31.9	25.2	69.0	28.0	4.9	-49.8
工业废水排放达标量	246.0	193.7	269.9	112.4	4.9	-6.4	64.3
工业粉尘回收量	546.5	348.1	176.0	114.1	9.4	14.6	32.7

2—3 主要年份国民经济和社会发展结构指标

单位：%

指　　标	1990年	1995年	2000年	2001年	2002年
人口与就业					
人　口					
城乡结构					
非农业人口	13.32	17.05	17.49	17.78	18.03
农业人口	86.68	82.95	82.51	82.22	81.97
性别结构					
男	51.98	52.26	52.58	52.67	52.28
女	48.02	47.74	47.72	47.33	47.72
就　业					
从业人员结构					
第一产业	76.5	66.4	61.2	60.9	60.68
第二产业	9.8	11.8	10.8	10.7	10.43
第三产业	13.7	21.8	28.0	28.4	28.9
宏观经济					
国民核算					
国内生产总值产业结构					
第一产业	39.11	30.03	26.30	25.20	24.30
第二产业	26.38	35.78	36.50	35.50	35.20
第三产业	34.51	34.19	37.20	39.30	40.50
国内生产总值支出结构					
最终消费结构	77.20	66.37	70.39	71.6	69.18
居民消费	59.10	50.4	49.7	48.2	47.16
农村居民	40.10	28.7	28.2	26.8	26.16
城镇居民	19.00	21.6	21.5	21.4	21.00
政府消费	18.10	16.0	20.7	23.4	22.02
资本形成总额结构	23.90	41.32	33.0	34.5	35.76
固定资本	16.20	28.3	32.7	33.0	34.3
存货增加	7.70	13.0	0.3	1.5	1.44
固定资产投资					
全社会固定资产投资结构					
#基本建设	31.05	37.11	42.66	44.35	44.61
更新改造	24.73	16.19	12.15	11.84	12.64
房地产开发	3.21	12.17	5.86	7.60	9.02
其他投资	5.22	3.84	8.98	8.85	8.82
资金来源结构					
#国家预算内资金	12.77	2.68	9.02	10.26	11.14
国内贷款	33.24	29.06	24.51	22.08	26.29
利用外资	5.37	7.49	3.67	1.71	2.8
自筹和其他投资	41.81	43.00	45.29	49.94	43.87
财　政					
财政收入结构					
中央		40.40	33.16	30.60	38.88
地方		59.60	66.84	69.40	61.12
财政支出结构					
基本建设支出	5.62	6.06	9.78	11.91	14.79
农业支出	13.35	11.04	10.79	9.41	10.58
教育支出	20.80	21.54	17.85	19.10	17.19

2—3 续表1

指　　标	1990年	1995年	2000年	2001年	2002年
利用外资					
实际利用外资结构					
对外借款	29.51	30.13	29.91	33.28	29.29
外商直接投资	50.16	69.46	69.69	66.72	70.71
外商其他投资	20.33	0.41	0.4		
能源生产和消费结构					
能源生产总量结构					
原　煤	59.1	50.9	36.0	31.1	24.1
原　油	2.4	1.3	0.6	0.6	0.7
水　电	38.5	51.6	63.4	68.3	54.4
能源消费总量结构					
煤　炭	62.7	55.9	49.3	50.8	47.6
石　油	11.6	10.1	15.2	17.1	19.3
水　电	20.7	23.4	20.5	20.8	20.8
产　业					
农　业					
农林牧渔业产值结构					
农 业	59.35	54.84	50.52	50.4	50.79
林 业	7.16	4.64	4.68	4.52	4.34
牧 业	29.93	32.11	33.21	33.49	33.44
渔 业	3.56	8.41	11.59	11.59	11.43
工　业					
全部工业总产值结构					
轻工业	55.25	47.54	47.88	47.94	47.93
重工业	44.75	52.46	52.12	52.06	52.07
国有及规模以上非国有工业产值结构					
国有经济		57.55	40.92	33.74	29.55
集体经济		25.24	13.22	10.1	6.85
其他经济类型		17.21	45.86	56.16	63.6
建筑业					
建筑业总产值结构					
# 国有经济	54.33	23.14	30.94	32.31	32.98
城镇集体经济	16.28	10.84	16.24	16.24	14.35
运输业					
货运量结构					
按运输方式分					
铁路	19.14	17.72	18.69	22.6	19.87
公路	74.12	72.28	75.2	71.38	72.85
水运	6.74	10.00	6.11	6.02	7.28
客运量结构					
按运输方式分					
# 铁路	9.1	8.21	5.84	5.03	4.68
公路	86.88	87.49	91.55	90.89	92.57
水运	3.75	3.47	1.78	3.16	1.85

注：1990、1995年规模以上工业产值结构为乡及乡以上工业结构。

2—3 续表2

指　　标	1990年	1995年	2000年	2001年	2002年
国内贸易					
社会消费品零售总额构成					
城市	40.01	44.28	48.46	49.48	49.97
县城	25.63	25.5	20.53	20.8	21.03
县以下	34.36	30.22	31.01	29.72	29.00
经济类型结构					
# 国有经济		27.17	15.95	14.26	12.67
集体经济		14.96	12.17	11.33	10.09
私营经济		2.03	3.39	3.84	4.71
个体经济		36.6	51.38	53.04	54.77
其他经济类型		19.24	13.62	13.86	13.28
对外经济贸易、国际旅游					
进出口总额结构					
进口	18.77	30.05	26.73	31.25	37.96
出口	81.23	69.95	73.27	68.75	62.04
边境贸易进出口结构					
出口商品结构					
# 农副产品		15.79	10.77	8.75	14.63
工业品		47.48	31.5	40.83	43.52
生产资料		18.97	6.5	16.94	
其他		17.76	49.56	31.78	41.85
进口商品结构					
#农副产品		57.44	38.3	50.48	52.84
工业品		25.33	20.36	19.21	28.21
生产资料		1.43	7.89	3.03	
其他		15.8	32.86	26.18	18.95
来华旅游人数结构					
外国人	29.6	73.46	40.82	43.75	48.95
华　侨	4.65	0.81	0.26	0.08	0.08
港澳台同胞	65.75	25.73	58.92	56.17	50.97
教育、科技、文化					
教　育					
在校学生结构					
大学生	0.5	0.7	1.4	1.8	2.19
中学生	21.9	27.9	35.5	37.2	37.78
小学生	77.6	71.4	63.1	61.0	60.0
专任教师结构					
大学	2.22	2.28	2.7	2.79	3.26
中学	31.25	37.9	39.4	42.04	41.38
小学	66.62	59.8	57.9	55.17	55.36
科　技					
国有企事业单位科技人员结构					
#工程技术人员	36.32	15.44	16.17	15.74	15.00
农业技术人员	9.21	2.88	2.97	2.99	2.96
科学研究人员	1.65	0.48	0.35	0.35	0.38
卫生技术人员	33.11	13.22	13.11	13.18	13.39
教学人员	19.75	47.64	50.11	51.12	52.44

2—3 续表3

指　　标	1990年	1995年	2000年	2001年	2002年
生活、环境					
生活					
城镇居民消费结构					
#食品类	58.7	51.0	39.9	37.7	40.67
衣着类	8.7	8.8	6.5	7.0	7.55
用品及其他	9.2	9.5	9.0	9.2	6.7
居住	5.5	8.1	15.5	14.2	10.2
农村居民消费结构					
#食品类	65.17	61.28	55.44	52.3	51.9
衣着类	4.96	4.3	3.47	3.44	3.78
家庭设备、用品及服务	4.57	4.55	4.23	4.03	3.85
居住	15.09	12.2	13.52	17.32	17.11
福　利					
社会保险人员结构					
参加基本养老保险人数		52.55	42.55	39.41	38.13
参加失业保险人数		47.45	39.93	34.46	31.96
参加基本医疗保险人数			17.51	26.12	29.92
卫　生					
医生结构					
中医	21.34	17.14	14.46	10.06	
西医师	60.41	62.35	63.78	66.59	
其他	18.25	20.48	21.76	23.35	
环　境					
污染治理投资结构					
治理废水	57.87	53.83	54.33	27.59	35.93
治理废气	28.53	30.68	36.51	36.13	25.23
治理固体废物	9.69	11.36	3.69	0.73	4.6
治理噪声	0.9	1.17	0.14	0.5	0.23
其他	2.96	2.96	5.33	35.05	34.01

2—4　主要年份国民经济和社会发展比例和效益指标

指　　标	1990年	1995年	2000年	2001年	2002年
人口与就业					
人口					
人口出生率（‰）	20.2	17.54	13.6	13.8	13.3
人口死亡率（‰）	6.6	6.53	5.7	6.07	6.3
人口自然增长率（‰）	13.60	11.01	7.90	7.73	7.00
就业					
三次产业从业者结构（以第一产业为100）					
第一产业	100	100	100	100	100
第二产业	12.81	17.77	17.69	17.52	17.19
第三产业	17.91	32.83	45.63	46.69	47.61
城镇失业率（%）	3.9	2.4	3.2	3.5	3.7
宏观经济					
国民核算					
三次产业增加值比例（以第一产业为100）					
第一产业	100	100	100	100	100
第二产业	67.5	119.2	138.9	140.8	145.04
第三产业	88.3	113.9	141.7	155.9	167.16
全社会劳动生产率（元/人）	2129	6284	7990	8655	9484
第一产业	1088	2840	3429	3583	3792
第二产业	5722	19002	26906	28795	31999
第三产业	5382	9885	10648	11962	13312
固定资产投资					
全社会固定资产投资相当于					
国内生产总值比例（%）	15.27	28.27	32.19	32.77	34.01
房屋建筑面积竣工率（%）			81.04	75.33	72.68
基本建设固定资产交付使用率（%）		89.5	109.68	59.74	51.7
基本建设项目建成投产率（%）		52.32	58.43	55.33	52.4
财政、金融					
一般预算财政收入相当于					
国内生产总值比例（%）		8.9	10.73	11.54	12.44
一般预算收入相当于					
国内生产总值比例（%）	10.43	5.3	7.17	8.01	7.6
一般预算支出相当于					
国内生产总值比例（%）	14.47	9.39	12.61	15.76	17.1
能源生产与消费					
能源消费弹性系数	1.17	0.89	1.1	1.18	1.17
每万元国内生产总值消耗的能源（吨）	2.91	1.51	1.3	1.29	1.22

2—4 续表1

指 标	1990年	1995年	2000年	2001年	2002年
产 业					
农业					
人均耕地面积（亩）	0.93	0.87	0.84	0.83	0.82
每公顷耕地农业机械总动力（千瓦）	3.0	4.1	5.5	5.9	6.2
每公顷耕地用电量（千瓦小时）	485	903	1115	1158	1186
每公顷耕地化肥施用量（公斤）	332	470	595	635	671
工 业					
产值利税率（%）		8.8	11.67	11.63	10.4
资金利税率（%）		8.1	7.39	7.44	7.4
成本费用利润率（%）			3.86	3.78	3.2
流动资产周转次数（次/年）			1.49	1.46	1.61
全员劳动生产率（元/人.年，按增加值计）		18488	35486	38564	45005
建筑业					
技术装备率(元/人)	3968	4675	7784	8057	9191
产值利税率（%）	7.3	3.5	3.4	3.34	4.5
全员劳动生产率（按总产值计算，元/人）	14323	41860	56937	61610	72008
运输邮电业					
铁路网密度（公里/万平方公里）	89	103	133	135	175
公路网密度（公里/万平方公里）	1530	1728	2235	2313	2378
电话普及率（部/万人）	48	234	1102	1433	1973
对外贸易					
进出口总额相当于国内生产总值比例（%）	9.44	17.82	8.23	6.67	8.19
金融					
金融机构存款相当于国内生产总值比例	60.39	76.95	110.68	112.9	113.39
金融机构贷款相当于国内生产总值比例	72.66	70.49	78.69	79.06	79.05
教育、科技、文化					
教育					
学龄儿童入学率(%)		98.16	98.68	98.30	98.50
科技					
县及县以上研究与开发经费支出相当于国内生产总值比例(%)		0.26	0.26	0.25	0.30
文化					
每万人拥有公共图书馆(个)	0.02	0.02	0.02	0.02	0.02

2—5　主要年份按人口平均的国民经济和社会发展主要指标

指　　标	单　位	1990年	1995年	2000年	2001年	2002年
国内生产总值	元	1066	3304	4319	4668	5099
全社会固定资产投资	元	163	937	1395	1533	1738
农林牧渔业总产值	元	601	1546	1752	1830	1907
耕地面积	亩	0.93	0.87	0.84	0.83	0.82
粮食产量	公斤	334	344	352	337	322
甘蔗产量	公斤	358	566	621	766	956
水果产量	公斤	22	59	76	85	95
猪牛羊肉产量	公斤	22	45	49	51	54
水产品产量	公斤	8	23	51	52	53
工业总产值	元	842	3239	3804	3990	4238
轻工业	元	465	1540	1822	1913	2031
重工业	元	377	1699	1983	2077	2207
发电量	千瓦时	299	481	611	623	660
糖产量	公斤	33	40	69	57	100
社会消费品零售总额	元	418	1179	1816	1962	2134
一般预算收入	元	112	176	311	375	389
一般预算支出	元	155	311	546	737	874
外贸出口额	美元	17	50	32	26	31
每万人在校大学生	人/万人	8.9	13.3	25.0	31.8	39.0
每万人在校中学生	人/万人	372.3	496.4	666.3	672.2	689.0
每万人在校小学生	人/万人	1321.6	1421.4	1139	1101.4	1058.0
每万人医院、卫生院病床数	张/万人	16.0	17.3	17.5	17.9	17.3
每万人卫生技术人员	人/万人	25.4	25.6	26.7	26.7	25.3

注：每万人拥有教育、科技、卫生指标按年末总人口计算，其余指标按年平均人口计算。

2—6 各个时期主要经济指标

时期	国内生产总值（亿元）	第一产业	第二产业	#工业	第三产业	固定资产投资（亿元）
“一五”时期	88.96	50.35	22.59	19.89	16.02	6.19
“二五”时期	125.03	57.92	37.65	31.64	29.46	19.58
1963—1965年	83.12	43.66	22.42	19.26	17.04	7.21
“三五”时期	165.9	89.17	41.41	36.68	35.32	19.42
“四五”时期	287.04	133.8	91.39	82.8	61.85	32.87
“五五”时期	393.84	172.14	132.55	119.91	89.15	48.79
“六五”时期	708.45	321.87	202.77	175.97	183.81	120.68
“七五”时期	1592.8	627.12	479.93	417.65	485.75	337.65
“八五”时期	4732.74	1447.01	1655.27	1423.97	1630.46	1314.72
“九五”时期	9421.61	2778.07	3323.46	2796.81	3320.07	2808.14
2001—2002年	4686.55	1158.2	1655.81	1347.35	1872.54	1566.24

注：本表价值指标按当年价格计算。

2—6 续表

时期	一般预算收入（亿元）	一般预算支出（亿元）	外贸进出口总额	#出口总额（亿美元）	社会消费品零售总额（亿元）	货运量（万吨）
“一五”时期	15.33	12.61	1.74	1.74	41.8	4344
“二五”时期	23.66	34.7	1.48	1.48	59.36	12595
1963—1965年	12.64	15.92	1.24	1.21	42.88	5191
“三五”时期	25.24	34.25	2.37	2.19	84.47	11523
“四五”时期	48.32	61.57	7.77	7.21	114.48	21750
“五五”时期	61.72	87.53	13.66	12.82	177.1	26379
“六五”时期	72.99	105.13	21.12	17.46	321.52	30448
“七五”时期	177.9	265.93	37.97	28.32	720.45	94604
“八五”时期	354.75	923.09	104.11	71.14	1715.24	138187
“九五”时期	589.95	1009.68	126.74	91.87	3669.51	155717
2001—2002年	365.4	771.51	42.27	27.43	1961.42	66659

2—7　各个时期主要经济指标平均增长率

单位：%

时　期	国内生产总值	第一产业	第二产业	#工业	第三产业	固定资产投资
“一五”时期	10.8	6.5	11.2	12.1	27.5	
“二五”时期	1.2	-4.5	3.9	4.7	8.4	
1963—1965年	7.5	11.5	9.5	8.4	-0.02	
“三五”时期	5.1	2.6	5.3	5.1	8.7	
“四五”时期	9.6	6.2	15.0	16.5	9.9	
“五五”时期	6.2	3.9	4.8	5.5	12.2	10.5
“六五”时期	8.3	4.4	9.9	9.2	13.3	27.4
“七五”时期	6.1	5.0	8.7	9.7	4.4	10.2
“八五”时期	15.1	8.4	24.3	24.2	13.6	43.9
“九五”时期	8.1	6.2	9.0	8.8	8.6	9.3
2001—2002年	9.3	5.3	9.7	9.4	11.9	12.5

注：本表增长率按可比价格计算。

2—7　续表

时　期	一般预算收入	一般预算支出	外贸进出口总额	#出口总额	社会消费品零售总额	货运量
“一五”时期	6.4	14.7	47.1	47.1	13.2	39.8
“二五”时期	2.7	2.0	-20.3	-20.3	6.1	1.7
1963—1965年	12.9	18.7	37.1	33.5	7.1	19.9
“三五”时期	8.5	8.3	0.3	0.4	2.9	5.9
“四五”时期	8.6	7.5	33.5	33.2	8.1	11.5
“五五”时期	2.1	5.8	11.4	12.7	11.9	-2.4
“六五”时期	10.4	11.3	6.7	0.3	14.1	23.5
“七五”时期	18.3	16.9	11.4	14.4	14.6	9.0
“八五”时期	11.1	16.7	29.0	25.2	24.9	7.5
“九五”时期	13.1	13.0	-8.7	-7.8	10.0	1.8
2001—2002年	12.7	27.4	9.2	0.5	9.3	3.3

2—8 主要年份平均每天主要社会经济活动

指　　标	单位	1990年	1995年	2000年	2001年	2002年
每天创造的财富						
国内生产总值	亿元	1.23	4.10	5.62	6.11	6.73
第一产业	亿元	0.48	1.23	1.48	1.54	1.63
第二产业	亿元	0.32	1.47	2.05	2.17	2.37
#工业	亿元	0.29	1.26	1.70	1.78	1.92
第三产业	亿元	0.42	1.40	2.09	2.40	2.73
#运输、仓储及邮电业	亿元	0.07	0.25	0.44	0.51	0.62
批发零售、餐饮业	亿元	0.16	0.46	0.76	0.81	0.87
一般预算收入	亿元	0.12	0.22	0.40	0.49	0.51
一般预算支出	亿元	0.18	0.39	0.71	0.96	1.15
粮食	万吨	3.84	4.26	4.57	4.4	4.24
油料	万吨	0.07	0.12	0.16	0.16	0.15
猪牛羊肉	万吨	0.25	0.44	0.63	0.67	0.71
水产品	万吨	0.09	0.28	0.66	0.68	0.7
布	万米	48.52	46.03	23.87	23.72	22.42
原　煤	万吨	2.68	3.81	1.94	1.68	1.2
发电量	亿千瓦时	0.34	0.60	0.79	0.81	0.87
钢	万吨	0.14	0.24	0.29	0.34	0.45
钢　材	万吨	0.12	0.22	0.28	0.35	0.50
水　泥	万吨	2.10	5.43	6.02	5.86	6.58
每天消费量						
最终消费	亿元	0.95	2.72	3.95	4.38	4.65
居民消费	亿元	0.73	2.07	2.79	2.95	3.17
农　民	亿元	0.49	1.18	1.58	1.63	1.76
非农业居民	亿元	0.23	0.89	1.21	1.31	1.41
政府消费	亿元	0.22	0.66	1.16	1.43	1.48
能源消费量（标准煤 ）	万吨	3.58	6.18	7.31	7.94	8.14
社会消费品零售总额	亿元	0.48	1.46	2.35	2.56	2.81
每天其他经济活动						
资本形成总额	亿元	0.29	1.70	1.85	2.11	2.41
固定资产形成	亿元	0.20	1.16	1.83	2.02	2.31
存货增加	亿元	0.09	0.54	0.02	0.09	0.10
货运量	万吨	54.52	78.41	85.67	91.14	91.48
客运量	万人	71.98	94.02	117.68	123.65	125.67
主要港口货物吞吐量	万吨	3.02	4.70	7.99	8.47	10.22
邮电业务总量	万元	39.00	563.29	2639.89	2840.30	3468.22
进出口总额	亿美元	0.02	0.09	0.06	0.05	0.07
出口总额	亿美元	0.02	0.06	0.04	0.03	0.04
进口总额	亿美元		0.03	0.02	0.02	0.03
实际利用外资额	亿美元	0.02	0.03	0.02	0.02	0.02
来华旅游人数	万人	0.14	0.11	0.34	0.34	0.36
居民储蓄额	亿元	0.42	2.02	3.77	4.22	4.76
每天人口变动和婚姻						
出　生	人	2329	2164	1753	1808	1753
死　亡	人	767	795	712	795	822
结　婚	对	966.3	896	873	822	773
离　婚	对	60	71	80	84	62

主要统计指标解释

发展速度 用以反映社会经济发展程度的相对指标，根据两个不同时期发展水平的对比而得。由于比较的标准时期不同，发展速度可分为定期发展速度和环比发展速度两种。

增长速度 发展速度减-1（或100%）就是增长速度。即增长速度=发展速度-1（或100%）。

平均每年增长速度 我国计算平均增长速度有两种方法，一种是习惯上经常使用的“水平法”，又称几何平均法，是以间隔最后一年的水平同基期水平对比来计算平均每年增长（或下降）的速度；另一种是“累计法”又称代数平均法或方程法，是以间隔年内各年水平的总和同基期水平对比来计算平均每年增长（或下降）的速度。。

在一般正常情况下，两种方法计算的平均每年增长速度比较接近，但在经济发展不平衡出现大起大落时，两种方法计算的结果差别较大。

本《年鉴》内所列的平均每年增长速度都是用水平法计算的。从某年到某年平均增长速度的年份，均不包基期年在内。如1981-2000年平均每年增长速度，是以1980年为基期，2000年为报告期，年份从1981年算起，共20年。

当年价格 是报告期的实际价格，如工厂的出厂价格，农产品的收购价格，商品的零售价格等。按当年价格计算，是指一些以货币表现的物量指标，如工业总产值、国内生产总值等，按照当年的实际价格来计算总量，按当年价格计算的价值指标，在不同的年份之间进行对比时，因为包含有各年间价格变动的因素，不能确切地反映实物量的增减变动。因此，在计算增长速度时都使用按可比价格计算的数字。

可比价格 指在不同时期的价值指标对比时，扣除了价格变动因素，而确切表示物量的变化。按可比价格计算有两种方法：一种是直接用于产品产量乘其不变价格；一种是指数法换算。

不变价格 用某一时期的同类产品的平均价格作为固定价格，来计算各个时期的产品价值。目的是为了消除各个时期价格变动的影响，保证各时期间、地区间的可比性。解放后，国家统计局先后五次制订了全国统一的工业产品和农业产品的不变价格，即从1949年至1957年使用1952年工（农）业产品不变价格，从1957年到1971年使用1957年不变价格，从1971年到1980年使用1970年不变价格，从1981年到1990年使用1980年不变价格。从1990的开始使用1990年不变价格。

指数 指数是一种表明社会经济现象动态的相对数。动用指数可以测定不能直接相加和直接对比的社会经济现象的总动态；可以分析社会经济现象总变动中各因素变动的影响程度；可以研究总平均指标变动中各组标志水平和总体结构变动的作用。它是在把各个年份的产值换算成可比价格的基础上，根据定基数等于相应各个环比指数的连乘积这个换算关系计算出来的。

本《年鉴》所列“国内生产总值指数”等都是按可比价格计算的，如计算有关年份产值增长情况，可用定期指数（即简称年度为100的定基指数）直接进行对比。例如，求2000年国内生产总值为1980年的百分比，按表上2000年指数，1980年指数，两者相除即得，其余以此类推。

各个计划时期 本年鉴表内所用各个“时期”代表的年份如下：第一个五年计划时期（简称“一五”时期）为1953到1957年；第二个五年计划时期（简称“二五”时期）为1958到1962年；第三个五年计划时期（简称“三五”时期）为1966到1970年；第四个五年计划时期（简称“四五”时期）为1971到1975年；第五个五年计划时期（简称“五五”时期）为1976到1980年；第六个五年计划时期（简称“六五”时期）为1981到1985年；第七个五年计划时期（简称“七五”时期）为1986到1990年；第八个五年计划时期（简称“八五”时期）为1991到1995年；第九个五年计划的时期（简称“九五”时期）为1996到2000年；第十个五年计划时期（简称“十五”时期）为2001到2005年。

第 三 篇

CHAPTER 3

国民经济核算

NATIONAL ECONOMIC ACCOUNTING

国内生产总值及增长速度

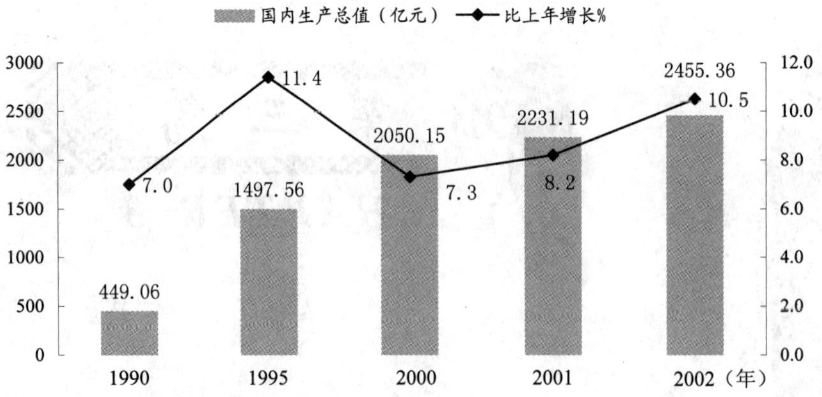

国内生产总值构成（%）

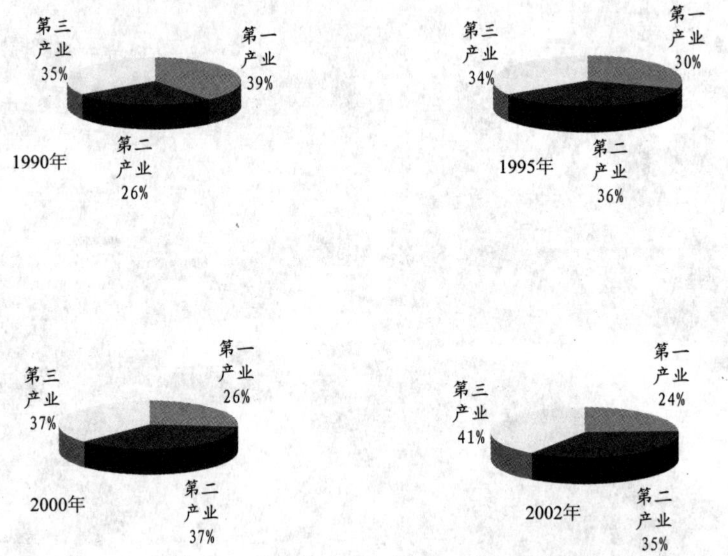

人均国内生产总值（元）

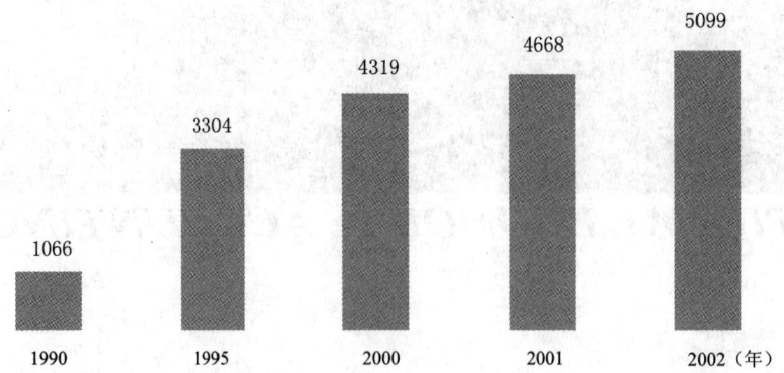

3—1 国内生产总值(1978-2002年)

（按当年价格计算）　　单位：亿元

年 份	国内生产总值	第一产业	第二产业	工 业	建筑业	第三产业	#交通运输、仓储及邮电通信业	#批发和零售贸易餐饮业	人均国内生产总值(元/人)
1978	75.85	30.88	25.81	23.29	2.52	19.16	3.67	4.43	225
1979	84.59	37.43	27.98	25.12	2.86	19.18	3.71	3.98	246
1980	97.33	43.91	30.79	27.78	3.01	22.63	4.79	5.00	278
1981	113.46	52.39	33.01	29.71	3.30	28.06	5.06	10.40	317
1982	129.15	62.93	34.72	30.98	3.74	31.50	5.36	11.36	354
1983	134.60	63.36	37.09	32.39	4.70	34.15	5.93	11.17	363
1984	150.27	66.01	43.26	36.97	6.29	41.00	6.88	12.31	399
1985	180.97	77.18	54.69	45.92	8.77	49.10	7.70	14.56	471
1986	205.46	85.27	69.03	58.41	10.62	51.16	9.04	12.30	525
1987	241.56	99.53	81.79	70.96	10.83	60.24	11.53	13.55	607
1988	313.28	117.72	100.69	86.38	14.31	94.87	15.72	28.23	770
1989	383.44	148.99	109.97	97.11	12.86	124.48	20.44	44.41	927
1990	449.06	175.61	118.45	104.79	13.66	155.00	25.79	57.53	1066
1991	518.59	192.68	141.02	123.66	17.36	184.89	38.65	62.03	1211
1992	646.60	229.13	187.48	161.44	26.04	229.99	49.14	74.92	1490
1993	871.70	245.60	321.10	273.03	48.07	305.00	61.16	101.66	1982
1994	1198.29	329.96	469.81	404.59	65.22	398.52	69.52	130.96	2675
1995	1497.56	449.64	535.86	461.25	74.61	512.06	93.02	168.97	3304
1996	1697.90	531.51	587.37	503.32	84.05	579.02	111.95	200.72	3706
1997	1817.25	579.14	614.07	524.49	89.58	624.04	120.06	223.52	3928
1998	1903.04	574.25	678.19	569.90	108.29	650.60	125.04	243.50	4076
1999	1953.27	554.48	695.83	579.26	116.57	702.96	145.30	260.33	4148
2000	2050.15	538.70	748.00	619.84	128.16	763.45	160.87	277.73	4319
2001	2231.19	562.52	791.85	648.19	143.66	876.82	187.66	295.15	4668
2002	2455.36	595.68	863.96	699.16	164.80	995.72	225.81	318.46	5099

3—2 国内生产总值构成(1978-2002年)

（按当年价格计算） 单位：%

年份	国内生产总值	第一产业	第二产业	工业	建筑业	第三产业	#交通运输、仓储及邮电通信业	#批发和零售贸易餐饮业
1978	100	40.7	34.0	30.7	3.3	25.3	4.8	5.8
1979	100	44.2	33.1	29.7	3.4	22.7	4.4	4.7
1980	100	45.1	31.6	28.5	3.1	23.3	4.9	5.1
1981	100	46.2	29.1	26.2	2.9	24.7	4.5	9.2
1982	100	48.7	26.9	24.0	2.9	24.4	4.2	8.8
1983	100	47.1	27.6	24.1	3.5	25.4	4.4	8.3
1984	100	43.9	28.8	24.6	4.2	27.3	4.6	8.2
1985	100	42.6	30.2	25.4	4.8	27.1	4.3	8.0
1986	100	41.5	33.6	28.4	5.2	24.9	4.4	6.0
1987	100	41.2	33.9	29.4	4.5	24.9	4.8	5.6
1988	100	37.6	32.1	27.6	4.6	30.3	5.0	9.0
1989	100	38.9	28.7	25.3	3.4	32.5	5.3	11.6
1990	100	39.1	26.4	23.3	3.0	34.5	5.7	12.8
1991	100	37.2	27.2	23.8	3.3	35.7	7.5	12.0
1992	100	35.4	29.0	25.0	4.0	35.6	7.6	11.6
1993	100	28.2	36.8	31.3	5.5	35.0	7.0	11.7
1994	100	27.5	39.2	33.8	5.4	33.3	5.8	10.9
1995	100	30.0	35.8	30.8	5.0	34.2	6.2	11.3
1996	100	31.3	34.6	29.6	5.0	34.1	6.6	11.8
1997	100	31.9	33.8	28.9	4.9	34.3	6.6	12.3
1998	100	30.2	35.6	29.9	5.7	34.2	6.6	12.8
1999	100	28.4	35.6	29.7	6.0	36.0	7.4	13.3
2000	100	26.3	36.5	30.2	6.3	37.2	7.8	13.5
2001	100	25.2	35.5	29.1	6.4	39.3	8.4	13.2
2002	100	24.3	35.2	28.5	6.7	40.5	9.2	13.0

3—3 国内生产总值指数(1978-2002年)

(按可比价格计算，以上年为100)

年份	国内生产总值	第一产业	第二产业	工业	建筑业	第三产业	#交通运输、仓储及邮电通信业	#批发和零售贸易餐饮业	人均国内生产总值
1978	111.7	102.3	100.2	100.0	103.6	148.2	119.5	123.6	109.1
1979	103.4	105.5	105.4	105.2	109.1	98.3	100.7	91.8	101.3
1980	110.2	112.6	107.5	108.5	92.1	110.2	129.2	114.9	108.2
1981	108.0	102.5	105.5	106.9	92.7	123.0	106.2	205.2	105.9
1982	112.5	118.5	105.0	104.1	114.7	110.6	106.9	106.8	110.5
1983	103.3	99.3	106.9	105.0	125.6	107.0	104.0	100.6	101.5
1984	106.9	97.8	113.6	112.6	122.0	115.5	117.8	108.0	105.2
1985	111.0	105.0	119.0	117.8	128.2	111.1	107.7	109.2	108.9
1986	106.4	105.7	118.1	119.4	109.2	93.7	106.5	79.8	104.6
1987	109.2	105.7	112.0	114.5	92.6	110.8	119.7	103.3	107.3
1988	104.5	93.8	108.8	108.1	115.0	114.2	117.6	137.3	102.3
1989	103.6	112.4	99.2	100.7	86.1	99.0	102.4	82.9	101.8
1990	107.0	108.5	106.4	106.6	104.3	105.8	93.3	96.8	105.2
1991	112.7	108.8	115.9	114.8	125.0	114.8	131.7	106.2	110.9
1992	118.3	112.9	128.0	127.9	128.5	116.6	119.7	112.8	116.8
1993	118.3	99.6	144.9	145.1	143.8	115.1	108.4	116.9	116.7
1994	115.2	106.0	127.3	128.3	120.0	110.7	111.7	104.2	113.2
1995	111.4	115.6	108.6	108.2	111.4	111.1	116.0	111.2	110.0
1996	108.3	107.2	109.3	109.4	108.8	108.2	113.5	113.3	107.2
1997	108.0	111.2	106.4	106.4	106.1	107.3	106.6	111.3	107.0
1998	109.1	105.8	113.9	113.2	118.9	106.4	103.4	112.8	108.1
1999	107.7	107.0	106.8	106.1	111.5	109.5	113.9	109.6	106.8
2000	107.3	100.2	109.0	109.0	108.9	111.5	112.1	108.6	106.4
2001	108.2	103.4	108.1	108.0	108.2	111.8	107.2	108.7	107.5
2002	110.5	107.3	111.3	110.9	113.1	111.9	110.6	110.1	109.7

3—4 国内生产总值指数（1978-2002年）

（按可比价格计算，以1978年为100）

年份	国内生产总值	第一产业	第二产业	工业	建筑业	第三产业	#交通运输、仓储及邮电通信业	#批发和零售贸易餐饮业	人均国内生产总值
1978	100.0	100.0	100.0	100.0	100.0	100.0	100.0	100.0	100.0
1979	103.4	105.5	105.4	105.2	109.1	98.3	100.7	91.8	101.3
1980	113.9	118.8	113.3	114.2	100.5	108.3	130.2	105.4	109.4
1981	123.1	121.8	119.6	122.1	93.2	133.3	138.2	216.4	115.8
1982	138.4	144.3	125.6	127.2	106.9	147.3	147.7	231.1	127.7
1983	143.0	143.2	134.3	133.5	134.2	157.7	153.6	232.5	129.8
1984	152.9	140.1	152.6	150.2	163.8	182.1	181.0	251.1	136.5
1985	169.7	147.2	181.6	177.0	210.0	202.2	194.8	274.3	148.8
1986	180.6	155.6	214.6	211.4	229.4	189.5	207.5	218.8	155.5
1987	197.2	164.4	240.2	242.1	212.6	209.8	248.3	226.0	166.8
1988	206.0	154.2	261.3	261.8	244.3	239.6	292.1	310.3	170.5
1989	213.5	173.3	259.2	263.5	210.4	237.2	299.0	257.3	173.8
1990	228.4	188.0	275.7	280.9	219.4	251.1	279.1	249.1	182.6
1991	257.5	204.5	319.6	322.3	274.3	288.2	367.5	264.4	202.4
1992	304.7	230.9	409.1	412.3	352.5	336.1	440.0	298.4	236.3
1993	360.4	230.0	592.8	598.2	506.8	386.9	476.9	348.8	275.7
1994	415.2	243.8	754.5	767.4	608.2	428.2	532.6	363.5	312.0
1995	462.4	281.7	819.3	830.5	677.7	475.8	618.0	404.1	343.3
1996	500.9	301.9	895.4	908.2	737.1	515.1	701.4	457.8	368.1
1997	541.2	335.6	952.4	966.3	782.4	552.8	747.8	509.6	393.8
1998	590.5	354.9	1084.7	1094.0	930.0	588.3	772.9	574.8	425.7
1999	636.0	379.7	1158.5	1160.7	1036.9	644.2	880.3	630.0	454.6
2000	682.4	380.5	1262.7	1265.2	1129.2	718.3	986.8	684.2	483.7
2001	738.4	393.4	1365.0	1366.4	1221.8	803.1	1056.9	743.7	520.0
2002	815.9	422.1	1519.2	1515.3	1381.9	898.7	1168.9	818.8	570.4

3—5 各市地国内生产总值、人均国内生产总值(2002年)

(按现行价格计算)　　单位：亿元

	国　内 生产总值	第一产业	第二产业	#工业	第三产业	人均国内生产总值 （元）
南宁市	356.07	51.16	102.56	75.47	202.35	12025
柳州市	285.23	41.41	128.15	112.91	115.68	8207
桂林市	357.75	106.72	110.54	90.02	140.50	7358
梧州市	153.16	46.10	47.06	39.86	60.00	5276
北海市	134.39	39.43	36.77	31.05	58.19	9262
防城港市	69.28	20.35	22.03	18.30	26.90	8879
钦州市	154.66	75.29	30.84	23.26	48.53	4663
贵港市	126.27	46.73	29.70	24.91	49.84	2745
玉林市	225.61	80.61	71.50	65.34	73.50	3859
百色市	144.24	51.15	41.65	29.98	51.44	3877
贺州市	110.26	41.82	30.68	27.74	37.76	5301
河池市	144.61	44.63	38.16	25.47	61.81	3864
来宾市	103.59	39.83	33.59	28.00	30.17	4324
南宁地区	197.17	79.84	42.45	33.37	74.88	3507

3—6 各市地国内生产总值、人均国内生产总值指数(2002年)

(按可比价格计算，以上年为100)

	国　内 生产总值	第一产业	第二产业	#工业	第三产业	人均国内 生产总值
南宁市	111.5	109.7	111.7	111.6	112.0	110.4
柳州市	113.7	106.9	117.8	115.8	111.7	112.7
桂林市	109.2	102.5	111.6	110.6	113.1	108.6
梧州市	110.2	106.8	111.5	109.7	111.9	109.4
北海市	110.4	104.6	113.5	112.3	112.3	109.5
防城港市	113.1	102.7	127.9	138.6	111.1	112.8
钦州市	110.9	109.8	112.1	109.9	111.8	109.8
贵港市	110.7	109.5	111.1	109.1	111.8	110.0
玉林市	110.4	105.8	116.7	117.6	110.1	109.8
百色市	111.3	105.4	117.4	108.5	113.1	109.5
贺州市	107.6	102.0	109.0	108.9	113.5	107.5
河池市	95.2	102.0	74.6	65.6	108.5	95.2
来宾市	109.8	108.5	112.2	108.6	109.0	108.9
南宁地区	110.5	106.4	120.9	121.9	109.8	110.4

3—7　按支出法计算的国内生产总值(1999-2002年)

（按当年价格计算）　　单位：亿元

	1999年	2000年	2001年	2002年
按支出法计算				
国内生产总值	**1953.27**	**2050.15**	**2231.19**	**2455.36**
最终消费	1342.88	1443.17	1597.05	1698.54
居民消费	978.81	1019.36	1075.89	1157.95
农村居民	566.36	578.22	597.95	642.30
自给性消费	154.04	156.74	165.87	163.95
商品性消费	302.94	291.60	312.68	328.30
文化生活服务消费	81.57	97.52	95.28	123.95
住房及水电消费	27.81	32.36	24.12	26.10
其中：住房消费	7.91	13.94	15.20	17.54
城镇居民	412.45	441.14	477.94	515.65
商品性消费	291.40	318.93	338.57	351.60
文化生活服务消费	74.75	66.17	78.75	119.55
住房及水电消费	46.30	56.04	60.62	44.50
其中：住房消费	30.03	28.93	33.15	12.64
政府消费	364.07	423.81	521.16	540.59
资本形成总额	**645.64**	**676.12**	**769.04**	**877.93**
固定资本形成总额	629.07	670.65	735.56	842.72
第一产业	24.93	27.62	42.22	35.48
第二产业	154.56	189.56	177.91	245.22
采掘业	8.22	8.89	10.74	11.71
制造业	66.70	70.40	84.86	117.39
电力、煤气及水的生产和供应业	73.36	101.98	69.95	96.91
建筑业	6.28	8.29	12.36	19.21
第三产业	449.58	453.47	515.43	562.02
交通运输、仓储及邮电通信业	147.54	143.58	148.14	143.95
批发零售贸易、餐饮业	11.94	14.70	28.63	28.91
金融保险业	5.33	2.38	2.93	1.60
房地产业	174.02	156.58	196.03	149.52
其他行业	110.75	136.23	139.70	238.04
存货增加	16.57	5.47	33.48	35.21
货物和服务净出口	-35.25	-69.14	-134.90	-121.11
出口	1322.06	1412.24	1445.54	1590.78
进口	1357.31	1481.38	1580.44	1711.89

3—8 支出法国内生产总值(1978-2002年)

(按当年价格计算)

单位：亿元

年份	支出法国内生产总值	最终消费	居民消费	农村居民	城镇居民	政府消费	资本形成	固定资本	存货增加
1978	75.85	59.22	50.14	38.55	11.59	9.08	26.80	20.89	5.91
1979	84.59	65.41	55.19	41.75	13.44	10.22	26.21	20.57	5.64
1980	97.33	77.79	65.62	49.28	16.34	12.17	29.08	26.76	2.32
1981	113.46	87.29	74.09	56.28	17.81	13.20	32.73	26.97	5.76
1982	129.15	105.45	89.60	71.17	18.43	15.85	30.56	19.11	11.45
1983	134.60	111.40	93.87	73.94	19.93	17.53	32.40	23.30	9.10
1984	150.27	126.73	102.82	80.34	22.48	23.91	36.51	34.42	2.09
1985	180.97	152.73	123.92	96.13	27.79	28.81	61.80	42.22	19.58
1986	205.46	169.14	137.65	102.06	35.59	31.49	72.04	55.21	16.83
1987	241.56	189.66	154.31	112.71	41.60	35.35	79.69	62.72	16.97
1988	313.28	251.93	196.36	134.04	62.32	55.57	104.29	75.63	28.66
1989	383.44	296.29	228.80	157.25	71.55	67.49	111.54	70.81	40.73
1990	449.06	346.68	265.41	180.03	85.38	81.27	107.40	72.60	34.80
1991	518.59	394.07	297.08	195.00	102.08	96.99	137.14	99.38	37.76
1992	646.60	445.12	328.31	212.95	115.36	116.81	227.39	150.11	77.28
1993	871.70	564.25	422.30	257.72	164.58	141.95	350.54	278.07	72.47
1994	1198.29	778.82	588.47	336.66	251.81	190.35	472.33	382.59	89.74
1995	1497.56	993.95	754.12	430.25	323.87	239.83	618.75	423.37	195.38
1996	1697.90	1202.63	919.89	544.74	375.15	282.74	596.99	483.57	113.42
1997	1817.25	1255.76	936.65	548.93	387.72	319.11	578.61	487.29	91.32
1998	1903.04	1308.67	952.63	560.99	391.64	356.04	650.55	573.10	77.45
1999	1953.27	1342.88	978.81	566.36	412.45	364.07	645.64	629.07	16.57
2000	2050.15	1443.17	1019.36	578.22	441.14	423.81	676.12	670.65	5.47
2001	2231.19	1597.05	1075.89	597.95	477.94	521.16	769.04	735.56	33.48
2002	2455.36	1698.54	1157.95	642.30	515.65	540.59	877.93	842.72	35.21

3—9　支出法国内生产总值指数(1978-2002年)

（按可比价格计算，以上年为100）

年　份	支出法计算的国内生产总值	最终消费	居民消费	农村居民	城镇居民	政府消费	资本形成	固定资本	存货增加
1978	111.7	110.0	106.7	108.2	101.7	132.2	109.2	109.2	109.4
1979	103.4	101.6	100.3	97.3	110.4	108.5	91.8	92.3	90.8
1980	110.2	117.3	117.1	117.7	115.3	118.1	95.7	121.5	41.8
1981	108.0	111.5	112.2	114.1	106.4	107.9	99.9	89.4	220.8
1982	112.5	117.6	118.0	123.9	98.8	115.7	95.2	67.3	225.6
1983	103.3	104.3	103.5	102.9	105.9	108.7	106.3	130.1	73.1
1984	106.9	110.3	105.3	103.5	112.1	137.8	102.9	135.1	23.0
1985	111.0	110.8	111.3	110.4	114.6	108.8	161.1	115.0	833.1
1986	106.4	103.4	103.1	102.1	106.8	104.4	109.8	122.3	84.7
1987	109.2	104.6	104.5	102.9	110.2	104.8	102.5	105.1	94.7
1988	104.5	106.7	104.5	100.2	117.9	116.2	90.4	78.1	129.7
1989	103.6	95.6	98.8	100.7	93.6	83.5	110.9	97.1	137.5
1990	107.0	108.0	107.1	104.2	115.1	112.2	102.5	89.0	120.9
1991	112.7	113.0	111.3	108.6	116.8	118.5	112.5	115.7	105.9
1992	118.3	110.5	105.7	104.6	108.1	124.9	153.6	135.8	194.2
1993	118.3	106.4	109.2	102.0	122.8	99.3	151.8	196.0	81.4
1994	115.2	111.7	113.6	106.8	124.3	106.6	118.8	122.5	104.5
1995	111.4	112.3	113.7	115.9	110.7	108.2	122.8	107.0	193.8
1996	108.3	111.5	111.4	114.6	107.0	111.7	94.7	110.3	55.9
1997	108.0	107.9	104.8	103.6	106.5	117.8	97.2	100.5	81.3
1998	109.1	108.9	106.2	107.0	105.0	116.5	112.0	116.1	87.5
1999	107.7	107.5	107.9	108.9	106.4	106.4	104.3	114.4	23.1
2000	107.3	109.0	106.5	106.2	107.0	115.6	103.4	105.1	33.5
2001	108.2	108.8	104.6	102.5	107.3	118.9	112.0	107.5	661.4
2002	110.5	107.0	108.5	108.9	108.0	103.9	113.9	114.2	108.3

3—10 支出法国内生产总值指数

（按可比价格计算，以1978年为100）

年份	支出法计算的国内生产总值	最终消费	居民消费	农村居民	城镇居民	政府消费	资本形成	固定资本	存货增加
1978	100.0	100.0	100.0	100.0	100.0	100.0	100.0	100.0	100.0
1979	103.4	101.6	100.3	97.3	110.4	108.5	91.8	92.3	90.8
1980	113.9	119.2	117.5	114.5	127.3	128.1	87.9	112.1	38.0
1981	123.1	132.9	131.8	130.7	135.4	138.3	87.8	100.3	83.8
1982	138.4	156.3	155.5	161.9	133.8	160.0	83.6	67.5	189.1
1983	143.0	163.0	160.9	166.6	141.7	173.9	88.8	87.8	138.2
1984	152.9	179.8	169.5	172.4	158.9	239.6	91.4	118.6	31.8
1985	169.7	199.2	188.6	190.4	182.0	260.7	147.2	136.4	264.8
1986	180.6	206.0	194.5	194.4	194.4	272.2	161.7	166.8	224.3
1987	197.2	215.4	203.2	200.0	214.3	285.2	165.7	175.3	212.4
1988	206.0	229.9	212.4	200.4	252.6	331.4	149.8	136.9	275.5
1989	213.5	219.8	209.8	201.8	236.4	276.8	166.1	132.9	378.8
1990	228.4	237.3	224.7	210.3	272.1	310.5	170.3	118.3	458.0
1991	257.4	268.2	250.1	228.4	317.9	368.0	191.6	136.9	485.0
1992	304.5	296.4	264.4	238.9	343.6	459.6	294.2	185.9	941.9
1993	360.2	315.3	288.7	243.6	422.0	456.4	446.6	364.4	766.7
1994	415.0	352.2	327.9	260.2	524.5	486.5	530.6	446.4	801.2
1995	462.3	395.5	372.9	301.6	580.6	526.4	651.6	477.6	1552.7
1996	500.7	441.0	415.4	345.6	621.3	588.0	617.1	526.8	868.0
1997	540.7	475.9	435.3	358.0	661.6	692.6	599.8	529.4	705.6
1998	589.9	518.2	462.3	383.1	694.7	806.9	671.8	614.7	617.4
1999	635.4	557.1	498.8	417.2	739.2	858.6	700.6	703.2	142.6
2000	681.8	607.2	531.3	443.1	790.9	992.5	724.5	739.0	47.8
2001	737.7	660.7	555.7	454.1	848.7	1180.1	811.4	794.5	316.0
2002	815.1	706.9	602.9	494.6	916.6	1226.1	924.2	907.3	342.3

3—11　支出法国内生产总值构成（1978-2002年）

（按当年价格计算）

单位：%

年份	支出法国内生产总值	最终消费	居民消费	农村居民	城镇居民	政府消费	资本形成总额	固定资本形成总额	存货增加
1978	100.0	78.1	66.1	50.8	15.3	12.0	35.3	27.5	7.8
1979	100.0	77.3	65.2	49.4	15.9	12.1	31.0	24.3	6.7
1980	100.0	79.9	67.4	50.6	16.8	12.5	29.9	27.5	2.4
1981	100.0	76.9	65.3	49.6	15.7	11.6	28.8	23.8	5.1
1982	100.0	81.6	69.4	55.1	14.3	12.3	23.7	14.8	8.9
1983	100.0	82.8	69.7	54.9	14.8	13.0	24.1	17.3	6.8
1984	100.0	84.3	68.4	53.5	15.0	15.9	24.3	22.9	1.4
1985	100.0	84.4	68.5	53.1	15.4	15.9	34.1	23.3	10.8
1986	100.0	82.3	67.0	49.7	17.3	15.3	35.1	26.9	8.2
1987	100.0	78.5	63.9	46.7	17.2	14.6	33.0	26.0	7.0
1988	100.0	80.4	62.7	42.8	19.9	17.7	33.3	24.1	9.1
1989	100.0	77.3	59.7	41.0	18.7	17.6	29.1	18.5	10.6
1990	100.0	77.2	59.1	40.1	19.0	18.1	23.9	16.2	7.7
1991	100.0	76.0	57.3	37.6	19.7	18.7	26.4	19.2	7.3
1992	100.0	68.8	50.8	32.9	17.8	18.1	35.2	23.2	12.0
1993	100.0	64.7	48.4	29.6	18.9	16.3	40.2	31.9	8.3
1994	100.0	65.0	49.1	28.1	21.0	15.9	39.4	31.9	7.5
1995	100.0	66.4	50.4	28.7	21.6	16.0	41.3	28.3	13.0
1996	100.0	70.8	54.2	32.1	22.1	16.7	35.2	28.5	6.7
1997	100.0	69.1	51.5	30.2	21.3	17.6	31.8	26.8	5.0
1998	100.0	68.8	50.1	29.5	20.6	18.7	34.2	30.1	4.1
1999	100.0	68.8	50.1	29.0	21.1	18.6	33.1	32.2	0.8
2000	100.0	70.4	49.7	28.2	21.5	20.7	33.0	32.7	0.3
2001	100.0	71.6	48.2	26.8	21.4	23.4	34.5	33.0	1.5
2002	100.0	69.2	47.2	26.2	21.0	22.0	35.8	34.3	1.4

3—12　国内生产总值构成项目（2002年）

（按当年价格计算）　　单位：亿元

	增加值	劳动者报酬	固定资产折旧	生产税净额	营业盈余
国内生产总值	**2455.36**	**1637.53**	**301.43**	**283.11**	**233.29**
第一产业	595.68	542.54	17.41	14.73	21.00
农业	334.40	304.57	9.78	8.27	11.78
林业	31.95	29.10	0.93	0.79	1.13
畜牧业	155.02	141.19	4.53	3.83	5.47
渔业	74.31	67.68	2.17	1.84	2.62
第二产业	863.96	412.51	100.62	179.66	171.17
工业	699.16	310.11	86.09	155.06	147.90
采掘业	63.30	46.81	6.21	14.00	-3.72
制造业	566.34	244.03	58.14	126.13	138.04
电力、煤气及水的生产和供应业	69.52	19.27	21.74	14.93	13.58
建筑业	164.80	102.40	14.53	24.60	23.27
第三产业	995.72	682.48	183.40	88.72	41.12
农林牧渔服务业	6.93	4.71	0.56	1.28	0.38
地质勘探业、水利管理业	4.72	2.41	2.27	0.20	-0.16
交通运输、仓储及邮电通信业	225.81	142.63	64.61	11.42	7.15
交通运输业和仓储业	173.80	132.65	38.89	7.56	-5.30
邮电通讯业	52.01	9.98	25.72	3.86	12.45
批发和零售贸易、餐饮业	318.46	214.53	46.76	55.59	1.58
批发和零售贸易业	264.75	164.41	42.57	42.57	15.20
餐饮业	53.71	50.12	4.19	13.02	-13.62
金融保险业	32.20	23.98	8.35	7.70	-7.83
金融业	28.52	22.37	7.82	6.56	-8.23
保险业	3.68	1.61	0.53	1.14	0.40
其　他	0.00	0.00	0.00	0.00	0.00
房地产业	69.43	10.63	26.43	4.39	27.98
房地产管理业	29.22	1.62	0.54	0.06	27.00
房地产开发与经营业	15.33	9.01	1.01	4.33	0.98
城市居民自有住房	10.04	0.00	10.04	0.00	0.00
农村居民自有住房	14.84	0.00	14.84	0.00	0.00
社会服务业	76.21	55.72	9.54	4.91	6.04
卫生、体育、社会福利业	47.29	42.78	2.82	0.16	1.53
教育、文艺广播电影电视业	91.53	75.54	11.08	1.11	3.80
科学研究和综合技术服务业	9.31	7.43	0.75	0.48	0.65
国家机关、政党机关和社会团体	92.07	81.61	9.29	1.17	0.00
其他行业	21.76	20.51	0.94	0.31	0.00

3—13 国内生产总值构成项目比重（2002年）

（按当年价格计算） 单位：%

	增加值	劳动者报酬	固定资产折旧	生产税净额	营业盈余
国内生产总值	100.0	66.7	12.3	11.5	9.5
第一产业	24.3	22.1	0.7	0.6	0.9
农业	13.6	12.4	0.4	0.3	0.5
林业	1.3	1.2	0.0	0.0	0.0
畜牧业	6.3	5.8	0.2	0.2	0.2
渔业	3.0	2.8	0.1	0.1	0.1
第二产业	35.2	16.8	4.1	7.3	7.0
工业	28.5	12.6	3.5	6.3	6.0
采掘业	2.6	1.9	0.3	0.6	-0.2
制造业	23.1	9.9	2.4	5.1	5.6
电力、煤气及水的生产和供应业	2.8	0.8	0.9	0.6	0.6
建筑业	6.7	4.2	0.6	1.0	0.9
第三产业	40.6	27.8	7.5	3.6	1.7
农林牧渔服务业	0.3	0.2	0.0	0.1	0.0
地质勘探业、水利管理业	0.2	0.1	0.1	0.0	0.0
交通运输、仓储及邮电通信业	9.2	5.8	2.6	0.5	0.3
交通运输业和仓储业	7.1	5.4	1.6	0.3	-0.2
邮电通讯业	2.1	0.4	1.0	0.2	0.5
批发和零售贸易、餐饮业	13.0	8.7	1.9	2.3	0.1
批发和零售贸易业	10.8	6.7	1.7	1.7	0.6
餐饮业	2.2	2.0	0.2	0.5	-0.6
金融保险业	1.3	1.0	0.3	0.3	-0.3
金融业	1.2	0.9	0.3	0.3	-0.3
保险业	0.1	0.1	0.0	0.0	0.0
其　他	0.0	0.0	0.0	0.0	0.0
房地产业	2.8	0.4	1.1	0.2	1.1
房地产管理业	1.2	0.1	0.0	0.0	1.1
房地产开发与经营业	0.6	0.4	0.0	0.2	0.0
城市居民自有住房	0.4	0.0	0.4	0.0	0.0
农村居民自有住房	0.6	0.0	0.6	0.0	0.0
社会服务业	3.1	2.3	0.4	0.2	0.2
卫生、体育、社会福利业	1.9	1.7	0.1	0.0	0.1
教育、文艺广播电影电视业	3.7	3.1	0.5	0.0	0.2
科学研究和综合技术服务业	0.4	0.3	0.0	0.0	0.0
国家机关、政党机关和社会团体	3.7	3.3	0.4	0.0	0.0
其他行业	0.9	0.8	0.0	0.0	0.0

主要统计指标解释

国内生产总值　是按市场价格计算的国内生产总值的简称，它指一个国家(或地区)所有常住单位在一定时期内生产活动的最终成果。国内生产总值有三种表现形态，即价值形态、收入形态和产品形态。从价值形态看，它是所有常住单位在一定时期内所生产的全部货物和服务价值超过同期投入的全部非固定资产货物和服务价值的差额，即所有常住单位的增加值之和；从收入形态看，它是所有常住单位在一定时期内所创造并分配给常住单位和非常住单位的初次分配收入之和；从产品形态看，它是最终使用的货物和服务减去进口货物和服务。在核算中，国内生产总值的三种表现形态表现为三种计算方法，即生产法、收入法和支出法。三种方法分别从不同的方面反映国内生产总值及其构成。

国内生产净值　是市场价格计算的国内生产净值的简称，它等于国内生产总值减去所有常住单位的固定资产折旧。

国民生产总值　是按市场价格计算的国民生产总值的简称。它是一个国家或地区所有常住单位在一定时期内收入初次分配的最终成果。一国常住单位从事生产活动所创造的增加值在初次分配过程中主要分配给该国的常住单位，但也有一部分以生产税及进口税(扣除生产和进口补贴)、劳动者报酬和财产收入等形式分配给非常住单位，同时，国外生产所创造的增加值也有一部分以生产税及进口税(扣除生产和进口补贴)、劳动者报酬和财产收入的形式分配给该国的常住单位，从而产生了国民生产总值概念。它等于国内生产总值加上来自国外的净要素收入。国内生产总值是一个生产概念，而国民生产总值是个收入概念。

国民生产净值　是按市场价格计算的国民生产净值简称，它等于国民生产总值减所有常住单位的固定资产折旧。

三次产业　是根据社会生产活动历史发展的顺序对产业结构的划分，产品直接取自然界的部门称为第一产业，对初级产品进行再加工的部门称为第二产业，为生产和消费提供各种服务的部门称为第三产业。

我国的三次产业划分是：

第一产业：农业(包括种植业、林业、牧业和渔业)。

第二产业：工业(包括采掘业，制造业，电力、煤气及水的生产和供应业)和建筑业。

第三产业：除第一、第二产业以外的其他各业。由于第三产业包括的行业多，范围广，根据我国的实际情况，第三产业又分为两大部分：一是流通部门，二是服务部门。

增加值　是指常住单位生产过程中创造的新增价值和固定资产的转移价值。它可以按生产法计算，也可以按收入法计算。按生产法计算，它等于总产出减去中间投入；按收入法计算，它等于劳动者报酬、生产税净额、固定资产折旧和营业盈余之和。

劳动者报酬　是指劳动者因从事生产活动所获得的全部报酬。它包括劳动者获得的各种形式工资、奖金和津贴，既包括货币形式的，也包括实物形式的，还包括劳动者所享受的公费医疗和医药卫生费、上下班交通补贴和单位支付的社会保险费等。单位支付的社会保险费，就是单位直接支付给负责社会保险的政府单位(一般指劳动部门)的社会保险金或为本单位职工离退休、发生死亡、伤残、医疗保险等而支付的保险费。对于个体经济来说，其所有者所获得的劳动报酬和经营利润不易区分，这两部分统一作为劳动者报酬处理。

生产税净额　是指生产税减生产补贴后的差额。生产税指政府对生产单位生产、销售和从事经营活动以及因从事生产活动使用某些生产要素，如固定资产、土地、劳动力所征收的各种税、附加费和规费。具体包括销售税金及附加、增值税、管理费中开支的各种税、应交纳的养路费、排污费和水电费附加、烟酒专卖上缴政府的专项收入等。生产补贴与生产税相反，是政府对生产单位的单方面收入转移，因此视为负生产税处理，包括政策亏损补贴、粮食系统价格补贴、外贸企业出口退税收入等。

固定资产折旧　是指一定时期内为弥补固定资产损耗按照核定的固定资产折旧率提取的固定资产折旧，或按国民经济核算统一规定的折旧率虚拟计算的固定资产折旧。它反映了固定资产在当期生产中的转移价值。

营业盈余　是指常住单位创造的增加值扣除劳动者报酬、生产税净额和固定资产折旧后的余额。它相当于企业的营业利润加上生产补贴，但要扣除从利润中开支的工资和福利等。

支出法国内生产总值　指一个国家(或地区)所有常住单位在一定时期内用于最终消费、资本形成总额、以及货物和服务的净出口总额，它反映本期生产的国内生产总值的使用及结构。

最终消费　是指常住单位在一定时期内对于货物和服务的全部最终消费支出，也就是常住单位为满足物质、文化和精神生活的需要，从本国经济领土和国外购买的货物和服务的支出。它不包括非常住单位在本国经济领土内的消费支出。最终消费分为居民消费和政府消费。

居民消费　指常住住户在一定时期内对于货物和服务的全部最终消费支出。居民关于货物的最终消费支出在货物的所有权发生变化时记录，关于服务的最终消费支出在服务提供的时候记录。居民消费按市场价格计算，即按居民支付的购买者价格计算，货物的购买者价格是购买者取得交货所支付的价格，它包括购买者支付的运输和商业费用。

政府消费 指政府部门为全社会提供的公共服务的消费支出和免费或以较低的价格向居民住户提供的货物和服务的净支出，前者等于政府服务的产出价值减去政府单位所获得的经营收入的价值，政府服务的产出价值等于它的经常性业务支出加上固定资产折旧；后者等于政府部门免费或以较低价格向居民住户提供的货物和服务的市场价值减去向住户收取的价值。

资本形成总额 指常住单位在一定时期内对固定资产和存货的投资支出合计，包括固定资本形成总额和存货增加。

固定资本形成总额 指常住单位在一定时期内购置、转入和自产自用的固定资产，扣除固定资产的销售和转出后的价值。可分为有形固定资本形成总额和无形固定资本形成总额。

存货增加 指常住单位在一定时期内存货实物量变动的市场价值，即期末价值减期初价值的差额，存货增加可以是正值，也可以是负值，正值表示存货上升，负值表示存货下降。它包括生产单位购进的原材料、燃料和储备物资等存货，以及生产单位生产的产成品、在制品和半成品等存货等。

货物和服务净出口 指货物和服务出口减货物和服务进口的差额。出口包括常住单位向非常住单位出售或无偿转让的各种货物和服务的价值；进口包括常住单位从非常住单位购买或无偿得到的各种货物和服务的价值。由于服务活动的提供与使用同时发生，因此服务的进出口业务并不发生出入境现象，一般把常住单位从国外得到的服务作为进口，非常住单位从本国得到的服务作为出口。货物的出口和进口都按离岸价格计算。

来自国外的净要素收入 指一个国家(或地区)来自国外(地区外)的生产税及进口税(扣除生产及进口补贴)、劳动者报酬和财产收入，减去支付给国外(地区外)的生产税及进口税(扣除生产及进口补贴)、劳动者报酬和财产收入的差额。国内生产总值加上来自国外的净要素收入等于国民生产总值。

第四篇

CHAPTER 4

人口

POPULATION

年末总人口（万人）

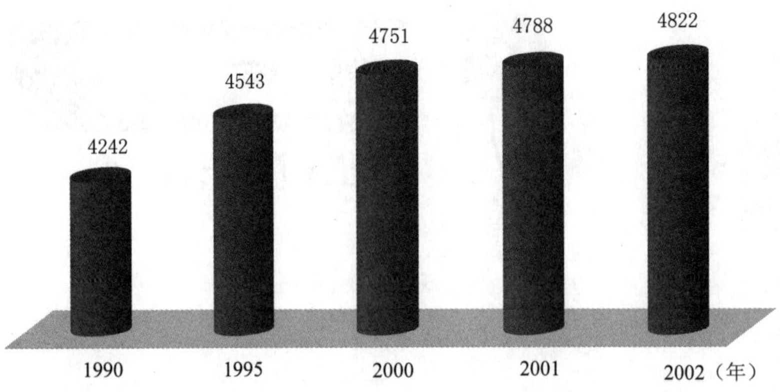

性别比（以女性为100）

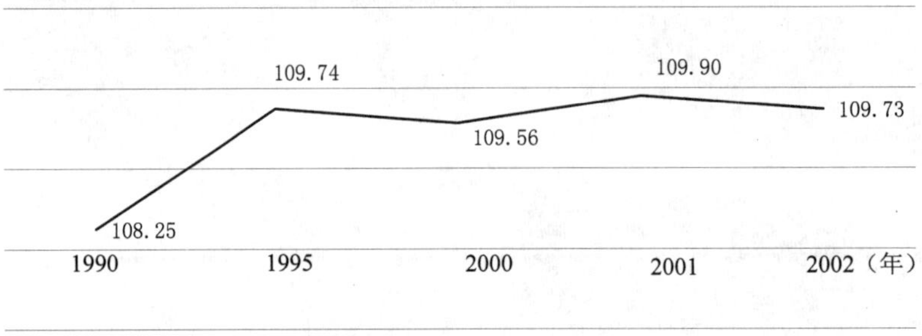

出生率、自然增长率（‰）

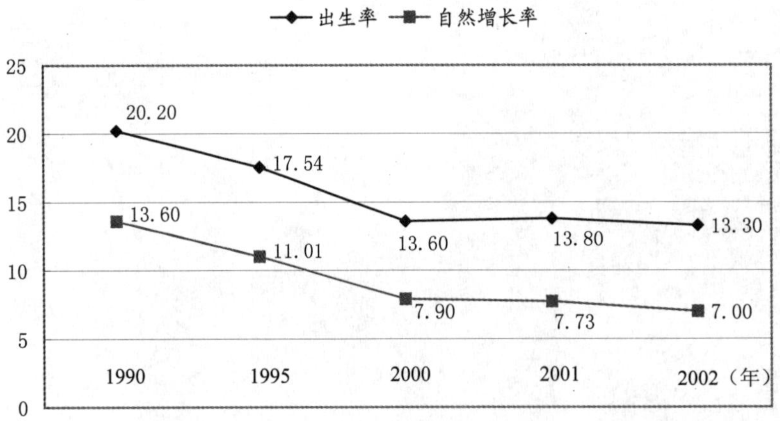

4—1 总人口及其构成

年 份	总户数（万户）	总人口（万人）			性别比（以女性为100）	年平均人口（万人）	人口密度（人/平方公里）
			男 性	女 性			
1978	661	3402	1753	1649	106.31	3365	144
1980	676	3538	1822	1716	106.18	3504	149
1985	757	3873	2005	1868	107.33	3840	164
1990	896	4242	2205	2037	108.25	4196	179
1991	918	4324	2250	2074	108.49	4283	183
1992	950	4380	2285	2095	109.07	4352	185
1993	973	4438	2317	2121	109.24	4409	187
1994	997	4493	2346	2147	109.27	4466	190
1995	1020	4543	2377	2166	109.74	4518	192
1996	1040	4589	2398	2191	109.45	4566	194
1997	1069	4633	2421	2212	109.45	4611	196
1998	1092	4675	2442	2233	109.37	4654	198
1999	1110	4713	2463	2250	109.51	4694	199
2000	1140	4751	2484	2267	109.56	4732	201
2001	1178	4788	2506	2282	109.90	4770	202
2002	1197	4822	2521	2301	109.73	4805	204

注：本表数字按2002年行政区划计算，总人口从1991—1999年和2001—2002年为人口抽样调查推算数，2000年根据第五次人口普查资料推算，其余年份总户数、总人口、性别比均为户籍统计年报数。

4—2 人口自然变动情况

年 份	总人口比上年增减		出生人口（万人）	出生率（‰）	死亡人口（万人）	死亡率（‰）	自然增长率（‰）
	绝对数（万人）	增长速度（%）					
1978	73	2.19	83	24.69	19	5.79	18.90
1980	68	1.96	88	25.17	20	5.80	19.37
1985	67	1.76	98	25.51	22	5.60	19.91
1990	92	2.22	85	20.20	28	6.60	13.60
1991	63	1.48	93	21.89	31	7.24	14.65
1992	56	1.30	87	20.19	32	7.28	12.91
1993	58	1.32	86	19.58	28	6.35	13.23
1994	55	1.24	84	18.84	29	6.60	12.24
1995	50	1.11	79	17.54	29	6.53	11.01
1996	46	1.01	77	16.83	31	6.82	10.01
1997	44	0.96	74	15.93	30	6.40	9.53
1998	42	0.91	74	15.87	32	6.86	9.01
1999	38	0.81	70	14.96	32	6.93	8.03
2000	38	0.81	64	13.60	26	5.70	7.90
2001	37	0.78	66	13.80	29	6.07	7.73
2002	34	0.71	64	13.30	30	6.30	7.00

注：（1）1978、1980年的"三率"数字，根据第三次人口普查资料进行了调整，1985年以后为人口抽样调查数。

（2）1990年以前的总人口增减绝对数、增长速度和年平均人口为户籍统计年报数，1991年起为人口抽样调查数。

4—3　城乡人口及少数民族人口

单位：万人

年　份	按城乡分		按农业、非农业分		少数民族人口
	市镇人口	乡村人口	农业人口	非农业人口	
1978	361	3041	3042	360	1272
1980	388	3150	3140	398	1335
1985	1483	2390	3402	471	1510
1990	1960	2282	3677	565	1650
1991	2063	2231	3713	581	1664
1992	2200	2159	3730	629	1683
1993	2473	1935	3735	673	1701
1994	2728	1727	3743	712	1719
1995	2989	1513	3757	745	1734
1996	3241	1305	3771	775	1752
1997	3347	1241	3793	795	1764
1998	3432	1199	3816	806	1777
1999	3517	1141	3841	817	1790
2000	3575	1149	3898	826	1809
2001	3659	1099	3912	846	1820
2002	3792	999	3927	864	1839

注：本表为户籍统计年报数。

4—4　主要年份分民族人口

单位：人

民族别	1990年	1995年	2000年	2001年	2002年
壮　族	14236246	14949517	15531076	15600854	15759090
汉　族	25917554	27676242	29142356	29376339	29523836
瑶　族	1291897	1365739	1459508	1485776	1500164
苗　族	407867	429309	455845	459603	463028
侗　族	279673	299834	318050	320735	324524
仫佬族	143946	155134	166381	168035	171338
毛南族	69386	67980	72545	74031	74465
回　族	25607	27727	30377	30893	30973
京　族	14083	15156	18234	19868	21542
彝　族	6074	6277	7126	7509	7174
水　族	10460	11752	13542	13094	13447
仡佬族	2391	2698	2788	2798	2806
其他民族	11018	13736	18272	19988	21260

注：本表为户籍统计年报数。

4—5 各地市县人口数（2002年）

单位：万人

地市县名称	总户数（万户）	总人口	男 性	女 性	#少数民族人口	#非农业人口
南宁市	**82.54**	**297.71**	**154.72**	**142.99**	**192.90**	**124.08**
市辖区	40.99	140.39	72.47	67.92	51.02	103.17
邕宁县	23.40	92.60	48.60	44.00	85.64	10.11
武鸣县	18.15	64.71	33.64	31.07	56.25	10.81
柳州市	**93.07**	**348.50**	**181.74**	**166.76**	**183.97**	**119.48**
市辖区	27.97	94.38	48.82	45.56	20.95	83.05
柳江县	14.69	52.92	27.58	25.34	40.56	7.71
柳城县	10.65	40.64	20.79	19.85	22.49	6.11
鹿寨县	12.70	47.68	25.63	22.05	24.49	9.22
融安县	8.35	31.84	16.94	14.90	13.46	5.19
融水苗族自治县	10.67	46.53	24.08	22.45	33.24	5.34
三江侗族自治县	8.04	34.51	17.90	16.61	28.78	2.86
桂林市	**137.07**	**487.62**	**253.85**	**233.76**	**74.96**	**108.34**
市辖区	18.38	69.09	35.08	34.01	6.82	53.49
阳朔县	8.24	29.88	15.38	14.49	4.03	3.85
临桂县	11.23	45.18	23.18	22.01	3.66	5.41
灵川县	10.54	35.08	17.97	17.10	1.87	6.20
全州县	22.60	76.69	41.14	35.55	3.24	8.85
兴安县	11.08	37.06	19.13	17.93	1.26	5.39
永福县	7.08	26.80	13.98	12.83	3.56	3.31
灌阳县	8.21	27.07	14.69	12.38	2.10	2.78
龙胜各族自治县	4.49	16.58	8.68	7.90	12.82	2.13
资源县	5.09	16.63	8.65	7.99	3.51	2.01
平乐县	11.12	42.87	22.34	20.52	8.89	5.80
荔浦县	10.91	36.81	19.03	17.78	7.05	5.17
恭城瑶族自治县	8.10	27.88	14.61	13.27	16.16	3.95
梧州市	**74.94**	**291.35**	**153.35**	**138.00**	**5.33**	**57.42**
市辖区	10.81	34.01	17.17	16.84	1.00	26.19
苍梧县	16.37	67.01	35.35	31.67	0.44	6.86
藤 县	22.93	92.78	49.10	43.69	0.43	9.74
蒙山县	5.47	19.72	10.38	9.34	3.11	2.46
岑溪市	19.36	77.83	41.36	36.46	0.34	12.17
北海市	**38.20**	**145.49**	**76.10**	**69.39**	**1.93**	**42.37**
市辖区	15.66	52.90	27.14	25.76	1.13	24.06
合浦县	22.54	92.59	48.96	43.63	0.80	18.30

4—5　续表1　　　　单位：万人

地市县名称	总户数（万户）	总人口	男　性	女　性	#少数民族人口	#非农业人口
防城港市	**21.52**	**78.31**	**43.23**	**35.09**	**36.85**	**19.51**
市辖区	13.13	47.44	26.08	21.36	14.49	12.88
上思县	5.35	20.63	11.61	9.02	18.89	3.88
东兴市	3.05	10.24	5.54	4.70	3.47	2.74
钦州市	**74.83**	**333.44**	**178.80**	**154.64**	**34.50**	**36.34**
市辖区	28.24	119.34	65.10	54.24	31.67	19.31
灵山县	28.34	136.10	71.94	64.16	2.51	10.29
浦北县	18.25	78.00	41.76	36.24	0.32	6.74
贵港市	**110.04**	**462.45**	**241.00**	**221.44**	**77.26**	**49.21**
市辖区	41.98	167.58	86.40	81.18	56.52	22.48
平南县	28.61	127.05	67.32	59.74	8.68	10.61
桂平市	39.44	167.81	87.29	80.52	12.06	16.12
玉林市	**144.86**	**587.13**	**311.77**	**275.36**	**5.96**	**67.76**
市辖区	24.57	89.70	47.73	41.97	0.91	20.24
容　县	21.11	75.85	39.78	36.06	0.48	7.86
陆川县	19.45	88.09	46.45	41.64	1.26	8.64
博白县	32.06	149.31	80.04	69.28	1.28	12.53
兴业县	15.50	65.90	35.44	30.46	1.15	3.05
北流市	32.17	118.28	62.33	55.95	0.88	15.43
百色市	**85.03**	**366.87**	**188.49**	**178.39**	**318.18**	**46.21**
市辖区	7.97	32.71	16.72	15.99	25.12	12.69
田阳县	8.18	32.70	16.47	16.23	29.79	4.36
田东县	9.41	39.27	19.94	19.33	35.02	5.86
平果县	11.03	45.65	23.40	22.25	43.09	5.90
德保县	7.82	34.03	18.00	16.03	33.88	2.61
靖西县	12.50	57.85	30.12	27.73	57.72	4.33
那坡县	4.44	19.19	10.08	9.11	18.09	1.60
凌云县	4.20	18.42	9.41	9.01	9.96	1.33
乐业县	3.29	14.83	7.55	7.28	7.85	1.28
田林县	5.43	23.60	12.02	11.58	17.46	2.27
西林县	2.98	13.03	6.65	6.38	11.77	1.34
隆林各族自治县	7.79	35.60	18.13	17.47	28.42	2.65
贺州市	**48.33**	**208.53**	**109.26**	**99.27**	**32.47**	**28.35**
市辖区	21.60	90.37	46.94	43.43	8.29	12.25
昭平县	9.02	39.30	20.84	18.46	3.15	5.58

4—5　续表2　　　　单位：万人

地市县名称	总户数（万户）	总人口	男　性	女　性	#少数民族人口	#非农业人口
钟山县	10.63	49.56	26.21	23.35	6.92	6.77
富川瑶族自治县	7.08	29.30	15.26	14.04	14.11	3.74
河池市	**94.28**	**379.51**	**195.46**	**184.06**	**318.26**	**56.20**
市辖区	8.10	31.23	16.07	15.16	23.87	11.34
南丹县	7.82	28.23	14.49	13.74	20.22	6.76
天峨县	3.51	14.32	7.40	6.92	8.72	1.84
凤山县	4.28	18.88	9.68	9.20	11.99	1.84
东兰县	6.55	27.91	14.35	13.56	25.45	2.27
罗城仫佬族自治县	8.91	35.81	18.74	17.06	26.16	4.72
环江毛南族自治县	8.70	34.88	18.13	16.76	32.01	5.52
巴马瑶族自治县	5.40	23.87	12.28	11.59	20.62	2.33
都安瑶族自治县	14.47	62.47	31.96	30.50	60.88	3.89
大化瑶族自治县	10.22	40.85	21.05	19.80	37.87	5.54
宜州市	16.31	61.05	31.29	29.76	50.48	10.16
来宾市	**57.37**	**240.95**	**126.04**	**114.91**	**180.27**	**34.73**
市辖区	21.76	96.67	50.32	46.36	67.58	14.72
忻城县	10.21	39.92	20.75	19.17	37.70	3.40
象州县	8.62	34.57	17.88	16.69	24.88	3.86
武宣县	9.43	41.24	22.01	19.22	28.40	4.97
金秀瑶族自治县	3.76	14.68	7.72	6.96	11.55	1.89
合山市	3.59	13.87	7.36	6.51	10.16	5.89
南宁地区	**134.48**	**563.49**	**292.99**	**270.50**	**376.13**	**73.99**
凭祥市	2.67	10.21	5.20	5.01	8.54	2.98
横　县	27.02	107.27	56.95	50.32	40.37	12.74
宾阳县	21.57	97.65	51.30	46.34	18.92	13.05
上林县	11.10	45.29	23.39	21.89	38.67	4.22
隆安县	8.68	36.87	19.23	17.65	35.67	3.59
马山县	10.64	49.91	25.07	24.84	41.75	3.74
扶绥县	11.29	40.86	21.51	19.35	33.92	7.67
崇左县	8.33	33.38	17.37	16.01	26.99	8.74
大新县	8.43	35.45	18.34	17.11	34.80	4.30
天等县	8.62	40.34	20.57	19.77	39.91	2.68
宁明县	9.59	39.53	20.45	19.08	31.16	5.80
龙州县	6.54	26.73	13.61	13.12	25.43	4.48

注：本表为户籍统计年报数

4—6 各地市县出生死亡人口（2002年）

地市县名称	出生人口(人)	出生率（‰）	死亡人口(人)	死亡率（‰）	自然增长率（‰）
南宁市	**31068**	**9.66**	**11291**	**3.51**	**6.15**
市辖区	12718	7.97	4882	3.06	4.91
邕宁县	12192	12.78	2958	3.10	9.68
武鸣县	6158	9.21	3451	5.16	4.05
柳州市	**29842**	**8.70**	**14341**	**4.18**	**4.52**
市辖区	6659	7.01	2910	3.06	3.95
柳江县	4369	8.43	2252	4.35	4.08
柳城县	3496	8.84	1800	4.55	4.29
鹿寨县	3907	8.64	1732	3.83	4.81
融安县	2678	8.59	1122	3.60	4.99
融水苗族自治县	4951	10.66	2569	5.53	5.13
三江侗族自治县	3782	11.17	1956	5.78	5.39
桂林市	**37225**	**7.67**	**25145**	**5.18**	**2.49**
市辖区	4751	6.84	2344	3.37	3.47
阳朔县	2440	8.09	1355	4.50	3.59
临桂县	3580	8.35	1745	4.07	4.28
灵川县	2288	6.55	1973	5.65	0.90
全州县	6200	8.03	4313	5.59	2.44
兴安县	2419	6.68	2188	6.04	0.64
永福县	1992	7.42	1475	5.49	1.93
灌阳县	2109	7.67	1649	6.00	1.67
龙胜各族自治县	1242	7.53	1227	7.44	0.09
资源县	1361	8.50	1008	6.29	2.21
平乐县	3119	7.28	1876	4.38	2.90
荔浦县	3345	9.20	2237	6.15	3.05
恭城瑶族自治县	2379	8.45	1755	6.23	2.22
梧州市	**36139**	**12.51**	**14039**	**4.86**	**7.65**
市辖区	2306	7.21	1335	4.18	3.03
苍梧县	8605	12.92	3396	5.10	7.82
藤　县	12851	13.90	4574	4.95	8.95
蒙山县	2248	11.25	970	4.86	6.39
岑溪市	10129	13.00	3764	4.83	8.17
北海市	**12985**	**9.04**	**4383**	**3.05**	**5.99**
市辖区	3862	7.39	1535	2.94	4.45
合浦县	9123	9.98	2848	3.12	6.86

4—6　续表1

地市县名称	出生人口(人)	出生率（‰）	死亡人口(人)	死亡率（‰）	自然增长率（‰）
防城港市	**9434**	**11.96**	**3497**	**4.43**	**7.53**
市辖区	5481	11.80	1966	4.23	7.57
上思县	2634	11.95	1061	4.81	7.14
东兴市	1319	12.68	470	4.52	8.16
钦州市	**42412**	**12.85**	**13307**	**4.03**	**8.82**
市辖区	14026	11.87	4533	3.84	8.03
灵山县	18468	13.96	6066	4.58	9.38
浦北县	9918	12.48	2708	3.41	9.07
贵港市	**59514**	**12.92**	**21099**	**4.58**	**8.34**
市辖区	21799	12.85	6763	3.99	8.86
平南县	14802	11.81	5337	4.26	7.55
桂平市	22913	13.85	8999	5.44	8.41
玉林市	**78833**	**13.58**	**28100**	**4.84**	**8.74**
市辖区	12260	13.52	4953	5.46	8.06
容　县	10175	13.44	3863	5.10	8.34
陆川县	11345	13.76	4019	4.87	8.89
博白县	19691	13.19	7041	4.72	8.47
兴业县	9550	14.22	3321	4.94	9.28
北流市	15812	13.71	4903	4.25	9.46
百色市	**41439**	**11.46**	**21642**	**5.99**	**5.47**
市辖区	3088	9.53	1849	5.71	3.82
田阳县	3124	9.64	2291	7.07	2.57
田东县	4520	11.62	2246	5.77	5.85
平果县	4798	10.31	2499	5.37	4.94
德保县	3438	11.29	2347	7.70	3.59
靖西县	5759	10.28	2983	5.32	4.96
那坡县	2373	12.24	1438	7.42	4.82
凌云县	2222	12.07	984	5.34	6.73
乐业县	1767	11.79	658	4.39	7.40
田林县	2970	13.03	1269	5.57	7.46
西林县	2000	14.49	849	6.15	8.34
隆林各族自治县	5380	15.19	2229	6.29	8.90
贺州市	**20914**	**10.04**	**6708**	**3.22**	**6.82**
市辖区	10127	10.96	2902	3.14	7.82
昭平县	3945	9.93	1489	3.75	6.18

4—6　续表2

地市县名称	出生人口(人)	出生率（‰）	死亡人口(人)	死亡率（‰）	自然增长率（‰）
钟山县	4512	9.59	1344	2.86	6.73
富川瑶族自治县	2330	8.03	973	3.35	4.68
河池市	**38174**	**10.07**	**20466**	**5.40**	**4.67**
市辖区	2895	8.93	1628	5.02	3.91
南丹县	3499	12.05	1691	5.82	6.23
天峨县	1982	13.69	858	5.93	7.76
凤山县	1837	9.98	890	4.84	5.14
东兰县	3569	13.15	1928	7.10	6.05
罗城仫佬族自治县	3091	8.66	1813	5.08	3.58
环江毛南族自治县	2940	8.90	1739	5.27	3.63
巴马瑶族自治县	2998	12.52	1480	6.18	6.34
都安瑶族自治县	6149	9.73	3290	5.20	4.53
大化瑶族自治县	4172	10.10	2620	6.34	3.76
宜州市	5042	8.32	2529	4.17	4.15
来宾市	**22282**	**9.34**	**8321**	**3.49**	**5.85**
市辖区	10133	10.35	2287	2.33	8.02
忻城县	3065	7.87	2136	5.48	2.39
象州县	3141	9.21	1588	4.65	4.56
武宣县	3551	8.69	990	2.42	6.27
金秀瑶族自治县	1393	10.37	842	6.27	4.10
合山市	999	7.52	478	3.60	3.92
南宁地区	**57024**	**10.11**	**26236**	**4.65**	**5.46**
凭祥市	802	7.88	544	5.35	2.53
横　县	12049	10.99	4950	4.51	6.48
宾阳县	10834	11.21	2871	2.97	8.24
上林县	3832	8.33	1794	3.90	4.43
隆安县	3409	9.11	1975	5.28	3.83
马山县	5177	10.63	2225	4.57	6.06
扶绥县	4227	10.48	2034	5.04	5.44
崇左县	3367	10.05	1873	5.59	4.46
大新县	3092	8.74	2103	5.94	2.80
天等县	4233	10.34	2531	6.19	4.15
宁明县	3588	9.25	1537	3.96	5.29
龙州县	2414	9.18	1799	6.84	2.34

注：本表为计划生育年报数据。

4—7 育龄妇女生育孩次构成

单位：%

年份	合计	第一孩	第二孩	第三孩	第四孩	第五孩及以上
1985	100	33.55	27.43	17.89	11.49	9.64
1990	100	39.65	31.34	16.08	8.04	4.90
1991	100	41.75	34.87	14.75	5.90	2.72
1992	100	46.55	29.59	16.97	5.41	1.48
1993	100	48.35	33.38	11.98	3.14	3.14
1994	100	51.59	34.04	10.44	2.87	1.06
1995	100	54.28	31.32	14.40		
1996	100	63.03	26.63	10.34		
1997	100	65.10	27.57	7.33		
1998	100	65.88	27.02	7.10		
1999	100	65.04	25.92	9.04		
2000	100	61.63	27.44	10.93		
2001	100	62.82	29.20	7.98		
2002	100	62.36	29.27	8.37		

注：1985年、1990—1999年和2001—2002年为人口抽样调查数据，2000年为人口普查数据。

4—8 主要年份婚姻情况

	单 位	1990年	1995年	2000年	2001年	2002年
内地居民登记结婚	万对	35.27	32.7	31.86	30	28.23
初婚	万人	68.5	63.53	61.43	56.88	54.22
再婚	万人	2.04	1.96	2.28	2.27	2.24
#女性	万人	1.04	0.92	1.12	1.12	1.02
涉外婚姻	对	852	1364	3700	4222	3525
#国内公民	人	852	1364	3700	4222	3525
#男性	人	29	54	504	201	302
#女性	人	823	1310	2196	4021	3223
离婚人数	万人	4.38	5.2	5.8	6.18	5.85
#民政部门批准	万人	1.57	2.1	2.6	2.96	2.91
法院调判	万人	2.81	3.1	3.2	3.22	2.94

4—9 各种规模家庭户构成(1990-2002年)

单位：%

年份	合计	1人户	2人户	3人户	4人户	5人户	6人户	7人户	8人及以上户	家庭户平均每户人数（人）
1990	100	6.55	7.82	14.43	21.41	20.79	13.54	7.67	7.79	4.60
1991	100	5.16	6.60	12.20	20.89	21.63	15.56	8.70	9.27	4.84
1992	100	5.94	7.34	12.60	21.45	21.66	14.10	8.43	8.47	4.73
1993	100	5.22	7.52	13.47	21.78	22.08	13.05	8.59	8.29	4.71
1994	100	5.39	7.35	13.15	22.14	22.37	13.88	7.77	7.95	4.69
1995	100	6.50	9.58	16.84	23.75	19.30	12.50	6.40	5.12	4.31
1996	100	6.73	9.47	17.23	24.70	18.99	11.85	5.70	5.33	4.29
1997	100	6.30	10.10	18.64	26.57	19.60	10.51	4.70	3.58	4.15
1998	100	5.66	10.16	18.68	25.88	19.22	11.17	5.26	3.97	4.21
1999	100	5.51	10.98	19.32	26.61	19.00	10.61	4.47	3.50	4.12
2000	100	10.05	13.86	21.67	23.43	17.54	7.63	3.34	2.48	3.81
2001	100	8.36	12.80	23.04	26.05	15.51	7.97	3.41	2.86	3.82
2002	100	8.01	14.74	25.48	25.57	14.83	6.70	2.58	2.09	3.67

注：1990—1999年和2001—2002年为人口抽样调查数据，2000年为人口普查数据。

主要统计指标解释

户数　包括家庭户(含单身独居)和集体户。

人口数　指一定时点、一定地区范围内有生命的个人的总和。年度统计的年末人口是指每年12月31日24时的人口数。全自治区人口数不包括部队人口。

人口出生率　指在一定时期内(通常为一年)平均每千人所出生的人数的比率，一般用千分率表示。计算公式：

$$人口出生率=\frac{年出生人数}{年平均人数}\times 1000‰$$

出生人数　指活产婴儿，即胎儿脱离母体时(不管怀孕月数)，有过呼吸或其他生命现象。

人口死亡率　指在一定时期内(通常为一年)一定地区的死亡人数与同期平均人数(或期中人数)之比，一般用千分率表示。计算公式：

$$人口死亡率=\frac{年死亡人数}{年平均人数}\times 1000‰$$

人口自然增长率　指在一定时期内(通常为一年)人口自然增加数(出生人数减死亡人数)与平均人数(或期中人数)之比，一般用千分率表示。计算公式：

$$人口自然增长率=\frac{本年出生人数—本年死亡人数}{年平均人数}\times 1000‰$$

或人口自然增长率=人口出生率—人口死亡率

性别比　反映两性人口间比例的指标，指在总人口中或各年龄组人口中，男性人数与女性人数之比。通常以每100个女性人口相对应的男性人口数来表示。计算公式：

$$性别比=\frac{男性人口}{女性人口}\times 100$$

市人口　指地级市市辖区(不含辖县)和县级市的全部人口。

镇人口　指镇辖区内的全部人口

市镇人口　指市人口和县辖镇人口。

乡村人口　指县辖乡的全部人口。

农业人口　指农业户口人口。

非农业人口　指非农业户口人口。

孩次构成　指一定时期内(通常为一年)某一孩次的出生婴儿人数占同期全部出生婴儿的比例。

家庭户规模　家庭的大小，亦即家庭成员的多少。

第五篇

CHAPTER 5

从业人员和职工工资

EMPLOYMENT AND WAGES

全社会从业人员（万人）

从业人员构成

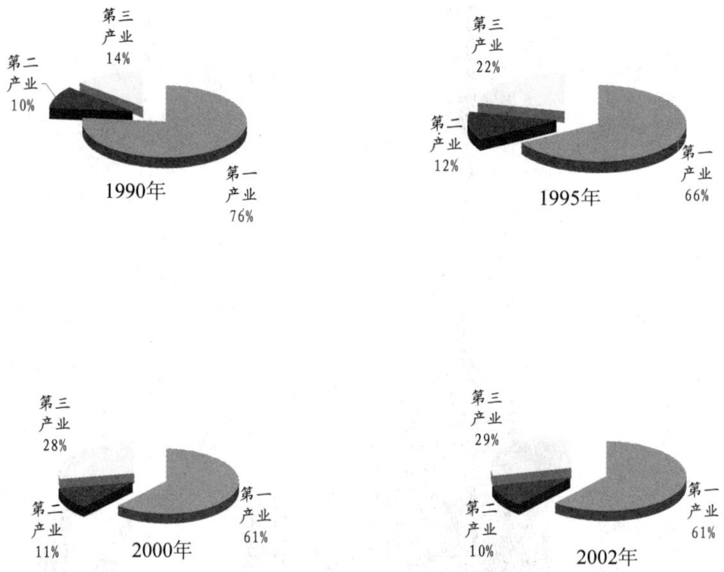

全部职工平均工资（元）

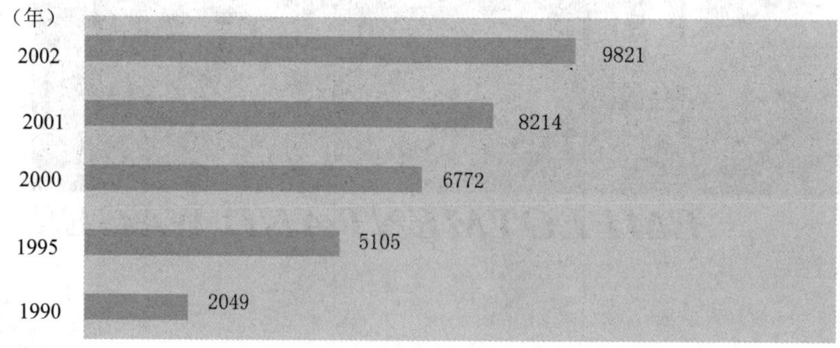

5—1 主要年份劳动力资源和就业基本情况

指标	1990年	1995年	2000年	2001年	2002年
劳动力资源总数(万人)	**2439**	**2907**	**3203**	**3268**	**3338**
占人口总数比重（%）	57.5	64.0	67.4	68.3	69.2
劳动力资源利用率（%）	86.5	82	80.1	79.0	77.6
从业人员合计(万人)	**2109**	**2383**	**2566**	**2578**	**2589**
第一产业	1614	1583	1571	1570	1571
第二产业	207	282	278	275	270
第三产业	288	518	717	733	748
从业人员构成(%)					
第一产业	76.5	66.4	61.2	60.9	60.7
第二产业	9.8	11.8	10.8	10.7	10.4
第三产业	13.7	21.8	28	28.4	28.89
按城乡分从业人员					
城镇从业人员(万人)	341	405	421	419	640
国有单位	259	293.45	234.52	227.51	204.97
城镇集体单位	51.08	48.72	28.36	26.45	25.00
股份合作单位			1.39	1.27	2.05
联营单位		0.42	0.34	0.32	0.88
有限责任公司			15.09	16	23.14
股份有限公司		6	8.79	8.41	10.03
港澳台商投资单位		1.62	2.97	2.8	3.93
外商投资单位		5.66	3.83	3.76	3.83
私营企业	2.13	9.01	22.14	20.94	30.41
个体	26.77	52.99	67.86	76.36	76.37
职工人数(万人)	312	343	320	310	292.49
国有单位	259	283	251	243	216
城镇集体单位	51	47	33	31	28
其他类型单位	2	13	36	36	48
乡村从业人员(万人)	1768	1965	2145	2160	2189
城镇登记失业人数(万人)	13.9	10.1	11.3	14.2	14.71
城镇登记失业率(%)	3.9	2.4	3.2	3.5	3.7

注：2002年城镇从业人员数含农村进城从业人员。

5—2　按产业、经济类型分组的从业人员(2002年)

单位：万人

行　　业	从业人员	国有单位	城镇集体单位	城镇私营企业和个体劳动者	乡村从业人员
总　计	**2589.03**	**204.97**	**25**	**106.78**	**2189**
第一产业	1570.82	10.84	0.10	1.42	1557.01
农、林、牧、渔业	1570.82	10.84	0.10	1.42	1557.01
第二产业	270.15	41.67	12.79	17.44	157.89
工业	162.87	36.92	7.10	16.00	69.01
采掘业	7.06	3.21	0.32	0.84	
制造业	147.01	26.41	6.64	15.16	69.01
电力、煤气及水的生产和供应业	8.8	7.3	0.14		
建筑业	107.28	4.75	5.69	1.44	88.88
第三产业	748.06	152.46	12.11	87.92	474.1
农林牧渔服务业	3.6	3.6			
地质勘查业、水利管理业	2.29	2.12	…		
交通运输、仓储及邮电通信业	64.27	14.24	2.76	7.88	35.76
批发和零售贸易、餐饮业	137.26	10.25	4.69	61.91	56.74
金融、保险业	8.58	5.61	1.85		
房地产业	2.58	1.45	0.16		
社会服务业	29.82	9.48	1.45	15.1	
卫生、体育和社会福利业	16.17	14.93	0.09		
教育、文化艺术和广播电影电视业	60.21	56.06	0.17		
科学研究和综合技术服务业	3.78	3.44	0.05		
国家机关、政党机关和社会团体	29.87	28.09	0.08		
其他行业	389.63	3.19	0.81	3.03	381.6

5—3 城镇单位从业人员(2002年)

单位：人

项　　目	从业人员年末人数	在岗职工	其他从业人员	离开本单位仍保留劳动关系的职工
总　计	2747612	2593185	154427	331710
按登记注册类型分				
国有单位	2049687	1942967	106720	216526
城镇集体单位	249985	216467	33518	66691
其他类型单位	447904	433751	14189	48493
内资	370354	359748	10606	44223
外商投资	38336	36386	1950	2041
港、澳、台投资	39250	37617	1633	2229
按企业、事业、机关分				
企业	1550873	1461594	89279	305323
事业	918371	860556	57815	21499
机关	278368	271035	7333	4888
按国民经济行业分				
农、林、牧、渔业	149980	142282	7698	15486
采掘业	50908	49838	1070	15888
制造业	588972	571088	17884	119239
电力、煤气及水的生产和供应业	82549	80984	1565	5955
建筑业	159050	140461	18589	18129
地质勘查业、水利管理业	21458	20909	549	2533
交通运输、仓储及邮电通信业	193334	173124	20210	29702
批发和零售贸易、餐饮业	176251	166410	9841	84086
金融、保险业	80434	73340	7094	5750
房地产业	24239	22830	1409	2454
社会服务业	137945	129592	8353	8400
卫生、体育和社会福利业	151545	146394	5151	1883
教育、文化艺术和广播电影电视业	564054	519749	44305	6099
科学研究和综合技术服务业	35417	33780	1637	1096
国家机关、政党机关和社会团体	283946	275805	8141	5187
其他行业	47530	46599	931	9823

注：城镇集体单位不包括城镇私营和个体（下同）。

5—4 主要年份城镇单位女性分行业从业人员

单位：人

行　　业	1990年	1995年	2000年	2001年	2002年
总　计	**1119699**	**1300989**	**1125139**	**1080105**	**1046545**
按企业、事业、机关分					
企业	822252	866467	634158	585775	569649
事业	242547	357437	412715	416749	404200
机关	54900	77085	78266	77581	72696
按国民经济行业分					
第一产业	85068	65949	54095	53511	46220
农、林、牧、渔业	85068	65949	54095	53511	46220
第二产业	501469	537063	349227	320194	300989
工业	464225	527008	323021	294853	272901
采掘业		33744	16943	14982	14947
制造业	464225	441985	278970	253168	230169
电力、煤气及水的生产和供应业		21339	27108	26703	27785
建筑业	37244	39995	26206	25341	28088
第三产业	533162	697977	721817	706400	699336
农林牧渔服务业	4090	10055	11265	11084	9870
地质勘查业、水利管理业	4701	8006	6359	6613	5183
交通运输、仓储及邮电通信业	51329	54293	48472	46621	52273
批发和零售贸易、餐饮业	162192	176588	115410	98146	78573
金融、保险业	18560	31513	34189	33984	36178
房地产业	1378	3949	6772	6627	8888
社会服务业	38187	50191	58324	59134	65007
卫生、体育和社会福利业	61877	74122	87605	87911	90258
教育、文化艺术和广播电影电视业	125567	200447	244562	249609	238702
科学研究和综合技术服务业	10864	11948	12240	11519	12766
国家机关、政党机关和社会团体	54417	75503	86421	87086	74215
其他行业		1362	10198	8066	27423

5—5 按行业、经济类型分组的城镇单位女性从业人数(2002年)

单位：人

行　　业	合　计	国有单位	城镇集体单位	其他类型单位
总　　计	1046545	788392	87032	171121
按企业、事业、机关分				
企业	569649	317527	82350	169772
事业	404200	398254	4597	1349
机关	72696	72611	85	
按国民经济行业分				
第一产业	46220	43989	287	1944
农、林、牧、渔业	46220	43989	287	1944
第二产业	300989	140849	41813	118327
工业	272901	129967	31073	111861
采掘业	14947	8080	1876	4991
制造业	230169	97397	28538	104234
电力、煤气及水的生产和供应业	27785	24490	659	2636
建筑业	28088	10882	10740	6466
第三产业	699336	603554	44932	50850
农林牧渔服务业	9870	9701	116	53
地质勘查业、水利管理业	5183	5140	2	41
交通运输、仓储及邮电通信业	52273	38682	5682	7909
批发和零售贸易、餐饮业	78573	43594	20427	14552
金融、保险业	36178	26185	6542	3451
房地产业	8888	5367	600	2921
社会服务业	65007	43374	6277	15356
卫生、体育和社会福利业	90258	88846	580	832
教育、文化艺术和广播电影电视业	238702	236953	797	952
科学研究和综合技术服务业	12766	12391	227	148
国家机关、政党机关和社会团体	74215	72464	406	1345
其他行业	27423	20857	3276	3290

5—6　城镇单位从业人员变动情况（2002年）

单位：人

指　　标	本年增加人数							
	合　计	从农村招收	从城镇招收	录用的复员转业军人	录用的大、中专、技工学校毕业生	调　入	#由外省、自治区、直辖市调　入	其　他
总　　计	**152369**	**25380**	**18749**	**4428**	**33384**	**41458**	**1107**	**28970**
按登记注册类型分								
国有单位	111990	12835	9938	3728	26461	37668	906	21360
城镇集体单位	8239	3063	1193	130	1005	556	17	2292
其他类型单位	32140	9482	7618	570	5918	3234	184	5318
按国民经济行业分								
农、林、牧、渔业	3277	343	98	123	400	776	16	1537
采掘业	4810	1140	898	82	192	365	9	2133
制造业	26743	8276	6226	433	5371	2262	136	4175
电力、煤气及水的生产和供应业	3380	1022	525	136	560	509	39	628
建筑业	15697	7976	943	48	1206	991	22	4533
地质勘查业、水利管理业	761	41	62	48	127	226	26	257
交通运输、仓储及邮电通信业	14489	535	1138	394	2170	5127	45	5125
批发和零售贸易、餐饮业	7963	761	2098	358	1479	1409	75	1858
金融、保险业	3845	156	784	64	755	1083	25	1003
房地产业	2111	252	482	259	203	333	16	582
社会服务业	12826	2249	3962	1218	1558	1892	91	1947
卫生、体育和社会福利业	5754	320	453	159	2494	1618	48	710
教育、文化艺术和广播电影电视业	23448	777	322	380	12932	7662	297	1375
科学研究和综合技术服务业	1991	603	128	68	484	475	26	233
国家机关、政党机关和社会团体	21151	171	334	535	2174	15798	211	2139
其他行业	4123	758	296	123	1279	932	25	735

单位:人

指标	本年减少人数							其他
	合计	离休退休退职	开除除名辞职	终止解除合同	离开本单位仍保留劳动关系职工	调出	#调到外省、自治区、直辖市	
总计	**277923**	**84565**	**15058**	**48183**	**56073**	**39920**	**801**	**34124**
按登记注册类型分								
国有单位	206823	70997	8802	28979	38048	36652	642	23345
城镇集体单位	27145	5291	2256	5657	9587	884	37	3470
其他类型单位	43955	8277	4000	13547	8438	2384	122	7309
按国民经济行业分								
农、林、牧、渔业	11996	4014	665	511	2661	1358	15	2787
采掘业	12848	3201	608	2412	2201	921	6	3505
制造业	72270	14085	3940	17583	25277	2763	106	8622
电力、煤气及水的生产和供应业	2758	776	128	403	682	440	53	329
建筑业	20570	2205	1491	7748	3229	920	11	4977
地质勘查业、水利管理业	2778	1606	57	116	430	388	8	181
交通运输、仓储及邮电通信业	20852	3900	700	2635	4418	4714	34	4485
批发和零售贸易、餐饮业	30091	5242	1290	8030	11176	2059	63	2294
金融、保险业	5503	525	205	1954	737	1301	49	781
房地产业	2039	349	354	544	296	266	2	230
社会服务业	10467	1900	1193	2528	1779	1776	43	1291
卫生、体育和社会福利业	5436	2384	410	234	320	1514	48	574
教育、文化艺术和广播电影电视业	23896	9850	3077	1305	770	7114	188	1780
科学研究和综合技术服务业	2223	769	120	361	165	379	46	429
国家机关、政党机关和社会团体	48983	31682	600	458	1356	13294	109	1593
其他行业	5213	2077	220	1361	576	713	20	266

5—7 国有单位职工工资和指数（1978-2002年）

年份	工资总额（万元）	指数	职工平均工资			
			货币工资（元）	指数	实际工资（元）	指数
1978	107460	126.1	559	104.3	560	104.5
1980	149574	123.4	735	118.5	653	105.2
1985	243143	110.7	1126	108.4	982	94.5
1990	538257	113.3	2135	113.1	2172	115.1
1991	609682	113.5	2341	109.6	2279	106.7
1992	739678	121.5	2733	116.7	2554	109.1
1993	952559	128.9	3432	125.6	2783	101.9
1994	1266563	133	4604	134.1	3671	106.9
1995	1452995	114.7	5226	113.5	4429	96.2
1996	1546649	106.4	5525	105.7	5237	100.2
1997	1558907	100.8	5654	102.3	5615	101.6
1998	1530839	98.2	5824	103	6000	106.1
1999	1631014	106.5	6337	108.8	6520	108.7
2000	1766070	108.3	7081	111.7	7102	108.9
2001	2063762	116.9	8495	120	8444	119.3
2002	2227740	107.9	10252	120.7	10366	122.8

注：①“实际工资”指扣除职工生活费用价格变动因素后的平均工资。

②1990年工资总额含肉类等价格补贴，其指数是按同一口径对比。

③指数以上年为100。

5—8 城镇单位从业人员劳动报酬(2002年)

单位：万元

项目	从业人员全年劳动报酬	在岗职工工资总额	其他从业人员劳动报酬	离开本单位仍保留劳动关系职工生活费
总计	2886431	2804089	82341	75571
按登记注册类型分				
国有单位	2229117	2173036	56081	54704
城镇集体单位	167342	152462	14881	5203
其他类型单位	489971	478592	11380	15665
内资	401794	394417	7378	12775
外商投资	56426	54234	2192	1959
港、澳、台投资	31751	29941	1810	931
按企业、事业、机关分				
企业	1552508	1497411	55097	64565
事业	964502	940629	23874	7482
机关	369420	366050	3371	3523
按国民经济行业分				
农、林、牧、渔业	92792	89792	3000	2341
采掘业	52497	51233	1264	3088
制造业	580026	570086	9940	26631
电力、煤气及水的生产和供应业	118543	117553	990	4146
建筑业	136193	123564	12629	4164
地质勘查业、水利管理业	20305	19918	388	1278
交通运输、仓储及邮电通信业	254105	244028	10077	8890
批发和零售贸易、餐饮业	128661	122824	5837	7437
金融、保险业	115903	109828	6075	5252
房地产业	25476	23991	1485	386
社会服务业	126530	121277	5252	2732
卫生、体育和社会福利业	186672	183666	3006	978
教育、文化艺术和广播电影电视业	561720	546536	15184	3081
科学研究和综合技术服务业	49302	48146	1156	290
国家机关、政党机关和社会团体	373901	370420	3480	3564
其他行业	63806	61228	2578	1314

5—9 城镇单位在岗职工工资总额(2002年)

单位：万元

项目	在岗职工全年工资总额	国有单位	城镇集体单位	其他类型单位
总计	2804091	2173037	152462	478592
按企业、事业、机关分				
企业	1497412	877016	145160	475236
事业	940629	930323	6950	3356
机关	366050	365698	352	
按国民经济行业分				
农、林、牧、渔业	89792	86450	574	2768
采掘业	51233	30091	2303	18839
制造业	570086	250572	46279	273235
电力、煤气及水的生产和供应业	117553	100726	3660	13167
建筑业	123564	41720	28941	52903
地质勘查业、水利管理业	19918	19710	12	195
交通运输、仓储及邮电通信业	244028	199080	10655	34292
邮电通信业	61414	48171	47	13196
批发和零售贸易、餐饮业	122824	76811	22451	23563
餐饮业	5239	3308	1046	885
金融、保险业	109828	82318	19157	8354
金融业	104052	78376	19157	6519
保险业	5776	3942		1835
房地产业	23991	14825	1284	7883
房地产管理业	9379	7843	236	1301
房地产开发与经营业	13941	6434	954	6553
社会服务业	121277	85427	8817	27034
卫生、体育和社会福利业	183666	180251	894	2521
教育、文化艺术和广播电影电视业	546536	543875	1117	1544
科学研究和综合技术服务业	48146	46935	386	826
国家机关、政党机关和社会团体	370420	368622	597	1202
其他行业	61228	45623	5336	10269

5—10　城镇单位在岗职工平均工资（2002年）

单位：元

项　　目	在岗职工	国有单位	城镇集体单位	其他类型单位
总　　计	10774	11086	7082	11204
按企业、事业、机关分				
企业	10227	10519	7074	11177
事业	10954	10984	7103	17114
机关	13081	13082	11688	
按国民经济行业分				
农、林、牧、渔业	6305	6307	5682	6397
采掘业	9625	8694	7627	12079
制造业	9959	9650	7284	10977
电力、煤气及水的生产和供应业	14716	14303	25972	16357
建筑业	9054	9066	6910	10893
地质勘查业、水利管理业	9351	9336	10333	11080
交通运输、仓储及邮电通信业	14021	14613	7223	14871
邮电通信业	21968	21727	7075	23077
批发和零售贸易、餐饮业	7290	7893	4955	9110
餐饮业	6212	6043	7663	5552
金融、保险业	14709	16111	10338	16565
金融业	14695	16187	10338	16906
保险业	14965	14747		15455
房地产业	10772	11063	8804	10634
房地产管理业	11332	11255	7554	13048
房地产开发与经营业	10410	10760	9185	10282
社会服务业	9543	9783	7072	9906
卫生、体育和社会福利业	12571	12522	10409	19405
教育、文化艺术和广播电影电视业	10796	10806	8746	9478
科学研究和综合技术服务业	14242	14337	8222	13740
国家机关、政党机关和社会团体	13012	13080	6964	6045
其他行业	10272	10331	6577	14009

5—11 分地市城镇单位从业人员(2002年)

单位：人

地区别	单位从业人员年末数	国有单位	城镇集体单位	其他经济单位
全区总计	**2747612**	**2049687**	**249985**	**447940**
南宁市	394892	274164	33828	86900
柳州市	358493	222260	41961	94272
桂林市	328049	241955	27473	58621
梧州市	149256	106730	16168	26358
北海市	95103	76509	7407	11187
防城港市	53888	47055	3872	2961
钦州市	109997	89085	12982	7930
贵港市	137627	110782	17066	9779
玉林市	229123	172322	28032	28769
百色市	181321	155545	10220	15556
贺州市	81205	68138	3551	9516
河池市	173335	142906	17480	12949
来宾市	99265	79251	5415	14599
南宁地区	228501	184651	14926	28924

注：总计包括柳州铁路局、广西建工集团、总后等单位。

5—12 分地市城镇单位在岗职工平均工资（2002年）

单位：元

地区别	在岗职工	国有单位	城镇集体单位	其他经济单位
全区总计	**10774**	**11086**	**7082**	**11204**
南宁市	12090	12894	7882	11189
柳州市	12619	12670	8643	13713
桂林市	11411	11918	8172	10753
梧州市	9628	10126	6191	9638
北海市	10716	10931	7700	11055
防城港市	10446	10879	5078	9606
钦州市	8134	8598	5315	7394
贵港市	8777	9132	5907	8535
玉林市	9191	9304	6412	11037
百色市	11079	11583	5942	9333
贺州市	9242	9685	6036	7201
河池市	10270	10832	6101	9459
来宾市	9275	9101	7760	10797
南宁地区	8649	8780	5722	9182

注：总计包括柳州铁路局、广西建工集团、总后等单位。

5—13 离休、退休、退职人员和保险福利费用情况

项　　目	2001年	2002年
一、截止年末离休、退休、退职人员数总计（人）	**810777**	**849360**
企业	539339	547224
（一）内资企业	537500	545015
国有企业	388025	399830
集体企业	103747	103596
其他企业	45728	41589
（二）港澳台投资企业	965	901
（三）外商投资企业	874	1308
事业	202518	213224
机关	68920	88912
二、保险福利费用总计（万元）	**604916.7**	**749622**
企业	349350.3	405857
离休金	11364.6	11166.4
退休金	277601	344776.4
退职生活费	3146.9	3412.8
医疗卫生费	37601.1	33451.6
其　　他	19636.7	13049.8
事业	188477	238853.2
离休金	7405	6764.1
退休金	156406.8	206891.9
退职生活费	985.3	1318.8
医疗卫生费	16681.3	12644.7
其　　他	6998.6	11233.7
机关	67089.4	104911.8
离休金	7653.7	8871
退休金	51011	84519
退职生活费	382.2	400.5
医疗卫生费	5477.5	4479.3
其　　他	2565	6642

5—14　主要年份参加社会保险人员

单位：人

项　　目	1995年	1997年	2000年	2001年	2002年
一、截止年末参加城镇基本养老保险人员总数	**1877974**	**1948892**	**2393591**	**2489488**	**2571600**
#离休退休退职人数	311777	358066	544752	587052	634834
（一）企业	1872739	1942377	2344595	2412510	2426566
1. 内资企业	1849675	1913743	2326409	2387210	2393603
2. 港、澳、台及外资企业	23064	28634	18186	25300	32963
（二）事业			21679	18953	36127
（三）机关			1970	878	519
（四）其他	5235	6515	25347	57147	108388
二、截止年末参加失业保险人员总数	**1695402**	**1554967**	**2246213**	**2176807**	**2155275**
（一）企业	1614170	1460813	1534533	1455013	1426747
1. 内资企业	1594891	1440502	1506561	1428315	1396493
2. 港、澳、台及外资企业	19279	20311	27972	26698	30254
（二）事业	81232	94154	707429	718799	725228
（三）其他			4251	2995	3300
三、截止年末参加城镇基本医疗保险人员总数			**985230**	**1650122**	**2017817**
#退休人数			215418	362530	540514
（一）企业			414074	678044	787854
1. 内资企业			413914	677700	785107
2. 港、澳、台及外资企业			160	344	2747
（二）事业			397472	695507	879391
（三）机关			172913	272310	344954
（四）其他			771	4261	5618

注：①表中基本养老保险人数不含在人事部门参加基本养老保险的人数；

②1995-1997年基本养老保险人数尚未分企业、事业、机关统计，故该年份事业、机关基本养老保险人数空缺。

5—15　分地市社会保险参保人数（2002年）

单位：人

地区别	基本养老保险人数	#在职职工人数	失业保险人数	基本医疗保险人数	工伤保险人数	生育保险人数
全区总计	2571600	1936766	2155275	2017817	1172636	1067871
南宁市	315601	240759	210481	216905	157649	155114
柳州市	372979	285033	252550	370111	178203	164117
桂林市	300778	229348	247330	195059	130408	129990
梧州市	141104	101607	104030	164154	57491	58021
北海市	98530	72724	71990	28628	38675	53560
防城港市	31663	25821	36590	28634	21179	21179
钦州市	66469	49581	29000	60322	34535	37628
贵港市	75136	57967	105360	110534	36170	35142
玉林市	119684	94162	140780	113291	70246	72898
百色市	98081	77649	120490	104112	51397	48412
贺州市	51281	40359	60870	55486	25429	24729
河池市	91579	72025	125100	128445	49210	45523
来宾市	45308	33604	57500	93066	38028	5480
南宁地区	104629	81860	146821	135099	53840	44613
自治区本级	658778	474267	446383	213971	230176	171465

5—16　分地市职业介绍机构基本情况（2002年）

地区别	本年职业介绍机构数（个）	劳动保障部门	公民个人及其他组织	本年末职业介绍机构人数（人）	劳动保障部门	公民个人及其他组织
全区总计	276	167	109	1147	780	367
南宁市	28	8	20	173	53	120
柳州市	11	11	0	84	84	0
桂林市	36	18	18	153	114	39
梧州市	11	9	2	50	40	10
北海市	9	3	6	30	14	16
防城港市	11	5	6	27	14	13
钦州市	29	18	11	81	40	41
贵港市	9	6	3	31	24	7
玉林市	61	39	22	145	80	65
百色市	15	13	2	82	76	6
贺州市	14	5	9	43	16	27
河池市	14	12	2	46	41	5
来宾市	13	6	7	55	40	15
南宁地区	14	13	1	95	92	3
自治区本级	1	1	0	52	52	0

5—17　分地市劳动保障部门职业介绍情况（2002年）

单位：人

地区别	本年登记招聘人数	本年登记求职人数			
			下岗职工	失业人员	获得职业资格人数
全区总计	**419167**	**503546**	**41663**	**155389**	**73238**
南宁市	80299	47099	5973	23297	1664
柳州市	45872	98971	10398	58719	21717
桂林市	53584	81007	4436	11875	32858
梧州市	20596	22173	2999	4523	2367
北海市	9030	9807	1290	5453	1830
防城港市	2484	4276	0	1321	188
钦州市	5578	19560	1577	3545	328
贵港市	15711	18580	1368	1510	1920
玉林市	51100	56144	2750	6093	3203
百色市	46156	51509	1319	12417	987
贺州市	18033	19694	404	1477	1774
河池市	29742	32395	2304	10416	2164
来宾市	3511	4703	1059	3468	198
南宁地区	23367	20115	2074	3608	1051
自治区本级	14104	17513	3712	7667	989

5—17　续表

单位：人

地区别	本年介绍成功人次数			
		下岗职工	失业人员	获得职业资格人数
全区总计	**274773**	**24330**	**88832**	**43221**
南宁市	17730	3571	3368	1215
柳州市	53089	7941	41826	17040
桂林市	34840	2158	6040	13059
梧州市	9758	1679	2157	1978
北海市	5977	770	4032	928
防城港市	1940	0	365	151
钦州市	12771	991	1965	213
贵港市	13150	1870	1646	1477
玉林市	17946	1115	4180	2399
百色市	43022	629	9903	794
贺州市	16114	237	1057	1585
河池市	26059	921	6622	962
来宾市	1891	278	803	169
南宁地区	15963	1267	1693	806
自治区本级	4523	903	3175	445

主要统计指标解释

劳动力资源总数 指在劳动年龄内人口(16周岁以上)总数中，具有劳动能力，在正常情况下，可能或实际参加社会劳动的人口数。

从业人员 指从事一定社会劳动并取得劳动报酬或经营收入的人员。从业人员按从业身份分组包括：(1) 职工；(2) 再就业的离退休人员；(3) 私营业主；(4) 个体户主；(5) 私营企业和个体从业人员；(6) 乡镇企业从业人员；(7) 农村从业人员；(8) 其他从业人员（包括现役军人)。

职工 指在国有、城镇集体、联营、股份制、外商和港、澳、台投资、其他单位及其附属机构中工作，并由其支付工资的各类人员。不包括下列人员：(1) 乡镇企业从业人员；(2) 私营企业从业人员；(3) 城镇个体劳动者；(4) 离休、退休、退职人员；(5) 再就业的离、退休人员；(6) 民办教师；(7) 其他按有关规定不列入职工统计范围的人员。

城镇登记失业人员 指有非农业户口，在一定的劳动年龄内(16岁及以上男50岁以下，女45岁以下)，有劳动能力，无业而要求就业，并在当地就业服务机构进行求职登记的人员。

城镇登记失业率 城镇登记失业人员与城镇单位从业人员（扣除使用的农村劳动力、聘用的离退休人员、港澳台及外方人员)、城镇单位中的不在岗职工、城镇私营业主、个体户主、城镇私营企业和个体从业人员、城镇登记失业人员之和的比。计算公式为：

$$城镇登记失业率=\frac{城镇登记失业人数}{(城镇登记单位从业人员-使用的农村劳动力-聘用的离退休人员-聘用的港澳台及外方人员)+不在岗职工+城镇私营业主+城镇个体户主+城镇私营企业及个体从业人员+城镇登记失业人数}\times 100\%$$

工资总额 指各单位在一定时期内直接支付给本单位全部职工的劳动报酬总额。工资总额的计算应以直接支付给职工的全部劳动报酬为根据。各单位支付给职工的劳动报酬以及其他根据有关规定支付的工资，不论是计入成本的还是不计入成本的，不论是以货币形式支付的还是以实物形式支付的，均应列入工资总额的计算范围。工资总额包括计时工资、计件工资、奖金、津贴和补贴、加班加点工资、特殊情况下支付的工资。

平均工资 指企业、事业、机关等单位的职工在一定时期内平均每人所得的货币工资额。其计算公式为：

$$平均工资=\frac{报告期实际支付的全部职工工资总额}{报告期全部职工平均人数(人)}$$

平均实际工资 是指扣除物价变动因素后的职工平均工资。其计算公式为：

$$平均实际工资=\frac{报告期职工平均工资}{报告期城市居民消费价格指数}$$

参加城镇基本养老保险人员总数 指截止报告期末参加城镇基本养老保险并在社会保险机构已建立缴费记录档案的人数，包括不能正常缴费、已中断缴费但未终止养老保险关系的人数，包括已参加基本养老保险、后进入再就业服务中心、并继续缴费的下岗职工人数。不包括只登记而未建立缴费记录档案的人数。

参加城镇基本养老保险的离退职人数 指报告期末参加城镇基本养老保险并由养老保险基金支付养老金的离休人员、退休人员、退职人员人数。

参加失业保险人员总数 指截止报告期末按照国家法律、法规和有关政策规定，参加了失业保险的城镇企业事业单位职工和地方政府规定的参加失业保险的其他人员的总数。

参加城镇基本医疗保险人员总数 指截止报告期末参加城镇基本医疗保险(实施统帐结合和单建统筹基金)的职工人数和退休人数的总数。

第六篇

CHAPTER 6

固定资产投资

INVESTMENT IN FIXED ASSETS

全社会固定资产投资（亿元）

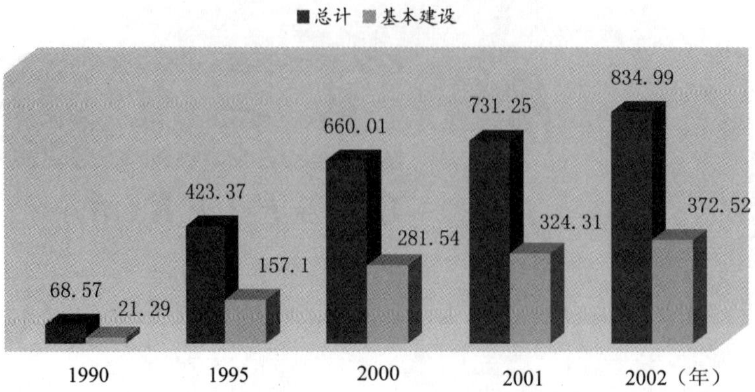

国有单位投资构成

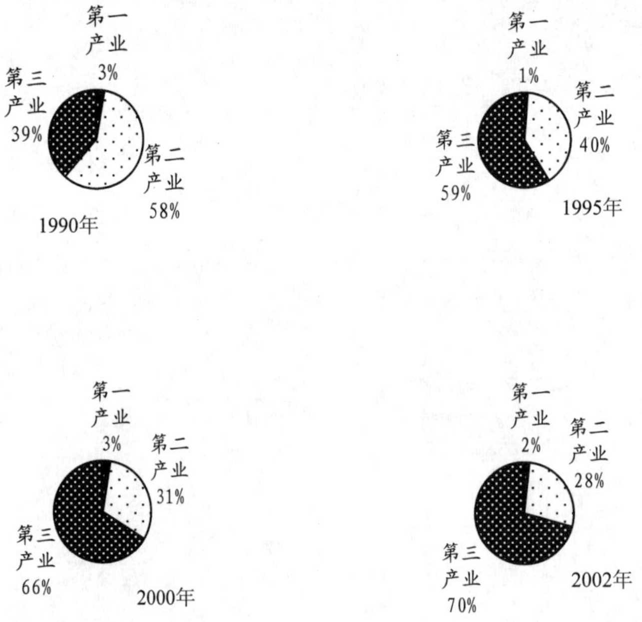

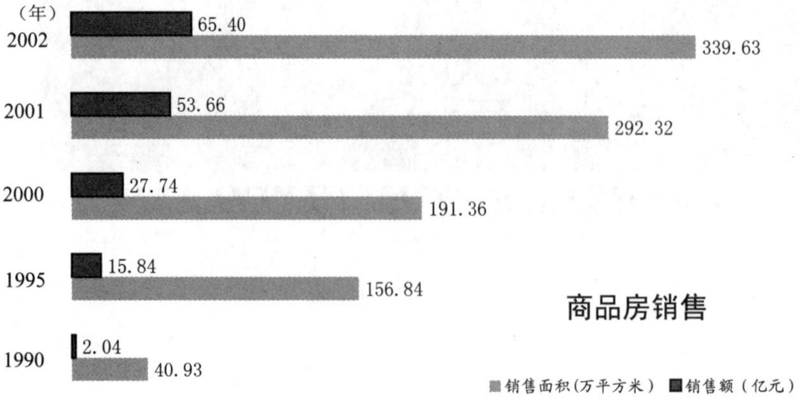

商品房销售

6—1 主要年份全社会固定资产投资总额

单位：亿元

指　　标	1990年	1995年	2000年	2001年	2002年
总　　计	68.57	423.37	660.01	731.25	834.99
基本建设投资	**21.29**	**157.10**	**281.54**	**324.31**	**372.52**
按经济类型分					
国有经济	21.29	137.15	249.95	285.39	320.14
联营经济		0.86	0.45	0.14	1.28
其他经济		19.09	31.14	38.78	51.10
按隶属关系分					
中　　央	6.23	43.58	71.48	71.88	80.48
地　　方	15.06	113.52	210.06	252.43	292.04
更新改造投资	**16.96**	**68.56**	**80.16**	**86.60**	**105.54**
按经济类型分					
国有经济	16.96	55.24	64.41	57.61	63.66
联营经济		0.07	0.08		
其他经济		13.25	15.67	28.99	41.88
按隶属关系分					
中　　央	2.39	18.81	38.51	33.49	39.64
地　　方	14.57	49.75	41.65	53.11	65.90
其他固定资产投资	**3.58**	**16.27**	**59.26**	**64.69**	**73.65**
按经济类型分					
国有经济	0.72	5.41	2.96	1.78	3.13
集体经济	2.86	8.10	6.92	7.66	7.71
其他经济		2.76	49.38	55.25	62.81
按隶属关系分					
中　　央	0.03	0.17	0.15	0.03	0.13
地　　方	3.55	16.10	59.11	64.66	73.52
房地产开发投资	**2.20**	**51.51**	**38.67**	**55.58**	**75.28**
按经济类型分					
国有经济	2.20	18.28	11.45	12.77	15.43
集体经济		9.23	3.25	4.09	5.32
其他经济		23.80	23.97	38.72	54.53
农村集体固定资产投资	**2.61**	**39.67**	**50.32**	**41.54**	**42.50**
私人固定资产投资	**21.93**	**90.28**	**150.06**	**158.55**	**165.49**
城镇和工矿区私人建房	3.11	27.23	64.47	64.23	66.19
农村私人投资	18.82	63.05	85.59	94.32	99.30

注：1999年以后其他固定资产投资包括私营投资和计划总投资5-50万元的基建、更改、国有其他及城镇集体等投资。

6—2 固定资产投资及增长速度

年份	投资总额	按管理渠道分				投资总额中
		基本建设投资	更新改造投资	其他固定资产投资	房地产开发投资	住宅
投资额（万元）						
1978	96055	96055				6745
1980	121815	103067	18748			23185
1985	422191	167327	71218	17599		142092
1990	685666	212880	169619	35800	21933	221077
1991	896479	288923	220662	42900	23310	285398
1992	1410395	522135	341696	76855	45413	378228
1993	2780754	1099415	527724	210325	316451	680317
1994	3825871	1407722	658346	146333	328408	1102233
1995	4233742	1570988	685572	162654	515050	1208881
1996	4764200	1744608	713293	105148	432305	1537400
1997	4798023	1829651	591029	145175	335374	1664245
1998	5717025	2405296	697162	156963	326838	1851688
1999	6202035	2630000	700972	394008	329735	1918970
2000	6600146	2815412	801593	592572	386747	1644650
2001	7312523	3243086	865975	646851	555826	1734899
2002	8349852	3725200	1055354	736548	752807	2008016
增长速度（上年=100）						
1978	22.1	22.1				17.2
1980	24.2	7.4	809.7			84.2
1985	49.9	54.9	55.9	129.4		72.7
1990	-4.6	2.5	-13.1	-33.5		16.4
1991	30.7	35.7	30.1	19.8	6.3	29.1
1992	57.3	80.7	54.9	79.1	94.8	32.5
1993	97.2	110.6	54.4	173.7	596.8	79.9
1994	37.6	28.0	24.8	-30.4	3.8	62.0
1995	10.7	11.6	4.1	11.2	56.8	9.7
1996	12.5	11.1	4.0	-35.4	-16.1	27.2
1997	0.7	4.9	-17.1	38.1	-22.4	8.3
1998	19.2	31.5	18.0	8.1	-2.5	11.3
1999	8.5	9.3	0.5	151.0	0.9	3.6
2000	6.4	7.0	14.4	50.4	17.3	-14.3
2001	10.8	15.2	8.0	9.2	43.7	5.5
2002	14.2	14.9	21.9	13.9	35.4	15.7

注：1978年～1981年为全民投资总额，1982年以后为全社会投资总额。

6—3 国有单位固定资产投资及增长速度

年　份	投资总额	中央项目	地方项目	地方投资占总额比重%	新　增固定资产
投资额（万元）					
1978	96055	15710	80345	83.6	54677
1980	121815	28129	93686	76.9	89031
1985	247349	88319	159030	64.3	163230
1990	411663	88657	323006	78.5	374779
1991	542295	128015	414280	76.4	419072
1992	926799	229885	696914	75.2	609629
1993	1693664	393855	1299809	76.7	960428
1994	1939743	518424	1421319	73.3	1089639
1995	2162880	623052	1539828	71.2	1917553
1996	2361406	550378	1811028	76.7	1753595
1997	2228299	467362	1760937	79.0	1946615
1998	2765781	581435	2184346	79.0	2141607
1999	3034692	689587	2345105	77.3	2112000
2000	3287710	994743	2292967	69.7	3140709
2001	3575582	922303	2653279	74.2	2332310
2002	4023603	990379	3033224	75.4	2270341
增长速度（上年=100）					
1978	20.9	32.3	18.8		-8.5
1980	24.2	-4.3	36.5		13.0
1985	50.6	57.4	47.0		19.6
1990	-0.6	-8.0	1.6		2.5
1991	31.7	44.4	28.3		11.8
1992	70.9	79.6	68.2		45.5
1993	82.7	71.3	86.5		57.5
1994	14.5	31.6	9.3		13.5
1995	11.5	20.2	8.3		76.0
1996	9.2	-11.7	17.6		-8.6
1997	-5.6	-15.1	-2.8		11.0
1998	24.1	24.4	24.0		10.0
1999	9.7	18.6	7.4		-1.4
2000	8.3	44.3	-2.2		48.7
2001	8.8	-7.3	15.7		-25.7
2002	12.5	7.4	14.3		-2.7

6—4　主要年份固定资产投资资金来源

单位：万元

指　　标	1990年	1995年	2000年	2001年	2002年
资金来源总计	**421509**	**2939513**	**4198133**	**4992806**	**6313970**
#地　方	323006	2331578	3066097	3974497	5059804
#国家预算内	53806	78769	378744	512380	703265
#地　方	25434	57511	280640	459211	631648
国内贷款	140117	854107	1029012	1102577	1659920
#地　方	111604	611133	617914	773788	1163269
利用外资	22642	220117	154224	85310	177086
#地　方	25185	177239	154224	85079	175586
自筹投资	176221	1264132	1901390	2493163	2769851
#地　方	135069	1012207	1330788	1886805	2147391
在资金来源总计中:					
基本建设资金来源	**217702**	**1540377**	**2714050**	**3088744**	**3729953**
#地　方	150572	1117568	1966652	2415652	2914561
#国家预算内	50472	69741	369687	498763	669556
#地　方	20065	48550	272429	448300	606842
国内贷款	50079	435347	738631	780451	1119544
#地　方	36147	216517	357399	510862	670146
利用外资	9008	139004	126656	54287	103544
#地　方	8298	103334	126656	54056	102044
自筹投资	92117	653431	1084562	1438329	1475883
#地　方	71626	547660	863847	1105310	1232605
更新改造资金来源	**169675**	**669422**	**790952**	**888210**	**1279028**
#地　方	145652	490525	410096	549985	844741
#国家预算内	3087	3511	3881	10509	26303
#地　方	5129	3444	3035	7803	17400
国内贷款	82847	204597	172464	162490	280509
#地　方	69552	180841	143345	103290	233256
利用外资	13634	16959	7076	5503	47424
#地　方	16887	9751	7076	5503	47424
自筹投资	65042	401512	579146	675464	888847
#地　方	48608	257846	231174	403345	511121

注：资金来源为财务拨款数（不含上年末结余资金）。

6—5　按登记注册类型分的固定资产投资（2002年）

单位：万元

指　标	投　资 合　计	基本建设	更新改造	其他	房地产
合　计	5809909	3725200	1055354	276548	752807
内资	**5482763**	**3653364**	**982240**	**250323**	**596836**
国有	3818282	3054062	592537	30899	140784
集体	94971			48203	46768
股份合作	32654			26286	6368
国有联营	32406	27455	3254	400	1297
集体联营	2593			2593	
国有与集体联营	3398	1610		1588	200
其他联营	16404	11229		1110	4065
国有独资公司	172915	119915	40782		12218
其他有限责任公司	388266	122216	101240	9073	155737
股份有限公司	553724	238738	244201	19329	51456
私营	274018			97490	176528
其他	93142	78139	226	13362	1415
港澳台商投资	**181090**	**49744**	**17009**	**3236**	**111101**
合资经营	91320	18085	7724	200	65311
合作经营	40620	3057	7270		30293
独资	28389	11222	1937	3036	12194
股份有限	20761	17380	78		3303
外商投资	**139727**	**22092**	**56105**	**16660**	**44870**
合资经营	57253	7934	16946	1720	30653
合作经营	17843	5526	2303		10014
独资	12188	7357	1075	3756	
股份有限	52443	1275	35781	11184	4203
个体经营	**6329**			**6329**	
个体户	2515			2515	
个人合伙	3814			3814	

注：本表数据合计含规模以上的基建、更改、其他和房地产四部分。

6—6 按登记注册类型分的新增固定资产（2002年）

单位：万元

指　标	新增固定资产合计	基本建设	更新改造	其他	房地产
合　计	3090215	1924544	652115	170363	343193
内资	**2938199**	**1893261**	**615285**	**154892**	**274761**
国有	2222290	1729225	396221	13529	83315
集体	54000			30967	23033
股份合作	22146			20975	1171
国有联营	6121	2576	2985		560
集体联营	2480			2480	
国有与集体联营	3098	1560		1538	
其他联营	2722	2012		710	
国有独资公司	41930	9201	28242		4487
其他有限责任公司	183305	62584	57187	7895	55639
股份有限公司	199308	49099	130424	5444	14341
私营	153599			61384	92215
其他	47200	37004	226	9970	
港澳台商投资	**73884**	**26381**	**4983**	**792**	**41728**
合资经营	30523	11222	3798	200	15303
合作经营	11422	380			11042
独资	17356	6561	1107	592	9096
股份有限	14583	8218	78		6287
外商投资	**72875**	**4902**	**31847**	**9422**	**26704**
合资经营	37720	3137	10167	1720	22696
合作经营	2989		1103		1886
独资	1705	710	339	656	
股份有限	30461	1055	20238	7046	2122
个体经营	**5257**			**5257**	
个体户	2399			2399	
个人合伙	2858			2858	

6—7 按登记注册类型分的投资资金来源（2002年）

单位：万元

	资金来源合计	上年末结余资金	本年资金来源小计	预算内资金	国内贷款	利用外资	自筹资金	其他资金
合 计	6866770	552800	6313970	703265	1659920	177086	2769851	1003848
内资	**6364615**	**496531**	**5868084**	**703157**	**1593256**	**65587**	**2608450**	**897634**
国有	4214984	310175	3904809	666903	978726	48337	1784681	426162
集体	108336	10036	98300	639	10367	170	45193	41931
股份合作	36812	1412	35400		6498	160	13625	15117
国有联营	45930	4143	41787		9890		29714	2183
集体联营	2643		2643				2643	
国有与集体联营	3241		3241	162	50		2906	123
其他联营	16199	289	15910		640	300	10775	4195
国有独资公司	174577	10788	163789	12105	70674	5397	51702	23911
其他有限责任公司	515623	62969	452654	7000	108791	8003	184235	144625
股份有限公司	735936	23235	712701	14108	319538	1500	324770	52785
私营	415344	49199	366145		68765	1720	125633	170027
其他	94990	24285	70705	2240	19317		32573	16575
港澳台商投资	**288460**	**46285**	**242175**	**108**	**37098**	**44982**	**73422**	**86565**
合资经营	152671	23870	128801	108	35263	14813	28577	50040
合作经营	68371	6939	61432		350	16385	21619	23078
独资	47350	15019	32331		1050	13706	6205	11370
股份有限	20068	457	19611		435	78	17021	2077
外商投资	**207349**	**9984**	**197365**		**28956**	**66517**	**85259**	**16633**
合资经营	75329	1933	73396		11296	17331	35042	9727
合作经营	27897	3896	24001		11050	7855	2102	2994
独资	21228		21228			20738	490	
股份有限	82895	4155	78740		6610	20593	47625	3912
个体经营	**6346**		**6346**		**610**		**2720**	**3016**
个体户	2515		2515		490		622	1403
个人合伙	3831		3831		120		2098	1613

注：本表含规模以上的基建、更改、其他和房地产四项。

6—8 国有单位分行业固定资产投资（2002年）

单位:万元

	投资总额	按隶属关系分		新增固定资产
		中央	地方	
总计	**3869304**	**988392**	**2880912**	**2181979**
按农、轻、重分				
农业	61132	1473	59659	36643
轻工业	163540	41786	121754	85596
重工业	895204	427497	467707	388688
按三次产业分				
第一产业	61132	1473	59659	36643
第二产业	1069206	472059	597147	489114
第三产业	2738966	514860	2224106	1656222
按国民经济行业分				
农、林、牧、渔业	61132	1473	59659	36643
农业	5667		5667	4072
林业	40186	1473	38713	19053
工业	1058744	469283	589461	474284
建筑业	10462	2776	7686	14830
地质勘查业、水利管理业	264209	238	263971	105444
水利管理业	263221		263221	104086
交通运输、仓储及邮电通讯业	1244089	484802	759287	899861
交通运输业	798587	70663	727924	496833
仓储业	17656	2293	15363	11126
邮电通讯业	427846	411846	16000	391902
批发和零售贸易、餐饮业	65601	4648	60953	48365
批发业	42029	2888	39141	35240
零售业	23148	1652	21496	12741
餐饮业	424	108	316	384
金融、保险业	15167	10475	4692	9943
金融业	14544	9852	4692	9606
房地产业	8032		8032	6087
社会服务业	639971	625	639346	241622
卫生、体育和社会福利业	85551	1635	83916	41722
卫生事业	72235	1635	70600	36422
教育、文化艺术及广播电影电视业	190807	470	190337	154999
教育事业	174651	470	174181	136528
文化艺术事业	8931		8931	4990
科学研究和综合技术服务业	12201	3863	8338	5528
国家机关、政党机关和社会团体	192089	8104	183985	124455
其他行业	21249		21249	18196

6—9 国有单位工业分行业固定资产投资(2002年)

单位:万元

	投资总额	按隶属关系分		新增固定资产
		中央	地方	
合　计	**1058744**	**469283**	**589461**	**474284**
煤炭采选业	6276		6276	3898
黑色金属矿采选业	1162		1162	695
有色金属矿采选业	12438		12438	1518
非金属矿采选业	11688		11688	1451
木材及竹材采运业	112		112	
食品加工业	21112		21112	20409
#甘蔗糖业	17237		17237	16977
食品制造业	3194		3194	2001
饮料制造业	1252		1252	1311
烟草加工业	45276	41786	3490	
纺织业	6566		6566	8969
服装及其他纤维制品制造业	580		580	650
木材加工及竹、藤、棕、草制品业	16751		16751	1110
家具制造业	400		400	
造纸及纸制品业	36829		36829	31200
印刷业、记录、媒介的复制	901		901	812
石油加工及炼焦业	2049	707	1342	450
化学原料及化学制品制造业	7674	200	7474	4317
医药制造业	6441		6441	2242
化学纤维制造业	72		72	300
橡胶制品业	364	250	114	498
非金属矿物制品业	15718		15718	3795
#水泥制造业	14564		14564	3742
黑色金属冶练及压延加工业	81609		81609	47747
有色金属冶练及压延加工业	104729	98404	6325	27404
金属制品业	689		689	340
普通机械制造业	8939	1081	7858	5963
专用设备制造业	4086		4086	2303
交通运输设备制造业	9562	5219	4343	5601
电器、机械及器材制造业	4496		4496	610
电子及通信设备制造业	2651	805	1846	527
仪器仪表及文化、办公用机械制造业	938		938	388
电力、蒸气、热水的生成和供应业	594826	320831	273995	283343
#电力生产业	110464	48396	62068	18854
#水力发电业	88530	26662	61868	18654
煤气生成和供应业	13084		13084	139
自来水的生成和供应业	36280		36280	14293

6—10　国有单位分行业投资项目和新增固定资产(2002年)

指　标	施工项目(个)	全部建成投产项目(个)	项目建成投产率(%)	投　资总　额(万元)	新　　增固定资产(万元)	固定资产交付使用率(%)
总　　计	**5564**	**3195**	**57.4**	**3869304**	**2181979**	**56.4**
按农、轻、重分						
农　业	233	115	49.4	61132	36643	59.9
轻工业	210	111	52.9	163540	85596	52.3
重工业	691	335	48.5	895204	388688	43.4
按三次产业分						
第一产业	233	115	49.4	61132	36643	59.9
第二产业	934	463	49.6	1069206	489114	45.8
第三产业	4397	2617	59.5	2738966	1656222	60.5
按国民经济行业分						
农、林、牧、渔业	233	115	49.4	61132	36643	59.9
农业	31	19	61.3	5667	4072	71.9
林业	149	60	40.3	40186	19053	47.4
工业	901	446	49.5	1058744	474284	44.8
建筑业	33	17	51.5	10462	14830	141.8
地质勘查业、水利管理业	331	180	54.4	264209	105444	39.9
水利管理业	323	174	53.9	263221	104086	39.5
交通运输、仓储及邮电通讯业	1343	907	67.5	1244089	899861	72.3
交通运输业	680	389	57.2	798587	496833	62.2
仓储业	23	11	47.8	17656	11126	63.0
邮电通讯业	640	507	79.2	427846	391902	91.6
批发和零售贸易、餐饮业	162	104	64.2	65601	48365	73.7
批发业	63	38	60.3	42029	35240	83.9
零售业	92	62	67.4	23148	12741	55.0
餐饮业	7	4	57.1	424	384	90.6
金融、保险业	43	27	62.8	15167	9943	65.6
金融业	36	24	66.7	14544	9606	66.1
房地产业	22	13	59.1	8032	6087	75.8
社会服务业	503	230	45.7	639971	241622	37.8
卫生、体育和社会福利业	241	113	46.9	85551	41722	48.8
卫生事业	186	90	48.4	72235	36422	50.4
教育、文化艺术及广播电影电视业	986	616	62.5	190807	154999	81.2
教育事业	908	581	64.0	174651	136528	78.2
文化艺术事业	41	19	46.3	8931	4990	55.9
科学研究和综合技术服务业	36	14	38.9	12201	5528	45.3
国家机关、政党机关和社会团体	664	371	55.9	192089	124455	64.8
其他行业	66	42	63.6	21249	18196	85.6

6—11 固定资产投资本年新增生产能力（或工程效益）（2002年）

能力名称	计量单位	总计	#基本建设	#更新改造
原煤开采	万吨 / 年	21	21	
催化重整设备能力	万吨 / 年	2		2
炼钢	万吨 / 年	11		11
转炉钢	万吨 / 年	11		11
连铸坯	万吨 / 年	45		45
其中：板坯连铸坯	万吨 / 年	45		45
钢材	（万吨/年）			
锌冶炼	吨 / 年	6000		6000
氧化铝	吨 / 年	50000		50000
发电机组容量	（万千瓦）			
水力发电	万千瓦	6.09	2.96	0.36
火力发电	万千瓦	2		2
输电线路长度(11万伏及以上)	公里	713.61	713.61	
变电设备能力(11万伏及以上)	万千伏安	312.1	312.1	
水泥	万吨 / 年	70.3		70.3
锯材	万立方米 / 年	0.25		
胶合板	万立方米 / 年	0.75		
纤维板	万立方米 / 年	6		5
人造板装饰加工板	万立方米 / 年	0.01		
家具	万件/年	1.45	1	
硫酸	吨 / 年	44500		14500
农用氮、磷、钾化学肥料	（吨/年）			
氮肥	吨 / 年	10000		10000
磷肥	吨 / 年	70700	30000	39000
塑料树脂及共聚物	吨 / 年	100		
松香	吨 / 年	18968		4000
片剂	万片/年	500		500
胶囊剂	万粒/年	20000		
大中型变压器	万千伏安	5		5
电力电缆	公里	200		200
全塑市话电缆	万对公里	8.2	5	3.2

6—11 续表1

能力名称	计量单位	总计	#基本建设	#更新改造
拖拉机制造	（台/年）			
装载机	台/年	2750		2750
汽车制造	（辆/年）			
载货汽车制造	辆/年	4000		4000
客车制造	辆/年	80000		80000
其它汽车制造	辆/年	2400	2400	
桑蚕缫丝机	绪	2000		
机制糖	年生产糖：吨	207000	13000	194000
	日处理原料：吨	14600	1000	13600
罐头	万吨/年	0.02		
乳制品	（吨/年）			
酒	（万吨/年）			
白酒	万吨/年	20		20
机制纸	万吨/年	19	10	9
轻革	万平方米/年	55		55
服装	万件/年	172	72	
塑料制品	万吨/年	2.57	0.5	
日用搪瓷制品	万吨/年	200		
日用陶瓷器	万件/年	11200	2500	8700
移动通信基站设备	个/年	199	100	99
程控交换机	万线/年	49.01		49.01
新建铁路主线正线交付运营里程	公里	38.5	38.5	
新建公路	公里	2427.67	2366.46	2.81
一级公路	公里	18.24	18.24	
二级公路	公里	205.71	202.9	2.81
改建公路	公里	2121.74	1869.15	74.5
二级公路	公里	529.37	488.87	40.5
新建独立公路桥梁	延长米	383.7	383.7	
	座	9	9	

6—11 续表2

能力名称	计量单位	总计	#基本建设	#更新改造
新（扩）建港口码头:年吞吐量	万吨	70	10	
泊位	个	5	2	
新（扩）建客、货运站	个	4	4	
	平方米	16086	16086	
长途电缆线路长度	公里	205	42	163
造林面积	万亩	59.63	52.96	
有效灌溉面积	万亩	48.05	33.05	15
除涝面积	万亩	2.31	2.31	
商业冷藏库	万吨	2.15	2.15	
水产冷藏库	万吨	0.35		
粮食仓库	万公斤	13950	13950	
	平方米	51845	51845	
高等院校：学生席位	个	10618	10618	
建筑面积	平方米	46596	46596	
中等学校：学生席位	个	81599	76324	
建筑面积	平方米	330201	306333	
小学校：学生席位	个	63165	63165	
建筑面积	平方米	305128	305128	
其他学校：学生席位	个	620	620	
建筑面积	平方米	2894	2894	
医院病床	张	1289	1289	
疗养院、所病床	张	15	15	
宾馆、旅馆、招待所客房数	间	1054	894	
	平方米	46960	43960	
城市自来水供水能力	万吨/日	18.95	13.95	5
城市自来水管道长度	公里	69.89	31.59	37.3
城市公共交通车辆购置	辆	407		392
城市道路扩建长度	公里	59.74	53.37	5.77
城市道路扩建面积	万平方米	123.27	111.39	10.92
城市排水管道铺设长度	公里	17.17	15.77	1.4
城市永久性桥梁	座	3	3	
城市防洪堤长度	公里	36.55	36.55	

6—12 基本建设分行业固定资产投资(2002年)

单位:万元

指 标	投资总额	按隶属关系分		新增固定资产
		中 央	地 方	
总 计	3725200	804849	2920351	1924544
按农、轻、重分				
农 业	66706	1473	65233	41804
轻工业	120745	294	120451	87343
重工业	939095	539614	399481	299708
按三次产业分				
第一产业	66706	1473	65233	41804
第二产业	1068775	541278	527497	401601
第三产业	2589719	262098	2327621	1481139
按国民经济行业分				
农、林、牧、渔业	66706	1473	65233	41804
农业	8717		8717	4783
林业	37294	1473	35821	17987
工业	1059840	539908	519932	387051
建筑业	8935	1370	7565	14550
地质勘查业、水利管理业	261473	238	261235	104269
水利管理业	260485		260485	102911
交通运输、仓储及邮电通讯业	953747	235717	718030	639888
交通运输业	736159	37987	698172	427869
仓储业	22151	2293	19858	12942
邮电通讯业	195437	195437		199077
批发和零售贸易、餐饮业	155211	4364	150847	100645
批发业	60148	2888	57260	54170
零售业	77437	1476	75961	39589
餐饮业	17626		17626	6886
金融、保险业	13015	8323	4692	7741
金融业	12392	7700	4692	7404
房地产业	9964		9964	6909
社会服务业	691253	625	690628	280775
卫生、体育和社会福利业	81194	1342	79852	37640
卫生事业	67918	1342	66576	32340
教育、文化艺术及广播电影电视业	193332	197	193135	156461
教育事业	176479	197	176282	138619
文化艺术事业	10844		10844	4990
科学研究和综合技术服务业	11341	3003	8338	4668
国家机关、政党机关和社会团体	197000	8289	188711	124925
其他行业	22189		22189	17218

6—13　工业行业基本建设投资(2002年)

单位:万元

指　标	投　资 总　额	按隶属关系分 中　央	按隶属关系分 地　方	新　增 固定资产
合　　计	1059840	539908	519932	387051
煤炭采选业	4740		4740	2398
黑色金属矿采选业	297		297	30
有色金属矿采选业	3217		3217	2029
非金属矿采选业	11180		11180	541
木材及竹材采运业	112		112	
食品加工业	23425		23425	17543
#甘蔗糖业	8468		8468	7641
食品制造业	988		988	612
饮料制造业	9002		9002	3316
烟草加工业	294	294		
纺织业	4107		4107	3857
服装及其他纤维制品制造业	1080		1080	650
皮革、毛皮、羽绒及其制品业	336		336	
木材加工及竹、藤、棕、草制品业	2088		2088	827
家具制造业	990		990	1070
造纸及纸制品业	16939		16939	31820
印刷业、记录、媒介的复制	1196		1196	1162
石油加工及炼焦业	5712	707	5005	
化学原料及化学制品制造业	9735		9735	4981
医药制造业	5582		5582	3934
化学纤维制造业	510		510	745
橡胶制品业	364	250	114	498
塑料制品业	1402		1402	843
非金属矿物制品业	17878		17878	2282
#水泥制造业	13540		13540	534
黑色金属冶练及压延加工业	7535		7535	4620
有色金属冶练及压延加工业	84932	81471	3461	1036
金属制品业	10495		10495	2109
普通机械制造业	3893	145	3748	1649
专用设备制造业	4244		4244	2096
交通运输设备制造业	4043	635	3408	2990
电器、机械及器材制造业	4538		4538	470
电子及通信设备制造业	527	527		527
仪器仪表及文化、办公用机械制造业	770		770	220
其他制造业	5760		5760	3730
电力、蒸气、热水的生成和供应业	772134	455879	316255	274819
#电力生产业	301984	191519	110465	21455
#水力发电业	297062	186597	110465	21455
煤气生成和供应业	7087		7087	139
自来水的生成和供应业	32708		32708	13508

6—14 主要工业行业国有单位基本建设投资

单位：万元

时期(年份)	全部工业投资	#食品工业	#制糖业	#纺织工业	#机械工业
1978	60304	5054		4237	6799
1980	43624	2082		6041	4226
“六五”时期	223261	29658	23316	8562	13781
1985	68797	3589	952	1235	5530
“七五”时期	438577	46539	38583	2236	4550
1990	98135	10410	8251	794	1127
“八五”时期	1740520	73665	48647	14884	52000
1991	134342	7348	5371	1291	1765
1992	213780	12333	7729	3367	2712
1993	410081	15374	3134	3601	14983
1994	485309	14548	11226	3891	15212
1995	497008	24062	21187	2734	17328
“九五”时期	2322503	90786	67272	10792	59566
1996	397004	41520	33556	2678	16786
1997	333485	26528	22983	1372	12417
1998	371059	8887	4656	1037	8424
1999	492202	8902	3658	4534	13876
2000	728753	4949	2419	1171	8063
“十五”时期					
2001	590429	3834	1451	416	5622
2002	755763	5068	1301	2694	12914

6—14 续表

时期(年份)	#电力工业	#火力发电	水力发电	#有色黑色金属工业	#建材工业
1978	14882	3560	9879	12802	2719
1980	9694	954	7617	7028	3555
“六五”时期	84047	13128	54303	21838	30278
1985	31497	4678	17546	7625	10832
“七五”时期	218556	55223	134427	54916	24420
1990	54654	7572	38663	7937	5280
“八五”时期	550697	114770	393636	458957	88307
1991	65354	6491	46122	24771	2880
1992	100083	5031	65629	47920	5481
1993	116725	33736	82862	111515	23348
1994	154603	39801	114802	110566	31790
1995	113932	29711	84221	164185	24808
“九五”时期	1227579	31783	300880	92957	31302
1996	73955	17571	56384	30048	11009
1997	173187	5963	88038	9425	4634
1998	139867	5198	63418	11728	6014
1999	274889	2117	57712	29613	7660
2000	565681	934	35328	12143	1985
“十五”时期					
2001	423573	5203	27231	34567	5777
2002	555116	4922	81865	89686	20581

6—15　基本建设分行业投资项目和新增固定资产（2002年）

	施工项目（个）	全部建成投产项目（个）	项目建成投产率（%）	投资总额（万元）	新增固定资产（万元）	固定资产交付使用率（%）
总　　计	4655	2440	52.4	3725200	1924544	51.7
按农、轻、重分						
农　业	239	120	50.2	66706	41804	62.7
轻工业	230	122	53.0	120745	87343	72.3
重工业	463	173	37.4	939095	299708	31.9
按三次产业分						
第一产业	239	120	50.2	66706	41804	62.7
第二产业	728	312	42.9	1068775	401601	37.6
第三产业	3688	2008	54.5	2589719	1481139	57.2
按国民经济行业分						
农、林、牧、渔业	239	120	50.2	66706	41804	62.7
农业	39	22	56.4	8717	4783	54.9
林业	138	57	41.3	37294	17987	48.2
工业	693	295	42.6	1059840	387051	36.5
建筑业	35	17	48.6	8935	14550	162.8
地质勘查业、水利管理业	310	166	53.6	261473	104269	39.9
水利管理业	302	160	53.0	260485	102911	39.5
交通运输、仓储及邮电通讯业	620	337	54.4	953747	639888	67.1
交通运输业	457	239	52.3	736159	427869	58.1
仓储业	29	13	44.8	22151	12942	58.4
邮电通讯业	134	85	63.4	195437	199077	101.9
批发和零售贸易、餐饮业	199	117	58.8	155211	100645	64.8
批发业	73	44	60.3	60148	54170	90.1
零售业	116	67	57.8	77437	39589	51.1
餐饮业	10	6	60.0	17626	6886	39.1
金融、保险业	41	25	61.0	13015	7741	59.5
金融业	34	22	64.7	12392	7404	59.8
房地产业	27	14	51.9	9964	6909	69.3
社会服务业	498	206	41.4	691253	280775	40.6
卫生、体育和社会福利业	235	109	46.4	81194	37640	46.4
卫生事业	181	86	47.5	67918	32340	47.6
教育、文化艺术及广播电影电视业	980	616	62.9	193332	156461	80.9
教育事业	906	582	64.2	176479	138619	78.6
文化艺术事业	42	19	45.2	10844	4990	46.0
科学研究和综合技术服务业	35	13	37.1	11341	4668	41.2
国家机关、政党机关和社会团体	679	367	54.1	197000	124925	63.4
其他行业	64	38	59.4	22189	17218	77.6

6—16 主要年份基本建设投资情况

单位:万元

	1990年	1995年	2000年	2001年	2002年
一、按资金来源分	212880	1540377	2714050	3088744	3729953
#国家预算内	49388	69741	369687	498763	669556
国内贷款	47030	435347	738631	780451	1119544
利用外资	9813	139004	126656	54287	103544
自筹投资	88258	653431	1084562	1438329	1475883
中央各部	7911	56764	138162	175086	121355
地方各级	37610	307086	458173	713596	595485
企事业单位	42737	289581	488227	549647	759043
其他投资	18391	242854	394514	316914	361426
二、基本建设投资额	212880	1570988	2815412	3243086	3725200
按隶属关系分					
中央项目	62308	435826	714830	718781	804849
地方项目	150572	1135162	2100582	2524305	2920351
按构成分					
#建筑工程	140872	978884	1898677	2169718	2357631
安装工程	10937	83873	160844	138749	178542
设备、工、器具购置	28902	291422	385419	439669	509984
#住宅	36489	207414	164043	162417	205431

注：1994年及以后资金来源为当年拨款数。

6—17 主要年份更新改造投资情况

单位:万元

项　　目	1990年	1995年	2000年	2001年	2002年
一、按资金来源分	169619	685572	790952	865975	1279028
国家预算内	5194	3595	3881	10509	26303
国家预算外	164425	681977	787071	855466	1252725
二、更新改造投资额	169619	685572	801593	865975	1055354
按隶属关系分					
中央项目	23967	188122	385052	334917	396351
地方项目	145652	497450	416541	531058	659003
按构成分					
#建筑工程	55381	210431	124547	173114	240584
安装工程	15061	101452	96538	61122	85439
设备、工、器具购置	89460	346638	537965	592065	637789
#住宅			2846	5339	7334

注：1994年及以后资金来源为当年拨款数。

6—18 基本建设大中型项目一览表（2002年）

单位：万元

项目名称	开工时间（年/月）	投产时间（年/月）	计划总投资	累计完成投资	累计新增固定资产	本年计划投资	本年完成投资	本年新增固定资产
广西南宁市自来水公司三津一期工程	200112		29829	6571	74	5000	5476	
广西南宁凤凰纸业有限公司南宁造纸厂	199412	200212	187560	219889	197937	38522	15522	29558
南宁五合国家粮食储备库7.5万吨粮食储备库	200203		5300	5011		5300	5011	
柳州市自来水有限责任公司柳西二期扩建	199509		20723	21402	20887	1100	515	
广西柳州市大埔水电站	199308		78794	34090	1132	8000	13256	
桂林江河水电开发有限责任公司南山水利枢纽	200206		38000	7986		8168	7986	
广西水电工程局银河水电站	200209		14110	3629		4000	3629	
梧州市长洲水利枢纽工程			592942	4920		22000	4920	
藤县西江大桥	199503		7230	7958		1000	575	
北海机场扩建指挥部新航站楼	200008		30811	10701		22761	7980	
国投北部湾发电有限公司北海电厂			268418	27342		4922	4922	
广田华润红水河码头仓储有限公司码头建设	199712		10550	4493		3000	1838	
钦州港经济发展局钦州港二期工程	199908		30824	17001		24309	10311	
平南鱼峰水泥有限公司年产150万吨水泥线	200211		66800	4000		4000	4000	
浮石水电站	199703		49324	49324	49324	5489	2160	2160
广西三聚电力投资有限公司草头坪电站	200110		18260	10405		15085	8510	
广西壮族自治区恶滩水力发电厂			369000	49506		45690	49506	
广西右江水利开发有限责任公司百色水库	200110		471300	97400	265	52800	49528	
中国铝业广西分公司平果铝氧化铝二期工程	200105		172163	105915		80500	80810	
广西平班水电开发有限公司平班水电站	200212		207300	25561		28724	20816	
河化工业集团公司1000吨/日产新型干法水泥	200103		18691	14706		7658	5673	
南丹县高峰矿	199606		17300	15146			230	
龙滩水电开发有限公司龙滩水电站	200107		2430000	327065		138000	159428	
广西水利电力建设监理公司广西岩滩水电站	198503		410151	405645	392406	2000	100	100
柳铁项目中心湘桂线黎塘～南宁增建第二线	199912		168150	158000	153000	36000	36000	153000
广西电力开发公司宾阳变电站	200106		300247	33402	2388	39309	32742	2388
广西电力开发公司藤县变电网	200006		53500	46373	43603	2612	2034	
广西电力开发公司50万伏沙塘变电站	200106	200210	3593	3528	3374	3443	3378	3374
广西电力开发公司武鸣等送变电工程	200106		127640	40315	17693	44370	39708	17693
广西电力开发公司静兰变等22万电网	199904		68745	67562	65528	16539	15356	23571

6—19 分行业更新改造投资（2002年）

单位:万元

指标	投资总额	按隶属关系分		新增固定资产
		中央	地方	
总计	1055354	396351	659003	652115
按农、轻、重分				
农业	2956		2956	2606
轻工业	282312	41492	240820	99687
重工业	392720	51307	341413	219708
按三次产业分				
第一产业	2956		2956	2606
第二产业	678261	94205	584056	322718
第三产业	374137	302146	71991	326791
按国民经济行业分				
农、林、牧、渔业	2956		2956	2606
#农业				
工业	675032	92799	582233	319395
建筑业	3229	1406	1823	3323
地质勘查业、水利管理业	3116		3116	1758
#水利管理业	3116		3116	1758
交通运输、仓储及邮电通讯业	339173	294111	45062	300373
交通运输业	59668	32676	26992	69647
仓储业	420		420	687
邮电通讯业	279085	261435	17650	230039
批发和零售贸易、餐饮业	11967	4479	7488	7764
批发业	995	100	895	1594
零售业	10214	4271	5943	5342
餐饮业	758	108	650	828
金融、保险业	2130	2130		2130
#金融业	2130	2130		2130
房地产业				
社会服务业	10134		10134	8344
卫生、体育和社会福利业	3255	293	2962	2940
#卫生事业	3255	293	2922	2940
教育、文化艺术及广播电影电视业	1705	273	1432	805
#教育事业	557	273	284	244
文化艺术事业				
科学研究和综合技术服务业	860	860		860
国家机关、政党机关和社会团体	317		317	337
其他行业	1480		1480	1480

6—20　工业分行业更新改造投资（2002年）

单位:万元

指　标	投资总额	按隶属关系分		新增固定资产
		中央	地方	
合　计	675032	92799	582233	319395
煤炭采选业	341		341	305
黑色金属矿采选业	1320		1320	720
有色金属矿采选业	11882		11882	542
非金属矿采选业	3103		3103	1451
食品加工业	63130		63130	54932
#甘蔗糖业	59657		59657	54559
食品制造业	9054		9054	6570
饮料制造业	6546		6546	2860
烟草加工业	44982	41492	3490	
纺织业	4659		4659	6725
服装及其他纤维制品制造业	50		50	50
皮革、毛皮、羽绒及其制品业	258		258	258
木材加工及竹、藤、棕、草制品业	15690		15690	600
造纸及纸制品业	46342		46342	4469
石油加工及炼焦业	450		450	450
化学原料及化学制品制造业	25661	200	25461	11344
医药制造业	78656		78656	5715
化学纤维制造业	3333		3333	5137
塑料制品业	5783		5783	2180
非金属矿物制品业	44975		44975	32824
#水泥制造业	22229		22229	29887
黑色金属冶练及压延加工业	80342		80342	46245
有色金属冶练及压延加工业	63764	16933	46831	75712
金属制品业	3608		3608	3339
普通机械制造业	17871	936	16935	5573
专用设备制造业	6342		6342	3948
交通运输设备制造业	41756	4776	36980	22563
电器、机械及器材制造业	7816		7816	1816
电子及通信设备制造业	3200	278	2922	
仪器仪表及文化、办公用机械制造业	1968		1968	168
其他制造业	1450		1450	150
电力、蒸气、热水的生成和供应业	68168	28184	39984	21941
#电力生产业	52135	20109	32026	10557
#水力发电业	7392	3297	4095	7734
煤气生成和供应业	8053		8053	
自来水的生成和供应业	4479		4479	808

6—21 分行业更新改造投资项目和新增固定资产（2002年）

指 标	施工项目（个）	全部建成投产项目（个）	项目建成投产率（%）	投资总额（万元）	新增固定资产（万元）	固定资产交付使用率（%）
总 计	1608	1124	69.9	1055354	652115	61.8
按农、轻、重分						
农 业	3	1	33.3	2956	2606	88.2
轻工业	319	205	64.3	282312	99687	35.3
重工业	470	263	56.0	392720	219708	56.0
按三次产业分						
第一产业	3	1	33.3	2956	2606	88.2
第二产业	790	469	59.4	678261	322718	47.6
第三产业	815	654	80.3	374137	326791	87.4
按国民经济行业分						
农、林、牧、渔业	3	1	33.3	2956	2606	88.2
#林业	1			280		
工业	789	468	59.3	675032	319395	47.3
建筑业	1	1	100.0	3229	3323	102.9
地质勘查业、水利管理业	14	8	57.1	3116	1758	56.4
#水利管理业	14	8	57.1	3116	1758	56.4
交通运输、仓储及邮电通讯业	710	584	82.3	339173	300373	88.6
交通运输业	162	129	79.6	59668	69647	116.7
仓储业	2	2	100.0	420	687	163.6
邮电通讯业	546	453	83.0	279085	230039	82.4
批发和零售贸易、餐饮业	26	15	57.7	11967	7764	64.9
批发业	5	3	60.0	995	1594	160.2
零售业	19	10	52.6	10214	5342	52.3
餐饮业	2	2	100.0	758	828	109.2
金融、保险业	1	1	100.0	2130	2130	100.0
#金融业	1	1	100.0	2130	2130	100.0
社会服务业	39	31	79.5	10134	8344	82.3
卫生、体育和社会福利业	7	4	57.1	3255	2940	90.3
#卫生事业	6	4	66.7	3215	2940	91.5
教育、文化艺术及广播电影电视业	9	2	22.2	1705	805	47.2
#教育事业	4	1	25.0	557	244	43.8
科学研究和综合技术服务业	1	1	100.0	860	860	100.0
国家机关、政党机关和社会团体	3	3	100.0	317	337	106.3
其他行业	5	5	100.0	1480	1480	100.0

6—22 更新改造限额以上项目一览表（2002年）

单位：万元

项　目　名　称	开工时间（年/月）	投产时间（年/月）	计　划总 投 资	累　计完成投资	累计新增固定资产	本　年计划投资	本　年完成投资	本年新增固定资产
南宁浮法玻璃有限责任公司浮法玻璃技改	200111		17091	17091		16200	16200	
广西昌弘制药有限公司第一期工程	200203		15000	1230		5000	1230	
柳州市卷烟厂易地搬迁改造工程	200112		51000	41712		35000	37260	
柳州华锡集团有限责任公司来宾铟锌冶炼技改	200204		19732	5620		12000	5620	
柳州机械厂376QC高速柴油机技术改造项目	200111		7700	1480	1401		54	
广西鱼峰水泥股份有限公司节能技改工程	200101	200212	11044	10840	10500	1268	1902	10500
柳州五菱汽车有限责任公司微型专用汽车技改	200209		4785	1189		2196	1189	
上汽五菱汽车股份有限公司AFC技改项目	200202		61234	22486	17638	38423	19516	14668
上汽五菱汽车股份有限公司N1汽车项目	200201		8775	4000	1012	8386	3575	
上汽五菱汽车股份有限公司X477汽车项目	200201		16900	12302	11677	8227	4857	4232
柳工机械股份有限公司G系列轮式装载机技改	200201		13700	2325	1879	2342	1697	1251
采埃孚机械有限公司中德合资生产机械传动部件	199706		27300	22908	22902	4	6	
柳钢公司转炉3号钢坯连铸机煤气回收炉外精炼	200004		14560	14810	14796	8140	7083	11555
柳州钢铁公司转炉厂2号转炉改造及配套	200101		6800	8437	7823	1499	3926	3312
柳州钢铁集团公司高速线材	200110		22000	17562	1658	16403	16972	1658
柳化股份有限公司合成氨节能挖潜清洁生产技改	200205		52434	4269		9702	4269	
柳州锌品股份有限公司环境治理搬迁工程	200203		29155	2691		4000	1624	
柳州钢铁(集团)公司年产15000立方米制氧机组	200204		14000	4628		12000	4628	
柳州钢铁(集团)公司220kv总降压站	200204		10000	1965		10000	1965	
柳州钢铁(集团)公司120万吨氧化球团工程	200204		14000	4739		14000	4739	
柳州钢铁(集团)公司炼铁厂3#炉改造	200205	200211	6000	5838	5838	6000	5838	5838
柳州钢铁(集团)公司100吨转炉工程	200211		68762	882			882	
柳州钢铁(集团)公司110平方米烧结机工程	200211		11490	247			247	
柳州(钢铁)集团公司6号高炉	200211		25666	313	34		313	34
柳州(钢铁)集团公司70万吨焦/年一期工程	200211		20591	514	30		514	30
柳江造纸厂日处理6万吨废水处理站改造	200103		6724	3000			1297	
柳江造纸厂年产17万吨漂白竹浆生产系统工程	200112		30000	11005			8902	
柳江造纸厂日产100吨全漂白化学木浆系统技改	199212		25365	39671			145	
燕京桂林漓泉股份有限公司新增5万吨纯生啤线	200210		5300	1370		1500	1370	
荔浦纸业有限责任公司荔浦县纸厂更新改造	199802	200203	4800	4820	4820	20	20	20
北海银河高科技股份有限公司电子二期工程	200101		18101	7234		1300	1076	
北海银河高科技股份有限公司配电自动化系统	200204		17142	3650		13000	3650	
广西北生药业股份有限公司综合生产线	200201		39000	41700		39000	32700	
广西鸿雁食品有限公司鹅肥肝深加工二期工程	200006		13900	3600		6000	600	
广西贵港甘化股份有限公司甘化中纤板改造工程	200206	200212	4800	4800	4800	4800	4800	4800
贵糖集团股份有限公司三万吨生活用纸技改项目	200201		19142	18634		19142	18634	
广西玉柴机器股份有限公司 建设二铸生产线	200201		13462	6220		8000	6220	
玉柴机器集团公司多品种中小型液压挖掘机系列	200201		8000	200		5000	200	
广西合山发电有限公司2×30万发电机组工程			231544	18823		98290	18823	
柳州凤糖有限公司和睦糖厂厂房设备更新	200206	200212	4000	4000	3620	3500	4000	3620
广西灵峰药业有限公司年产50万箱金鸡系列技改	200206		7000	1129		7000	1129	
百色市六塘银海铝业有限责任公司百色铝厂	200012		68432	51996	46573	53385	36949	46573
田东东泥股份有限公司生料自备系统技改配套	200105	200211	13315	13315	13315	6500	6715	13315
广西水电集团有限公司田东电厂改扩建工程	200204		105270	6184		6184	6184	
中国铝业广西分公司氧化铝一期工程技术改造	200105	200212	15943	15943	15943	14062	14062	15943
广西劲达兴纸业有限公司生产线技改项目	200105		25000	11816		22130	8946	
广西德胜铝厂环保治理电解铝技改工程	200107		102509	3150		41121	200	

6—23　城镇集体分行业投资项目和新增固定资产（2002年）

指　　标	施工项目（个）	全部建成投产项目（个）	项目建成投产率（%）	投资总额（万元）	新增固定资产（万元）	固定资产交付使用率（%）
总　　计	210	126	60.0	77072	54422	70.6
按农、轻、重分						
农　业	9	8	88.9	2873	1386	48.2
轻工业	47	32	68.1	19733	11124	56.4
重工业	57	36	63.2	28678	24017	83.8
按三次产业分						
第一产业	9	8	88.9	2873	1386	48.2
第二产业	111	72	64.9	48840	35592	72.9
第三产业	90	46	51.1	25359	17444	68.8
按国民经济行业分						
农、林、牧、渔业	9	8	88.9	2873	1386	48.2
#农业	3	3	100.0	710	710	100.0
林业	4	4	100.0	601	601	100.0
工业	104	68	65.4	48411	35141	72.6
建筑业	7	4	57.1	429	451	105.1
地质勘查业、水利管理业	3	1	33.3	486	475	97.7
#水利管理业	3	1	33.3	486	475	97.7
交通运输、仓储及邮电通讯业	18	10	55.6	2265	1589	70.2
交通运输业	17	9	52.9	1995	1009	50.6
仓储业	1	1	100.0	270	580	214.8
邮电通讯业						
批发和零售贸易、餐饮业	29	15	51.7	10406	7610	73.1
批发业	12	4	33.3	4456	618	13.9
零售业	14	10	71.4	4497	6864	152.6
餐饮业	3	1	33.3	1453	128	8.8
金融、保险业	3	2	66.7	189	166	87.8
#金融业	3	2	66.7	189	166	87.8
房地产业	2	1	50.0	750	470	62.7
社会服务业	9	3	33.3	1019	707	69.4
卫生、体育和社会福利业	1			240		
教育、文化艺术及广播电影电视业	7	6	85.7	2955	1989	67.3
#教育事业	7	6	85.7	2955	1989	67.3
文化艺术事业						
科学研究和综合技术服务业	1	1	100.0	395	395	100.0
国家机关、政党机关和社会团体	10	3	30.0	5566	3660	65.8
其他行业	7	4	57.1	1088	383	35.2

6—24 农村集体固定资产投资和新增固定资产（2002年）

指　标	施　工 项目个数 （个）	投　产 项目个数 （个）	项目建成 投产率 （%）	投　资 完成额 （万元）	新　增 固定资产 （万元）	固定资产 交付使用 率（%）
总　计	12568	12061	96.0	425033	382666	90.0
按建设性质分						
新　建	9352	8980	96.0	243442	216282	88.8
扩　建	1797	1733	96.4	92574	82133	88.7
改　建	996	947	95.1	69615	66840	96.0
其　他	423	401	94.8	19402	17411	89.7
按三次产业分						
第一产业	3599	3517	97.7	76618	67617	88.3
第二产业	3438	3214	93.5	221894	202559	91.3
第三产业	5531	5330	96.4	126521	112490	88.9
按国民经济行业分						
农、林、牧、渔业	3828	3517	91.9	76618	67617	88.3
工业	3173	3009	94.8	215739	196535	91.1
采掘业	775	732	94.5	50302	39497	78.5
制造业	2150	2052	95.4	150134	142203	94.7
电力煤气及水的生产和供应业	248	225	90.7	15303	14835	96.9
建筑业	265	205	77.4	6155	6024	97.9
地质勘查业、水利管理业	504	482	95.6	17913	14545	81.2
交通运输、仓储及邮电通信业	1469	1397	95.1	41042	37222	90.7
批发和零售贸易、餐饮业	155	149	96.1	10654	7754	72.8
金融、保险业	1	1	100.0	118	118	100.0
房地产业	3	3	100.0	1012	847	83.7
社会服务业	145	140	96.6	8081	7018	86.8
卫生、体育和社会福利业	157	150	95.5	7010	6260	89.3
教育、文化艺术及广播电影电视业	178	164	92.1	4830	4642	96.1
科学研究和综合技术服务业						
国家机关、政党机关和社会团体	414	394	95.2	9599	8667	90.3
其他行业	2505	2450	97.8	26262	25417	96.8

6—25 主要年份房地产开发主要指标

	计量单位	1990年	1995年	2000年	2001年	2002年
一、企业(单位)个数	个	67	626	528	532	577
内资企业		67	473	407	434	470
#国有	个	67	251	164	141	132
集体	个		152	78	76	61
港澳台商投资企业	个		64	92	72	88
外商投资企业	个		86	29	25	19
二、土地开发及购置	**万平方米**					
完成开发土地面积	万平方米		1274.35	176.47	356.75	400.03
购置土地面积	万平方米		682.18	195.3	389.32	517.02
三、完成投资	**万元**	21933	515050	386747	555826	752807
#商品房建设投资额	万元	21933	326474	314337	489107	683835
住宅	万元	17341	260541	207861	299556	447149
#经济适用房	万元		65078	32545	31764	34169
四、资金来源小计	**万元**	24809	566735	502039	738738	1024403
#国内贷款	万元	4904	168318	92998	130195	236889
利用外资	万元		53886	12916	10663	18034
自筹资金	万元	12928	137817	131654	221894	228534
五、房屋建筑面积及价值						
施工面积	万平方米	114.29	867.27	766.19	938.39	1257.2
#住宅	万平方米	86.54	625.77	595.25	745.61	1002.32
#经济适用房	万平方米		133.4	112.59	73.53	83.54
竣工面积	万平方米	57.31	276.09	226.74	331.27	352.49
#住宅	万平方米	42.72	231.99	191.17	285.46	298.5
#经济适应房	万平方米		59.9	50.39	39.47	36.88
竣工价值	万元	18634	188746	164650	254977	280593
#住宅	万元	12708	148492	131042	211410	225739
#经济适应房	万元		37461	31137	25006	23966
六、商品房屋销售						
销售面积	万平方米	40.93	156.84	191.36	292.32	345.92
#住宅	万平方米	36.98	133.98	177.8	270.35	308.58
#经济适用房	万平方米		38.58	43.32	41.19	33.91
销售额	万元	20384	158387	277384	536611	657516
#住宅	万元	18840	133779	245721	440155	500324
#经济适用房	万元		27149	39800	41540	34613
七、商品房空置面积	**万平方米**		109. 98	119. 29	143. 97	113
#住宅	万平方米		85.83	74.15	90.48	62.97
#经济适用房	万平方米		17.6	6.09	7.31	8.16
八、新增固定资产	**万元**	18019	226874	183837	328053	343193
九、实收资本合计	**万元**		502690	543513	531566	658001
十、经营收入总计	**万元**		205908	338043	531115	695146
#土地转让收入	万元		38567	44056	44320	57163

注：1990年部分指标没有纳入统计。

6—26 按登记注册类型分组的房地产开发主要指标（2002年）

指 标	计量单位	合 计	内资	#国有	#集体	港澳台商投资	外商投资
企业个数	个	577	470	132	61	88	19
#四级及以上	个	440	365	109	57	61	14
本年完成投资	万元	752807	596836	154299	53136	111101	44870
#四级及以上企业	万元	592352	469821	133385	51886	91459	31072
完成投资按房屋用途分							
住 宅	万元	447149	363297	101449	27544	61579	22273
#别墅、高档公寓	万元	9966	9726	3641	1156		240
经济适应房	万元	34169	27179	16837	3432	2591	4399
办公楼	万元	9457	8435	1096	1725	827	195
商业营业用房	万元	103038	65936	8838	7999	27086	10016
其他	万元	193163	159168	42915	15868	21609	12386
新增固定资产	万元	343193	274761	83315	23033	41728	26704
完成土地开发投资额	万元	41805	38988	12126	3961	2263	554
完成开发土地面积	万平方米	400.03	368.24	161.75	22.09	12.87	18.92
待开发土地面积	万平方米	437.23	410.85	191.99	19.98	22.88	3.5
本年购置土地面积	万平方米	517.02	473.94	141.44	70.23	25.83	17.25
资金来源合计	万元	1193643	945569	220645	67455	185086	62988
上年末结余资金	万元	169240	124341	20671	9885	38850	6049
本年资金来源小计	万元	1024403	821228	199974	57570	146236	56939
国内贷款	万元	236889	184945	42332	6473	30058	21886
利用外资	万元	18034	1708			7246	9080
自筹资金	万元	228534	196163	46202	20257	22597	9774
其他资金	万元	540946	438412	111440	30840	86335	16199
实际需要的总投资	万元	3946242	2902068	927799	176611	824702	219472
自开始建设累计完成投资	万元	2073687	1404619	466108	93328	561386	107682
自开始建设累计新增固定资产	万元	977734	661987	291480	50901	275795	39952
全部建成尚需投资	万元	1872555	1497449	461691	83283	263316	111790

注：本表国有包括登记注册类型中的国有，国有联营及国有独资三小类；集合包括集体股份合作和集体联营三小类。

6—27 房地产建设建筑面积、造价和销售主要指标（2002年）

指标	计量单位	合计	内资	#国有	#集体	港澳台商投资	外商投资
房屋施工面积	万平方米	1257.20	1003.14	249.07	104.61	192.27	61.79
房屋竣工面积	万平方米	352.49	288.47	101.03	30.74	36.02	28
房屋建筑面积竣工率	%	28.04	28.76	40.60	29.40	18.73	45.31
房屋竣工价值	万元	280593	225045	71021	20420	33646	21902
房屋竣工造价	元/平方米	796	780	703	664	934	782
住宅施工面积	万平方米	1002.32	828.99	220.62	81.85	67.17	25.83
住宅竣工面积	万平方米	298.50	246.54	90.23	23.62	7.82	19.20
住宅建筑面积竣工率	%	29.78	29.74	40.90	28.90	11.64	74.33
住宅竣工价值	万元	225739	185054	61981	14499	6807	15488
住宅竣工造价	元/平方米	756	751	687	614	870	807
房屋销售面积	万平方米	345.92	276.88	91.14	33.90	46.02	23.02
#住宅	万平方米	308.68	248.27	84.67	27.56	39.74	20.57
#经济适用房	万平方米	33.91	28.24	18.88	2.89	0.90	4.76
商业营业用房	万平方米	27.30	18.89	4.69	4.74	6.05	2.36
个人购买商品住宅	万平方米	333.58	264.75	86.91	31.77	45.81	23.02
商品房销售额	万元	657516	486481	150714	52745	123689	47346
#住宅	万元	500324	382965	121004	37400	78742	38617
#经济适用房	万元	34613	27640	19944	2757	790	6183
商业营业用房	万元	135327	82294	26310	12810	44417	8616
商品房销售价格	元/平方米	1901	1757	1654	1556	2688	2057
#住宅	元/平方米	1621	1543	1429	1357	1981	1877
#经济适用房	元/平方米	1021	979	1056	954	878	1299
商业营业用房	元/平方米	4957	4356	5610	2703	7342	3651

6—28 房地产开发资产负债情况（2002年）

单位：万元

指　标	实收资本合　计	国家资本	资　产合　计	累　计折　旧	本年折旧	负　债总　计	所有者权　益	资产负债率(%)
合　计	658001	81316	3096430	37084	8655	2500908	595522	80.8
内资	**455810**	**73173**	**2183675**	**27644**	**6840**	**1709619**	**474056**	**78.3**
国有	104323	52438	630886	10719	2115	528560	102326	83.8
集体	36951		161639	1736	307	120877	40762	74.8
股份合作	5375	38	19184	316	90	13379	5805	69.7
国有联营	4000		27940	424	30	23657	4283	84.7
国有与集体联营	800		1055	16	3	296	759	28.1
其他联营	930		8414	2	1	7725	689	91.8
国有独资公司	7850		46928	646	67	39245	7683	83.6
其他有限责任公司	103524	10104	465809	2409	986	345545	120264	74.2
股份有限公司	76947	10593	291038	5634	982	210658	80380	72.4
私营独资	4246		18989	287	78	15373	3616	81
私营有限责任公司	94122		424211	4499	2074	333919	90292	78.7
私营股份有限公司	15942		82529	956	107	66084	16445	80.1
其他内资企业	800		5053			4301	752	85.1
港澳台商投资	**159981**	**8143**	**709123**	**7594**	**1266**	**620922**	**88201**	**87.6**
合资经营	85357	8143	409083	4601	857	346054	63029	84.6
合作经营	59193		238501	2254	323	217679	20822	91.3
独资	14631		50732	691	70	46846	3886	92.3
股份有限	800		10807	48	16	10343	464	95.7
外商投资	**42210**		**203632**	**1846**	**549**	**170367**	**33265**	**83.7**
合资经营	25361		162840	1375	499	142223	20617	87.3
合作经营	7409		30900	469	49	20053	10847	64.9
股份有限	9440		9892	2	1	8091	1801	81.8

6—29 房地产开发经营情况（2002年）

单位：万元

	经营收入合　计	土地转让收　入	商品房销售收入	房屋出租收　入	其　他收　入	经营成本	经营税金及附加	利　润总　额
合　计	695146	57163	598202	3646	36135	522860	45911	13519
内资	**562055**	**53242**	**471049**	**2768**	**34996**	**433932**	**38904**	**1067**
国有	164243	26188	130178	1881	5996	121041	15007	-9662
集体	38372	1082	34777	50	2463	31778	2010	1604
股份合作	5985	135	5795		55	4399	328	497
国有联营	6061		6005	56		4296	330	514
其他联营	4900				4900	4753	11	69
国有独资公司	13478	5563	7915			8320	594	3313
其他有限责任公司	109888	10771	95971	343	2803	88604	6852	-1131
股份有限公司	63706	4076	45593	26	14011	47995	4304	2313
私营独资	2238		2238			2013	123	-187
私营有限责任公司	138821	4706	128948	411	4756	110524	8491	3817
私营股份有限公司	14363	721	13629	1	12	10209	854	-27
港澳台商投资	**109236**	**3598**	**103681**	**878**	**1079**	**80493**	**5440**	**2136**
合资经营	57724	1875	54252	702	895	40368	2797	1703
合作经营	32390	451	31612	156	171	24478	1739	907
独资	16608	1272	15307	20	9	13510	766	-521
股份有限	2514		2510		4	2137	138	47
外商投资	**23855**	**323**	**23472**		**60**	**8435**	**1567**	**10316**
合资经营	16377	323	15994		60	5089	874	8322
合作经营	3974		3974			2579	158	308
股份有限	3504		3504			767	535	1686

6—30 商品房屋空置面积（2002年）

单位：万平方米

	商品房空置面积	住宅	办公楼	商业营业用房	其他
合计	113	62.97	7.57	28.05	14.41
内资	**81.23**	**44.91**	**5.07**	**18.49**	**12.76**
国有	26.18	14.1	1.23	7.2	3.65
集体	10.43	5.69	0.32	2.81	1.6
股份合作	0.36	0.22	0.07	0.03	0.04
国有联营	1.47	1.14	0.18	0.06	0.08
国有独资公司	1.44	1			0.43
其他有限责任公司	10.69	6.43	0.67	2.57	1.02
股份有限公司	7.28	4.94		1.15	1.19
私营独资	0.12	0.06			0.06
私营有限责任公司	19.05	9.17	2.59	3.4	3.88
私营股份有限公司	4.22	2.15		1.26	0.81
港澳台商投资	**27.99**	**14.6**	**2.45**	**9.44**	**1.5**
合资经营	17.17	7.7	2.39	5.72	1.36
合作经营	4.82	4.31	0.06	0.44	
独资	4.12	2.52		1.46	0.14
股份有限	1.89	0.07		1.82	
外商投资	**3.78**	**3.45**	**0.06**	**0.11**	**0.15**
合资经营	2.09	1.85		0.11	0.12
合作经营	0.54	0.46	0.06		0.03
股份有限	1.15	1.15			
其中：空置一年以上合计	56.56	27.81	4.29	17.54	6.93
内资	**37.41**	**19.38**	**1.9**	**10.61**	**5.52**
国有	14.03	6.32	1.04	4.09	2.57
集体	7.08	3.56	0.27	2.69	0.56
股份合作	0.24	0.13	0.07	0.01	0.04
国有联营	0.77	0.45	0.18	0.06	0.08
国有独资公司	0.5	0.5			
其他有限责任公司	1.57	0.83	0.09	0.41	0.24
股份有限公司	4.68	2.7		1.15	0.82
私营独资	0.04	0.04			
私营有限责任公司	7	4.22	0.25	1.77	0.76
私营股份有限公司	1.5	0.64		0.42	0.44
港澳台商投资	**18.41**	**7.88**	**2.39**	**6.82**	**1.32**
合资经营	13.48	4.34	2.39	5.42	1.32
合作经营	1.57	1.57			
独资	3.29	1.89		1.4	
股份有限	0.07	0.07			
外商投资	**0.74**	**0.54**		**0.11**	**0.08**
合资经营	0.53	0.34		0.11	0.08
合作经营	0.09	0.09			
股份有限	0.12	0.12			

6—31　各地市固定资产投资主要指标（2002年）

	合计	南宁市	柳州市	桂林市	梧州市	北海市	防城港市	钦州市
项目个数（个）								
施工项目	7198	926	603	970	195	262	196	473
投产项目	4140	445	318	508	74	91	102	307
完成投资（万元）	5057102	870699	502412	527029	170249	208190	96318	183917
按隶属关系分								
中央	1202476	139464	72278	59154	27899	21423	25134	31422
地方	3854626	731235	430134	467875	142350	186767	71184	152495
按登记注册类型分								
国有	3869304	705028	384837	394096	118851	123118	79090	130998
集体	77072	8673	7245	14113	7401	1670	541	3711
其他	1110726	156998	110330	118820	43997	83402	16687	49208
资金来源小计（万元）	5289567	895628	571022	535461	187868	193121	102557	185141
国家预算内资金	703265	147547	35980	56755	29455	29494	15248	24798
国内贷款	1423031	184572	155930	148200	38017	38256	13109	30077
利用外资	159052	19017	28924	13216	7555	8798	9360	15539
自筹资金	2541317	447784	311904	255527	102524	83256	55099	101792
其他资金来源	462902	96708	39094	61763	10317	33317	9741	12935
本年新增固定资产（万元）	2747022	510781	230539	279690	49647	58503	53718	118738

6—31　续表

	贵港市	玉林市	百色市	贺州市	河池市	来宾市	南宁地区	柳铁
项目个数（个）								
施工项目	255	512	495	267	710	341	741	144
投产项目	146	309	283	161	460	223	567	114
完成投资（万元）	152681	184694	435362	63356	404492	174185	248851	69667
按隶属关系分								
中央	22331	40441	136728	8752	202656	32779	33419	69667
地方	130350	144253	298634	54604	201836	141406	215432	
按登记注册类型分								
国有	104708	133892	354208	46199	223556	140579	177177	69667
集体	1325	8068	10440	2869	6172	281	4563	
其他	46648	42734	70714	14288	174764	33325	67111	
资金来源小计（万元）	165805	193457	553629	70394	398440	178939	259277	69667
国家预算内资金	25128	12546	144553	11109	42741	17041	50270	36000
国内贷款	21968	31508	214639	7883	187077	19670	25295	
利用外资	1678	4188	2395	190	13714	420	17902	
自筹资金	109216	111784	179391	32833	115734	128400	130831	33667
其他资金来源	7815	33431	12651	18379	39174	13408	34979	
本年新增固定资产（万元）	74918	113993	221726	58238	138434	84904	203000	199500

6—32 各地市基本建设投资完成情况（2002年）

单位：万元

地市	投资合计	按隶属关系分		按经济结构分	
		中央	地方	国有	其他
南宁市	641287	51424	589863	595256	46031
柳州市	250081	23150	226931	212302	37779
桂林市	387091	27986	359105	351216	35875
梧州市	115895	16284	99611	92397	23498
北海市	148850	15728	133122	116044	32806
防城港市	79859	21710	58149	69028	10831
钦州市	133744	15600	118144	98319	35425
贵港市	87911	5581	82330	86496	1415
玉林市	114706	26570	88136	104816	9890
百色市	327751	112673	215078	316961	10790
贺州市	41517	4126	37391	37125	4392
河池市	356405	181229	175176	193555	162850
来宾市	119443	13999	105444	115771	3672
南宁地区	187637	28029	159608	160823	26814
柳铁	36317	36317		36317	

6—33 各地市更新改造投资完成情况（2002年）

单位：万元

地市	投资合计	按隶属关系分		按经济结构分	
		中央	地方	国有	其他
南宁市	195454	88040	107414	108376	87078
柳州市	226928	49006	177822	172106	54822
桂林市	93938	30738	63200	41733	52205
梧州市	39253	11615	27638	26454	12799
北海市	46299	5695	40604	6182	40117
防城港市	11709	3344	8365	8369	3340
钦州市	37272	15822	21450	32328	4944
贵港市	45467	16750	28717	16861	28606
玉林市	38787	13871	24916	25774	13013
百色市	89253	24055	65198	36052	53201
贺州市	14235	4456	9779	6859	7376
河池市	39005	20923	18082	27969	11036
来宾市	52902	18780	34122	24808	28094
南宁地区	36808	5320	31488	14658	22150
柳铁	33350	33350		33350	

6—34 各地市基本建设投资资金来源情况（2002年）

单位：万元

地 市	合 计	# 国家预算内拨款	国内贷款	利用外资	自筹资金			
						#自治区	地 市	企事业
南宁市	612585	147326	124709	10336	245971	53935	53062	113573
柳州市	268002	21967	112220	10528	94045	12355	24784	40812
桂林市	390881	56519	128157	12418	159618	26447	28829	71917
梧州市	132876	29405	36129	336	61210	8246	15359	25343
北海市	134906	27329	23398	8042	44403	4146	6701	24742
防城港市	85920	15025	12589	7910	45994	10613	9230	18348
钦州市	134699	23380	26487	15189	62790	7273	5928	36033
贵港市	87910	24258	15078	1498	41699	3747	9690	16616
玉林市	123708	12288	25451	3868	60869	25372	5246	26157
百色市	355980	135731	98193	681	111211	7468	2890	84146
贺州市	45274	11109	4441		15849	2509	5736	3846
河池市	350575	42475	179974	12260	78998	12464	7582	16997
来宾市	123785	16613	10680	420	84669	14969	4401	57020
南宁地区	185668	49131	15208	3902	90549	21250	5387	44168
柳 铁	36317	36000			317			

6—35 各地市更新改造投资资金来源情况（2002年）

单位：万元

地 市	合 计	# 国家预算内拨款	国内贷款	利用外资	自筹资金			
						#自治区	地 市	企事业
南宁市	246848	86	56543	8393	177454		3788	172793
柳州市	278876	13986	43410	18396	195099	1616	3917	189233
桂林市	97909	152	17537	78	74433		97	72248
梧州市	40091	50	1288	2519	36134	9488	2043	21511
北海市	43254	90	14018		29000	93	4899	23408
防城港市	11487	112	200	450	7799	39		5363
钦州市	37244	1238	3450	350	30444		1821	24646
贵港市	57552	670	6780		50002			50002
玉林市	38690		5630	70	25767	21		25387
百色市	178920	8822	110559	1714	56672	782	778	54424
贺州市	17564		3330		12274	2311	1933	8030
河池市	39183		5624	1454	31665	14150	1011	16219
来宾市	53818	428	8990		42961	150	735	42070
南宁地区	49548	669	3150	14000	31099	3670	1806	24472
柳 铁	33350				33350			400

6—36 各地市房地产开发主要指标（2002年）

	企业个数（个）	本年完成投资（万元）	#住宅	本年新增固定资产（万元）	本年开发土地面积（万平方米）	本年购置土地面积（万平方米）
南宁市	160	247116	152684	123360	73.20	80.57
柳州市	94	161627	123341	72605	4.32	64.10
桂林市	141	173530	73385	65001	94.48	140.83
梧州市	70	60818	29140	33888	38.77	9.91
北海市	24	26894	21170	8790	18.13	7.10
防城港市	5	6761	3768	114	24.26	26.09
钦州市	14	10771	5071	5753	45.75	6.86
贵港市	19	30193	19521	19808	28.79	38.65
玉林市	15	10911	8277	4544	2.51	9.47
百色市	9	8512	4460	2773	19.12	18.08
贺州市	8	6011	2273	3728	19.32	38.90
河池市	6	2114	1317		1.86	0.87
来宾市	2	293	105	28	1.49	1.49
南宁地区	10	7256	2637	2801	28.03	74.10

6—37 各地市房地产开发房屋施工竣工面积及价值（2002年）

	房屋施工面积（万平方米）	#住宅施工面积	房屋竣工面积（万平方米）	#住宅竣工面积	房屋竣工价值（万元）	#住宅竣工价值
南宁市	469.29	366.7	118.81	101.91	104790	86629
柳州市	269.63	229.96	78.40	71.70	56254	48842
桂林市	240.03	172.52	68.35	46.35	55344	32147
梧州市	90.37	66.23	33.03	28.56	26940	23257
北海市	56.69	44.88	7.12	7.12	6001	6001
防城港市	13.5	13.5	0.15	0.15	114	114
钦州市	10.55	10.04	4.75	4.75	2403	2403
贵港市	52.15	49.96	25.67	24.32	19808	18708
玉林市	22	18.33	5.00	3.9	3079	2571
百色市	12.8	12.32	3.12	2.98	1986	1895
贺州市	3.9	3.35	3.15	2.6	1693	1389
河池市	3.44	3.33				
来宾市	0.6	0.51				
南宁地区	12.24	10.7	4.93	4.15	2181	1783

6—38 各地市房地产开发房屋销售情况（2002年）

	房屋销售面积（万平方米）	#住宅	个人购买商品房（万平方米）	#住宅	商品房销售额（万元）	#住宅
南宁市	110.83	102.61	105.64	98.39	262910	220988
柳州市	77.85	72.79	75.95	72.47	132110	111522
桂林市	60.39	44.75	56.22	43.84	140471	70280
梧州市	33.03	27.93	32.97	27.91	59146	39179
北海市	9.97	9.97	9.11	9.11	11735	11735
防城港市	6.29	6.29	6.29	6.29	3471	3471
钦州市	4.6	4.56	4.6	4.56	3719	3589
贵港市	25.56	25.56	25.56	25.56	26570	26570
玉林市	6.47	5.23	6.47	5.23	7919	6365
百色市	3.08	2.78	3.08	2.78	2995	2380
贺州市	0.72	0.57	0.72	0.57	1039	598
河池市	1.37	1.35	1.37	1.35	1150	1130
来宾市						
南宁地区	5.76	4.18	5.59	4.18	4281	2517

6—39 城镇和工矿区私人建房情况(2002年)

	城镇、工矿区个数	本年竣工房屋建筑面积（万平方米）		本年竣工房屋价值（万元）		建房户数
	（个）	合计	#住宅	合计	#住宅	（户）
总计	788	1992.18	1892.28	661864	630935	115971
其中:农业户建房		1199.98	1165.12	352944	342998	85665
1、市	19	256.89	235.41	105891	102888	8351
其中:农业户建房		17.49	17.22	7094	6981	778
2、县城	71	520.58	492.07	187294	176931	20202
其中:农业户建房		161.63	157.4	48864	47475	8033
3、镇	689	1207.91	1158	364689	347126	87043
其中:农业户建房		1018.96	988.6	296344	287900	76742
4、工矿区	9	6.8	6.8	3990	3990	375
其中:农业户建房		1.9	1.9	642	642	112

主要统计指标解释

固定资产投资额 是以货币表现的建造和购置固定资产活动的工作量,它是反映固定资产投资规模、速度、比例关系和使用方向的综合性指标。全社会固定资产投资按登记注册类型可分为国有、集体、个体、联营、股份制、外商、港澳台商、其他等。按照管理渠道,全社会固定资产投资总额分为基本建设、更新改造、房地产开发投资和其他固定资产投资四个部分。

基本建设投资 基本建设指企业、事业、行政单位以扩大生产能力或工程效益为主要目的的新建、扩建工程及有关工作。其综合范围为总投资50万元以上(含50万元,下同)的基本建设项目。

更新改造投资 更新改造指企业、事业单位对原有设施进行固定资产更新和技术改造,以及相应配套的工程和有关工作(不包括大修理和维护工程)。其综合范围为总投资50万元以上的更新改造项目。

其他固定资产投资 指全社会固定资产投资中未列入基本建设、更新改造和房地产开发投资的建造和购置固定资产的活动。

固定资产投资的资金来源 根据固定资产投资的资金来源不同,分为国家预算内资金、国内贷款、利用外资、自筹资金和其他资金来源。

(1)国家预算内资金:指中央财政和地方财政中由国家统筹安排的基本建设拨款和更新改造拨款,以及中央财政安排的专项拨款中用于基本建设的资金和基本建设拨款改贷款的资金等。

(2)国内贷款:指报告期内企、事业单位向银行及非银行金融机构借入的用于固定资产投资的各种国内借款。

(3)利用外资:指报告期内收到的用于固定资产投资的国外资金,包括统借统还、自借自还的国外贷款,中外合资项目中的外资,以及对外发行债券和股票等。国家统借统还的外资指由我国政府出面同外国政府、团体或金融组织签订贷款协议、并负责偿还本息的国外贷款。

(4)自筹资金:指建设单位报告期内收到的,用于进行固定资产投资的上级主管部门、地方和企、事业单位自筹资金。

(5)其他资金来源:指报告期内收到的除以上各种拨款、借款、自筹资金以外其他用于固定资产投资的资金。

固定资产投资按国民经济行业分 建设项目归哪个行业,按其建成投产后的主要产品或主要用途及社会经济活动性质来确定。基本建设按建设项目划分国民经济行业,更新改造、国有单位其他固定资产投资及城镇集体投资根据整个企业、事业单位所属的行业来划分。一般情况下,一个建设项目或一个企业、事业单位只能属于一种国民经济行业。为了更准确地反映国民经济各行业之间的比例关系,联合企业(总厂)所属分厂属于不同行业的,原则上按分厂划分行业。

固定资产投资按建设性质分 建设项目的性质一般分为新建、扩建、改建、迁建、恢复。基本建设按建设项目划分建设性质,更新改造、国有单位其他固定资产投资及城镇集体投资等按整个企业、事业单位的建设情况确定建设性质,房地产开发单位、农村投资、城镇工矿区私人建房等投资不划分建设性质。

(1)新建:一般是指从无到有、"平地起家"新开始建设的单位。有的单位原有的基础很小,经过建设后其新增加的固定资产价值超过原有固定资产价值(原值)三倍以上的也算新建。

(2)扩建:一般是指为扩大原有产品的生产能力,在厂内或其他地点增建主要生产车间(或主要工程)、独立的生产线或分厂的企业,事业单位和行政单位在原单位增建业务用房(如学校增建教学用房、医院增建门诊部或病床用房、行政机关增建办公楼等)也作为扩建。

(3)改建:一般是指现有企业、事业单位为了技术进步,提高产品质量,增加花色品种,促进产品升级换代,降低消耗和成本,加强资源综合利用和三废治理、劳保安全等,采用新技术、新工艺、新设备、新材料等对现有设施、工艺条件进行技术改造或更新(包括相应配套的辅助性生产、生活福利设施)。有的企业为充分发挥现有生产能力,进行填平补齐而增建不增加本单位主要产品生产能力的车间等,也属于改建。

基本建设项目按大中小型划分 基本建设划分大中小型项目原则上应按照上级批准的设计任务书或初步设计所确定的总规模或总投资划分,没有正式批准设计任务书或初步设计的,按国家或省、自治区、直辖市年度基本建设投资计划中所列的总规模或总投资划分。上述两条均不具备的,按本年计划施工工程的建设总规模或总投资划分。生产单一产品的工业项目,按产品的设计能力划分;生产多种产品的工业项目,按其主要产品的设计能力划分。品种繁多,难以按生产能力划分的,按全部计划投资额划分。划分标准以国家颁发的《大中小型建设项目划分标准》为依据。国家曾在1953年、1962年、1972年、1977年和1979年先后五次修订《大中小型建设项目划分标准》,因此各历史时期的大中型项目数不完全可比。

施工项目 指报告期内曾进行建筑或安装工程施工活动的建设项目,包括报告期内新开工项目、报告期以前开工跨入报告期继续施工的项目以及报告期施过工并在报告期内全部建成投产或停缓建的项目。

全部建成投产项目 工业项目是指设计文件规定形成生产能力的主体工程及其相应配套的辅助设施全部建成,经负荷试运转,证明具备生产设计规定合格产品的条件,并经过验收鉴定合格或达到竣工验收标准,与生产性工程配套的生活福利设施可以满足近期正常生产的需要,正式移交生产的建设项目。非工业项目是指设计文件规定的主体工程和相应的配套工程全部建成,能够发挥设计规定的全部效益,经验收鉴定合格或达到竣工验收标准,正式移交使用的建设项目。

新增生产能力　指通过固定资产投资活动而增加的设计能力或工程效益，它是用实物形态表示的固定资产投资的成果。新增生产能力的计算，是以能独立发挥生产能力或工程效益的单项工程（或项目）为对象。当单项工程（或项目）建成，经有关部门鉴定合格，正式移交投入生产，即可计算新增生产能力。

新增生产能力的数量一般按设计能力计算。设计能力是指设计文件中规定的在正常情况下能够达到的生产能力，而不论投产后的实际产量如何。以设备数量、建筑物容积、面积、长度等表示的新增生产能力或工程效益，则按建成的实际数量计算。

房屋建筑面积　指从房屋外墙线算起的各层平面面积的总和，包括可供使用的有效面积和房屋结构（如柱、墙）占用的面积。多层建筑按各层（包括地下室）面积总和计算。

住宅建筑面积　指施工和竣工房屋建筑面积中供居住用的施工和竣工房屋建筑面积。

新增固定资产　指通过投资活动所形成的新的固定资产价值，包括已经建成投入生产或交付使用的工程价值和达到固定资产标准的设备、工具、器具的价值及有关应摊入的费用。它是以价值形式表示的固定资产投资成果的综合性指标，可以综合反映不同时期、不同部门、不同地区的固定资产投资成果。

建设项目投产率　指一定时期内全部建成投入生产项目个数与同期正式施工项目个数的比率。它是从项目建设速度的角度反映投资效果的指标。

固定资产交付使用率　指一定时期新增固定资产与同期完成投资额的比率。它是反映各个时期固定资产动用速度，衡量建设过程中投资效果的一个综合性指标。

房地产开发投资　指房地产开发公司、商品房建设公司及其他房地产开发法人单位和附属于其他法人单位实际从事房地产开发或经营的活动单位统一开发的包括统代建、拆迁还建的住宅、厂房、仓库、饭店、宾馆、度假村、写字楼、办公楼等房屋建筑物和配套的服务设施，土地开发工程的投资，不包括单纯的土地交易活动。

商品房建设投资额　是指房地产开发企业（单位）开发建设的供出售、出租用的商品住宅、厂房、仓库、饭店、度假村、写字楼、办公楼、拆迁、回迁还建用房等房屋工程及其配套的服务设施所完成的投资额。

住宅　是指专供居住的房屋，包括别墅、公寓、职工家属宿舍和集体宿舍、职工单身宿舍和学生宿舍等。但不包括住宅楼中作为人防用、不住人的地下室等。

经济适用房　是指根据国家经济适用房计划安排建设的住宅。由国家统一下达计划，地方政府统一组织建设；用地一般实行行政划拨的方式，免收土地出让金，对各种经批准的收费实行减半征收；出售价格实行政府指导价，按保本微利的原则确定。

商业营业用房　是指商业、粮食、供销、饮食服务业等部门对外营业的用房，如度假村、饭店、商店、门市部、粮店、书店、供销店、饮食店、菜店、加油站、日杂等房屋。

完成开发土地面积　是指报告期内对土地进行开发并已完成七通一平等前期开发工程，具备进行房屋建筑物施工或出让条件的土地面积。

待开发土地面积　是指经过有关部门批准，通过各种方式获得土地使用权，但报告期尚未进行开发的土地面积。

购置土地面积　是指报告期内通过各种方式获得土地使用权的土地面积。

商品房实际销售面积　是指报告期已经竣工的房屋面积中已经正式交付给购房者或已经签订正式销售合同的商品房屋面积。不包括已经签订预售合同正在建设的商品房屋面积，但包括报告期或报告期以前签订了预售合同，在报告期又竣工的商品房屋面积。

商品房空置面积　指报告期末已竣工的可供销售或出租的商品房屋建筑面积中，尚未销售或出租的商品房屋面积，包括以前年度竣工和本期竣工的房屋面积，但不包括报告期已竣工的拆迁还建、统建代建、公共配套建筑、房地产公司自用及周转房等不可销售或出租的房屋面积。

商品房实际销售额　指报告期内出售房屋的总收入（即双方签署的正式买卖合同中所确定的合同总价）。该指标与实际销售面积同口径，包括正式交付的商品房屋在建设前期预收的定金、预收的款项及结算尾款和拖欠款。不包括未交付的商品房所预收的款项。收取的外汇按当时外汇调节市场价折算在其中。如果商品房是跨年完成的，应包括以前年度所收的定金及预收款。

城镇和工矿区私人建房投资和农村个人投资　城镇和工矿区私人建房包括市、县城、城关镇、工矿区所辖范围内的全部私人建房，不论其房主是否系本地的常住户口均应包括。农村个人投资包括农村个人建房及购置生产性固定资产的投资。

第七篇
CHAPTER 7

能源生产与消费

ENERGY PRODUCTION AND CONSUMPTION

每万元GDP消费能源（吨标燃煤）

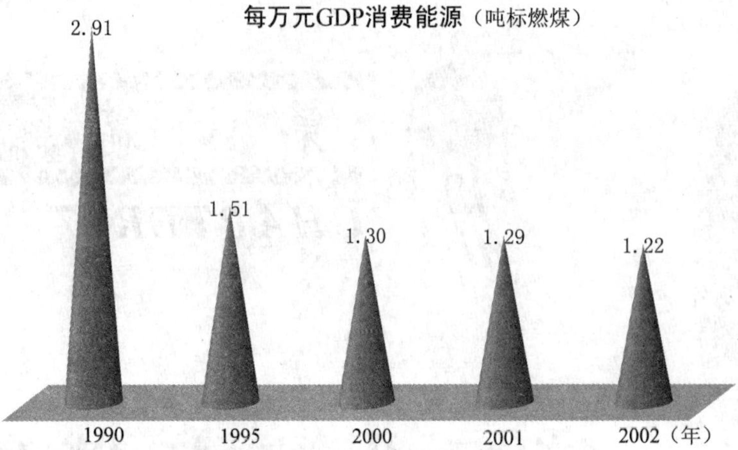

每万元工业总产值消费能源（吨标燃煤）

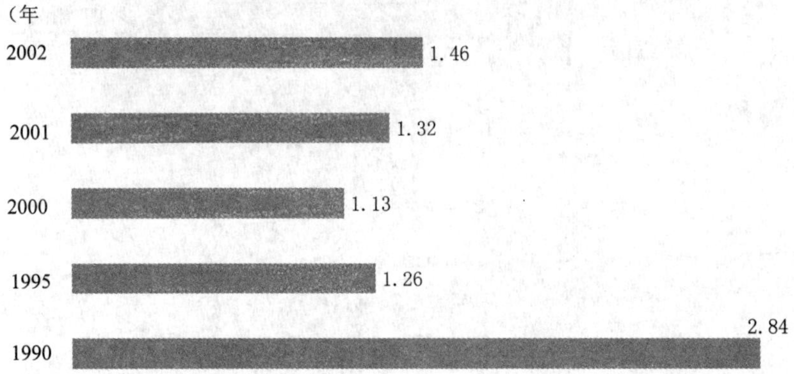

消费弹性系数

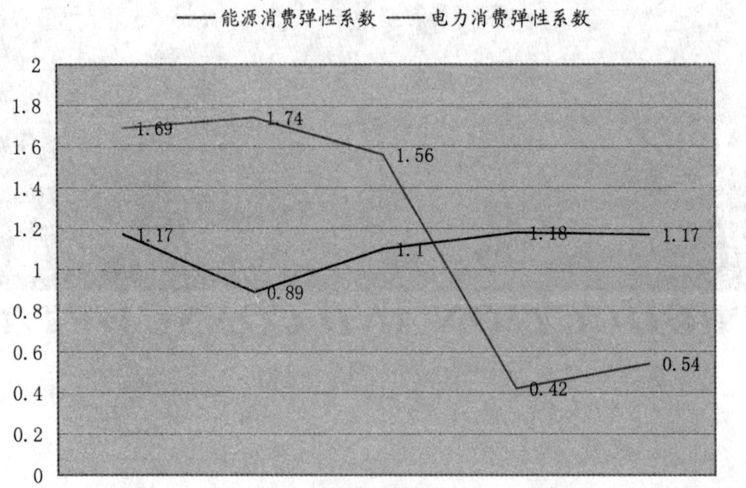

7—1　能源生产、消费总量及构成(1978-2002年)

年份	能源生产总量（万吨）	占能源生产总量%			能源消费总量（万吨）	占能源消费总量%		
		原煤	原油	水电		煤炭	石油	水电
1978	508.59	75.2		24.8	781.00	61.4	22.4	16.2
1980	415.21	69.3		30.7	730.00	56.7	25.9	17.5
1985	638.52	51.7	0.8	47.5	1008.21	52.6	12.4	30.1
1990	704.63	59.1	2.4	38.5	1308.21	62.7	11.6	20.7
1991	693.59	61.6	0.6	37.8	1386.88	65.1	11.2	18.9
1992	783.88	62.9	0.6	36.5	1549.30	66.8	10.1	18.5
1993	958.47	52.4	0.5	47.1	1809.21	59.1	9.9	25.0
1994	1064.73	54.1	0.4	45.5	2047.95	60.2	9.5	23.6
1995	1103.39	50.9	1.3	47.8	2256.52	55.9	10.1	23.4
1996	1035.50	51.3	0.5	48.2	2301.11	56.6	10.6	21.7
1997	1065.84	44.4	0.5	55.1	2327.74	51.1	10.6	25.2
1998	975.93	44.1	0.5	55.4	2417.68	50.4	13.2	22.4
1999	855.47	40.5	0.6	58.9	2472.73	52.5	13.6	20.4
2000	833.28	36.0	0.6	63.4	2669.34	49.3	15.2	20.5
2001	838.35	31.1	0.6	68.3	2898.53	50.8	17.1	20.8
2002	770.23	24.1	0.7	54.4	2981.82	47.6	19.28	20.58

注：①本表指标均为常规能源的折合标准燃料煤。②从1988年起电力折标系数调整。

③表6－1至6－10的统计范围为全社会。

7—2　主要年份分行业能源消费量和构成

行业名称	1990年		1995年		2001年		2002年	
	消费总量（万吨）	构成（%）	消费总量（万吨）	构成（%）	消费总量（万吨）	构成（%）	消费总量（万吨）	构成（%）
能源消费总量	**1308.21**	**100.0**	**2256.52**	**100.0**	**2898.53**	**100**	**2981.82**	**100**
物质生产部门	**1188.87**	**90.9**	**2035.77**	**90.2**	**2571.20**	**88.7**	**2596.50**	**87.2**
工　业	**1001.86**	**76.6**	**1848.13**	**81.9**	**2317.30**	**80**	**2374.90**	**81.2**
#煤炭采选业	20.45	1.6	34.62	1.5	33.00	1.1	32.10	1
食品、饮料和烟草制造业	128.04	9.8	257.62	11.4	330.00	11.4	338.00	10.4
纺织业	31.57	2.4	34.56	1.5	21.60	0.7	22.60	0.7
电力工业	65.18	5.0	186.17	8.2	143.70	5	153.70	6.2
非金属矿物制品业	205.80	15.7	448.60	19.9	555.67	19.2	630.20	21.2
化学工业	183.97	14.1	225.29	9.9	272.53	9.4	342.30	11.5
冶金工业	185.87	14.2	333.60	14.8	596.35	20.7	725.40	24.4
机械工业	24.36	1.9	57.69	2.6	66.52	2.3	82.30	2.7
农、林、牧、渔业	**35.16**	**2.7**	**45.37**	**2.0**	**63.44**	**2.2**	**62.50**	**2.1**
建　筑　业	**6.80**	**0.5**	**12.34**	**0.5**	**4.91**	**0.2**	**4.10**	**0.2**
交通运输、邮电通讯业	**128.18**	**9.8**	**106.17**	**4.7**	**275.99**	**9.5**	**301.50**	**10.1**
批发零售贸易、餐饮业	**16.87**	**1.3**	**23.76**	**1.1**	**48.69**	**1.7**	**44.20**	**1.49**
非物质生产部门	**12.51**	**1.0**	**46.06**	**2.0**	**53.53**	**1.9**	**60.20**	**2**
生活消费	**106.83**	**8.1**	**174.69**	**7.8**	**273.03**	**9.4**	**310.20**	**10.4**

注：能源消费总量为折合标准燃料煤。

7—3 主要年份电力消费量

单位：亿千瓦时

指　　标	1990年	1995年	2001年	2002年
消费总计	125.62	228.08	331.91	356.95
工业	**82.13**	**174.53**	**239.94**	**255.84**
#煤炭采选业	3.62	5.86	3.86	3.14
食品、饮料和烟草制造业	8.89	18.31	18.34	20.72
纺织业	3.43	3.96	3.75	3.44
电力工业	5.95	18.61	35.02	36.98
非金属矿物制品业	8.54	20.01	25.41	27.7
化学工业	16.32	18.46	27.41	30.27
冶金工业	16.62	35.17	75.14	88.28
机械工业	2.28	7.91	11	9.26
农、林、牧、渔业	**6.47**	**8.68**	**13.19**	**19.93**
建　筑　业	**0.94**	**2.04**	**1.1**	**1.94**
交通运输、邮电通讯业	**1.15**	**2.09**	**4.86**	**5.65**
批发零售贸易、餐饮业	**0.88**	**3.49**	**10.71**	**7.47**
城乡居民生活	**19.85**	**31.19**	**52.52**	**55.31**
其他	**14.2**	**6.06**	**11.61**	**10.74**

7—4 主要年份石油及燃料消费量

品　　名	单　位	1990年	1995年	2001年	2002年
原　　油	万吨	5.88	42.44	66.5	70.24
汽　　油	万吨	33.19	41.32	76.36	84.37
煤　　油	万吨	6.14	5.6	11.63	11.17
柴　　油	万吨	55.45	72.43	178.11	214.48
燃　料　油	万吨	8.08	13.57	8.14	13.13
液化石油气	万吨	0.1	15.89	43	47.26
煤　　气	亿立方米	1.62	1.16	6.29	7.5

7—5 能源利用效益主要指标

年份	每万元国内生产总值消费能源（吨标燃煤）	每万元工农业总产值消费能源（吨标燃煤）	每万元工业总产值消费能源（吨标燃煤）	每吨能源消费实现的国内生产总值（元）	每吨能源消费实现的工农业产总值（元）	每吨能源消费实现的工业产总值（元）
1985	5.57	3.31	5.25	1795	3018	1905
1990	2.91	1.71	2.84	3431	5837	3526
1991	2.67	1.61	2.57	3739	6219	3891
1992	2.40	1.42	2.16	4173	7061	4640
1993	2.08	1.16	1.59	4818	8609	6276
1994	1.71	0.93	1.26	5851	10759	7912
1995	1.51	0.88	1.26	6637	11415	7917
1996	1.36	0.79	1.16	7379	12653	8597
1997	1.28	0.75	1.12	7807	13305	8928
1998	1.27	0.75	1.09	7871	13366	9161
1999	1.27	0.79	1.16	7899	12663	8649
2000	1.30	0.76	1.13	7680	13127	8859
2001	1.29	0.94	1.32	7698	10602	7580
2002	1.22	0.97	1.46	8234	9905	6830

注：价值指标按当年价格计算。因产值作调整，故本表资料相应变化。

7—6 能源消费弹性系数

年份	能源消费比上年增长（%）	电力消费比上年增长（%）	国内生产总值比上年增长（%）	能源消费弹性系数	电力消费弹性系数
1985	6.4	15.1	11	0.58	1.37
1990	8.2	11.8	7	1.17	1.69
1991	6	7.8	12.7	0.47	0.61
1992	11.7	13.1	18.3	0.64	0.72
1993	16.8	10.1	18.3	0.92	0.55
1994	13.2	13	15.2	0.87	0.86
1995	10.2	19.8	11.4	0.89	1.74
1996	2	7.5	8.3	0.24	0.9
1997	1.2	3.3	8	0.15	0.41
1998	3.9	7.9	9.1	0.43	0.87
1999	2.3	5.7	7.7	0.3	0.74
2000	8	11.4	7.3	1.1	1.56
2001	8.59	3.1	7.3	1.18	0.42
2002	2.8	7.7	10.5	1.17	0.54

7—7 能源消费水平

年 份	每人每年平均用能（千克标准煤）	每人每年平均用电（千瓦小时）	每人每年平均生活用能（千克标准煤）	每人每年生活用电（千瓦小时）
1985	251	197	25	27
1990	299	275	25	41
1991	313	293	31	48
1992	345	327	31	51
1993	408	379	38	59
1994	456	424	36	64
1995	497	502	38	69
1996	501	535	42	73
1997	502	547	48	78
1998	517	585	49	84
1999	525	613	51	92
2000	562	678	54	104
2001	605	696	57	101
2002	620	743	62	115

7—8 能源主要产品生活消费量

年 份	生活用能合计（万吨标准煤）	原煤（万吨）	液化石油气(万吨)	煤气（亿立方米）	电力（亿千瓦时）
1985	76.12	66.71	0.07	0.00	10.56
1990	106.83	60.31	0.09	0.09	17.45
1991	133.21	59.07	6.03	0.12	20.59
1992	135.10	55.18	6.06	0.15	22.14
1993	169.27	57.57	7.89	0.21	25.97
1994	161.79	28.4	8.46	0.53	28.66
1995	174.69	27.65	15.66	0.60	31.19
1996	193.14	29.52	22.42	0.22	33.31
1997	221.23	26.16	24.4	0.37	36.3
1998	228.79	12.89	27.81	0.34	39.5
1999	238.00	10.64	32.26	0.30	43.27
2000	255.07	13.09	32.24	0.37	49.58
2001	273.02	12.96	38.94	0.25	48.44
2002	296.32	11.17	43.11	0.27	55.31

7—9　主要年份每万元工业总产值电力消费量

单位：千瓦小时

指　　标	1990年	1995年	2000年	2001年	2002年
总　计	**2214**	**1710**	**1961**	**2207**	**2053**
按轻重工业分					
#轻工业	1156	972	802	1292	1136
重工业	3833	2345	2793	2792	2705
按工业主要行业分					
#煤炭采选业	11346	9331	13282	11546	10771
黑色金属矿采选业	4465	2704	1242	1728	6089
有色金属矿采选业	4494	2238	1405	1991	2545
食品、饮料、烟草业	989	1009	887	1735	883
纺织业	1213	1126	1652	1460	1545
造纸及纸制品业	2209	1796	1954	1918	2920
化学工业	6113	3089	3385	3486	3478
医药制造业	1151	390	183	128	162
非金属矿物制品业	4158	2028	3863	4419	4415
黑色金属冶炼及压延加工业	6923	5883	6114	6222	8220
有色金属冶炼及压延加工业	6631	3573	6076	5850	7219
金属制品业	1092	990	377	300	1732
机械、电子、电气制造业	1071	374	305	1057	391
电力工业	4584	4736	5439	6894	2908
自来水生产和供应业	12151	11370	10728	12802	14832

注：从1998年起工业总产值按全部国有及年产品销售收入500万元及以上的非国有工业企业1990年不变价，电力消费口径也为规模以上工业企业。

7—10　能 源 可 供 量 (2002年)

品　　名	单位	综合能源可供量	生产量	调入量	进口量	调出量	年初年末库存差额
综合能源	万吨标准煤	2981.82	770.23	2057.67	4.55	45.53	10.35
煤　炭	万吨	2133.09	436.75	1703.76		3	11.46
原　油	万吨	70.24	3.50	65.48			0.85
电　力	亿千瓦时	226.26	317.03	42.67		2.75	

注：电力生产量为水电、火电生产量。

主要统计指标解释

能源生产总量 指一定时期内一个国家或地区一次能源生产量的总和，是观察全国能源生产水平、规模、构成和发展速度的总量指标。一次能源生产量包括原煤、原油、天然气、水电、核能及其他动力能(如风能、地热能等)发电量，不包括低热值燃料生产量、生物质能、太阳能等的利用和由一次能源加工转换而成的二次能源产量。

能源消费总量 指一定时期内一个国家或地区物质生产部门、非物质生产部门和生活消费的各种能源的总和，是观察能源消费水平、构成和增长速度的总量指标。能源消费总量包括原煤和原油及其制品、天然气、电力，不包括低热值燃料、生物质能和太阳能等的利用。能源消费总量分为终端能源消费量、能源加工转换损失量和损失量三部分。

终端能源消费量 指一定时期内一个国家或地区生产和生活消费的各种能源在扣除了用于加工转换二次能源消费量和损失量以后的数量。

能源加工转换损失量 指一定时期内一个国家或地区投入加工转换的各种能源数量之和与产出各种能源产品之和的差额，是观察能源在加工转换过程中损失量变化的指标。

能源损失量 指一定时期内一个国家或地区能源在输送、分配、储存过程中发生的损失和由客观原因造成的各种损失量，不包括各种气体能源放空、放散量。

能源消费弹性系数 是反映能源消费增长速度与国民经济增长速度之间比例关系的指标。

计算公式为：

$$能源消费弹性系数=\frac{能源消费量年平均增长速}{国民经济年平均增长速度}$$

电力消费弹性系数 反映电力消费增长速度与国民经济增长速度之间比例关系的指标。

计算公式为：

$$电力消费弹性系数=\frac{电力消费量年平均增长速度}{国民经济年平均增长速度速}$$

第八篇

CHAPTER 8

财政、金融和保险

FINANCE,BANKING AND INSURANCE

财政收入（亿元）

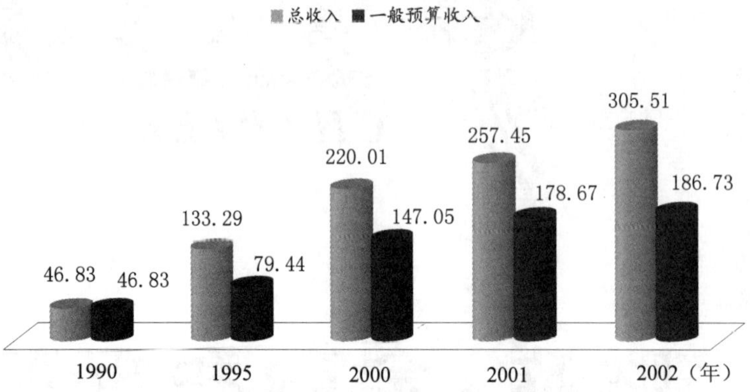

财政支出构成（%）

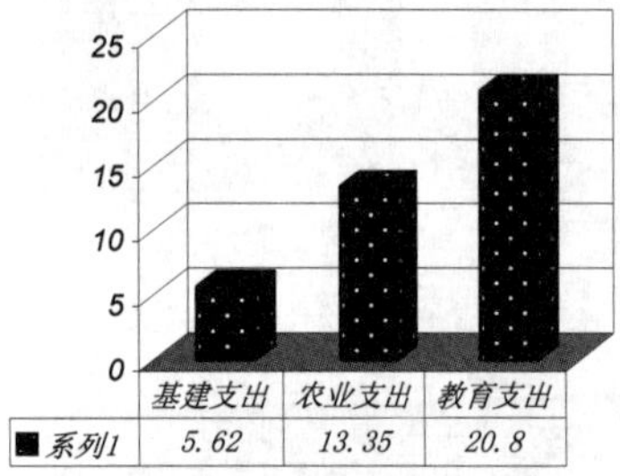

1990年

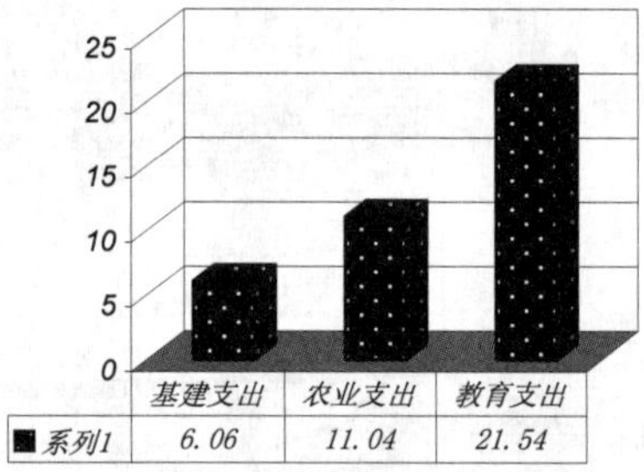

1995年

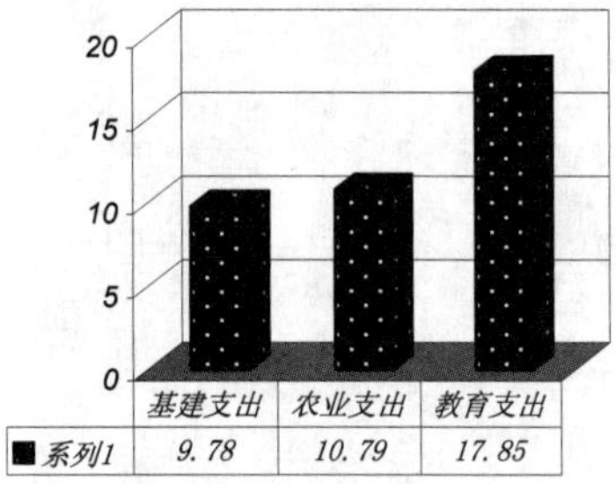

2000年

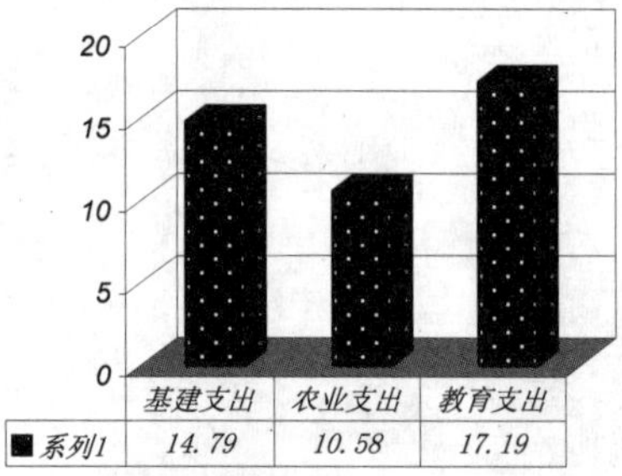

2002年

城乡居民储蓄存款（亿元）

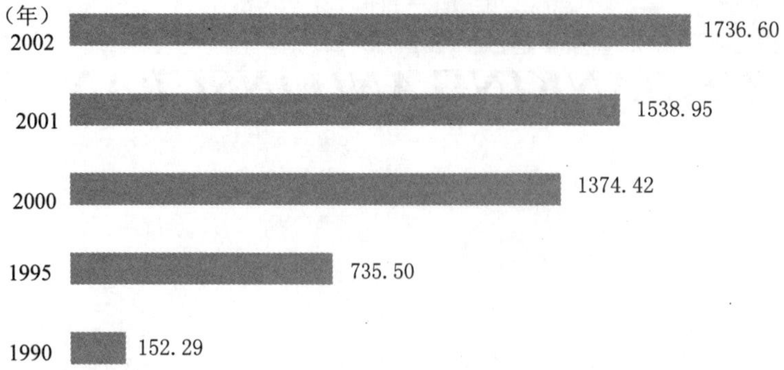

8—1 地方财政收支总额及指数（1978-2002年）

单位：万元

年 份	总 收 入	总 支 出	收支差额	指数（以上年为100）	
				总 收 入	总 支 出
1978	143231	207838	-64607	118.6	143.2
1979	120539	205987	-85448	84.2	99.1
1980	125791	174440	-48649	104.4	84.7
1981	127250	160412	-33162	101.2	92.0
1982	130313	174423	-44110	102.4	108.7
1983	135830	188416	-52586	104.2	108.0
1984	134699	230559	-95860	99.2	122.4
1985	201774	297486	-95712	149.8	129.0
1986	252306	422199	-169893	125.0	141.9
1987	305368	476958	-171590	121.0	113.0
1988	338871	532723	-193852	111.0	111.7
1989	414130	577433	-163303	122.2	108.4
1990	468305	650005	-181700	113.1	112.6
1991	559225	716089	-156864	119.4	110.2
1992	611953	784754	-172801	109.4	109.6
1993	959269	1074853	-115584	156.8	137.0
1994	622617	1249283	-626666	64.9	116.2
1995	794422	1405892	-611470	127.6	112.5
1996	905102	1570121	-665019	113.9	111.7
1997	991568	1708345	-716777	109.6	108.8
1998	1196720	1983609	-786889	120.7	116.1
1999	1335647	2249775	-914128	111.6	113.4
2000	1470539	2584866	-1114327	110.1	114.9
2001	1786706	3516498	-1729792	121.5	136.0
2002	1867320	4198575	-2331255	104.5	119.4

8—2 主要年份财政分项目收入

单位:万元

指　　标	1990年	1995年	2000年	2001年	2002年
财政总收入	468305	1332946	2200090	2574529	3055081
# 上划中央两税收入		538524	729551	787823	927943
地方财政收入	468305	794422	1470539	1786706	1867320
工商税收	400378	463297	743349	892782	995809
# 增值税	100088	149203	206622	238650	263372
营业税	116658	192075	284979	328720	412792
个人所得税	1910	21468	101497	167500	115996
农牧业税类	32805	124307	134737	128680	173100
#农牧业税	20805	57653	42808	41849	45356
农业特产税	9747	47205	64394	56017	92387
耕地占用税	1841	15825	13406	11665	9019
企业所得税	57493	88361	147960	373009	143823
国有企业调节税	6009				
国有企业上缴利润	13191	13254	51579	40878	66082
国有企业计划亏损补贴	-77309	-22236	-9420	-17988	-16055
国家能源交通重点建设基金收入	7736	817			
基本建设贷款归还收入		1500			
其他收入	10504	22599	101113	65377	70723
国家预算调节基金	8657	1545			
所得税退税	-13359	-9013	-322	-106	
专项收入	5536	29874	62290	51845	66098
#教育费附加	2916	21362	30822	30749	41576
罚没收入、行政性收费收入	16664	80117	239253	252229	367740

8—3 主要年份财政分项目支出

单位：万元

指　　标	1990年	1995年	2000年	2001年	2002年
地方财政支出	650005	1405892	2584866	3516498	4198575
基本建设支出	36558	85162	252679	418730	620818
企业挖潜改造资金	16005	85516	71491	135480	118544
简易建筑费	1760	2926			
地质勘探费	104	134	11910	24323	29452
科技三项费用	2930	7669	15229	19102	25795
流动资金	188			1000	4670
支援农村生产支出	45298	70448	83874	84841	80853
农林水利气象等部门事业费	27955	56147	86498	119189	178926
工业交通等部门事业费	7353	13284	16167	20867	23922
商业部门事业费	1107	3112	2502	3396	3337
城市维护费	18136	46005	81372	101776	149386
文教卫生事业费	176621	378285	645354	871803	1014653
科学事业费	5043	10325	21344	23844	31457
其他部门事业费	26375	76597	174081	240504	277755
抚恤和社会福利救济费	11514	32028	39947	59385	87132
国防支出类	881	1953	4027	5752	6180
行政管理费	67941	189004	282021	353041	419887
公检法支出	29482	85979	215983	259057	325242
价格补贴支出	100291	61148	70576	72732	55988
支援不发达地区支出	6599	12946	72148	75850	75794
其他支出	63139	148464	255542	413495	407211
专项支出	4725	27108	59205	48164	55440
#教育费附加	2916	20104	26368	26071	32589
农业综合开发支出		11652	27562	32178	34080
行政事业离退休经费			95354	131989	172053

8—4　主要年份地方财政用于农业的支出

单位：万元

指　标	1990年	1995年	2000年	2001年	2002年
农业支出	86756	155273	278946	330863	444242
支援农业生产支出	45298	70448	83874	84841	80853
农林水气部门事业费	27955	56147	86498	119189	178926
基本建设支出	9565	8713	58386	68760	126897
挖潜改造资金	25	447	1755	2925	2680
科技三项费用	110	1090	3621	4835	2616
支援不发达地区资金中用于农业支出	3773	6678	17250	18135	18190
其他	30	11750	27562	32178	34080
农业支出占财政支出比重（%）	13.3	11.0	10.8	9.4	10.6

8—5　主要年份地方财政用于教育的支出

单位：万元

指　标	1990年	1995年	2000年	2001年	2002年
预算内教育支出	135275	302823	487884	671766	793493
教育事业费	115761	251807	447127	620103	721669
教育基建投资	6217	9467	10227	21305	34105
部门事业费中教育支出	10381	21264	1161	1132	1977
教育费附加支出	2916	20104	26368	26071	32589
支援不发达地区资金中教育支出	0	181	3001	3155	3153
教育支出占财政支出比重（%）	20.8	21.5	18.9	19.1	18.9

8—6　主要年份全社会金融机构信贷收支平衡表

（期末余额）　　　　　　　　　　单位：亿元

资金来源项目	1990年	1995年	2000年	2001年	2002年
一.各项存款合计	271.17	1152.32	2269.06	2518.94	2784.14
(一)企业存款	83.59	335.68	665.74	693.97	679.79
工业企业存款	19.48	52.02	95.89		
商业企业存款	17.24	33.50	51.11		
建筑企业存款	11.42	26.45	28.98		
集体企业存款	7.44	28.56	21.44		
乡镇企业存款	4.03	5.00	4.25		
单位定期存款	5.54	53.90	168.24		
其他企业存款	18.44	136.25	295.83		
(二)财政性存款	19.64	35.99	133.65	165.49	247.73
财政存款	6.32	21.77	64.91	76.27	64.37
机关团体部队存款	13.32	14.22	68.74	89.22	183.36
(三)城乡居民储蓄存款	152.29	735.50	1374.42	1538.95	1736.60
# 定期存款	110.22	496.73	800.77	868.34	943.28
(四)农业存款	1.58	7.24	32.26	36.61	41.77
(五)信托类存款	2.03	27.90	2.70	2.70	
(六)其他类存款	12.04	10.01	60.29	81.22	78.25
二.金融债券	2.45	0.37	...	...	...
三.国家投资债券	0.02	...			
四.同业往来	21.80	116.60			
五.联行往来		-105.91			
六.汇出汇款		23.81			
七.所有者权益	35.78	65.06	-66.73	-67.31	-79.78
八.当年结益	3.43	-1.49			
九.其　他	193.23	513.59	-505.29	-512.19	-617.07
负债总计	527.88	1764.35	1697.06	1939.44	2087.29

8—6 续表 （期末余额） 单位：亿元

资 金 来 源 项 目	1990年	1995年	2000年	2001年	2002年
一. 各项贷款合计	326.29	1055.67	1613.25	1764.05	1941.07
(一) 短期贷款	245.84	707.23	942.60	955.74	1006.08
工业贷款	83.74	212.51	251.38	285.61	295.79
商业贷款	98.97	226.15	252.33	243.56	214.99
# 商业企业贷款	27.37	95.24			
粮食企业贷款	18.64	54.90			
外贸企业贷款	19.71	40.22			
建筑业贷款	6.77	18.78	19.00	20.88	25.28
农业贷款	41.32	66.10	107.85	126.00	149.42
乡镇企业贷款	13.49	59.49	65.04	64.78	64.11
私营及个体工商企业贷款	1.55	5.29	10.23	15.76	11.27
三资企业贷款		13.30	29.33	30.66	22.78
其他短期贷款		105.61	207.45	168.49	222.44
(二) 中期流动资金贷款			68.94	69.13	88.52
(三) 中长期贷款	57.17	246.83	514.12	681.26	803.94
# 技术改造贷款	21.11	58.67	51.07	49.08	18.89
基本建设贷款	26.61	96.36	333.18	373.30	444.46
其他中长期贷款	9.45	91.80	129.87	258.88	340.59
(四) 信托类贷款	10.41	26.75	2.58	14.33	
(五) 其他类贷款	12.87	74.86	84.98	43.59	42.53
二. 有价证券及投资	4.82	68.76	36.94	43.05	37.31
三. 国家投资债券贷款		0.34	0.04		
四. 同业往来	28.52	77.22			
五. 金银占款	0.62	2.84	3.00	1.52	1.09
六. 外汇占款	2.55	4.71	0.41	0.38	0.38
七 库存现金	6.11	41.89	38.11	36.39	37.45
八. 其　他	158.97	512.92	5.31	94.05	69.99
资产总计	527.88	1764.35	1697.06	1939.44	2087.29

8—7 主要年份银行现金收支、货币投放及回笼

单 位：亿 元

	1990年	1995年	2000年	2001年	2002年
收入合计	**444.93**	**3229.05**	**6518.35**	**7093.38**	**7815.97**
商品销售收入	154.18	531.33	568.95	573.97	591.48
服务事业收入	29.16	133.31	300.93	318.86	346.18
税款收入	6.24	22.24	38.36	43.68	48.79
农村信用社收入	17.57	66.24			
乡镇企事业收入	4.85	34.66			
#商品销售收入	1.69	5.96			
服务事业收入	0.63	2.05			
城乡个体经营收入	3.23	34.97	139.10	137.88	132.08
储蓄存款收入	194.43	2005.30	4735.57	5223.74	5949.65
其他金融机构收入	6.59	94.34	39.66	25.56	23.53
汇兑收入	5.85	31.86	153.36	130.64	77.91
其他收入	22.83	264.47	529.26	624.86	637.36
债券收入		10.33	13.16	14.19	8.99
支出合计	**428.48**	**3193.66**	**6371.76**	**6946.71**	**7678.10**
工资性支出	93.65	283.46	329.15	352.44	390.07
国家单位	78.72	236.95	265.68	279.47	299.90
#职工工资	45.54	126.43	163.35	181.38	195.33
奖金	7.77	30.91			
对个人其他	25.41	79.61	102.33	98.17	104.57
部队存款	3.15	6.60	15.20	17.60	19.26
城镇集体单位	11.78	39.91	48.27	55.29	70.91
农副产品采购支出	48.29	124.55	169.82	160.38	170.36
工矿产品收购支出	11.87	65.86	119.59	116.05	115.28
行政企业管理费	28.62	134.17	241.10	261.01	262.03
农村信用社支出	19.05	64.79			
乡镇企事业支出	7.53	35.85			
城乡个体经营支出	4.64	45.57	145.91	154.88	150.71
储蓄存款支出	173.18	2006.50	4673.15	5180.45	5866.53
其他金融机构支出	6.34	75.25	26.97	23.58	23.80
汇兑支出	8.67	54.88	134.24	113.27	75.18
其他支出	26.64	295.46	524.88	575.77	618.54
债券支出		7.32	6.95	8.88	5.60
净投放					
净回笼	**16.45**	**35.39**	**146.59**	**146.67**	**137.87**

8—8　主要年份保险业务

项　　目	单位	1990年	1995年	2000年	2001年	2002年
财产保险业务						
承保额	亿元	519.00	1419.00	1876.44	3273.79	3732.50
# 企业财产	亿元	250.00	641.00	1198.40	1308.11	1384.21
家庭财产	亿元	37.00	101.00	149.37	292.05	293.99
运输工具	亿元	43.00	217.00	302.63	762.15	878.92
货物险	亿元	126.00	261.00	253.06	311.32	341.82
保费收入	万元	24317	99793	121554	133096	147593
企业财产险	万元	5973	18155	29131	31117	30358
家庭财产险	万元	862	2598	2045	3518	6121
运输工具及责任险	万元	7997	52698	73768	80991	93350
# 汽车	万元	7269	44379	62755	74741	83216
货物运输险	万元	5903	12190	8226	8632	9370
# 铁路	万元	2136	3522	2507	2546	1942
进出口	万元	2586	5666	1373	1353	1758
船舶	万元	482	1510	902	941	1055
农业险	万元	613	1626	1564	1100	1800
其他财产险	万元	2969	12526	6820	7738	6594
保险储金收入	万元	1723	7648	11867	8445	6116
财产险	万元	1441	6702	11445	8099	5912
农业险	万元	282	946	422	346	204
赔案件数	件	109725	151647	121453	135450	167283
已决	件	106850	140249	109504	120172	146079
未决	件	2875	11398	11949	15278	21204
已决赔款	万元	10735	56692	56084	62992	66681
企业财产险	万元	2115	7894	10036	15048	12051
家庭财产险	万元	976	1612	332	855	538
运输工具及责任险	万元	4705	31871	38597	40002	46423
# 汽车	万元	4334	28993	36241	38447	44307
货物运输险	万元	2216	7533	3699	3697	3787
# 铁路	万元	893	2546	1551	1043	948
进出口	万元	936	2805	664	1011	492
船舶	万元	322	895	456	559	781
农业险	万元	524	6355	1027	641	664
其他财产险	万元	199	1427	2393	2749	3218
人寿保险业务						
个人代理人员数	人			9055	11514	20023
承保人数合计	万人	809.24	1499.69	1001.55	1291.40	1918.00
短期险	万人	611.17	1188.70	863.25	1227.42	1838.00
寿险业务	万人	198.07	310.99	138.30	63.98	90.00
承保金额合计	亿元	136.00	1684.00	2412.76	4090.53	4116.81
短期险	亿元	113.00	1585.00	1795.34	3263.77	3959.71
寿险业务	亿元	23.00	99.00	617.42	826.76	157.10
保费收入合计	万元	13607	52782	188196	214542	334252
短期险	万元	3007	18421	27484	29475	35593
寿险业务	万元	10600	34361	160712	185067	298659
储金收入	万元	2172	10469			
赔款及给付合计	万元	2026	14490	56697	83727	58134
短期险	万元	1316	9630	11447	14335	15565
寿险业务	万元	710	4860	45250	69392	42569

主要统计指标解释

财政收入 是指国家财政参与社会产品分配所取得的收入，是实现国家职能的财力保证。财政收入所包括的内容几经变化，目前主要包括：（1）各项税收，包括增值税、营业税、消费税、土地增值税、城市维护建设税、资源税、城市土地使用税、印花税、房产税、车船使用税、屠宰税、个人所得税、企业所得税、关税、契税、农牧业税和 耕地占用税等。（2）专项收入：包括征收排污费收入、城市水资源费收入、教育费附加收入、矿产资源补偿费收入。（3）其他收入，包括国有资产经营收益、国有企业计划亏损补贴、基本建设贷款归还收入、基本建设收入、罚设收入、行政性收费收入、其他收入等。

地方财政收入 指按财政体制划分的地方本级收入。1994年分税制财政体制改革以后，属于中央财政的收入包括关税、海关代征消费税和增值税，消费税，中央企业所得税，地方银行和外资银行及非银行金融企业所得税，铁道、银行总行、保险总公司等集中缴纳的营业税、所得税、利润和城市维护建设税，增值税的75%部分，证券交易税（印花税）50%部分和海洋石油资源税。属于地方财政的收入包括营业税，地方企业所得税，个人所得税，城镇土地使用税，固定资产投资方向调节税，城镇维护建设税，房产税，车船使用税，印花税，屠宰税、农牧业税，农业特产税，耕地占用税，契税、增值税的25%部分，证券交易税（印花税）50%部分和除海洋石油资源税以外的其他资源税。

财政支出 是指国家为行使其职能，对筹集的财政资金进行有计划的分配使用的总称。国家财政支出，体现政府的活动范围和方向，反映财政资金的分配关系。财政支出主要包括：（1）基本建设支出；（2）企业挖潜改造资金；（3）地质勘探费；（4）科技三项费用；（5）流动资金；（6）支援农村生产支出；（7）农林水利气象等部门的事业费；（8）工业交通等部门事业费；（9）商业部门事业费；（10）城市维护费；（11）文教卫生事业费；（12）科学事业费；（13）其他部门事业费；（14）抚恤和社会福利救济费；（15）国防支出类；（16）行政管理费；（17）公检法支出；（18）价格补贴支出；（19）支援不发达地区支出；（20）专项支出；（21）农业综合开发支出；（22）行政事业单位离退休经费（23）其他支出等。

地方财政支出 指根据政府在经济和社会活动中的不同职责，划分中央和地方政府的责权，按照政府的责权划分确定的支出。中央财政支出包括国防支出，武装警察部队支出，中央行政管理费和各项事业费，重点建设支出以及中央政府调整国民经济结构、协调地区发展、实施宏观调控的支出。地方财政支出主要包括地方行政管理和各项事业费，地方统筹的基本建设、技术改造支出，支援农村生产支出，城市维护和建设费，价格补贴支出等。

地方财政用于农业的支出 指国家财政预算内资金用于农业的各项投资支出。包括：（1）对农垦、农业、畜牧、林业、农机管理、水利、水产、气象等部门的各项事业经费和基本建设、流动资金、挖潜改造资金、科技三项费用等专项拨款；（2）支援农业的各项生产支出，如小型农田水利和水土保持补助费、扶持农业经济困难的乡镇企业，农业生产队（组、户）改善生产基本条件的资金和农村开荒补助、农村草场和畜禽保护补助费、农村造林和林木保护补助费、农村水产补助费、农业发展和发展粮食生产专项资金支出、支援不发达地区资金中用于农业的支出等；（3）农业综合开发支出。

地方财政用于教育的支出 指国家财政预算内资金安排用于教育的各项支出。包括：（1）教育部门的事业费和基本建设拨款；（2）各部门事业费中用于教育的支出。如中等专业学校、技工学校经费、干部培训费等；（3）专项经费中的教育费附加支出，支援不发达地区资金中用于教育的支出。

信贷资金 指金融机构以信用方式积聚和分配的货币资金。金融机构信贷资金的来源有各项存款，对省外（国际）金融机构负债、流通中货币、银行自有资金及当年结益等；信贷资金的运用有各项贷款、黄金占款、外汇占款、财政借款及在省外（国际）金融机构中的资产等。

存款 指企业、机关、团体或居民根据资金必须收回的原则，把货币资金存入银行或其他信用机构保管并取得一定利息的一种信用活动形式。根据存款对象的不同可划分为企业存款、财政存款、机关团体存款、基本建设存款、城镇储蓄存款、农村存款等科目。它是银行信贷资金的主要来源。

贷款 指银行或其他信用机构根据资金必须归还的原则，按一定利率，为企业、个人等提供资金的一种信用活动形式。我国银行贷款分为流动资金贷款、固定资产贷款、城乡个体工商户贷款以及农业贷款等科目。

保险公司 在中国境内的、经过保险监督部门批准设立，并依法登记注册的各类商业保险公司。

保险金额承又叫承保额 是指保险人对被保险人负提损失补偿或约定给付的金额。它是保险合同上的最高责任额，也是计算保费的依据。

保费又叫保险费 是指投保人为取得保险人在约定范围内所承担赔偿责任而支付给保险人的费用。

赔款 指保险人根据保险合同的规定，向被保险人支付的赔偿保险责任损失的金额。

给付 包括死伤医疗给付和满期给付。死伤医疗给付是指保险人根据人寿保险及长期健康保险合同的规定，因被保险人在保险期内发生保险责任范围内的保险事故支付给被保险人（或受益人）的金额。满期给付是指被保险人生存期满，保险人按人寿保险合同规定支付给被保险人的满期保险金额。

第九篇
CHAPTER 9

物　价

PRICE

物价指数（上年=100）

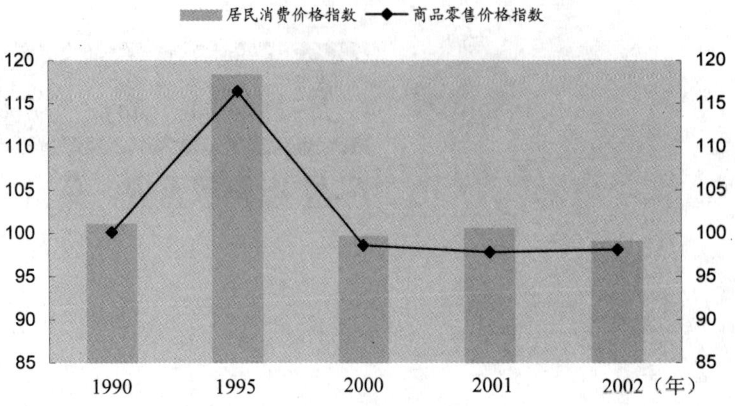

居民消费价格指数（上年=100）

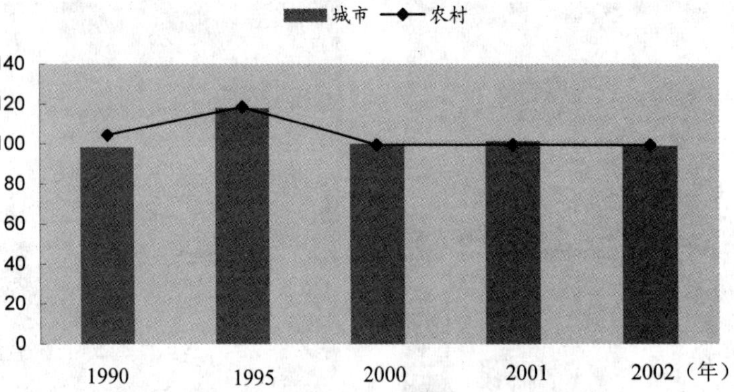

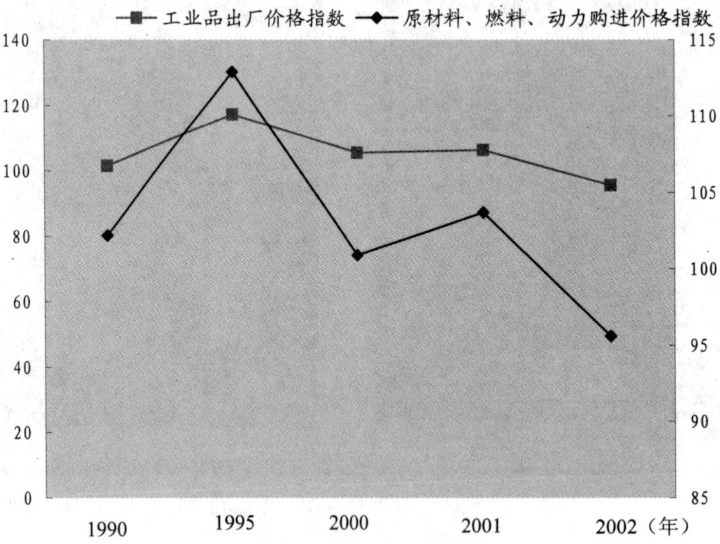

9—1 居民消费及商品零售价格总指数（1978-2002年）

（以上年价格为100）

年 份	居民消费价格总指数			商品零售价格总指数		
	全 区	城 市	农 村	全 区	城 市	农 村
1978	100.0	99.8	100.0	100.0	99.8	100.1
1979	102.6	102.8	101.1	102.3	102.9	101.7
1980	110.0	112.6	106.0	109.2	113.1	106.1
1981	101.6	102.7	100.1	101.7	103.0	100.5
1982	103.3	104.1	102.4	103.1	104.4	102.4
1983	102.7	103.0	102.7	102.8	103.0	102.7
1984	103.3	104.6	102.4	104.2	104.5	104.1
1985	113.0	114.7	111.8	111.2	114.2	109.3
1986	106.2	106.2	106.2	105.1	106.0	104.4
1987	108.2	110.2	105.8	108.0	110.5	105.5
1988	120.8	123.3	118.4	121.0	123.5	119.4
1989	121.1	119.7	123.3	121.3	119.1	123.5
1990	101.1	98.3	104.4	100.1	97.4	102.4
1991	102.8	102.7	103.0	102.5	102.5	102.5
1992	105.9	107.0	105.4	104.6	106.2	103.9
1993	122.0	123.3	119.1	118.9	121.9	114.8
1994	126.0	125.4	126.5	124.4	122.7	125.6
1995	118.4	118.0	118.6	116.4	115.0	117.7
1996	106.5	105.5	107.4	104.5	104.1	104.9
1997	100.8	100.7	100.8	99.6	99.9	99.4
1998	97.0	97.1	96.8	96.3	96.7	95.9
1999	97.7	97.2	98.2	97.2	96.8	97.6
2000	99.7	100.0	99.5	98.6	98.4	98.8
2001	100.6	101.3	99.6	97.8	97.3	99.0
2002	99.1	98.9	99.3	98.1	98.2	98.0

注：1994年起商品零售价格总指数不包含农资.

9—2 各地区商品零售和农业生产资料价格指数(2002年)

(以上年价格为100)

地　区	总指数	一、食品类	粮食	油脂类	肉禽蛋	水产品	鲜菜
全区平均	98.1	100.6	99.1	95.6	101.8	96.9	100.5
城市平均	**98.2**	**101.0**	**98.4**	**96.7**	**101.0**	**99.0**	**101.7**
南宁市	97.5	100.4	99.5	97.1	100.3	99.1	97.1
柳州市	99.7	102.5	98.2	95.6	101.9	100.5	100.4
桂林市	99.7	103.2	96.3	94.1	104.0	98.1	118.2
北海市	97.7	99.3	98.9	98.0	100.1	100.0	98.3
梧州市	96.6	98.0	96.1	100.3	97.5	94.8	96.5
农村平均	**98.0**	**100.2**	**99.5**	**95.0**	**102.5**	**94.1**	**98.9**
贵港市	98.9	101.9	99.8	107.9	103.0	101.8	96.8
百色市	97.2	97.9	97.4	75.2	102.2	88.8	94.4
贺州市	98.0	101.1	100.6	104.1	102.7	92.6	105.4

9—2 续表

(以上年价格为100)

地　区	干菜	鲜果	干果	其他食品	饮食业	二、饮料烟酒类	饮料	烟酒
全区平均	100.3	106.6	104.1	97.4	101.2	99.8	99.0	100.0
城市平均	**98.8**	**110.7**	**106.2**	**98.8**	**100.7**	**99.4**	**98.3**	**99.7**
南宁市	97.6	114.3	111.4	99.3	97.7	101.1	101.4	101.1
柳州市	95.8	110.0	108.6	103.1	108.6	100.2	100.9	100.0
桂林市	115.2	107.5	106.2	99.4	100.5	98.6	97.7	98.8
北海市	98.1	104.1	98.0	90.7	100.0	97.6	98.8	97.1
梧州市	100.1	107.5	101.2	89.9	101.5	94.1	85.8	97.5
农村平均	**101.2**	**101.1**	**102.3**	**96.3**	**101.9**	**100.2**	**99.7**	**100.3**
贵港市	99.9	101.9	105.4	103.2	99.7	101.7	99.3	102.2
百色市	96.9	96.2	90.8	94.5	106.0	99.5	100.4	99.3
贺州市	107.0	105.3	109.8	91.7	100.0	99.4	99.8	99.3

9—2　续表2　　　　（以上年价格为100）

地　　区	三、服装鞋帽类				四、纺织品类			
		服装	鞋	其他衣着		棉布	棉花化纤混纺布	化纤布
全区平均	**96.4**	**94.8**	**98.7**	**99.7**	**98.8**	**97.4**	**99.1**	**97.1**
城市平均	**96.2**	**95.2**	**97.8**	**99.2**	**98.2**	**98.3**	**96.8**	**96.5**
南宁市	96.4	97.4	93.2	99.1	99.7	100	100	100
柳州市	102.6	102.6	104	98.5	100	101.9	96.3	94.8
桂林市	87.5	79.9	104.7	100	96.6	100	100	93.2
北海市	93.5	91.2	96.5	101.5	96.8	100	100	100
梧州市	101.1	101.9	99.9	99.4	89.7	84.8	85.5	86.1
农村平均	**96.7**	**94.4**	**99.7**	**100.3**	**99.3**	**97.2**	**99.8**	**97.7**
贵港市	100.4	101.3	99.2	99.8	98.1	96.2	99.4	95.1
百色市	92.2	86.7	100	100	99.4	95.8	100	100
贺州市	97.4	95.6	99.9	100.7	100.9	100	100	100

9—2　续表3　　　　（以上年价格为100）

地　　区				五、中、西药品类				六、化妆品类
	呢绒	绸缎	其他纺织品		中药	西药	医疗用品	
全区平均	**97.4**	**99.7**	**101.9**	**96.6**	**94.9**	**98.2**	**97.5**	**97.8**
城市平均	**96.5**	**99.9**	**100.8**	**99.4**	**97.7**	**101.6**	**97.2**	**97.4**
南宁市	100	97.4	99.9	99.3	95.1	104.6	98.5	98.4
柳州市	92	106.5	106.2	99.5	100	99.3	92.1	98.6
桂林市	100.1	96.3	98.8	100.9	101	100.5	106.4	94.9
北海市	100	100	90.4	101.2	109.1	91.7	100.5	89.8
梧州市	84.6	91	100	96.3	93.4	100.6	91.4	99.9
农村平均	**100**	**99.7**	**103.1**	**93.5**	**91.5**	**94.7**	**97.7**	**98.3**
贵港市	100	98.6	102	94.3	90.3	97.9	97.2	99.7
百色市	100	100	103.4	99.4	100.3	99.1	96.7	95.2
贺州市	100	100	103.3	86.2	83.1	87.5	99.2	99.6

9—2　续表4　　（以上年价格为100）

地　　区	七、书报杂志类	八、文化体育用品类			九、日用品类			
			文化用品	体育用品		一般日用品	家具类	日用杂品
全区平均	96.8	99.3	98.9	100.0	97.9	98.0	96.9	99.1
城市平均	**98.0**	**98.2**	**98.6**	**97.6**	**98.1**	**98.0**	**96.5**	**100.9**
南宁市	99.6	97.5	97.5	97.6	99.0	99.0	95.9	104.5
柳州市	98.3	99.8	100.1	99.3	98.1	99.0	96.6	97.0
桂林市	99.1	98.2	100.1	96.2	98.7	98.7	97.8	100.2
北海市	90.5	95.8	97.5	93.1	95.3	91.7	100.0	99.3
梧州市	94.4	98.0	97.2	100.0	96.2	96.4	93.4	99.1
农村平均	**95.7**	**100.9**	**99.4**	**103.6**	**97.7**	**97.9**	**97.4**	**97.4**
贵港市	94.2	104.1	99.6	111.6	100.2	100.7	101.2	96.4
百色市	98.4	99.2	98.8	100.0	98.1	98.9	94.8	100.0
贺州市	94.0	100.0	100.0	100.0	95.9	95.3	97.6	95.6

9—2　续表5　　（以上年价格为100）

地　　区	十、家用电器类	十一、首饰类	十二、燃料类	十三、建筑装璜材料类	十四、机电产品类	农业生产资料价格指数		
							小农具	饲料
全区平均	93.2	104.6	98.9	98.6	89.1	98.2	98.2	100.0
城市平均	**92.2**	**107.7**	**99.1**	**101.6**	**89.9**			
南宁市	88.1	107.6	99.7	105.2	89.0			
柳州市	95.8	104.1	97.0	99.2	86.7			
桂林市	97.3	115.5	102.6	95.2	99.4			
北海市	98.8	104.4	96.1	100.7	93.2			
梧州市	96.1	102.3	97.6	99.5	88.0			
农村平均	**94.2**	**99.9**	**98.7**	**97.8**	**88.9**	**98.2**	**98.2**	**100.0**
贵港市	92.9	100.8	96.5	97.4	87.5	100.3	100.0	103.3
百色市	93.9	100.1	97.1	98.4	94.9	97.1	100.0	95.8
贺州市	94.7	99.6	102.9	95.9	85.9	99.0	94.0	101.1

9—2　续表6　　　　　　　　　　　　　　（以上年价格为100）

地　　区	幼禽家畜	大牲畜	半机械化农具	机械化农具	化学肥料	农药及农药械	农用机油	其他
全区平均	97.5	105.5	96.2	97.8	97.4	97.2	98.7	95.1
贵港市	94.4	127.6	91.4	95.2	93.4	98.0	95.0	102.4
百色市	108.9	101.3	100.0	100.0	90.7	100.0	97.6	97.8
贺州市	92.4		97.9	95.4	99.3	95.6	95.9	84.7

9—3　各地区居民消费价格指数（2002年）

（以上年价格为100）

地　　区	总指数	一、食品	1.粮食	2.淀粉及薯类	3.干豆类及豆制品	4.油脂	5.肉禽及制品	6.蛋
全区平均	99.1	99.9	100.1	105.2	95.3	98.6	100.1	107.5
城市平均	**98.9**	**99.8**	**99.7**	**105.4**	**92.9**	**95.9**	**99.3**	**107.2**
南宁市	99.4	99.3	99.5	104.6	96.2	95.7	99.4	101.7
柳州市	100.6	100.9	98.3	103.7	96.5	97.8	99.8	110.1
桂林市	100.0	102.6	101.5	112.9	100.5	92.0	101.8	116.5
北海市	99.9	100.2	101.4	100.2	98.9	97.5	99.2	100.6
梧州市	97.8	97.1	99.0	102.2	96.4	98.0	97.6	104.3
农村平均	**99.3**	**99.9**	**101.6**	**102.2**	**97.2**	**100.8**	**101.3**	**108.2**
贵港市	100.7	101.4	101.7	110.5	94.3	108.5	100.7	106.4
百色市	97.6	96.2	96.1	90.3	94.7	84.0	98.9	105.4
贺州市	98.2	100.0	101.8	104.4	98.4	100.2	99.8	117.9

9—3　续表1　　　　　　　　　　　　　　（以上年价格为100）

地　　区	7.水产品	8.菜	9.调味品	10.糖	11.茶及饮料	12.干鲜瓜果	13.糕点饼干面包	14.奶及奶制品
全区平均	98.6	96.3	100.1	94.3	99.0	104.7	98.2	99.6
城市平均	98.2	96.8	99.7	96.5	99.2	106.3	97.9	100.3
南宁市	99.2	92.7	100.3	101.5	101.9	106.5	100.0	100.4
柳州市	98.1	92.0	98.0	103.8	99.8	98.5	113.8	103.3
桂林市	100.1	113.3	98.1	92.9	101.0	110.5	97.6	99.6
北海市	99.7	96.4	100.4	90.8	98.4	104.2	100.0	100.0
梧州市	97.4	87.3	102.5	91.3	99.5	92.0	91.3	101.4
农村平均	**99.0**	**95.0**	**100.5**	**92.1**	**98.8**	**100.0**	**98.9**	**96.1**
贵港市	104.1	92.0	134.7	110.5	98.3	97.5	101.1	103.2
百色市	92.8	91.9	98.8	93.8	99.5	94.1	100.0	102.2
贺州市	95.7	98.3	99.9	84.5	97.2	106.5	94.9	92.4

9—3 续表2 (以上年价格为100)

地区	15.在外用膳食品	16.其它食品及食品加工服务	二、烟酒及用品	1.烟草	2.酒	3.吸烟饮酒用品	三、衣着	1.服装
全区平均	99.9	99.3	100.0	98.8	101.9	99.2	95.7	95.6
城市平均	**99.9**	**99.4**	**101.2**	**99.9**	**103.8**	**99.9**	**94.5**	**95.2**
南宁市	99.5	101.0	103.1	102.1	106.5	98.2	95.0	95.7
柳州市	108.3	97.7	94.4	98.2	86.7	102.4	101.3	97.1
桂林市	99.8	98.4	103.1	106.2	99.5	100.0	96.5	97.8
北海市	103.3	97.3	96.1	92.1	100.0	102.3	93.8	91.1
梧州市	100.7	99.8	101.2	96.4	107.5	100.0	100.9	100.9
农村平均	**99.9**	**99.3**	**98.9**	**97.8**	**100.6**	**98.4**	**97.7**	**96.4**
贵港市	99.8	98.0	103.6	99.7	113.4	81.2	106.2	109.6
百色市	99.7	99.7	100.0	98.5	102.4	98.4	95.3	94.6
贺州市	100.0	97.6	97.8	96.2	100.3	100.8	94.3	94.1

9—3 续表3 (以上年价格为100)

地区	2.衣着材料	3.鞋袜帽	4.衣着加工服务业	四、家庭设备用品及维修服务	1.耐用消费品	2.室内装饰品	3.床上用品	4.家庭日用杂品
全区平均	98.0	95.1	100.1	96.6	95.0	97.4	98.0	96.7
城市平均	**97.1**	**91.8**	**100.5**	**96.1**	**94.3**	**97.9**	**97.5**	**96.1**
南宁市	99.3	91.9	100.1	95.8	93.8	99.4	96.4	96.6
柳州市	99.1	113.4	100.8	95.7	90.3	115.7	105.2	95.6
桂林市	99.0	92.1	101.4	95.2	93.8	97.2	93.3	96.1
北海市	99.9	99.1	100.0	96.3	98.7	100.0	88.3	92.0
梧州市	95.0	102.1	100.0	96.2	94.5	95.5	99.8	96.4
农村平均	**98.9**	**100.4**	**99.1**	**97.6**	**96.9**	**95.9**	**98.9**	**97.6**
贵港市	104.5	101.4	97.1	98.7	97.1	93.0	100.7	101.3
百色市	99.4	95.5	100.0	96.4	92.8	96.8	99.7	98.7
贺州市	98.1	93.3	100.0	96.4	96.2	87.1	93.3	97.4

9—3 续表4 (以上年价格为100)

地区	5.家庭服务及加工维修服务	五、医疗保健和个人用品	1.医疗保健	2.个人用品及服务	六、交通和通讯	1.交通	2.通讯	七、娱乐教育文化用品及服务
全区平均	101.5	98.7	98.3	99.3	96.3	97.0	95.4	101.3
城市平均	**101.5**	**99.1**	**98.8**	**99.8**	**95.8**	**96.6**	**95.1**	**101.6**
南宁市	101.1	101.2	100.3	102.8	96.7	97.3	95.9	102.2
柳州市	104.1	101.1	101.0	101.2	96.3	96.3	96.3	105.0
桂林市	100.0	96.3	96.4	96.0	97.5	96.4	98.5	102.4
北海市	100.0	98.8	99.1	97.9	94.8	97.2	92.8	109.4
梧州市	100.0	97.3	96.6	98.9	92.2	95.4	89.4	101.4
农村平均	**101.1**	**97.9**	**97.3**	**98.7**	**97.4**	**97.5**	**97.0**	**100.9**
贵港市	101.7	101.6	101.1	102.7	96.4	97.6	94.1	101.9
贺州市	100.0	91.7	89.1	97.6	97.4	92.5	93.1	100.2

9—3　续表5　(以上年价格为100)

地　　区	1. 文娱用耐用消费品及服务	2. 教育	3. 文化娱乐用品	4. 旅游及外出	八、居住	1. 建房及装修材料	2. 租房	3. 自有住房	4. 水、电、燃料
全区平均	**88.4**	**104.9**	**102.3**	**99.7**	**99.1**	**97.1**	**102.0**	**96.8**	**101.7**
城市平均	**89.5**	**106.7**	**103.1**	**99.8**	**99.3**	**97.5**	**100.6**	**95.8**	**101.7**
南宁市	88.6	107.1	105.2	97.1	100.2	101.0	107.5	97.0	99.4
柳州市	107.6	105.6	110.4	100.4	101.2	105.9	100.0	92.3	102.4
桂林市	93.1	105.5	101.8	102.2	97.4	93.9	95.2	100.0	100.1
北海市	92.4	116.2	103.9	109.0	98.5	99.0	100.0	106.1	95.2
梧州市	94.9	104.2	101.8	95.4	97.7	99.1	100.0	94.2	98.0
农村平均	**89.8**	**103.5**	**99.8**	**93.8**	**98.8**	**96.9**	**110.5**	**100.0**	**101.7**
贵港市	90.4	107.8	101.3	83.7	96.3	95.5	100.0	95.3	97.3
百色市	90.6	103.0	99.6	90.9	97.4	96.0	100.0	94.7	102.7
贺州市	87.3	101.9	101.8	99.8	98.9	95.0	106.4	94.7	101.8

9—4　工业品出厂价格分类指数

(以上年价格为100)

指　　标	1990年	1995年	2000年	2001年	2002年
总　指　数	101.5	117.2	105.5	106.3	95.6
按轻重工业分					
轻工业	101.0	123.8	109.0	109.2	90.6
以农产品为原料	102.6	126.6	109.9	110.5	89.8
以非农产品为原料	97.4	113.1	100.4	100.1	97.0
重工业	102.0	111.2	103.1	104.3	98.4
采掘	90.1	126.6	106.1	104.7	102.5
原料	97.0	105.3	106.1	106.9	98.3
加工	108.6	115.8	96.0	97.8	98.3
按两大部类分					
生产资料	102.0	114.2	103.2	103.5	98.2
生活资料	100.8	121.4	110.4	112.3	88.5
按工业部门分					
冶金工业	97.4	111.0	108.5	96.9	94.3
电力工业	90.2	107.9	112.6	129.6	101.8
煤炭及炼焦工业	98.7	100.9	104.1	104.7	113.0
化学工业	100.2	129.2	95.6	100.5	98.2
机械工业	106.8	106.2	95.7	97.7	98.4
建筑材料工业	97.2	95.2	100.6	101.6	99.3
森林工业	89.0	99.8	101.4	103.5	94.9
食品工业	99.3	124.4	111.1	112.8	88.1
纺织工业	104.6	126.1	115.5	89.1	88.5
造纸工业	105.8	146.6	111.2	101.4	96.8
其他工业	102.4	126.1	98.4	104.0	101.8

（以上年价格为100）

指　　标	1990年	1995年	2000年	2001年	2002年
按工业行业分					
煤炭采选业	98.5	109.4	104.1	104.7	118.7
黑色金属矿采选业	98.4	96.9	111.0	92.2	104.9
有色金属矿采选业	94.9	143.4	107.4	104.5	94.3
建筑材料及其他非金属矿采选业	80.0	114.7	109.7	103.1	102.4
木材及竹材采选业	70.7	104.6	100.7	109.8	97.1
自来水生产和供应业	105.6	116.9	106.7	104.0	101.7
食品制造业	97.1	132.6	116.8	120.0	101.5
饮料制造业	104.9	121.2	100.4	104.8	99.2
烟草加工业	99.3	112.9	100.0	100.4	104.7
饲料工业	95.3	126.7	92.7	99.3	98.8
纺织业	104.7	123.6	118.0	89.1	88.8
木材加工及竹、藤、棕草制品业	100.0	93.5	100.7	103.0	94.0
家具制造业	106.2	139.2	111.2	100.0	100.4
造纸及纸制品业	105.8	146.6	97.9	101.4	96.4
文教体育用品制造业	121.5	127.1	112.6	122.4	100.1
电力、 蒸气、热水生产和供应业	90.2	107.9	102.3	129.6	101.8
化学工业	101.5	117.0	96.4	100.2	98.3
医药工业	93.9	137.7	96.6	99.6	103.5
化学纤维工业	99.8	118.8	110.5	80.1	94.1
橡胶制品业	109.8	127.7	90.9	98.5	97.9
塑料制品业	98.2	95.2	100.7	104.3	93.4
建筑材料及其他非金属矿物制品业	97.2	92.0	100.5	101.4	98.9
黑色金属冶炼及压延加工业	100.0	116.8	103.1	106.6	97.5
有色金属冶炼及压延加工业	90.9	95.7	112.4	89.3	92.9
金属制品业	99.3	106.6	101.5	96.6	95.5
机械工业	104.8	104.4	97.8	96.8	98.2
交通、运输设备制造业	95.2	108.5	92.6	97.8	98.5
电气机械及器材制造业	138.2	107.2	94.1	96.7	94.3
仪器、仪表及其他计量器具制造业	100.0	98.2	100.2	104.3	101.6

9—5 主要原材料、燃料、动力购进价格指数

(以上年价格为100)

指　　标	1990年	1995年	2000年	2001年	2002年
总　指　数	**102.2**	**112.9**	**100.9**	**103.7**	**95.6**
燃料、动力类	107.9	107.8	98.9	103.8	101.8
黑色金属材料类	99.9	94.7	103.0	107.8	99.8
其中：钢材	—	94.4	105.0	101.1	98.6
有色金属材料类	90.3	137.6	123.8	90.2	94.6
化工原料类	101.3	125.2	104.5	96.9	97.9
木材及纸浆类	102.1	108.9	99.8	94.3	101.0
建筑材料类及非金属矿类	97.7	88.1	92.5	96.7	98.3
其他工业原材料及半成品类	—	91.7	104.7	112.0	91.4
农副产品类	100.4	148.2	90.3	105.3	94.6
纺织原料类	105.8	150.5	106.3	95.6	89.8

9—6 固定资产投资价格指数

(以上年价格为100)

指　　标	1990年	1995年	2000年	2001年	2002年
总　指　数	**103.8**	**103.4**	**101.4**	**102.0**	**100.3**
建筑安装工程	103.2	101.8	102.4	103.6	100.8
建筑业产值	103.2	101.8	102.4	103.6	100.8
直接费用	103.6	101.6	102.2	103.4	99.8
材料费	102.9	97.9	101.5	102.3	100.1
人工费	105.6	121.6	104.1	107.5	102.6
间接费用	100.9	102.5	104.2	104.5	107.1
设备、工器具购置	102.4	106.2	95.7	97.7	98.4
其他费用	112.5	105.5	104.5	100.0	100.1

9—7 房地产价格指数

(以上年为100)

指　　标	1990年	1999年	2000年	2001年	2002年
房屋销售	—	—	—	—	102.1
房屋租赁	—	—	—	—	99.6
土地交易	—	—	—	—	103.2

注：全区房地产价格调查从2002年开始。

主要统计指标解释

居民消费价格指数　是度量一组代表性消费商品及服务项目价格水平随着时间而变动的相对数，反映居民家庭购买的消费品及服务价格水平的变动情况。它是宏观经济分析和决策、价格总水平监测和调控，以及国民经济核算的重要指标。其按年度计算的变动率通常被用来作为反映通货膨胀（或紧宿）程度的指标。

商品零售价格指数 是反映城乡商品零售价格变动趋势的一种经济指数。零售物价的调整变动直接影响到城乡居民的生活支出和国家的财政收入，影响居民购买力和市场供需平衡，影响消费与积累的比例。因此，计算零售价格指数，可以从一个侧面对上述经济活动进行观察和分析。

工业品出厂价格指数　是反映全部工业产品出厂价格总水平的变动趋势和程度的相对数。其中除包括业企业售给商业、外贸、物资部门的产品外，还包括售给工业和其他部门的生产资料以及直接售给居民的生活消费品。通过工业生产价格指数能观察出厂价格变动对工业总产值的影响。

原材料、燃料、动力购进价格指数　是反映全部工业原材料、燃料、动力购进价格总水平的变动趋势和程度的相对数。用其可以观察和研究工业企业原材料价格变动对生产的影响，以及企业对原材料变动的消化能力和承受能力，为制订价格政策提供依据。

固定资产投资价格指数　是反映固定资产投资额价格变动趋势和程度的相对数。编制固定资产价格指数可以准确反映固定资产投资中涉及的各类商品和取费项目价格变动趋势和变动幅度，消除按现价计算的固定资产投资指标中的价格变动因素，真实地反映固定资产投资的规模、速度、结构和效益，为国家科学地制定、检查固定资产投资计划并提高宏观调控的水平，为完善国民经济核算体系提供科学的、可靠的依据。

房地产价格指数 是反映全社会及各类房地产价格变动趋势和程度的相对数，包括房屋销售价格指数、房屋租赁价格指数和土地交易价格指数三部分。编制房地产价格指数可以剔除房地产统计指标中的价格变动因素，真实地反映房地产业的发展规模和结构，定期为社会主义市场经济运行主体提供国民经济景气度的变化趋势。

第十篇
CHAPTER 10

人民生活

PEOPLE'S LIVELIHOOD

城镇居民人均可支配收入（元）

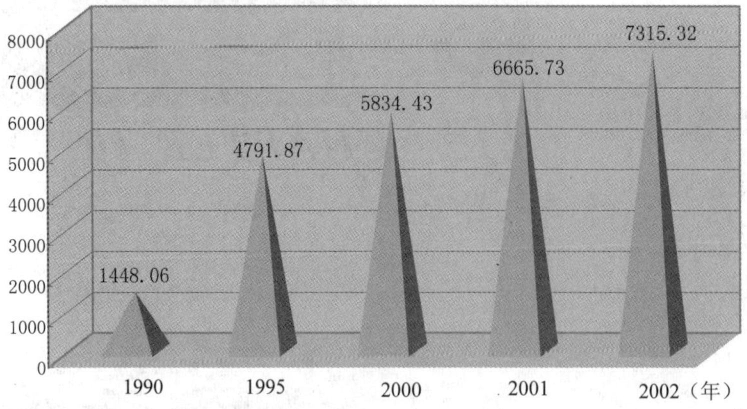

城镇居民消费支出构成（%）

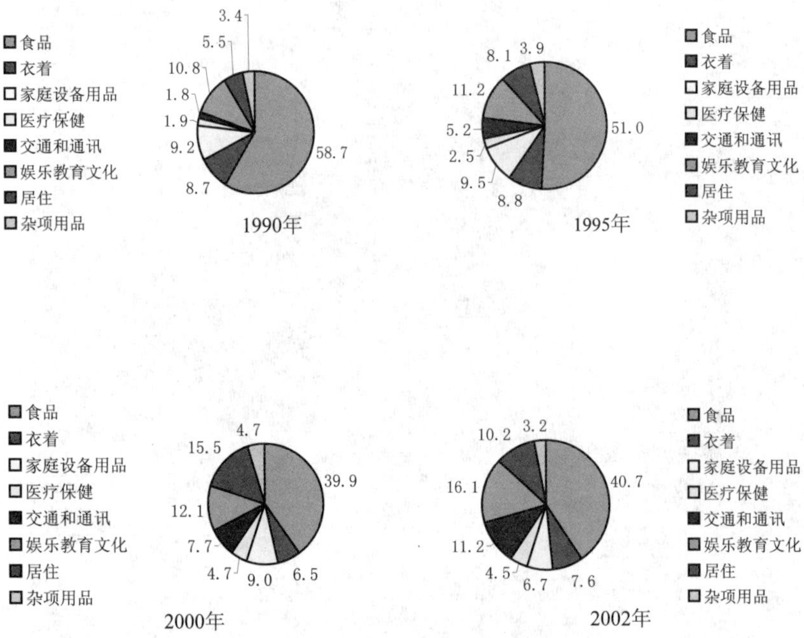

农民人均纯收入（元）

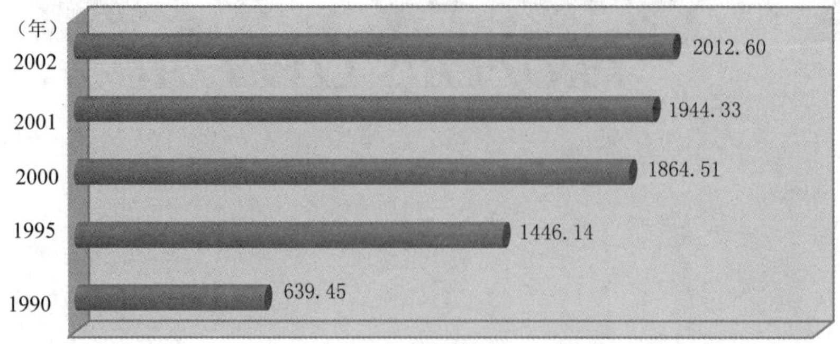

10—1 主要年份城镇居民家庭人均年收入

单位：元

项 目	1990年	1995年	2000年	2001年	2002年
现金收入	1814.21	6043.62	7834.04	8467.64	9438.72
实际收入	1601.97	4809.43	5881.65	6722.81	7756.92
可支配收入	1448.06	4791.87	5834.43	6665.73	7315.32
国有经济单位职工收入	1175.75	3517.24	3813.90	4370.15	
工资性收入	1057.77	3364.27	3593.03	4127.24	工薪收入
#奖金	203.38	721.08	552.30	666.55	5835.84
非工资性收入	117.98	152.97	220.87	242.91	工资及补贴
集体经济单位职工收入	117.59	213.33	132.75	133.25	5659.80
工资性收入	105.79	204.05	128.68	129.09	其它劳动收入
#奖金	12.97	31.22	10.23	8.37	176.04
非工资性收入	11.80	9.28	4.07	4.16	
经营净收入	27.76	120.39	260.14	262.91	354.60
财产性收入	19.68	210.62	305.85	354.32	142.08
转移性收入	137.45	565.44	1027.72	1208.06	1424.40
#离、退休金	70.11	277.09	693.31	769.33	1074.96

注：由于统计调查制度改变，2002年职工收入分为工薪收入、工资及补贴、其它劳动收入三项（以下同）。

10—2 主要年份城镇居民家庭人均年支出

单位：元

项 目	1990年	1995年	2000年	2001年	2002年
现金支出	1767.04	5990.40	7589.88	8396.17	9234.24
实际支出	1466.31	4879.15	6097.68	6531.74	6877.20
消费性支出	1338.10	4045.83	4852.31	5224.73	5413.44
非消费性支出	46.01	816.33	1228.37	1302.24	
贷款利息	0.10	0.69	3.50	1.63	0.96
个人所得税	0.78	0.57	7.19	11.14	
各种税金	1.03	1.27	4.65	3.95	} 27.72
非储蓄性保险支出	0.93	2.11	10.14	14.73	7.44
赡养支出	41.80	161.40	218.38	264.49	310.44
赠送支出	71.61	257.94	411.37	382.81	410.52
购房与建房支出	2.06	349.01	517.21	565.61	302.16
其他非消费性支出	1.36	43.29	55.92	57.87	
借贷支出	300.73	1111.25	1492.21	1864.43	2357.04
存入储蓄款	218.97	824.48	1015.89	1429.61	2090.04
存入储金会款	21.66	17.96	2.07	3.36	
归还借款	18.27	64.77	167.46	102.19	43.68
借出款	21.77	53.28	44.77	35.17	36.00
储蓄性保险支出	6.24	25.85	62.12	74.98	79.92
购买有价证券	6.91	56.89	42.24	22.36	14.40
预 购	0.13	0.46	0.08	0.01	
归还购房贷款	2.20	2.67	52.50	104.70	57.00
其他借贷支出	4.57	64.89	105.10	92.06	24.12
期末手存现金	131.93	266.58	429.78	426.83	500.46

10—3　主要年份城镇居民家庭情况

项　　目	单位	1990年	1995年	2000年	2001年	2002年
调查户数	户	940	1000	1150	1200	1400
平均每户家庭人口	人	3.62	3.3	3.19	3.15	3.09
平均每户就业人口	人	2.01	1.8	1.77	1.76	1.62
平均每户就业面	%	55.52	57.27	55.49	55.87	52.43
平均每一就业者负担人数	人	1.8	1.75	1.8	1.79	1.9
平均每人全年可支配收入	元	1448.06	4791.87	5834.43	6665.73	7315.32
平均每人全年实际收入	元	1601.97	4809.43	5881.65	6722.81	7756.92
按每人每月可支配收入分						
分组户数占总户数比重	%	100	100	100	100	100
100元以下	%	29.6	0.2	0.3	0.1	} 6.6
100——200元	%	70.4	10.9	4.6	4.3	
200——300元	%		26.3	14.4	12.3	} 24.2
300——400元	%		29	20	14	
400——500元	%		17.2	17.5	15.4	} 27.2
500——600元	%		9	16.8	15.1	
600——700元	%		2.9	8.5	11.9	} 18.1
700——800元	%		2.3	5.8	9.3	
800——900元	%		2.2	4.6	6	} 10.3
900——1000元	%			2.9	3.3	
1000——1100元	%			2.1	3.2	
1100——1200元	%			0.9	1.6	
1200——1300元	%			0.6	0.8	} 8.9
1300——1400元	%			0.2	0.8	
1400——1500元	%			0.2	0.4	
1500元以上	%			0.6	1.5	4.7
平均每人全年实际支出	元	1466.31	4879.15	6097.68	6531.74	6877.20
#消费性支出	元	1338.1	4045.83	4852.31	5224.73	5413.44
年末平均每人居住面积	平方米	10.9	14.51	18.91	19.52	21.01

注：1990年消费性支出为生活费支出，可支配收入为生活费收入（下同）。

10—4　主要年份城镇居民家庭人均年收支

单位：元

项　　目	1990年	1995年	2000年	2001年	2002年
现金收入	**1814.21**	**6043.62**	**7834.04**	**8467.64**	**9438.72**
实际收入	1601.97	4809.43	5881.65	6722.81	7756.92
可支配收入	1448.06	4791.87	5834.43	6665.73	7315.32
国有经济单位职工收入	1175.75	3517.24	3813.90	4370.15	
工资性收入	1057.77	3364.27	3593.03	4127.24	工薪收入
#奖金	203.38	721.08	552.30	666.55	5835.84
非工资性收入	117.98	152.97	220.87	242.91	工资及补贴
集体经济单位职工收入	117.59	213.33	132.75	133.25	5659.80
工资性收入	105.79	204.05	128.68	129.09	其它劳动收入
#奖金	12.97	31.22	10.23	8.37	176.04
非工资性收入	11.80	9.28	4.07	4.16	
经营净收入	27.76	140.81	260.14	262.91	354.60
财产性收入	19.68	210.62	305.85	354.32	142.08
转移性收入	137.45	565.44	1027.72	1208.06	1424.40
#离、退休金	70.11	277.09	693.31	769.33	1074.96
借贷收入	212.24	1234.19	1952.39	1744.82	1646.04
#提取储蓄存款	161.15	909.03	1295.14	1197.17	1375.56
提取储蓄会款	18.43	28.75	9.25	10.96	
现金支出	**1767.04**	**5990.40**	**7589.88**	**8396.17**	**9234.24**
实际支出	1466.31	4879.15	6097.68	6531.74	6877.20
消费性支出	1338.10	4045.83	4852.31	5224.73	5413.44
非消费性支出	46.01	816.33	1228.38	1302.24	
借贷支出	300.73	1111.25	1492.21	1864.43	2357.04
存入储蓄款	218.97	824.48	1015.89	1429.61	2090.04
存入储金会款	21.66	17.96	2.07	3.36	
归还购房贷款	2.20	2.67	52.50	104.70	57.00
其他借贷支出	4.57	64.89	105.10	92.06	24.12
期末手存现金	**131.96**	**266.58**	**429.78**	**426.83**	**500.46**

10—5　主要年份城镇居民家庭人均年消费性支出和构成

项　　目	1990年	1995年	2000年	2001年	2002年
实际支出（元）	1466.30	4879.15	6097.68	6531.74	6877.20
消费性支出	1338.10	4045.83	4852.31	5224.73	5413.44
食品	784.60	2061.47	1936.10	1968.02	2201.40
衣着	117.20	355.00	313.43	363.16	408.96
家庭设备用品及服务	122.60	384.18	436.89	480.73	362.76
#日用耐用消费品	70.60	250.31	259.50	280.18	206.76
医疗保健	25.20	99.02	228.01	253.23	241.68
交通和通讯	24.70	211.41	372.78	457.24	606.96
娱乐教育文化服务	144.50	452.25	585.68	704.58	869.16
#文娱用耐用消费品	70.60	122.15	133.43	168.76	267.48
教　育	49.80	253.90	348.93	419.41	446.76
学杂费	43.00	191.58	273.24	314.42	282.60
书报杂志	16.50	23.88	32.56	37.05	37.08
居住	73.80	325.52	752.54	740.06	552.00
#房租	7.80	69.40	242.24	280.90	29.88
水	6.20	25.00	43.57	46.58	51.36
电	25.40	74.90	131.83	143.93	166.44
燃料	18.00	75.47	155.87	150.71	145.20
杂项商品和服务	45.50	156.98	226.97	257.72	170.52
消费性支出构成（%）	100.0	100.0	100.0	100.0	100.0
食品	58.7	51.0	39.9	37.7	40.7
衣着	8.7	8.8	6.5	7.0	7.6
家庭设备用品及服务	9.2	9.5	9.0	9.2	6.7
#日用耐用消费品	5.3	6.2	5.4	5.4	3.8
医疗保健	1.9	2.5	4.7	4.9	4.5
交通和通讯	1.8	5.2	7.7	8.8	11.2
娱乐教育文化服务	10.8	11.2	12.1	13.5	16.1
#文娱用耐用消费品	5.3	3.0	2.8	3.2	4.9
教　育	3.7	6.3	7.2	8.0	8.3
学杂费	3.2	4.7	5.6	6.0	5.2
书报杂志	1.2	0.6	0.7	0.7	0.7
居住	5.5	8.1	15.5	14.2	10.2
#房租	0.6	1.7	5.0	5.4	0.6
水	0.5	0.6	0.9	0.9	1.0
电	1.9	1.9	2.7	2.8	3.1
燃料	1.4	1.9	3.2	2.9	2.7
杂项商品和服务	3.4	3.9	4.7	4.9	3.2

10—6　主要年份城镇居民家庭人均购买主要商品数量

品　　名	单位	1990年	1995年	2000年	2001年	2002年
粮食	千克	124.76	92.96	70.42	67.47	68.88
鲜菜	千克	100.04	104.92	99.42	101.14	105.96
油脂类	千克	4.80	7.32	7.59	7.06	7.68
猪肉	千克	25.94	23.57	21.19	20.41	30.84
牛羊肉	千克	2.75	2.67	2.73	3.01	3.24
家禽	千克	7.82	13.97	16.22	16.02	18.48
鲜蛋	千克	3.92	6.54	6.47	6.04	5.88
鱼	千克	9.84	11.09	10.31	10.72	12.72
鲜果	千克	28.20	36.29	38.50	42.70	45.84
鲜瓜	千克	12.10	12.25	14.70	11.90	9.00
酒	千克	5.20	5.90	7.29	7.11	6.00
糕点	千克	2.08	2.30	2.20	2.10	2.40
鲜奶	千克	1.38	1.34	3.88	4.10	7.44
奶粉	千克		0.28	0.41	0.50	0.60
服装	件	3.91	6.12	6.69	7.36	7.80
水	吨		44.16	48.10	49.20	52.56
电	度		204.31	254.60	275.70	322.56
煤炭	千克	89.79	19.10	18.33	19.38	17.88
液化石油气	千克	5.23	21.68	38.09	38.90	61.20

10—7　主要年份城镇居民家庭平均每百户年末耐用品拥有量

项　　目	单位	1990年	1995年	2000年	2001年	2002年
自行车	辆	237.85	245.24	183.98	189.22	184.04
摩托车	辆	0.79	10.01	38.32	44.01	46.12
家用汽车	辆			0.21	0.39	0.65
电风扇	台	251.08	315.34	309.18	310.13	287.84
洗衣机	台	81.22	88.52	88.33	89.85	89.00
电冰箱	台	34.82	63.94	80.17	80.70	84.05
家用电脑	台			9.36	13.77	21.27
淋浴热水器	台		45.76	83.63	86.11	91.05
消毒碗柜	台					37.08
影碟机	台			57.31	61.97	68.11
彩色电视机	台	38.61	78.17	114.76	120.00	125.77
录放像机	台	1.70	14.51	14.90	13.92	13.35
组合音响	套	0.93	11.96	28.91	30.49	31.71
收录机	台	70.81	73.80	40.25	43.31	41.12
照相机	架	16.04	22.95	33.55	35.63	39.15
空调器	台		5.71	24.33	28.29	41.59
微波炉	台			14.66	22.13	30.39
移动电话	部			16.81	29.96	58.04

10—8　主要年份城镇居民家庭居住构成

单位：%

项　　目	1990年	1995年	2000年	2001年	2002年
总　　计	100	100	100	100	100
按人均居住面积分					
4平方米以下	1.3	0.5	0.2		
4－6平方米	10	2.5	1.4	0.9	
6－8平方米	16.8	8.9	4.5	4.3	
8平方米以上	71.9	88.1	93.9	94.8	
按自来水使用情况分组					
无自来水	0.8			0.2	
独用自来水	93.8	98.5	99	99.1	97.3
公用自来水	5.4	1.5	1	0.7	2.7
按卫生设备拥有情况分组					
无卫生设备	15.7	7	4.5	4	3.5
有浴室厕所	64.3	85	87.4	89	92.5
有厕所无浴室	4.8	0.5	2.9	3	1.4
公用卫生设备	15.2	7.5	5.2	4	2.6
按厨房使用情况分					
无厨房	1.6	0.4	0.6	0.6	
独用厨房	94	97.9	98.8	98.8	99.4
公用厨房	4.4	1.7	0.6	0.6	0.6
按房屋产权分组					
公房	86.2	40.7	19.7	18	17.7
租赁私房		1.6	0.6	0.7	0.6
自有房	13.8	57.7	79.7	81.3	81.7
按燃料使用情况分					
管道煤气	0.5	2.7	2.5	2.7	2.7
液化石油气	23.1	78.5	90.4	90.9	92.9
煤	47	6.2	2.8	2.9	2.4
其它	29.4	12.6	4.3	3.5	2.0
按电话拥有情况分					
无电话		67	15.4	12.6	4.7
公费电话		15	1.5	1.2	
自费电话		18	83	86.1	95.3
公用电话			0.1	0.1	
按住宅建筑式样分					
家庭单栋配套房		4.4	7.2	7.3	9.7
单元式配套住宅		78.7	78.4	80.2	80.2
一居室		8.2	7	5.6	3.7
二居室		46.9	38.9	40.2	43.0
三居室		19.3	29.6	31.3	30.7
四居室以上		4.3	2.9	3.1	2.7
普通楼房		6.9	6.3	5.1	5.1
其它住宅		10	8.1	7.4	5.0

10—9 城镇居民家庭生活基本情况(2002年)

项目	单位	总平均	按收入等级分组		
			最低收入户	低收入户	中等偏下户
调查户数	户	1400	140	140	280
各组户数所占的比重	%	100	10	10	20
平均每户家庭人口数	人	3.09	3.54	3.47	3.23
平均每户就业人口数	人	1.62	1.42	1.50	1.66
平均每户就业面	%	0.36	0.31	0.32	0.34
平均每就业者负担人数	人	1.9	2.49	2.31	1.95
家庭人均全年总收入	元	7756.92	2283.60	3536.76	4982.04
全年人均可支配收入	元	7315.32	1950.12	3335.04	4666.44
家庭人均全年总支出	元	6877.20	2909.52	3354.36	4710.12
家庭人均全年消费支出	元	5413.44	2353.08	2922.00	4000.20
食品	元	2201.40	1292.88	1566.24	1952.76
粮食	元	159.00	140.52	145.08	164.28
油脂类	元	65.88	56.40	64.92	67.80
肉类	元	441.48	347.04	373.92	427.08
禽类	元	247.92	142.20	182.76	230.04
蛋类	元	38.88	27.84	29.52	36.36
水产品类	元	172.56	99.72	108.84	158.76
蔬菜类	元	196.80	150.48	164.76	186.72
烟草类	元	54.36	31.68	41.76	45.48
酒类	元	41.16	16.92	26.52	32.88
饮料	元	22.68	4.32	11.16	14.88
干鲜瓜果类	元	161.88	58.56	99.12	138.60
奶及奶制品	元	71.28	14.28	38.40	49.32
衣着	元	408.96	88.20	153.72	252.12
服装	元	305.04	61.08	108.48	184.20
家庭设备用品及服务	元	362.76	82.08	137.04	203.04
耐用消费品	元	206.76	23.64	43.92	96.00
医疗保健	元	241.68	88.56	128.04	157.92
交通和通讯	元	606.96	118.56	177.60	317.76
交通	元	314.64	36.48	63.24	126.72
通信	元	292.32	82.08	114.36	191.04
教育文化娱乐服务	元	869.16	355.44	351.84	555.72
文化娱乐用品	元	267.48	57.24	62.16	118.44
书报杂志	元	37.08	8.28	14.04	24.24
教育	元	446.76	246.12	257.52	379.80
教育费用	元	412.08	212.04	227.40	348.24
文化娱乐服务	元	154.92	52.08	32.16	57.48
居住	元	552.00	282.48	340.92	442.68
住房	元	164.52	44.40	57.36	83.40
水费	元	51.36	35.52	36.72	46.08
电费	元	166.44	87.60	106.20	159.24
燃料	元	145.20	110.76	128.40	136.44
杂项商品和服务	元	170.52	44.76	66.72	118.32

10—9 续表

项目	单位	按收入等级分组			
		中等收入户	中等偏上户	高收入户	最高收入户
调查户数	户	280	280	140	140
各组户数所占的比重	%	20	20	10	10
平均每户家庭人口数	人	3.03	2.92	2.76	2.69
平均每户就业人口数	人	1.65	1.69	1.68	1.67
平均每户就业面	%	0.40	0.38	0.39	0.38
平均每就业者负担人数	人	1.84	1.72	1.64	1.61
家庭人均全年总收入	元	6917.52	9207.72	12290.76	22478.88
全年人均可支配收入	元	6453.48	8676.12	11672.04	21669.36
家庭人均全年总支出	元	6597.72	8317.56	10396.80	16719.36
家庭人均全年消费支出	元	5354.52	6698.40	8057.16	11390.64
食品	元	2227.44	2575.20	2839.92	3488.28
粮食	元	159.48	165.84	172.80	163.56
油脂类	元	61.32	69.96	74.88	69.72
肉类	元	451.56	486.12	500.16	529.08
禽类	元	248.16	287.88	320.76	374.88
蛋类	元	42.36	44.28	48.48	44.88
水产品类	元	185.28	217.56	216.12	230.04
蔬菜类	元	198.24	217.80	241.08	238.08
烟草类	元	51.24	72.00	59.28	90.00
酒类	元	36.48	37.92	59.52	117.00
饮料	元	23.52	29.64	35.76	53.52
干鲜瓜果类	元	176.16	192.84	232.44	284.28
奶及奶制品	元	83.04	99.72	117.60	115.32
衣着	元	408.84	545.40	714.00	1000.20
服装	元	302.88	403.68	532.92	782.04
家庭设备用品及服务	元	367.08	471.36	617.76	962.52
耐用消费品	元	219.36	281.16	384.72	593.04
医疗保健	元	229.20	293.64	400.08	577.68
交通和通讯	元	555.72	895.80	912.36	1792.08
交通	元	250.20	485.76	455.52	1156.44
通信	元	305.52	410.04	456.84	635.76
教育文化娱乐服务	元	874.68	1104.72	1534.92	1884.48
文化娱乐用品	元	274.20	310.32	591.60	776.88
书报杂志	元	36.36	45.12	67.20	96.12
教育	元	465.00	556.56	651.60	674.40
教育费用	元	426.36	522.48	613.80	636.24
文化娱乐服务	元	135.48	237.84	291.72	433.32
居住	元	535.68	595.20	713.88	1285.08
住房	元	116.76	150.36	220.32	772.68
水费	元	53.76	62.40	65.64	62.76
电费	元	181.32	194.52	225.48	228.12
燃料	元	149.64	164.76	157.44	174.84
杂项商品和服务	元	155.76	217.08	324.12	400.20

10—10　城镇居民家庭人均年现金收入和支出(2002年)

单位:元

项目	单位	总平均	按收入等级分组		
			最低收入户	低收入户	中等偏下户
家庭总收入	元	7756.92	2283.60	3536.76	4982.04
可支配收入	元	7315.32	1950.12	3335.04	4666.44
工薪收入	元	5835.84	1478.52	2314.08	3668.52
工资及补贴收入	元	5659.80	1382.28	2152.08	3557.16
其他劳动收入	元	176.04	96.24	162.00	111.36
经营净收入	元	354.60	266.04	455.52	443.88
财产性收入	元	142.08	25.56	21.36	29.40
利息收入	元	12.72	1.32	0.48	3.84
股息与红利收入	元	48.84	5.28	5.64	3.60
保险收益	元	4.32	0.48	0.60	
其它投资收入	元	41.76	0.84	0.12	0.36
出租房屋收入	元	30.48	17.64	14.52	21.60
转移性收入	元	1424.40	513.48	745.68	840.36
养老金或离退休金	元	1074.96	387.72	626.40	699.48
社会救济收入	元	7.56	15.24	13.92	5.16
保险收入	元	18.60	20.04	18.24	18.72
提取住房公积金	元	20.76			0.12
辞退金	元	12.84			
赡养收入	元	54.60	24.00	20.40	25.32
捐赠收入	元	127.44	17.52	19.44	22.08
出售财物收入	元	35.76	5.88	1.32	11.76
借贷收入	元	1646.04	745.20	488.64	823.68
提取储蓄存款	元	1375.56	669.96	435.00	650.76
借入款	元	96.72	52.32	28.44	51.36
住房货款	元	81.12			62.52
家庭总支出	元	6877.20	2909.52	3354.36	4710.12
消费支出	元	5413.44	2353.08	2922.00	4000.20
购房与建房支出	元	302.16	88.44	6.60	74.64
转移性支出	元	797.88	182.40	265.32	372.60
财产性支出	元	1.44	0.48	0.12	1.20
社会保障支出	元	362.16	285.00	160.32	261.48
借贷支出	元	2357.04	260.52	699.60	1011.12
存入储蓄款	元	2090.04	226.20	614.76	849.36
储蓄性保险支出	元	79.92	5.04	17.40	33.84
购买有价证券	元	14.40	0.12	11.52	3.96

10—10　续表

项目	单位	按收入等级分组			
		中等收入户	中等偏上户	高收入户	最高收入户
家庭总收入	元	6917.52	9207.72	12290.76	22478.88
可支配收入	元	6453.48	8676.12	11672.04	21669.36
工薪收入	元	5330.76	7218.12	9370.20	16888.20
工资及补贴收入	元	5225.28	7081.32	9214.08	16149.36
其他劳动收入	元	105.48	136.80	156.24	738.84
经营净收入	元	266.88	282.72	439.56	401.76
财产性收入	元	40.68	98.76	148.44	1079.64
利息收入	元	2.76	11.16	37.08	69.12
股息与红利收入	元	9.24	13.20	40.32	462.48
保险收益	元	0.96	7.68	12.84	17.28
其它投资收入	元	4.32	11.64	12.72	444.12
出租房屋收入	元	23.16	50.64	30.96	65.64
转移性收入	元	1279.20	1608.00	2332.56	4109.28
养老金或离退休金	元	1084.68	1282.56	1754.04	2428.20
社会救济收入	元	5.88	4.20	8.88	2.28
保险收入	元	17.40	9.96	11.28	46.20
提取住房公积金	元		3.60	9.12	229.08
辞退金	元		2.88		145.68
赡养收入	元	35.88	55.44	118.08	202.92
捐赠收入	元	47.88	96.60	257.88	811.68
出售财物收入	元	71.16	8.88	24.36	173.88
借贷收入	元	1461.00	2061.60	2462.40	5252.16
提取储蓄存款	元	1293.72	1812.48	2067.12	3991.20
借入款	元	67.56	92.04	184.68	355.20
住房货款	元	33.84	85.80		547.44
家庭总支出	元	6597.72	8317.56	10396.80	16719.36
消费支出	元	5354.52	6698.40	8057.16	11390.64
购房与建房支出	元	259.80	203.64	355.44	1842.12
转移性支出	元	585.48	977.88	1506.00	2838.36
财产性支出	元	1.20	2.28	1.56	4.32
社会保障支出	元	396.72	435.36	476.64	643.92
借贷支出	元	1854.84	2696.40	4242.72	9468.96
存入储蓄款	元	1598.88	2416.08	3744.36	8592.72
储蓄性保险支出	元	75.36	95.76	142.08	300.24
购买有价证券	元	32.16	5.88	18.84	37.08

10—11 城镇居民家庭消费性支出构成(2002年)

单位：%

项目	总平均	按收入等级分组						
		最低收入户	低收入户	中等偏下户	中等收入户	中等偏上户	高收入户	最高收入户
家庭人均全年消费支出	100	100	100	100	100	100	100	100
食品	40.67	54.94	53.60	48.82	41.60	38.45	35.25	30.62
粮食	2.94	5.97	4.96	4.11	2.98	2.48	2.14	1.44
油脂类	1.22	2.40	2.22	1.69	1.15	1.04	0.93	0.61
肉类	8.16	14.75	12.80	10.68	8.43	7.26	6.21	4.64
禽类	4.58	6.04	6.25	5.75	4.63	4.30	3.98	3.29
蛋类	0.72	1.18	1.01	0.91	0.79	0.66	0.60	0.39
水产品类	3.19	4.24	3.72	3.97	3.46	3.25	2.68	2.02
蔬菜类	3.64	6.40	5.64	4.67	3.70	3.25	2.99	2.09
烟草类	1.00	1.35	1.43	1.14	0.96	1.07	0.74	0.79
酒类	0.76	0.72	0.91	0.82	0.68	0.57	0.74	1.03
饮料	0.42	0.18	0.38	0.37	0.44	0.44	0.44	0.47
干鲜瓜果类	2.99	2.49	3.39	3.46	3.29	2.88	2.88	2.50
奶及奶制品	1.32	0.61	1.31	1.23	1.55	1.49	1.46	1.01
衣着	7.55	3.75	5.26	6.30	7.64	8.14	8.86	8.78
服装	5.63	2.60	3.71	4.60	5.66	6.03	6.61	6.87
家庭设备用品及服务	6.70	3.49	4.69	5.08	6.85	7.04	7.67	8.45
耐用消费品	3.82	1.00	1.50	2.40	4.10	4.20	4.77	5.21
医疗保健	4.46	3.76	4.38	3.95	4.28	4.38	4.97	5.07
交通和通讯	11.21	5.04	6.08	7.94	10.38	13.37	11.32	15.73
交通	5.81	1.55	2.16	3.17	4.67	7.25	5.65	10.15
通信	5.40	3.49	3.91	4.77	5.71	6.12	5.67	5.58
教育文化娱乐服务	16.06	15.10	12.04	13.89	16.34	16.49	19.05	16.55
文化娱乐用品	4.94	2.43	2.13	2.96	5.12	4.63	7.34	6.82
书报杂志	0.68	0.35	0.48	0.61	0.68	0.67	0.83	0.84
教育	8.25	10.46	8.81	9.49	8.68	8.31	8.09	5.92
教育费用	7.61	9.01	7.78	8.71	7.96	7.80	7.62	5.59
文化娱乐服务	2.86	2.21	1.10	1.44	2.53	3.55	3.62	3.80
居住	10.20	12.00	11.67	11.07	10.00	8.89	8.86	11.28
住房	3.04	1.89	1.96	2.08	2.18	2.24	2.73	6.78
水费	0.95	1.51	1.26	1.15	1.00	0.93	0.81	0.55
电费	3.07	3.72	3.63	3.98	3.39	2.90	2.80	2.00
燃料	2.68	4.71	4.39	3.41	2.79	2.46	1.95	1.53
杂项商品和服务	3.15	1.90	2.28	2.96	2.91	3.24	4.02	3.52

10—12 城镇居民家庭人均购买的主要商品数量(2002年)

项目	单位	总平均	按收入等级分组						
			最低收入户	低收入户	中等偏下户	中等收入户	中等偏上户	高收入户	最高收入户
粮食	千克	68.88	69.00	67.92	73.68	67.80	68.52	69.48	62.16
油脂类	千克	7.68	6.84	7.56	7.92	7.20	8.04	8.76	8.04
猪肉	千克	30.84	26.04	28.80	30.84	31.68	32.40	33.36	32.16
牛肉	千克	2.88	2.76	2.52	3.00	2.88	3.00	3.24	3.36
羊肉	千克	0.36	0.24	0.24	0.24	0.36	0.48	0.60	0.84
肉制品	千克	2.52	1.56	1.68	2.16	2.40	3.00	3.24	4.32
禽类	千克	18.48	12.48	14.52	17.64	18.60	20.88	22.92	25.08
鸡	千克	10.80	6.60	8.40	9.96	10.68	12.00	14.52	16.56
鸭	千克	4.44	3.72	3.72	4.56	4.56	4.80	4.56	4.32
蛋类	千克	6.24	4.68	4.80	5.88	6.60	6.96	7.44	6.96
鱼类	千克	12.72	10.08	10.20	13.32	12.72	13.92	14.64	14.16
虾类	千克	1.08	0.72	0.60	0.96	1.32	1.20	1.20	1.20
鲜菜	千克	105.96	87.00	94.68	103.20	104.52	114.96	124.44	120.36
酒类	千克	6.00	4.44	5.52	6.24	6.24	5.40	7.32	8.52
白酒	千克	3.24	3.12	3.36	3.24	3.24	2.88	3.84	3.96
果酒	千克	0.24	0.00	0.12	0.12	0.24	0.24	0.36	0.60
啤酒	千克	2.52	1.20	2.16	2.76	2.76	2.28	2.88	3.60
鲜果	千克	45.84	19.44	33.48	41.52	50.16	53.52	60.36	70.92
鲜瓜	千克	9.00	4.20	5.40	8.76	11.04	10.80	12.00	9.72
糕点	千克	2.40	0.84	1.68	1.92	2.64	2.76	3.48	4.92
鲜乳品	千克	7.44	1.08	2.40	4.68	7.68	11.04	13.92	15.12
奶粉	千克	0.60	0.24	0.60	0.48	0.72	0.60	0.60	0.72
服装	件	7.80	2.76	4.08	5.76	8.64	10.08	12.12	13.56
男士服装	件	2.40	0.84	1.20	1.80	2.64	3.12	3.60	4.44
女士服装	件	4.08	1.44	2.04	3.12	4.44	5.04	6.48	6.96
童装	件	1.32	0.48	0.84	0.84	1.44	1.92	2.04	2.28
鞋类	双	2.16	1.08	1.44	1.92	2.16	2.76	2.88	3.24
水	吨	52.56	35.04	37.32	46.32	55.56	65.64	66.72	64.56
电	度	322.56	165.00	197.88	302.88	354.24	384.36	441.36	446.52
煤炭	千克	17.88	44.40	20.28	17.88	14.16	12.00	4.32	10.80
液化石油气	千克	61.20	42.60	47.52	56.88	64.56	70.08	72.00	79.56
管道煤气	立方米	2.52	1.20	1.56	1.20	2.40	3.12	5.76	3.96

10—13 城镇居民家庭平均每百户年末主要消费品拥有量(2002年)

项目	单位	总平均	按收入等级分组		
			最低收入户	低收入户	中等偏下户
成套家具	套	80.41	61.48	66.71	73.59
摩托车	辆	46.12	18.35	24.82	39.71
自行车	辆	184.04	188.33	186.44	194.50
助力车	辆	3.04	0.34	0.50	2.26
家用汽车	辆	0.65	0.00	0.53	0.30
洗衣机	台	89.00	63.93	74.35	85.33
电风扇	台	287.84	264.96	286.69	283.47
电冰箱	台	84.05	58.03	66.47	78.87
冰柜	台	2.18	3.96	1.45	2.03
彩色电视机	台	125.77	97.85	112.27	116.75
影碟机	台	68.11	47.91	52.54	60.36
录音机	台	41.12	31.69	32.50	37.71
录放像机	台	13.35	7.68	6.55	11.80
家用电脑	台	21.27	4.03	5.89	11.70
组合音响	套	31.71	11.81	19.52	27.03
摄像机	架	0.08	0.43	1.84	0.45
照相机	架	39.15	14.22	18.89	27.78
钢琴	架	1.29	0.10	1.55	0.25
其他中高档乐器	件	6.32	0.96	4.03	5.56
微波炉	台	30.39	7.60	10.96	18.32
空调器	台	41.59	4.89	9.47	18.70
取暖器	台	18.11	6.68	6.34	13.59
电炊具	台	116.61	84.42	96.26	100.45
淋浴热水器	台	91.05	59.66	82.08	87.74
排油烟机	台	55.27	31.80	50.48	52.28
消毒碗柜	台	37.08	15.12	27.82	31.73
洗碗机	台	0.53	0.85	0.11	0.30
饮水机	台	20.01	7.92	10.14	12.45
吸尘器	台	4.49	1.47	1.08	2.68
健身器材	套	3.40	0.21	1.53	1.08
普通电话	部	95.30	81.01	89.06	91.42
移动电话	部	58.04	14.68	27.64	37.27
传真机	部	0.60	0.09	0.25	0.32

9—13 续表

项目	单位	按收入等级组			
		中等收入户	中等偏上户	高收入户	最高收入户
成套家具	套	80.56	88.60	91.36	101.26
摩托车	辆	48.59	57.41	61.49	66.34
自行车	辆	186.16	169.88	171.09	169.97
助力车	辆	3.96	4.53	2.85	5.10
家用汽车	辆	0.51	0.49	0.36	1.90
洗衣机	台	93.38	95.26	97.24	102.12
电风扇	台	279.34	288.68	305.92	296.70
电冰箱	台	90.89	91.99	95.04	96.90
冰柜	台	2.43	2.39	1.40	0.88
彩色电视机	台	124.39	132.04	138.39	153.71
影碟机	台	69.86	75.19	77.43	85.31
录音机	台	41.72	42.24	44.16	48.78
录放像机	台	15.22	14.75	18.05	19.51
家用电脑	台	21.82	25.31	31.00	37.10
组合音响	套	38.99	39.59	38.11	38.64
摄像机	架	0.47	0.62	0.53	1.77
照相机	架	45.92	48.19	51.29	65.15
钢琴	架	0.60	1.40	3.19	3.34
其他中高档乐器	件	7.30	5.66	6.40	14.02
微波炉	台	30.61	41.53	48.06	53.17
空调器	台	37.88	55.91	64.87	91.57
取暖器	台	15.70	22.15	25.27	37.57
电炊具	台	112.71	125.33	135.66	153.90
淋浴热水器	台	92.85	99.27	97.87	103.41
排油烟机	台	59.32	64.48	63.11	59.68
消毒碗柜	台	39.54	43.15	47.64	47.84
洗碗机	台	0.14	0.29	0.83	1.70
饮水机	台	20.07	23.86	32.23	30.95
吸尘器	台	4.16	5.76	9.43	7.44
健身器材	套	3.11	3.69	8.48	7.87
普通电话	部	97.59	100.03	100.64	102.87
移动电话	部	58.89	70.63	80.41	91.90
传真机	部	0.34	0.61	1.07	2.12

10—14　七城市居民家庭人均年现金收入和支出(2002年)

项　目	单 位	南宁	柳州	桂林	梧州	北海	防港	钦州
家庭总收入	元	9470.88	8599.44	8287.32	6695.40	8151.00	8057.88	7164.36
可支配收入	元	8796.24	7927.68	7852.32	6282.12	7692.36	7663.68	6734.16
工薪收入	元	6905.28	5847.48	5837.04	4836.24	5870.52	6461.76	6013.32
工资及补贴收入	元	6809.88	5801.16	5503.80	4634.76	5677.32	6253.32	5734.80
其他劳动收入	元	95.40	46.32	333.24	201.48	193.20	208.44	278.52
经营净收入	元	279.24	300.72	418.56	132.60	521.64	622.56	449.16
财产性收入	元	82.56	299.64	116.28	93.12	113.40	72.60	147.72
利息收入	元	8.16	7.44	25.44	15.96	16.08	0.48	7.68
股息与红利收入	元	30.12	246.12	31.44	24.00	22.20	5.16	81.24
保险收益	元	3.36	1.56	5.28		9.96	7.68	15.96
其它投资收入	元	0.72		10.92	36.48	10.80	3.36	15.48
出租房屋收入	元	32.40	44.52	43.32	16.56	54.24	53.04	23.64
转移性收入	元	2203.80	2151.72	1915.44	1633.44	1645.44	900.96	554.28
养老金或离退休金	元	1750.32	1733.64	1447.32	1188.96	1137.24	677.28	387.48
社会救济收入	元	18.96	5.64	6.72	20.88	12.84	0.84	4.68
保险收入	元	12.96	37.68	58.68	9.96	37.20	7.80	
提取住房公积金	元	61.20	19.68	45.00	18.48	6.84		25.32
辞退金	元	0.00	0.36	3.36	17.64	65.28		
赡养收入	元	89.64	131.28	74.52	93.96	96.96	43.08	7.80
捐赠收入	元	110.88	82.08	150.24	143.64	129.00	87.60	93.72
出售财物收入	元	24.60	145.08	1.56	0.60	225.12	0.48	34.44
借贷收入	元	1437.12	2313.36	3093.48	820.68	934.08	2308.56	1164.24
提取储蓄存款	元	1198.92	1716.72	2733.96	789.72	670.44	2247.12	927.84
借入款	元	88.32	265.80	50.16	24.00	124.32	45.60	96.12
住房货款	元		232.32	119.52		119.52		119.52
家庭总支出	元	8540.52	8194.92	7805.28	6134.76	7437.48	5910.12	6093.96
消费支出	元	6969.72	5991.96	6123.48	5128.56	5898.24	4666.44	5163.12
购房与建房支出	元	85.44	821.40	479.88	66.72	199.80	149.88	
转移性支出	元	936.72	838.44	860.28	595.32	958.92	828.24	532.08
财产性支出	元	0.84	0.24	4.56	1.80		2.04	1.56
社会保障支出	元	547.68	542.76	337.08	342.36	380.40	263.52	397.32
借贷支出	元	2432.28	2425.20	3359.04	853.44	1541.88	4517.04	2048.64
存入储蓄款	元	2011.68	2282.52	3107.64	685.44	1301.52	4227.24	1781.88
储蓄性保险支出	元	132.48	79.44	115.44	22.08	77.64	29.40	70.56
购买有价证券	元	53.52	1.32	20.52	9.36	6.84	37.56	

10—15　七城市居民家庭人均年消费支出(2002年)

项　目	单位	南宁	柳州	桂林	梧州	北海	防港	钦州
家庭人均全年消费支出	元	6969.72	5991.96	6123.48	5128.56	5898.24	4666.44	5163.12
食品	元	2611.08	2327.28	2464.92	2442.36	2673.84	2151.96	1984.56
粮食	元	186.96	152.16	160.20	174.12	176.52	149.64	175.68
油脂类	元	74.40	60.12	52.68	71.28	71.40	31.56	52.08
肉类	元	477.24	471.72	402.00	483.12	423.84	500.16	393.84
禽类	元	306.36	252.84	210.12	292.32	315.60	276.96	223.44
蛋类	元	43.56	48.00	45.72	35.76	50.28	39.36	34.68
水产品类	元	166.68	144.72	132.60	143.16	493.20	378.24	275.76
蔬菜类	元	229.08	217.80	213.96	193.56	208.56	207.36	162.60
烟草类	元	45.48	72.36	82.92	42.60	18.48	38.52	30.36
酒类	元	39.84	52.80	67.80	21.12	31.32	28.20	17.64
饮料	元	32.16	24.96	35.40	21.72	37.08	12.96	18.48
干鲜瓜果类	元	192.60	192.24	194.40	175.32	180.84	139.44	140.40
奶及奶制品	元	109.20	91.20	107.16	67.20	80.40	30.84	51.96
衣着	元	512.64	446.88	492.12	300.96	421.80	291.12	398.64
服装	元	381.36	324.48	356.40	217.68	328.44	234.48	312.48
家庭设备用品及服务	元	428.88	508.56	455.28	301.56	271.80	273.96	431.16
耐用消费品	元	222.24	349.32	267.48	141.36	101.04	148.80	302.64
医疗保健	元	383.40	219.12	303.48	250.68	275.52	148.44	190.08
交通和通讯	元	1042.92	614.64	531.48	434.04	695.52	633.12	780.00
交通	元	572.16	365.64	236.64	200.04	344.04	321.72	512.04
通信	元	470.76	249.00	294.84	234.00	351.36	311.40	268.08
教育文化娱乐服务	元	1239.48	1045.68	997.44	755.88	761.52	577.44	813.72
文化娱乐用品	元	385.92	404.52	364.56	170.76	332.52	100.56	117.72
书报杂志	元	59.88	42.60	52.08	32.76	26.76	13.44	37.68
教育	元	562.44	435.84	475.44	456.12	334.20	332.16	517.08
教育费用	元	525.60	425.88	456.36	403.32	304.56	299.88	474.24
文化娱乐服务	元	291.12	205.44	157.44	129.00	94.80	144.72	178.92
居住	元	538.68	641.52	682.80	516.00	625.44	471.12	427.80
住房	元	104.28	242.40	287.76	100.80	86.64	47.04	55.56
水费	元	57.00	56.28	50.88	45.96	84.96	57.00	48.24
电费	元	185.52	170.88	165.12	175.68	235.68	212.28	164.52
燃料	元	158.52	136.68	146.28	177.12	168.48	147.72	137.28
杂项商品和服务	元	212.76	188.28	196.08	127.32	172.80	119.28	137.16

10—16 七市、县居民家庭人均年现金收入和支出(2002年)

项　目	单 位	贵港	百色	贺州	宜州	融安	兴安	崇左
家庭总收入	元	7217.76	7649.64	7441.20	6746.64	7136.52	7725.48	6223.92
可支配收入	元	6926.88	7215.36	7029.60	6451.92	6860.16	7500.84	5891.52
工薪收入	元	5904.72	6250.20	5103.84	5156.64	5544.36	6002.16	4359.24
工资及补贴收入	元	5801.76	5978.16	4692.60	5020.44	5417.76	5847.36	4231.20
其他劳动收入	元	102.96	272.04	411.24	136.20	126.60	154.80	128.16
经营净收入	元	188.16	223.20	280.80	304.68	5.64	126.72	610.20
财产性收入	元	59.16	38.28	464.40	75.12	111.24	203.28	320.04
利息收入	元	17.76	0.60	42.72	5.16	3.84	10.32	12.60
股息与红利收入	元	14.52	37.68	89.40	46.32	7.08	43.80	2.52
保险收益	元			4.92			15.36	
其它投资收入	元	8.28		136.08		1.80	26.16	298.92
出租房屋收入	元	9.00		191.28	23.64	98.64	107.64	
转移性收入	元	1065.60	1137.96	1592.04	1210.08	1475.16	1393.32	934.32
养老金或离退休金	元	661.44	829.20	843.72	931.92	1241.88	1161.48	781.56
社会救济收入	元		12.84		21.96	7.08		6.00
保险收入	元	1.92	22.80	76.56	25.68			7.44
提取住房公积金	元			15.84			11.52	
辞退金	元	46.32		197.64				
赡养收入	元	26.64	27.96	64.08	35.04	46.80	4.80	7.92
捐赠收入	元	220.56	171.00	255.84	55.08	61.92	184.20	74.88
出售财物收入	元	8.88	8.76	12.96	0.48	35.52		0.24
借贷收入	元	940.44	1088.52	2256.84	835.68	1664.28	1030.68	1569.60
提取储蓄存款	元	778.32	1024.32	1542.36	806.28	1209.12	901.68	1284.24
借入款	元	76.92	46.68	221.28	24.60	327.00	37.08	22.20
住房贷款	元							185.64
家庭总支出	元	5793.24	6752.64	6657.12	5408.52	6691.32	7192.56	5735.16
消费支出	元	4563.12	5635.08	5075.40	4432.08	4582.56	5483.40	4265.28
购房与建房支出	元	294.48		259.44	106.56	594.36	201.12	425.16
转移性支出	元	722.88	763.56	992.16	622.44	1262.40	1313.40	730.44
财产性支出	元	0.72		0.12	9.00	2.28	6.24	
社会保障支出	元	212.16	354.00	330.00	238.44	249.60	188.40	314.28
借贷支出	元	2002.68	1939.08	2882.52	1836.24	1867.08	1554.84	2069.28
存入储蓄款	元	1761.84	1619.04	2043.12	1533.24	1434.24	1184.04	1888.32
储蓄性保险支出	元	65.52	138.24	143.04	32.52	52.80	73.80	40.32
购买有价证券	元		38.04	136.68			34.08	

10—17　七市、县居民家庭人均年消费支出(2002年)

项　目	单 位	贵港	百色	贺州	宜州	融安	兴安	崇左
家庭人均全年消费支出	元	4563.12	5635.08	5075.40	4432.08	4582.56	5483.40	4265.28
食品	元	1863.48	2211.36	2094.00	1910.88	2034.60	1916.64	1868.40
粮食	元	127.92	140.52	161.04	161.76	147.24	140.52	159.72
油脂类	元	91.92	52.32	60.72	36.00	55.08	31.44	76.20
肉类	元	414.24	428.88	427.56	474.12	440.88	424.44	494.04
禽类	元	205.92	283.20	249.00	198.12	175.08	173.64	283.56
蛋类	元	34.20	37.20	45.48	45.96	40.20	40.80	24.00
水产品类	元	102.84	74.04	94.68	86.40	94.80	58.80	100.08
蔬菜类	元	197.52	162.00	187.32	163.44	219.00	117.24	156.12
烟草类	元	29.40	120.96	71.64	82.20	88.92	105.72	67.44
酒类	元	20.04	58.92	27.00	48.36	50.04	58.44	63.60
饮料	元	10.80	27.84	26.28	11.16	9.96	19.32	18.24
干鲜瓜果类	元	112.56	157.44	164.04	143.64	175.32	145.32	152.40
奶及奶制品	元	71.52	42.24	55.32	46.08	56.40	60.48	16.32
衣着	元	369.84	507.36	330.24	314.64	396.48	495.72	277.56
服装	元	277.20	386.16	238.68	230.16	269.28	355.32	207.84
家庭设备用品及服务	元	242.40	360.72	399.48	342.12	307.08	335.04	267.72
耐用消费品	元	127.68	218.64	243.96	166.44	136.92	185.28	119.28
医疗保健	元	204.48	232.20	328.32	175.80	218.76	211.56	163.92
交通和通讯	元	382.80	697.44	441.24	320.40	395.88	364.08	419.16
交通	元	180.72	352.32	237.48	145.08	105.96	101.88	159.24
通信	元	202.08	345.12	203.88	175.32	290.04	262.08	259.80
教育文化娱乐服务	元	822.12	1028.52	745.56	727.68	615.24	1428.84	499.92
文化娱乐用品	元	278.28	428.04	334.44	144.84	108.84	317.40	134.40
书报杂志	元	21.60	54.48	20.16	31.08	29.40	37.08	24.00
教育	元	452.04	420.24	301.56	497.16	366.36	692.52	316.92
教育费用	元	405.36	348.24	288.84	473.88	357.00	682.08	272.04
文化娱乐服务	元	91.80	180.24	109.44	85.68	140.16	419.04	48.72
居住	元	514.32	383.88	610.08	506.52	440.28	566.40	622.80
住房	元	165.84	35.28	191.76	141.00	64.32	243.24	304.20
水费	元	39.00	46.44	50.40	48.60	50.64	31.56	50.28
电费	元	152.40	183.24	189.48	161.88	159.84	133.20	113.28
燃料	元	142.44	95.28	168.24	147.48	149.52	139.32	139.44
杂项商品和服务	元	163.68	213.60	126.60	134.04	174.12	165.00	145.80

10—18 市、县城镇居民家庭基本情况 （2002年）

单位：元

地　　区	平均每户家庭人口（人）	平均每户就业人口（人）	平均每一就业者负担人数（人）	人均全年可支配收入（元）	平均每人全年家庭总收入（元）	平均每人全年家庭总支出（元）	平均每人消费支出（元）	平均每人年末居住面积（平方米）
全区合计	3.09	1.62	1.90	7315.32	7756.92	6877.20	5413.44	21.01
南宁市	2.99	1.60	1.87	8796.24	9470.88	8540.52	6969.72	18.09
柳州市	3.12	1.46	2.13	7927.68	8599.44	8194.92	5992.00	17.24
桂林市	2.93	1.39	2.11	7852.32	8287.32	7805.28	6122.64	16.79
北海市	2.93	1.48	1.98	7692.36	8151.00	7437.48	5898.24	32.43
梧州市	3.12	1.75	1.78	6282.12	6695.40	6134.76	5128.56	16.36
钦州市	3.35	1.87	1.79	6734.16	7164.36	6093.96	5163.12	17.61
防城港	3.11	1.79	1.74	7663.68	8057.88	5910.12	4666.44	25.81
贵港市	3.12	1.70	1.84	6926.88	7217.76	5793.24	4563.12	26.68
百色市	3.15	1.84	1.71	7215.36	7649.64	6752.64	5635.08	19.78
贺州市	3.02	1.80	1.68	7029.60	7441.20	6657.12	5075.40	20.24
宜州市	3.26	1.88	1.73	6451.92	6746.64	5408.52	4432.08	26.89
融安县	2.82	1.52	1.86	6860.16	7136.52	6691.32	4582.56	23.14
兴安县	2.94	1.74	1.69	7500.84	7725.48	7192.56	5483.40	26.06
崇左县	3.23	1.65	1.96	5891.52	6223.92	5735.16	4265.28	21.78

10—19 主要年份市、县人均可支配收入

地　　区	1990年	1995年	2000年	2001年	2002年
南宁市	1454.33	5544.09	7447.78	7906.35	8796.24
柳州市	1515.36	4884.13	5740.07	7546.50	7927.68
桂林市	1500.60	5505.97	6996.93	7547.47	7852.32
北海市	1591.48	6365.05	6167.29	7013.14	7692.36
梧州市	1545.49	4909.01	5221.07	5837.49	6282.12
钦州市	1500.94	4635.39	5691.62	6324.83	6734.16
防城港			6199.51	6660.50	7663.68
贵港市	1421.39	5258.11	5468.40	6117.56	6926.88
百色市	1410.37	5035.19	5747.21	6807.43	7215.36
贺州市	1589.91	4354.75	5549.37	5996.56	7029.60
宜州市	1214.53	3741.44	5232.44	6570.42	6451.92
融安县	1359.33	4189.83	5706.09	6188.48	6860.16
兴安县	1327.71	4882.20	5551.11	6338.90	7500.84
崇左县		3848.54	4960.37	5686.42	5891.52

10—20 主要年份市、县人均消费性支出

单位：元

地　　区	1990年	1995年	2000年	2001年	2002年
南宁市	1359.98	5055.27	6705.27	7107.43	6969.72
柳州市	1461.95	4385.07	4457.64	6010.00	5992.00
桂林市	1444.90	4531.36	5893.48	6111.28	6122.64
北海市	1448.55	5014.40	5092.22	5406.71	5898.24
梧州市	1417.87	4404.64	4604.35	5116.22	5128.56
钦州市	1394.03	4454.63	5000.95	4818.05	5163.12
防城港			4758.33	4405.31	4666.44
贵港市	1344.30	4091.63	4133.53	4676.86	4563.12
百色市	1333.66	4396.21	5409.27	5700.76	5635.08
贺州市	1335.65	3562.32	4075.96	4610.23	5075.40
宜州市	1099.98	3367.77	4648.87	4523.99	4432.08
融安县	1271.32	3413.11	4376.01	4250.20	4582.56
兴安县	1195.27	3862.91	4707.66	4612.71	5483.40
崇左县		3083.74	3775.21	4284.03	4265.28

注：1.1990年为生活费支出。

2.可支配收入指居民家庭总收入扣除交纳的所得税、个人交纳的社会保障费以及调查户的记帐补贴后的收入。所余下的实际收入。计算公式为：

可支配收入=家庭总收入-交纳所得税-个人交纳的社会保障支出-记帐补贴

10—21 主要年份农民家庭基本情况

单位：人

项　　目	1990年	1995年	2000年	2001年	2002年
调查户数（户）	2320	2240	2310	2310	2310
平均每户常住人口	5.62	5.32	4.82	4.8	4.79
平均每户整半劳动力	3.14	3.06	3.09	3.13	3.2
整劳动力	2.61	2.62	2.29	2.27	2.32
半劳动力	0.53	0.44	0.8	0.86	0.88
平均每个劳动力负担人口	1.79	1.74	1.56	1.53	1.5
平均每百个劳动力中：					
文盲或半文盲人数	13.12	8.31	5.43	5.27	4.7
小学程度人数	48.31	44.28	35.97	34.19	33.57
初中程度人数	31.02	38.52	47.38	48.47	49.66
高中程度人数	7.12	8.21	8.94	9.34	9.48
中专程度人数	0.4	0.63	2.1	2.52	2.42
大专程度人数	0.03	0.06	0.02	0.22	0.18
平均每百户					
乡村企业从业人数	0.39	0.76	0.95	1.21	1.08
在外从事其他劳动人数	0.99	11.88	46.37	48.18	49.57

10—22 主要年份农民人均纯收入及构成

项　　目	1990年	1995年	2000年	2001年	2002年
平均每人纯收入（按来源分）（元）	**639.45**	**1446.14**	**1864.51**	**1944.33**	**2012.6**
#工资性收入	59.94	202.1	483.75	543.8	686.57
家庭经营纯收入	552.96	1158.07	1297.16	1297	1236.25
财产性收入	26.55	11.43	7.47	11.4	9.11
转移性收入		74.54	76.13	85.3	80.67
平均每人纯收入（按来源分）构成（%）	**100.0**	**100.0**	**100.0**	**100.0**	**100.0**
#工资性收入	9.4	14.0	26.0	28.0	34.1
家庭经营纯收入	86.5	80.1	69.6	66.7	61.5
财产性收入	4.2	0.8	0.4	0.6	0.5
转移性收入		5.2	4.1	4.4	4.0
平均每人纯收入（按性质分）（元）	**639.45**	**1446.14**	**1864.51**	**1944.33**	**2012.6**
生产性收入	608.44	1347.15	1764.2	1826.78	1912.26
农业（种植业）生产收入	328.75	593.49	674	692.05	709.6
非农业生产收入	279.69	753.66	1090.2	1134.73	1202.66
非生产性收入	31.01	98.99	100.31	117.55	100.34
平均每人纯收入（按性质分）构成（%）	**100.0**	**100.0**	**100.0**	**100.0**	**100.0**
生产性收入	95.2	93.2	94.6	94.0	95.0
农业（种植业）生产收入	51.4	41.0	36.1	35.6	35.3
非农业生产收入	43.7	52.1	58.5	58.4	59.8
非生产性收入	4.9	6.9	5.4	6.1	5.0
平均每人纯收入（按收入分）（%）	**100.0**	**100.0**	**100.0**	**100.0**	**100.0**
2000元及以上的户	0.7	20.7	36.6	41.0	42.7
1500---2000元的户	1.4	18.5	24.7	23.3	23.1
1000---1500元的户	9.9	30.5	23.5	22.8	21.5
800---1000元的户	13.3	13.4	6.6	6.5	6.4
500---800元的户	40.3	13.6	6.9	5.7	5.5
300---500元的户	29.0	2.3	1.5	0.5	0.5
300元以下的户	5.4	0.4	0.3	0.3	0.4

10—23　主要年份农户平均每人经济收支情况

单位：元

项　目	1990年	1995年	2000年	2001年	2002年
全年总收入	**898.53**	**2101.41**	**2649.18**	**2753.79**	**2864.58**
工资性收入	59.94	202.1	483.75	543.82	686.57
家庭经营收入	803.51	1802.88	2042.38	2067.92	2027.67
财产性收入	35.08	11.43	7.47	11.37	9.11
转移性收入		84.99	115.58	130.68	141.22
平均每人纯收入（按来源分）	**639.45**	**1446.14**	**1864.51**	**1944.33**	**2012.6**
#工资性收入	59.94	202.1	483.75	543.82	686.57
家庭经营纯收入	552.96	1158.07	1297.16	1297	1236.25
财产性收入	26.55	11.43	7.47	11.4	9.11
转移性收入		74.54	76.13	85.3	80.67
平均每人纯收入（按性质分）	**639.45**	**1446.14**	**1864.51**	**1944.33**	**2012.6**
生产性收入	608.44	1347.15	1764.2	1826.78	1912.26
农业（种植业）生产收入	328.75	593.49	674	692.05	709.6
非农业生产收入	279.69	753.66	1090.2	1134.73	1202.66
非生产性收入	31.01	98.99	100.31	117.55	100.34
全年总支出	**803.08**	**1830.12**	**2317.08**	**2424.2**	**2598.71**
家庭经营费用支出	226.92	589.84	662.18	694.05	709.33
税费支出	10.84	29.88	41.47	36.47	39.49
购置生产性固定资产	18.07	43.74	50.87	51.19	59.78
生活消费支出	536.97	1143.04	1487.96	1550.62	1686.11

10—24　主要年份农户平均每人家庭经营总收入

单位：元

项　　目	1990年	1995年	2000年	2001年	2002年
家庭经营总收入	**803.51**	**1802.88**	**2042.38**	**2067.92**	**2027.67**
农业收入	469.28	860.66	943.57	995.12	1028.56
林业收入	12.23	27.52	49.94	50.38	46.46
牧业收入	220.41	623.8	701.66	714.74	667.52
渔业收入	10.56	27.16	49.59	42.98	55.97
工业收入	38.1	62.38	57.66	45.64	44.76
建筑业收入	9.41	50.01	47.53	28.03	21.4
交通、运输和邮电业收入	15.62	47.01	43.91	45.25	36.1
批发零售贸易、餐饮业收入	17.76	51.86	94.1	99.55	86.87
社会服务业收入	3.96	15.01	17.92	16.29	13.25
文教卫生业收入	-	-	6.44	6.75	8.1
其他家庭经营收入	6.18	37.57	30.06	23.18	18.68

10—25　主要年份农户平均每人生活消费支出和构成

项　　目	1990年	1995年	2000年	2001年	2002年
平均每人生活消费支出（元）	**536.97**	**1143.04**	**1487.96**	**1550.62**	**1686.11**
食品消费	349.96	700.4	824.97	810.95	875.08
衣着消费	26.64	49.17	51.58	53.39	63.83
居住消费	81.05	139.48	201.12	268.62	288.42
家庭设备、用品及服务	24.54	51.98	62.95	62.53	64.98
医疗保健	11.95	29.04	52.38	60.95	66.19
交通通讯	7.11	27.33	64.83	81.68	114.26
文教娱乐用品及服务	31.81	127.69	186.76	174.15	173.17
其他商品和服务	3.91	17.95	43.37	38.35	40.18
构　　成（%）	**100**	**100**	**100**	**100**	**100**
食品消费	65.17	61.28	55.44	52.3	51.9
衣着消费	4.96	4.3	3.47	3.44	3.78
居住消费	15.09	12.2	13.52	17.32	17.11
家庭设备、用品及服务	4.57	4.55	4.23	4.03	3.85
医疗保健	2.23	2.54	3.52	3.93	3.93
交通通讯	1.33	2.39	4.36	5.27	6.78
文教娱乐用品及服务	5.92	11.17	12.55	11.23	10.27
其他商品和服务	0.73	1.57	2.91	2.47	2.38

10—26 主要年份农户平均每人全年现金收支情况

单位：元

项　　目	1990年	1995年	2000年	2001年	2002年
期内现金收入合计	**569.46**	**1522.44**	**1975.68**	**2076.02**	**2232.35**
工资性收入	59.92	201.92	483.75	543.8	686.42
出售产品的现金收入	400.23	1005.4	1101.88	1146.26	1188.69
工业加工业的现金收入	6.95	10.84	31.11	26.15	22.8
建筑业的现金收入	9.41	50.01	47.53	28.03	21.4
交通运输业的现金收入	15.62	47.01	43.91	45.25	36.1
批发和零售贸易、餐饮业	17.76	51.86	94.1	99.55	86.87
社会服务业的现金收入	3.96	15.01	17.92	16.29	13.25
文教卫生业的现金收入			6.44	6.75	8.1
其他家庭经营收入的现金收入	5.62	33.52	26.11	19.45	15.17
财产性收入	49.44	16.11	7.42	11.37	9.11
转移性收入		90.24	115.51	129.91	139.78
期内现金支出合计	**507.05**	**1389.54**	**1809.36**	**1881.19**	**2068.92**
生产费用支出的现金	176.73	534.08	618.2	636.34	664.37
家庭经营费用支出	158.66	490.34	567.34	585.15	604.59
购置生产性固定资产支出	18.07	43.74	50.87	51.19	59.78
税费支出	10.42	19.25	30.31	26.79	31.23
生活消费支出	290.33	784.17	1087.2	1128.66	1270.72
食品	130.59	369.14	437.01	442.27	511.3
衣着	26.17	49.17	51.56	53.3	63.72
居住	67.4	112.21	188.35	215.53	237.02
家庭设备、用品及服务	12.04	51.65	62.95	62.43	64.88
医疗保健	11.95	29.04	52.38	60.95	66.19
交通和通讯	7.07	27.33	64.83	81.68	114.26
文化教育、娱乐用品及服务	30.62	127.69	186.76	174.15	173.17
其他商品及服务	4.49	17.93	43.37	38.35	40.18
财产性支出	29.57	52.04	6.44	9.77	8.67
转移性支出			67.21	79.63	93.95

10—27　主要年份农户主要农副产品人均生产量和商品率情况

产品名称	1990年			1995年		
	生产量（千克）	出售量（千克）	商品率（%）	生产量（千克）	出售量（千克）	商品率（%）
粮 食	414.25	74.46	17.97	453.97	59.82	13.18
油 料	10.99	2.55	23.2	12.5	2.44	19.52
麻 类	1.46	0.99	67.81	0.37	0.34	91.89
糖 料	366.45	357.29	97.5	456.93	450.75	98.65
烟 叶	0.62	0.55	88.71	0.39	0.34	87.18
蔬 菜	154.67	34.96	22.6	166.01	50.66	30.52
果用瓜	15.48	14.38	92.86	14.13	12.98	91.86
水 果	24.16	20.51	84.89	39.02	32.56	83.44
茶 叶	0.09	0.08	88.89	0.34	0.31	91.18
猪 肉	28.97	26.33	90.89	40.7	36.45	89.56
羊 肉	0.18	0.16	88.89	0.17	0.14	82.35
家 禽	2.7	1.42	52.59	3.56	2.04	57.3
鱼 虾	2.19	1.78	81.28	3.89	3.14	80.72
蛋 类	1.16	0.35	30.17	0.52	0.2	38.46
蜂 蜜	…	…	…	0.01	0.01	100
蚕 茧	0.43	0.43	100	0.88	0.87	98.86

10—27　续表

产品名称	2000年			2002年		
	生产量（千克）	出售量（千克）	商品率（%）	生产量（千克）	出售量（千克）	商品率（%）
粮 食	452.67	72.24	15.96	419.07	80.03	19.1
油 料	13.05	3.84	29.43	10.14	1.91	18.84
麻 类	0.94	0.86	91.49	0.83	0.72	86.75
糖 料	866.89	854.89	98.62	1136.16	1113.71	98.02
烟 叶	0.97	0.95	97.94	0.52	0.43	82.69
蔬 菜	208.31	90.54	43.46	209.33	96.31	46.01
果用瓜	30.55	29.09	95.22	26.91	25.23	93.76
水 果	40.61	35.07	86.36	69.33	58.75	84.71
茶 叶	0.3	0.2	66.67	0.11	0.1	90.91
猪 肉	55.32	51.62	93.31	54.99	51.78	95.7
羊 肉	0.58	0.53	91.38	0.53	0.48	90.57
家 禽	5.27	2.91	55.22	9.02	4.07	45.12
鱼 虾	6.45	4.9	75.97	5.95	5.22	87.73
蛋 类	0.79	0.25	31.64	0.6	0.09	15
蜂 蜜	0.1	0.04	40	0.11	0.1	90.91
蚕 茧	0.81	0.81	100	2.67	2.66	99.63

10—28 主要年份农户平均每人粮食收支情况

单位：千克

项目	1990年	1995年	2000年	2001年	2002年
年初粮食结存（原粮）	**229.78**	**263.66**	**200.41**	**235.44**	**252.13**
年内粮食收入	**460.78**	**491.37**	**499.41**	**484.57**	**456.02**
家庭经营生产的	414.25	453.97	452.67	449.71	419.07
购入	32.24	33.21	46.26	32.73	34.65
借入	3.29	1.65	0.15	0.34	0.16
收回借出粮	5.11	2.18	0.27	1.27	0.95
其他粮食收入	5.85	0.35	0.06	0.52	1.19
年内粮食支出	**435.83**	**426.69**	**440.53**	**445.48**	**424.12**
主食用粮	22.34	243.72	233.75	227.41	219.6
其他生活用粮	3.59	2.51	0.22	1.16	0.59
出售	74.46	59.82	72.24	84.34	80.03
种籽	8.74	5.17	5.22	3.92	3.58
饲料	82.21	96.03	115.87	112.11	108
借出	4.97	4.64	1.11	3.58	1.62
归还借粮	3.34	2.37	0.16	1.25	1.04
其他粮食支出	15.41	11.11	11.95	11.72	9.66
年末粮食结存	**254.73**	**328.34**	**254.19**	**266.89**	**265.65**
#口粮	167.09	188.81	159.61	161.65	167.98
饲料	41.9	71.58	52.22	56.65	54.4
种籽	6.69	3.65	2.56	2.97	2.45

10—29 主要年份农户平均每人主要消费品消费量

品名	单位	1990年	1995年	2000年	2001年	2002年
粮食（原粮）	千克	245.93	243.73	231.8	226.46	218.46
蔬菜	千克	126.35	117.69	118.64	116.72	117.61
食用油	千克	4.57	4.49	6.2	6.12	6.3
植物油	千克	1.97	2.4	3.98	3.93	4.16
动物油	千克	2.6	2.09	2.22	2.18	2.14
肉类	千克	10.74	11.07	14.07	13.8	14.33
猪肉	千克	10.41	10.82	13.86	13.58	14.14
牛羊肉	千克	0.33	0.25	0.21	0.22	0.19
家禽	千克	2.89	3.68	6.29	6.62	7.02
蛋类	千克	0.74	0.88	1.28	1.21	1.12
鱼虾	千克	1.45	1.94	3.08	3.31	3.55
食糖	千克	1.37	1.04	1.27	1.28	1.31
卷烟	盒	13.66	12.03	11.07	10.66	10.33
酒	千克	6.46	5.99	5.53	5.63	6.13
糖果、糕点	千克	0.41	1.38	0.59	0.56	0.7
水果	千克	3.7	7.23	10.05	12.88	12.72
棉布	米	0.46	0.19	0.05	0.05	0.04
棉布服装	件	0.14	0.07	0.03	0.05	0.07
化纤布	米	1.53	1.37	0.08	0.08	0.08
化纤布服装	件	0.67	0.99	1.16	1.26	1.36

注：1990年和1995年棉布和化纤布消费量中包括服装折布。

10—30 主要年份农户平均每百户耐用消费品年末拥有量

品　　名	单　位	1990年	1995年	2000年	2001年	2002年
大型家具	件	102.16	148.88	140.43	153.12	157.1
洗衣机	台	1.16	1.29	3.25	4.37	3.46
电风扇	台	52.28	124.02	180.82	187.1	192.77
电冰箱	台			2.94	2.94	3.46
空调机	台			0.17	0.04	0.04
抽油烟机	台			0.3	0.3	0.3
中高档乐器	件			0.17	0.22	0.13
微波炉	台			0.13	0.17	0.09
热水器	台			2.6	2.86	3.12
自行车	辆	136.85	159.6	124.98	121.47	121.26
摩托车	台	0.17	2.28	18.01	21.13	27.14
汽车（生活用）	台			0.09	0.04	0.04
电话机	部			8.14	13.98	20.56
移动电话	部			0.69	2.12	4.59
寻呼机	台			5.54	8.23	9.57
彩色电视机	台	0.65	5.04	30.04	34.98	39.91
黑白电视机	台	24.7	59.38	60.78	59.44	59.13
录放像机	台			1.69	1.26	1.08
摄像机	台			0.13	0.09	0.08
影碟机	台			11.9	14.46	17.75
组合音响	台			6.23	7.66	8.27
收录机	台	13.97	23.57	14.24	13.2	13.16
照相机	架			0.87	0.82	1

注：1990年和1995年大型家具按2000年指标口径调整。

10—31 主要年份农户房屋情况

项　　目	单　位	1990年	1995年	2000年	2001年	2002年
平均每人年末住房面积	平方米	15.80	18.21	23.40	24.12	24.91
#钢筋混凝土结构面积	平方米	1.04	3.24	9.40	10.44	11.32
砖木结构面积	平方米	6.14	7.81	8.71	8.37	8.26
年内新建（购）住房面积	平方米	0.49	0.51	1.11	0.76	0.95
#钢筋混凝土结构面积	平方米	0.24	0.43	0.94	0.72	0.88
砖木结构面积	平方米	0.15	0.05	0.17	0.06	0.06
平均每平方米新建（购）住房价值	元	76.78	195.47	224.64	184.65	203.87

10—32　农户生活基本情况(按五等份分组，2002年)

项　　目	单　位	低收入户	中低收入户	中等收入户	中高收入户	高收入户
调查户数	户	462	462	462	460	464
常住人口	人	2367	2287	2231	2195	1974
#整半劳动力	人	1091	1069	1077	1102	1028
人均新建房屋面积	平方米	0.46	0.53	1.04	0.73	2.18
人均年末住房面积	平方米	19.73	23.03	23.86	27.21	31.93
人均经营耕地面积	亩	1.07	1.16	1.25	1.48	1.69
#自留地面积	亩	0.08	0.07	0.07	0.09	0.11
平均每人全年总收入	元	1474.45	2078.99	2643.85	3392.87	5103.65
工资性收入	元	215.7	432.45	591.98	901.86	1413.13
家庭经营收入	元	1184.52	1562.05	1936.62	2324.04	3351.49
#农业收入	元	652.42	813.87	964.65	1209.01	1599.9
林业收入	元	27.76	38.24	49.11	52.53	68.63
牧业收入	元	403.17	553.36	675.86	773.47	989.55
渔业收入	元	20.92	26.98	30.01	38.9	179.91
财产性收入	元	5.99	8.86	6.58	9.01	16.12
转移性收入	元	68.24	75.63	108.67	157.96	322.92
平均每人全年纯收入	元	887.73	1403.2	1834.82	2399.84	3837.78
平均每人全年总支出	元	1628.78	2028.15	2417.77	2925.66	4263.73
家庭经营费用支出	元	483.16	559.5	674.81	819.56	1070.55
购置生产性固定资产支出	元	44.62	30.18	41.3	52.23	141.52
税费支出	元	24.74	32.79	38.73	45.64	58.94
生活消费支出	元	1018.79	1333.88	1578.1	1896.37	2782.61
食品	元	610.55	745.75	846.42	994.56	1241.62
衣着	元	33.68	47.28	56.78	80.05	109.09
居住	元	130.83	213.13	246.76	266.43	636.17
家庭设备、用品及服务	元	41.8	52.15	64.92	72.52	99.32
医疗保健用品及服务	元	39.04	49.53	62.87	74.55	112.48
交通和通讯用品及服务	元	45.36	62.29	98.66	139.87	246.22
文化娱乐用品及服务	元	99.17	131.08	170.3	220.52	261.28
其他商品和服务	元	18.35	32.68	31.39	47.86	76.44
财产性支出	元	1.23	3.32	3.56	5.64	32.9
转移性支出	元	56.24	68.49	81.27	106.21	177.21

10—33 各地市县农村居民总收入

单位：元/人

	总收入		工资性收入		家庭经营收入		财产性和转移性收入	
	2002年	2001年	2002年	2001年	2002年	2001年	2002年	2001年
南宁市	**3953.19**	**3831.66**	**429.22**	**338.85**	**3190.57**	**3239.42**	**333.40**	**253.39**
市辖区	4553.39	4565.25	677.21	511.64	3257.71	3496.30	618.47	557.31
邕宁县	3397.79	3287.92	236.69	138.61	2875.64	2974.32	285.47	175.00
武鸣县	4327.43	4055.77	533.68	488.72	3575.77	3418.40	217.98	148.66
柳州市	**2934.67**	**2704.09**	**310.62**	**227.04**	**2470.40**	**2327.19**	**153.65**	**149.96**
市辖区	4107.75	3539.88	409.78	440.08	3184.02	2537.71	513.95	562.09
柳江县	3211.60	3010.54	389.02	180.31	2637.93	2720.76	184.64	109.47
柳城县	4271.69	3865.88	273.90	214.18	3851.97	3445.52	145.83	206.18
鹿寨县	3615.59	3249.15	288.99	208.95	3155.36	2851.41	171.24	188.80
融安县	2378.66	2311.23	289.68	358.13	1984.09	1895.53	104.89	57.57
融水县	1836.06	1642.82	269.03	125.99	1451.25	1405.53	115.78	111.30
三江县	1641.01	1640.95	298.58	278.76	1277.81	1272.41	64.62	89.78
桂林市	**3261.22**	**3164.67**	**597.58**	**513.66**	**2461.24**	**2490.15**	**202.40**	**160.85**
秀峰区	4307.50	4337.65	784.56	1167.29	1795.34	2124.74	1727.60	1045.62
叠彩区	3340.59	3301.52	1624.81	753.70	1433.66	2295.47	282.11	252.35
象山区	5096.17	5370.83	629.89	685.28	3914.98	4302.82	551.30	382.73
七星区	4619.03	4316.46	1204.93	879.33	1385.83	1508.17	2028.27	1928.95
雁山区	2716.57	2775.55	392.06	458.35	1901.08	1992.28	423.43	324.93
阳朔县	2660.79	2719.99	656.56	437.71	1884.60	2213.78	119.63	68.50
临桂县	2914.39	2828.90	497.81	334.28	2092.42	2266.23	324.16	228.39
灵川县	3943.54	3768.66	753.86	453.75	3076.54	3186.43	113.13	128.47
全州县	3501.31	3362.35	756.93	757.31	2590.41	2471.45	153.97	133.59
兴安县	3926.68	3997.85	977.91	788.88	2688.56	3030.20	260.21	178.78
永福县	3197.55	2966.05	345.21	354.64	2701.70	2502.57	150.64	108.83
灌阳县	2598.44	2570.32	278.26	293.58	2097.73	2173.82	222.45	102.91
龙胜县	2813.63	2645.93	672.27	705.65	1971.66	1797.45	169.71	142.83
资源县	2138.32	2034.01	608.17	525.01	1457.64	1311.24	72.50	197.76
平乐县	2890.12	2809.35	735.71	590.38	2039.39	2138.57	115.01	80.40
荔浦县	4023.19	3993.11	304.48	364.41	3530.67	3419.53	188.05	209.18
恭城县	3114.68	2781.68	103.33	141.31	2885.18	2581.96	126.16	58.41
梧州市	**2669.94**	**2576.93**	**601.58**	**601.39**	**1891.69**	**1787.54**	**176.67**	**188.00**
郊　区	4333.56	4456.38	1089.13	1269.80	2602.90	2509.25	641.53	677.32
苍梧县	3120.37	2741.96	410.07	424.09	2601.57	2028.14	108.73	289.73
藤　县	2333.39	2303.09	682.10	562.70	1586.25	1654.83	65.04	85.55
蒙山县	2453.71	2983.99	298.78	302.81	1811.35	2358.36	343.58	322.82
岑溪市	2543.45	2444.35	701.13	810.67	1563.29	1502.72	279.03	130.96
北海市	**4392.28**	**4127.59**	**435.44**	**328.21**	**3795.16**	**3633.35**	**161.68**	**166.03**
海城区	4839.83	3895.19	902.00	831.26	3591.26	2891.60	346.57	172.33
银海区	4582.19	4262.35	317.81	313.23	4162.17	3657.12	102.20	292.00
铁山港	4177.82	3637.60	232.57	280.26	3868.90	3284.63	76.35	72.71
合浦县	4378.64	4211.10	458.16	294.67	3747.36	3753.46	173.12	162.97

10—33 续表1 单位：元/人

	总收入		工资性收入		家庭经营收入		财产性和转移性收入	
	2002年	2001年	2002年	2001年	2002年	2001年	2002年	2001年
防城港市	**3938.42**	**3685.91**	**439.96**	**399.53**	**3345.60**	**3066.14**	**152.86**	**220.25**
港口区	10133.48	9129.29	364.21	348.73	9470.85	8624.59	298.42	155.97
防城区	3316.15	3166.27	590.17	485.01	2584.64	2407.88	141.33	273.37
上思县	3059.68	2759.33	161.31	152.29	2801.47	2417.52	96.90	189.52
东兴市	3907.93	3414.75	599.47	698.08	3083.40	2569.43	225.06	147.24
钦州市	**3149.45**	**2939.87**	**678.65**	**666.23**	**2235.69**	**2040.69**	**235.11**	**232.95**
钦南区	3538.89	3329.61	346.49	315.36	2909.47	2756.30	282.92	257.94
钦北区	3169.36	2824.92	456.69	356.97	2321.36	2128.24	391.32	339.71
灵山县	2917.67	2810.53	940.40	969.22	1880.20	1707.48	97.07	133.83
浦北县	3263.77	3035.01	639.11	598.36	2310.93	2134.31	313.73	302.34
贵港市	**3097.56**	**2990.50**	**700.31**	**571.83**	**2276.14**	**2216.78**	**121.10**	**201.89**
覃塘区	2921.27	2887.52	806.83	673.94	2012.01	2138.28	102.43	75.30
港北区	2828.02	2591.90	514.56	377.37	2177.86	1921.43	135.60	293.10
港南区	2722.10	2902.75	647.25	518.70	2005.64	2253.91	69.22	130.15
平南县	2906.05	2607.63	621.89	624.52	2119.73	1734.10	164.44	249.01
桂平市	3503.67	3443.83	791.68	569.23	2602.09	2663.73	109.90	210.87
玉林市	**2850.77**	**2710.42**	**664.56**	**634.16**	**2017.64**	**1854.35**	**168.57**	**221.90**
福绵区	2795.25	2541.77	287.08	271.11	2314.10	1983.42	194.08	287.23
玉州区	3476.37	2928.03	603.60	693.64	2552.07	1923.01	320.71	311.37
容　县	2288.17	2202.60	1191.43	1161.66	1028.70	965.04	68.03	75.90
陆川县	2583.63	2408.83	423.99	486.97	1915.06	1653.02	244.58	268.84
博白县	3161.51	3092.97	633.67	548.41	2383.91	2411.00	143.93	133.56
兴业县	2794.71	2607.85	623.21	333.24	1917.13	1848.54	254.37	426.08
北流市	2834.14	2802.74	719.74	802.17	2019.69	1783.78	94.72	216.79
百色市	**2138.78**	**2015.64**	**315.43**	**305.54**	**1680.04**	**1600.13**	**143.31**	**109.97**
右江区	2853.83	2559.37	329.04	200.12	2466.35	2315.42	58.44	43.84
田阳县	2587.16	2401.11	406.49	264.25	1970.68	1979.24	209.99	157.62
田东县	2542.56	2316.61	327.71	272.92	2003.28	1892.36	211.57	151.33
平果县	2093.91	2038.28	444.25	330.45	1612.25	1619.57	37.41	88.25
德保县	1817.54	1806.53	447.37	504.60	1238.30	1223.66	131.88	78.27
靖西县	1916.23	1836.21	275.81	395.10	1398.29	1333.70	242.13	107.41
那坡县	1589.73	1414.63	158.75	223.03	1296.98	1060.00	134.00	131.59
凌云县	1664.79	1496.04	194.18	206.20	1455.67	1192.46	14.94	97.38
乐业县	1759.13	1555.97	215.81	181.28	1376.64	1304.51	166.68	70.19
田林县	2120.16	2026.88	158.05	180.87	1877.20	1763.95	84.91	82.05
西林县	2174.50	1908.59	188.09	175.28	1916.98	1558.12	69.43	175.20
隆林县	2281.69	2278.67	327.11	349.56	1781.16	1796.38	173.42	132.74

10—33 续表2 单位：元/人

	总收入		工资性收入		家庭经营收入		财产性和转移性收入	
	2002年	2001年	2002年	2001年	2002年	2001年	2002年	2001年
贺州市	**2572.75**	**2624.80**	**543.76**	**492.07**	**1938.50**	**1981.76**	**90.49**	**150.97**
八步区	2887.16	2981.49	611.20	574.69	2190.41	2240.49	85.56	166.32
昭平县	2168.50	2224.11	526.60	395.51	1530.49	1746.73	111.40	81.88
钟山县	2317.36	2253.59	512.90	493.28	1732.40	1566.15	72.07	194.17
富川县	2539.16	2638.73	398.44	358.29	2032.86	2152.51	107.86	127.93
河池市	**2266.45**	**2200.43**	**477.57**	**386.06**	**1649.61**	**1681.84**	**139.27**	**132.54**
金城江区	2316.67	2454.77	563.29	564.03	1670.30	1800.26	83.08	90.48
南丹县	2706.08	2832.26	402.47	443.21	1976.53	2266.89	327.09	122.16
天峨县	2234.47	1920.52	260.16	219.54	1783.06	1509.54	191.25	191.44
凤山县	1810.77	1775.98	344.40	255.09	1259.38	1156.61	206.98	364.28
东兰县	2001.46	1910.67	436.00	387.04	1339.97	1322.46	225.49	201.17
罗城县	2113.07	2016.12	290.92	230.85	1750.90	1672.03	71.25	113.24
环江县	2227.10	2203.30	447.94	410.15	1663.91	1693.81	115.25	99.34
巴马县	2177.23	2174.46	310.25	299.39	1764.08	1684.69	102.89	190.37
都安县	1774.74	1687.65	553.45	417.89	1136.33	1181.23	84.97	88.52
大化县	1953.20	1823.58	528.91	484.70	1308.82	1235.80	115.47	103.08
宜州市	3292.01	3167.31	670.12	387.34	2465.79	2672.45	156.10	107.53
来宾市	**2824.27**	**2534.18**	**362.96**	**265.72**	**2336.20**	**2153.90**	**125.11**	**114.56**
兴宾区	2952.77	2648.09	351.93	220.79	2453.96	2306.69	146.88	120.60
忻城县	2693.71	2233.66	460.35	389.28	2095.94	1727.66	137.42	116.73
象州县	3126.29	2756.05	396.89	213.89	2643.06	2435.54	86.34	106.62
武宣县	2765.31	2541.69	325.07	323.86	2327.63	2136.99	112.61	80.84
金秀县	2255.46	2278.52	262.92	211.31	1906.61	1988.93	85.93	78.27
合山市	2041.74	2215.35	227.03	208.62	1702.77	1725.97	111.94	280.76
南宁地区	**2986.72**	**2790.72**	**403.90**	**372.84**	**2475.54**	**2282.21**	**107.26**	**135.67**
凭祥市	2474.94	2081.72	270.60	271.82	2045.13	1763.42	159.21	46.48
横 县	2899.98	2692.88	301.21	291.00	2559.49	2319.16	39.29	82.72
宾阳县	3145.21	2905.03	357.35	290.24	2603.92	2417.59	183.95	197.20
上林县	2789.52	2781.33	559.43	446.79	2036.96	2138.21	193.13	196.33
隆安县	2784.46	2603.21	459.76	303.51	2161.20	2201.62	163.49	98.07
马山县	2436.68	2182.51	869.05	860.90	1458.38	1268.11	109.26	53.49
扶绥县	3630.65	3591.15	190.08	213.18	3324.04	3285.43	116.53	92.54
崇左县	3406.68	2797.70	141.95	103.63	3172.90	2537.24	91.83	156.82
大新县	2607.80	2507.20	538.30	458.24	2022.64	1958.83	46.86	90.13
天等县	4125.75	3818.57	674.20	701.16	3352.93	2899.10	98.62	218.31
宁明县	2651.52	2708.56	145.00	175.60	2478.01	2321.18	28.51	211.77
龙州县	2497.51	2272.54	163.78	231.60	2249.82	1909.55	83.90	131.39

10—34 各地市县农村居民总支出

单位：元/人

	总支出		家庭经营支出		生活消费支出		财产性和转移性支出	
	2002年	2001年	2002年	2001年	2002年	2001年	2002年	2001年
南宁市	**3550.17**	**3811.50**	**1200.13**	**1306.62**	**2183.30**	**2341.24**	**71.92**	**67.01**
市辖区	4104.93	4684.74	1436.90	1688.62	2458.77	2819.38	57.69	86.55
邕宁县	2979.15	2870.87	903.88	1024.64	1922.22	1731.57	78.91	49.94
武鸣县	3974.39	4472.92	1452.55	1421.76	2363.42	2830.70	71.47	76.46
柳州市	**2687.52**	**2406.55**	**827.05**	**776.50**	**1620.25**	**1394.35**	**143.42**	**139.65**
市辖区	3702.90	3209.81	1241.75	908.10	2232.43	2055.18	184.72	172.70
柳江县	2791.31	2440.91	766.27	834.86	1747.64	1378.21	200.72	143.99
柳城县	3806.72	3631.26	1662.01	1500.48	1852.32	1750.41	206.47	246.97
鹿寨县	3569.45	3145.15	1127.01	970.48	2077.52	1823.21	175.63	192.23
融安县	2309.69	2208.54	573.33	634.13	1463.76	1306.54	186.10	168.75
融水县	1625.14	1258.06	396.67	349.36	1099.54	858.03	21.55	23.29
三江县	1522.02	1402.95	222.40	233.84	1208.10	1024.77	50.83	56.62
桂林市	**2866.60**	**2841.90**	**892.44**	**959.45**	**1719.43**	**1606.49**	**155.98**	**144.25**
秀峰区	2690.54	3036.41	493.02	574.81	2029.90	2286.52	126.89	151.16
叠彩区	2522.80	2418.85	434.45	602.65	1980.83	1604.10	83.95	142.28
象山区	4679.35	5284.92	2442.75	2841.19	1955.03	2086.69	137.22	148.10
七星区	2912.63	2957.42	448.00	526.30	2353.82	2107.56	89.29	192.92
雁山区	1964.11	2362.37	533.79	755.93	1345.63	1475.28	45.93	47.99
阳朔县	2325.85	2418.57	576.49	719.76	1592.23	1559.21	102.62	75.68
临桂县	2516.60	2497.97	637.55	783.91	1710.99	1482.73	126.15	129.63
灵川县	3488.43	3452.41	1461.43	1477.84	1816.33	1647.30	102.63	119.12
全州县	2944.88	2999.60	1009.72	1006.14	1601.00	1587.65	184.05	235.99
兴安县	3657.16	3796.56	1020.76	1180.12	2272.02	2252.69	277.31	206.95
永福县	2628.72	2602.15	1002.36	918.93	1433.85	1437.21	129.93	113.98
灌阳县	2435.41	2428.99	754.14	809.64	1459.06	1428.92	158.78	118.81
龙胜县	2880.48	2884.94	968.91	936.46	1591.94	1623.02	229.87	191.07
资源县	2142.90	2002.90	416.00	455.05	1496.19	1283.19	195.83	148.92
平乐县	2598.40	2522.49	527.00	607.13	1928.42	1766.95	89.57	82.67
荔浦县	3041.97	2877.89	1152.54	1388.33	1585.37	1244.27	162.95	79.99
恭城县	3414.87	2965.24	1070.28	981.06	1898.68	1656.95	182.15	157.76
梧州市	**2305.23**	**2230.62**	**667.70**	**679.23**	**1509.40**	**1402.73**	**72.70**	**77.12**
郊　区	3136.84	3636.46	849.25	1251.20	2108.10	2253.93	137.91	79.11
苍梧县	3109.38	2357.17	1208.85	934.99	1791.56	1283.58	57.60	51.41
藤　县	1891.41	2071.55	428.68	491.96	1352.00	1450.15	46.39	55.96
蒙山县	2192.52	2971.46	627.66	1244.76	1315.70	1476.52	176.43	158.59
岑溪市	2018.53	1930.77	459.48	465.13	1429.55	1322.85	84.22	90.73
北海市	**4159.51**	**3787.83**	**1715.23**	**1664.36**	**1961.22**	**1775.01**	**282.45**	**203.80**
海城区	4776.70	4028.56	1999.22	1485.83	2566.69	2331.57	176.44	160.71
银海区	4068.21	4370.84	1920.25	1660.94	1982.91	2403.24	89.53	193.91
铁山港	3446.79	2871.48	1476.72	1245.49	1811.64	1412.98	99.60	94.98
合浦县	4253.30	3837.14	1712.37	1751.20	1950.04	1696.55	342.40	227.39

10—34 续表1

单位：元/人

	总支出		家庭经营支出		生活消费支出		财产性和转移性支出	
	2002年	2001年	2002年	2001年	2002年	2001年	2002年	2001年
防城港市	**3373.79**	**3232.69**	**1616.03**	**1458.37**	**1602.04**	**1521.88**	**92.80**	**110.66**
港口区	8957.54	8094.77	6863.24	6052.75	1823.25	1670.20	70.98	107.42
防城区	2777.79	2783.74	1043.01	942.01	1569.51	1584.62	116.13	124.36
上思县	2876.50	2477.42	1171.71	996.02	1600.50	1288.86	52.47	82.74
东兴市	2772.23	2767.19	1044.09	775.21	1568.09	1712.87	117.77	127.53
钦州市	**2507.24**	**2366.96**	**603.34**	**566.24**	**1769.41**	**1671.58**	**89.34**	**73.76**
钦南区	2938.41	2651.09	1001.12	971.77	1772.04	1471.11	124.27	119.10
钦北区	2690.77	2156.30	630.61	487.43	1867.54	1553.89	133.17	62.82
灵山县	2372.03	2208.37	404.53	440.49	1854.26	1641.20	64.41	73.00
浦北县	2286.21	2648.48	647.70	616.08	1536.84	1932.86	71.91	57.98
贵港市	**2529.98**	**2798.57**	**897.97**	**908.64**	**1473.45**	**1715.18**	**74.77**	**95.47**
覃塘区	2308.76	2378.82	683.07	750.45	1473.28	1523.51	75.79	55.80
港北区	2111.93	1824.52	569.47	476.69	1447.53	1272.31	62.60	46.18
港南区	2156.82	2523.74	525.61	756.49	1500.35	1554.12	108.44	134.86
平南县	2160.82	2750.70	727.42	583.81	1253.63	1972.74	65.84	102.88
桂平市	3121.09	3308.98	1315.70	1369.27	1633.79	1745.71	72.16	100.09
玉林市	**2457.23**	**2526.82**	**764.16**	**754.09**	**1528.32**	**1564.36**	**86.48**	**90.42**
福绵区	2427.07	1981.83	628.58	515.21	1552.60	1289.52	162.08	129.83
玉州区	3218.26	3248.06	1104.98	719.59	1634.21	1824.03	167.47	166.30
容　县	2164.36	2033.31	395.03	391.76	1668.87	1529.65	57.32	49.63
陆川县	2109.51	2070.13	638.96	527.09	1365.87	1417.94	60.38	59.01
博白县	3023.20	3169.94	1151.28	1263.73	1691.31	1662.21	92.79	90.81
兴业县	2300.73	2216.24	870.61	780.11	1291.46	1274.34	85.32	89.92
北流市	1999.68	2436.22	444.87	564.34	1445.43	1730.62	63.71	90.08
百色市	**2188.56**	**1989.37**	**705.69**	**660.18**	**1290.97**	**1167.06**	**66.33**	**71.96**
右江区	3012.19	2634.74	1234.23	1048.60	1608.80	1348.34	86.98	91.18
田阳县	2953.01	2348.93	840.60	824.33	1786.58	1291.99	131.35	93.95
田东县	2540.73	2386.53	861.75	767.46	1321.22	1417.44	116.61	120.87
平果县	2036.05	1970.01	647.25	641.39	1252.51	1179.02	41.88	26.29
德保县	1668.43	1771.61	621.41	653.34	939.15	1025.83	68.47	54.47
靖西县	1645.99	1559.09	427.88	399.30	1053.22	1029.30	52.33	54.46
那坡县	1489.43	1308.77	384.78	272.13	999.29	922.95	28.10	51.12
凌云县	1572.44	1109.44	588.18	489.94	912.03	548.03	11.33	24.12
乐业县	1934.30	1530.12	688.75	536.97	1139.08	927.58	68.11	22.37
田林县	2510.87	2279.32	701.04	654.47	1507.40	1482.21	54.26	59.91
西林县	2316.05	2173.30	746.30	552.91	1480.64	1358.59	37.08	167.38
隆林县	2729.29	2489.83	912.62	989.13	1603.00	1279.11	60.12	108.39

10—34 续表2

单位：元/人

	总支出		家庭经营支出		生活消费支出		财产性和转移性支出	
	2002年	2001年	2002年	2001年	2002年	2001年	2002年	2001年
贺州市	**2183.77**	**2479.31**	**678.04**	**781.67**	**1385.79**	**1532.36**	**45.96**	**92.22**
八步区	2275.88	2374.08	842.30	978.42	1354.45	1280.82	55.19	44.80
昭平县	2040.71	2103.74	418.16	538.76	1462.24	1421.90	42.67	69.22
钟山县	1946.71	2674.37	419.14	438.97	1376.16	2121.71	22.37	35.07
富川县	2479.01	2697.44	938.33	1045.27	1396.56	1496.29	59.65	83.30
河池市	**2226.97**	**2184.53**	**700.43**	**694.75**	**1353.25**	**1305.13**	**89.99**	**90.76**
金城江区	2113.93	2426.51	717.65	847.66	1254.23	1393.48	56.72	64.21
南丹县	2650.37	2852.74	644.97	858.51	1744.96	1730.19	185.81	152.83
天峨县	2253.28	2049.51	806.00	597.07	1246.48	1148.91	134.15	119.76
凤山县	1991.43	2035.98	546.96	532.13	1127.58	1179.77	125.44	181.09
东兰县	2035.65	2067.06	635.91	687.98	1244.33	1183.23	94.77	116.92
罗城县	2014.56	2094.16	918.89	874.79	930.60	1058.60	66.86	94.17
环江县	2109.40	2203.18	692.55	681.48	1297.98	1367.81	58.48	50.87
巴马县	2279.52	2381.73	812.60	782.69	1285.39	1420.82	88.06	66.26
都安县	1683.52	1581.48	466.82	400.04	1118.21	1080.34	71.15	78.30
大化县	2066.82	1724.11	547.41	495.86	1395.22	1113.40	83.57	57.34
宜州市	3184.19	2916.70	978.06	987.45	1944.20	1685.81	99.20	85.96
来宾市	**2739.40**	**2354.50**	**931.93**	**789.66**	**1641.31**	**1410.97**	**83.68**	**78.45**
兴宾区	2655.77	2248.63	897.34	735.07	1634.46	1380.49	62.07	48.70
忻城县	2702.53	2137.82	1073.67	814.69	1408.51	1205.32	73.49	52.24
象州县	3185.96	2612.33	1090.77	890.78	1830.88	1481.65	163.78	155.29
武宣县	2896.22	2548.96	901.87	820.06	1843.00	1575.01	82.70	91.98
金秀县	2465.87	2670.46	744.54	844.55	1588.71	1691.23	78.23	71.88
合山市	1764.97	1942.28	452.55	623.33	1221.65	1191.89	51.63	56.56
南宁地区	**2640.26**	**2661.78**	**1008.97**	**987.52**	**1452.31**	**1465.37**	**87.77**	**101.75**
凭祥市	1936.31	1676.64	510.25	359.57	1204.12	1184.29	82.83	67.58
横　县	2187.11	2122.32	832.16	810.74	1266.50	1224.59	56.97	40.89
宾阳县	2828.80	2926.50	1035.11	953.14	1582.13	1629.48	135.90	251.84
上林县	2638.49	2894.12	835.91	995.72	1558.42	1705.99	97.63	82.93
隆安县	2394.44	2271.04	910.82	887.68	1304.78	1227.25	83.38	78.91
马山县	2326.25	2070.15	707.90	652.11	1485.31	1310.31	68.33	61.52
扶绥县	3680.87	3647.97	1561.05	1754.19	1915.50	1695.18	111.59	99.07
崇左县	3233.54	2987.18	1241.67	858.50	1628.98	1680.51	133.40	153.43
大新县	2448.42	2443.09	747.41	789.73	1580.23	1495.36	42.06	49.10
天等县	3697.18	4534.21	2245.11	2028.69	1277.00	2134.18	97.59	103.18
宁明县	2010.53	2042.85	753.35	982.13	1161.56	950.95	42.10	42.63
龙州县	2473.68	2100.48	588.92	563.06	1528.07	1290.04	99.74	71.00

10—35　各地市县农村居民纯收入

单位：元/人

	纯收入		工资性收入		家庭经营纯收入		财产性和转移性纯收入	
	2002年	2001年	2002年	2001年	2002年	2001年	2002年	2001年
南宁市	2524.25	2324.08	429.22	338.85	1806.85	1763.78	288.18	221.45
市辖区	2671.50	2473.23	677.21	511.64	1454.38	1458.16	539.91	503.43
邕宁县	2368.15	2159.98	236.69	138.61	1884.04	1869.33	247.43	152.04
武鸣县	2643.02	2441.69	533.68	488.72	1925.23	1833.16	184.11	119.82
柳州市	1954.37	1797.09	310.62	227.04	1544.92	1461.02	98.83	109.03
市辖区	2726.78	2506.52	409.78	440.08	1879.59	1569.65	437.41	496.79
柳江县	2266.86	2061.39	389.02	180.31	1785.81	1819.63	92.02	61.45
柳城县	2432.85	2230.00	273.90	214.18	2062.52	1831.64	96.43	184.18
鹿寨县	2154.79	1951.95	288.99	208.95	1781.26	1650.18	84.54	92.82
融安县	1717.41	1589.00	289.68	358.13	1358.59	1207.55	69.15	23.32
融水县	1380.20	1240.85	269.03	125.99	1010.47	1014.41	100.70	100.45
三江县	1367.08	1356.10	298.58	278.76	1029.29	1009.22	39.21	68.12
桂林市	2194.50	2062.46	597.58	513.66	1461.38	1432.48	135.54	116.32
秀峰区	3683.06	3480.95	784.56	1167.29	1223.58	1286.12	1674.92	1027.53
叠彩区	2761.98	2562.50	1624.81	753.70	946.57	1631.34	190.60	177.47
象山区	2486.74	2380.04	629.89	685.28	1350.36	1357.97	506.49	336.79
七星区	3803.74	3591.74	1204.93	879.33	746.37	816.41	1852.44	1895.99
雁山区	2096.37	1881.34	392.06	458.35	1315.12	1146.98	389.19	276.01
阳朔县	1985.28	1915.28	656.56	437.71	1237.76	1428.30	90.96	49.28
临桂县	2133.99	1945.95	497.81	334.28	1386.68	1418.11	249.49	193.56
灵川县	2333.00	2150.00	753.86	453.75	1505.09	1599.94	74.05	96.31
全州县	2277.08	2168.17	756.93	757.31	1425.04	1349.15	95.11	61.72
兴安县	2602.67	2594.87	977.91	788.88	1552.03	1714.72	72.74	91.27
永福县	2084.74	1939.92	345.21	354.64	1623.71	1510.39	115.82	74.89
灌阳县	1680.78	1660.27	278.26	293.58	1279.74	1285.30	122.78	81.38
龙胜县	1678.87	1570.10	672.27	705.65	923.97	793.88	82.63	70.57
资源县	1632.48	1456.80	608.17	525.01	995.78	805.60	28.53	126.19
平乐县	2240.13	2095.58	735.71	590.38	1431.38	1447.91	73.04	57.29
荔浦县	2631.99	2429.08	304.48	364.41	2192.56	1887.11	134.95	177.57
恭城县	1863.55	1661.24	103.33	141.31	1675.77	1482.06	84.45	37.86
梧州市	1897.15	1784.71	601.58	601.39	1160.39	1026.66	135.18	156.66
郊　区	3303.95	3052.91	1089.13	1269.80	1699.11	1184.60	515.71	598.50
苍梧县	1839.71	1731.87	410.07	424.09	1349.62	1033.45	80.03	274.33
藤　县	1799.51	1695.02	682.10	562.70	1089.25	1077.14	28.16	55.17
蒙山县	1702.28	1585.63	298.78	302.81	1116.11	994.00	287.38	288.83
岑溪市	1962.15	1851.00	701.13	810.67	1027.50	950.17	233.52	90.16
北海市	2453.63	2264.73	435.44	328.21	1918.58	1852.42	99.61	84.10
海城区	2547.31	2290.28	902.00	831.26	1379.69	1318.50	265.62	140.52
银海区	2522.43	2319.47	317.81	313.23	2130.82	1853.88	73.81	152.36
铁山港	2490.50	2286.20	232.57	280.26	2210.83	1956.43	47.11	49.51
合浦县	2433.83	2250.93	458.16	294.67	1872.62	1881.14	103.05	75.12

单位：元/人

	纯收入		工资性收入		家庭经营纯收入		财产性和转移性纯收入	
	2002年	2001年	2002年	2001年	2002年	2001年	2002年	2001年
防城港市	**2163.57**	**2026.42**	**439.96**	**399.53**	**1619.82**	**1459.78**	**103.79**	**167.11**
港口区	2624.86	2421.16	364.21	348.73	2166.84	1973.66	93.82	98.77
防城区	2179.48	2056.25	590.17	485.01	1480.61	1365.99	108.70	205.25
上思县	1793.25	1657.31	161.31	152.29	1567.67	1346.93	64.28	158.09
东兴市	2658.26	2457.43	599.47	698.08	1871.58	1657.20	187.22	102.14
钦州市	**2441.60**	**2278.36**	**678.65**	**663.23**	**1581.01**	**1420.54**	**181.94**	**194.59**
钦南区	2430.75	2236.79	346.49	315.36	1850.61	1714.77	233.65	206.66
钦北区	2380.69	2234.00	456.69	356.97	1625.74	1575.43	298.25	301.61
灵山县	2430.58	2279.08	940.40	969.22	1427.67	1213.99	62.51	95.87
浦北县	2519.31	2337.85	639.11	598.36	1621.88	1482.26	258.31	257.22
贵港市	**2091.28**	**1978.77**	**700.31**	**571.83**	**1302.98**	**1232.25**	**87.99**	**174.69**
覃塘区	2131.03	2036.99	806.83	673.94	1271.76	1310.94	52.44	52.12
港北区	2152.89	2046.70	514.56	377.37	1532.49	1382.58	105.83	286.75
港南区	2116.51	2011.00	647.25	518.70	1432.44	1380.30	36.82	112.00
平南县	2103.25	1961.94	621.89	624.52	1330.59	1101.40	150.77	236.02
桂平市	2043.99	1942.51	791.68	569.23	1185.53	1208.75	66.78	164.53
玉林市	**1958.98**	**1839.25**	**664.56**	**634.16**	**1182.70**	**1032.29**	**111.72**	**172.80**
福绵区	2022.41	1919.14	287.08	271.11	1607.93	1391.86	127.40	256.17
玉州区	2088.13	1984.11	603.60	693.64	1261.06	1098.03	223.48	192.44
容　县	1800.97	1703.11	1191.43	1161.66	581.63	512.96	27.90	28.50
陆川县	1872.38	1772.65	423.99	486.97	1239.43	1040.65	208.96	245.03
博白县	1860.11	1718.74	633.67	548.41	1150.82	1081.94	75.62	88.40
兴业县	1805.98	1704.14	623.21	333.24	992.71	995.17	190.05	375.74
北流市	2281.25	2139.15	719.74	802.17	1513.13	1175.06	48.38	161.92
百色市	**1331.04**	**1258.15**	**315.43**	**305.54**	**910.61**	**871.98**	**105.00**	**80.63**
右江区	1523.40	1424.51	329.04	200.12	1164.68	1198.48	29.68	25.91
田阳县	1558.91	1449.82	406.49	264.25	1043.61	1080.24	108.80	105.33
田东县	1518.46	1405.46	327.71	272.92	1042.03	1037.90	148.72	94.63
平果县	1391.55	1290.10	444.25	330.45	917.33	890.44	29.96	69.20
德保县	1117.50	1058.27	447.37	504.60	556.99	511.53	113.15	42.14
靖西县	1380.59	1332.38	275.81	395.10	899.45	858.98	205.33	78.30
那坡县	1136.75	1097.77	158.75	223.03	860.01	748.71	117.99	126.02
凌云县	1024.00	969.94	194.18	206.20	821.39	668.50	8.42	95.25
乐业县	1028.23	979.04	215.81	181.28	660.58	738.63	151.84	59.13
田林县	1335.58	1285.94	158.05	180.87	1128.62	1052.03	48.91	53.03
西林县	1327.47	1273.11	188.09	175.28	1096.70	932.68	42.68	165.15
隆林县	1254.28	1186.98	327.11	349.56	816.30	739.50	110.88	97.92

10—35 续表2

单位：元/人

	纯收入		工资性收入		家庭经营纯收入		财产性和转移性纯收入	
	2002年	2001年	2002年	2001年	2002年	2001年	2002年	2001年
贺州市	**1793.27**	**1733.79**	**543.76**	**492.07**	**1186.50**	**1115.82**	**63.01**	**125.90**
八步区	1947.11	1887.85	611.20	574.69	1275.57	1174.70	60.34	138.47
昭平县	1644.80	1590.42	526.60	395.51	1028.70	1131.44	89.50	63.47
钟山县	1799.63	1713.58	512.90	493.28	1245.74	1058.91	41.00	161.40
富川县	1488.33	1469.38	398.44	358.29	1018.84	1014.23	71.05	96.85
河池市	**1419.21**	**1383.98**	**477.57**	**386.06**	**872.12**	**913.20**	**69.52**	**84.72**
金城江区	1470.19	1511.24	563.29	564.03	864.57	877.69	42.33	69.51
南丹县	1818.27	1851.10	402.47	443.21	1250.17	1337.20	165.63	70.69
天峨县	1218.24	1126.35	260.16	219.54	895.10	826.85	62.98	79.96
凤山县	1097.06	1029.67	344.40	255.09	638.61	536.65	114.04	237.94
东兰县	1161.00	1093.11	436.00	387.04	621.78	587.92	103.22	118.15
罗城县	1097.22	1059.30	290.92	230.85	771.07	733.84	35.23	94.61
环江县	1408.74	1403.63	447.94	410.15	912.95	944.82	47.86	48.65
巴马县	1274.85	1260.86	310.25	299.39	889.77	822.68	74.83	138.79
都安县	1229.18	1198.30	553.45	417.89	620.27	736.83	55.46	43.58
大化县	1327.31	1277.98	528.91	484.70	739.61	712.36	58.78	80.93
宜州市	2055.86	1990.31	670.12	387.34	1320.51	1528.82	65.24	74.15
来宾市	**1769.09**	**1638.48**	**362.96**	**265.72**	**1322.15**	**1282.86**	**83.98**	**89.90**
兴宾区	1965.63	1835.75	351.93	220.79	1494.91	1509.69	118.80	105.27
忻城县	1433.43	1282.00	460.35	389.28	913.68	819.28	59.41	73.44
象州县	1838.22	1694.00	396.89	213.89	1410.24	1407.37	31.09	72.74
武宣县	1766.14	1624.00	325.07	323.86	1350.81	1236.12	90.27	64.02
金秀县	1421.25	1350.04	262.92	211.31	1116.57	1094.79	41.75	43.93
合山市	1530.14	1510.30	227.03	208.62	1222.73	1041.18	80.38	260.50
南宁地区	**1849.29**	**1672.45**	**403.90**	**372.84**	**1378.27**	**1196.66**	**67.12**	**102.95**
凭祥市	1832.82	1659.97	270.60	271.82	1457.11	1361.48	105.11	26.67
横　县	1967.95	1797.00	301.21	291.00	1646.48	1432.92	20.26	73.08
宾阳县	1978.87	1808.35	357.35	290.24	1485.34	1355.81	136.19	162.31
上林县	1802.58	1617.65	559.43	446.79	1112.91	1026.82	130.24	144.04
隆安县	1745.37	1575.86	459.76	303.51	1157.56	1204.58	128.04	67.77
马山县	1616.36	1443.07	869.05	860.90	692.96	552.00	54.35	30.18
扶绥县	1851.94	1654.09	190.08	213.18	1619.97	1398.34	41.89	42.57
崇左县	2001.06	1796.73	141.95	103.63	1827.53	1605.71	31.58	87.39
大新县	1775.79	1604.13	538.30	458.24	1208.64	1073.88	28.85	72.01
天等县	1730.88	1560.38	674.20	701.16	1001.63	715.43	55.06	143.78
宁明县	1821.75	1645.07	145.00	175.60	1658.56	1259.59	18.19	209.88
龙州县	1741.32	1553.85	163.78	231.60	1526.95	1234.26	50.59	87.99

10—36　各地市县农村居民家庭基本情况（2002年）

	调查户数（户）	家庭常住人口（人）	在校学生（人）	整半劳动力（人）	人均住房面积（平方米）
南宁市	**360**	**1577**	**363**	**1060**	**31.20**
市辖区	100	408	98	275	38.93
邕宁县	140	648	152	415	23.54
武鸣县	120	521	113	370	37.33
柳州市	**740**	**3357**	**644**	**2310**	**22.41**
市辖区	100	398	74	282	27.40
柳江县	120	552	137	375	21.96
柳城县	100	429	87	299	27.12
鹿寨县	100	448	85	329	28.78
融安县	100	444	92	304	20.30
融水县	120	581	92	354	19.17
三江县	100	505	77	367	14.21
桂林市	**1440**	**6006**	**1207**	**4223**	**27.16**
秀峰区	30	125	25	79	66.20
叠彩区	30	123	26	85	39.89
象山区	50	234	45	163	37.83
七星区	60	261	48	194	65.33
雁山区	50	199	47	133	25.28
阳朔县	100	414	85	283	24.41
临桂县	100	485	110	345	25.06
灵川县	100	421	75	304	27.87
全州县	120	440	107	309	28.49
兴安县	100	401	85	300	26.72
永福县	100	406	97	263	23.94
灌阳县	100	386	93	271	24.79
龙胜县	100	433	81	303	27.58
资源县	100	394	69	300	29.95
平乐县	100	455	88	312	30.17
荔浦县	100	385	56	282	25.79
恭城县	100	444	70	297	21.25
梧州市	**580**	**2924**	**686**	**1868**	**20.26**
郊　区	100	456	95	316	43.53
苍梧县	120	609	112	420	17.87
藤　县	140	757	206	443	19.84
蒙山县	100	492	105	320	19.98
岑溪市	120	610	168	369	20.43
北海市	**370**	**1594**	**495**	**996**	**27.11**
海城区	50	204	57	143	31.32
银海区	100	426	132	265	35.31
铁山港	100	462	171	264	29.07
合浦县	120	502	135	324	25.52

10—36　续表1

	调查户数（户）	家庭常住人口（人）	在校学生（人）	整半劳动力（人）	人均住房面积（平方米）
防城港市	**400**	**1658**	**367**	**1081**	**22.08**
港口区	100	370	71	254	25.85
防城区	100	418	96	285	21.92
上思县	100	430	112	229	21.37
东兴市	100	440	88	313	21.64
钦州市	**500**	**2460**	**511**	**1671**	**23.11**
钦南区	120	570	113	403	20.95
钦北区	120	554	118	344	20.89
灵山县	140	729	145	508	23.87
浦北县	120	607	135	417	25.17
贵港市	**500**	**2460**	**511**	**1672**	**27.61**
覃塘区	120	591	124	418	29.42
港北区	120	623	205	359	28.34
港南区	120	590	150	396	29.73
平南县	140	735	210	460	26.41
桂平市	140	813	198	534	26.94
玉林市	**840**	**4064**	**1055**	**2549**	**24.21**
福绵区	100	412	101	275	31.74
玉州区	100	441	95	300	22.67
容　县	120	620	149	403	22.30
陆川县	120	578	157	362	24.57
博白县	140	768	231	471	22.80
兴业县	120	559	134	325	19.00
北流市	140	686	188	413	28.22
百色市	**1240**	**5870**	**1132**	**3956**	**22.67**
右江区	100	454	66	316	23.56
田阳县	100	408	62	299	29.38
田东县	100	491	95	332	23.54
平果县	120	552	127	378	24.56
德保县	100	494	81	346	22.22
靖西县	120	553	105	363	21.28
那坡县	100	467	65	325	21.81
凌云县	100	484	94	315	20.82
乐业县	100	496	136	300	20.53
田林县	100	497	94	339	18.91
西林县	100	508	118	333	16.73
隆林县	100	466	89	310	22.60

10—36 续表2

	调查户数（户）	家庭常住人口（人）	在校学生（人）	整半劳动力（人）	人均住房面积（平方米）
贺州市	**460**	**2268**	**594**	**1441**	**23.31**
八步区	140	641	182	402	26.53
昭平县	100	492	129	296	19.74
钟山县	120	641	154	424	20.30
富川县	100	494	129	319	22.84
河池市	**1140**	**5273**	**1053**	**3608**	**25.20**
金城江区	100	426	64	329	23.06
南丹县	100	473	104	321	23.52
天峨县	100	446	86	291	26.24
凤山县	100	457	117	292	20.63
东兰县	100	498	97	337	23.47
罗城县	100	485	81	348	20.38
环江县	100	420	89	297	28.20
巴马县	100	503	92	341	20.50
都安县	120	569	105	389	25.12
大化县	100	459	134	272	25.17
宜州市	120	537	84	391	32.01
来宾市	**640**	**2988**	**727**	**1993**	**25.80**
兴宾区	140	698	200	444	23.31
忻城县	100	432	101	293	25.38
象州县	100	464	81	330	28.93
武宣县	100	475	128	307	30.37
金秀县	100	446	85	311	26.31
合山市	100	473	132	308	20.62
南宁地区	**1290**	**6217**	**1233**	**4471**	**27.21**
凭祥市	100	476	106	342	17.97
横　县	120	562	115	411	27.23
宾阳县	120	608	144	415	28.28
上林县	120	580	95	425	32.75
隆安县	100	495	84	376	23.81
马山县	130	648	103	481	32.21
扶绥县	100	451	76	346	32.02
崇左县	100	477	103	337	21.75
大新县	100	507	80	369	22.46
天等县	100	495	122	314	27.89
宁明县	100	484	113	343	20.68
龙州县	100	434	92	312	26.77

10—37 各地市县农村居民生活消费支出（一）

单位：元/人

	生活消费支出		食品支出		衣着支出		居住支出	
	2002年	2001年	2002年	2001年	2002年	2001年	2002年	2001年
南宁市	**2183.30**	**2341.24**	**1183.66**	**1387.50**	**60.94**	**54.11**	**262.81**	**279.61**
市辖区	2458.77	2819.38	1240.84	1801.53	72.73	89.94	215.01	213.64
邕宁县	1922.22	1731.57	1147.31	941.55	63.48	38.72	221.71	285.15
武鸣县	2363.42	2830.70	1196.84	1701.05	50.04	50.04	348.91	317.78
柳州市	**1620.25**	**1394.35**	**848.76**	**743.10**	**54.58**	**54.71**	**292.51**	**221.06**
市辖区	2232.43	2055.18	1181.78	1069.27	78.34	79.60	457.16	373.17
柳江县	1747.64	1378.21	842.26	500.21	49.33	49.06	323.43	350.55
柳城县	1852.32	1750.41	816.93	876.52	55.09	55.24	438.34	313.77
鹿寨县	2077.52	1823.21	980.54	954.30	66.18	75.17	375.16	294.12
融安县	1463.76	1306.54	859.80	728.00	62.58	53.42	165.50	144.23
融水县	1099.54	858.03	727.50	629.14	46.03	38.77	148.82	55.14
三江县	1208.10	1024.77	773.24	751.72	44.26	51.12	216.73	54.94
桂林市	**1719.43**	**1606.49**	**928.50**	**883.40**	**63.80**	**58.66**	**234.14**	**198.18**
秀峰区	2029.90	2286.52	1187.98	1307.18	85.32	113.44	171.26	325.95
叠彩区	1980.83	1604.10	948.04	927.84	68.79	91.00	178.04	223.46
象山区	1955.03	2086.69	1066.09	1194.36	73.06	73.35	394.79	285.84
七星区	2353.82	2107.56	1243.25	1130.37	110.62	109.26	236.52	262.33
雁山区	1345.63	1475.28	823.19	789.71	30.77	31.16	166.91	203.81
阳朔县	1592.23	1559.21	911.71	851.80	61.11	52.11	225.62	221.49
临桂县	1710.99	1482.73	1140.45	973.64	35.71	44.46	135.73	117.04
灵川县	1816.33	1647.30	1062.01	985.12	54.97	75.36	217.30	137.34
全州县	1601.00	1587.65	835.08	812.48	72.57	63.51	147.81	207.27
兴安县	2272.02	2252.69	1213.77	1221.55	110.87	97.19	279.80	355.53
永福县	1433.85	1437.21	848.64	852.44	58.63	49.33	85.85	69.73
灌阳县	1459.06	1428.92	725.26	703.28	45.30	38.79	243.97	177.66
龙胜县	1591.94	1623.02	897.92	941.92	90.78	95.27	192.90	122.93
资源县	1496.19	1283.19	914.38	764.76	43.78	44.86	179.02	55.80
平乐县	1928.42	1766.95	901.98	854.00	72.51	52.93	506.70	390.37
荔浦县	1585.37	1244.27	803.66	696.22	50.35	30.18	205.72	141.34
恭城县	1898.68	1656.95	793.59	882.55	59.53	59.43	417.79	167.58
梧州市	**1509.40**	**1402.73**	**768.11**	**804.64**	**42.37**	**45.17**	**312.48**	**190.78**
郊　区	2108.10	2314.04	1158.63	1238.13	46.88	52.07	309.31	394.24
苍梧县	1791.56	1283.58	772.79	791.68	27.96	41.05	575.25	153.39
藤　县	1352.00	1450.15	809.25	829.18	49.33	43.35	144.27	218.22
蒙山县	1315.70	1476.52	649.38	823.59	34.95	48.96	113.69	166.86
岑溪市	1429.55	1331.04	701.19	733.08	48.37	49.33	331.55	174.57
北海市	**1961.22**	**1775.01**	**1006.53**	**945.58**	**60.16**	**64.75**	**274.54**	**180.40**
海城区	2566.69	2331.57	1205.36	1373.74	75.58	55.02	524.27	160.33
银海区	1982.91	2403.24	1194.51	1235.39	74.04	97.72	129.71	389.97
铁山港	1811.64	1412.98	1044.04	806.12	63.87	50.33	70.45	96.85
合浦县	1950.04	1696.55	965.74	916.42	56.96	63.25	312.61	165.86

10—37（一）　续表1　　　　单位：元/人

	生活消费支出		食品支出		衣着支出		居住支出	
	2002年	2001年	2002年	2001年	2002年	2001年	2002年	2001年
防城港市	**1602.04**	**1521.88**	**837.90**	**859.21**	**45.21**	**55.76**	**269.22**	**119.48**
港口区	1823.25	1670.20	1031.19	963.49	79.52	69.86	233.85	120.27
防城区	1569.51	1584.62	766.73	919.95	37.94	58.18	302.61	127.12
上思县	1600.50	1288.86	901.65	733.25	51.38	55.05	246.19	68.03
东兴市	1568.09	1712.87	812.42	844.75	32.93	37.30	224.90	209.86
钦州市	**1769.41**	**1671.58**	**905.07**	**997.25**	**46.42**	**44.16**	**350.66**	**191.59**
钦南区	1772.04	1471.11	947.95	858.95	44.03	45.81	241.55	142.78
钦北区	1867.54	1559.51	936.32	766.12	50.59	36.54	376.23	304.00
灵山县	1854.26	1641.20	899.00	963.92	42.17	44.96	455.92	190.25
浦北县	1536.84	1932.86	859.30	1326.44	52.10	48.11	221.91	128.94
贵港市	**1473.45**	**1715.18**	**759.44**	**831.62**	**44.87**	**42.80**	**203.25**	**271.36**
覃塘区	1473.28	1523.51	777.74	763.70	39.17	39.59	181.67	251.48
港北区	1447.53	1272.31	719.54	648.03	26.87	24.64	175.88	126.23
港南区	1500.35	1564.95	748.65	807.18	24.13	30.33	215.18	180.69
平南县	1253.63	1989.96	661.18	838.47	48.09	43.73	186.66	313.06
桂平市	1633.79	1745.71	840.75	905.98	56.56	52.43	225.59	317.84
玉林市	**1528.32**	**1564.36**	**734.92**	**802.87**	**41.68**	**55.67**	**248.98**	**212.28**
玉州区	1634.21	1851.61	781.88	916.55	56.52	68.89	158.80	147.69
福绵区	1552.60	1289.52	743.82	738.60	33.53	29.69	210.99	84.20
容　县	1668.87	1529.65	813.13	851.16	34.33	40.74	341.95	194.38
陆川县	1365.87	1426.26	729.05	800.39	35.42	49.04	248.92	163.00
博白县	1691.31	1662.21	763.80	809.16	54.82	83.14	268.14	290.31
兴业县	1291.46	1274.34	543.63	613.43	33.50	52.15	265.41	162.23
北流市	1445.43	1730.62	749.25	864.12	36.27	40.44	198.59	254.12
百色市	**1290.97**	**1167.06**	**700.08**	**663.54**	**38.88**	**37.28**	**233.67**	**165.88**
右江区	1608.80	1349.69	807.16	754.08	39.52	42.71	305.39	141.66
田阳县	1786.58	1291.99	854.17	761.70	39.76	34.85	476.22	152.36
田东县	1321.22	1426.48	704.88	671.16	48.97	36.60	159.43	357.17
平果县	1252.51	1181.74	568.78	581.24	26.12	25.77	298.27	237.55
德保县	939.15	1025.83	523.86	528.74	27.79	22.20	186.52	241.85
靖西县	1053.22	1029.30	623.47	691.27	36.51	34.88	167.99	51.24
那坡县	999.29	922.95	569.01	654.62	26.76	25.35	242.67	89.17
凌云县	912.03	548.03	767.22	344.64	30.25	29.79	19.63	73.66
乐业县	1139.08	927.68	591.98	561.92	37.31	35.07	218.53	133.31
田林县	1507.40	1482.21	821.72	875.32	70.56	66.99	164.03	122.38
西林县	1480.64	1358.59	1010.66	852.52	42.76	117.43	79.83	124.58
隆林县	1603.00	1279.11	838.97	707.43	46.75	32.79	341.08	153.92

10—37（一） 续表2 单位：元/人

	生活消费支出		食品支出		衣着支出		居住支出	
	2002年	2001年	2002年	2001年	2002年	2001年	2002年	2001年
贺州市	**1385.79**	**1532.36**	**748.03**	**817.04**	**38.65**	**40.64**	**207.06**	**142.01**
八步区	1354.45	1293.42	731.00	760.38	37.43	45.85	183.75	134.97
昭平县	1462.24	1421.90	826.91	957.36	53.55	40.20	225.62	100.30
钟山县	1376.16	2121.71	753.27	838.18	26.58	30.61	244.38	126.41
富川县	1396.56	1499.67	683.67	768.80	41.74	40.74	195.00	248.92
河池市	**1353.25**	**1305.10**	**719.54**	**706.79**	**50.96**	**44.30**	**233.40**	**206.45**
金城江区	1254.23	1393.48	676.54	728.69	38.19	40.58	179.19	195.29
南丹县	1744.96	1732.07	911.50	884.94	73.63	71.50	378.00	441.65
天峨县	1246.48	1149.32	659.96	665.64	51.51	57.73	268.98	139.21
凤山县	1127.58	1180.75	610.58	644.89	42.96	54.54	85.27	120.02
东兰县	1244.33	1183.23	744.31	665.80	30.64	25.91	212.77	200.31
罗城县	930.60	1058.60	460.26	585.14	36.28	40.31	144.48	72.13
环江县	1297.98	1367.81	776.02	780.02	53.98	52.81	160.32	192.92
巴马县	1285.39	1420.82	640.07	775.67	35.31	41.02	276.21	253.55
都安县	1118.21	1080.34	693.72	608.61	45.76	31.00	152.71	168.86
大化县	1395.22	1113.40	620.57	613.96	47.94	34.39	388.74	109.58
宜州市	1944.20	1685.81	944.46	852.43	80.55	57.71	313.15	337.37
来宾市	**1641.31**	**1410.97**	**803.73**	**704.32**	**55.36**	**43.02**	**248.05**	**231.83**
兴宾区	1634.46	1380.49	860.97	774.52	51.02	39.20	198.84	163.49
忻城县	1408.51	1205.32	690.13	579.67	62.27	45.27	201.59	177.48
象州县	1830.88	1481.65	919.06	621.80	70.88	51.64	184.09	275.56
武宣县	1843.00	1575.01	747.10	731.11	47.92	39.35	462.81	388.87
金秀县	1588.71	1691.23	719.66	763.06	50.81	51.12	312.82	373.30
合山市	1221.65	1201.10	646.67	649.47	47.67	41.73	183.85	92.52
南宁地区	**1452.31**	**1465.37**	**734.67**	**704.12**	**40.68**	**39.84**	**246.02**	**226.00**
凭祥市	1204.12	1184.29	721.35	726.64	38.60	44.98	141.09	140.17
横　县	1266.50	1224.59	662.91	605.89	29.96	32.29	219.84	188.45
宾阳县	1582.13	1629.48	908.76	839.06	40.54	41.46	105.40	232.02
上林县	1558.42	1705.99	806.38	798.89	44.38	43.89	215.56	310.16
隆安县	1304.78	1227.25	648.68	659.57	24.06	24.38	330.01	186.69
马山县	1485.31	1310.31	827.80	718.23	53.15	51.03	247.27	266.48
扶绥县	1915.50	1695.18	763.29	828.60	49.29	50.85	485.37	205.07
崇左县	1628.98	1680.51	709.63	686.88	58.60	55.50	317.40	318.06
大新县	1580.23	1495.36	885.01	738.04	33.14	33.86	266.52	308.27
天等县	1277.00	1497.88	515.18	543.52	32.73	35.09	339.65	365.41
宁明县	1161.56	950.95	581.79	637.63	43.53	33.39	209.29	58.39
龙州县	1528.07	1290.04	618.72	661.80	64.36	48.33	286.37	61.37

10—37 各地市县农村居民生活消费支出（二）

单位：元/人

	家庭设备、用品及服务		医疗保健		交通通讯		文化娱乐用品及服务		其他商品和服务	
	2002年	2001年	2002年	2001年	2002年	2001年	2002年	2001年	2002年	2001年
南宁市	**68.25**	**79.65**	**95.46**	**77.28**	**133.06**	**108.05**	**292.58**	**271.97**	**86.53**	**83.06**
市辖区	97.20	144.06	192.25	81.32	159.38	86.20	310.38	257.10	171.00	145.58
邕宁县	51.21	55.18	55.18	69.30	108.78	59.21	229.83	245.23	44.73	37.23
武鸣县	73.06	68.02	88.87	85.24	149.37	188.86	366.53	318.21	89.80	101.49
柳州市	**69.76**	**63.45**	**62.00**	**69.21**	**79.21**	**55.75**	**151.49**	**152.53**	**61.95**	**34.54**
市辖区	76.28	64.41	64.37	104.17	73.52	64.17	219.35	217.88	81.62	82.51
柳江县	95.38	86.79	71.88	63.18	82.78	75.68	258.00	226.29	24.59	26.46
柳城县	85.20	71.32	81.71	74.86	93.61	64.08	201.10	264.92	80.36	29.71
鹿寨县	95.45	96.34	92.28	117.50	163.89	82.60	151.50	139.56	152.51	63.61
融安县	55.55	54.45	63.48	112.39	75.28	63.00	136.07	117.32	45.52	33.72
融水县	35.09	27.23	32.67	17.03	18.55	8.20	54.06	59.18	36.82	23.34
三江县	36.50	32.80	23.16	30.48	38.51	34.95	47.43	52.79	28.26	15.98
桂林市	**69.60**	**65.26**	**72.51**	**85.63**	**93.65**	**77.77**	**199.93**	**192.47**	**57.29**	**45.11**
秀峰区	50.54	60.62	127.73	68.99	65.58	85.39	288.35	242.84	53.13	82.11
叠彩区	47.57	46.49	46.25	90.25	55.10	56.70	378.62	141.51	258.42	26.85
象山区	64.87	118.99	83.22	46.97	113.86	107.75	131.49	159.52	27.63	99.91
七星区	150.51	92.99	52.80	54.89	89.36	133.22	315.60	249.22	155.15	75.29
雁山区	31.72	23.96	78.69	135.96	25.03	25.81	168.07	202.15	21.25	62.72
阳朔县	57.73	61.52	38.02	97.51	86.50	67.10	173.13	165.59	38.39	42.11
临桂县	57.95	62.46	91.97	66.54	44.58	36.28	122.85	149.13	81.74	33.20
灵川县	80.60	58.13	82.07	96.33	72.43	60.39	222.44	192.12	24.51	42.51
全州县	87.56	83.89	75.25	92.83	88.99	76.01	253.74	208.88	40.01	42.78
兴安县	97.01	72.85	80.11	81.81	174.87	121.87	272.11	278.63	43.48	23.27
永福县	69.56	92.46	71.35	80.58	48.58	36.97	170.09	192.87	81.14	62.83
灌阳县	71.62	60.30	59.05	97.52	81.65	85.07	208.14	225.06	24.08	41.25
龙胜县	64.14	69.44	69.31	55.99	51.48	119.80	190.85	162.61	34.56	55.06
资源县	53.10	49.67	59.23	89.97	91.75	84.43	114.61	125.30	40.32	68.42
平乐县	45.45	52.11	52.52	90.66	70.89	67.94	201.02	237.84	77.36	21.10
荔浦县	46.06	33.78	90.95	82.55	130.29	113.08	176.58	106.60	81.76	40.52
恭城县	83.44	72.93	80.76	74.79	202.91	100.70	164.67	194.77	96.00	104.20
梧州市	**67.85**	**62.51**	**66.40**	**61.37**	**53.84**	**59.93**	**139.96**	**130.85**	**58.39**	**47.48**
郊　区	73.18	102.07	65.46	70.32	100.67	147.12	250.23	235.64	103.74	74.46
苍梧县	93.15	77.01	67.59	37.99	20.54	22.41	128.20	108.96	106.09	51.10
藤　县	57.87	45.16	51.85	62.22	58.72	72.09	153.22	144.03	27.49	35.90
蒙山县	56.89	58.05	154.70	89.70	76.35	101.29	148.82	148.89	80.92	39.19
岑溪市	59.37	67.25	60.22	72.95	66.97	58.35	119.89	118.11	41.99	57.40
北海市	**70.03**	**67.50**	**77.08**	**61.70**	**135.30**	**128.45**	**270.04**	**254.00**	**67.55**	**53.63**
海城区	66.60	65.91	112.61	75.12	176.96	149.47	310.36	289.68	94.96	162.29
银海区	76.68	91.60	69.21	135.63	110.18	176.11	257.93	215.29	70.65	61.53
铁山港	81.19	52.18	66.56	47.28	105.97	84.04	291.47	227.03	88.10	49.14
合浦县	67.55	66.73	77.88	52.24	141.00	127.21	265.94	261.06	62.35	43.78

10—37（二） 续表1　　单位：元/人

	家庭设备、用品及服务		医疗保健		交通通讯		文化娱乐用品及服务		其他商品和服务	
	2002年	2001年	2002年	2001年	2002年	2001年	2002年	2001年	2002年	2001年
防城港市	**69.48**	**84.87**	**77.59**	**68.70**	**77.84**	**81.08**	**172.29**	**169.52**	**52.50**	**83.26**
港口区	119.31	97.06	80.30	43.22	80.76	69.75	144.91	129.35	53.41	177.19
防城区	59.35	89.30	106.92	84.68	71.80	66.59	186.04	173.94	38.13	64.86
上思县	59.23	51.69	46.87	41.89	47.19	70.40	173.08	187.23	74.91	81.32
东兴市	96.08	135.67	39.40	92.31	171.70	168.04	138.67	144.23	51.99	80.72
钦州市	**61.27**	**65.16**	**45.71**	**49.62**	**119.49**	**86.93**	**182.88**	**191.77**	**57.92**	**45.11**
钦南区	56.00	64.09	41.98	29.67	126.40	81.81	287.62	213.70	26.52	34.30
钦北区	65.37	79.23	46.32	44.15	128.51	73.36	163.93	207.62	100.27	48.49
灵山县	64.07	61.59	42.47	52.53	129.63	104.63	165.55	185.04	55.46	38.28
浦北县	56.67	60.31	53.55	60.60	89.26	70.36	154.78	177.69	49.27	60.41
贵港市	**63.78**	**77.61**	**68.69**	**61.21**	**102.61**	**87.60**	**178.38**	**187.92**	**52.43**	**155.06**
覃塘区	89.37	95.61	55.28	47.48	121.23	60.69	163.55	190.33	45.26	74.62
港北区	59.10	79.31	75.94	44.55	84.76	60.63	232.10	232.44	73.34	56.49
港南区	53.13	51.72	40.99	86.83	66.61	79.61	258.21	248.36	93.45	80.22
平南县	45.53	72.90	38.77	44.51	85.47	97.13	156.65	168.57	31.28	411.59
桂平市	73.99	84.01	103.33	73.24	126.87	99.42	156.49	167.97	50.20	44.83
玉林市	**52.52**	**63.77**	**84.15**	**75.22**	**93.01**	**96.97**	**217.36**	**202.41**	**55.69**	**55.17**
玉州区	70.25	148.17	121.54	130.06	130.14	138.48	271.42	244.53	43.67	57.24
福绵区	59.08	34.60	52.53	50.02	122.70	65.56	257.95	167.78	72.02	119.07
容　县	36.42	55.63	69.63	84.39	102.21	110.63	204.68	142.80	66.52	49.94
陆川县	47.59	45.74	45.58	66.73	61.84	79.12	163.63	164.64	33.84	57.60
博白县	72.32	68.60	131.64	53.73	109.32	111.16	250.25	215.48	41.04	30.64
兴业县	47.03	63.84	79.42	77.44	111.89	84.53	139.30	163.26	71.28	57.45
北流市	35.47	56.16	60.03	91.43	54.66	86.51	237.66	272.32	73.51	65.52
百色市	**46.87**	**53.52**	**58.12**	**50.31**	**76.78**	**54.12**	**109.10**	**113.87**	**27.47**	**28.54**
右江区	40.95	43.50	122.33	87.11	143.49	86.84	125.67	162.26	24.30	31.52
田阳县	52.29	42.56	59.73	61.97	153.97	72.87	119.39	140.30	31.05	25.38
田东县	52.96	57.77	80.48	40.11	96.48	82.62	132.67	141.18	45.36	39.85
平果县	53.71	47.27	72.91	54.80	69.41	62.65	144.10	141.51	19.20	30.95
德保县	46.92	44.88	44.70	72.23	45.39	35.18	60.06	71.59	3.93	9.16
靖西县	35.16	34.90	40.03	57.42	46.74	52.80	79.67	82.82	23.66	23.97
那坡县	41.38	38.10	21.51	30.65	31.17	29.04	59.61	41.09	7.17	14.93
凌云县	13.25	21.38	13.61	10.24	26.00	15.66	28.43	37.48	13.62	15.20
乐业县	41.98	39.16	51.53	28.38	47.65	28.96	110.84	85.41	39.26	15.47
田林县	80.59	76.21	52.59	41.28	115.13	80.18	171.39	165.11	31.39	54.74
西林县	46.59	35.63	30.60	23.90	65.70	33.87	155.23	121.54	49.28	49.11
隆林县	50.56	132.51	74.27	45.40	76.59	30.53	126.29	141.00	48.50	35.53

10—37（二） 续表2

单位：元/人

	家庭设备、用品及服务		医疗保健		交通通讯		文化娱乐用品及服务		其他商品和服务	
	2002年	2001年	2002年	2001年	2002年	2001年	2002年	2001年	2002年	2001年
贺州市	**54.50**	**210.10**	**51.55**	**51.00**	**67.96**	**58.73**	**158.61**	**133.85**	**59.44**	**78.99**
八步区	59.15	46.46	58.66	40.32	58.64	43.03	165.62	129.59	60.19	92.83
昭平县	57.26	48.65	40.70	55.86	74.29	69.96	153.91	123.05	30.00	26.52
钟山县	43.06	771.89	34.31	64.59	64.90	59.67	140.18	119.41	69.49	110.97
富川县	54.40	50.28	72.31	56.56	94.65	92.24	172.96	186.39	81.83	55.74
河池市	**57.34**	**62.76**	**54.11**	**49.42**	**68.15**	**61.05**	**141.65**	**148.37**	**28.10**	**25.99**
金城江区	47.06	63.82	81.98	81.33	58.46	101.03	155.69	158.29	17.12	24.45
南丹县	68.43	73.42	45.93	27.41	118.06	59.14	114.22	146.34	35.18	27.68
天峨县	53.74	86.12	54.97	37.90	40.49	40.65	89.16	98.55	27.66	23.51
凤山县	70.47	63.16	81.10	56.62	79.29	65.42	129.00	124.96	28.90	51.16
东兰县	32.79	37.71	41.05	44.64	34.24	62.78	120.11	120.57	28.41	25.52
罗城县	44.83	65.67	33.26	21.75	35.32	42.79	137.22	204.36	38.95	26.46
环江县	66.51	62.81	43.14	60.00	35.62	54.55	129.25	137.15	33.14	27.54
巴马县	51.54	60.75	64.50	39.61	59.21	59.64	134.82	164.13	23.71	26.44
都安县	47.49	66.37	39.61	44.77	52.53	35.33	65.06	101.79	21.33	23.61
大化县	60.54	53.94	53.59	50.71	47.13	66.76	147.79	156.30	28.91	27.76
宜州市	79.00	65.32	77.20	69.18	147.19	91.10	274.28	194.12	28.38	18.58
来宾市	**68.51**	**64.09**	**78.83**	**56.06**	**116.36**	**71.35**	**229.85**	**204.84**	**40.63**	**35.46**
兴宾区	74.67	68.04	87.31	37.06	115.41	69.67	216.64	195.12	29.60	33.38
忻城县	60.54	68.90	61.18	66.95	82.30	60.34	203.16	180.01	47.35	26.70
象州县	72.26	57.82	97.22	80.13	164.24	101.62	265.58	260.01	57.56	33.07
武宣县	65.55	63.44	81.55	74.16	122.50	51.41	272.77	200.77	42.81	25.90
金秀县	55.37	50.79	41.47	52.84	122.30	108.80	243.43	234.34	42.84	56.99
合山市	59.30	50.24	44.97	34.63	55.33	47.36	138.62	171.54	45.23	113.59
南宁地区	**56.09**	**111.72**	**60.83**	**62.88**	**99.77**	**95.47**	**173.77**	**182.14**	**40.47**	**43.20**
凭祥市	52.92	52.16	23.15	26.14	38.87	44.88	158.89	129.23	29.24	20.08
横　县	37.89	40.60	36.06	29.22	78.76	109.98	174.07	182.60	27.02	35.56
宾阳县	66.32	84.67	85.95	71.50	101.27	91.21	233.15	236.85	40.73	32.70
上林县	60.78	66.04	85.66	158.17	114.85	99.24	189.30	178.08	41.51	51.53
隆安县	40.70	41.79	42.36	95.68	34.31	68.93	164.76	122.76	19.91	27.45
马山县	53.36	53.43	44.64	33.03	78.71	58.17	132.21	103.89	48.18	26.04
扶绥县	78.48	98.77	60.28	66.54	225.59	135.85	220.55	270.68	32.66	38.82
崇左县	88.22	92.41	63.51	89.43	144.90	127.91	165.75	218.42	80.98	91.91
大新县	57.12	51.51	94.26	72.73	111.04	138.98	108.79	124.55	24.36	27.43
天等县	53.38	66.70	85.69	70.46	42.41	88.01	162.55	272.29	45.42	56.40
宁明县	46.99	43.77	33.12	13.37	57.23	26.73	148.33	95.44	41.30	42.22
龙州县	64.78	90.03	59.90	43.26	226.68	132.40	122.24	143.32	85.03	109.53

10—38 各地市县农村居民家庭经营收入

单位：元/人

	家庭经营收入		第一产业收入		第二产业收入		第三产业收入	
	2002年	2001年	2002年	2001年	2002年	2001年	2002年	2001年
南宁市	**3190.57**	**3239.42**	**2837.88**	**2950.64**	**16.23**	**35.52**	**336.46**	**253.25**
市辖区	3257.71	3496.30	3033.38	3368.05	1.50	18.80	222.82	109.45
邕宁县	2875.64	2974.32	2724.80	2922.23	9.10	2.51	141.74	49.58
武鸣县	3575.77	3418.40	2867.65	2700.18	35.24	91.50	672.88	626.72
柳州市	**2470.40**	**2327.19**	**2226.44**	**2043.50**	**57.08**	**42.04**	**186.87**	**241.68**
市辖区	3184.02	2537.71	2682.52	2076.31	30.06	12.64	471.44	448.76
柳江县	2637.93	2720.76	2352.80	2299.45	67.97	43.46	217.16	377.85
柳城县	3851.97	3445.52	3655.83	3173.77	75.97	40.93	120.17	230.81
鹿寨县	3155.36	2851.41	2795.64	2575.17	63.37	27.49	296.35	248.75
融安县	1984.09	1895.53	1706.43	1410.34	75.43	88.26	202.23	396.94
融水县	1451.25	1405.53	1384.60	1376.41	10.48	9.92	56.18	19.19
三江县	1277.81	1272.41	1065.42	1085.47	64.84	69.79	147.55	117.15
桂林市	**2461.24**	**2490.15**	**2166.75**	**2206.94**	**61.92**	**68.26**	**232.56**	**214.95**
秀峰区	1795.34	2124.74	1005.85	1155.47	176.00	10.60	613.49	958.67
叠彩区	1433.66	2295.47	1296.20	2039.87	0.21	55.40	137.24	200.20
象山区	3914.98	4302.82	3599.78	3933.78	17.02	117.21	298.18	251.83
七星区	1385.83	1508.17	1206.19	1175.14	2.30	73.04	177.34	260.00
雁山区	1901.08	1992.28	1682.81	1713.75	8.63	6.04	209.63	272.48
阳朔县	1884.60	2213.78	1782.24	2035.89	15.20	40.96	87.16	136.93
临桂县	2092.42	2266.23	1928.40	2063.02	30.61	59.42	133.41	143.79
灵川县	3076.54	3186.43	2613.15	2618.99	149.38	249.94	314.00	317.50
全州县	2590.41	2471.45	2231.80	2206.82	89.84	71.50	268.77	193.13
兴安县	2688.56	3030.20	2391.15	2736.20	32.85	79.53	264.56	214.47
永福县	2701.70	2502.57	2461.71	2367.46	15.54	28.46	224.45	106.65
灌阳县	2097.73	2173.82	1914.37	2020.99	58.08	54.12	125.28	98.71
龙胜县	1971.66	1797.45	1438.45	1403.42	27.87	32.16	505.34	361.87
资源县	1457.64	1311.24	1349.14	1231.68	20.51	9.81	87.99	69.75
平乐县	2039.39	2138.57	1858.76	1976.18	107.01	66.29	73.62	96.11
荔浦县	3530.67	3419.53	2851.24	2674.19	93.77	41.29	585.66	704.05
恭城县	2885.18	2581.96	2726.84	2493.09	22.98	31.54	135.37	57.33
梧州市	**1891.69**	**1787.54**	**1600.95**	**1587.44**	**118.18**	**126.65**	**172.55**	**180.54**
郊　区	2602.90	2509.25	2156.38	1894.06	19.46	39.86	427.07	575.33
苍梧县	2601.57	2028.14	2314.73	1595.12	100.10	210.67	186.74	222.36
藤　县	1586.25	1654.83	1380.43	1437.28	100.31	100.20	105.52	117.35
蒙山县	1811.35	2358.36	1491.01	2099.35	76.36	33.23	243.98	225.78
岑溪市	1563.29	1502.72	1190.65	1221.77	178.12	117.33	194.51	163.62
北海市	**3795.16**	**3633.35**	**3064.47**	**2689.52**	**139.59**	**111.77**	**591.11**	**832.06**
海城区	3591.26	2891.60	3107.90	2523.28	15.12	71.45	468.25	296.87
银海区	4162.17	3657.12	3426.47	2686.30	34.99	84.30	700.72	886.51
铁山港	3868.90	3284.63	3498.26	2893.17	27.41	59.75	343.23	331.71
合浦县	3747.36	3753.46	2945.68	2670.05	177.81	128.05	623.88	955.36

10—38 续表1　　单位：元/人

	家庭经营收入		第一产业收入		第二产业收入		第三产业收入	
	2002年	2001年	2002年	2001年	2002年	2001年	2002年	2001年
防城港市	**3345.60**	**3066.14**	**2949.95**	**2682.65**	**90.15**	**71.36**	**305.47**	**312.50**
港口区	9470.85	8624.59	8140.34	7383.11	252.01	253.34	1078.51	988.14
防城区	2584.64	2407.88	2392.80	2184.04	111.29	64.70	80.55	159.14
上思县	2801.47	2417.52	2474.35	2195.50	35.60	37.59	291.53	184.43
东兴市	3083.40	2569.43	2434.47	1904.43	25.00	29.47	623.92	635.52
钦州市	**2235.69**	**2040.69**	**1825.47**	**1690.31**	**103.30**	**68.90**	**306.93**	**281.48**
钦南区	2909.47	2756.30	2464.18	2227.31	189.24	204.78	256.05	324.21
钦北区	2321.36	2128.24	1864.81	1701.13	65.69	38.58	390.86	388.52
灵山县	1880.20	1707.48	1503.93	1457.89	74.62	22.34	301.65	227.24
浦北县	2310.93	2134.31	1904.46	1775.40	123.99	96.52	282.48	262.39
贵港市	**2276.14**	**2216.78**	**1748.82**	**1641.73**	**418.38**	**439.76**	**108.94**	**135.30**
覃塘区	2012.01	2138.28	1698.71	1819.49	230.05	203.78	83.25	115.00
港北区	2177.86	1921.43	2072.04	1758.83	30.36	75.00	75.46	87.60
港南区	2005.64	2253.91	1707.25	1937.43	173.51	156.78	124.89	159.71
平南县	2119.73	1734.10	1980.25	1523.72	35.36	55.12	104.12	155.25
桂平市	2602.09	2663.73	1523.06	1532.89	954.96	999.86	124.07	130.97
玉林市	**2017.64**	**1854.35**	**1709.95**	**1536.49**	**64.96**	**71.35**	**168.57**	**246.51**
福绵区	2314.10	1983.42	1901.73	1669.43	172.40	71.12	239.96	242.88
玉州区	2552.07	1923.01	1365.22	1150.03	165.29	144.17	1021.55	628.82
容　县	1028.70	965.04	924.44	852.92	51.94	54.57	52.32	57.55
陆川县	1915.06	1653.02	1591.72	1380.07	25.47	43.17	297.87	229.78
博白县	2383.91	2411.00	2064.72	1926.00	78.98	128.15	240.21	356.85
兴业县	1917.13	1848.54	1749.35	1727.58	40.09	31.80	127.69	89.16
北流市	2019.69	1783.78	1863.89	1554.74	29.02	28.05	126.77	200.99
百色市	**1680.04**	**1600.13**	**1403.85**	**1331.89**	**70.18**	**62.45**	**206.00**	**205.79**
右江区	2466.35	2315.42	1638.17	1582.22	236.88	156.69	591.31	576.51
田阳县	1970.68	1979.24	1771.76	1686.09	42.42	65.59	156.50	227.56
田东县	2003.28	1892.36	1620.87	1541.74	47.05	44.30	335.35	306.32
平果县	1612.25	1619.57	1290.57	1287.42	106.90	98.34	214.79	233.81
德保县	1238.30	1223.66	1025.15	1037.59	91.75	73.65	121.40	112.42
靖西县	1398.29	1333.70	1266.72	1229.64	31.18	23.72	100.39	80.34
那坡县	1296.98	1060.00	1119.28	957.68	28.61	23.35	149.09	78.96
凌云县	1455.67	1192.46	1037.30	969.19	183.77	118.71	234.60	104.56
乐业县	1376.64	1304.51	1291.05	1205.81	5.14	18.47	80.45	80.22
田林县	1877.20	1763.95	1631.33	1526.69	45.35	48.94	200.51	188.32
西林县	1916.98	1558.12	1715.08	1359.13	28.51	41.19	173.38	157.79
隆林县	1781.16	1796.38	1558.76	1442.13	32.38	53.29	190.02	300.95

10—38 续表2

单位：元/人

	家庭经营收入		第一产业收入		第二产业收入		第三产业收入	
	2002年	2001年	2002年	2001年	2002年	2001年	2002年	2001年
贺州市	**1938.50**	**1981.76**	**1698.35**	**1753.43**	**69.20**	**67.21**	**170.94**	**161.12**
八步区	2190.41	2240.49	1983.83	2050.59	20.71	10.69	185.86	179.21
昭平县	1530.49	1746.73	1124.24	1363.15	247.19	232.43	159.06	151.15
钟山县	1732.40	1566.15	1489.57	1347.44	18.60	19.40	224.23	199.31
富川县	2032.86	2152.51	1921.79	2002.31	60.99	95.97	50.08	54.23
河池市	**1649.61**	**1681.84**	**1429.20**	**1462.41**	**63.30**	**63.39**	**137.39**	**156.04**
金城江区	1670.30	1800.26	1450.17	1578.75	34.93	39.30	185.20	182.21
南丹县	1976.53	2266.89	1772.55	2011.33	42.37	55.81	161.62	199.74
天峨县	1783.06	1509.54	1076.91	1019.17	81.05	41.68	625.11	448.68
凤山县	1259.38	1156.61	1064.56	977.23	12.64	39.82	182.19	139.56
东兰县	1339.97	1322.46	1111.36	1164.38	90.50	79.50	138.11	78.58
罗城县	1750.90	1672.03	1642.04	1514.31	50.42	66.91	58.45	90.81
环江县	1663.91	1693.81	1465.97	1490.64	51.35	83.20	146.59	119.97
巴马县	1764.08	1684.69	1356.89	1238.25	96.95	196.71	310.23	249.73
都安县	1136.33	1181.23	912.21	943.41	114.77	47.78	109.35	190.04
大化县	1308.82	1235.80	1172.24	1141.03	44.25	43.04	92.32	51.73
宜州市	2465.79	2672.45	2287.45	2478.29	35.81	41.64	142.52	152.51
来宾市	**2336.20**	**2153.90**	**2083.73**	**1949.16**	**79.45**	**58.33**	**173.02**	**146.42**
兴宾区	2453.96	2306.69	2302.79	2219.27	37.74	38.59	113.43	48.83
忻城县	2095.94	1727.66	1661.69	1426.61	293.62	165.62	140.63	135.43
象州县	2643.06	2435.54	2318.59	2130.13	25.70	32.31	298.76	273.10
武宣县	2327.63	2136.99	2124.41	1951.81	19.43	24.35	183.80	160.83
金秀县	1906.61	1988.93	1552.52	1679.99	83.00	58.10	271.09	250.84
合山市	1702.77	1725.97	1446.88	1215.14	13.53	31.81	242.36	479.01
南宁地区	**2475.54**	**2282.21**	**2184.26**	**1985.73**	**43.33**	**69.13**	**248.36**	**227.35**
凭祥市	2045.13	1763.42	1760.46	1516.38	41.21	9.99	243.46	237.06
横　县	2559.49	2319.16	2499.96	2258.01	11.16	13.74	48.38	47.41
宾阳县	2603.92	2417.59	2288.27	1955.37	72.20	180.24	243.44	281.98
上林县	2036.96	2138.21	1786.31	1862.18	96.59	121.65	154.07	154.38
隆安县	2161.20	2201.62	2110.34	2123.87	3.95	6.77	46.91	70.98
马山县	1458.38	1268.11	1350.62	1163.22	18.15	22.12	89.61	82.78
扶绥县	3324.04	3285.43	3186.48	3137.08	95.65	97.69	41.91	50.67
崇左县	3172.90	2537.24	3002.42	2341.72	38.85	79.35	131.62	116.17
大新县	2022.64	1958.83	1850.56	1809.21	29.22	54.47	142.86	95.16
天等县	3352.93	2899.10	1538.52	1395.97	36.54	45.06	1777.88	1458.07
宁明县	2478.01	2321.18	2319.12	2094.81	16.06	56.86	142.82	169.51
龙州县	2249.82	1909.55	2018.15	1784.36	94.57	42.40	137.11	82.78

10—39 各地市县农村居民家庭经营费用支出

单位：元/人

	家庭经营费用支出		第一产业支出		第二产业支出		第三产业支出	
	2002年	2001年	2002年	2001年	2002年	2001年	2002年	2001年
南宁市	**1200.13**	**1306.62**	**1068.04**	**1201.01**	**12.05**	**6.44**	**120.05**	**99.17**
市辖区	1436.90	1688.62	1398.40	1641.77	2.36	4.97	36.13	41.88
邕宁县	903.88	1024.64	877.02	1019.04	7.36	1.17	19.50	4.44
武鸣县	1452.55	1421.76	1118.26	1140.99	24.56	14.54	309.73	266.23
柳州市	**827.05**	**776.50**	**759.97**	**686.92**	**14.33**	**17.79**	**52.75**	**71.80**
市辖区	1241.75	908.10	864.52	565.88	15.80	9.74	361.43	332.48
柳江县	766.27	834.86	676.01	669.76	32.55	28.02	57.71	137.08
柳城县	1662.01	1500.48	1615.19	1424.55	19.84	20.21	26.98	55.71
鹿寨县	1127.01	970.48	1077.68	933.63	0.53	7.39	48.80	29.47
融安县	573.33	634.13	546.40	533.03	9.39	35.08	17.54	66.01
融水县	396.67	349.36	365.99	340.69	3.55	3.28	27.13	5.38
三江县	222.40	233.84	167.19	171.34	14.51	18.21	40.70	44.29
桂林市	**892.44**	**959.45**	**794.59**	**845.34**	**19.08**	**19.95**	**78.77**	**94.16**
秀峰区	493.02	574.81	398.18	363.95		11.28	94.84	199.58
叠彩区	434.45	602.65	390.03	537.64	3.37	11.81	41.04	53.20
象山区	2442.75	2841.19	2260.10	2633.40	12.82	62.12	169.83	145.67
七星区	448.00	526.30	386.98	463.34	4.45	10.84	56.57	52.13
雁山区	533.79	755.93	526.27	703.83		7.71	7.52	44.39
阳朔县	576.49	719.76	555.36	685.21	3.04	14.08	18.08	20.47
临桂县	637.55	783.91	614.50	738.13	2.88	9.36	20.17	36.42
灵川县	1461.43	1477.84	1197.78	1241.87	82.69	77.24	180.96	158.73
全州县	1009.72	1006.14	985.16	966.89	19.71	21.84	4.85	17.41
兴安县	1020.76	1180.12	926.99	1091.20	17.26	22.47	76.50	66.44
永福县	1002.36	918.93	999.24	896.00	1.67	7.09	1.45	15.84
灌阳县	754.14	809.64	713.57	767.18	12.74	12.75	27.83	29.71
龙胜县	968.91	936.46	509.88	637.88	24.34	9.69	434.69	288.89
资源县	416.00	455.05	398.13	431.10		10.41	17.87	13.55
平乐县	527.00	607.13	483.79	564.93	28.08	11.98	15.13	30.22
荔浦县	1152.54	1388.33	813.07	854.69	24.11	19.18	315.36	514.46
恭城县	1070.28	981.06	979.51	894.53	6.75	12.87	84.02	73.65
梧州市	**667.70**	**679.23**	**573.24**	**587.26**	**43.59**	**30.61**	**50.88**	**61.37**
郊　区	849.25	1251.20	786.12	1185.18	11.58	10.96	51.56	55.06
苍梧县	1208.85	934.99	1129.87	881.49	7.09	6.04	71.90	47.46
藤　县	428.68	491.96	345.89	396.89	51.88	39.44	30.90	55.63
蒙山县	627.66	1244.76	468.17	973.12	1.23	3.56	158.26	268.08
岑溪市	459.48	465.13	350.20	386.30	81.06	51.22	28.23	27.60
北海市	1715.23	1664.36	1492.31	1209.18	52.76	51.67	170.18	403.51
海城区	1999.22	1485.83	1713.00	1389.71	9.68		276.54	96.12
银海区	1920.25	1660.94	1667.85	1396.90	0.35	70.18	252.06	193.86
铁山港	1476.72	1245.49	1407.47	1050.21	0.30	34.35	68.95	160.93
合浦县	1712.37	1751.20	1471.75	1193.08	70.22	56.42	170.41	501.70

10—39 续表1 单位：元/人

	家庭经营费用支出		第一产业支出		第二产业支出		第三产业支出	
	2002年	2001年	2002年	2001年	2002年	2001年	2002年	2001年
防城港市	**1616.03**	**1458.37**	**1327.11**	**1188.14**	**28.02**	**21.49**	**260.88**	**248.74**
港口区	6863.24	6052.75	5935.31	5368.59	100.04	100.65	827.89	583.52
防城区	1043.01	942.01	754.75	645.53	15.54	9.33	272.72	287.15
上思县	1171.71	996.02	1072.74	927.47	21.55	6.96	77.41	61.60
东兴市	1044.09	775.21	758.39	463.51	38.32	36.87	247.38	274.83
钦州市	**603.34**	**566.24**	**533.21**	**504.80**	**10.38**	**7.68**	**59.75**	**53.76**
钦南区	1001.12	971.77	885.60	832.64	5.73	19.69	109.79	119.44
钦北区	630.61	487.43	511.96	415.16	18.71	7.34	99.95	64.94
灵山县	404.53	440.49	381.84	420.57	4.16	3.92	18.53	15.99
浦北县	647.70	616.08	566.83	536.27	17.66	7.57	63.21	72.24
贵港市	**897.97**	**908.64**	**549.25**	**548.54**	**327.83**	**321.64**	**20.90**	**38.46**
覃塘区	683.07	750.45	547.90	558.56	101.57	144.69	33.60	47.20
港北区	569.47	476.69	523.24	434.75	32.53	28.97	13.69	12.98
港南区	525.61	756.49	450.73	637.36	36.47	51.66	38.41	67.47
平南县	727.42	583.81	702.75	510.81	8.51	11.64	16.17	61.36
桂平市	1315.70	1369.27	478.10	570.96	821.77	783.43	15.83	14.88
玉林市	**764.16**	**754.09**	**657.12**	**639.25**	**15.10**	**22.05**	**91.91**	**92.79**
福绵区	628.58	515.21	527.93	436.39	22.99	4.36	77.66	74.46
玉州区	1104.98	719.59	571.52	568.76	22.00	3.42	511.47	147.41
容　县	395.03	391.76	361.10	340.26	27.31	28.03	6.62	23.48
陆川县	638.96	527.09	471.02	449.85	6.85	22.88	161.09	54.35
博白县	1151.28	1263.73	1048.48	1007.51	11.50	21.74	91.29	234.47
兴业县	870.61	780.11	850.60	752.06	9.83	17.86	10.18	10.20
北流市	444.87	564.34	423.90	512.45	16.42	32.93	4.55	18.95
百色市	**705.69**	**660.18**	**584.48**	**536.67**	**23.13**	**21.24**	**98.07**	**102.27**
右江区	1234.23	1048.60	655.81	547.89	140.13	78.99	438.30	421.72
田阳县	840.60	824.33	780.66	723.88	9.88	10.05	50.05	90.40
田东县	861.75	767.46	753.19	681.49	7.92	7.19	100.64	78.78
平果县	647.25	641.39	528.08	491.09	37.67	43.11	81.51	107.20
德保县	621.41	653.34	471.46	475.03	38.79	41.92	111.16	136.39
靖西县	427.88	399.30	412.34	379.82	2.44	4.26	13.10	15.22
那坡县	384.78	272.13	291.82	242.24	5.63	3.56	87.32	26.33
凌云县	588.18	489.94	501.82	442.04	0.17	5.67	86.19	42.23
乐业县	688.75	536.97	642.81	499.34	5.03	11.82	40.91	25.81
田林县	701.04	654.47	577.44	548.98	18.33	16.35	105.27	89.14
西林县	746.30	552.91	619.59	458.72	20.18	7.31	106.54	86.88
隆林县	912.62	989.13	806.36	814.57	10.75	19.72	95.51	154.84

单位：元/人

	家庭经营费用支出		第一产业支出		第二产业支出		第三产业支出	
	2002年	2001年	2002年	2001年	2002年	2001年	2002年	2001年
贺州市	**678.04**	**781.67**	**628.07**	**714.00**	**10.08**	**16.38**	**39.90**	**51.29**
八步区	842.30	978.42	771.59	889.94	3.93	2.61	66.78	85.88
昭平县	418.16	538.76	391.65	489.33	13.95	21.66	12.56	27.76
钟山县	419.14	438.97	383.49	404.88	9.61	8.55	26.04	25.53
富川县	938.33	1045.27	899.30	964.54	25.54	66.32	13.49	14.40
河池市	**700.43**	**694.75**	**605.97**	**618.26**	**30.27**	**27.20**	**64.18**	**49.29**
金城江区	717.65	847.66	647.86	761.47	15.39	40.08	54.41	46.12
南丹县	644.97	858.51	557.28	718.22	19.51	38.42	68.19	101.87
天峨县	806.00	597.07	404.49	383.82	43.09	19.07	358.43	194.19
凤山县	546.96	532.13	499.69	447.77	19.19	10.97	28.08	73.39
东兰县	635.91	687.98	510.79	601.07	43.50	54.56	81.63	32.35
罗城县	918.89	874.79	867.94	817.37	24.66	23.52	26.28	33.90
环江县	692.55	681.48	598.29	589.58	15.08	37.53	79.18	54.37
巴马县	812.60	782.69	555.92	572.98	48.99	87.10	207.68	122.60
都安县	466.82	400.04	403.28	381.67	46.67	9.96	16.86	8.41
大化县	547.41	495.86	518.36	479.19	10.24	13.84	18.80	2.82
宜州市	978.06	987.45	901.65	929.97	34.34	10.24	42.06	47.24
来宾市	**931.93**	**789.66**	**820.20**	**715.04**	**39.67**	**22.49**	**72.06**	**52.13**
兴宾区	897.34	735.07	827.91	706.20	0.85	1.49	68.58	27.37
忻城县	1073.67	814.69	800.83	666.17	211.43	106.26	61.41	42.26
象州县	1090.77	890.78	1043.09	798.84	1.59	2.21	46.09	89.73
武宣县	901.87	820.06	817.90	755.79	0.08	14.57	83.89	49.70
金秀县	744.54	844.55	540.19	669.58	29.70	8.19	174.65	166.77
合山市	452.55	623.33	401.25	591.19	5.89		45.41	32.13
南宁地区	**1008.97**	**987.52**	**837.63**	**817.81**	**17.36**	**25.46**	**153.98**	**144.26**
凭祥市	510.25	359.57	462.31	246.56	11.39	13.95	36.55	99.06
横　县	832.16	810.74	816.10	776.19	9.31	23.48	6.74	11.06
宾阳县	1035.11	953.14	877.01	769.07	7.99	24.40	150.10	159.68
上林县	835.91	995.72	783.31	894.16	38.97	57.61	13.63	43.95
隆安县	910.82	887.68	898.90	850.27	0.43	14.38	11.49	23.02
马山县	707.90	652.11	655.27	601.13	30.31	28.82	22.32	22.16
扶绥县	1561.05	1754.19	1538.52	1715.10	11.01	16.77	11.52	22.31
崇左县	1241.67	858.50	1133.59	768.94	87.35	49.29	20.72	40.27
大新县	747.41	789.73	705.39	723.06	10.66	15.94	31.36	50.73
天等县	2245.11	2028.69	733.74	735.17	15.84	38.48	1495.52	1255.04
宁明县	753.35	982.13	722.24	945.72	1.68	…	29.43	36.40
龙州县	588.92	563.06	495.46	513.89	10.66	8.30	82.79	40.87

10—40　五大经济区域农村居民收入和支出

单位：元/人

	桂南经济区		桂中经济区		桂北经济区	
	2002年	2001年	2002年	2001年	2002年	2001年
农村住户调查户数（户）	1630.0	1630.0	1380.0	1380.0	1440.0	1440.0
家庭常住人口（人）	7289.0	7392.0	6345.0	6399.0	6006.0	6017.0
总收入	3646.9	3461.9	2882.5	2623.7	3261.2	3164.7
一、工资性收入	548.8	492.2	335.4	245.3	597.6	513.7
#常住人口外出从业得到收入	273.7	258.3	131.9	77.7	321.0	307.2
二、家庭经营收入	2856.1	2743.8	2407.0	2245.2	2461.2	2490.2
（一）第一产业收入	2408.9	2304.9	2159.0	1998.9	2166.8	2206.9
1、农业收入	1354.3	1249.8	1443.8	1249.8	1326.9	1317.6
#种植业收入	1283.0	1213.5	1352.2	1218.8	1261.6	1293.3
2、林业收入	64.2	84.7	51.6	63.7	60.8	50.8
3、牧业收入	714.3	738.0	644.2	671.4	756.7	819.8
4、渔业收入	276.1	232.4	19.4	14.0	22.3	18.8
（二）第二产业收入	84.7	67.3	67.7	49.7	61.9	68.3
（三）第三产业收入	362.6	371.7	180.3	196.6	232.6	215.0
三、财产性收入	50.6	45.0	16.0	25.5	64.6	40.8
四、转移性收入	191.4	181.0	124.2	107.8	137.8	120.1
总支出	3145.2	3094.2	2712.0	2381.9	2866.6	2841.9
一、家庭经营费用支出	1042.9	1044.1	876.6	782.7	892.4	959.5
（一）第一产业支出	910.6	883.1	788.4	700.2	794.6	845.3
1、农业支出	346.9	340.1	479.1	368.1	385.1	388.8
2、林业支出	16.1	16.1	4.6	5.1	5.3	9.5
3、牧业支出	405.0	416.9	297.6	323.3	397.1	441.7
4、渔业支出	142.6	110.0	7.3	3.8	7.1	5.3
（二）第二产业支出	19.5	16.2	26.3	20.0	19.1	20.0
（三）第三产业支出	112.7	144.8	61.9	62.5	78.8	94.2
二、税费支出	37.0	38.3	26.0	27.8	44.8	45.2
三、生活消费支出	1898.6	1862.1	1630.2	1402.2	1719.4	1606.5
纯收入	2441.0	2265.6	1866.8	1722.0	2194.5	2062.5
一、工资性收入	548.8	492.2	335.4	245.3	597.6	513.7
二、家庭经营纯收入	1702.3	1594.5	1439.6	1376.7	1461.4	1432.5
（一）第一产业纯收入	1402.8	1329.5	1289.2	1222.2	1274.1	1272.4
（二）第二产业纯收入	62.8	49.0	38.2	26.9	41.0	46.2
（三）第三产业纯收入	236.8	216.0	112.2	127.6	146.3	113.9
三、财产性收入	50.6	45.0	16.0	25.5	64.6	40.8
四、转移性收入	139.3	133.9	75.8	74.5	70.9	75.5

10—40 续表

单位：元/人

	桂东经济区		桂西经济区	
	2002年	2001年	2002年	2001年
农村住户调查户数（户）	**2520.0**	**2520.0**	**3670.0**	**3670.0**
家庭常住人口（人）	**12608.0**	**12447.0**	**17360.0**	**17297.0**
总 收 入	**2855.7**	**2675.1**	**2545.1**	**2405.7**
一、工资性收入	647.7	606.2	400.4	357.7
#常住人口外出从业得到收入	375.1	351.0	232.1	199.9
二、家庭经营收入	2063.2	1877.4	2018.3	1920.4
（一）第一产业收入	1700.8	1588.8	1751.4	1653.7
1、农业收入	889.3	748.7	1051.3	905.0
#种植业收入	798.1	724.3	985.2	880.0
2、林业收入	49.4	53.1	50.8	56.1
3、牧业收入	735.5	767.3	637.0	678.3
4、渔业收入	26.6	19.7	12.3	14.3
（二）第二产业收入	182.7	100.2	56.5	65.6
（三）第三产业收入	179.6	188.5	210.3	201.0
三、财产性收入	15.1	33.3	14.8	24.3
四、转移性收入	129.8	158.2	111.6	103.3
总 支 出	**2414.9**	**2454.9**	**2396.5**	**2337.7**
一、家庭经营费用支出	776.0	748.7	836.5	812.6
（一）第一产业支出	605.3	640.6	701.0	682.3
1、农业支出	208.9	186.1	333.6	288.8
2、林业支出	4.6	4.4	9.0	13.2
3、牧业支出	385.9	445.0	353.2	375.1
4、渔业支出	5.9	5.1	5.2	5.2
（二）第二产业支出	114.8	32.6	22.7	24.8
（三）第三产业支出	55.8	75.5	112.8	105.5
二、税费支出	34.5	44.4	37.8	31.6
三、生活消费支出	1488.7	1551.7	1379.1	1336.2
纯 收 入	**1965.6**	**1822.0**	**1582.4**	**1474.3**
一、工资性收入	647.7	606.2	400.4	357.7
二、家庭经营纯收入	1215.9	1060.1	1103.6	1025.1
（一）第一产业纯收入	1033.3	890.0	982.3	900.3
（二）第二产业纯收入	63.2	63.9	32.1	37.9
（三）第三产业纯收入	119.4	106.1	89.1	86.9
三、财产性收入	15.1	33.3	14.8	24.3
四、转移性收入	86.9	122.4	63.7	67.2

主要统计指标解释

家庭常住人口 指经常住在家庭中的人口数，包括家庭成员中（仅指直系亲属）在部队服役的战士（不包括干部），户口在本市学校或工作单位住单身宿舍的学生或职工、入全托的儿童。对于职工家庭中已成家、经济自立，连用饭也不在一起的子女，虽因住房问题，仍住在一户内，不计算为家庭人口，其居住面积也不包括。为了反映实际的居住情况，对于家庭中已婚，不在一起居住，而户口未迁出的子女，也不计算为该户的“家庭常住人口”。

家庭人口数 指居住在一起，经济上合在一起共同生活的家庭成员。凡计算为家庭人口的成员其全部收支应包括在一起。

现金收入 包括实际收入和借贷收入。

可支配收入 指居民家庭在支付个人所得税之后，所余下的实际收入。计算公式为：

可支配收入＝实际收入－个人所得税－家庭副业生产支出－记帐补贴

实际收入 指调查户的全部的现金收入；不包括借贷收入，如提取银行存款、向亲友借入款、收回借出款以及其他各种暂收款。

借贷收入 指周转性收入。包括提取银行存款、储金会款、借入款、收回借出款、兑售有价证券、赊购、为购买房屋从银行贷款等。

实际支出 包括消费性支出、非消费性支出和家庭副业生产支出。

消费性支出 指调查户购买商品和用于服务的全部支出，共分八类：食品；衣着；家庭设备用品及服务；医疗保健；交通和通信；娱乐教育文化服务；居住；杂项商品和服务。购买商品支出是指从商店、集市、饮食业、工作单位食堂以及直接从工厂和农村购买各种商品支出，包括自用的和赠送亲友的在内；服务支出是指调查户用于社会提供的各种文化和生活服务方面的支出，包括各种修理费、加工费、洗理美容费、保姆费、劳务费等。

非消费性支出 包括直接税、消费性贷款利息支出、经常性转移支出等。如贷款利息、个人所得税、各种税金、赡养支出、各种非储蓄性保险支出、其他非消费性支出等。

家庭副业生产支出 指居民家庭从事喂猪、养鸡、种瓜菜等家庭副业生产购买的幼畜、幼禽及饲料、种籽、工具等各项支出。

借贷支出 包括存入储蓄款、存入储金会款、归还借款、借出款、储蓄性保险支出、购买有价证券、预购、归还为购买房屋的银行贷款等。

全年总收入 是指调查期内农村住户和住户成员从各种来源渠道得到的收入总和。按收入的性质划分为工资性收入、家庭经营收入、财产性收入和转移性收入。

全年总支出 是指农村住户用于生产、生活和再分配的全部支出。包括家庭经营费用支出、购置生产性固定资产支出、生产性固定资产折旧、税费支出、生活消费支出、财产性支出和转移性支出。

全年生活消费支出 是指农村住户用于日常生活的全部开支。生活消费支出按消费类别划分包括：食品、衣着、居住、家庭设备用品及服务、医疗保健、交通和通讯、文化教育娱乐用品及服务、其他商品和服务等消费支出。

全年纯收入 是指农村住户当年从各个来源渠道得到的总收入扣除相应的生产费用后可用于生活消费、扩大再生产和积累的收入总和。计算公式为：

农村住户全年纯收入=全年总收入-家庭经营费用支出-缴纳税款-上交集体承包任务-上交集体提留和摊派-调查补贴-农村内部亲友赠送-生产性固定资产折旧。

农村住户全年纯收入除以农村住户常住人口，即得出农村居民人均纯收入，简称农民人均纯收入。

全年纯收入按收入形式分类 分为现金纯收入和实物纯收入两部分。

现金纯收入 指当年从各个来源得到的现金总收入相应地扣除所发生的现金费用支出后的收入总和。“现金纯收入”是“纯收入”中已经“变现”的部分，反映的是在当年“纯收入”中，农民对外进行商品交换的现实支付能力。

实物纯收入 “纯收入”减去“现金纯收入”就是“实物纯收入”。

第十一篇

CHAPTER 11

环境保护及城市公用设施

ENVIRONMENTAL PROTECTION AND PUBLIC FACILITIES IN CITIES

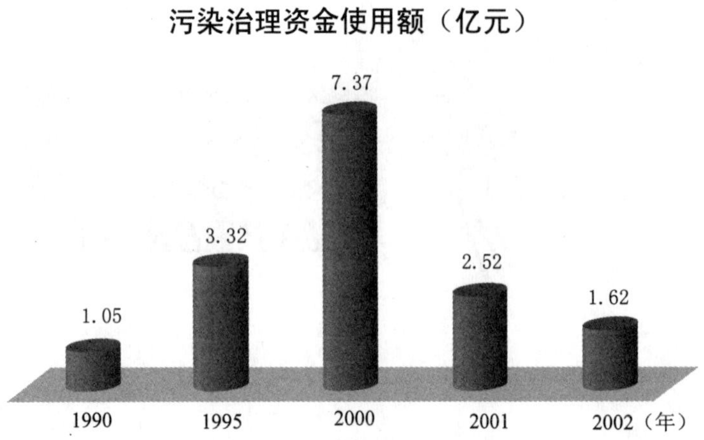

污染治理资金使用额（亿元）
7.37
3.32
2.52
1.62
1.05
1990
1995
2000
2001
2002（年）

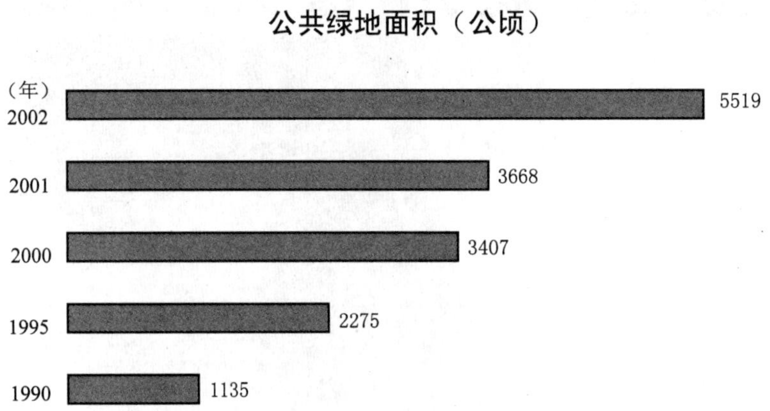

公共绿地面积（公顷）
（年）
2002
5519
2001
3668
2000
3407
1995
2275
1990
1135

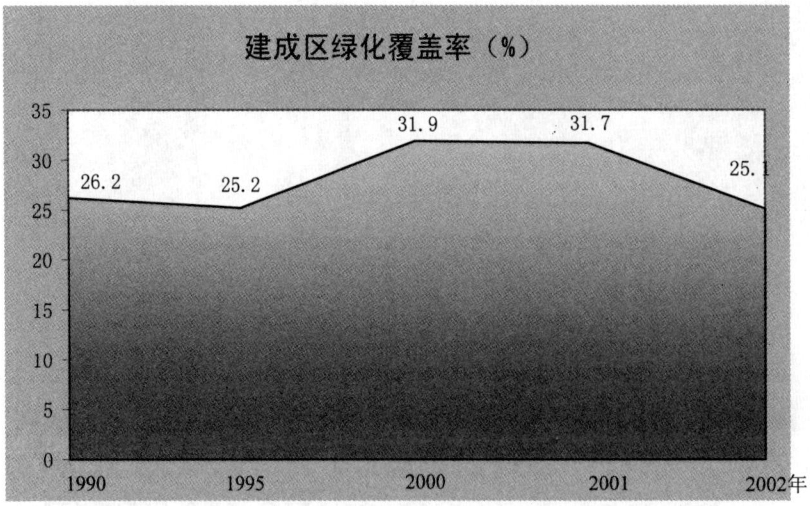

建成区绿化覆盖率（%）
35
30
25
20
15
10
5
0
26.2
25.2
31.9
31.7
25.1
1990
1995
2000
2001
2002年

11—1 主要年份企事业单位污染治理情况

指 标	单 位	1990年	1995年	2000年	2001年	2002年
施工项目本年投资来源合计	**万元**				25192	16165
#国家预算内资金	万元				3590	1112
环保补助资金	万元				2742	1418
环保贷款	万元				60	85
其他资金	万元				18800	13551
# 国内贷款	万元				15042	6643
利用外资	万元				1217	27
污染治理资金使用总计	**万元**	10469	33191	73659	25192	16165
治理废水	万元	6058	17867	40020	6952	5809
治理废气	万元	2987	10184	26895	9103	4078
治理固体废物	万元	1015	3771	2716	180	743
治理噪声	万元	99	389	102	138	37
其他	万元	310	980	3927	8820	5498
污染治理概况						
当年施工治理项目	个	781	1002	1270	464	320
当年竣工项目	个	696	844	1060	376	295
#治理废水	个	261	292	443	161	126
治理废气	个	278	355	553	180	130
治理固体废物	个	76	100	32	10	20
治理噪声	个	31	62	4	7	2
其他	个			28	18	17
排污费收支情况						
交纳排污费单位	个	1607	5101			26336
交纳排污费收入	万元	4073	14483	24762		17431
污染情况						
污染事故	次	234	296	242	383	358
污染赔款总额	万元	180	529	568	767	332
污染罚款总额	万元	16	54	29	16	22

11—2 主要年份“三废”排放、处理及综合利用情况

指标	单位	1990年	1995年	2000年	2001年	2002年
全社会废水排放总量	万吨	138889	160135	164024	176457	184657
#工业废水	万吨	105248	96563	81571	90512	97126
#经过处理达标的	万吨	33235	42227	30303		
全社会废气排放总量	亿标立方米	1429	2914	4607	5461	5693
#工业废气	亿标立方米			4607	5461	5693
#燃料燃烧过程中废气排放量	亿标立方米	861	1699	1787	2204	2425
生产工艺过程中工业废气排放量	亿标立方米	568	1098	2820	3257	3268
二氧化硫排放总量	万吨	62	76	83	70	68
烟尘排放总量	万吨	31	50	59	48	46
工业粉尘排放量	万吨	21	28	57	47	43
工业粉尘回收量	万吨	86	135	267		
工业固体废物产生、排放及处理利用情况						
工业固体废物产生量	万吨	1211	1588	2108	2648	2535
工业固体废物处置量	万吨	638	238	227	2128	490
工业固体废物综合利用量	万吨	310	727	1058	1487	1887
#冶炼废渣	万吨	52	85	131	151	309
煤粉灰	万吨	63	131	171	189	280
炉渣	万吨	71	126	125	121	141
煤矸石	万吨	3	99	55	60	66
工业固体废物排放量	万吨	118	99	127	106	98
#排入江河湖海的	万吨	51	30			
历年固体废物堆存总量	万吨	10474	8459	8609		
工业固体废物占地面积	万平方米	830	901	963		
“三废”综合利用产品产值	万元	17398	110322	84856	148032	148063
“三废”综合利用产品利润	万元	4526	13990	14441		

11—3　重点调查企业工业废水排放及治理情况（2002年）

指标名称	汇总工业企业数（个）	"三废"综合利用产品产值（万元）	工业废水排放总量（万吨）	#直接排入海的（万吨）	工业废水排放达标量（万吨）	废水治理设施数（套）	工业废水排放达标率（%）
总　计	1707	148063	84558	800	73307	2086	86.69
煤炭采选业	11	1913	1220	0	1172	11	96.04
石油和天然气开采业	3	0	51	19	50	4	97.03
黑色金属矿采选业	14	135	281	0	281	36	100.00
有色金属矿采选业	46	354	2553	0	2399	80	93.97
非金属矿采选业	15	435	204	0	201	25	98.53
木材及竹材采运业	1	1	35	0	35	1	100.00
食品加工业	172	64781	30698	685	26729	340	87.07
食品制造业	136	1429	1273	3	1014	217	79.64
饮料制造业	63	910	963	0	776	86	80.52
烟草加工业	3	3	117	0	56	1	48.33
纺织业	58	46	609	0	456	49	74.86
服装及其他纤维制品制造	2	0	0	0	0	0	
皮革、毛皮、羽绒及其制造业	23	372	160	34	105	27	65.94
木材加工及竹、藤、棕、草制品业	19	126	279	10	257	21	92.13
家具制造业	1	0	0	0	0	0	
造纸及纸制品业	152	7882	13594	16	10176	207	74.86
印刷业、记录媒介的复制	5	2	9	0	5	1	56.41
文教体育用品制造业	2	0	4	0	4	2	100.00
石油加工及炼焦业	3	9	77	0	68	27	89.11
化学原料及化学制品制造业	164	6421	16725	12	15136	240	90.50
医药制造业	63	25	688	14	562	61	81.62
化学纤维制造业	3	14	54	0	54	2	100.00
橡胶制品业	9	33	244	0	239	11	97.85
塑料制品业	10	0	39	0	39	1	100.00
非金属矿物制品业	437	40587	2089	0	1967	256	94.19
#水泥制造业	222	38436	1690	0	1622	136	95.99
黑色金属冶炼及压延加工业	63	10584	6988	0	6930	103	99.17
有色金属冶炼及压延加工业	70	8619	1290	0	854	95	66.24
金属制品业	22	52	134	0	132	28	98.71
普通机械制造业	30	70	470	0	232	37	49.35
专用设备制造业	17	4	97	0	97	5	100.00
交通运输设备制造业	33	11	630	5	388	42	61.61
电气机械及器材制造业	20	1555	246	0	242	13	98.20
电子及通信设备制造业	7	2	113	0	112	8	99.87
仪器仪表及文化、办公用机械制造业	5	0	38	0	38	5	100.00
其他制造业	2	0	6	0	6	1	100.00
电力、蒸汽、热水的生产和供应业	16	1691	2550	0	2465	36	96.67
#火力发电业	16	1691	2550	0	2465	36	96.67
其他	7	0	30	0	29	7	95.25

11—4 重点调查企业工业废气排放及处理情况（2002年）

指标名称	废气治理设施数（套）	工业废气排放量（万标立方米）	二氧化硫去除量（吨）	二氧化硫排放量（吨）	烟尘去除量(吨)	烟尘排放量(吨)	#排放达标量（吨）	工业粉尘去除量（吨）	工业粉尘排放量（吨）
总计	**4889**	**56930570**	**446109**	**542936**	**2934451**	**378193**	**279065**	**4703455**	**378198**
煤炭采选业	14	359099	20	384	593	595	547	129	632
石油和天然气开采业	6	16262		1452		1625	1625	1658	1322
黑色金属矿采选业	23	142035		1230	527	685	685	3501	2746
有色金属矿采选业	5	111177	35	523	211	259	231		5018
非金属矿采选业	17	49447	2	54	10	165	154	3820	1116
木材及竹材采运业	5	2002		146	380	24	24	380	24
食品加工业	308	5921659	15879	28148	214300	48869	35835	7688	2032
食品制造业	125	427408	2598	4044	20047	3917	2742	626	25
饮料制造业	89	165342	518	4774	11544	3500	2619		30
烟草加工业	6	64534	145	493	1924	205	205		
纺织业	59	98412	280	2276	7606	1807	1204	57	8
服装及其他纤维制品制造		1188		30		5	5		
皮革、毛皮、羽绒及其制造业	19	22001	273	636	723	464	364		
木材加工及竹、藤、棕、草制品业	25	300112	1143	2246	10037	1980	1019	9710	857
造纸及纸制品业	183	1762731	7258	19623	149571	21276	16866	11683	327
印刷业、记录媒介的复制	1	72							
文教体育用品制造业		41		2	11	1			
石油加工及炼焦业	1	83880	465	2894		27	27		14
化学原料及化学制品制造业	325	2524743	31584	30510	175640	19084	12451	9114	9577
医药制造业	70	156024	844	3389	19395	1699	1271		
化学纤维制造业	6	20529	93	182	2790	338	338		60
橡胶制品业	18	100494	186	4099	35920	293	293	1	6
塑料制品业	4	5483	12	108	607	107	42		
非金属矿物制品业	2872	14893788	30987	168421	376768	126822	61332	4203839	315913
#水泥制造业	2648	11759026	30164	113730	361759	34228	20496	4196537	308027
黑色金属冶炼及压延加工业	181	6353678	2265	11319	53552	14453	11075	336929	26414
有色金属冶炼及压延加工业	227	16503029	327117	52232	160809	14024	12331	109316	11278
金属制品业	10	7769		76	90	205	175	2	
普通机械制造业	106	44536	43	247	645	350	322	4940	673
专用设备制造业	9	59125	59	94	93	189	156	6	102
交通运输设备制造业	75	52518	85	179	905	237	168	33	25
电气机械及器材制造业	60	140830	44	359	969	323	292	25	1
电子及通信设备制造业		41		1					
仪器仪表及文化、办公用机械制造业	1	186		2	1				
电力、蒸汽、热水的生产和供应业	39	6539820	24172	202761	1688783	114649	114649		
#火力发电业	39	6539820	24172	202761	1688783	114649	114649		
其他		575		3		18	18		

11—5　重点调查企业工业固体废物排放及利用情况（2002年）

指 标 名 称	工业固体废物产生量（万吨）	#危险废物（万吨）	工业固体废物综合利用量（万吨）	工业固体废物综合利用率（%）	工业固体废物贮存量（万吨）	#危险废物贮存量（万吨）	工业固体废物处置量（万吨）	工业固体废物排放量（万吨）
总　计	2346	51	1783	69	619	8	480	91
煤炭采选业	89		60	58	1		5	42
石油和天然气开采业				100				
黑色金属矿采选业	29		18	61	10		81	1
有色金属矿采选业	348	6	157	32	287		335	17
非金属矿采选业	24		19	80			5	
木材及竹材采运业								
食品加工业	449		434	97	1		9	5
食品制造业	33		30	93			2	1
饮料制造业	8		7	90				
烟草加工业	1		0	30				1
纺织业	2		2	88				
服装及其他纤维制品制造业				100				
皮革、毛皮、羽绒及其制品业	1			86				
木材加工及竹、藤、棕、草制品业	8		8	99				
造纸及纸制品业	48		37	78	4		1	5
印刷业，记录媒介的复制				100				
文教体育用品制造业				100				
化学原料及化学制品制造业	172	14	132	73	40	5	7	1
医药制造业	5		4	75			1	
化学纤维制造业	1		1	95				
橡胶制品业	5		5	100				
塑料制品业				100				
非金属矿物制品业	63		56	88	1		2	4
# 水泥制造业	33		29	90	1		1	2
黑色金属冶炼及压延加工业	322		290	86	42		2	3
有色金属冶炼及压延加工业	532	30	338	61	184	3	27	6
金属制品业				97				
普通机械制造业	3		2	81				
专用设备制造业	1			95				
交通运输设备制造业	6		2	43			1	2
电气机械及器材制造业	1		1	92				
电子及通信设备制造业				65				
仪器仪表及文化、办公用机械制造业				99				
电力、蒸汽、热水的生产和供应业	196		178	78	47			3
# 火力发电业	196		178	78	47			3

11—6 主要年份城市公用事业基本情况

指　标	单　位	1990年	1995年	2000年	2001年	2002年
自来水全年供水总量	万吨	132334	166175	135826	133363	174830
#生活用水量	万吨	30939	51154	57442	47077	70450
人均日生活用水量	升	292	298	294	310	277
自来水用水普及率	%	95	96.2	98.4	70.33	71.99
年末实有公共汽车营运车辆	辆	722	1395	2718	3097	4021
平均每万人拥有公共汽车	辆	2.7	3.6	6.4	3.8	3.1
铺装道路长度	公里	1386	3026	3722	3951	6419
平均每万人拥有道路长度	公里	5.3	7.7	8.7	5.1	5.9
铺装道路面积	万平方米	1342	3039	4362	5398	9158
平均每万人拥有道路面积	平方米	5.1	7.8	10.2	7	8
下水道总长度	公里	782	2142	2885	3248	5439
平均每万人拥有下水道长度	公里	3	5.5	6.7	4.2	5
液化石油气供气总量	吨	23340	118924	204904	184516	368768
#家庭用量	吨	22766	114761	190552	174082	335937
用气普及率	%	28.3	70.6	90.8	55.62	59.6
园林绿地面积	公顷	6313	37350	44149	44449	52908
公共绿地面积	公顷	1135	2275	3407	3668	5519
平均每人公共绿地面积	平方米	4.3	5.8	8	4.7	4.5
建成区绿化覆盖率	%	26.2	25.2	31.9	31.7	25.1
公园个数	个	36	69	86	92	197
公园面积	公顷	984	2100	2766	2907	4011
实际清扫面积	万平方米	1164	1941	3550	3722	6102
生活垃圾及粪便清运量	万吨	78	196	196	211	398
平均每天清运垃圾及粪便量	吨	2137	5370	5370	5781	10904
公共厕所数	座	655	1158	1422	1287	1881
平均每万人拥有公共厕所	座	2.5	3.0	3.3	1.7	1.7

注：本资料由自治区建设厅提供，人均指标按城市中的非农业人口计算。

11—7 城市设施水平(2002年)

城市名称	人口密度（人/平方公里）	人均日生活用水量（升）	用气普及率（%）	每万人拥有公共汽车（标台）
全区城市	597	277	59.64	3.07
南宁市	765	389	68.81	7.06
柳州市	1434	412	74.08	7.44
桂林市	1223	374	73.51	7.58
梧州市	1108	289	82.33	4.26
北海市	553	231	46.12	2.67
防城港市	2501	345	97.84	5.40
钦州市	259	155	23.17	0.76
贵港市	474	365	15.40	0.54
玉林市	316	213	91.00	2.48
百色市	90	402	35.81	1.76
贺州市	2363	254	82.77	6.45
河池市	1998	257	57.32	5.26
来宾市	3467	172	79.53	1.90
崇左市	3880	251	56.40	0.67

11—7 续表

城市名称	排水管道密度（公里/平方公里）	人均拥有道路面积（平方米）	人均公共绿地面积（平方米）	建成区绿地率（%）	建成区绿化覆盖率（%）	污水处理率（%）	垃圾粪便无害化处理率（%）
全区城市	5.02	7.51	4.53	20.48	25.05	31.66	34.05
南宁市	5.60	8.57	6.74	31.54	38.78	38.66	93.85
柳州市	4.99	7.90	5.69	32.35	33.38	59.82	99.84
桂林市	7.56	6.96	6.50	35.61	38.70	47.24	100.00
梧州市	3.51	5.44	7.61	42.49	44.54	23.13	99.69
北海市	6.03	9.98	3.16	32.18	55.45	41.80	100.00
防城港市	5.74	16.34	5.24	10.41	13.11		
钦州市	2.43	3.26	1.28	6.88	17.45	53.01	
贵港市	2.85	2.61	1.03	17.34	5.65	15.72	
玉林市	3.44	7.10	11.72	20.37	22.51	1.21	92.39
百色市	1.37	2.72	2.60	30.14	30.86		
贺州市	7.65	26.06	9.65	26.95	29.24		
河池市	7.26	7.39	4.42	29.16	31.37	83.74	
来宾市	4.17	6.10	6.49	6.06	7.28		
崇左市	4.72	10.85	7.64	58.75	60.05	59.24	

11—8　城市人口和建设用地（2002年）

城市名称	城市人口（万人）	#非农业人口	城市面积（平方公里）	建成区面积（平方公里）	#居住用地	公共设施用地	工业用地
全区城市	1219.35	692.67	20435.00	1083.00	346.17	130.49	196.53
南宁市	140.39	103.17	1834.00	119.72	39.99	16.90	22.79
柳州市	94.38	83.05	658.00	93.77	20.02	10.23	31.12
桂林市	69.09	53.48	565.00	57.80	16.06	4.98	14.01
梧州市	34.01	26.19	307.00	23.11	6.98	1.11	5.96
北海市	52.90	24.06	957.00	31.80	5.50	6.70	6.04
防城港市	10.18	9.24	40.70	17.40	6.32	1.75	1.68
钦州市	120.26	20.32	4651.00	63.86	20.86	7.09	12.47
贵港市	167.58	22.47	3533.00	50.51	13.45	3.72	6.29
玉林市	39.55	20.24	1251.00	44.77	13.36	5.58	4.39
百色市	33.51	12.78	3713.00	29.21	10.52	2.16	6.40
贺州市	8.53	7.16	36.00	21.00	3.50	2.70	3.60
河池市	15.98	10.98	80.00	14.46	3.95	1.74	3.38
来宾市	11.58	9.84	33.00	18.00	3.90	2.93	3.50
崇左市	8.90	6.40	23.00	7.71	2.44	1.58	1.18

11—9　城市供水情况　(2002年)

城市名称	供水综合生产能力（万立方米/日）	供水管道长度（公里）	供水总量（万立方米）	#家庭用量	用水人口（万人）
全区城市	873.2	8983.3	174830	70450	877.8
南宁市	99.9	796.0	25362	11100	116.8
柳州市	149.1	1386.7	40161	12143	90.3
桂林市	65.3	572.0	13475	5446	53.4
梧州市	38.5	270.0	4269	1788	27.9
北海市	34.6	545.0	4073	1648	36.0
防城港市	11.5	158.0	1616	933	10.2
钦州市	15.6	306.0	2334	1602	30.5
贵港市	35.1	343.0	12352	5223	46.1
玉林市	24.1	342.0	3698	2033	35.8
百色市	15.0	163.0	4514	1082	14.8
贺州市	6.5	255.5	1427	610	7.1
河池市	43.0	202.0	4912	1256	14.6
来宾市	13.3	78.0	1636	682	11.6
崇左市	7.0	59.1	1190	384	5.0

11—10 城市园林绿化情况（2002年）

城市名称	绿化覆盖面积（公顷）	#建成区	园林绿地面积（公顷）	#建成区	公共绿地面积（公顷）	公园面积（公顷）
全区城市	58819.7	27142.9	52908.5	22189.5	5519.67	4010.65
南宁市	5859	4642.9	4992.7	3775.8	945.92	828.8
柳州市	24995.3	3130.4	24828.9	3033.2	536.77	453.85
桂林市	2237	2237	2058	2058	449	341
梧州市	1857.5	1029.4	1810.1	981.9	258.81	235.85
北海市	3853.2	1763.2	3525.2	1023.2	167	76
防城港市	282.2	228.2	223.2	181.2	53.38	31
钦州市	1131.6	1114.6	439.6	439.6	153.8	19.54
贵港市	1537	914	877	875.7	173	93.4
玉林市	1325.6	1007.8	1169.1	912.1	463.67	416.23
百色市	1096.3	901.3	1087.3	880.3	87.24	59.36
贺州市	614	614	566	566	82.3	80.77
河池市	483.6	453.6	452.6	421.6	70.63	67
来宾市	179	131	148	109	75.2	37
崇左市	554	463	517	453	68	43

11—11 城市市政设施情况 （2002年）

城市名称	城市道路长度（公里）	城市道路面积（万平方米）	路灯盏数（盏）	排水管道长度（公里）	污水年排放量（万吨）	污水处理能力（万吨/日）	污水处理量（万吨）
全区城市	6418.58	9158.2	347442	5438.55	43904	431.02	45564.59
南宁市	788.76	1202.6	27893	671	21470.6	31.5	8300
柳州市	666.36	745.4	27029	467.61	32129	276.4	19220
桂林市	410	481.1	42265	437	10780	28.62	5092.59
梧州市	141.06	185.1	11206	81.03	3415.2	3	790
北海市	287.1	527.7	10890	191.6	3285	24.46	1373
防城港市	89.35	166.3	3464	99.94	1163		
钦州市	324.1	391.5	7571	155.32	1962	4.75	1040
贵港市	288.47	436.9	20221	144	10367	4.5	1630
玉林市	156.88	280.8	9899	154.12	2994.64	1.2	36.24
百色市	61.98	91	45200	40	4445.16		
贺州市	105.83	222.3	4564	160.6	1096.8		
河池市	92.6	118.1	7151	105.02	3929.8	27	3291
来宾市	33.54	70.6	1258	75	1472		
崇左市	95.3	96.6	1920	36.4	952	2.5	564

11—12 城市公共交通、清洁卫生和供气情况（2002年）

城市名称	年末实有公共汽车营运车辆(辆)	运营线路网长度（公里）	客运总量（万人次）	出租汽车（辆）	实际清扫面积（万平方米）	生活垃圾清运量（万吨）	粪便清运量（万吨）
全区城市	4021	2390	72267.08	11278	6102.9	352	45.9
南宁市	964	300	22896	3803	796	33	3
柳州市	556	203	17465	1074	490	31	3.8
桂林市	528	185	13857	2799	761	20	
梧州市	145	94	2539	445	181.6	13	0.9
北海市	171	154	1546	580	354.5	16	0.7
防城港市	70	80	580	87	112	7	
钦州市	128	189	650	200	198.4	8	1.2
贵港市	104	41	686	277	125	22	2
玉林市	104	83	1470	416	280.2	9	1
百色市	80	50	932	199	70	5	6.4
贺州市	79	74	880	124	110	6	
河池市	110	71	1537	194	71.4	4	
来宾市	32	33	335		48	4	
崇左市	8	9	6		41.5	2	

11—12 续表 1

城市名称	垃圾无害化处理量（万吨）	公共厕所座数（座）	环卫机械总数（台）	年末职工人数（人）	液化气供气总量（吨）	#家庭用量	液化气用气人口（万人）
全区城市	119.81	1881	1388	20440	368767.94	335937.3	708.23
南宁市	30.5	179	175	3617	46937	46937	96.6
柳州市	31.05	252	147	2207	29638	29638	53.42
桂林市	20.3	269	150	1898	20940	15329	50.79
梧州市	13.06	71	30	796	1104.11	10994	28
北海市	15.9	120	72	1022	17504	16804	24.2
防城港市		17	15	265	8098	4867	9.96
钦州市		64	36	502	21870	19260.5	27.87
贵港市		36	47	495	21118	19103	25.81
玉林市	8.5	45	39	696	24500	23000	35.99
百色市		16	15	227	4600	4300	12
贺州市		30	11	232	5210	4765	7.06
河池市		27	23	242	3153	2928	8.48
来宾市		10	7	255	4578	3832	9.21
崇左市		20	5	191	2910.6	2296.8	5.02

主要统计指标解释

工业废水排放量 指经过企业厂区所有排放口排到企业外部的工业废水量。包括生产废水、外排的直接冷却水、超标排放的矿井地下水和与工业废水混排的厂区生活污水，不包括外排的间接冷却水(清污不分流的间接冷却水应计算在内)。

工业废水排放达标量 指各项指标都达到国家或地方排放标准的外排工业废水量，包括未经处理外排达标和经过处理后外排达标两部分。

工业废气排放量 指企业厂内燃料燃烧和生产工艺过程中产生的各种排入空气的含有污染物的气体总量，按标准状态(273K，101325Pa)计算。

二氧化硫排放量 指企业在燃料燃烧和生产工艺过程中排入大气的二氧化硫数量

烟尘排放量 指企业厂内燃料燃烧产生的烟气中夹带的颗粒物数量。

工业粉尘排放量 指企业在生产工艺过程中排放的颗粒物重量，如钢铁企业的耐火材料粉尘、焦化企业的筛焦系统粉尘、烧结机的粉尘、石灰窑的粉尘、建材企业的水泥粉尘等。不包括电厂排入大气的烟尘。

工业固体废物产生量 指企业在生产过程中产生的固体状、半固体状和高浓度液体废弃物的总量，包括危险废物、冶炼废渣、粉煤灰、炉渣、煤矸石、尾矿、放射性废物和其他废物等；不包括矿山开采的剥离废石和掘进废石(煤矸石和呈酸性或碱性的废石除外)。酸性或碱性废石指采掘的废石其流经水、雨淋水的pH值小于4或pH值大于10.5者。

工业固体废物综合利用量 指通过回收、加工、循环、交换等方式，从固体废物中提取或者使其转化为可以利用的资源、能源和其他原材料的固体废物量(包括当年利用往年的工业固体废物累计贮存量)，如用作农业肥料、生产建筑材料、筑路等。综合利用量由原产生固体废物的单位统计。

工业固体废物处置量 指将固体废物焚烧或者最终置于符合环境保护规定要求的场所，并不再回取的工业固体废物量(包括当年处置往年的工业固体废物累计贮存量)。处置方法有填埋(其中危险废物应安全填埋)、焚烧、专业贮存场(库)封场处理、深层灌注、回填矿井等。

工业固体废物排放量 指将所产生的固体废物排到固体废物污染防治设施、场所以外的数量，不包括矿山开采的剥离废石和掘进废石(煤矸石和呈酸性或碱性的废石除外)。

“三废”综合利用产品产值 指利用“三废”(废液、废气、废渣)作为主要原料生产的产品价值(现行价)；已经销售或准备销售的应计算产品价值，留作生产自用的不应计算产品价值。

“三废”综合利用产品利润 指利用“三废”(废液、废气、废渣)生产的产品，销售后所得到的利润。

第十二篇

CHAPTER 12

城市概况

GENERAL SURVEY OF CITIES

12—1 自治区辖市社会经济主要指标(2002年)

指标	单位	南宁	柳州	桂林	梧州
年末总人口	万人	140.39	94.38	69.09	34.01
#非农业人口	万人	103.17	83.05	53.49	26.19
年平均人口	万人	139.12	93.48	67.69	33.81
暂住人口(一个月以上)	万人	15.18	12.76	9.01	2.87
年出生人口	人	14356	8040	5733	2895
年死亡人口	人	3494	3492	2158	1478
年末总户数	万户	41.00	27.97	18.38	10.81
年末单位从业人员数	万人	36.39	29.47	16.91	7.12
第一产业(农、林、牧、渔业)	万人	1.05	0.24	0.11	0.04
第二产业	万人	14.2	15.71	7.24	3.75
(1)采掘业	万人	0.16	1.04	0	0.01
(2)制造业	万人	7.59	11.79	6.22	2.79
(3)电力、煤气及水的生产和供应业	万人	0.49	0.35	0.15	0.16
(4)建筑业	万人	5.96	2.53	0.87	0.79
第三产业	万人	21.16	13.52	9.56	3.33
(1)地质勘查业、水利管理业	万人	0.19	0.16	0.1	0.01
(2)交通运输、仓储及邮电通信业	万人	2.92	4.38	0.61	0.57
(3)批发和零售贸易、餐饮业	万人	2.65	1.62	0.98	0.47
(4)金融、保险业	万人	1.17	0.63	0.45	0.25
(5)房地产业	万人	0.65	0.26	0.33	0.11
(6)社会服务业	万人	2.99	1.35	2.42	0.31
(7)卫生、体育和社会福利业	万人	1.86	0.94	0.84	0.36
(8)教育、文化艺术和广播电影电视业	万人	4.22	1.89	1.72	0.53
(9)科学研究和综合技术服务业	万人	1.58	0.31	0.33	0.11
(10)国家机关、政党机关和社会团体	万人	2.68	1.27	0.97	0.57
(11)其他行业	万人	0.25	0.71	0.81	0.04
私营和个体从业人员	人	139890	81002	36028	29099
年末城镇登记失业人员数	人	11200	13158	6056	3651
行政区域土地面积	平方公里	1834	658	565	307
#建成区面积	平方公里	120	94	58	23
居住用地面积	平方公里	34	20	16	7
公共设施用地面积	平方公里	17	10	5	1
工业用地面积	平方公里	23	31	14	6
国内生产总值(当年价格)	万元	2690634	1799368	1154051	621123
第一产业增加值	万元	107484	38046	68290	13108
第二产业增加值	万元	759528	987401	490398	220090

12—1 续表1

指　　标	单 位	南 宁	柳 州	桂 林	梧 州
#工业增加值	万元	530552	880378	399667	185070
第三产业增加值	万元	1823622	773921	595363	387925
#交通运输仓储及邮电通讯业	万元	325113	186804	102235	68539
金融、保险业	万元	235713	104758	35984	33024
房地产业	万元	90518	53734	27958	18593
科学研究和综合技术服务业	万元	59770	5995	25510	2488
国内生产总值(2000年价格)	万元	2702725	1867584	1286597	607529
人均国内生产总值	元	19340	19249	18809	18371
国内生产总值增长率	%	12.14	16.6	13.9	11.2
中央财政预算内收入	万元	166758	230512	80485	26454
地方财政预算内收入	万元	223402	174160	121598	43825
地方财政预算内支出	万元	283127	197106	163682	82813
#基本建设支出	万元	39325	16882	20896	15718
企业挖潜改造资金和科技三项费用	万元	16463	13229	12968	2199
城市维护建设费	万元	60264	22484	7564	2450
文教科学卫生事业费	万元	46431	37698	37506	16387
#科学事业费支出	万元	1173	857	956	119
教育事业费支出	万元	25038	24752	20891	10512
抚恤和社会福利救济费	万元	7779	4945	5064	1790
社会保障支出	万元	13217	17052	16722	12273
政策性补贴	万元	2609	1820	30	704
年末金融机构存款余额	万元	7290857	3014943	2229422	709550
#城乡居民储蓄年末余额	万元	2906427	1667576	1381487	476631
年末金融机构各项贷款余额	万元	7102235	1790820	1325448	567423
承保额	万元	19899425	7738247	7006494	2789745
保费	万元	103904	58383	36613	18483
已决赔款	万元	14055	8732	5003	3885
工业企业数	个	249	289	188	97
内资企业	个	219	265	159	79
港澳台商投资企业	个	19	14	10	12
外商投资企业	个	11	10	19	6
工业总产值(当年价)	万元	1219597	2952899	990469	363777
内资企业	万元	1069291	2428289	843981	290270
港澳台商投资企业	万元	80938	78538	29823	27119
外商投资企业	万元	69367	446071	116665	46388
从业人员年平均人数	万人	7.16	13.72	6.28	3.12
流动资产年平均余额	万元	682386	1925202	841262	302634
固定资产净值年平均余额	万元	1025790	1550648	523482	301462

12—1 续表2

指标	单位	南宁	柳州	桂林	梧州
产品销售收入	万元	1102103	2965265	949772	343340
#产品销售税金及附加	万元	56591	80590	17707	2643
本年应交增值税	万元	61446	159504	47396	17722
利润总额	万元	12337	80084	37458	4711
(限额以下)工业企业数	个	4682	5885	5087	2696
(限额以下)工业总产值	万元	377977	375517	307267	155293
年末邮电局(所)数	处	65	63	33	40
邮政业务总量	万元	17088	8208	7031	2354
电信业务总量	万元	242197	91322	72179	29833
本地电话用户数	万户	62.63	42.45	29.88	14.84
年末移动电话用户数	户	686039	305689	335914	86596
国际互联网用户数	户	228260	182564	126059	41448
能源消费量	万吨	136	556	138	50
全年用电量	万千瓦时	277773	358555	142374	58091
#工业用电	万千瓦时	164248	290691	81427	37391
城乡居民生活用电	万千瓦时	57243	55050	47485	8476
批发零售贸易业商品销售总额	万元	3083799	1384827	961331	127925
社会消费品零售额	万元	1597562	746317	659817	291589
限额以上批发零售贸易企业数	个	172	68	27	15
#零售业：按经营方式分组					
1. 连锁商店	个	5	2	0	1
2. 非连锁商店	个	69	66	12	5
按零售业态分组					
1. 百货商店	个	7	3	5	1
2. 超级市场	个	6	4	0	2
限额以上餐饮企业数	个	19	5	6	1
当年新签项目(合同)个数	个	47	24	34	34
当年合同外资金额	万美元	18134	23922	5186	3168
当年实际使用外资金额	万美元	12171	5018	8054	3373
已投产（营业）企业数	个	301	133	438	158
从业人员数	人	15631	10530	44460	10120
固定资产投资完成额	万元	984582	568994	425019	146689
#房地产开发投资完成额	万元	231301	159042	146926	52459
#住宅	万元	141613	124313	59555	28200
全年新增固定资产	万元	557785	258695	222732	61450
本年施工住宅面积	万平方米	468.67	229	135.32	96.73
本年竣工住宅面积	万平方米	153.21	63.43	33.34	38.96
商品房屋销售面积	万平方米	111.71	79.78	47.51	32.04

12—1　续表3

指　　标	单　位	南　宁	柳　州	桂　林	梧　州
#销售给个人	万平方米	106.52	77.88	43.34	31.99
商品房屋空置面积	万平方米	32.82	14.61	18.01	29.03
商品房屋销售额	万元	266308	136453	125805	58255
#销售给个人	万元	254314	129613	114701	56925
学校数					
高等学校	所	17	4	7	1
中等专业学校	所	44	13	33	5
普通中学	所	112	62	40	16
小学	所	265	215	98	43
专任教师数					
高等学校	人	6727	1319	3109	100
中等专业学校	人	5469	1097	1202	228
普通中学	人	5166	3429	2525	1117
小学	人	6662	5350	3168	1572
在校学生数					
高等学校	人	83716	21583	54415	2913
中等专业学校	人	69707	27422	27133	7634
普通中学	万人	9.66	5.65	4	2.07
小学	万人	13.47	9.42	4.69	2.6
成人高等教育学校在校学生数	人	39954	15774	6207	6782
各类专业技术人员数	万人	3.32	7.26	3.76	2.04
#中级技术职称以上人员数	万人	1.54	2.52	1.53	0.83
从事科技活动人员数	人	4048	6985	1712	4230
剧场、影剧院数	个	7	4	6	3
公共图书馆图书藏量	千册、件	2318	629	1443	450
医院、卫生院数	个	50	65	41	15
医院、卫生院床位数	张	10679	7601	5542	3208
医生数	人	5747	4113	2737	1152
在岗职工平均人数	万人	35.18	27.38	16.51	7.21
在岗职工工资总额	万元	460297	374910	216217	82593
居民人均可支配收入	元	8796	7928	7852	6282
居民人均消费支出	元	6970	5992	6123	5129
#(1)食品	元	2611	2327	2465	2442
(2)衣着用品	元	513	447	492	301
(3)家庭设备、用品及服务	元	429	509	455	302
(4)医疗保健	元	383	219	303	251
(5)交通和通讯	元	1043	615	531	434
(6)娱乐、教育、文化服务	元	1240	1046	997	756

12—1　续表4

指　　标	单　位	南　宁	柳　州	桂　林	梧　州
(7)居住	元	539	642	683	516
人均住房使用面积	平方米	18.09	17.24	16.79	19.05
按房屋产权分：租赁公房	户	22	2	53	0
租赁私房	户	10	27	42	0
自有房	户	168	1	0	0
其他	户	0	172	0	0
无卫生设备户数	户	18486	0	6434	6000
居民消费价格指数	上年=100	99.4	100.6	100	97.8
年末离休、退休、退职人员数	万人	8	12.01	6	3.01
基本养老保险参保职工	人	213460	238063	135437	67165
基本医疗保险参保人数	人	175992	302000	65000	94137
失业保险参保人数	人	160371	191700	137973	57184
社会福利院数	个	24	21	8	21
社会福利院床位数	张	1712	1813	513	1410
社区服务设施数	个	396	407	183	165
居民最低生活保障线以下人数	人	40205	35025	10561	11485
居民最低生活保障已保人数	人	40205	35025	10561	11485
交通事故件数	件	320	1004	489	50
交通事故死亡人数	人	166	124	60	22
刑事案件立案数	件	15027	11996	13059	1007
犯罪人数	人	1933	3460	2471	1327
年末实有铺装道路面积	万平方米	1203	745	481	185
排水管道长度	公里	671	468	437	81
供水综合生产能力(包括自备水源)	万立方米/日	100	149	65	39
供水总量	万立方米	25362	40161	13475	4269
#居民家庭用水量	万立方米	11100	12143	5446	1788
用水人口	万人	116.8	90.3	53.4	27.86
煤气(人工、天然气)供气总量	万平方米	0	3303	0	0
#家庭用量	万平方米	0	2990	0	0
用煤气人口	人	0	165000	0	0
液化石油气供气总量	吨	46937	29638	20940	11004
#家庭用量	吨	46937	29638	15329	10994
用液化气人口	人	966000	534200	507900	280000
年末实有公共汽(电)车营运车辆数	辆	964	556	528	145
全年公共汽(电)车客运总量	万人次	22896	17465.06	13857.22	2539.43
年末实有出租汽车数	辆	3803	1074	2799	445
园林绿地面积	公顷	4993	24829	2058	2255
#公共绿地面积	公顷	946	537	449	271
建成区绿化覆盖面积	公顷	4643	3130	2237	1377

12—1 续表5

指 标	单 位	北 海	防城港	钦 州	贵 港	玉 林
年末总人口	万人	52.9	47.44	119.34	167.58	89.7
#非农业人口	万人	24.06	12.88	19.31	22.48	20.24
年平均人口	万人	52.64	47.34	118.71	166.84	89.48
暂住人口(一个月以上)	万人	1.53	0.66	0.5	1.17	1.71
年出生人口	人	5385	5549	16478	20000	8435
年死亡人口	人	959	1613	4930	4798	2147
年末总户数	万户	15.66	13.13	28.24	41.98	24.57
年末单位从业人员数	万人	5.73	3.36	5.12	6.62	6.73
第一产业(农、林、牧、渔业)	万人	0.35	0.38	0.21	0.38	0.11
第二产业	万人	1.43	0.49	1.32	1.9	2.18
(1)采掘业	万人	0.06	0.01	0.12	0.02	0.02
(2)制造业	万人	1.14	0.22	0.78	1.52	1.45
(3)电力、煤气及水的生产和供应业	万人	0.11	0.14	0.13	0.14	0.22
(4)建筑业	万人	0.12	0.12	0.29	0.22	0.49
第三产业	万人	3.95	2.49	3.59	4.34	4.44
(1)地质勘查业、水利管理业	万人	0.03	0	0.05	0.12	0.07
(2)交通运输、仓储及邮电通信业	万人	0.54	0.71	0.43	0.33	0.62
(3)批发和零售贸易、餐饮业	万人	0.26	0.21	0.35	0.51	0.5
(4)金融、保险业	万人	0.29	0.11	0.15	0.16	0.36
(5)房地产业	万人	0.18	0.02	0.02	0.03	0.06
(6)社会服务业	万人	0.78	0.16	0.13	0.29	0.49
(7)卫生、体育和社会福利业	万人	0.35	0.17	0.32	0.41	0.52
(8)教育、文化艺术和广播电影电视业	万人	0.76	0.55	1.38	1.73	1.21
(9)科学研究和综合技术服务业	万人	0.09	0.02	0.04	0.07	0.04
(10)国家机关、政党机关和社会团体	万人	0.63	0.52	0.69	0.67	0.52
(11)其他行业	万人	0.04	0.02	0.03	0.02	0.05
私营和个体从业人员	人	49672	8295	23067	35440	64737
年末城镇登记失业人员数	人	2879	1696	3967	3787	4330
行政区域土地面积	平方公里	957	2822	4772	3543	1251
#建成区面积	平方公里	33	17	64	51	45
居住用地面积	平方公里	6	6	21	13	13
公共设施用地面积	平方公里	7	2	7	4	6
工业用地面积	平方公里	6	2	12	6	4
国内生产总值(当年价格)	万元	822559	451777	751584	478203	570448
第一产业增加值	万元	180720	117657	353834	144847	115653
第二产业增加值	万元	218103	142897	138807	135368	269989
#工业增加值	万元	179023	118239	92866	104781	254629

12—1 续表6

指　　标	单 位	北 海	防城港	钦 州	贵 港	玉 林
第三产业增加值	万元	423736	191223	258943	197988	184806
#交通运输仓储及邮电通讯业	万元	135844	62069	43426	53734	71464
金融、保险业	万元	41282	2308	-915	1881	8576
房地产业	万元	37904	5162	12011	12216	5241
科学研究和综合技术服务业	万元	4753	349	3108	574	851
国内生产总值(2000年价格)	万元	852950	456441	774769	483997	590852
人均国内生产总值	元	15626	9543	6331	2866	6375
国内生产总值增长率	%	12.3	11.1	11.64	11	22
中央财政预算内收入	万元	33835	7918	11060	22015	41939
地方财政预算内收入	万元	53700	21918	36300	37609	48718
地方财政预算内支出	万元	95377	48981	73111	64969	76526
#基本建设支出	万元	24453	9553	15241	8669	9062
企业挖潜改造资金和科技三项费用	万元	1400	1473	1993	362	1947
城市维护建设费	万元	4817	1387	2023	2182	3138
文教科学卫生事业费	万元	20244	9817	15042	18451	19216
#科学事业费支出	万元	245	21	98	47	218
教育事业费支出	万元	13062	8624	10679	16737	12917
抚恤和社会福利救济费	万元	1740	1266	1925	1946	1569
社会保障支出	万元	5756	2050	3903	2055	3063
政策性补贴	万元	37	62	288	146	31
年末金融机构存款余额	万元	989257	372979	475701	657291	1123549
#城乡居民储蓄年末余额	万元	558045	268593	344676	442663	795558
年末金融机构各项贷款余额	万元	829945	231174	334121	343298	672958
承保额	万元	3441074	603416	795296	0	3480877
保费	万元	13025	6316	8313	12243	14976
已决赔款	万元	3508	1503	1549	2536	2714
工业企业数	个	71	33	60	58	68
内资企业	个	64	28	56	55	63
港澳台商投资企业	个	1	1	4	2	1
外商投资企业	个	6	4	0	1	4
工业总产值(当年价)	万元	318155	259917	124563	334791	558079
内资企业	万元	294848	22318	106669	319046	178755
港澳台商投资企业	万元	12774	644	17894	14006	1984
外商投资企业	万元	10533	236955	0	1739	377340
从业人员年平均人数	万人	1.47	0.45	1.16	2.08	2.1
流动资产年平均余额	万元	196369	80470	69410	202473	331486
固定资产净值年平均余额	万元	157634	93439	141146	372404	352506
产品销售收入	万元	306984	249046	110542	347249	539567

12—1 续表7

指 标	单 位	北 海	防城港	钦 州	贵港	玉 林
#产品销售税金及附加	万元	10346	353	1476	2080	1289
本年应交增值税	万元	23420	1496	5772	16555	29104
利润总额	万元	6526	895	-637	3602	40999
(限额以下)工业企业数	个	5354	1891	3048	3967	5856
(限额以下)工业总产值	万元	281613	174565	138002	95345	360541
年末邮电局(所)数	处	31	39	35	73	28
邮政业务总量	万元	2549	977	1865	1206	3095
电信业务总量	万元	47306	7597	38499	13384	37719
本地电话用户数	万户	14.54	7	11.91	17.63	15.01
年末移动电话用户数	户	104728	52712	90966	86981	112077
国际互联网用户数	户	49301	28808	24301	15526	16983
能源消费量	万吨	218	8	89	0	67
全年用电量	万千瓦时	47089	24725	35058	100455	85967
#工业用电	万千瓦时	23576	10600	21314	72737	65108
城乡居民生活用电	万千瓦时	13477	5036	9758	15759	10523
批发零售贸易业商品销售总额	万元	219953	204211	312296	344549	553575
社会消费品零售额	万元	305145	170275	312047	215645	399554
限额以上批发零售贸易企业数	个	20	5	14	26	16
其中零售业：按经营方式分组						
1. 连锁商店	个	0	0	0	0	0
2. 非连锁商店	个	6	0	6	0	0
按零售业态分组						
1. 百货商店	个	0	0	2	3	2
2. 超级市场	个	1	0	0	1	5
限额以上餐饮企业数	个	0	3	6	2	2
当年新签项目(合同)个数	个	19	7	14	2	5
当年合同外资金额	万美元	9726	2051	2533	198	531
当年实际使用外资金额	万美元	1593	1419	700	609	4506
已投产（营业）企业数	个	0	55	4	19	48
从业人员数	人	0	1196	1293	1675	13973
固定资产投资完成额	万元	174944	96732	208580	154834	96541
#房地产开发投资完成额	万元	26705	4304	4846	24461	6217
#住宅	万元	20981	1804	2540	17727	5617
全年新增固定资产	万元	61865	59321	120492	89607	70192
本年施工住宅面积	万平方米	67.09	38.75	165.72	111.38	71.21
本年竣工住宅面积	万平方米	61.41	27.07	151.54	87.81	66.95
商品房屋销售面积	万平方米	9.97	6.22	0.2	20.58	2.94
#销售给个人	万平方米	9.11	6.22	0.2	20.58	2.94

12—1　续表8

指　　标	单　位	北　海	防城港	钦　州	贵港	玉　林
商品房屋空置面积	万平方米	0.27	1.21	1.16	2.75	0.47
商品房屋销售额	万元	11735	3404	280	22684	4536
#销售给个人	万元	10719	3404	280	22684	4536
学校数						
高等学校	所	0	0	1	0	1
中等专业学校	所	2	0	4	1	5
普通中学	所	39	31	61	113	59
小学	所	138	240	388	452	266
专任教师数						
高等学校	人	0	0	136	0	411
中等专业学校	人	95	0	247	106	425
普通中学	人	2224	1582	3021	6141	3941
小学	人	3161	3123	4339	6976	3542
在校学生数						
高等学校	人	0	0	3255	0	8116
中等专业学校	人	1135	0	6412	1606	6750
普通中学	万人	4.25	3.09	6.71	13.61	7.06
小学	万人	6.63	4.86	11.03	21.19	8.99
成人高等教育学校在校学生数	人	3811	1029	530	2150	10074
各类专业技术人员数	万人	0.58	0.91	1.54	1.91	1.93
#中级技术职称以上人员数	万人	0.16	0.32	0.57	0.73	0.81
从事科技活动人员数	人	0	437	45	786	485
剧场、影剧院数	个	7	3	3	4	10
公共图书馆图书藏量	千册、件	310	121	191	127	330
医院、卫生院数	个	22	25	31	40	27
医院、卫生院床位数	张	1478	867	2077	2062	3034
医生数	人	1279	561	740	1044	1574
在岗职工平均人数	万人	5.58	3.21	4.42	6.34	6.32
在岗职工工资总额	万元	66571	35750	38112	59274	74805
居民人均可支配收入	元	7692	7664	6734	6927	0
居民人均消费支出	元	5898	4666	5163	4563	0
#食品	元	2674	2152	1985	1863	0
衣着用品	元	422	291	399	370	0
家庭设备、用品及服务	元	272	274	431	242	0
医疗保健	元	276	148	190	204	0
交通和通讯	元	696	633	780	383	0
娱乐、教育、文化服务	元	762	577	814	822	0
居住	元	625	471	428	514	0

12—1 续表9

指　　标	单 位	北 海	防城港	钦 州	贵 港	玉 林
人均住房使用面积	平方米	32.43	25.81	17.61	26.68	0
按房屋产权分：租赁公房	户	11	7	12	20	0
租赁私房	户	3	1	0	0	0
自有房	户	67	89	16	30	0
其他	户	19	3	72	0	0
无卫生设备户数	户	2	1	6	0	0
居民消费价格指数	上年=100	99.9	99.7	98.3	100.6	0
年末离休、退休、退职人员数	万人	2.3	0.75	1.02	2	1.93
基本养老保险参保职工	人	42455	17852	22419	30763	39109
基本医疗保险参保人数	人	28628	18546	25720	55860	45050
失业保险参保人数	人	41490	24169	18010	45600	49894
社会福利院数	个	1	17	19	14	6
社会福利院床位数	张	290	748	618	405	384
社区服务设施数	个	33	0	31	1	3
居民最低生活保障线以下人数	人	14847	11972	15790	11277	6413
居民最低生活保障已保人数	人	14847	11972	15790	11277	6413
交通事故件数	件	427	543	153	615	220
交通事故死亡人数	人	50	60	66	110	119
刑事案件立案数	件	4247	1305	2061	5301	7339
犯罪人数	人	918	365	541	1330	809
年末实有铺装道路面积	万平方米	528	166	392	421	281
排水管道长度	公里	192	100	155	144	154
供水综合生产能力(包括自备水源)	万立方米/日	35	12	16	35	24
供水总量	万立方米	4073	1616	2334	12352	3698
#居民家庭用水量	万立方米	1648	933	1602	5205	2033
用水人口	万人	36	10.18	30.6	46.1	35.8
煤气(人工、天然气)供气总量	万平方米	4	0	0	0	0
#家庭用量	万平方米	4	0	0	0	0
用煤气人口	人	2000	0	0	0	0
液化石油气供气总量	吨	17504	5098	21950	21133	24500
#家庭用量	吨	16804	4867	21560	19103	23000
用液化气人口	人	242000	99600	304200	258100	359900
年末实有公共汽(电)车营运车辆数	辆	171	70	128	104	104
全年公共汽(电)车客运总量	万人次	1436	580	650	686	1470
年末实有出租汽车数	辆	580	87	200	277	416
园林绿地面积	公顷	3853	223	440	868	1169
#公共绿地面积	公顷	167	53	154	182	464
建成区绿化覆盖面积	公顷	1763	228	1115	914	1008

12—1 续表10

指　　标	单位	百色	贺州	河池	来宾	崇左
年末总人口	万人	32.71	90.37	31.23	96.67	33.88
#非农业人口	万人	12.69	12.25	11.34	14.72	8.74
年平均人口	万人	32.67	90.12	31.22	95.91	33.82
暂住人口(一个月以上)	万人	0	0.39	0.95	0.82	1.35
年出生人口	人	2661	7646	2637	11283	3117
年死亡人口	人	19002	2670	1375	3113	1751
年末总户数	万户	7.97	21.6	8.1	21.76	8.33
年末单位从业人员数	万人	4.56	3.5	3.57	4.14	2.11
第一产业(农、林、牧、渔业)	万人	0.4	0.23	0.02	0.6	0.42
第二产业	万人	1.54	0.97	1.39	1.32	0.53
(1)采掘业	万人	0.13	0.03	0.08	0	0.06
(2)制造业	万人	1.14	0.48	0.97	1.03	0.32
(3)电力、煤气及水的生产和供应业	万人	0.19	0.31	0.16	0.23	0.1
(4)建筑业	万人	0.08	0.15	0.18	0.06	0.05
第三产业	万人	2.61	2.54	2.16	2.22	1.16
(1)地质勘查业、水利管理业	万人	0.02	0.01	0.04	0.06	0.01
(2)交通运输、仓储及邮电通信业	万人	0.58	0.13	0.29	0.04	0.06
(3)批发和零售贸易、餐饮业	万人	0.24	0.16	0.32	0.19	0.13
(4)金融、保险业	万人	0.18	0.14	0.16	0.07	0.06
(5)房地产业	万人	0.01	0.02	0.01	0.01	0
(6)社会服务业	万人	0.15	0.13	0.15	0.14	0.04
(7)卫生、体育和社会福利业	万人	0.26	0.2	0.19	0.19	0.08
(8)教育、文化艺术和广播电影电视业	万人	0.68	0.98	0.52	1.19	0.45
(9)科学研究和综合技术服务业	万人	0.04	0.02	0.04	0.01	0
(10)国家机关、政党机关和社会团体	万人	0.43	0.46	0.43	0.28	0.32
(11)其他行业	万人	0.02	0.29	0.01	0.04	0.01
私营和个体从业人员	人	17512	39184	20179	32562	12252
年末城镇登记失业人员数	人	5392	1726	4656	2106	1337
行政区域土地面积	平方公里	3702	5124	2340	4364	2951
#建成区面积	平方公里	29	21	14	18	8
居住用地面积	平方公里	10	4	4	4	3
公共设施用地面积	平方公里	2	3	2	3	0
工业用地面积	平方公里	6	4	3	4	1
国内生产总值(当年价格)	万元	298602	508849	264403	509571	204022
第一产业增加值	万元	58289	182088	37544	163543	78036
第二产业增加值	万元	96768	138814	77396	197064	63649
#工业增加值	万元	65198	125157	62572	182854	55382

12—1 续表11

指 标	单 位	百 色	贺 州	河 池	来 宾	崇 左
第三产业增加值	万元	143545	187947	149463	148964	62337
#交通运输仓储及邮电通讯业	万元	31569	36452	36679	61077	11014
金融、保险业	万元	20974	8632	18428	10110	5626
房地产业	万元	2710	5658	3106	7736	1365
科学研究和综合技术服务业	万元	1059	463	893	278	211
国内生产总值(2000年价格)	万元	294293	509831	259385	528681	202519
人均国内生产总值	元	9040	5702	8469	5314	6032
国内生产总值增长率	%	9.4	8	-4.8	9.7	11.6
中央财政预算内收入	万元	10093	25111	13274	61718	28991
地方财政预算内收入	万元	17477	14637	17040	28985	27802
地方财政预算内支出	万元	27077	28817	22094	40561	24873
#基本建设支出	万元	1345	258	0	1015	382
企业挖潜改造资金和科技三项费用	万元	1818	1526	1609	280	516
城市维护建设费	万元	1117	1390	935	3098	1141
文教科学卫生事业费	万元	8681	11256	6552	20445	8260
#科学事业费支出	万元	4	29	53	49	21
教育事业费支出	万元	6537	9464	4991	12540	5972
抚恤和社会福利救济费	万元	934	1543	328	1098	777
社会保障支出	万元	677	1104	762	1844	202
政策性补贴	万元	85	74	0	53	77
年末金融机构存款余额	万元	359605	310344	410045	203852	133888
#城乡居民储蓄年末余额	万元	212983	230184	259865	139161	97719
年末金融机构各项贷款余额	万元	210963	195565	256598	166888	52504
承保额	万元	230035	3170024	311533	368389	187505
保费	万元	4421	7010	1891	2533	2217
已决赔款	万元	321	2517	855	850	532
工业企业数	个	49	50	32	22	26
内资企业	个	49	43	31	19	23
港澳台商投资企业	个	0	5	1	0	2
外商投资企业	个	0	2	0	3	1
工业总产值(当年价)	万元	120749	121423	142299	348902	121616
内资企业	万元	120749	113144	140698	177661	37111
港澳台商投资企业	万元	0	4236	1602	0	75017
外商投资企业	万元	0	4043	0	171241	9488
从业人员年平均人数	万人	0.14	1.14	1.48	1.16	0.54
流动资产年平均余额	万元	83336	109817	122959	199203	42974
固定资产净值年平均余额	万元	113816	143218	230330	604305	103229
产品销售收入	万元	117368	129553	154468	355008	97851

12—1　续表12

指　　标	单　位	百　色	贺　州	河　池	来　宾	崇　左
#产品销售税金及附加	万元	1170	1128	830	1471	266
本年应交增值税	万元	7118	8385	9187	10660	9627
利润总额	万元	2836	6713	3883	30584	16238
(限额以下)工业企业数	个	2763	5094	1027	5297	1422
(限额以下)工业总产值	万元	71354	296726	44808	155546	24131
年末邮电局(所)数	处	0	29	20	30	10
邮政业务总量	万元	1415	1118	1236	1163	65
电信业务总量	万元	0	11221	8615	9096	3560
本地电话用户数	万户	7.28	7.03	7.45	7.38	2.62
年末移动电话用户数	户	44512	60428	42000	34000	18205
国际互联网用户数	户	7422	1410	146	8679	1685
能源消费量	万吨	28	0	72	81	23
全年用电量	万千瓦时	18566	134952	56331	175711	18641
#工业用电	万千瓦时	18175	79586	53481	65461	13871
城乡居民生活用电	万千瓦时	0	7850	2850	17245	2770
批发零售贸易业商品销售总额	万元	41742	185478	145289	76640	58584
社会消费品零售额	万元	86720	161595	137371	87678	60841
限额以上批发零售贸易企业数	个	8	5	10	3	3
其中零售业：按经营方式分组						
1. 连锁商店	个	0	0	1	0	0
2. 非连锁商店	个	7	3	9	0	3
按零售业态分组						
1. 百货商店	个	0	2	1	0	3
2. 超级市场	个	1	1	1	0	0
限额以上餐饮企业数	个	7	0	1	0	0
当年新签项目(合同)个数	个	0	0	0		0
当年合同外资金额	万美元	0	0	0	0	891
当年实际使用外资金额	万美元	0	1160	0	0	757
已投产（营业）企业数	个	0	23	0	0	20
从业人员数	人	0	3386	0	0	843
固定资产投资完成额	万元	150334	43750	77674	67665	39370
#房地产开发投资完成额	万元	7743	5261	2114	0	0
#住宅	万元	2836	2023	0	0	0
全年新增固定资产	万元	85160	38341	44794	50130	35018
本年施工住宅面积	万平方米	36.11	28.72	16	11.59	38.97
本年竣工住宅面积	万平方米	24.96	19.31	8.75	9.60	38.07
商品房屋销售面积	万平方米	3.08	0.5	1.37	0	0
#销售给个人	万平方米	3.08	0.5	1.37	0	0

12—1 续表13

指 标	单 位	百 色	贺 州	河 池	来 宾	崇 左
商品房屋空置面积	万平方米	0	1.13	0	0	0
商品房屋销售额	万元	2995	916	1150	0	0
#销售给个人	万元	2995	916	1150	0	0
学校数						
高等学校	所	2	1	0	0	0
中等专业学校	所	0	6	0	3	1
普通中学	所	34	54	28	45	22
小学	所	129	296	144	270	114
专任教师数						
高等学校	人	434	185	0	0	0
中等专业学校	人	0	279	0	83	90
普通中学	人	1197	2550	1366	2575	858
小学	人	2048	3520	1815	3745	1435
在校学生数						
高等学校	人	6599	2879	0	0	0
中等专业学校	人	0	5094	0	1933	1126
普通中学	万人	1.53	5.5	2.45	6.56	1.76
小学	万人	2.61	12.75	0.53	13.84	2.85
成人高等教育学校在校学生数	人	0	1883	0	0	0
各类专业技术人员数	万人	0.47	1.1	0.5	0.98	0.8
#中级技术职称以上人员数	万人	0.16	0.28	0.15	0.13	0.23
从事科技活动人员数	人	0	10750	392	8632	216
剧场、影剧院数	个	5	8	2	1	1
公共图书馆图书藏量	千册、件	100	14	110	228	136
医院、卫生院数	个	23	27	21	42	18
医院、卫生院床位数	张	1894	1242	1344	1062	485
医生数	人	884	545	684	724	516
在岗职工平均人数	万人	4.57	3.39	3.46	4.03	1.89
在岗职工工资总额	万元	53114	35299	43474	41157	17589
居民人均可支配收入	元	7215	7030	0	7071	5892
居民人均消费支出	元	5637	5075	3392	2412	4265
#食品	元	2215	2093	1592	90	1868
衣着用品	元	507	330	290	118	278
家庭设备、用品及服务	元	361	528	172	142	268
医疗保健	元	72	328	157	261	164
交通和通讯	元	690	441	256	313	419
娱乐、教育、文化服务	元	1029	745	368	245	500
居住	元	362	610	398	1833	623

12—1　续表14

指　　标	单　位	百　色	贺　州	河　池	来　宾	崇　左
人均住房使用面积	平方米	19.78	20.23	11	0	22.69
按房屋产权分：租赁公房	户	3	17	0	0	20
租赁私房	户	0	25	0	0	0
自有房	户	47	127	130	0	109
其他	户	0	0	0	0	0
无卫生设备户数	户	0	8640	24327	0	568
居民消费价格指数	上年=100	98	98.2	99.22	0	101.3
年末离休、退休、退职人员数	万人	1.4	0.59	0.15	0.54	0.34
基本养老保险参保职工	人	12655	13376	5642	20329	5756
基本医疗保险参保人数	人	9500	18326	13035	13867	11682
失业保险参保人数	人	11215	18187	9750	23137	10226
社会福利院数	个	1	6	8	1	1
社会福利院床位数	张	50	112	163	150	20
社区服务设施数	个	0	0	7	6	3
居民最低生活保障线以下人数	人	6961	8451	2215	12988	3064
居民最低生活保障已保人数	人	6741	8451	2215	12988	3037
交通事故件数	件	317	509	96	804	352
交通事故死亡人数	人	0	101	51	78	2
刑事案件立案数	件	1879	1887	1156	2620	421
犯罪人数	人	343	379	476	327	242
年末实有铺装道路面积	万平方米	70	222	118	106	97
排水管道长度	公里	11	255	105	75	36
供水综合生产能力(包括自备水源)	万立方米/日	15	7	76	13	7
供水总量	万立方米	4514	1427	4912	1636	1190
#居民家庭用水量	万立方米	1082	560	1256	642	384
用水人口	万人	14	7.06	14.62	12	5
煤气(人工、天然气)供气总量	万平方米	0	0	197	0	0
#家庭用量	万平方米	0	0	197	0	0
用煤气人口	人	0	0	6800	0	0
液化石油气供气总量	吨	4600	5210	3153	4578	2910
#家庭用量	吨	4300	4765	2928	3832	2296
用液化气人口	人	120000	70600	84800	92168	5
年末实有公共汽(电)车营运车辆数	辆	80	79	87	30	8
全年公共汽(电)车客运总量	万人次	932	880	1537	335	6
年末实有出租汽车数	辆	199	124	194	150	0
园林绿地面积	公顷	1087	566	453	127	517
#公共绿地面积	公顷	87	82	71	53	68
建成区绿化覆盖面积	公顷	901	614	454	110	463

主要统计指标解释

建成区面积 指市政区范围内经过征用的土地和实际建设发展起来的非农业生产生活建设地段，包括市区集中连片的部分以及分散在近郊区与城市有着密切联系，具有基本完善的市政公用设施的城市建设用地（如机场、污水处理厂、通讯电台）。

居住用地面积 指在城市中包括住宅及相当于居住小区及以下的公共服务设施、道路和绿地等设施的建设用地。

公共设施用地 城市中为社会服务的行政、经济、文化、教育、卫生、体育、科研及设计等机构或设施的建设用地。

工业用地 城市中工矿企业的生产车间、库房、堆场、建筑物等的建设用地。

社区服务设施数 指报告期末城镇设立以非盈利为目的，为本社区居民服务，特别是为老年人、残疾人、儿童服务的社区服务中心、活动站、服务站、养老院、老年公寓、残疾人工疗站、家务服务站、婚姻介绍所等福利性设施以及职工社会保险管理服务的机构数。几种不同类型的社区服务单位，共用一个场所的，只能统计为一个社区服务设施。条件是 （1）独立核算单位；（2）有固定的从业人员；（3）有一定的服务项目；（4）有一定的场所。

居民最低生活保障线以下人数 指在报告期末，家庭平均收入在当地规定的最低生活保障线以下的城镇居民数，包括“三无对象”，失业人员和在职、下岗，退休人员。

居民最低生活保障已保人数 指在开展居民最低生活保障制度的城市领取最低保障费的城镇居民数。包括“三无对象”，失业人员和在职、下岗，退休人员。

年末实有铺装道路面积 是指除土路以外，路面经过铺筑的路面宽度在3.5米以上（含3.5米）的道路。包括高级、次高级道路和普通道路，不包括土路和街道内部路面宽度不足3.5米的胡同，里弄。道路面积只包括路面面积和与道路相通的广场、桥梁、停车场面积。不包括街心花坛、侧石、人行道和路肩的面积。

排水管道总长度 排水道是指汇集和排放污水、废水和雨水的管渠及其附属设施所组成的系统。包括干管、支管以及通往处理厂的管道，无论修建在街道上或其它任何地方，只要是起排水作用的管道，都应作排水管道统计。排水管道按其排水性质分为污水管、雨水管、合流管三种。

供水综合生产能力 是指城建部门系统自来水公司所属自来水厂及各单位自备水源取水、净化、送水、出厂输水干管等环节的综合生产能力，以四个环节的薄弱环节为主，超负荷运行增加的能力不应计算。

全年供水总量 是指自来水厂供出厂外的全部水量，包括有效供水量及损失水量。

生活用水量 是指居民日常生活与行政、事业单位、部队营区、商业及服务待行业的用水量。包括饮食店、旅馆、理发店、浴室、洗衣店、游泳池、商店、学校、机关、部队等单位，以及生产单位和基建单位装有专用水表计量的生活用水量（不能分开者，可计入生产用水量中）。街道、里弄的生产组织的生产用水，如不易分开计算，亦可包括在生活用水量内。

用水普及率 指城市非农业用水人口数与城市非农业人口数之比。计算公式

$$\text{用水普及率}=\frac{\text{城市非农业用水人口数}}{\text{城市非农业人口数}}\times 100\%$$

用水人口 指供应生活用水的年末实际人口。包括大量非农业人口和农业人口。

煤气（人工煤气、天然气）供气总量 是指城市煤气企业向城市生产用户、家庭用户和其他用户供应的全部煤气量，包括外购及损失量。

气化率 指使用燃气的城市非农业人口数与城市非农业人口总数之比。计算公式

$$\text{气化率}=\frac{\text{城市非农业用气人口数}}{\text{城市非农业人口数}}\times 100\%$$

用煤气人口 指报告期末家庭用户的用气人口。

年末实在公共汽（电）车运营车辆数 是指城市公共交通企业可参加营运的全部车辆数。包括技术完好的、

在修的、待修的、长期停驶的，以及拟报废尚未经上级主管部门批准报废的运营车辆数。不包括公交企业的油罐车、货车和其他专用车等非运营车，也不包括借入、租入的客运车辆。

全年公共汽（电）车客运总量　指运送乘客的总人数。包括普通票乘客人次，月票乘客人次和包车乘客人次。普通票乘客人次按上车付现金购票，一张票计算一个人次；月票日乘车次按 5 个人次计算；团体包车，一个乘客按一个人次计算，往返按二个人次计算。

年末实有出租汽车数　指经有关部门批准的专门从事出租业务的一切营业车辆。包括轿车、面包车、大客车。

园林绿地面积　指用作园林绿化的各种绿地面积。包括公共绿地、单位附属绿地、居住区绿地、生产绿地、防护绿地和风景林地的总面积。

$$人均园林绿地面积=\frac{公共绿地+单位附属绿地+居住区绿地+生产防护绿地}{城市非农业人口}$$

公共绿地面积　指开放的各级各类公园和街头绿地。

建成区绿化覆盖面积　指城市建成区内各单位管理的一切用于绿化的乔灌木和多年生草本植物的垂直投影面积。包括园林绿地以外的道路绿化覆盖面积（即道路的隔车带、中心绿岛和林荫道及行道树的覆盖面积）和单株树木的覆盖面积。行道和单株树覆盖面积，可按各种树的平均垂直投影面积垂乘以各种树木的总株数求得。乔木树冠下重叠的灌木和草本植物不再重复计算。

环境污染治理投资额　指城市用于环境污染治理的实际投资额。包括建设部系统的城市环境基础设施建设投资、老污染源工业污染治理投资（污染治理项目本年完成投资合计）、当年新建项目“三同时”污染治理投资（环保工程实际投资）。

环境噪声达标面积　指在建成区内建成并达到国家规定标准要求的环境噪声达标区总数及面积。环境噪声达标区，指在国家《城市区域环境噪声标准》适用区域划分的基础上，对工业噪声、交通噪声、施工噪声、社会生活噪声进行强化管理，综合整治，达到规定要求的城市区域。

生活垃圾粪便清运量　指从城市各生活垃圾点、粪便点运到指定的生活垃圾和粪便处理场地的数量。

生活垃圾无害化处理量　无害化处理生活垃圾、粪便的数量，包括填埋、焚烧、堆肥以及厌气消化法和三格化粪池等方法的处理量。

第十三篇

CHAPTER 13

农 业

AGRICULTURE

农林牧渔业总产值（当年价，亿元）

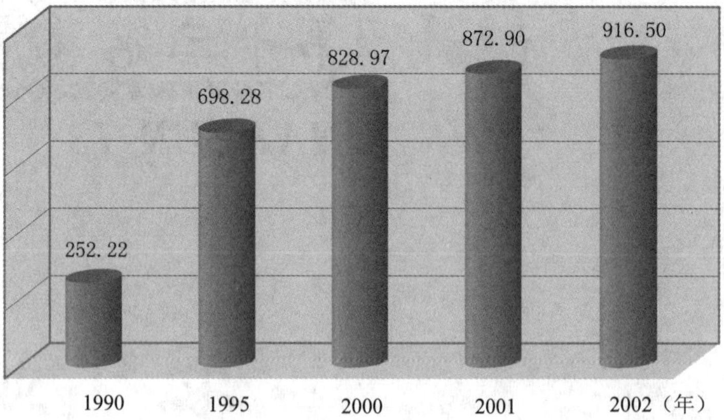

农林牧渔业产值构成

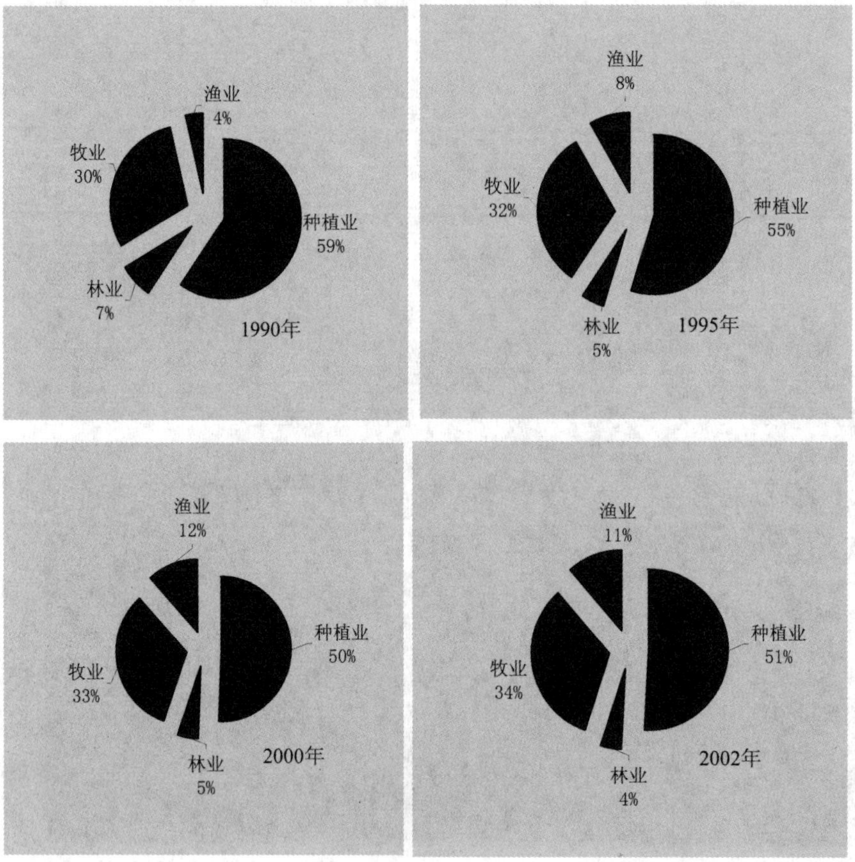

13—1　主要年份农村基本情况

指　　　标	单　位	1990年	1995年	2000年	2001年	2002年
乡镇个数	个	1359	1362	1360	1356	1337
#镇个数	个	357	618	745	745	752
村委会个数	个	14769	14803	14849	14837	14660
通汽车村数	个	-	12072	14182	14201	13874
通电话村数	个	-	4842	11812	12357	12569
自来水受益村数	个	-	5617	7832	8018	7872
乡(镇)村户数、人口						
乡(镇)村户数	万户	756.50	827.88	913.95	922.40	936.74
乡(镇)村人口	万人	3710.63	3881.89	4026.44	4034.78	4064.21
乡(镇)村从业人员	万人	1767.79	1964.60	2145.35	2159.55	2189.00
按性别分						
男	万人	919.64	1030.85	1129.86	1141.62	1153.61
女	万人	848.15	933.75	1015.49	1017.93	1035.39
按产业分						
第一产业	万人	1589.12	1562.88	1556.84	1555.07	1557.01
第二产业	万人	70.51	125.97	148.57	150.63	157.89
第三产业	万人	108.16	275.75	439.94	453.85	474.10
农业机械总动力	亿瓦特	78.42	107.54	146.79	155.23	163.95
农用大中型拖拉机	万台	1.64	1.18	6.41	9.76	11.78
	亿瓦特	4.91	4.02	12.31	17.93	21.29
农用小型及手扶拖拉机	万台	23.00	27.04	26.10	23.57	22.78
	亿瓦特	20.34	24.81	26.60	23.47	22.44
机引农具	万部	19.00	26.22	40.11	47.94	53.95
农用排灌动力机械	亿瓦特	7.23	10.12	16.05	17.12	18.27
农用水泵	台	76839	130684	228198	395704	437096
农用载重汽车	辆	15448	24423	27501	27185	27227
渔业机动船	艘	9394	11123	13294	13391	13785
	亿瓦特	1.91	3.48	4.46	4.46	4.88

注：1990年、1995年乡(镇)村从业人员为“乡(镇)村实有劳动力”。

13—2 农林牧渔业总产值（1978-2002年）

（当年价格）

单位：亿元

年 份	农林牧渔业总产值	农业产值	林业产值	牧业产值	渔业产值
一、总产值					
1978	46.17	36.99	2.28	6.37	0.53
1980	63.31	44.41	4.39	13.64	0.87
1985	108.02	66.34	8.09	30.43	3.16
1990	252.22	149.69	18.05	75.50	8.98
1991	278.15	164.73	20.87	81.99	10.56
1992	333.12	188.65	26.77	100.71	16.99
1993	378.62	214.24	27.47	114.15	22.76
1994	516.46	283.71	31.78	164.02	36.95
1995	698.28	384.17	32.56	225.57	55.98
1996	821.55	450.52	38.14	263.80	69.09
1997	882.60	482.48	38.64	280.67	80.81
1998	865.90	476.24	37.75	263.96	87.95
1999	844.78	454.85	37.48	261.87	90.58
2000	828.97	418.83	38.76	275.33	96.05
2001	872.90	439.93	39.44	292.34	101.19
2002	916.50	465.47	39.81	306.50	104.72
二、构成(以总产值合计为100)					
1978	100.0	80.1	4.9	13.8	1.2
1980	100.0	70.1	6.9	21.6	1.4
1985	100.0	61.4	7.5	28.2	2.9
1990	100.0	59.3	7.2	29.9	3.6
1991	100.0	59.2	7.5	29.5	3.8
1992	100.0	56.6	8.1	30.2	5.1
1993	100.0	56.6	7.3	30.1	6.0
1994	100.0	54.9	6.1	31.8	7.2
1995	100.0	55.0	4.7	32.3	8.0
1996	100.0	54.8	4.7	32.1	8.4
1997	100.0	54.7	4.4	31.8	9.1
1998	100.0	55.0	4.4	30.5	10.1
1999	100.0	53.9	4.4	31.0	10.7
2000	100.0	50.6	4.6	33.2	11.6
2001	100.0	50.4	4.5	33.5	11.6
2002	100.0	50.8	4.4	33.4	11.4

13—3 农林牧渔业总产值指数（1978-2002年）

（按可比价格计算，以上年为100）

单位：%

年 份	农林牧渔业总产值	农业产值	林业产值	牧业产值	渔业产值
1978	101.8	101.9	100.8	105.0	72.8
1979	104.8	106.1	109.7	96.9	85.2
1980	104.2	105.2	98.9	99.0	112.8
1981	106.0	104.1	122.7	111.7	106.4
1982	116.2	115.4	104.6	123.5	126.3
1983	100.7	100.6	92.5	102.7	112.0
1984	99.7	97.0	113.7	105.6	104.2
1985	102.1	99.6	110.5	107.2	112.5
1986	103.4	103.1	104.2	103.3	114.5
1987	104.9	106.6	93.1	102.7	112.5
1988	98.1	96.7	102.7	100.4	107.0
1989	110.3	111.4	94.5	111.8	109.4
1990	108.0	105.4	125.1	111.3	113.9
1991	108.1	105.3	113.0	112.9	112.2
1992	114.9	115.3	106.7	116.1	122.9
1993	104.7	101.3	104.2	108.9	126.6
1994	107.3	102.4	108.0	111.5	136.0
1995	114.9	114.0	96.2	117.2	135.9
1996	105.0	99.6	100.3	112.5	120.4
1997	109.9	110.7	97.4	107.7	120.4
1998	105.2	106.5	95.5	102.9	110.1
1999	107.9	111.4	99.8	103.6	106.2
2000	100.2	94.7	101.9	109.4	105.3
2001	104.9	104.9	103.5	106.0	103.4
2002	107.8	111.2	100.7	105.2	102.7

13—4 耕 地 面 积（1978-2002年）

单位：千公顷

年　份	年末实有耕地面积			占耕地面积%	
		水　田	旱　地	水　田	旱　地
1978	2624.8	1670.3	954.5	63.6	36.4
1979	2627.5	1668.1	959.4	63.5	36.5
1980	2636.9	1653.9	983.0	62.7	37.3
1981	2634.5	1656.2	978.3	62.9	37.1
1982	2630.9	1649.3	981.6	62.7	37.3
1983	2620.1	1641.6	978.5	62.7	37.3
1984	2573.7	1633.5	940.2	63.5	36.5
1985	2572.2	1616.3	955.9	62.8	37.2
1986	2563.8	1605.2	958.6	62.6	37.4
1987	2564.9	1597.9	967.0	62.3	37.7
1988	2569.4	1590.4	979.0	61.9	38.1
1989	2578.5	1587.2	991.3	61.6	38.4
1990	2595.9	1584.9	1011.0	61.1	38.9
1991	2612.9	1583.1	1029.8	60.6	39.4
1992	2610.7	1573.0	1037.7	60.3	39.7
1993	2606.6	1566.5	1040.1	60.1	39.9
1994	2601.8	1555.1	1046.7	59.8	40.2
1995	2614.2	1540.3	1073.9	58.9	41.1
1996	2632.3	1532.6	1099.7	58.2	41.8
1997	2648.6	1519.3	1129.3	57.4	42.6
1998	2655.2	1515.0	1140.2	57.1	42.9
1999	2658.3	1509.0	1149.3	56.8	43.2
2000	2652.6	1498.6	1154.0	56.5	43.5
2001	2648.5	1488.3	1160.2	56.2	43.8
2002	2631.4	1480.9	1150.5	56.3	43.7

注：1公顷=15亩

13—5　主要年份主要农作物播种面积

单位:千公顷

指　　标	1990年	1995年	2000年	2001年	2002年
农作物总播种面积	5141.3	5745.7	6258.6	6196.7	6164.4
粮食作物	3639.9	3662.7	3653.8	3550.5	3421.4
占总播种面积比重(%)	78.8	63.7	58.4	57.3	55.5
#稻　谷	2543.7	2433	2301.6	2238.6	2161.3
#早　稻	1190.3	1150.8	1078	1036.4	1001.3
晚　稻	1187.5	1137.7	1068.7	1047.0	1005.1
玉　米	536.9	550.1	608.7	599.1	578.6
大　豆	213.4	252.5	281.4	268.6	258.5
薯　类	248.4	312.6	341.1	331.4	315.4
花　生	167.3	208.4	240.6	204.4	233.5
油菜籽	14.3	61.5	89.2	76.1	67.6
芝　麻	11.2	9.4	7.3	7.3	6.6
黄红麻	10.0	6.7	5.8	6.1	5.6
苎　麻	2.0	1.2	0.9	0.7	0.5
甘　蔗	319.9	454.3	508.7	574.6	670.7
烤　烟	21.3	10.1	11.4	10.3	7.8
木　薯	219.4	272.9	264.3	248.5	250.7
蔬　菜	260.5	555.8	899.5	931.3	967.9

13—6　主要年份主要农作物产品产量

单位:万吨

指　　标	1990年	1995年	2000年	2001年	2002年
粮食作物	1402.57	1553.31	1667.24	1607.35	1549.38
#稻　谷	1239.02	1307.66	1360.77	1301.48	1249.49
#早　稻	655.71	699.25	706.82	632.55	623.81
晚　稻	516.70	536.72	570.25	583.36	543.17
玉　米	118.75	155.47	188.44	187.41	183.02
大　豆	13.56	28.97	36.43	36.52	35.74
薯　类	24.88	49.68	67.61	68.54	67.72
油　料	25.19	45.35	58.61	57.23	55.99
# 花　生	24.20	39.17	49.55	48.78	48.09
油菜籽	0.52	5.34	8.16	7.31	6.96
芝　麻	0.35	0.52	0.57	0.57	0.53
黄红麻	2.08	1.29	1.15	1.19	1.12
苎　麻	0.18	0.18	0.17	0.13	0.12
甘　蔗	1501.84	2555.73	2937.89	3653.33	4593.38
烤　烟	2.97	1.24	1.69	1.82	1.11
木　薯	64.59	124.51	132.56	128.02	149.21
茶　叶	1.64	1.94	1.79	1.89	1.96
水　果	91.61	266.60	360.14	406.28	455.78
#蕉　类	21.38	96.35	127.32	129.24	125.80
沙田柚	1.85	8.77	18.36	22.45	23.68
柑桔橙	34.09	72.58	87.99	107.16	111.02
菠　萝	12.93	12.22	8.00	7.85	7.07
龙　眼	3.44	11.86	15.67	16.30	35.58
荔　枝	5.89	14.85	14.55	18.13	36.10

13—7 主要年份主要农作物单位面积产量

单位：公斤/公顷

指 标	1990年	1995年	2000年	2001年	2002年
粮食作物	3853	4241	4563	4527	4528
#稻 谷	4871	5375	5912	5814	5781
#早 稻	5509	6076	6557	6103	6230
晚 稻	4351	4718	5336	5572	5404
玉 米	2212	2826	3095	3128	3163
大 豆	635	1147	1295	1360	1383
薯 类	1002	1589	1982	2068	2147
花 生	1447	1879	2059	2029	2060
烤 烟	1394	1231	1475	1764	1424
甘 蔗	46947	56254	57756	63579	68488

13—8 主要年份农业生产条件基本情况

指 标	单位	1990年	1995年	2000年	2001年	2002年
机耕面积	千公顷	679.3	791.0	971.1	986.2	978.0
农村用电量	亿千瓦小时	12.60	23.61	29.58	30.66	31.20
化肥施用量(折纯量)	万吨	86	123	158	168	177
氮 肥	万吨	45	54	57	58	60
磷 肥	万吨	15	21	23	23	24
钾 肥	万吨	16	25	36	39	42
复合肥	万吨	10	23	42	48	51
农田有效灌溉面积	千公顷	1490.4	1472.1	1501.6	1519.6	1518.5
水 库	座	4536	4444	4386	4375	4380
#大型水库	座	25	25	26	26	27
中型水库	座	166	172	178	178	179
水库库容量	亿立方米	220.22	222.7	228.79	228.35	228.98
#大型水库	亿立方米	130.64	130.13	132.95	132.60	133.61
中型水库	亿立方米	48.28	49.42	51.42	51.52	51.08
水库有效库容量	亿立方米	106.69	107.35	110.84	110.35	111.36
#大型水库	亿立方米	47.95	46.42	47.84	47.77	49.02
中型水库	亿立方米	29.45	30.44	31.95	31.94	31.65
水库有效灌溉面积	千公顷	696.9	659.9	666.1	669.8	674.8
#大型水库	千公顷	209.5	171.8	181.0	178.0	178.8
中型水库	千公顷	236.2	239.4	239.4	248.0	252.0
节水灌溉面积	千公顷		458.2	591.2	603.9	663.4
#喷滴灌面积	千公顷	2.3	2.0	2.3	2.1	5.0
除涝面积	千公顷	184.1	191.8	200.9	201.3	202.1
水土流失治理面积	千公顷	887.4	1021.3	1155.3	1158.5	1251.4
治碱面积	千公顷	81.0	94.0	115.0	117.0	121.8
堤防总长度	公里	2170	2354	2468	2509	2633
堤防保护耕地面积	千公顷	138.1	178.3	229.4	272.1	298.5

13—9 主要年份畜牧业生产情况

指　　标	单 位	1990年	1995年	2000年	2001年	2002年
牲畜年底头(只)数						
大牲畜	万头	730.85	771.95	814.51	803.97	799.89
#从事农事劳役的	万头	490.98	522.6	560.45	552.84	553.77
牛	万头	703.9	738.77	775.25	763.55	758.41
#能繁殖的母牛	万头	287.06	299.16	315.18	312.49	308.78
水　牛	万头	371.26	411.43	437.78	429.73	426.97
黄　牛	万头	332.11	326.84	336.46	332.67	329.80
良种及改良种奶牛	万头	0.53	0.5	1.01	1.16	1.64
马	万匹	26.11	31.59	36.82	37.63	38.36
驴	万头	0.05	0.05	0.06	0.04	0.05
骡	万头	0.79	1.54	2.38	2.74	3.07
猪	万头	1742.49	2075.65	2415.56	2455.36	2478.36
#能繁殖的母猪	万头	132.15	186.13	224.34	236.55	238.49
羊	万只	80.56	131.51	241.8	233.33	231.36
#山　羊	万只	80.56	131.51	241.8	233.33	231.36
畜产品产量						
肉猪出栏头数	万头	1063.86	1905.84	2756.91	2936.19	3123.27
肉类总产量	万吨	104.15	195.61	287.26	306.98	329.67
#猪　肉	万吨	87.19	153.63	217.87	231.27	245.06
牛　肉	万吨	3.04	6.54	9.79	10.87	11.82
羊　肉	万吨	0.29	0.77	2.47	2.53	2.65
禽　肉	万吨		34.52	55.85	60.68	68.22
其他畜产品						
牛　奶	吨	8589	9006	16816	20471	31007
蜂　蜜	吨	2528	4016	5563	5903	6360
蚕　茧	吨	7475	21248	29542	55995	74310

13—10　主要年份林业生产情况

指　　标	单位	1990年	1995年	2000年	2001年	2002年
造林面积(年末成活率达85%以上)	千公顷	424.6	130.2	57	70.6	174.7
#飞机播种	千公顷	114.3	-	-	-	-
用材林	千公顷	375.6	63.8	30.5	41.7	69.8
经济林	千公顷	45.5	64.2	19.5	21.7	52.6
防护林	千公顷	1.5	1.7	6.0	6.7	52.1
其他林	千公顷	2.0	0.5	1.0	0.5	0.2
当年迹地更新面积	千公顷	35.2	69.6	100.7	71.8	60.1
育苗面积	千公顷	3.1	2.1	1.4	2.1	3.0
当年四旁零星植树(按实际成活计)	万株	3052	3519	3355	3365	3609
当年幼林抚育作业面积	千公顷次	378.2	623.3	390.5	380.9	416.9
成林抚育实际面积	千公顷	150.6	310.2	280.3	337.4	295.2
现有封山育林面积	千公顷	1658.7	4339.2	4251.2	4214.5	4064.6
林木种籽采集量	吨	681	100	154	306	164
林产品产量						
油茶籽	吨	58645	86098	118620	134629	108479
油桐籽	吨	30789	50854	63002	62394	57349
松　脂	吨	154595	247202	216015	216657	225330
八　角	吨	8484	18382	30966	45724	47479
桂　皮	吨	4191	16716	16605	15509	16613
板　栗	吨	3955	11162	22008	26828	31668
核　桃	吨	153	478	262	272	233
白　果	吨	1625	2217	3629	3668	3877
茴　油	吨	402	1186	1601	1477	1647
桂　油	吨	107	642	779	792	727
竹笋干	吨	1838	7453	16208	16800	17448
橡　胶	吨	3181	2672	1403	1152	1159
村及村以下竹木采伐						
木材采伐量	万立方米	329.23	372.9	270.27	342.73	330.77
毛　竹	万根	838.00	2679.71	4655.48	5002.19	4424.44

13—11 主要年份渔业生产情况

指 标	1990年	1995年	2000年	2001年	2002年
养殖面积（千公顷）	132.4	191.2	239.6	244.0	261.4
淡水养殖面积	126.9	150.2	178.2	182.6	199.7
#山塘水库	85.2	85.2	93.2	96.6	112.8
池 塘	37.4	58.1	74.7	73.7	75.3
海水养殖面积	5.5	41	61.4	61.3	61.7
水产品产量（吨）	323493	1032871	2398592	2477685	2551456
1.海水产品产量	202672	645706	1594505	1639807	1664169
按生产性质分					
天然生产	199324	498192	888417	893069	862969
人工养殖	3348	147514	706088	746738	801200
按类别分					
#鱼 类	165645	396294	586269	588501	591269
虾蟹类	25584	69871	171003	179149	194473
贝 类	10882	172984	790393	825402	840871
2.淡水产品产量	120821	387165	804087	837878	887287
按生产性质分					
天然生产	10549	45818	91538	99038	98832
人工养殖	110272	341347	712549	738840	788455
按类别分					
#鱼 类	119116	375464	772067	805828	852042
虾蟹类	992	5809	9357	9966	9985
贝 类	686	4771	19516	18820	20981

注：1996年以前水产品产量按旧标准统计，即贝类5斤折1斤计量。1997年起按新标准统计，即海蜇按三矾后的成品、海藻按干品计量，其余所有的水产品均按捕捞起水时的鲜活实际重量计量。

13—12 主要年份农作物播种面积构成

（以总播种面积为100）

单位：%

	1990年	1995年	2000年	2001年	2002年
农作物播种面积	100.0	100.0	100.0	100.0	100.0
一、粮食作物	70.8	63.8	58.4	57.3	55.5
#稻 谷	49.5	42.3	36.8	36.1	35.1
#早 稻	23.2	20.0	17.2	16.7	16.2
晚 稻	23.1	19.8	17.1	16.9	16.3
小 麦	0.5	0.4	0.3	0.3	0.2
玉 米	10.4	9.6	9.7	9.7	9.4
大 豆	4.2	4.4	4.5	4.3	4.2
薯 类	4.8	5.4	5.5	5.4	5.1
二、经济作物	15.7	18.7	19.2	20.0	21.3
#油料合计	3.8	4.9	5.5	5.3	5.1
#花 生	3.3	3.6	3.8	3.9	3.8
油菜籽	0.3	1.1	1.4	1.2	1.1
芝 麻	0.2	0.2	0.1	0.1	0.1
麻 类	0.2	0.1	0.1	0.1	0.1
#黄红麻	0.2	0.1	0.1	0.1	0.1
甘 蔗	6.2	7.9	8.1	9.3	10.9
#糖 蔗	6.0	7.7	7.8	8.9	10.5
烟 叶	0.6	0.2	0.4	0.4	0.3
#烤 烟	0.4	0.2	0.2	0.2	0.1
木 薯	4.3	4.8	4.2	4.0	4.1
三、其他农作物	13.5	17.5	22.4	22.7	23.2
#蔬 菜	5.1	9.7	14.4	15.0	15.7
绿 肥	5.8	3.7	2.5	2.0	1.8

13—13　各地市农林牧渔业总产值及构成（2002年）

（按当年价格计算）

地市名称	农林牧渔业总产值	农业	林业	牧业	渔业
一、总产值（亿元）					
南宁市	80.05	53.28	1.63	21.10	4.04
柳州市	68.34	43.54	3.27	18.10	3.43
桂林市	164.10	111.71	8.05	37.49	6.85
梧州市	81.27	41.99	7.96	27.86	3.46
北海市	71.30	18.91	0.72	12.10	39.57
防城港市	32.76	11.44	2.95	4.56	13.81
钦州市	121.15	67.65	2.97	21.02	29.51
贵港市	84.67	46.80	2.41	29.16	6.30
玉林市	134.36	78.07	3.37	46.96	5.96
百色市	79.52	51.69	6.15	19.54	2.14
贺州市	71.32	36.50	3.79	27.57	3.46
河池市	70.34	39.97	5.35	22.99	2.03
来宾市	62.72	39.36	0.92	20.35	2.09
南宁地区	127.18	85.01	3.41	30.01	8.75
二、构成(%)					
南宁市	100.0	66.6	2.0	26.4	5.0
柳州市	100.0	63.7	4.8	26.5	5.0
桂林市	100.0	68.1	4.9	22.8	4.2
梧州市	100.0	51.7	9.8	34.3	4.2
北海市	100.0	26.5	1.0	17.0	55.5
防城港市	100.0	34.9	9.0	13.9	42.2
钦州市	100.0	55.8	2.4	17.4	24.4
贵港市	100.0	55.3	2.9	34.4	7.4
玉林市	100.0	58.1	2.5	35.0	4.4
百色市	100.0	65.0	7.7	24.6	2.7
贺州市	100.0	51.2	5.3	38.7	4.8
河池市	100.0	56.8	7.6	32.7	2.9
来宾市	100.0	62.8	1.5	32.4	3.3
南宁地区	100.0	66.8	2.7	23.6	6.9

13—14 各地市农作物播种面积构成（2002年）

（以总播种面积为100）　　单位：%

地市名称	农作物播种面积	一、粮食作物	#稻谷	玉米	二、经济作物	#油料
南宁市	100.0	40.4	28.3	7.6	30.4	5.6
柳州市	100.0	45.6	33.4	5.4	28.5	5.0
桂林市	100.0	51.3	36.7	3.6	9.9	5.9
梧州市	100.0	59.3	47.2	1.5	15.6	4.8
北海市	100.0	50.7	31.0	5.5	30.0	8.6
防城港市	100.0	56.8	40.0	5.7	25.3	4.9
钦州市	100.0	60.6	46.5	3.5	19.3	3.2
贵港市	100.0	60.2	46.7	5.5	19.7	6.5
玉林市	100.0	69.1	56.9	1.7	11.1	3.6
百色市	100.0	62.9	22.1	24.6	16.4	1.7
贺州市	100.0	53.9	38.0	5.7	16.7	7.8
河池市	100.0	63.3	22.1	22.9	17.2	6.0
来宾市	100.0	49.6	24.9	11.1	29.2	6.4
南宁地区	100.0	52.8	32.1	12.1	33.5	4.0

13—14 续表　　单位：%

地市名称	麻类	甘蔗	烟叶	木薯	三、其他农作物	#蔬菜
南宁市	…	18.5	…	5.9	29.2	19.5
柳州市	0.1	20.1	0.1	2.1	25.9	19.0
桂林市	0.1	0.6	0.1	1.7	38.8	20.5
梧州市	…	1.0	0.5	9.0	25.1	17.4
北海市	0.8	14.4		6.1	19.3	16.3
防城港市		18.0		2.5	17.9	16.6
钦州市	…	9.4		6.0	20.1	17.2
贵港市	0.1	8.6	0.3	3.3	20.1	12.8
玉林市	0.1	1.7	0.1	4.8	19.8	14.7
百色市	…	8.9	0.8	4.3	20.7	14.9
贺州市	…	0.8	2.0	4.6	29.4	22.5
河池市	…	6.9	0.2	3.8	19.5	11.8
来宾市	0.1	18.7	0.1	2.7	21.2	13.6
南宁地区	0.3	24.3		4.3	13.7	10.5

13—15　各地市主要农产品人均占有量（2002年）

单位：公斤

	粮食产量	油料产量	甘蔗产量	水果产量	肉类产量	蔬菜产量	水产品产量
全　区	322	12	956	95	69	371	53
南宁市	252	16	1758	160	65	474	23
柳州市	252	9	1873	51	56	385	12
桂林市	404	18	63	240	81	616	16
梧州市	333	10	63	35	78	396	15
北海市	292	27	1213	39	76	317	620
防城港市	322	13	1564	67	47	284	533
钦州市	353	8	606	287	58	303	164
贵港市	295	13	592	26	53	242	22
玉林市	354	7	102	62	78	283	17
百色市	306	2	745	89	60	423	8
贺州市	360	18	67	78	116	786	25
河池市	302	8	624	39	66	211	7
来宾市	388	22	2828	56	108	398	14
南宁地区	308	10	2627	59	51	274	21

注：按平均总人口计算

13—16　各地市主要农产品劳均生产量（2002年）

单位：公斤

	粮食产量	油料产量	甘蔗产量	水果产量	肉类产量	蔬菜产量	水产品产量
全　区	713	26	2113	210	152	819	117
南宁市	712	47	4977	452	184	1342	65
柳州市	667	24	4965	135	149	1021	33
桂林市	933	42	144	554	186	1423	36
梧州市	743	23	142	78	174	885	33
北海市	698	64	2905	92	181	759	1485
防城港市	809	33	3927	168	117	712	1339
钦州市	702	15	1206	570	115	603	327
贵港市	664	30	1333	60	120	544	49
玉林市	734	14	212	128	161	587	35
百色市	620	5	1509	180	121	856	16
贺州市	785	40	146	170	253	1715	54
河池市	655	17	1355	85	143	457	16
来宾市	822	47	5995	120	229	843	30
南宁地区	597	19	5097	114	98	532	41

注：按乡(镇)村从业人员平均人数计算

13—17 主要年份农民家庭生产性固定资产原值

（平均每户）

指　　标	单　位	1990年	1995年	2000年	2001年	2002年
合　计（元）	元	**1082.59**	**2004.32**	**3006.05**	**2913.65**	**3057.83**
役畜产品畜	元	512.61	791.08	773.52	769.41	773.81
大中型铁木农具	元	47.36	110.73	165.83	185.86	192.98
农林牧渔业工具	元	139.02	284.39	489.48	472.56	554.08
工业机械	元	54.9	98.62	236.37	223.57	239.92
运输机械	元	97.7	295.08	463.53	377.82	375.64
生产用房	元	195.9	386.43	678.5	698.07	703.15
其　他	元	35.1	37.99	198.82	186.36	218.25

13—18 主要年份农民家庭拥有主要生产性固定资产

（平均每百户）

指　　标	单　位	1990年	1995年	2000年	2001年	2002年
汽车	辆	0.16	0.36	0.3	0.43	0.48
大中型拖拉机	台	0.22	0.13	0.26	0.3	0.3
小型和手扶拖拉机	台	4.14	6.37	7.98	7.7	8.04
机动脱粒机	台	0.43	4.64	10	10.49	12
役畜	头	81.69	76.54	63.72	61.77	61.02
胶轮手推车	辆	11.04	18.28	3.49	3.65	3.65
农用动力机械	台	1.2	4.14	9.74	10.39	11.62
水泵	台	0.95	4.44	10.35	11.88	12.25

13—19 主要年份农民家庭经营耕地情况

（平均每人）

指　　标	单　位	1990年	1995年	2000年	2001年	2002年
经营耕地面积	亩	1.16	1.2	1.25	1.26	1.32
#承包耕地面积	亩	0.97	1	1.16	1.17	1.24
所占比重	%	83.62	83.33	92.8	92.86	93.94
自留地面积	亩	0.1	0.1	0.09	0.09	0.08
所占比重	%	8.62	8.33	7.2	7.14	6.06
经营山地面积	亩	0.49	0.45	0.51	0.46	0.45
经营水面面积	亩	0.01	0.02	0.03	0.03	0.04

主要统计指标解释

农林牧渔业总产值 指以货币表现的农、林、牧、渔业全部产品的总量，它反映一定时期内农业生产总规模和总成果。计算方法通常是按农林牧渔业产品及其副产品的产量分别乘以各自单位产品价格求得；将四业产品产值相加即为农林牧渔业总产值。1957 年以前的农林牧渔业总产值中包括了厩肥和农民自给性手工业(如农民自制衣服、鞋、袜，自己从事粮食初步加工等)。1958 年及以后的农林牧渔业总产值，林业中增加了村及村以下竹木采伐产值；牧业中取消了厩肥产值；副业中取消了农民自给性手工业产值，增加了村及村以下办的工业产值；渔业中增加了海洋捕捞水产品产值。1980 年及以后的农林牧渔业总产值，在副业中增加了农民家庭兼营工业商品部分的产值。从 1984 年起村及村以下工业产值划归工业。从 1993 年起取消副业，将野生动物的捕猎划入牧业、野生植物采集和农民家庭兼营商品性工业划归小农业。

耕地面积 指种植农作物、经常进行耕锄的田地，包括熟地、当年新开荒地、连续撂荒未满三年的耕地和当年的休闲地(轮歇地)，还包括以种植农作物为主并附带种植桑树、茶树、果树和其他林木的土地，以及沿海、沿湖地区已围垦利用的“海涂”、“湖田”等面积。不包括属于专业性的桑园、茶园、果园、果木苗圃、林地、芦苇地、天然或人工草地面积。

农业机械总动力 指主要用于农、林、牧、渔业的各种动力机械的动力总和。包括耕作机械、排灌机械、收获机械、农用运输机械、植物保护机械、牧业机械、林业机械、渔业机械和其他农业机械〔内燃机按引擎马力折成瓦(特)计算、电动机按功率折成瓦(特)计算〕。不包括专门用于乡、镇、村、组办工业、基本建设、非农业运输、科学试验和教学等非农业生产方面用的动力机械与作业机械。

农作物播种面积 指实际播种或移植有农作物的面积。凡是实际种植有农作物的面积，不论种植在耕地上还是种植在非耕地上，均包括在农作物播种面积中。在播种季节基本结束后，因遭灾而重新改种和补种的农作物面积，也包括在内。

粮食产量 指全社会的产量。包括国有经济经营的、集体统一经营的和农民家庭经营的粮食产量，还包括工矿企业办的农场和其他生产单位的产量。粮食除包括稻谷、小麦、玉米、高粱、谷子及其他杂粮外，还包括薯类和豆类。其产量计算方法，豆类按去豆荚后的干豆计算；薯类（包括红薯，不包括芋头、木薯等)按 5 公斤鲜薯折 1 公斤粮食计算。广西的马铃薯和芋头作为蔬菜统计，并按鲜品计算。其他粮食一律按脱粒后的原粮计算。

油料产量 指全部油料作物的生产量。包括花生、油菜籽、芝麻、向日葵籽、胡麻籽（亚麻籽）和其他油料。不包括大豆、木本油料和野生油料。花生以带壳干花生计算。

水果产量 指全年度内从果树上收获的全部水果产量。不论自食的或者是出售的，都应计算在内。但不包括果用瓜（西瓜、香瓜、白兰瓜、哈蜜瓜和脆瓜等）和主要作蔬菜食用的藕、西红柿等。也不包括采集的野生水果和林产品的核桃、板栗、白果等的产量。水果的产量按鲜果计算。

肉类总产量 指当年出栏并已屠宰的猪、牛、羊、驴、马、骡、家禽、特种家禽和其它饲养动物肉类产量之和。即屠宰的猪、大牲畜、羊、狗除去头、蹄、下水以后带骨肉（即胴体重）的重量，家禽、特种家禽和其它饲养动物除去毛和内脏后的重量。

水产品产量 指人工养殖的水产品和天然生长的水产品的捕捞量。包括海水的鱼类、虾蟹类、贝类和藻类以及内陆水域的鱼类、虾蟹类和贝类，不包括淡水生植物。海蜇按三矾后的成品、海藻按干品计量，其余所有的水产品均按捕捞起水时的鲜活实际重量计量（1996 年以前，贝类一般按五斤折为一斤计算)。

有效灌溉面积 指具有一定的水源，地块比较平整，灌溉工程或设备已经配套，在一般年景下当年能够进行正常灌溉的耕地面积。

农用化肥施用量 指本年内实际用于农业生产的化肥数量，包括氮肥、磷肥、钾肥和复合肥。化肥施用量要求按折纯量计算数量。折纯量是指把氮肥、磷肥、钾肥分别按含氮、含五氧化二磷、含氧化钾的百分之一百成份进行折算后的数量。复合肥按其所含主要成分折算。

第十四篇
CHAPTER 14

工　业

INDUSTRY

全部工业总产值（当年价，亿元）

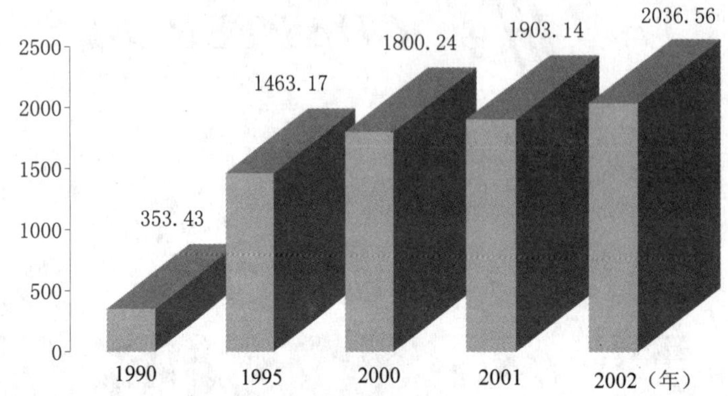

全部工业总产值构成（%）

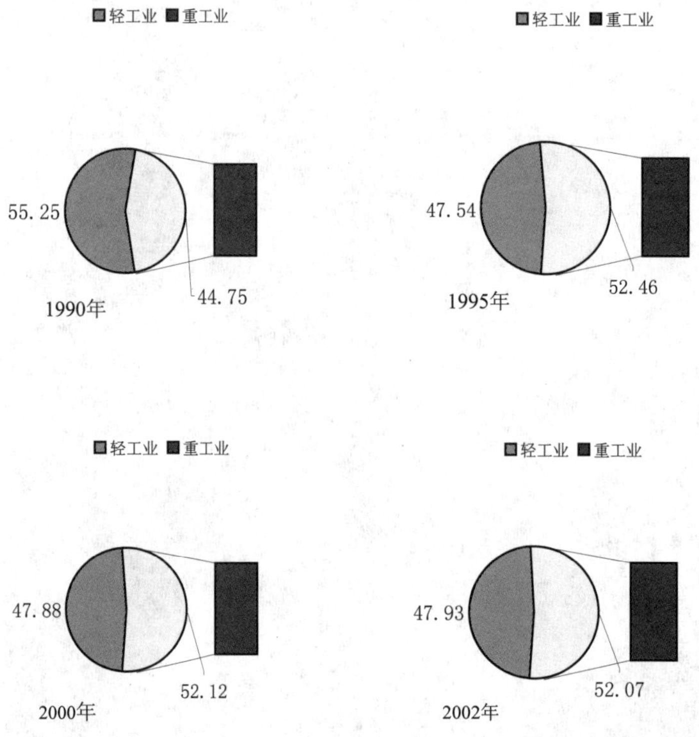

14—1 全部工业总产值及指数

年 份	全部工业总产值	按登记注册类型分类			按轻、重工业	
		国有	集体	其他	轻工业	重工业
总产值（当年价，万元）						
1978	699727	551690	116121	31916	382292	317435
1980	786344	612702	136125	37517	468411	317933
1985	1393949	1084159	228070	81720	753461	640488
1990	3534331	2550882	586910	396539	1953243	1581088
1991	4214681	3000710	696019	517952	2270524	1944157
1992	5828107	3824655	955270	1048182	3041305	2786803
1993	9029300	5013602	1548821	2466877	4223400	4805900
1994	13216300	5921631	2246881	5047788	6492200	6724100
1995	14631700	5825904	2569475	6236321	6955900	7675800
1996	15984500	5798228	3014812	7171460	7951900	8032600
1997	16710300	5693497	3347962	7668841	8464900	8245400
1998	17276800	4980222	3601904	8694674	9103500	8173300
1999	16673250	4368813	3342196	8962241	8130100	8543200
2000	18002396	4105570	2769606	11127220	8620042	9382354
2001	19031372	3574148	2331629	13125595	9123525	9907847
2002	20365560	3489093	1942627	14933840	9760647	10604913
指数（上年=100）						
1978	109.7	109.7	109.2	117.1	107.6	112.3
1980	107.1	106.5	111.7	101.8	114.5	97.9
1985	120.8	121.1	112.2	148.3	116.7	128.0
1990	108.3	106.7	106.9	120.6	110.0	105.8
1991	115.3	111.9	119.1	190.8	117.1	113.2
1992	135.4	125.5	132.7	195.8	135.7	134.9
1993	135.2	109.1	146.7	220.3	125.7	146.3
1994	130.8	104.3	140.2	193.6	131.0	131.5
1995	115.1	105.2	113.5	110.7	103.2	121.9
1996	110.8	100.7	116.3	128.8	115.2	106.6
1997	107.2	100.5	113.7	99.8	109.7	98.2
1998	106.5	97.7	106.2	107.0	110.7	108.6
1999	106.5	97.8	85.4	118.0	100.2	102.6
2000	107.4	88.8	83.0	125.8	89.2	116.3
2001	108.0	89.5	85.6	120.0	104.5	110.6
2002	111.0	97.6	89.3	118.0	113.2	108.9

注：1. 本表从1995年起工业总产值按新规定计算，国有指纯国有企业，其他则包括国有控股。

2. 工业总产值指数按可比价格计算。

14—2　主要年份主要工业产品产量

产品名称	单位	1990年	1995年	2000年	2001年	2002年
锰矿石	万吨	138.39	265.40	118.65	116.85	74.90
铁矿石	万吨	86.43	272.32	68.61	69.21	49.89
钢	万吨	52.41	88.78	104.73	122.96	165.32
生 铁	万吨	57.98	96.76	125.32	150.40	191.12
钢 材	万吨	45.48	80.50	102.63	128.66	184.13
铁合金	万吨	11.49	31.14	41.58	49.38	58.52
十种有色金属	吨	86755	272700	605902	715823	610318
#铝	吨	6423	64960	185867	189213	198885
锌	吨	55369	129076	235535	301551	262505
锡	吨	8908	23457	45874	38451	17986
氧化铝	万吨			40.81	43.95	43.92
木材	万立方米	234.63	420.71	315.17	411.70	376.80
发电量	亿千瓦小时	125.62	217.29	289.09	297.19	317.03
#水电	亿千瓦小时	68.90	136.54	168.87	176.09	186.34
原 煤	万吨	979.45	1391.42	706.67	613.52	436.75
硫酸	万吨	40.53	57.43	86.04	110.96	101.20
烧 碱	吨	61232	101700	140719	164965	187940
农用化肥（折100%）	万吨	41.35	43.12	53.30	73.75	71.84
化学农药	吨	6500	6000	18429	9440	11851
水 泥	万吨	765.28	1980.47	2198.35	2140.45	2401.18
化学纤维	吨	13717	21800	26165	24199	23763
汽车	辆	14492	73824	131238	142218	172274
#客车	辆			59137	69268	92365
小型拖拉机	台	29057	100900	90966	103622	98395
内燃机	万千瓦	246.14	1096.00	1035.30	1407.58	2450.73
纱	万吨	6.48	7.70	9.22	10.15	10.66
布	万米	17711	16800	8714	8656	8185
针棉织品折用纱量	吨	18409	11700	8328	8446	6533
丝织品	万米	1392.04	622.00	742.48	466.22	205.96
机制纸及纸板	万吨	33.50	95.02	82.55	82.91	86.71
机制糖	万吨	136.64	178.12	325.76	270.37	480.03
发酵酒精	万吨	7.70	13.93	21.46	14.62	16.05
化学原料药	吨	3719	2804	2482	1815	2229
中成药	吨	13747	57071	49719	50305	57169
表	万只	82.98	86.90	1016.88	633.94	475.33
原 盐	万吨	10.42	9.69	15.62	5.39	5.44
卷 烟	万箱	108.45	98.35	72.33	81.87	88.90
罐 头	吨	144400	234700	135747	106187	136338
饮料酒（混合量）	万吨	26.14	37.97	65.94	70.11	73.82

14—3 主要年份工业企业主要指标

指　　标	企业单位数（个）					工业总产值（当年价，万元）				
	1990年	1995年	2000年	2001年	2002年	1990年	1995年	2000年	2001年	2002年
总　　计	8981	12603	3155	3126	2911	2989212	9642783	10032391	10592300	11805502
内资企业	**8945**	**11903**	**2948**	**2888**	**2665**	**2971415**	**8668013**	**8887051**	**9117968**	**9400546**
国有经济	2510	2685	1821	1625	1410	2395878	5549655	4105570	3574148	3489093
中央企业	64	82	63	61	59	342421	863028	869987	794392	909064
地方企业	2446	2603	1758	1564	1351	2053457	4686627	3235583	2779756	2580030
集体经济	6323	8878	548	475	353	541426	2434225	1326206	1069437	808962
股份合作企业			82	80	76			202516	203492	222638
联营企业		138	13	15	8		107232	32322	141675	104496
有限责任公司			163	250	305			1499467	1817366	2352949
股份有限公司			88	106	91			1159125	1561041	1361442
私营企业		34	231	337	421		5904	557693	750809	1060363
港澳台商投资企业		**521**	**103**	**131**	**132**		**346258**	**303508**	**514865**	**577549**
外商投资企业	**36**	**179**	**104**	**107**	**114**	**17797**	**628512**	**841832**	**959467**	**1827408**
在总计中：										
国有及国有控股企业			2027	1829	1600			6643575	6485698	7086866
在总计中：										
轻工业	**5097**	**5931**	**1426**	**1402**	**1299**	**1617118**	**4377100**	**3995063**	**4128223**	**4704280**
以农产品为原料	3229	4009	1028	985	891	1244342	3493288	3209535	3313797	3860216
以非农产品为原料	1868	1922	398	417	408	372777	883813	785528	814426	844064
重工业	**3884**	**6672**	**1729**	**1724**	**1612**	**1372094**	**5265683**	**6037328**	**6464077**	**7101222**
采掘工业	630	923	284	240	163	163349	565835	647158	535318	356284
原料工业	1243	2021	718	767	758	559860	2124634	2872261	3092435	3198752
加工工业	2011	3728	727	717	691	648886	2575214	2517909	2836324	3546186
在总计中：										
大型企业	109	136	198	203	196	808801	3007222	4679394	5071241	6148353
中型企业	219	439	400	380	366	749283	2402327	2024944	2023706	2006986
小型企业	8653	12028	2557	2543	2349	1431129	4233234	3328053	3497353	3650163

注：本表的统计范围1990年、1995年为全部乡及乡以上独立核算工业企业，2000—2002年为全部国有工业及年销售收入500万元以上非国有工业企业。

14—3 续表1

指标	全部从业人员年平均人数（人）					流动资产年平均余额（万元）				
	1990年	1995年	2000年	2001年	2002年	1990年	1995年	2000年	2001年	2002年
总　计	1230439	1530034	912488	888601	823067	1515439	5460530	6638402	7070247	7210960
内资企业	**1223188**	**1445734**	**852564**	**817671**	**744486**	**1504416**	**5210222**	**5904494**	**6151678**	**6112849**
国有经济	863437	913240	499646	421054	366548	1237517	3414121	3293473	3129902	2953366
中央企业	79592	84269	47509	42089	37109	172296	490322	550005	595481	607962
地方企业	783845	828971	452137	378965	329439	1065222	2923799	2743468	2534421	2345404
集体经济	350841	463188	113488	98918	69415	253368	1087887	610234	545042	421719
股份合作企业			22490	18383	16218			117024	110815	119507
联营企业		7718	2752	7116	4847		33265	23641	60658	45381
有限责任公司			103282	124065	134399			907714	1068811	1351426
股份有限公司			66217	78398	70837			786486	967040	805804
私营企业		1174	44008	69737	82170		1489	160086	269410	414922
港澳台商投资企业		**42655**	**26210**	**38373**	**39145**		**219585**	**204492**	**290873**	**253121**
外商投资企业	**7251**	**41645**	**33714**	**32557**	**39436**	**11023**	**30723**	**529416**	**627696**	**844991**
在总计中：										
国有及国有控股企业			653007	579212	517575			5016849	4975570	4885253
在总计中：										
轻工业	**571595**	**643944**	**367066**	**368781**	**342792**	**723338**	**2292982**	**2444950**	**2494048**	**2455835**
以农产品为原料	402414	458482	261415	252002	229201	532084	1720196	1864377	1881721	1862150
以非农产品为原料	169181	185462	105651	116779	113591	191255	572787	580573	612327	593686
重工业	**658844**	**886090**	**545422**	**519820**	**480275**	**792100**	**3167548**	**4193452**	**4576199**	**4755125**
采掘工业	146733	163596	77958	78944	66912	78102	242535	316111	320301	287010
原料工业	187196	300389	240368	240292	220987	258467	1283195	1912567	2167552	2148958
加工工业	324915	422105	227096	200584	192376	455531	1641818	1964774	2088346	2319158
在总计中：										
大型企业	190520	339762	310704	298573	272066	368548	1803926	3231741	3439635	3624294
中型企业	237949	346902	201162	184609	168513	419290	1468802	1497109	1516663	1492886
小型企业	801970	843370	400622	405419	382488	727600	2187802	1909552	2113949	2093780

注：1990年的“流动资产年平均余额”为“流动资金年平均余额”

14—3 续表2 单位：万元

指 标	固定资产原价					固定资产净值				
	1990年	1995年	2000年	2001年	2002年	1990年	1995年	2000年	2001年	2002年
总 计	2284895	8332719	12964147	13439608	13820507	1667576	6514676	9346627	9463573	9463879
内资企业	**2262863**	**7748352**	**11424337**	**11810584**	**12033214**	**1647792**	**6010265**	**8110169**	**8193132**	**8179760**
国有经济	1953004	6263717	7418098	6821778	6944174	1416184	4852225	5207488	4716850	4717962
中央企业	356699	1559733	2197845	2277573	2510079	250932	1313078	1566070	1616004	1700984
地方企业	1596305	4703984	5220253	4544206	4434094	1165252	3539147	3641418	3100846	3016978
集体经济	287707	1070458	672445	589746	463401	212945	840188	468787	389995	307459
股份合作企业			144689	137879	137510			101877	100096	95528
联营企业		27166	20426	59534	41651		21184	16369	40114	25649
有限责任公司			2077567	2445259	2623604			1586998	1771486	1819365
股份有限公司			908918	1448827	1380704			580225	922206	863028
私营企业		3354	182009	307561	441387		2920	148317	252385	350122
港澳台商投资企业		**262204**	**247456**	**337293**	**325829**		**221000**	**183498**	**232429**	**219377**
外商投资企业	**22032**	**322163**	**1292354**	**1291731**	**1461465**	**19784**	**283411**	**1052960**	**1038012**	**1064743**
在总计中：										
国有及国有控股企业			10419967	10416624	10676775			7377249	7199326	7172740
在总计中：										
轻工业	**847571**	**2779697**	**4006214**	**4110875**	**3989166**	**642881**	**2161570**	**2910112**	**2903210**	**2744726**
以农产品为原料	645673	2146839	3201899	3260374	3169903	493541	1685799	2351723	2318140	2194310
以非农产品为原料	201898	632858	804315	850501	819263	149340	475772	558389	585070	550416
重工业	**1437324**	**5553022**	**8957933**	**9328733**	**9831341**	**1024696**	**4353106**	**6436515**	**6560363**	**6719154**
采掘工业	231275	468196	633246	637302	599281	148121	326883	440103	430929	384778
原料工业	729743	3337714	5894232	6413725	6973233	555696	2712555	4261013	4617116	4888337
加工工业	476307	1747113	2430455	2277706	2258827	320879	1313668	1735399	1512318	1446038
在总计中：										
大型企业	678922	3330509	6799517	7319963	7418348	512593	2661756	4923367	5158747	4982626
中型企业	579135	2205546	2878663	2770914	3190151	407729	1658698	1999046	1891300	2202236
小型企业	1026838	2796664	3285967	3348731	3212009	747254	2194222	2424214	2413526	2279017

14—3 续表3 单位：万元

指 标	全部资金					实收资本			
	1990年	1995年	2000年	2001年	2002年	1995年	2000年	2001年	2002年
总 计	2590553	10475831	15839704	16553618	16582999	3874403	4407587	5099347	4921608
内资企业	**2565652**	**9503105**	**13893872**	**14382097**	**14181136**	**3331813**	**3577502**	**4222037**	**3942177**
国有经济	2168549	6962757	8470914	7865079	7610911	2273333	2042639	2224170	1879254
中央企业	348211	1597799	2073838	2199921	2239138	423128	388898	377446	347129
地方企业	1820338	5364958	6397076	5665158	5371773	1850205	1653741	1846724	1532124
集体经济	372349	1835563	1047471	938180	737926	777400	268002	238518	214970
股份合作企业			219276	213208	216105		55598	73060	98782
联营企业		52926	40033	99552	72750	26437	9180	13017	29704
有限责任公司			2389219	2890473	3152423		716846	1044708	1086033
股份有限公司		630056	1420998	1865619	1630629		370963	477313	394504
私营企业		3263	298653	509986	759115	3291	108812	151250	238253
港澳台商投资企业		**415299**	**384355**	**520476**	**476081**	**295688**	**179367**	**212853**	**230923**
外商投资企业	**24901**	**557427**	**1561477**	**1651045**	**1925782**	**246901**	**650718**	**664457**	**748507**
在总计中：									
国有及国有控股企业			12325318	12206658	11954322		3126600	3633384	3282525
在总计中：									
轻工业	**1078300**	**3977965**	**5333152**	**5379397**	**5169430**	**1558750**	**1524190**	**1628875**	**1749002**
以农产品为原料	808728	3042191	4199603	4197233	4012511	1105399	1219032	1302924	1403466
以非农产品为原料	269572	935774	1133549	1182164	1156919	453351	305158	325951	345535
重工业	**1512253**	**6497866**	**10506552**	**11174221**	**11413569**	**2315652**	**2883397**	**3470472**	**3172606**
采掘工业	191598	499515	756342	756731	670463	223068	203051	193785	289230
原料工业	695759	3384968	6115606	6796073	6955761	1224261	1655663	2208579	1816857
加工工业	624896	2613384	3634604	3621417	3787346	868323	1024683	1068109	1066519
在总计中：									
大型企业	724667	3855573	8075381	8635897	8547686	1201780	2086221	2288577	2357916
中型企业	671115	2686844	3474523	3403182	3671950	884069	892996	893188	990812
小型企业	1194771	3933414	4289800	4514539	4363364	1788553	1428370	1917582	1572880

14—3 续表4　　　　单位：万元

指标	负债合计				产品销售收入				
	1995年	2000年	2001年	2002年	1990年	1995年	2000年	2001年	2002年
总 计	**9568635**	**12932824**	**12950921**	**13220718**	**2828963**	**9001304**	**9875056**	**10291793**	**11604084**
内资企业	**8815231**	**11587555**	**11555850**	**11671529**	**2814927**	**8138446**	**8782692**	**8910103**	**9362375**
国有经济	6461313	7303345	6757310	6620637	2309993	5314734	4085024	3620672	3686234
中央企业	1494221	2057981	2096516	2221217	353924	876828	832871	769411	881569
地方企业	4967092	5245364	4660794	4399420	1956070	4437905	3252152	2851261	2804665
集体经济	1771872	966565	811556	686164	475743	2209092	1273077	984029	757389
股份合作企业		159274	135179	146366			192191	189048	209018
联营企业	42256	32034	74543	46299		99009	32163	136001	93480
有限责任公司		1874049	2041562	2330652			1520614	1747094	2271179
股份有限公司		1022749	1367804	1261381			1167736	1548219	1326498
私营企业	2048	227736	367896	579249		6068	507548	685040	1018049
港澳台商投资企业	**363331**	**285815**	**341878**	**324088**		**294526**	**301552**	**472274**	**508022**
外商投资企业	**390073**	**1059454**	**1053193**	**1225101**	**14036**	**568332**	**790812**	**909415**	**1733687**
在总计中：									
国有及国有控股企业		10119721	9786337	9752872			6650384	6502638	7167345
在总计中：									
轻工业	**3777956**	**4513151**	**4369237**	**4093608**	**1524726**	**3984614**	**3763708**	**3886890**	**4416511**
以农产品为原料	2900405	3618029	3426564	3190784	1191393	3157551	3013287	3127965	3658974
以非农产品为原料	877551	895122	942673	902824	333333	827063	750421	758925	757538
重工业	**5790679**	**8419672**	**8581684**	**9127110**	**1304237**	**5016690**	**6111348**	**6404903**	**7187572**
采掘工业	448433	598144	542971	537562	143279	530024	621697	518051	347909
原料工业	3119116	5151614	5332178	5683575	574350	2109682	3038313	3230895	3424592
加工工业	2223131	2669915	2706535	2905973	586608	2376984	2451338	2655957	3415071
在总计中：									
大型企业	3413311	6462542	6549235	6740426	807812	2821346	4587387	4972523	6015977
中型企业	2540874	3022973	2828052	3111009	693822	2255388	1972244	1924023	1952896
小型企业	3614450	3447309	3573634	3369283	1327328	3924570	3315425	3395247	3635211

14—3 续表5 单位：万元

指 标	利润总额					利税总额				
	1990年	1995年	2000年	2001年	2002年	1990年	1995年	2000年	2001年	2002年
总 计	108803	161051	359400	371130	356245	416829	850130	1170124	1232194	1227636
内资企业	**108365**	**120622**	**313139**	**284013**	**216946**	**415869**	**761478**	**1057283**	**1052543**	**964718**
国有经济	102001	82466	127266	102821	41142	374828	556946	476799	445826	377229
中央企业	4868	56647	114801	66728	63427	108084	205268	225470	204273	207269
地方企业	97134	25819	12465	36092	-22285	266744	351678	251328	241553	169960
集体经济	7967	14805	26869	3455	-5368	41668	131174	96542	63663	31324
股份合作企业			13609	15147	16770			28511	30644	33494
联营企业		162	-628	9892	2953		2011	115	16794	7267
有限责任公司			80830	57397	48743			273400	235027	250620
股份有限公司			54496	90000	93923			147523	223874	202796
私营企业		219	10315	5031	18790		430	33858	36715	61904
港澳台商投资企业		**-11486**	**1775**	**29754**	**26763**		**-1580**	**15224**	**57070**	**49787**
外商投资企业	**438**	**51915**	**44486**	**57363**	**112536**	**960**	**90232**	**97617**	**122581**	**213131**
在总计中：										
国有及国有控股企业			248305	220645	172571			866662	834707	801493
在总计中：										
轻工业	**44724**	**52737**	**108689**	**115163**	**135613**	**247874**	**378526**	**462188**	**502463**	**529607**
以农产品为原料	32382	51120	88066	97253	131473	206683	321633	390766	431292	480525
以非农产品为原料	12341	1617	20623	17910	4140	41191	56893	71422	71171	49083
重工业	**64080**	**108315**	**250711**	**255967**	**220631**	**168955**	**471603**	**707935**	**729731**	**698029**
采掘工业	6287	15516	21987	9742	-42670	13941	80787	71825	56746	-13361
原料工业	33539	35096	188794	191817	175564	96106	214004	469609	493170	470100
加工工业	24254	57703	39930	54408	87737	58908	176813	166502	179815	241290
在总计中：										
大型企业	42451	142090	283872	283623	287313	185505	393116	737433	778903	808605
中型企业	31346	40460	55541	65031	16466	104221	242289	204874	213702	151634
小型企业	35006	-21498	19987	22476	52466	127103	214725	227817	239588	267398

14—4　工业企业分行业主要指标（2002年）

单位：万元

行业名称	企业单位数（个）	工业总产值（当年价格）	工业总产值（不变价格）	工业增加值（当年价）	全部从业人员年平均人数（人）	固定资产原价
工业企业	**2911**	**11805502**	**11141795**	**3704371**	**823067**	**13820507**
煤炭采选业	22	62004	29136	23536	21268	143443
黑色金属矿采选业	25	28395	21220	9113	4314	38851
有色金属矿采选业	53	191924	183175	51925	30978	335183
非金属矿采选业	41	58225	46123	20678	8544	80373
其他矿采选业	7	10068	5359	2431	1766	3517
木材及竹材采运业	20	7264	6167	3132	2611	10762
食品加工业	242	2021164	1982959	524495	79792	1449370
#制糖业	91	1486568	1602744	430356	64797	1291003
食品制造业	121	169358	167353	42093	18784	183970
#罐头食品制造业	27	52076	44568	11548	6296	52128
饮料制造业	74	209937	174656	79421	10696	254468
#酒精及饮料酒制造业	39	131678	92250	55087	6450	200108
烟草加工业	7	273796	208830	172418	4378	149503
#卷烟制造业	6	273159	208260	172165	4230	146535
纺织业	74	229506	222776	71079	39876	203955
服装及其他纤维制品制造业	19	16108	15459	4613	3748	9647
皮革、毛皮、羽绒及其制品业	32	88836	89194	19920	5256	26709
木材加工及竹、藤、棕、草制品	61	136299	142318	37647	10806	169217
家具制造业	8	6629	6259	1927	877	2879
造纸及纸制品业	80	294928	291940	70995	23991	560854
#造纸业	47	188301	181967	51640	16178	229097
印刷业	93	57943	51147	23533	9152	76566
文教体育用品制造业	4	1774	2333	728	542	1662
石油加工及炼焦业	10	159578	46430	45915	1935	60810
化学原料及化学制品制造业	263	904535	869989	237701	59350	923114
医药制造业	113	438362	514664	188488	26857	275817
化学纤维制造业	5	27935	52402	4242	2451	42714
橡胶制品业	14	69010	90273	16909	8996	72909
塑料制品业	67	111099	122820	40447	9811	66918
非金属矿物制品业	338	662856	627409	199946	108443	1008759
#水泥制造业	202	406459	348482	119608	58183	769797
黑色金属冶炼及压延加工业	71	653788	495964	182738	34250	641419
有色金属冶炼及压延加工业	84	659378	575577	186267	35398	842681
金属制品业	72	158209	156438	38151	14489	59801
普通机械制造业	112	979119	1007650	258976	43586	589608
专用设备制造业	103	198408	223304	53084	20535	163892
交通运输设备制造业	143	1331316	1538046	258964	44001	483223
#汽车制造业	86	1241986	1475811	228988	29387	356008
电气机械及器材制造业	76	312582	358482	102437	19404	164037
电子及通信设备制造业	33	117306	242283	45754	7972	77617
仪器仪表及文化、办公用机械制造业	16	45015	67630	17057	5847	39168
其他制造业	65	134363	131078	39825	19918	44021
电力、蒸汽、热水的生产和供应业	239	887948	335962	578388	65687	4198347
#电力生产业	152	578537	218700	354283	30199	2522444
#水力发电业	139	274179	139057	206887	23062	1615603
煤气生产和供应业	4	5415	4792	2319	537	26500
自来水的生产和供应业	99	74885	22938	44101	14059	318605

注：工业企业分行业主要指标统计范围为全部国有工业及年产品销售收入500万元以上非国有工业。

单位：万元

行业名称	固定资产净值	流动资产年平均余额	固定资产净值年平均余额	利润总额	利税总额	产品销售收入
工业企业	**9463879**	**7210960**	**9372039**	**356245**	**1227636**	**11604084**
煤炭采选业	91146	51612	89649	-3329	2571	61000
黑色金属矿采选业	26313	26163	25228	-104	1632	26231
有色金属矿采选业	216909	148804	217597	-39500	-23476	191927
非金属矿采选业	47967	46219	49790	-668	4002	55070
其他矿采选业	2154	12503	2137	503	1035	8825
木材及竹材采运业	9296	5958	8133	97	890	6754
食品加工业	949919	769458	949529	94619	190146	1920711
#制糖业	839987	605935	839140	91886	181798	1424162
食品制造业	128768	119534	127906	-352	7127	156073
#罐头食品制造业	42799	44541	42609	1081	2848	44014
饮料制造业	178924	87284	182911	6331	32801	189849
#酒精及饮料酒制造业	147513	54455	151438	3634	25765	112357
烟草加工业	102650	203469	101549	11485	150808	282103
#卷烟制造业	100968	201678	99886	11607	150861	281461
纺织业	130034	161286	130861	-4147	9376	221340
服装及其他纤维制品制造业	7253	8460	7456	19	544	16480
皮革、毛皮、羽绒及其制品业	19590	28341	16336	232	2426	83817
木材加工及竹、藤、棕、草制品	110165	85387	105811	1687	10429	130392
家具制造业	2272	1826	2347	120	390	6153
造纸及纸制品业	437293	160488	414209	-17537	-609	276015
#造纸业	169123	109867	156016	2005	12495	175477
印刷业	48763	40678	50687	-2089	2089	52579
文教体育用品制造业	961	3680	1099	-52	168	1973
石油加工及炼焦业	32760	36602	33680	8784	35009	163458
化学原料及化学制品制造业	661339	491145	671615	1678	38685	836912
医药制造业	205486	343491	190847	44131	84856	398740
化学纤维制造业	27388	40367	29210	-1971	-1061	32417
橡胶制品业	38407	73769	40377	-3223	1702	66513
塑料制品业	43397	56658	43644	2609	6385	96507
非金属矿物制品业	704009	400128	722852	-12486	32358	662888
#水泥制造业	544048	245086	561637	-13980	17039	388832
黑色金属冶炼及压延加工业	482695	354159	471907	41426	85880	653150
有色金属冶炼及压延加工业	530211	408730	548346	12430	53345	625886
金属制品业	42336	84550	43159	1241	5503	135162
普通机械制造业	332027	716954	337477	51305	93934	989348
专用设备制造业	106042	202638	104662	-75	5820	186440
交通运输设备制造业	298550	631895	300189	46115	109781	1307857
#汽车制造业	212324	511945	211530	47355	106028	1225723
电气机械及器材制造业	102441	223834	109791	46	11544	255998
电子及通信设备制造业	48134	134151	51161	2750	9022	92311
仪器仪表及文化、办公用机械制造业	17515	51344	18269	205	3669	29327
其他制造业	32371	74129	32937	2511	13318	123871
电力、蒸汽、热水的生产和供应业	2998151	822437	2896685	113719	242124	1172132
#电力生产业	1718648	398951	1729040	90239	165170	598113
#水力发电业	1066177	194863	1066350	61757	104765	284665
煤气生产和供应业	20154	28519	17127	-1030	-766	7932
自来水的生产和供应业	219622	58306	214285	-1306	3742	71243

14—5 国有及国有控股企业主要指标(2002年)

单位：万元

指标	企业单位数（个）	工业总产值（当年价格）	工业总产值（不变价格）	工业增加值（当年价）	全部从业人员年平均人数（人）	固定资产原价
国有及国有控股工业企业	**1600**	**7086866**	**6534502**	**2312491**	**517575**	**10676775**
在总计中：轻工业	663	2096541	2067910	759791	166071	2600270
重工业	937	4990325	4466592	1552700	351504	8076505
在总计中：特大型企业	5	858148	681068	329974	42319	1654163
大一型企业	34	2110596	2231714	528377	64370	2201752
大二型企业	97	1831557	1748016	662302	118444	2124356
中一型企业	95	617663	575090	205324	52870	1450854
中二型企业	147	578381	516104	199560	65860	1111325
小型企业	1222	1090521	782509	386955	173712	2134325
煤炭采选业	20	59207	27380	22586	20610	142323
黑色金属矿采选业	19	20864	14895	7346	3735	35981
有色金属矿采选业	38	161233	154646	42263	25318	315984
非金属矿采选业	28	30991	24244	11715	6241	64538
其他矿采选业	1	1472	773	235	182	1102
木材及竹材采运业	20	7264	6167	3132	2611	10762
食品加工业	120	934005	974481	280477	47973	934732
#制糖业	55	845600	913855	261709	42711	869623
食品制造业	76	58954	52241	17076	8205	98188
#罐头食品制造业	15	15101	14218	3757	1982	18342
饮料制造业	46	27263	28019	10159	4109	49452
#酒精及饮料酒制造业	29	17881	13183	8269	2862	35437
烟草加工业	6	271257	206291	171445	4270	149245
#卷烟制造业	5	270620	205721	171191	4122	146276
纺织业	40	160726	156564	50241	26984	171586
服装及其他纤维制品制造业	6	2610	1666	1202	772	3700
皮革、毛皮、羽绒及其制品业	9	6264	6229	1030	1456	13012
木材加工及竹、藤、棕、草制品	27	60631	67788	14620	4038	103089
家具制造业	3	227	226	98	97	254
造纸及纸制品业	29	167811	173736	34003	11585	489940
#造纸业	21	106951	109107	27553	9040	179536
印刷业	84	42800	36929	17449	8229	70316
文教体育用品制造业	1	449	449	156	67	70
石油加工及炼焦业	4	123371	31144	34267	1495	56900
化学原料及化学制品制造业	111	440147	404933	115569	35821	693513
医药制造业	56	161552	195381	69762	11739	104357
化学纤维制造业	3	17704	32751	3124	1697	42612
橡胶制品业	5	53680	74743	12630	6204	55031
塑料制品业	19	16265	22718	5280	1915	22459
非金属矿物制品业	171	289452	270612	86874	48541	572626
#水泥制造业	91	214334	179383	64829	31279	453790
黑色金属冶炼及压延加工业	24	500587	364883	149607	24974	576665
有色金属冶炼及压延加工业	25	424726	350655	133851	21463	677873
金属制品业	17	14629	16671	3538	2804	23417
普通机械制造业	74	827217	857048	217431	36746	538570
专用设备制造业	64	110531	119495	23923	15693	140259
交通运输设备制造业	75	1123836	1308265	194420	31468	383529
#汽车制造业	26	1043517	1256064	168921	17581	262441
电气机械及器材制造业	31	104714	123668	26423	11549	100104
电子及通信设备制造业	18	62538	82715	24640	5967	60378
仪器仪表及文化、办公用机械制造业	5	9763	14868	3993	2406	23381
其他制造业	4	1617	1627	533	810	5499
电力、蒸汽、热水的生产和供应业	222	706034	295147	474183	63425	3607620
#电力生产业	135	396622	177886	250078	27937	1931718
#水力发电业	125	243081	128410	185562	21171	1473534
煤气生产和供应业	1	815	617	700	316	8039
自来水的生产和供应业	97	73426	22575	43534	13898	310046

14—5 续表 单位：万元

指　　标	固定资产净　值	流动资产年平均余　额	固定资产净值年平均余额	利润总额	利税总额	产品销售收　入
国有及国有控股工业企业	**7172740**	**4885253**	**7069070**	**172571**	**801493**	**7167345**
在总计中：轻工业	1780202	1343195	1751670	37759	301923	1980845
重工业	5392538	3542058	5317399	134812	499570	5186500
在总计中：特大型企业	1074276	425829	1083834	55286	141935	826796
大一型企业	1522874	1122649	1439945	76800	191046	2021537
大二型企业	1312928	1318666	1317617	61209	294327	1847382
中一型企业	1048637	479390	1002017	-9874	36528	590915
中二型企业	723848	527543	753327	-2924	42759	573876
小型企业	1490177	1011175	1472330	-7927	94898	1306838
煤炭采选业	90095	50655	88611	-3178	2579	58168
黑色金属矿采选业	23711	23364	23644	-84	1281	18701
有色金属矿采选业	204008	136480	204492	-39489	-25916	161645
非金属矿采选业	36260	36739	37074	-2231	609	29377
其他矿采选业	779	1892	784	3	33	1113
木材及竹材采运业	9296	5958	8133	97	890	6754
食品加工业	601515	423764	598354	53176	118407	878667
#制糖业	556888	378767	552421	54683	117904	801157
食品制造业	66929	60893	67167	-2620	548	55175
#罐头食品制造业	13379	19938	13262	173	709	13442
饮料制造业	34359	32587	35226	-3022	-297	19498
#酒精及饮料酒制造业	25718	25285	26423	-1957	255	11173
烟草加工业	102479	202358	101386	11481	150587	279564
#卷烟制造业	100796	200567	99723	11603	150640	278922
纺织业	112470	129115	112061	-2876	7750	155250
服装及其他纤维制品制造业	2773	1674	2870	19	135	2657
皮革、毛皮、羽绒及其制品业	9455	9266	6275	-340	-167	6186
木材加工及竹、藤、棕、草制品	67221	53813	61957	-3870	-343	57718
家具制造业	163	52	186	2	10	150
造纸及纸制品业	389525	99886	367418	-21146	-10514	159064
#造纸业	135565	67713	123357	476	6651	99931
印刷业	44627	35184	46489	-2476	742	40545
文教体育用品制造业	57	398	97	1	64	449
石油加工及炼焦业	29904	23808	30692	2024	26130	124924
化学原料及化学制品制造业	499991	268332	510838	-12225	6354	411955
医药制造业	71999	120664	70330	12764	28395	156017
化学纤维制造业	27365	38682	29173	-2062	-1356	21922
橡胶制品业	32281	64405	33718	-2109	1833	53196
塑料制品业	13805	16074	13765	-609	256	14765
非金属矿物制品业	384943	208730	392670	-10303	10900	276979
#水泥制造业	302647	137835	311921	-5700	10644	206639
黑色金属冶炼及压延加工业	432421	292559	420977	40621	79376	502122
有色金属冶炼及压延加工业	423167	217547	442524	21272	52744	385445
金属制品业	15962	24742	16790	-1399	-956	12207
普通机械制造业	299509	657325	305233	46825	84526	840580
专用设备制造业	88121	160346	87599	-4471	-1178	113196
交通运输设备制造业	232593	501103	238057	28465	79117	1102788
#汽车制造业	151341	386656	154217	30687	76948	1029510
电气机械及器材制造业	62079	102163	66755	-8052	-4088	93947
电子及通信设备制造业	35782	64211	36367	-552	930	45552
仪器仪表及文化、办公用机械制造业	10005	28969	10614	-1459	-652	8461
其他制造业	4255	3943	4273	-403	-60	1296
电力、蒸汽、热水的生产和供应业	2484556	708732	2373493	82330	188898	989604
#电力生产业	1205054	285247	1205849	58850	111945	415584
#水力发电业	954009	169575	954110	54399	93387	253006
煤气生产和供应业	4709	5274	4855	-358	-205	3243
自来水的生产和供应业	213103	57563	207543	-1250	3696	69765

14—6　国有工业企业主要指标(2002年)

单位：万元

指　　标	企　业 单位数 (个)	工　业 总产值 (当年价)	工　业 总产值 (不变价格)	工　业 增加值 (当年价)	全部从业人 员年平均人 数（人）	固定资产 原　价
国有工业企业	**1410**	**3489093**	**2957161**	**1261647**	**366548**	**6944174**
在总计中：轻工业	591	852894	794591	319928	103039	1266362
重工业	819	2636199	2162570	941719	263509	5677812
在总计中：特大型企业	3	626237	428156	262921	22053	1325262
大一型企业	14	281519	262397	119240	26716	982120
大二型企业	57	1029891	992598	326065	71913	1169185
中一型企业	67	320295	293531	104141	35524	871572
中二型企业	121	404826	363826	133444	55237	747350
小型企业	1148	826325	616654	315836	155105	1848685
煤炭采选业	20	59207	27380	22586	20610	142323
黑色金属矿采选业	19	20864	14895	7346	3735	35981
有色金属矿采选业	31	55064	47414	17527	9308	71809
非金属矿采选业	27	28242	21883	10971	5521	36127
其他矿采选业	1	1472	773	235	182	1102
木材及竹材采运业	20	7264	6167	3132	2611	10762
食品加工业	92	236889	232315	61490	16413	296529
#制糖业	31	161414	178799	44896	11609	238936
食品制造业	72	41146	34505	11706	6632	66006
#罐头食品制造业	15	15101	14218	3757	1982	18342
饮料制造业	43	22078	22050	8989	3613	40137
#酒精及饮料酒制造业	29	17881	13183	8269	2862	35437
烟草加工业	4	149760	115889	97205	2252	87565
#卷烟制造业	4	149760	115889	97205	2252	87565
纺织业	32	78349	78418	24081	15797	109763
服装及其他纤维制品制造业	6	2610	1666	1202	772	3700
皮革、毛皮、羽绒及其制品业	8	4735	4578	813	1051	8673
木材加工及竹、藤、棕、草制品	27	60631	67788	14620	4038	103089
家具制造业	3	227	226	98	97	254
造纸及纸制品业	23	83715	87392	21548	8255	125424
#造纸业	18	79544	82493	20434	7639	119176
印刷业	81	35548	28783	14926	7671	58922
文教体育用品制造业	1	449	449	156	67	70
石油加工及炼焦业	3	19715	5327	8416	1197	26807
化学原料及化学制品制造业	89	214153	197145	47236	25616	504529
医药制造业	47	36219	44884	12819	5112	45640
化学纤维制造业	3	17704	32751	3124	1697	42612
橡胶制品业	5	53680	74743	12630	6204	55031
塑料制品业	17	6117	8031	2178	1307	15008
非金属矿物制品业	150	188261	187471	55362	38711	377030
#水泥制造业	73	123062	106639	36209	22099	263152
黑色金属冶炼及压延加工业	22	433208	297208	143471	21713	465748
有色金属冶炼及压延加工业	19	341095	252235	109409	15995	609908
金属制品业	14	9047	10063	2749	1677	15219
普通机械制造业	57	165570	232069	38326	20312	173943
专用设备制造业	57	81488	85310	18802	12371	122093
交通运输设备制造业	67	356796	331399	69329	20745	177288
#汽车制造业	19	278231	280951	44033	7138	60198
电气机械及器材制造业	26	67933	88146	16828	7655	66351
电子及通信设备制造业	14	31869	48568	14233	4475	42002
仪器仪表及文化、办公用机械制造业	5	9763	14868	3993	2406	23381
其他制造业	4	1617	1627	533	810	5499
电力、蒸汽、热水的生产和供应业	203	491766	221035	343291	54426	2691313
#电力生产业	120	194984	109764	124088	21525	1044028
#水力发电业	115	138717	90668	102428	18003	903094
煤气生产和供应业	1	815	617	700	316	8039
自来水的生产和供应业	96	63792	19832	36611	13016	258876

14—6 续表 单位：万元

指 标	固定资产净 值	流动资产年平均余 额	固定资产净值年平均余额	利润总额	利税总额	产品销售收 入
国有及国有控股工业企业	**4717962**	**2953366**	**4657545**	**41142**	**377229**	**3686234**
在总计中：轻工业	847668	733474	865393	-7326	113076	811740
重工业	3870294	2219892	3792152	48468	264153	2874494
在总计中：特大型企业	856726	304565	870635	76016	141670	594090
大一型企业	714319	346229	664891	1697	26254	279409
大二型企业	734034	797362	728980	21716	141713	1071971
中一型企业	637322	309154	631378	-27423	-4306	306949
中二型企业	466092	397497	471567	-8539	24818	417682
小型企业	1309470	798560	1290094	-22326	47081	1016133
煤炭采选业	90095	50655	88611	-3178	2579	58168
黑色金属矿采选业	23711	23364	23644	-84	1281	18701
有色金属矿采选业	42387	34580	41355	348	4903	53055
非金属矿采选业	21736	22593	21911	1511	3715	26800
其他矿采选业	779	1892	784	3	33	1113
木材及竹材采运业	9296	5958	8133	97	890	6754
食品加工业	191667	139321	202824	6138	18969	221031
#制糖业	152327	100223	162188	7877	18880	156449
食品制造业	47127	40245	47480	-1329	598	36916
#罐头食品制造业	13379	19938	13262	173	709	13442
饮料制造业	28900	28310	29433	-2196	338	15436
#酒精及饮料酒制造业	25718	25285	26423	-1957	255	11173
烟草加工业	58927	124503	58498	7057	83967	155011
#卷烟制造业	58927	124503	58498	7057	83967	155011
纺织业	67809	76444	68667	-3524	1791	79060
服装及其他纤维制品制造业	2773	1674	2870	19	135	2657
皮革、毛皮、羽绒及其制品业	5820	5820	5897	-372	-290	4583
木材加工及竹、藤、棕、草制品	67221	53813	61957	-3870	-343	57718
家具制造业	163	52	186	2	10	150
造纸及纸制品业	88396	56694	94851	-824	4032	77776
#造纸业	83576	54232	89970	-656	4029	73734
印刷业	37612	26716	39201	-1537	1068	33215
文教体育用品制造业	57	398	97	1	64	449
石油加工及炼焦业	13368	8232	13373	404	4068	21572
化学原料及化学制品制造业	392869	154267	402799	-25518	-17913	211081
医药制造业	33904	48754	32465	-257	2466	34174
化学纤维制造业	27365	38682	29173	-2062	-1356	21922
橡胶制品业	32281	64405	33718	-2109	1833	53196
塑料制品业	9411	8008	9643	-1611	-1293	5009
非金属矿物制品业	266876	136801	273640	-12486	1798	180401
#水泥制造业	187215	74311	196409	-8033	1844	118250
黑色金属冶炼及压延加工业	339491	263058	329064	39875	77018	435118
有色金属冶炼及压延加工业	385297	155647	400469	24874	52097	308225
金属制品业	10513	14069	11491	-1049	-681	7721
普通机械制造业	102329	193508	107099	-10077	-808	186040
专用设备制造业	76767	119596	76249	-3368	-860	82735
交通运输设备制造业	115342	250150	119239	8218	21499	350688
#汽车制造业	37240	139854	38848	10475	19453	279164
电气机械及器材制造业	40149	70914	41671	-2895	348	60769
电子及通信设备制造业	25430	51032	26600	-8	1171	27271
仪器仪表及文化、办公用机械制造业	10005	28969	10614	-1459	-652	8461
其他制造业	4255	3943	4273	-403	-60	1296
电力、蒸汽、热水的生产和供应业	1853750	575144	1751613	34555	111745	769888
#电力生产业	593962	160737	598742	14645	39637	216971
#水力发电业	544960	110606	550141	12907	35349	151270
煤气生产和供应业	4709	5274	4855	-358	-205	3243
自来水的生产和供应业	178902	53875	172515	-1459	2842	60130

14—7　集体工业企业主要指标(2002年)

单位：万元

指　　标	企业单位数（个）	工业总产值（当年价格）	工业总产值（不变价格）	工业增加值（当年价）	全部从业人员年平均人数（人）	固定资产原价
集体工业企业	**353**	**808962**	**761445**	**209350**	**69415**	**463401**
在总计中：轻工业	136	278199	266684	76042	28282	119314
重工业	217	530763	494761	133308	41133	344087
在总计中：大一型企业	1	47822	46110	11656	2250	45711
大二型企业	2	25986	27174	992	961	8420
中一型企业	11	35046	39991	8423	3244	48739
中二型企业	19	81214	90340	21545	5898	53415
小型企业	320	618894	557830	166735	57062	307117
黑色金属矿采选业	3	4878	3833	1035	340	2136
有色金属矿采选业	6	14129	12353	3943	3953	10766
非金属矿采选业	4	4483	2989	1224	906	2025
其他矿采选业	5	7906	4008	2022	1341	1882
食品加工业	17	49103	41627	11686	1145	7762
#制糖业	1	1458	1219	442	192	3100
食品制造业	14	17440	15219	5766	2203	12532
#罐头食品制造业	2	1906	1630	1028	333	259
饮料制造业	4	6109	4672	1877	421	9705
#酒精及饮料酒制造业	1	1627	1516	519	160	7877
烟草加工业	1	2539	2539	974	108	259
#卷烟制造业	1	2539	2539	974	108	259
纺织业	6	7574	6757	1915	1329	9128
服装及其他纤维制品制造业	2	899	942	85	521	2491
皮革、毛皮、羽绒及其制品业	3	4762	4784	771	327	1192
木材加工及竹、藤、棕、草制品	3	3810	1879	1517	259	849
家具制造业	1	547	526	114	137	1170
造纸及纸制品业	19	29108	23658	7958	2277	15927
#造纸业	8	14787	10642	3554	1172	6990
印刷业	2	1617	1384	514	103	754
石油加工及炼焦业	1	6950	6950	1823	35	874
化学原料及化学制品制造业	43	52148	41937	13001	3840	21747
医药制造业	3	7724	14722	2490	536	2054
化学纤维制造业	1	494	589	144	68	101
橡胶制品业	1	1072	525	186	119	330
塑料制品业	16	28786	31172	8949	2797	15053
非金属矿物制品业	67	115756	116612	28513	17996	149123
#水泥制造业	52	67741	63747	17261	10625	134022
黑色金属冶炼及压延加工业	16	60492	44761	14351	2061	11207
有色金属冶炼及压延加工业	16	101631	91528	17388	4594	69606
金属制品业	18	41786	40269	9742	2142	11723
普通机械制造业	11	43065	36605	11072	1961	13380
专用设备制造业	7	6411	6853	1855	873	3367
交通运输设备制造业	17	31997	35511	9669	2939	30963
#汽车制造业	13	27473	31459	6688	2519	26228
电气机械及器材制造业	14	60572	66628	20650	2888	27413
电子及通信设备制造业	2	3981	5554	1823	129	816
仪器仪表及文化、办公用机械制造业	2	6070	10501	3736	1095	6351
其他制造业	26	83104	82699	21487	9811	19138
电力、蒸汽、热水的生产和供应业	2	2021	861	1073	161	1579
#电力生产业	2	2021	861	1073	161	1579
#水力发电业	1	580	460	198	55	1294

14—7 续表 单位：万元

指 标	固定资产净值	流动资产年平均余额	固定资产净值年平均余额	利润总额	利税总额	产品销售收入
集体工业企业	**307459**	**421719**	**316207**	**-5368**	**31324**	**757389**
在总计中：轻工业	75378	132275	78177	1852	16726	242264
重工业	232081	289444	238030	-7220	14598	515125
在总计中：大一型企业	20991	56599	21177	-3971	-1703	47048
大二型企业	4691	31436	4785	-298	-183	25630
中一型企业	31113	51377	30735	-1557	-201	36300
中二型企业	32706	50154	33553	-3340	-195	67290
小型企业	217957	232152	225956	3799	33606	581122
黑色金属矿采选业	1918	1994	1007	98	333	5151
有色金属矿采选业	7619	4295	7164	-1083	-157	13818
非金属矿采选业	1147	2914	1096	149	502	4690
其他矿采选业	919	10417	897	415	858	7057
食品加工业	5632	10161	5565	-460	760	39845
#制糖业	2137	1156	2131	-196	18	987
食品制造业	8805	4970	8403	330	1135	16847
#罐头食品制造业	173	507	179	47	134	2047
饮料制造业	6935	3920	6880	92	230	5810
#酒精及饮料酒制造业	5442	1406	5403	10	75	996
烟草加工业	171	1111	162	5	221	2539
#卷烟制造业	171	1111	162	5	221	2539
纺织业	4406	5399	5625	-788	-293	9022
服装及其他纤维制品制造业	1564	2225	1619	-84	4	1498
皮革、毛皮、羽绒及其制品业	392	1376	408	-44	127	4677
木材加工及竹、藤、棕、草制品	593	869	607	190	455	3826
家具制造业	756	329	749	5	42	616
造纸及纸制品业	10633	13204	10355	624	1949	26777
#造纸业	4739	5644	4479	-63	596	14124
印刷业	441	422	453	158	229	1516
石油加工及炼焦业	754	1711	754	71	81	6950
化学原料及化学制品制造业	15158	26163	14118	528	2396	59349
医药制造业	1131	2557	1131	45	425	5024
化学纤维制造业	23	82	37	12	47	506
橡胶制品业	225	191	224	91	165	1072
塑料制品业	7230	17540	7787	692	1483	27415
非金属矿物制品业	111883	47823	118869	-4313	2417	110943
#水泥制造业	101882	39585	107144	-5700	-27	64368
黑色金属冶炼及压延加工业	8476	9335	8449	212	2333	60138
有色金属冶炼及压延加工业	34877	88388	36798	-9071	-4914	99681
金属制品业	7981	15624	8025	166	1097	28950
普通机械制造业	9783	12400	9749	906	1882	40336
专用设备制造业	1475	4843	1440	64	449	5918
交通运输设备制造业	22874	30825	20028	2396	4282	32557
#汽车制造业	18693	27491	15934	1289	2678	27972
电气机械及器材制造业	16826	40532	20216	734	2017	50063
电子及通信设备制造业	508	1571	521	1166	1499	4072
仪器仪表及文化、办公用机械制造业	1981	5651	2086	-18	522	4231
其他制造业	13290	50196	13758	1272	8410	74422
电力、蒸汽、热水的生产和供应业	1055	2680	1226	75	339	2075
#电力生产业	1055	2680	1226	75	339	2075
#水力发电业	911	380	1100	36	96	580

14—8　工业企业主要经济效益指标（2002年）

单位：%

指　　标	企业亏损面	产值利税率	销售利税率	工业增加值率	资金利税率
总　　计	**42.15**	**10.40**	**10.58**	**27.35**	**7.40**
在总计中：国有企业	52.20	10.81	10.23	31.22	4.96
中央企业	35.59	22.80	23.51	41.00	9.26
地方企业	52.92	6.59	6.06	27.82	3.16
集体企业	35.41	3.87	4.14	23.38	4.24
其他经济	31.88	10.91	11.44	25.95	9.95
#外商及港澳台商投资企业	36.99	10.93	11.73	25.48	10.95
在总计中：轻工业	41.49	11.26	11.99	28.17	10.24
以农产品为原料	39.51	12.45	13.13	27.74	11.98
以非农产品为原料	45.83	5.82	6.48	30.15	4.24
重工业	42.68	9.83	9.71	26.82	6.12
采掘工业	42.94	-3.75	-3.84	25.42	-1.99
原料工业	47.76	14.70	13.73	32.95	6.76
加工工业	37.05	6.80	7.07	21.39	6.37
在总计中：　大中型企业	40.21	11.77	12.05	27.31	7.86
大型企业	31.63	13.15	13.44	27.33	9.46
中型企业	44.81	7.56	7.76	27.28	4.13
小型企业	42.61	7.33	7.36	27.44	6.13
煤炭采选业	63.64	4.15	4.22	33.01	1.82
黑色金属矿采选业	48.00	5.75	6.22	28.89	3.17
有色金属矿采选业	39.62	-12.23	-12.23	20.92	-6.41
非金属矿采选业	46.34	6.87	7.27	32.41	4.17
其他矿采选业		10.27	11.72	22.19	7.07
木材及竹材采运业	45.00	12.25	13.17	40.83	6.31
食品加工业	38.43	9.41	9.90	23.27	11.06
#制糖业	32.97	12.23	12.77	25.17	12.58
食品制造业	42.15	4.21	4.57	22.47	2.88
#罐头食品制造业	33.33	5.47	6.47	20.10	3.27
饮料制造业	44.59	15.62	17.28	33.17	12.14
#酒精及饮料酒制造业	53.85	19.57	22.93	36.56	12.51
烟草加工业	57.14	55.08	53.46	53.64	49.44
#卷烟制造业	50.00	55.23	53.60	53.68	50.03

14—8 续表1 单位：万元

指 标	企业亏损面	产值利税率	销售利税率	工业增加值率	资金利税率
纺织业	47.30	4.09	4.24	26.86	3.21
服装及其他纤维制品制造业	36.84	3.38	3.30	26.72	3.42
皮革、毛皮、羽绒及其制品业	50.00	2.73	2.89	21.32	5.43
木材加工及竹、藤、棕、草制品	27.87	7.65	8.00	24.14	5.45
家具制造业	12.50	5.88	6.34	26.53	9.35
造纸及纸制品业	40.00	-0.21	-0.22	20.85	-0.11
#造纸业	38.30	6.64	7.12	23.75	4.70
印刷业	48.39	3.61	3.97	35.16	2.29
文教体育用品制造业	75.00	9.45	8.49	35.02	3.51
石油加工及炼焦业	20.00	21.94	21.42	24.53	49.81
化学原料及化学制品制造业	38.02	4.28	4.62	23.65	3.33
医药制造业	33.63	19.36	21.28	37.37	15.88
化学纤维制造业	40.00	-3.80	-3.27	10.45	-1.52
橡胶制品业	35.71	2.47	2.56	21.90	1.49
塑料制品业	31.34	5.75	6.62	32.56	6.37
非金属矿物制品业	57.99	4.88	4.88	26.81	2.88
#水泥制造业	68.81	4.19	4.38	26.27	2.11
黑色金属冶炼及压延加工业	42.25	13.14	13.15	24.37	10.40
有色金属冶炼及压延加工业	42.86	8.09	8.52	24.43	5.57
金属制品业	45.83	3.48	4.07	21.24	4.31
普通机械制造业	42.86	9.59	9.49	22.38	8.91
专用设备制造业	44.66	2.93	3.12	23.68	1.89
交通运输设备制造业	35.66	8.25	8.39	16.60	11.78
#汽车制造业	19.77	8.54	8.65	15.70	14.66
电气机械及器材制造业	36.84	3.69	4.51	28.99	3.46
电子及通信设备制造业	33.33	7.69	9.77	36.06	4.87
仪器仪表及文化、办公用机械制造业	43.75	8.15	12.51	34.02	5.27
其他制造业	23.08	9.91	10.75	27.16	12.44
电力、蒸汽、热水的生产和供应业	38.08	27.27	20.66	54.09	6.51
#电力生产业	44.74	28.55	27.62	53.40	7.76
#水力发电业	46.76	38.21	36.80	66.05	8.31
煤气生产和供应业	100.00	-14.15	-9.66	37.08	-1.68
自来水的生产和供应业	51.52	5.00	5.25	56.01	1.37

14—8 续表2

指标	百元固定资产原价实现利税（元）	百元销售收入实现利润（元）	成本费用利润率(%)	流动资产周转率（次/年）	全员劳动生产率（元/人）
总计	**8.88**	**3.07**	**3.20**	**1.61**	**45007**
在总计中：国有企业	5.43	1.12	1.14	1.25	34420
中央企业	8.26	7.19	8.30	1.45	115167
地方企业	3.83	-0.79	-0.79	1.20	25324
集体企业	6.76	-0.71	-0.71	1.80	30159
其他经济	12.77	4.48	4.72	1.87	57694
#外商及港澳台商投资企业	14.71	6.21	6.64	2.04	88774
在总计中：轻工业	13.28	3.07	3.26	1.80	43656
以农产品为原料	15.16	3.59	3.85	1.96	52715
以非农产品为原料	5.99	0.55	0.55	1.28	25377
重工业	7.10	3.07	3.16	1.51	45971
采掘工业	-2.23	-12.26	-11.28	1.21	16394
原料工业	6.74	5.13	5.41	1.59	55429
加工工业	10.68	2.57	2.62	1.47	45394
在总计中：大中型企业	9.05	3.81	4.03	1.56	58611
大型企业	10.90	4.78	5.12	1.66	71855
中型企业	4.75	0.84	0.85	1.31	37227
小型企业	8.32	1.44	1.46	1.74	29337
煤炭采选业	1.79	-5.46	-5.06	1.18	11067
黑色金属矿采选业	4.20	-0.40	-0.40	1.00	21124
有色金属矿采选业	-7.00	-20.58	-18.04	1.29	16762
非金属矿采选业	4.98	-1.21	-1.22	1.19	24201
其他矿采选业	29.42	5.70	5.99	0.71	13765
木材及竹材采运业	8.27	1.43	1.52	1.13	11993
食品加工业	13.12	4.93	5.18	2.50	65733
#制糖业	14.08	6.45	6.92	2.35	66416
食品制造业	3.87	-0.23	-0.22	1.31	22409
#罐头食品制造业	5.46	2.46	2.48	0.99	18342
饮料制造业	12.89	3.33	3.67	2.18	74253
#酒精及饮料酒制造业	12.88	3.23	3.73	2.06	85406
烟草加工业	100.87	4.07	6.83	1.39	393829
#卷烟制造业	102.95	4.12	6.93	1.40	407010

14—8 续表3

指　　标	百元固定资产原价实现利税（元）	百元销售收入实现利润（元）	成本费用利润率(%)	流动资产周转率（次/年）	全员劳动生产率（元/人）
纺织业	4.60	-1.87	-1.83	1.37	17825
服装及其他纤维制品制造业	5.64	0.11	0.11	1.95	12307
皮革、毛皮、羽绒及其制品业	9.08	0.28	0.28	2.96	37900
木材加工及竹、藤、棕、草制品	6.16	1.29	1.28	1.53	34839
家具制造业	13.55	1.95	1.96	3.37	21973
造纸及纸制品业	-0.11	-6.35	-5.97	1.72	29592
#造纸业	5.45	1.14	1.16	1.60	31920
印刷业	2.73	-3.97	-3.82	1.29	25713
文教体育用品制造业	10.09	-2.66	-2.57	0.54	13423
石油加工及炼焦业	57.57	5.37	6.06	4.47	237286
化学原料及化学制品制造业	4.19	0.20	0.20	1.70	40051
医药制造业	30.77	11.07	12.43	1.16	70182
化学纤维制造业	-2.48	-6.08	-5.79	0.80	17307
橡胶制品业	2.33	-4.85	-4.66	0.90	18796
塑料制品业	9.54	2.70	2.78	1.70	41226
非金属矿物制品业	3.21	-1.88	-1.85	1.66	18438
#水泥制造业	2.21	-3.60	-3.44	1.59	20557
黑色金属冶炼及压延加工业	13.39	6.34	6.88	1.84	53354
有色金属冶炼及压延加工业	6.33	1.99	2.02	1.53	52621
金属制品业	9.20	0.92	0.92	1.60	26331
普通机械制造业	15.93	5.19	5.39	1.38	59417
专用设备制造业	3.55	-0.04	-0.04	0.92	25851
交通运输设备制造业	22.72	3.53	3.65	2.07	58854
#汽车制造业	29.78	3.86	4.02	2.39	77921
电气机械及器材制造业	7.04	0.02	0.02	1.14	52792
电子及通信设备制造业	11.62	2.98	3.06	0.69	57393
仪器仪表及文化、办公用机械制造业	9.37	0.70	0.68	0.57	29172
其他制造业	30.25	2.03	2.16	1.67	19994
电力、蒸汽、热水的生产和供应业	5.77	9.70	10.71	1.43	88052
#电力生产业	6.55	15.09	17.77	1.50	117316
#水力发电业	6.48	21.69	27.92	1.46	89709
煤气生产和供应业	-2.89	-12.99	-11.34	0.28	43186
自来水的生产和供应业	1.17	-1.83	-1.78	1.22	31369

14—9　国有及国有控股工业企业主要经济效益指标(2002年)

单位：%

指　　标	企业亏损面	产值利税率	销售利税率	工业增加值率	资金利税率
总　　计	**49.56**	**11.31**	**11.18**	**28.02**	**6.70**
在总计中：中央企业	33.85	22.97	23.36	35.72	12.89
地方企业	50.23	8.17	8.02	25.95	4.92
在总计中：轻工业	50.08	14.40	15.24	31.65	9.76
以农产品为原料	47.62	16.18	16.95	30.94	11.85
以非农产品为原料	55.72	2.67	3.04	36.51	1.21
重工业	49.20	10.01	9.63	26.52	5.64
采掘工业	49.59	-7.35	-7.50	24.82	-3.40
原料工业	47.67	17.06	15.40	35.65	6.97
加工工业	50.78	5.97	6.04	18.98	5.12
在总计中：大型企业	33.09	13.07	13.36	27.13	9.35
中型企业	49.59	6.63	6.81	29.62	2.87
小型企业	51.39	8.70	7.26	30.18	3.82
煤炭采选业	60.00	4.36	4.43	33.08	1.85
黑色金属矿采选业	47.37	6.14	6.85	31.54	2.73
有色金属矿采选业	44.74	-16.07	-16.03	19.74	-7.60
非金属矿采选业	64.29	1.97	2.07	34.38	0.83
其他矿采选业		2.22	2.94	14.52	1.22
木材及竹材采运业	45.00	12.25	13.17	40.83	6.31
食品加工业	35.83	12.68	13.48	26.40	11.58
#制糖业	27.27	13.94	14.72	26.96	12.66
食品制造业	46.05	0.93	0.99	25.82	0.43
#罐头食品制造业	26.67	4.69	5.27	22.69	2.13
饮料制造业	60.87	-1.09	-1.52	33.80	-0.44
#酒精及饮料酒制造业	65.52	1.43	2.29	42.12	0.49
烟草加工业	66.67	55.51	53.87	53.79	49.58
#卷烟制造业	60.00	55.66	54.01	53.84	50.16
纺织业	52.50	4.82	4.99	26.81	3.21
服装及其他纤维制品制造业	66.67	5.17	5.08	42.10	2.97
皮革、毛皮、羽绒及其制品业	77.78	-2.67	-2.70	15.13	-1.07
木材加工及竹、藤、棕、草制品业	25.93	-0.57	-0.59	21.01	-0.30
家具制造业		4.36	6.62	43.10	4.17
造纸及纸制品业	48.28	-6.27	-6.61	17.41	-2.25
#造纸业	38.10	6.22	6.66	22.21	3.48
印刷业	52.38	1.73	1.83	34.95	0.91
文教体育用品制造业		14.25	14.25	29.60	12.95
石油加工及炼焦业	25.00	21.18	20.92	23.75	47.95
化学原料及化学制品制造业	45.05	1.44	1.54	23.51	0.82
医药制造业	46.43	17.58	18.20	37.22	14.87
化学纤维制造业	66.67	-7.66	-6.19	14.62	-2.00
橡胶制品业	40.00	3.41	3.45	21.10	1.87
塑料制品业	52.63	1.57	1.73	28.39	0.86
非金属矿物制品业	56.73	3.77	3.94	26.63	1.81
#水泥制造业	68.13	4.97	5.15	26.89	2.37
黑色金属冶炼及压延加工业	54.17	15.86	15.81	25.86	11.12
有色金属冶炼及压延加工业	48.00	12.42	13.68	27.15	7.99
金属制品业	70.59	-6.54	-7.83	21.36	-2.30
普通机械制造业	52.70	10.22	10.06	22.09	8.78
专用设备制造业	60.94	-1.07	-1.04	18.68	-0.47
交通运输设备制造业	57.33	7.04	7.17	14.74	10.70
#汽车制造业	38.46	7.37	7.47	13.75	14.23
电气机械及器材制造业	61.29	-3.90	-4.35	22.26	-2.42
电子及通信设备制造业	55.56	1.49	2.04	37.23	0.92
仪器仪表及文化、办公用机械制造业	60.00	-6.68	-7.70	36.04	-1.65
其他制造业	75.00	-3.74	-4.66	29.38	-0.74
电力、蒸汽、热水的生产和供应业	40.09	26.75	19.09	55.20	6.13
#电力生产业	48.89	28.22	26.94	55.19	7.51
#水力发电业	50.40	38.42	36.91	66.80	8.31
煤气生产和供应业	100.00	-25.18	-6.33	55.54	-2.03
自来水的生产和供应业	51.55	5.03	5.30	56.40	1.39

14—9 续表

指 标	百元固定资产原价实现利税（元）	百元销售收入实现利润（元）	成本费用利润率(%)	流动资产周转率（次/年）	全员劳动生产率（元/人）
总 计	**7.51**	**2.41**	**2.50**	**1.47**	**44679**
在总计中：中央企业	12.13	6.82	7.94	1.77	135141
地方企业	5.83	1.26	1.28	1.41	35843
在总计中：轻工业	11.61	1.91	2.05	1.47	45751
以农产品为原料	14.25	2.59	2.83	1.60	52685
以非农产品为原料	1.38	-2.97	-2.87	0.95	26033
重工业	6.19	2.60	2.67	1.46	44173
采掘工业	-3.68	-16.27	-14.47	1.09	15350
原料工业	6.51	5.82	6.20	1.57	57530
加工工业	8.13	1.60	1.62	1.43	40750
在总计中：大型企业	10.49	4.12	4.40	1.64	67545
中型企业	3.09	-1.10	-1.10	1.16	34101
小型企业	4.45	-0.61	-0.59	1.29	22276
煤炭采选业	1.81	-5.46	-5.06	1.15	10959
黑色金属矿采选业	3.56	-0.45	-0.45	0.80	19668
有色金属矿采选业	-8.20	-24.43	-20.81	1.18	16693
非金属矿采选业	0.94	-7.59	-7.10	0.80	18771
其他矿采选业	2.97	0.22	0.23	0.59	12912
木材及竹材采运业	8.27	1.43	1.52	1.13	11993
食品加工业	12.67	6.05	6.45	2.07	58466
#制糖业	13.56	6.83	7.34	2.12	61274
食品制造业	0.56	-4.75	-4.49	0.91	20812
#罐头食品制造业	3.86	1.29	1.29	0.67	18956
饮料制造业	-0.60	-15.50	-14.26	0.60	24725
#酒精及饮料酒制造业	0.72	-17.52	-16.33	0.44	28893
烟草加工业	100.90	4.11	6.93	1.38	401509
#卷烟制造业	102.98	4.16	7.03	1.39	415311
纺织业	4.52	-1.85	-1.81	1.20	18619
服装及其他纤维制品制造业	3.65	0.72	0.70	1.59	15570
皮革、毛皮、羽绒及其制品业	-1.28	-5.49	-4.80	0.67	7077
木材加工及竹、藤、棕、草制品	-0.33	-6.70	-6.24	1.07	36206
家具制造业	3.90	1.14	1.13	2.90	10082
造纸及纸制品业	-2.15	-13.29	-11.71	1.59	29351
#造纸业	3.70	0.48	0.48	1.48	30479
印刷业	1.06	-6.11	-5.75	1.15	21204
文教体育用品制造业	90.91	0.29	0.30	1.13	23224
石油加工及炼焦业	45.92	1.62	1.78	5.25	229211
化学原料及化学制品制造业	0.92	-2.97	-2.84	1.54	32263
医药制造业	27.21	8.18	8.88	1.29	59427
化学纤维制造业	-3.18	-9.41	-8.72	0.57	18406
橡胶制品业	3.33	-3.97	-3.86	0.83	20357
塑料制品业	1.14	-4.13	-4.00	0.92	27570
非金属矿物制品业	1.90	-3.72	-3.56	1.33	17897
#水泥制造业	2.35	-2.76	-2.63	1.50	20726
黑色金属冶炼及压延加工业	13.76	8.09	8.98	1.72	59905
有色金属冶炼及压延加工业	7.78	5.52	5.80	1.77	62364
金属制品业	-4.08	-11.46	-10.01	0.49	12616
普通机械制造业	15.69	5.57	5.80	1.28	59171
专用设备制造业	-0.84	-3.95	-3.75	0.71	15244
交通运输设备制造业	20.63	2.58	2.65	2.20	61783
#汽车制造业	29.32	2.98	3.08	2.66	96082
电气机械及器材制造业	-4.08	-8.57	-7.99	0.92	22879
电子及通信设备制造业	1.54	-1.21	-1.19	0.71	41294
仪器仪表及文化、办公用机械制造业	-2.79	-17.24	-13.80	0.29	16594
其他制造业	-1.10	-31.13	-27.75	0.33	6574
电力、蒸汽、热水的生产和供应业	5.24	8.32	9.03	1.40	74763
#电力生产业	5.80	14.16	16.46	1.46	89515
#水力发电业	6.34	21.50	27.57	1.49	87649
煤气生产和供应业	-2.55	-11.05	-9.98	0.61	22142
自来水的生产和供应业	1.19	-1.79	-1.74	1.21	31324

14—10　大中型工业企业主要经济效益指标（2002年）

单位：%

指　　标	企业亏损面	产值利税率	销售利税率	工业增加值率	资金利税率
总　　计	**40.21**	**11.77**	**12.05**	**27.31**	**7.86**
在总计中：国有企业	50.76	12.40	12.36	30.73	5.98
中央企业	25.00	23.95	24.76	42.26	9.42
地方企业	54.35	6.91	6.77	25.29	3.73
集体企业	45.45	-1.20	-1.29	19.57	-0.82
其他经济	29.21	11.93	12.34	25.88	9.85
#外商及港澳台商投资企业	32.31	11.91	12.53	24.83	11.19
在总计中：轻工业	38.15	14.17	14.78	29.06	11.75
以农产品为原料	35.42	15.52	16.20	28.98	13.66
以非农产品为原料	47.37	4.68	4.88	29.64	2.76
重工业	41.85	10.29	10.41	26.25	6.13
采掘工业	47.37	-9.55	-9.49	21.90	-4.64
原料工业	42.62	17.27	17.31	35.29	7.23
加工工业	40.70	6.42	6.55	19.60	5.86
在总计中：大型企业	31.63	13.15	13.44	27.33	9.46
中型企业	44.81	7.56	7.76	27.28	4.13
煤炭采选业	75.00	5.17	4.85	29.78	2.49
黑色金属矿采选业	33.33	8.93	9.46	30.84	4.46
有色金属矿采选业	55.56	-22.25	-21.99	17.03	-9.78
非金属矿采选业		18.92	20.30	33.22	18.25
食品加工业	32.97	11.36	11.92	24.44	12.36
#制糖业	23.53	12.54	13.09	25.24	13.18
食品制造业	57.14	3.50	3.75	20.46	1.96
#罐头食品制造业	33.33	7.81	9.30	16.18	5.33
饮料制造业	46.15	18.54	20.57	34.32	14.33
#酒精及饮料酒制造业	50.00	21.65	24.55	37.48	15.09
烟草加工业	60.00	55.66	54.01	53.84	50.16
#卷烟制造业	60.00	55.66	54.01	53.84	50.16
纺织业	50.00	6.20	6.29	26.31	4.35
皮革、毛皮、羽绒及其制品业		3.30	3.34	11.60	1.95
木材加工及竹、藤、棕、草制品	42.86	6.47	7.00	22.82	3.38
造纸及纸制品业	31.82	-2.52	-2.66	19.68	-1.08
#造纸业	17.65	7.48	7.95	23.97	4.98
印刷业	22.22	4.66	4.70	33.27	2.75
石油加工及炼焦业		21.03	19.40	36.65	19.04
化学原料及化学制品制造业	40.00	3.18	3.35	23.71	1.77
医药制造业	9.52	22.44	23.32	38.40	17.40
化学纤维制造业	50.00	-4.04	-3.47	10.24	-1.59
橡胶制品业	80.00	0.58	0.60	21.33	0.32
塑料制品业	42.86	5.02	5.13	26.46	3.50
非金属矿物制品业	60.32	6.14	5.99	27.73	3.53
#水泥制造业	66.67	6.36	6.62	26.88	3.37
黑色金属冶炼及压延加工业	25.00	16.65	16.64	26.52	11.26
有色金属冶炼及压延加工业	57.89	9.29	9.91	25.85	6.11
金属制品业	44.44	6.75	8.27	20.93	6.86
普通机械制造业	40.48	8.64	8.71	22.30	8.38
专用设备制造业	57.89	0.57	0.56	19.21	0.27
交通运输设备制造业	29.73	8.14	8.25	15.62	12.24
#汽车制造业	21.43	8.44	8.51	14.87	15.06
电气机械及器材制造业	43.48	0.07	0.08	21.47	0.05
电子及通信设备制造业	58.33	4.15	5.61	39.18	2.39
仪器仪表及文化、办公用机械制造业	57.14	3.14	3.47	40.90	1.21
其他制造业	33.33	1.50	1.57	11.87	1.00
电力、蒸汽、热水的生产和供应业	3.70	30.99	29.07	58.71	7.02
#电力生产业	5.56	31.92	31.30	53.69	8.96
#水力发电业		48.76	46.75	72.21	10.59
煤气生产和供应业	100.00	-25.18	-6.33	55.54	-2.03
自来水的生产和供应业	20.00	8.97	9.48	60.79	2.67

14—10 续表

指标	百元固定资产原价实现利税（元）	百元销售收入实现利润（元）	成本费用利润率（%）	流动资产周转率（次/年）	全员劳动生产率（元/人）
总计	**9.05**	**3.81**	**4.03**	**1.56**	**58611**
在总计中：国有企业	6.48	2.38	2.49	1.24	44731
中央企业	8.34	7.66	8.93	1.44	127164
地方企业	4.74			1.17	29591
集体企业	-1.46	-5.20	-4.97	0.93	34498
其他经济	11.81	4.87	5.19	1.85	73522
#外商及港澳台商投资企业	14.06	6.76	7.30	2.15	150094
在总计中：轻工业	14.37	4.02	4.36	1.75	60843
以农产品为原料	16.33	4.58	5.03	1.92	70617
以非农产品为原料	3.79	0.10	0.10	1.07	31252
重工业	6.88	3.69	3.84	1.46	57194
采掘工业	-4.97	-17.97	-15.90	1.20	16369
原料工业	6.90	7.94	8.62	1.48	81871
加工工业	9.53	2.08	2.12	1.48	48636
在总计中：大型企业	10.90	4.78	5.12	1.66	71855
中型企业	4.75	0.84	0.85	1.31	37227
煤炭采选业	2.32	-5.39	-5.02	1.51	12571
黑色金属矿采选业	5.46	2.41	2.49	0.95	23265
有色金属矿采选业	-10.54	-30.07	-24.70	1.11	14522
非金属矿采选业	25.74	11.95	13.84	1.51	46555
食品加工业	14.02	6.23	6.66	2.41	70582
#制糖业	14.58	6.79	7.31	2.42	71220
食品制造业	2.87	-2.29	-2.22	0.89	25431
#罐头食品制造业	12.66	4.06	4.20	0.78	22728
饮料制造业	13.64	4.22	4.79	2.73	100052
#酒精及饮料酒制造业	14.30	4.05	4.75	2.96	113511
烟草加工业	102.98	4.16	7.03	1.39	415311
#卷烟制造业	102.98	4.16	7.03	1.39	415311
纺织业	6.46	-0.56	-0.56	1.23	20365
皮革、毛皮、羽绒及其制品业	2.17	1.44	1.32	0.73	6569
木材加工及竹、藤、棕、草制品	3.85	0.08	0.08	1.12	94519
造纸及纸制品业	-1.05	-9.27	-8.49	1.73	35535
#造纸业	5.48	1.76	1.80	1.63	35793
印刷业	3.30	-3.27	-3.21	1.33	35924
石油加工及炼焦业	15.15	1.95	2.15	2.65	71614
化学原料及化学制品制造业	1.97	-1.70	-1.64	1.52	36956
医药制造业	32.22	12.62	14.46	1.18	87136
化学纤维制造业	-2.60	-6.21	-5.91	0.79	17195
橡胶制品业	0.50	-6.66	-6.29	0.81	17265
塑料制品业	4.98	1.86	1.91	1.05	34422
非金属矿物制品业	3.84	-0.74	-0.73	1.50	22999
#水泥制造业	3.40	-0.95	-0.92	1.51	26873
黑色金属冶炼及压延加工业	14.10	8.72	9.75	1.65	63232
有色金属冶炼及压延加工业	6.54	2.86	2.94	1.52	59231
金属制品业	15.31	4.87	5.06	1.21	48337
普通机械制造业	14.89	4.54	4.79	1.42	69020
专用设备制造业	0.52	-2.37	-2.29	0.71	19343
交通运输设备制造业	23.75	3.47	3.60	2.16	69597
汽车制造业	30.51	3.79	3.95	2.49	93258
电气机械及器材制造业	0.10	-4.05	-3.95	1.04	30035
电子及通信设备制造业	4.05	1.38	1.40	0.67	50430
仪器仪表及文化、办公用机械制造业	2.09	-4.15	-3.88	0.47	25427
其他制造业	3.48	-0.52	-0.52	0.78	35102
电力、蒸汽、热水的生产和供应业	5.93	15.50	18.32	1.35	246243
#电力生产业	7.41	17.72	21.49	1.72	287375
#水力发电业	8.03	29.66	42.42	1.62	310141
煤气生产和供应业	-2.55	-11.05	-9.98	0.61	22142
自来水的生产和供应业	2.01	2.51	2.54	1.56	64184

14—11 大中型工业企业主要指标一览表（2002年）

企业名称	产品销售收入（万元）	工业总产值（万元）	资金总额（万元）	全部从业人员年平均人数（人）
南宁柠檬酸有限公司	3718	2960	4731	220
南宁金龙水泥实业有限公司	3573	4292	6453	340
南宁鸿基水泥制品有限责任公司	5633	7377	9290	639
南宁梦雪日化有限责任公司	716	700	1088	138
南宁浮法玻璃有限责任公司	11308	11667	17416	995
广西南宁桂迪合纤有限公司	9989	9738	1604	686
南宁可口可乐饮料有限公司	10663	8630	6718	275
南宁万泰啤酒有限公司	21726	22732	72800	362
广西鑫叶彩印包装有限公司	5083	5086	6863	182
广西南宁百会药业集团有限公司	5193	5328	8301	874
广西金牛股份有限公司	777	1454	8146	349
南宁重型机器厂	7148	5544	22941	1930
南宁市齿轮厂	27	113	3435	123
南宁发电设备总厂	3520	3896	17371	998
南宁市冶炼厂	8768	9032	10209	670
南宁市通用机械厂	2100	2232	3319	384
广西壮族自治区南宁机械厂	6100	6899	26268	1283
南宁手扶拖拉机厂	20811	20788	22366	1308
南南铝业有限公司	28256	30591	21070	1440
南宁银杉电线电缆有限责任公司	22670	23357	12470	541
南宁新丰塑料有限责任公司	4812	5072	6325	452
南宁麻纺织厂	99	103	7655	1024
南宁化工集团有限公司	3821	5277	27226	1505
南宁糖业股份有限公司	141175	144497	115300	6681
南宁康乐股份有限公司	586	918	6429	263
南宁锦虹棉纺织有限责任公司	22239	19918	15128	3513
南宁市汽车配件一厂	7904	6980	7594	329
南宁市多丽电器总厂	1840	1699	3295	174
南宁市自来水公司	15022	15101	39248	1436
南宁乳业有限责任公司	4067	3734	5422	465
南宁胜利科技股份有限公司	6004	18400	4948	355
广西南宁凤凰纸业有限公司	27188	27282	175819	808
大赛璐（南宁）食品添加剂有限公司	4262	5378	19954	304
广西民族印刷厂	5208	5096	10888	850
广西建工集团建筑机械有限责任公司	11567	15994	10542	935
广西南宁玻璃厂	4026	4809	15563	1218
广西中医学院制药厂	3257	4551	5833	299
广西南宁农垦玻璃厂	1109	1177	5886	908
广西华桂畜牧饲料有限公司	6982	8091	5348	198
广西彼得汉预混饲料公司	6550	7080	5036	164

注：本表未包括全部大中型企业

14—11 续表1

企业名称	产品销售收入（万元）	工业总产值（万元）	资金总额（万元）	全部从业人员年平均人数（人）
广西高峰人造板有限公司	11677	11477	31825	191
南宁化工股份有限公司	50132	49933	59253	2139
广西壮族自治区南宁肉类联合加工厂	3385	2995	7802	821
广西南宁卷烟厂	123911	120860	117289	1870
南宁市商业食品工业总公司	2123	2131	3566	346
南宁壮锦橡胶有限责任公司	4246	5413	4841	1332
广西佳兆药业有限责任公司	4565	4701	3453	582
南宁市钢精厂	1525	1729	3557	404
南宁市手表厂	1205	1354	3450	745
广西明阳生化科技股份有限公司	11501	11556	23594	832
广西武鸣德林建材有限公司	615	694	5760	208
广西金光实业总公司制糖化工厂	22107	23441	12783	835
广西华宏水泥股份有限公司	13804	13426	28051	1197
广西南蒲纸业有限公司	7126	6718	2992	502
龙昌日用品工业(南宁)有限公司	4201	5804	9893	481
南宁正大建材有限公司	10256	9902	24353	462
南宁市中密度纤维板厂	17579	19216	18615	316
南宁正大畜牧有限公司	25021	29791	10352	426
广西宁俊纸业有限公司	8801	9026	8395	900
广西冠桂糖业有限公司大塘分公司	6910	6990	5174	650
南宁华侨投资区糖厂	8769	8602	7765	552
南宁鸣昌专用肥料有限公司	5213	6133	5968	384
广西南宁市武鸣县水泥厂	4073	4429	8924	690
柳州压缩机总厂	5184	5389	27842	1238
柳州市建筑器具厂	1547	2404	2586	350
柳州市白云冶炼厂	2386	2862	2096	142
柳州第二空汽压缩机总厂	4477	3127	16960	990
广西方盛实业股份有限公司	25390	24536	24482	967
柳州富达机械有限公司	11081	7055	9814	195
柳州市汽车钢板弹簧厂	2782	2732	2130	180
柳州市方盛锻造有限公司	3820	3935	2864	193
柳州市柳新汽车冲压件有限公司	18651	18708	21033	312
柳州绰丰柳机内燃机有限公司	32020	35340	5258	147
广西农垦糖业集团柳兴制糖有限公司	32166	30786	33381	928
柳州钢铁集团公司	363511	361298	509741	15970
柳州锌品股份有限公司	34920	39276	57499	3097
柳州有色冶炼股份有限公司	23020	18058	19736	1229
柳州市化学冶炼工业公司	2554	1673	17971	168
柳州佳力电工有限责任公司	3946	5886	18194	738
柳州市车轮工业公司	1943	1911	1535	159
柳州市钢圈厂	8665	8143	9634	587
柳州双力仪表有限公司	2583	1507	7560	437
柳州市链条总厂	1452	1527	4013	232
柳州日高滤清器有限责任公司	3066	3375	2869	296
柳州市磁电机厂	84	476	1885	287

14—11　续表2

企业名称	产品销售收入（万元）	工业总产值（万元）	资金总额（万元）	全部从业人员年平均人数（人）
柳州市锅炉总厂	1392	1628	5832	432
柳州市微电机总厂	787	706	5212	346
广西柳发股份有限公司	16250	12827	47739	1350
柳州开关电器有限责任公司	5272	5179	17832	811
柳州金象机器制造有限公司	1710	1875	5924	327
柳州市铸造总厂	5055	4989	8201	723
柳州金声电子有限公司	1455	1498	4121	207
柳州市电子管厂	157	131	2784	69
广西柳工机械股份有限公司	173368	183083	106848	2537
柳州柳工铸造有限公司	10430	10018	11855	531
柳州柳工机械附件制造有限公司	11976	10595	6981	388
柳州康达工程机械有限公司	8724	5705	10114	240
柳州特种汽车厂	151946	152767	33330	484
东风柳州汽车有限公司	296009	291445	132777	2867
上汽通用五菱汽车股份有限公司	377307	390979	170215	4080
柳州五菱汽车联合发展有限公司	66736	71921	51464	3055
柳州五菱汽车有限责任公司柳州机械厂	113651	91425	67716	1883
柳州市力风塑料成型机厂	564	239	2811	133
柳州挖掘装载机厂	556	548	6692	166
柳州欧维姆机械有限责任公司	17029	14484	24063	753
柳州东方缆索有限公司	960	1213	2158	47
柳州市长信纺织有限公司	4152	9652	6885	825
柳州立宇集团有限责任公司	39369	41562	48185	4669
柳州灯花有限责任公司	1952	2002	10586	382
柳州化学纤维厂	4426	4326	15092	478
柳州华侨化纤纺织厂	16146	14475	21370	2176
柳州金凤毛巾品业有限公司	3796	4017	7112	878
柳州市第三棉纺织厂	5731	5740	17656	1295
广西汉斯啤酒饮料有限责任公司	3296	3151	3711	602
柳州市灯泡厂	954	1420	4153	776
广西金嗓子有限责任公司	44237	46270	20096	763
广西柳江造纸厂	24624	26406	59064	2080
广西柳州卷烟厂	143432	137651	137680	1523
柳州市印刷有限责任公司	1342	1247	3906	331
柳州市机械刀片厂	1171	1383	5321	382
广西柳州市玻璃厂	3278	3299	6011	491
柳州市造纸厂	4125	4667	15340	545
柳州金辉制袋有限公司	904	919	4986	45
柳州桂康日用化学品有限公司	27147	43850	21636	263
柳州惠好卫生用品有限公司	6518	8661	5708	225
柳州市塑料编织水泥袋厂	3356	2968	4150	396
柳州市双马电器集团公司	1444	1800	8794	382
柳州市皮革有限责任公司	1603	1529	3824	405
柳州塑料机械总厂	5313	5350	30229	593
柳州化工股份有限公司	44287	45933	33787	2104

14—11　续表3

企业名称	产品销售收入（万元）	工业总产值（万元）	资金总额（万元）	全部从业人员年平均人数（人）
柳州东风化工有限责任公司	9224	10856	16905	1110
柳州市造漆厂	3407	3599	3993	223
柳州市跃进化工厂	2084	2218	5966	204
广西柳州威奇化工有限责任公司	7934	6669	16468	777
广西柳州制药有限责任公司	2256	2773	6154	388
柳州中一橡胶有限公司	1272	1400	5676	517
广西鱼峰水泥股份有限公司	37446	39248	67627	1533
柳州市大昌新型建材有限公司	3708	3964	7644	376
柳州肉类联合加工厂	251	259	3137	318
柳州市自来水有限责任公司	9634	9634	38717	882
柳州市煤气公司	3243	815	10130	316
柳州市柳新饲料有限责任公司	10431	10502	4644	134
柳州市油脂厂	1454	1940	3163	195
柳州市大富氏有限责任公司	1593	906	1788	66
柳州市汽车改制厂	15915	16497	6758	428
柳州克雷拉减振器有限公司	2317	2340	3511	174
柳州大北农饲料有限公司	8424	8470	3406	256
柳州海维姆建筑机械有限公司	11125	11472	14268	512
柳州市雅乐饼干总厂	766	827	4109	126
柳州市东南汽车配件有限责任公司	1660	1829	1685	130
柳州市联阳彩印包装厂	3867	4921	3153	105
柳州市电器设备厂	1428	1580	3006	165
柳州市水轮机厂	574	855	3605	210
柳州市高压电器厂	521	546	2669	176
柳州商业机械厂	98	98	2641	120
柳锌劳动服务公司	10019	10059	9869	612
柳州市赛福汽车模具厂	1674	1958	950	240
柳州市环东金属材料有限公司	14610	10828	7945	477
柳州达美实业有限责任公司	9407	9483	16114	336
柳州市重型车轮厂	1342	1408	2071	171
柳州市八菱柴油机配件厂	3862	3805	10721	200
柳州市汽车齿轮总厂	2121	2154	8110	370
柳州市一利机械有限责任公司	3048	3016	2419	204
柳州木材防腐厂	8116	8452	18782	330
国营西江造船厂	3180	1341	32710	1253
柳州机车车辆厂	37308	38902	56008	5333
柳州铁路机电厂	1202	1034	1731	254
柳州木材厂	784	653	3117	379
柳州林业机械厂	507	700	4897	327
广西柳州特种变压器有限责任公司	13753	10738	14978	485
柳州农用运输车总厂	43	60	9082	309
柳州华锡集团有限责任公司	91531	87414	219164	13585
柳州鱼峰PVC型材门窗厂	2597	3201	6112	84
柳州市龙城化工总厂	47048	47822	77776	2250
利达（柳州）化工有限公司	12361	12887	25249	228

14—11　续表4

企 业 名 称	产 品 销售收入 （万元）	工 业 总 产 值 （万元）	资金总额 （万元）	全部从业人员 年平均人数 （人）
柳州展南预拌混凝土有限公司	1729	2400	2523	98
柳州采埃孚机械有限公司	4615	5129	17897	107
柳州桂通精密铸造有限公司	871	890	2420	90
广西凤糖柳江制糖有限责任公司	9451	8170	10001	510
广西区露塘糖厂	15070	13682	10963	579
柳州柳工小型装载机有限公司	25397	26238	6408	379
柳州乘龙专用车有限公司	20550	16807	6907	295
广西凤糖业生化股份有限责任公司	62600	67068	38982	1646
柳州市柳城鹏鑫源茧丝绸有限公司	4400	4500	3194	480
广西凤糖六塘制糖有限责任公司	2792	6598	12256	701
广西柳州市四塘水泥厂	2029	2196	4286	198
桂林集琦药业股份有限公司	19690	21632	91033	1221
国营漓江无线电厂	5861	4147	21598	712
广西桂林化工厂	2548	2350	2593	181
桂林航天电器公司	7520	8231	12331	756
广西英山柴油机总厂	5777	5598	9228	824
桂林光通电子工程公司	2158	8157	3065	136
桂林广陆数字测控技术有限公司	6115	6300	6801	450
桂林蓝宇航空轮胎发展公司	7415	6489	15112	609
桂林皮尔金顿安全玻璃有限公司	5688	5713	13849	250
桂林集琦包装有限公司	4945	5076	5863	156
桂林飞龙电线电缆有限责任公司	1460	3076	2528	230
桂林南药股份有限公司	16278	17100	18696	1505
广西迪美科技发展有限公司桂林分公司	1529	2061	1638	42
桂林威达仪器仪表办公设备集团公司	3037	3351	25785	953
桂林市无线电五厂	1019	946	3288	165
桂林市空调机厂	602	2209	6762	296
桂林冶金机械总厂	10486	10201	23927	1050
桂林普天通信设备厂	638	687	5945	273
桂林市无线电二厂	209	588	4404	224
桂林市医疗电子仪器厂	3026	4716	4287	350
桂林漓佳金属有限责任公司	9260	10237	10433	478
桂林齿轮厂	1182	1049	7863	969
桂林桂风机械总厂	1248	1527	5661	332
桂林市水泵厂	1628	2418	5394	535
桂林市汽车配件总厂	7452	7193	9324	670
桂林无线电一厂	2584	2424	7381	416
桂林市电焊条厂	2005	3128	5527	299
桂林电力电容器总厂	22095	21590	24774	1187
桂林国际电线电缆集团公司	18958	25451	21032	613
桂林三花股份有限公司	4622	5216	9135	455
桂林市酱料厂	2803	3478	3311	217
广西桂林轻工机械厂	931	910	5596	452
桂林晶盛玻璃有限责任公司	12481	11607	12051	1181

14—11 续表5

企业名称	产品销售收入（万元）	工业总产值（万元）	资金总额（万元）	全部从业人员年平均人数（人）
桂林漓泉股份有限公司	62160	67804	51942	1564
桂林市造纸厂	15028	15125	17350	977
桂林博达食品总厂	20	15	2250	187
桂林百事可乐饮料有限公司	2915	3554	1632	161
桂林味全食品有限公司	2108	1939	8957	96
桂林汉高洗涤剂有限公司	9956	10340	9543	576
桂林市第三塑料厂	1624	1834	5538	250
桂林市皮件厂	2680	2806	3533	414
桂林市建和塑胶彩印有限公司	1584	1616	2115	176
桂林市宏伟集团公司	14096	10274	51946	959
桂林市银海纺织集团公司	30227	29731	42265	3539
桂林市天和药业有限公司	17951	19188	9619	476
桂林三金药业集团公司	61012	60348	38141	1344
桂林南方橡胶(集团)公司	43395	44446	80056	5329
桂林量具刃具厂	3683	4653	9647	875
桂林市第一电机厂	276	275	2513	179
桂林第二机床厂	3438	3047	7162	549
桂林机床电器有限公司	4234	4492	5201	434
桂林机床股份有限公司	9474	8555	20526	1761
桂林磨床包装机械厂	6384	6271	8555	875
桂林市先资彩印包装有限公司	2543	2542	2189	261
桂林市鲁山建材联合有限责任公司	4724	4718	5200	527
桂林肉类联合加工厂	344	344	2754	177
桂林市面粉厂	4885	4213	5762	52
桂林市力源粮油食品有限公司	38470	38730	12971	490
桂林客车集团公司	99738	95936	94110	2561
桂林市乳品厂	208	211	1079	69
桂林市自来水公司	5642	6019	19329	510
国营长虹机械厂	1641	1407	4039	913
桂林内燃机配件厂(桂林有色金钢带厂)	1199	1607	8419	988
桂林市金元珠宝企业集团公司	24186	24186	27428	579
桂林长海发展有限责任公司	10220	10157	13621	876
广西师范大学出版社印刷厂	3125	3241	4096	163
桂林福达汽车部件有限公司	12174	13652	14123	815
广西滑石工业公司	10150	10719	12129	911
桂林普天电信设备厂	3611	2963	12784	1222
桂林市无线电三厂	16	2779	8628	559
桂林市印刷厂	3041	3296	2480	328
桂林雪芙莲日化有限公司	5017	4985	4361	236
桂林橡胶机械厂	12762	12126	19692	1004
桂林娃哈哈食品有限公司	8744	12665	12260	110
广西全州县湘山酒厂	3710	7350	6169	346
荔浦县罐头食品厂	6754	7965	9207	396
灵川县氮肥厂	400	417	16487	724

14—11 续表6

企业名称	产品销售收入（万元）	工业总产值（万元）	资金总额（万元）	全部从业人员年平均人数（人）
桂林联合收割机总厂	1079	1146	9554	438
桂林矿山机械厂	1634	2722	4601	681
桂林独秀水泥总厂	3979	4045	4647	517
桂林康密劳铁合金有限公司	4657	6117	18077	1751
桂林市飞来石水泥厂	2174	3218	6650	480
广西桂林永福制药厂	5922	5363	5390	290
龙胜各族自治县滑石矿	8368	9347	9509	932
中外合资广西龙胜华美滑石开发有限公司	7720	8085	7544	387
平乐县野牛有限责任公司	3036	3558	5329	200
广西林业荔浦纸业有限公司	10318	12771	17934	788
广西荔浦县万鹏印铁制罐厂	2634	2649	1617	146
栗木有色金属公司	7544	8780	10341	1472
广西梧州锅炉(集团)股份有限公司	3306	3337	11589	755
梧州市船用机械厂	356	496	581	198
梧州市光学仪器厂	1615	1643	3412	464
梧州市蓄电池厂	4230	4552	7967	429
广西梧州起重机器(集团)股份有限公司	960	1245	11043	367
广西梧州电机制造有限公司	500	697	2121	322
梧州市锻压机床厂	2109	2033	4184	355
梧州市合成纤维厂	3400	3103	817	260
梧州市苎麻纺织印染厂	2699	2577	8443	222
梧州市棉纺织厂	2556	1921	7375	916
梧州涤尼织染厂	931	622	2726	160
梧州市龙山动植物酒总厂	2072	3801	5633	500
梧州市橡胶厂	640	952	2156	310
梧州市玻璃厂	1095	2200	3339	301
梧州市印刷包装企业总公司	1349	1351	3751	333
广西梧州制药(集团)股份有限公司	27870	16707	28240	1858
广西梧州市新华电池(集团)股份有限公司	22640	24077	17785	2069
梧州市电筒工业公司	2729	2901	2708	788
梧州市塑料厂	391	304	2953	276
梧州市五一塑料制品厂	6043	6225	4071	371
梧州造船厂	1884	6219	10900	436
梧州蛋白肠衣厂	3559	4313	9461	445
国营华南船舶机械厂	7271	7352	13743	687
广西桂江造船厂	9511	12252	39636	1085
广西三威林产工业有限公司	33640	37286	70538	640
广西红日化工有限公司	4413	3947	6195	388
梧州市自来水公司	3219	3896	15199	523
广西梧州奥奇丽集团股份有限公司	10564	16546	10553	792
广西梧州冰泉实业股份有限公司	16352	15459	10610	1007
广西壮族自治区梧州松脂厂	14723	15583	17607	450
广西壮族自治区佛子冲铅锌矿	5524	6594	6381	1238
苍梧县钛白粉制造有限公司	9504	9772	6290	580

14—11 续表7

企业名称	产品销售收入（万元）	工业总产值（万元）	资金总额（万元）	全部从业人员年平均人数（人）
梧州日成林产化工有限公司	11910	8740	7934	268
北海市北新饲料厂	6596	6681	4444	134
北海化肥厂	3027	4224	8878	505
北海方舟基因药业有限公司	3960	5246	4867	63
北海银河电子有限公司	8205	8713	22578	193
北海渔业冷冻厂	696	695	1013	252
北海德峰饲料厂	5021	4900	3078	48
广西北海喷施宝有限责任公司	3051	2562	8035	115
广西农垦国营星星糖厂	6126	6184	9281	427
赤江华侨陶瓷厂	3098	3272	4686	1080
北海市中运制糖有限公司	7889	8355	2697	774
北海市天鲜海洋食品总公司	1682	7881	2810	152
北海市烟花炮竹总厂	3090	3094	12226	108
北海市自来水公司	2749	3675	16046	478
攀钢集团北海钢管有限公司	13352	12773	20456	104
北海鼓风机实业公司	662	786	3878	202
广西北生药业股份有限公司	19912	23668	71298	669
北海市水产供销总公司	2615	3166	5340	641
合浦县汽车齿轮厂	2343	3883	7616	445
合浦县白沙糖厂	1121	3103	6832	429
广西区合浦化肥厂	200	506	4105	610
广西饲料企业集团合浦饲料厂	10253	10242	3679	132
北海恒兴特种饲料有限公司	14859	17335	4109	203
广西合浦西场永鑫糖业有限公司	14551	14886	20206	899
防城港市新海油脂工业有限公司	48021	57832	21729	160
大海粮油工业(防城港)有限公司	174608	172113	72208	300
防城天睦化工有限公司	2580	3188	2887	56
广西昌菱实业发展公司甘化公司	13979	12756	24418	641
广西上上糖业有限公司	18444	23747	17177	1010
钦州市缫丝厂	3554	3403	3009	752
广西钦州矿务局	596	736	7762	902
广西半宙制药集团公司	8275	11110	15546	739
广西那彭欧亚糖业有限公司	10675	10972	11782	451
钦州市大寺糖厂	2529	3012	3390	425
钦州市平吉糖厂	2023	2181	20777	150
灵山县化肥有限责任公司	1650	1973	4237	265
灵山县武利糖厂	4685	5187	9507	368
广西陆屋欧亚糖业有限公司	4970	5182	5691	388
浦北县绿宝石水泥有限公司	5941	6059	10232	937
浦北县制药厂	982	1136	3619	162
浦北县万力造纸厂	3975	4187	3241	520
浦北县神蜉酒业公司	57	72	4383	150
贵港市甘化股份有限公司	13005	15183	21349	933
贵港市水泥厂	3977	4228	13642	1316

14—11 续表8

企业名称	产品销售收入（万元）	工业总产值（万元）	资金总额（万元）	全部从业人员年平均人数（人）
广西贵糖（集团）股份有限公司	84009	92667	100023	3316
广西西江氮肥厂	5659	5188	3267	529
广西贵港市机械厂	986	541	4228	274
广西贵港钢铁总公司	18379	18596	35917	1688
广西贵港肉类联合加工厂	3099	2937	2917	343
贵港市西江纸厂	3985	4412	1589	141
广西贵港市丰宝化工总厂	3903	3736	7011	135
广西西江化工有限责任公司	7108	6761	12699	914
贵港市独山水泥厂	2772	2703	5006	553
广西农垦糖业(集团)西江制糖有限公司	4394	4125	4799	353
广西贵港商包有限责任公司	3161	3072	2501	166
广西贵港动力机器有限责任公司	3165	3157	6789	425
广西贵港红旗纸业有限公司	4972	5297	3614	345
广西贵港郁江制铁有限责任公司	6300	5621	5819	590
平南县水泥厂	3803	3803	5499	613
广西桂花水暖器材股份有限公司	954	787	9336	645
平南县燕峰水泥厂	2414	2414	6396	200
桂平市水泥总厂	6303	6303	11297	670
广西木圭锰矿	2098	1969	9009	686
广西玉林秀峰机电总厂	389	277	3422	414
玉林市自行车总厂	305	847	7923	423
广西玉林罐头食品总厂	868	1657	9608	800
广西壮族自治区玉林化肥厂	4465	4577	8232	563
玉林市长城机械厂	1070	1188	3997	294
广西玉柴机器股份有限公司	344847	366478	314003	5644
容县瓷厂	1547	1491	1862	710
广西桂南制药集团有限公司	1347	1209	5509	181
广西黑五类食品股份有限公司	15733	18166	21934	1030
广西南山瓷器有限公司	2453	2298	4462	1050
容县鸿南饲料有限公司	1531	2155	3657	66
广西容县万力造纸厂	6360	6375	3427	526
陆川县第二水泥厂	4050	4400	7454	500
广西福达机电制造有限公司	6838	6100	7922	850
广西龙珠股份有限公司	2963	3404	13371	853
广西高峰冠华人造板有限公司	3093	4291	8090	180
广西博白糖厂	1776	1762	3949	570
广西绿珠股份有限公司	804	1072	2348	634
博白龙潭糖厂	2738	2645	9777	438
广西博白自行车厂	566	459	3297	148
玉林市葵山水泥厂	2748	2784	2678	326
玉林市糖厂	1029	1082	4375	440
玉林市环江水泥厂	2377	2377	7126	512
玉林市桂兴水泥厂	1999	2157	3242	287
玉林市北流水泥厂	3917	3966	3013	588

14—11　续表9

企业名称	产品销售收入（万元）	工业总产值（万元）	资金总额（万元）	全部从业人员年平均人数（人）
广西玉林制药有限责任公司	18487	24295	11722	706
广西玉林市玉龙饲料公司	3225	3183	3803	167
广西陆川县瓷厂	3795	3774	3238	2230
陆川县农药厂	733	835	4040	229
北流市大风门水泥厂	278	391	3220	280
广西三环企业集团股份有限公司	55863	34709	29256	5218
广西北流市第二水泥厂	2390	2394	4330	370
北流市虎威水泥有限责任公司	3083	3284	6284	685
广西北流市氮肥厂	2421	2390	701	612
广西精通兽药股份有限公司	1761	1720	3068	820
广西中顺陶瓷有限公司	590	1194	4183	1600
百色市东笋造纸厂	7628	7826	11412	998
广西壮族自治区百色林化总厂	1289	1924	3154	243
广西壮族自治区百色电机厂	9471	9631	4082	412
广西壮族自治区百色地区通用机械厂	612	432	3356	217
广西大华化工厂	10889	10290	27520	1295
百色甘化股份有限公司	23232	23714	18010	1261
广西百矿股份有限公司	2788	2893	9386	562
百色市电化厂	2044	1971	5794	506
广西壮族自治区右江矿务局	13214	13309	22686	4621
广西桂西制药有限公司	4313	5207	5151	592
广西百林水泥股份合作公司	2959	2953	5609	303
田阳县造纸厂	7750	8038	9041	830
广西田阳县南华糖业有限责任公司	14138	19195	18602	759
田东县思林造纸厂	3661	3584	3230	410
广西田东石油化工总厂	20789	19185	21186	1160
广西东泥股份有限公司	6160	6589	12890	805
田东县东星糖业有限责任公司	21624	22655	20885	1189
广西平果县酒厂	179	783	5402	241
广西平果县水泥厂	4645	4505	6542	662
平果县氰化盐厂	4519	4545	4417	335
平果县强强炭素制品有限责任公司	2316	1675	3756	207
平果铝型材厂	861	3012	2230	126
平果亚洲铝业有限公司	23429	28687	9141	270
中国铝业股份有限公司广西分公司	192636	225981	391805	5639
广西平果南华糖业有限责任公司	14657	13467	11483	820
广西百合化工股份有限公司	12728	14253	10613	520
广西德保铜矿	3478	3425	4259	664
田林县造纸厂	4935	6471	10137	530
广西高龙黄金矿业有限责任公司	5418	7564	7624	522
隆林县有色金属公司	21367	21291	21864	1046
广西东江棉纺织厂	4161	3870	3789	884
广西人民机械厂	8917	8188	20039	738

14—11 续表10

企业名称	产品销售收入（万元）	工业总产值（万元）	资金总额（万元）	全部从业人员年平均人数（人）
金城江成源冶炼厂	18509	16850	23097	1150
广西河池化学工业集团公司	43752	36432	104580	3613
河池车辆有限责任公司	13702	13584	14865	631
河池市南方有色冶炼有限责任公司	10935	13771	28284	1694
广西河池大金城水泥厂	2641	2610	3556	624
广西壮族自治区都川水泥厂	3351	2959	5191	540
环江毛南族自治县糖厂	4091	4000	6037	346
广西高峰矿业有限责任公司	6860	6730	28582	1069
广西拉么锌矿	1295	1044	2447	751
广西壮族自治区罗城矿务局	6019	6954	16981	2611
广西壮族自治区北山矿业有限责任公司	2003	1865	8328	585
广西轴承厂	5023	5917	17529	1408
广西维尼纶集团有限责任公司	34560	34736	33194	2465
广西德胜铝厂	34561	34367	28286	1348
广西宜山氮肥厂	1283	1334	4207	545
广西玻璃钢厂	1550	1704	3161	366
广西博庆食品有限公司	42925	47398	44777	1550
广西南乐水泥发展有限公司	1639	1719	3102	460
广西海棠建材有限责任公司	3771	3808	12343	645
横县特种水泥有限公司	4607	4863	10539	695
横县新凯糖业有限责任公司	5507	6636	6965	557
横县冠桂糖业有限责任公司	14833	14767	15659	1909
马山县南华糖业有限责任公司	1592	1612	4367	270
广西农垦糖业（集团）良圻制糖有限公司	9568	7623	9432	514
广西电力线路器材厂	7367	7752	7166	850
广西宾阳县黎塘工业瓷厂	3187	3440	7333	903
广西银雪兄弟面粉有限责任公司黎塘分公司	5936	6351	6361	208
广西宾阳县永凯糖业有限公司	15694	15399	25958	1505
广西华润红水河水泥有限公司	19379	21215	27375	1120
广西宾阳县廖平农场水泥厂	1759	1710	3684	169
广西宾阳县廖平农场糖厂	7941	7858	5736	442
广西上林县南华糖业有限公司	6267	6911	9945	630
广西隆华糖业有限责任公司	28308	26844	36284	1463
广西扶南东亚糖业有限公司	47969	41669	37011	1276
广西东门南华糖业有限责任公司	34280	31761	37917	1106
广西崇左县左江制糖有限责任公司	15437	15461	13457	376
广西驮卢东亚糖业有限公司	38354	39767	30032	1030
广西崇左东亚糖业有限公司	37322	35251	26207	1056
广西壮族治自区大新锰矿	9516	10503	15233	1360
大新县雷平永鑫糖业有限公司	17548	19679	20873	723
大新县桂丰制糖有限公司	7092	7610	8376	504
广西锰矿公司天等锰矿	2374	2348	5442	182
天等俊杰糖业有限责任公司	3244	4218	4702	445
宁明县华湖水泥有限责任公司	973	1008	4152	350

14—11　续表11

企　业　名　称	产　品 销售收入 （万元）	工　业 总产值 （万元）	资金总额 （万元）	全部从业人员 年平均人数 （人）
宁明县东亚糖业有限公司	21548	22216	21937	856
广西海棠东亚糖业有限公司	16393	14998	21613	786
龙州南华糖业有限责任公司	31076	40295	38404	2467
合山市矿务局	23622	19781	37342	3277
合山鱼峰水泥有限公司	2130	2371	5090	347
合山市糖厂	2116	1791	5907	200
广西英山铸锻厂	2205	2180	4616	646
广西柳州桂良实业有限公司	2109	806	13642	186
广西壮族自治区鹿寨化肥总厂	15869	18948	22317	2267
广西国发林业造纸有限责任公司	21095	22487	42168	842
广西鹿寨化肥有限责任公司	22168	21561	206129	1603
广西壮族自治区桂中糖厂	6262	5994	8009	314
广西桂柳化工有限责任公司	6796	5010	12823	489
柳州凤山糖业集团雒容制糖有限责任公司	8169	8086	7551	491
广西鱼峰集团鹿寨鱼峰水泥有限责任公司	1987	2439	6480	264
广西壮族自治区下田锰矿	2622	2137	4839	233
广西象州县石龙糖业公司	8063	9188	14375	609
广西博华食品有限公司	19220	27678	33455	756
广西象州高宏化工有限公司	1838	2014	4105	240
广西武宣县锰锌矿	338	474	4323	231
广西博宣食品有限公司	20057	24362	24650	949
广西农垦糖业（集团）黔江制糖有限公司	9957	8907	15359	534
广西来宾造纸有限责任公司	3780	3594	4391	460
广西农垦糖业集团红河制糖有限公司	9106	8647	14140	552
广西来宾桂宝糖业有限责任公司	12057	12056	13340	693
广西壮族自治区来宾迁江糖业有限责任公司	30078	28430	28239	1407
广西来宾永鑫糖业有限公司	12031	10911	13924	726
融水苗族自治县贝江水泥厂	1887	1882	3586	371
广西八一凤凰糖业有限责任公司	17085	17240	25391	767
广西八一铁合金(集团)有限责任公司	65419	66008	116045	3032
广西康密劳铁合金有限公司	21141	21866	22231	785
泗顶铅锌矿	17092	16853	19119	2664
柳州长安锌品有限责任公司	3116	4741	14035	395
柳州凤山糖业集团和睦制糖有限责任公司	6511	9230	8441	288
广西金秀圣堂药业有限责任公司	901	1632	401	56
忻城华亿糖业有限公司	969	3136	15446	193
广西贺州市微粒板厂	1290	1106	7057	276
广西贺达纸业有限责任公司	21386	20746	87362	896
广西壹品瓷业有限公司	1834	2047	1527	1173
广西光明化工有限责任公司	1197	1737	3875	10
平桂矿务局	12916	10131	24659	2551
广西壮族自治区钟山卷烟厂	2832	3454	24741	198
广西今朝股份有限公司	2159	2088	6166	419
富川瑶族自治县卷烟厂	8747	8654	12047	520

主要统计指标解释

工业 指从事自然资源的开采，对采掘品和农产品进行加工和再加工的物质生产部门。具体包括：(1)对自然资源的开采，如采矿、晒盐、森林采伐等(但不包括禽兽捕猎和水产捕捞)；(2)对农副产品的加工、再加工，如粮油加工、食品加工、轧花、缫丝、纺织、制革等；(3)对采掘品的加工、再加工，如炼铁、炼钢、化工生产、石油加工、机器制造、木材加工等，以及电力、自来水、煤气的生产和供应等；(4)对工业品的修理、翻新，如机器设备的修理、交通运输工具(包括小卧车)的修理等。

工业企业单位数 指全部国有工业及年产品销售收入500万元以上的非国有工业企业（简称规模以上工业）。一般分为两类：独立核算法人工业企业和工业活动单位。

独立核算法人工业企业 指从事工业生产经营活动的单位。独立核算法人工业企业应同时具备以下条件：①依法成立，有自己的名称、组织机构和场所，能够承担民事责任；②独立拥有和使用资产，承担负债，有权与其他单位签订合同；③独立核算盈亏，并能够编制资产负债表。

工业活动单位 指在一个场所从事一种或主要从事一种工业生产活动的经济单位。它包括独立核算工业企业按主营业务活动(即工业生产活动)划分的主营业务活动单位和非工业企业所属的工业生产活动单位(即原非独立核算工业生产单位)。工业活动单位，一般应同时具备以下三个条件：①具有一个场所，从事一种或主要从事一种工业活动；②单独组织工业生产、经营或业务活动；③单独核算收入和支出。

国有经济工业 即过去的全民所有制工业或国营工业的纯国有部分。指生产资料归国家所有的一种经济类型。包括中央和地方各级国家机关、部队、科研机构、学校、人民团体和国有经济企事业单位等举办的国有经济工业。1957年以前的公私合营和私营工业，后均改造为国营工业，1992年改为国有经济工业，这部分工业的资料不单独分列时，均包括在国有工业内。从1998年起国有经济不含国有独资公司和国有联营企业。

集体经济工业 指生产资料归公民集体所有的一种经济类型，是社会主义公有制经济的组成部分。包括城乡所有使用集体投资举办的企业，以及部分个人通过集资自愿放弃所有权并依法经工商行政管理机关认定为集体所有制的企业。1998年后不含股份合作企业和集体联营企业。

国有控股企业 是指在企业的全部资本中，国家资本(股本)占较多比例，并且由国家实际控制的企业。分为“国有绝对控股企业”和“国有相对控股企业(含协议控制)”。

国有绝对控股企业是指在企业的全部资本中，国家酱（股本）所占比例大于50%(含50%)的企业。包括：（1）纯国有企业。即“登记注册类型”为“国有”、“国有独资企业”、“国有联营”。(2)国家资本占实收资本比例≥50%。(3)在有一个或多个国有法人投资时,其中一个国有法人资本在实收资本中的比例超过50%。

国有相对控股企业(含协议控制) 是指国家资本比例不足50%，但相对大于企业中的其他经济成分所占比例的企业(相对控股)，或者虽不大于其他经济成分，但根据协议规定由国家拥有实际控制权的企业(协议控制)。

股份制经济 是指以合作制为基础，由企业职工共同出资入股，吸收一定比例的社会资产投资组建，实行自主经营，自负盈亏，按劳分配与按股分红相结合的一种集体经济组织。

联营企业 是指两个及两个以上相同或不同所有制性质的企业法人或事业单位法人，按自愿、平等、互利的原则，共同投资组成的经济组织。包括国有联营、集体联营、国有与集体联营、其他联营等。

有限责任公司 是指根据《中化人民共和国公司登记管理条例》规定登记注册，由两个以上，五十个以下的股东共同出资，每个股东以其所认缴的出资额对公司承担有限责任，公司以其全部资产对其债务承担责任的经济组织。包括国有独资公司和其他有限责任公司两种。

股份有限公司 是指根据《中化人民共和国公司登记管理条例》规定登记注册，其全部注册资本由等额股份构成并通过发行股票筹集资本，股东以其认购的股份对公司承担有限责任，公司以其全部资产对其债务承担责任的经济组织。

私营企业 是指由自然人投资设立或由自然人控股，以亡雇佣劳动为基础的盈利性经济组织。包括按照《公司法》、《合伙企业法》、《私营企业暂行条例》规定登记注册的私营独资企业、私营合伙企业、私营有限责任公司、私营股份有限公司。

轻工业 指主要提供生活消费品和制作手工工具的工业。按其所使用的原料不同，可分为两大类：(1)以农产品为原料的轻工业，是指直接或间接以农产品为基本原料的轻工业。主要包括食品制造、饮料制造、烟草加工、纺织、缝纫、皮革和毛皮制作、造纸以及印刷等工业；(2)以非农产品为原料的轻工业，是指以工业品为原料的轻工业。主要包括文教体育用品、化学药品制造、合成纤维制造、日用化学制品、日用玻璃制品、日用金属制品、手工工具制造、医疗器械制造、文化和办公用机械制造等工业。

重工业 指为国民经济各部门提供物质技术基础的主要生产资料的工业。按其生产性质和产品用途，可以分为下列三类：(1)采掘(伐)工业，是指对自然资源的开采，包括石油开采、煤炭开采、金属矿开采、非金属矿开采和木材采伐等工业；(2)原材料工业，指向国民经济各部门提供基本材料、动力和燃料的工业。包括金属冶炼及加工、炼焦及焦炭化学、化工原料、水泥、人造板以及电力、石油和煤炭加工等工业；(3)加工工业，是指对工业原材料进行再加工制造的工业。包括装备国民经济各部门的机械设备制造工业、金属结构、水泥制品等工业，以及为农业提供的生产资料如化肥、农药等工业。

根据上述划分原则，修理业中以重工业产品为修理作业对象的划为重工业，反之划为轻工业。

工业总产值 是以货币表现的工业企业在一定时期内生产的已出售或可供出售工业产品总量，它反映一定时期内工业生产的总规模和总水平。包括在本企业内不再进行加工，经检验、包装入库(规定不需包装的产品除外)的成品价值，对外加工费收入，自制半成品、在产品期末期初差额价值。工业总产值采用“工厂法”计算，即以工业企业作为一个整体，按企业工业生产活动的最终成果来计算，企业内部不允许重复计算，不能把企业内部各个车间(分厂)生产的成果相加。但在企业之间、行业之间、地区之间存在着重复计算。

轻重工业总产值的划分也是按“工厂法”计算的，即一个工业企业在正常情况下生产的主要产品的性质属于轻工业，则该企业的全部总产值作为轻工业总产值；一个工业企业生产的主要产品的性质属于重工业，则该企业的全部总产值作为重工业总产值。

工业增加值 指工业行业在报告期内以货币表现的工业生产活动的最终成果。是企业全部生产活动的总成果扣除了在生产过程中消耗或转移的物质产品和劳务价值后的余额。是企业生产过程中新增加的价值。

固定资产原价 指企业在建造、购置、安装、改建、扩建、技术改造某项固定资产时所支出的全部货币总额。它一般包括买价、包装费、运杂费和安装费等。

固定资产净值 指固定资产原价减去历年已提折旧额后的净额。

流动资产年平均余额 指1至12月各月月初、月末流动资产余额之和除以24的商。

全部资金 指流动资产年平均余额与固定资产净值年平均余额之和。

产品销售收入 指企业销售产品的销售收入和提供劳务等主要经营业务取得的收入总额。

第十五篇

CHAPTER 15

建筑业

CONSTRUCTION

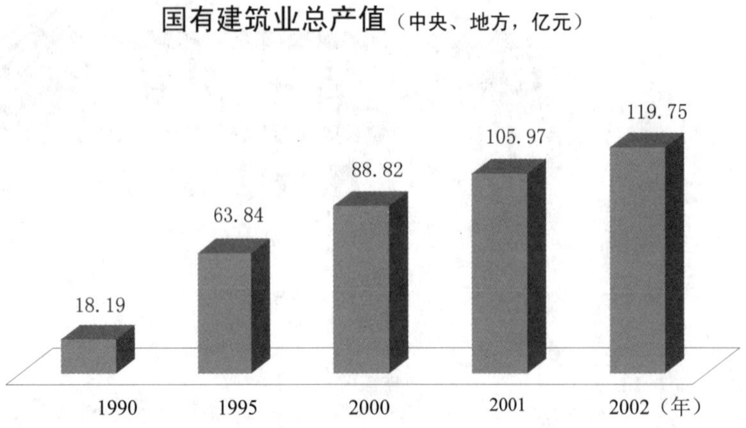
国有建筑业总产值（中央、地方，亿元）
18.19
63.84
88.82
105.97
119.75
1990
1995
2000
2001
2002（年）

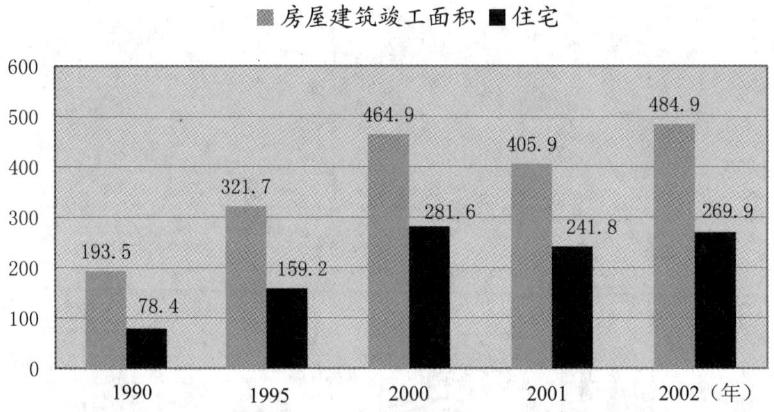
房屋建筑竣工面积
住宅
600
500
400
300
200
100
0
193.5
78.4
321.7
159.2
464.9
281.6
405.9
241.8
484.9
269.9
1990
1995
2000
2001
2002（年）

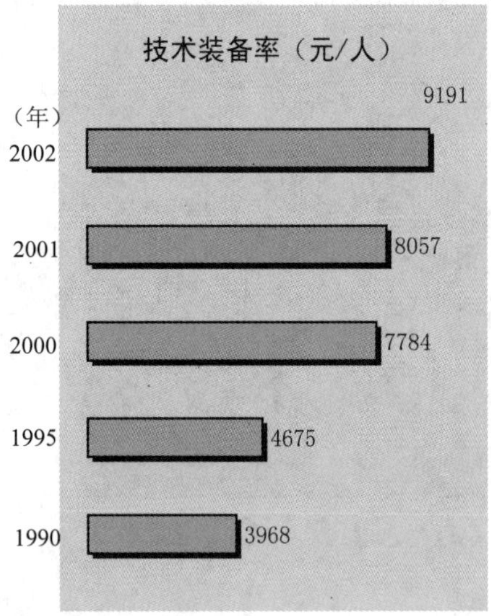
技术装备率（元/人）
（年）
2002
9191
2001
8057
2000
7784
1995
4675
1990
3968

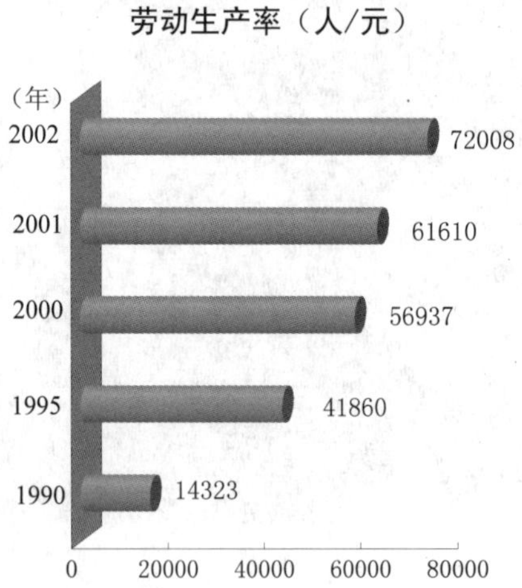
劳动生产率（人/元）
（年）
2002
72008
2001
61610
2000
56937
1995
41860
1990
14323
0
20000
40000
60000
80000

15—1 主要年份全社会建筑业主要指标

指　　标	]	1990年	1995年	2000年	2001年	2002年
全社会建筑企业个数	个	**17693**	**55584**	**22700**	**21987**	**19025**
#国有企业	个	65	105	260	244	199
城镇集体企业	个	152	267	623	541	388
农村建筑企业	个	17476	55212	21622	21018	18103
#四级及四级以上企业	个			1078	969	922
1、内资企业	个			1067	960	912
2、港澳台商投资企业	个			4	4	6
3、外商投资企业	个			7	5	4
全社会建筑业总产值	万元	**334800**	**2742600**	**2870491**	**3279957**	**3631297**
#国有企业	万元	181903	638361	888224	1059689	1197494
城镇集体企业	万元	54523	300307	466152	532528	521186
农村建筑企业	万元	98445	1803912	1361333	1477066	1417993
#四级及四级以上企业	万元			1509158	1802891	2213304
1、内资企业	万元			1502681	1796663	2206863
2、港澳台商投资企业	万元			670	593	2063
3、外商投资企业	万元			5807	5636	4378
全社会建筑企业年末从业人员	万人	**42.3**	**101.9**	**64.9**	**66.2**	**62.3**
#国有企业	万人	13.1	15.8	16.1	17.3	16.8
城镇集体企业	万人	6.1	10.2	13.5	12.5	11.0
农村建筑企业	万人	23.1	75.9	31.6	32.3	27.4
#四级及四级以上企业	万人			33.3	33.9	34.9
1、内资企业	万人			15.5	33.8	34.8
2、港澳台商投资企业	万人			…	…	…
3、外商投资企业	万人			0.1	0.1	0.1

注：本篇资料从1996年起统计口径为建筑业资质等级四级以上的各种经济类型的建筑企业，以下各表同。

15—2　主要年份国有建筑企业主要指标（中央、地方）

指　　标	单位	1990年	1995年	2000年	2001年	2002年
企业个数	个	65	105	260	244	199
计算建筑业劳动生产率的平均人数	万人	12.7	12.3	15.6	17.2	16.6
建筑业总产值	万元	181903	638361	888224	1059689	1197494
建筑业增加值	万元		211924	222954	237340	261783
竣工产值	万元	118555	399873	824396	835450	818243
房屋建筑施工面积	万平方米	416.8	1043.3	1050.1	1118.6	1327.4
#本年新开工	万平方米	159.8	342.4	416.6	534.1	699.9
房屋建筑竣工面积	万平方米	193.5	321.7	464.9	405.9	484.9
#住　宅	万平方米	78.4	159.2	281.6	241.8	269.9
年末自有机械设备总台数	台	32202	29468	42514	44806	44229
年末自有机械设备净值	万元	51864	74058	125314	138574	152839
年末自有机械设备总功率	万千瓦	86.6	74.0	98.2	98.7	98.5
年末固定资产原值	万元	111558	216148	751637	808502	954565
年末固定资产净值	万元	81499	149329	597232	631905	756960
本年固定资产折旧	万元	5233	16645	20662	22258	26320
利润总额	万元	6457	4463	440	5641	12745
利税总额	万元	13277	22432	30485	35412	54255
按建筑业总产值计算的劳动生产率	元／人	14323	41860	56937	61610	72008
按建筑业增加值计算的劳动生产率	元／人		13897	14292	13799	15742
按竣工面积计算的劳动生产率	平方米/人	15	21	29.8	23.6	29.2
产值利润率	%	3.6	0.7	0.1	0.5	1.1
产值利税率	%	7.3	3.5	3.4	3.3	4.5
房屋建筑面积竣工率	%	46.4	30.8	44.3	36.3	36.5
房屋建筑竣工面积一次交验合格率	%					96.2
技术装备率	元／人	3968	4675	7784	8057	9191
动力装备率	千瓦／人	7	5	6	6	6

15—3　主要年份地方国有建筑企业主要指标

指　　标	单位	1990年	1995年	2000年	2001年	2002年
企业个数	个	56	96	238	228	183
计算建筑业劳动生产率的平均人数	万人	8.5	12.4	13.3	14.6	14.4
建筑业总产值	万元	109687	503151	691699	876439.9	987216
建筑业增加值	万元		151590	174825	181923.8	202914
竣工产值	万元	92161	317650	601947	590664.7	684080
房屋建筑施工面积	万平方米	368.7	991.4	1004.7	1062.8	1281.8
#本年新开工	万平方米	151.5	331.3	400.3	513.5	675.3
房屋建筑竣工面积	万平方米	181	305.4	444.3	384.3	467.5
#住　宅	万平方米	76	158.9	273.2	228.5	261.9
年末自有机械设备总台数	台	20314	20762	34428	36513	34163
年末自有机械设备净值	万元	20736	47265	93670	102980	108782
年末自有机械设备总功率	万千瓦	37.7	44.8	74.9	75	68.5
年末固定资产原值	万元	54911	146374	647397	699724	785194
年末固定资产净值	万元	38970	100386	532899	566594	661795
本年固定资产折旧	万元	2508	11493	14028	15866	16047
利润总额	万元	4507	3812	3789	4343	9119
利税总额	万元	7627	17083	25426	28615	44180
按建筑业总产值计算的劳动生产率	元/人	13719	40479	52007.44	60030.13	68700
按建筑业增加值计算的劳动生产率	元/人		12195	13144.74	12460.53	14121
按竣工面积计算的劳动生产率	平方米/人	21	25	33	26	33
产值利润率	%	3.9	0.8	0.5	0.5	0.9
产值利税率	%	6.5	3.4	3.7	3.3	4.5
房屋建筑面积竣工率	%	49.1	30.8	44.2	36.2	36.5
房屋建筑竣工面积一次交验合格率	%					96.06
技术装备率	元/人	2333	3781	6788	7053	7570
动力装备率	千瓦/人	4	4	5	5	5

15—4 建筑企业生产情况（2002年）

指　　标	单　位	总　计	#国有经济	中央企业	地方企业	#城　镇集体经济
企业个数	个	922	199	16	183	388
#亏损企业个数	个	245	53	2	51	63
建筑业总产值	万元	2213304	1197494	210278	987216	521186
建筑工程	万元	1873207	1063639	135406	928233	467753
安装工程	万元	265610	111414	67919	43495	32573
其他	万元	74487	22441	6953	15488	20860
建筑业增加值	万元	491935	261783	58869	202914	117699
竣工产值	万元	1586077	818243	134163	684080	393066
单位工程施工个数	个	23992	8154	1036	7118	8555
#本年新开工	个	16075	5292	754	4538	5611
#投标承包	个	11916	4947	664	4283	3999
单位工程竣工个数	个	14773	4644	701	3943	5010
#一次交验合格个数	个	12638	4078	493	3585	4631
房屋建筑施工面积	万平方米	3000.9	1327.4	45.6	1281.8	1125.0
#本年新开工	万平方米	1746.1	699.9	24.6	675.3	682.0
#投标承包	万平方米	2336.4	1227.7	38.1	1189.6	733.7
房屋建筑竣工面积	万平方米	1328.6	484.9	17.4	467.5	599.4
#一次交验合格面积	万平方米	1217.9	466.5	17.4	449.1	526.3
#住宅面积	万平方米	719.2	269.9	8.0	261.9	323.6
年末自有机械设备总台数	台	169096	44229	10066	34163	91628
年末自有机械设备总功率	万千瓦	226.0	98.5	30.0	68.5	79.2
#施工机械功率	万千瓦	173.3	76.6	27.7	48.9	59.4
年末自有机械设备净值	万元	344381.0	152839	44057	108782	119003
计算建筑业劳动生产率的平均人数	万人	36.0	16.6	2.2	14.4	11.8

注：本篇资料凡末位小数点后各项相加不等于总计者，均由于四舍五入的缘故，以后各表同。

15—5 按主要行业分组的建筑企业生产情况（2002年）

指标	单位	总计	房屋和土木工程建筑业	房屋工程建筑	建筑安装业	建筑装饰业	其他建筑业
企业个数	个	922	668	537	96	127	31
#亏损企业个数	个	245	151	119	27	61	6
建筑业总产值	万元	2213304	1877087	1296739	262753	33003	40461
建筑工程	万元	1873207	1730344	1206564	82477	30236	30150
安装工程	万元	265610	97474	49482	158325	1786	8025
其他	万元	74487	49269	40693	21951	981	2286
建筑业增加值	万元	491935	405137	271478	72377	6494	7927
竣工产值	万元	1586077	1318025	911725	212727	25892	29433
单位工程施工个数	个	23992	17738	13190	5289	7	958
#本年新开工	个	16075	11059	7835	4140	4	872
#投标承包	个	11916	10028	8249	1675	2	211
单位工程竣工个数	个	14773	9900	6498	4104	4	765
#一次交验合格个数	个	12638	8924	6131	3187	3	524
房屋建筑施工面积	万平方米	3000.9	2933.5	2848.4	49.3	3.4	14.7
#本年新开工	万平方米	1746.1	1701.6	1658.9	34.0	2.7	7.7
#投标承包	万平方米	2336.4	2296.9	2231.7	31.9	2.8	4.9
房屋建筑竣工面积	万平方米	1328.6	1295.1	1250.6	20.5	3.3	9.7
#一次交验合格面积	万平方米	1217.9	1189.5	1145.9	20.5	3.2	4.7
#住宅面积	万平方米	719.2	709.4	687.2	6.5	2.4	1.0
年末自有机械设备总台数	台	169096	149873	128500	13538	3419	2266
年末自有机械设备总功率	万千瓦	226.0	194.5	126.7	26.9	1.1	3.5
#施工机械功率	万千瓦	173.3	145.2	96.0	24.2	1.0	2.8
年末自有机械设备净值	万元	344381	299333	179502	36953	2441	5654
计算建筑业劳动生产率的平均人数	万人	36.0	31.3	23.7	3.5	0.7	0.6

15—6　建筑企业主要财务状况（2002年）

单位：万元

指　　标	总 计	#国 有 经 济			# 城 镇 集体经济
			中央企业	地方企业	
实收资本合计	1495469	938679	83118	855561	305994
流动资产合计	2412411	1397545	194368	1203177	348479
固定资产合计	1140347	756960	95165	661795	234278
固定资产原价	1433514	954565	169371	785194	276589
#生产经营用	1137838	805262	137846	667416	200785
累计折旧	336610	216095	81704	134391	54139
#本年折旧	43247	26320	10273	16047	7822
资产总计	4097516	2575727	382720	2193007	640867
流动负债合计	2149108	1331337	198179	1133158	265549
长期负债合计	100023	78783	25351	53432	8517
所有者权益合计	1846686	1165607	159190	1006417	365739
工程结算收入	2252261	1274511	219300	1055211	463572
工程结算成本	1992419	1149676	187245	962431	403673
工程结算税金及附加	77077	39265	6176	33089	22524
工程结算利润	182844	85570	25879	59691	37432
其他业务收入	93192	72074	27210	44864	4824
其他业务利润	20039	15855	3971	11884	1494
管理费用	145752	80819	25307	55512	25442
财务费用	12235	8513	1788	6725	3199
利润总额	43180	12745	3626	9119	10582
利税总额	125761	54255	10075	44180	35398

15—7　按主要行业分组的建筑企业财务状况（2002年）

单位：万元

指　　标	总　计	房屋和土木工程建筑业	#房屋工程建　筑	建　筑安装业	建　筑装饰业	其　他建筑业
实收资本合计	1495469	1306522	535116	139434	30014	19499
流动资产合计	2412411	1845394	1304285	460028	56133	50856
固定资产合计	1140347	991365	430819	99997	27480	21505
固定资产原价合计	1433514	1193966	534271	173081	39190	27277
#生产经营用	1137838	981165	371125	121519	18452	16702
累计折旧	336610	241315	125579	76552	12387	6356
#本年折旧	43247	31971	16864	8846	1257	1173
资产总计	4097516	3265684	1853424	661576	95458	74798
流动负债合计	2149108	1657915	1175868	417119	43686	30388
长期负债合计	100023	70492	25826	8076	11038	10417
所有者权益合计	1846686	1537277	651730	235221	40734	33454
工程结算收入	2252261	1865303	1275545	322528	30284	34146
工程结算成本	1992419	1661039	1147198	280525	24048	26807
工程结算税金及附加	77077	67798	50925	6923	1034	1322
工程结算利润	182844	136466	77422	35145	5202	6031
其他业务收入	93192	55151	39742	31181	508	6352
其他业务利润	20039	14433	10602	4714	193	699
管理费用	145752	108591	59985	26556	4910	5695
财务费用	12235	9416	7264	1507	988	324
利润总额	43180	28369	17592	14119	-369	1061
利税总额	125761	100916	72026	21542	761	2542

15—8 各种分组的建筑企业主要经济效益指标(2002年)

指标	劳动生产率			一次交验合格率(%)	
	按总产值计算（元/人）	按增加值计算（元/人）	按房屋竣工面积计算（平方米/人）	按单位工程个数计算	按房屋竣工面积计算
总计	61464	13661	36.9	85.5	91.7
按经济类型分					
#国有经济	72008	15742	29.2	87.8	96.2
中央企业	95581	26759	7.9	70.3	100
地方企业	68414	14062	32.4	90.9	96.1
集体经济	44056	9949	50.7	92.4	87.8
按企业资质等级分					
一、二级	69600	15343	33.5	93.6	94.6
三、四级	46310	10529	43.2	80.8	87.5
按行业分					
房屋和土木工程建筑业	60048	12960	41.4	90.1	91.8
房屋工程建筑	54830	11479	52.9	94.4	91.6
土木工程建筑	76261	17564	5.8	82.1	98
建筑安装业	75721	20858	5.9	77.7	100
建筑装饰业	47830	9412	4.8	75	97.3
其他建筑业	69760	13667	16.6	68.5	49.0

15—8 续表

指标	房屋建筑面积竣工率（%）	资产利润率%	资产利税率%	产值利润率%	产值利税率%
总计	44.3	1.1	3.1	2.0	5.7
按经济类型分					
#国有经济	36.5	0.5	2.1	1.1	4.5
中央企业	38.2	1.0	2.6	1.7	4.8
地方企业	36.5	0.4	2.0	0.9	4.5
集体经济	53.3	1.7	5.5	2.0	6.8
按企业资质等级分					
一、二级	39.8	1.0	2.9	2.0	5.6
三、四级	52.9	1.1	3.8	1.7	6.0
按行业分					
房屋和土木工程建筑业	44.2	0.9	3.1	1.5	5.4
#房屋工程建筑	43.9	1.0	3.9	1.4	5.6
土木工程建筑	52.3	0.8	2.0	1.9	5.0
建筑安装业	41.5	2.1	3.3	5.4	8.2
建筑装饰业	97.3	-0.4	0.8	-1.1	2.3
其他建筑业	65.8	1.4	3.4	2.6	6.3

15—9　一级建筑业企业生产情况一览表（2002年）

企　业　名　称	登记注册类型	建筑业总产值（万元）	企业总收入（万元）	劳动生产率（元/人）
广西区公路桥梁工程总公司	国有	129806	136075	70493
广西建工集团第一建筑工程有限公司	国有独资公司	51680	65968	76235
广西建工集团第五建筑工程有限责任公司	国有	51003	51394	94801
广西区水电工程局	国有	50471	63027	147922
广西建工集团第二建筑工程有限公司	国有	50263	124487	102766
柳州铁路工程集团有限责任公司	有限责任公司	46008	63219	119594
有色金属第十一冶金建设公司	国有	39811	22871	91331
中国石油天然气第六建筑公司	国有	36980	43511	163339
广西建工集团第三建筑工程有限责任公司	国有	36132	28175	71365
广西建工集团第四建筑工程有限责任公司	国有独资公司	35406	29727	101595
广西送变电建设公司	国有	35397	36844	144007
广西电力开发有限责任公司	其他有限责任公司	28270	89578	82540
南宁市基础工程总公司	国有	27572	18106	127707
广西建工集团有限公司	国有	25429	33686	43394
广西冶金建设公司	国有	24841	26028	78611
广西电力工程建设公司	国有	23821	23221	85841
广西建工集团第一安装有限公司	国有独资公司	20596	25010	72777
桂林市建筑安装工程公司	国有	19433	18886	60728
南宁市建筑安装工程公司	国有	18137	19539	52374
柳州市建筑工程集团有限责任公司	其他有限责任公司	18041	24770	59997
南宁市市政工程总公司	国有	17588	15727	80790
北流市建筑工程总公司	集体	16716	15881	67241
梧州市第一建筑安装工程总公司	国有	12867	7627	59986
桂林市第九建筑安装工程总公司	国有	10650	7528	73448
广西建工集团第二建筑安装工程有限责任公司	其他有限责任公司	9934	4891	63843
柳州市市政工程有限责任公司	国有	9106	13251	95551
广西地矿建设工程发展中心	国有	8399	6834	88597
南宁市市政发展有限公司	其他有限责任公司	6421	4728	96702
广西建林装饰工程有限公司	国有	5034	1387	95886
广西桂林市路通工程公司	国有	4833	4919	219682
广西水利电力建设集团有限公司	国有独资公司	3964	18648	13617
广西区邮电工程建设局	国有	3477	3507	50101
广西矿业建设公司	国有	2594	2639	68263
广西建工集团桂港装饰有限公司	国有	2496	3469	96000
广西基础勘察工程有限公司	股份有限公司	1900	1696	115854

主要统计指标解释

建筑业统计单位 指从事房屋、构筑物建造和设备安装活动的法人企业。

建筑业总产值(自行完成施工产值) 建筑业总产值是以货币表现的建筑安装企业在一定时期内生产的建筑业产品的总和。建筑业总产值包括四部分内容:

建筑工程产值 指列入建筑工程预算内的各种工程价值。

设备安装工程产值 指设备安装工程价值，不得包括被安装设备本身价值。

其他产值 建筑业总产值中除建筑工程、安装工程以外的产值。包括房屋构筑物修理产值、非标准设备制造产值、总包企业向分包企业收取的管理费以及不能明确划分的施工活动所完成的产值。

竣工产值 一般是以单位工程为对象，当该工程按照设计所规定的工程内容全部完成，达到了设计规定的交工条件，经有关部门检查验收鉴定合格的单位工程价值，即为竣工产值。

单位工程施工个数 是指报告期施过工的全部单位工程。它包括本期新开工的单位工程、上期施工跨入本期继续施工的单位工程、上期停缓建本期复工的单位工程，还包括本期开工又停缓建和本期竣工的单位工程个数。

单位工程竣工个数 是指报告期内按设计所规定的工程内容全部完成，达到了使用条件，经有关部门检查验收鉴定合格的全部单位工程个数。其数量多少可以反映在一定时期内为国民经济各部门提供可使用工程的规模，也是反映建筑施工企业生产成果、检查竣工计划的重要指标和依据。

房屋建筑施工面积 是指报告期内施过工的全部房屋建筑面积，它包括本期新开工的面积、上期跨入本期继续施工的房屋面积、上期停缓建在本期恢复施工的房屋面积、本期竣工的房屋面积以及本期施工后又停缓建的房屋面积。

房屋竣工面积 是指在报告期内房屋建筑按照设计要求已全部完工，达到了使用条件，经检查验收鉴定合格的房屋建筑面积。计算房屋竣工面积，必须严格执行房屋竣工验收标准。

建筑业增加值 是建筑业企业在报告期内以货币表现的建筑业生产经营活动的最终成果。建筑业增加值有两种计算方法：一是生产法，即建筑业总产出减去建筑业中间消耗后的余额；二是分配法(收入法)，即从收入的角度出发，根据生产要素在生产过程中应得到的收入份额计算，具体构成项目有固定资产折旧、劳动者报酬、生产税净额、营业盈余。目前，在建筑业统计报表制度中采用分配法(收入法)计算建筑业增加值，计算公式是:

建筑业增加值=本年提取的固定资产折旧+主营业务应付工资+主营业务应付福利费+管理费用中的劳动待业保险费+工程结算税金及附加+管理费用中的税金+营业利润。

自有机械设备年末总功率 是指本企业(或单位)自有施工机械、生产设备、运输设备以及其他设备等列为固定资产的生产性机械设备年末总功率，按设定能力或查定能力计算。包括机械本身的动力和为该机械服务的单独动力设备，如电动机等。计量单位用千瓦，动力换算可按 1 马力＝0.735 千瓦折合成千瓦数。电焊机、变压器、锅炉不计算动力。

自有机械设备净值 是指本企业(或单位)自有机械设备经过使用、磨损后实际存在的价值，即原值减去折旧后的净额。

工程结算收入 指本企业承包工程实现的工程价款结算收入以及向发包单位收取的除工程价款以外按规定列作营业收入的各种款项，如临时设施费、劳动保险费、施工机构调迁费等以及向发包单位收取的各种索赔款。

房屋建筑面积竣工率 是指报告期内房屋建筑竣工面积占同期房屋建筑施工面积的比重。

技术装备率 指在报告期末自有机械设备净值与期末从业人数的比重。

动力装备率 指在报告期末自有机械设备总功率与期末从业人数的比重。

产值利润率 指在报告期内每百元产值所实现的利润。它的计算方法是:利润总额除以建筑业总产值。

产值利税率 指在报告期内每百元产值所实现的利税。它的计算方法是:利税总额除以建筑业总产值。

第十六篇

CHAPTER 16

交通、运输和邮电通信业

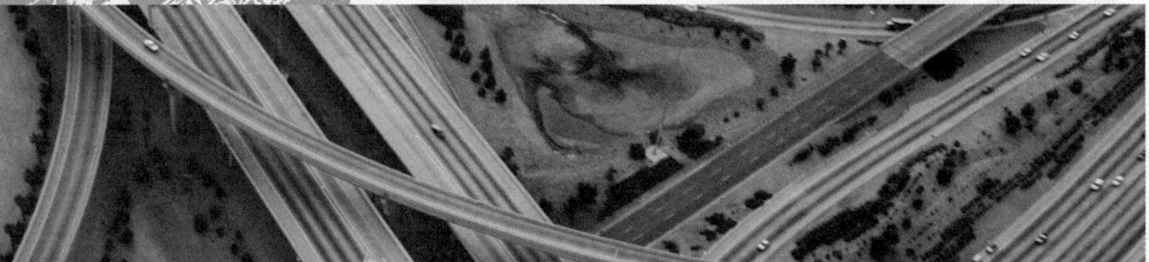

TRANSPORTATION,POSTAL AND TELECOMMUNICATIONS SEVERICES

客货运输量

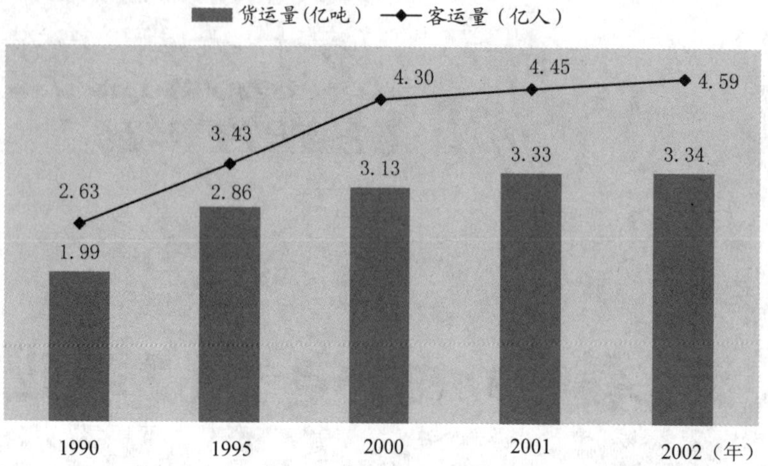

高速公路（公里）

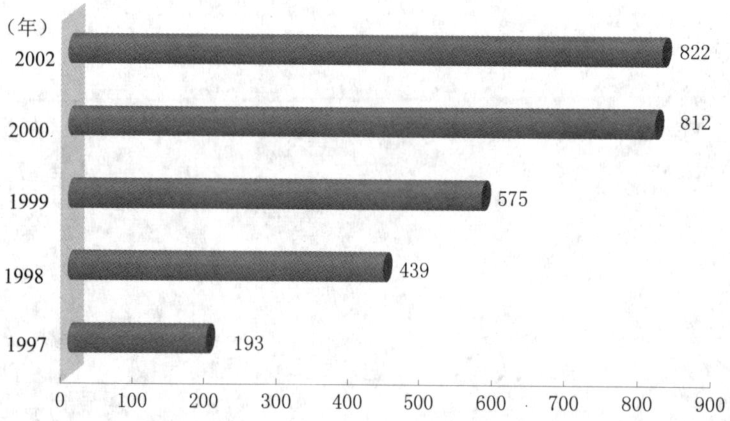

平均每万人拥有电话机（部）

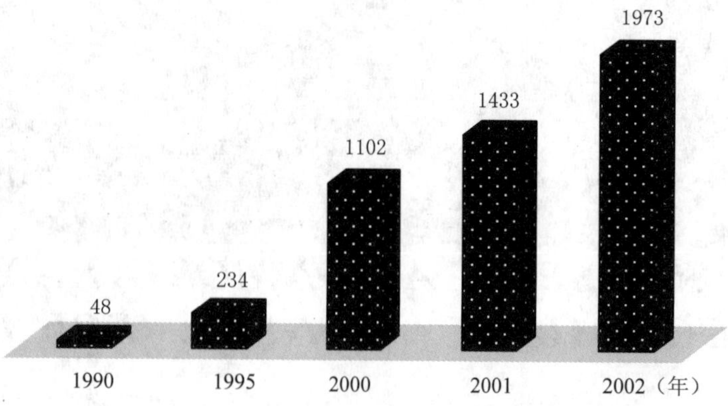

16—1 主要年份民用车辆拥有量

指　标	单 位	1995年		1998年		2001年		2002年	
		全区总计	#私人	全区总计	#私人	全区总计	#私人	全区总计	#私人
民用汽车	辆	248960	65128	272507	97191	354273	127783	401353	162758
载客汽车	辆	107181	18886	136925	35530	193340	63042	232080	93433
载客量	客位	1111582	215546	1361035	448824	1792002	780395	2078714	727707
#大型	辆	12994	3082	14284	5099	14415	2067	19902	3438
载客量	客位	480165	80518	512796	183179	522318	74256	636787	110003
普通载货汽车	辆	130721	45860	127078	61116	141777	64097	159918	68904
载重量	吨位	487644	176157	442231	225626	661163	321189	1379715	529958
#大型	辆	89295	32406	73156	35595	72823	25877	79080	30658
载重量	吨位	443300	164057	354807	179112	436938	155262	1181377	438455
专用载货汽车	辆	1537	101	2850	319	2361	343	8813	1698
载重量	吨位	7519	545	12141	1291	12844	2112		
其他专用汽车	辆	2097	166	2164	187	2755	301	9355	421
特种汽车	辆	7424	115	3490	39	14040		16173	
轮胎式拖拉机	辆	235159	226099	258311	201956	280975	280818	298858	289734
#手扶拖拉车	辆	191617	185954	173850	170241	138447	138256	296257	266454
摩托车	辆	456925	375517	926605	872570	1907490	1610061	2298196	2061862
#两轮摩托车	辆	374510	333386	857357	826125	1833145	1548925	2205659	1952552
其他机动车	辆	10913	8565	34541	15386	30785	30198	35332	32194
载货挂车	辆	9145	3881	5468	3521	4848	2086	4805	1979

16—2 主要年份民用运输船舶拥有量

指 标	单 位	1990年		1995年		2001年		2002年	
		总计	#私人	总计	#私人	总计	#私人	总计	#私人
一、机动船	**艘**	**10782**	**5084**	**12360**	**6457**	**9886**	**4554**	**8641**	**3955**
载客量	客位	87932	46242	93152	61130	111227	63859	91881	55904
净载重量	吨位	462937	124189	917539	262394	1004495	221284	1118569	223812
总功率	千瓦	314741		491044	179528	475315	117183	465039	103110
1、客船	艘	1364	1069	1379	998	2621	1899	2248	1726
载客量	客位	51540	34539	59758	35715	102689	59377	85021	54322
2、客货船	艘	887	466	1150	1084	147	125	108	108
载客量	客位	36392	11703	33394	25415	8538	4482	331	306
净载重量	吨位	4047	2778	11912	10373	2758	1004	1620	265
3、货船	艘	8323	3549	9638	4367	7095	2522	6051	1923
净载重量	吨位	451148	121411	905627	252021	1001737	220280	1116841	223439
4、拖船	艘	166	-	193	8	23	8	11	
二、驳船	**艘**	**791**	**-**	**597**	**96**	**37**	**4**	**29**	**1**
载客量	客位	38	-	1688	738	16	16		
净载重量	吨位	143575	-	106289	363	10972	1645		

16—3 主要年份内河、沿海主要港口基本情况

指 标	码头长度（米）				生产泊位（个）			
	1990年	1995年	2001年	2002年	1990年	1995年	2001年	2002年
内 河								
梧州港	849	1559	6376	6315	17	22	116	113
贵港港	630	890	5150	5625	15	15	97	103
南宁港	398	1115	2250	1989	10	38	64	41
柳州港	480	350	1150	1006	7	4	27	24
百色港	167	1005	220	1005	10	28	6	28
桂平港	32	662	618	618	2	19	18	18
沿 海								
北海港	757	1210	2202	2582	8	9	20	23
防城港	1636	2371	3531	3491	12	18	23	26
钦州港	-	360	1847	1951	-	2	22	23

16—4　主要年份运输线路里程

单位：公里

	1990年	1995年	2000年	2001年	2002年
中央铁路正线延展里程	3139	3248	4268	4370	4422
#广西	1809	1861	2432	2499	2537
中央铁路营业里程	1893	1893	2385	2385	2417
#广西	1666	1670	2012	2012	2052
地方铁路延展里程	418	760	917	895	895
地方铁路正线里程	309	579	723	698	699
地方铁路营业里程	293	566	713	703	699
公路里程	36214	40904	52910	54752	56297
内河航道里程	4521	4521	5618	5582	5582

注：中央铁路正线延展里程为总延展里程数。

16—5　主要年份主要港口货物吞吐量

单位：万吨

港口名称	1990年	1995年	2000年	2001年	2002年
港口货物吞吐量	1101	1717	2917	3090	3729
#内河港口	**781**	**998**	**1149**	**1632**	**1680**
梧州港	261	160	85	101	110
贵港港	244	362	468	541	752
南宁港	63	82	58	66	76
柳州港	52	74	36	44	49
百色港	23	28	29	21	26
桂平港	20	22	31	43	55
沿海港口	**320**	**719**	**1768**	**1813**	**2050**
北海港	82	201	265	252	311
防城港	220	464	919	1003	1116
钦州港		9	140	181	203

16—6　全社会客运量及旅客周转量（1978-2002年）

年　份	总计	铁路	公路	水运	民航
客运量（万人）					
1978	6398	1368	4628	383	10
1980	9369	1869	7054	429	17
1985	20018	2456	16993	526	43
1990	26272	2391	22826	984	69
1991	24685	2346	21175	1089	75
1992	27262	2703	23189	1273	95
1993	39398	2980	33968	2344	106
1994	34274	3030	29954	1177	113
1995	34317	2819	30024	1192	283
1996	36066	2385	32582	805	294
1997	38343	2495	34752	802	294
1998	39670	2576	36006	786	302
1999	41009	2496	37412	779	322
2000	42952	2508	39321	766	357
2001	44451	2270	41020	755	373
2002	45868	2148	42459	850	410
旅客周转量（亿人公里）					
1978	41.20	21.64	16.89	2.67	
1980	60.25	31.11	25.05	4.09	
1985	127.77	55.72	66.50	5.55	
1990	174.79	66.79	101.21	6.76	
1991	183.70	71.33	105.18	7.19	
1992	223.94	83.19	133.39	7.31	
1993	283.77	112.00	164.04	7.72	
1994	289.39	118.59	165.32	5.48	
1995	298.41	112.14	180.78	5.49	
1996	323.69	93.79	225.97	3.93	
1997	378.18	94.40	280.32	3.46	
1998	386.97	91.77	292.63	2.57	
1999	440.19	105.36	332.30	2.52	
2000	464.96	114.48	347.94	2.54	
2001	490.92	116.23	372.07	2.63	
2002	502.42	117.02	382.70	2.70	

16—7 全社会货运量及货物周转量（1978-2002年）

年份	总计	铁路	公路	水运	民航
货运量（万吨）					
1978	5885	2118	2697	1070	
1980	4496	1833	1772	891	0.10
1985	12909	2224	9898	787	0.58
1990	19888	3798	14711	1338	0.50
1991	22469	3920	17146	1403	0.70
1992	23457	4167	17567	1666	0.90
1993	35509	4434	27723	3352	1.00
1994	28132	4920	20391	2820	1.00
1995	28622	5072	20686	2862	1.60
1996	29441	5166	22386	1887	1.70
1997	31473	5315	24349	1808	1.00
1998	32671	5364	25482	1823	1.80
1999	30862	5293	23720	1846	3.20
2000	31270	5843	23514	1910	3.38
2001	33267	6316	23747	2024	3.76
2002	33392	6636	24325	2423	7.64
货物周转量（亿吨公里）					
1978	183.78	153.93	7.54	22.31	
1980	160.46	132.52	5.77	22.17	
1985	276.26	200.52	47.30	28.44	
1990	428.02	268.17	116.95	42.82	
1991	429.61	286.31	91.62	51.68	
1992	487.27	310.98	102.72	64.42	
1993	511.96	335.21	103.23	73.51	
1994	588.98	348.14	140.36	100.48	
1995	592.93	351.61	143.39	97.93	
1996	606.12	346.30	170.58	89.23	
1997	642.30	366.73	183.48	92.08	
1998	695.35	413.46	190.48	91.41	
1999	698.20	414.60	202.10	81.50	

注：2002年民航货运量为货物、邮件、行李吞吐量，2001年以前仅为货物吞吐量

16—8 公路线路长度（按等级分类，1978—2002年）

单位：公里

年 份	公路里程 总计	等级公路 合计	高速	一级	二级	三级	四级	等外	公路等级里程占总里程(%)
1978	29773							14996	
1979	30692	13771			83	1341	12347	16921	44.87
1980	31624	14703			83	1348	13272	16921	46.49
1981	31823	14902			83	1373	13446	16921	46.83
1982	32156	15264			83	1465	13716	16892	47.47
1983	32529	15740			84	1531	14125	16789	48.39
1984	32757	16061			84	1531	14446	16696	49.03
1985	32972	16329			104	1633	14592	16643	49.52
1986	33222	16703			105	1670	14928	16519	50.28
1987	33928	17604			139	1763	15702	16324	51.89
1988	35400	19193			202	1803	17188	16207	54.22
1989	35945	19829			214	1875	17740	16116	55.16
1990	36214	20098		8	358	2031	17701	16116	55.50
1991	36660	20711		11	428	1919	18353	15949	56.49
1992	37291	21488		11	682	1917	18878	15803	57.62
1993	38495	22754		11	1035	1910	19798	15741	59.11
1994	39550	23890		48	1074	2017	20751	15660	60.40
1995	40904	25509		66	1330	2163	21950	15395	62.36
1996	42696	27375		66	1448	2222	23639	15321	64.12
1997	45378	30283	193	189	1670	2208	26023	15095	66.73
1998	51073	43319	439	389	2107	16741	23643	7754	84.82
1999	51378	43671	575	389	2319	16721	23667	7707	85.00
2000	52910	45430	812	442	2628	16620	24928	7480	85.86
2001	54752	40192	822	449	4316	5213	29392	14560	73.40
2002	56297	42155	822	449	4773	5348	30763	14142	74.86

注：从2001年起以第二次全国公路普查数据为调整基数。

16—9　主要年份邮电通信水平

指　　标	单位	1990年	1995年	2001年	2002年
平均每人每年发函件数	件	3.41	4.59	3.3	4.66
平均每人每年订报刊数	件	10.01	13.06	7.3	8.5
平均每万人拥有电话机数	部	47.79	233.64	1432.9	1973.29
设有邮电局、所乡（镇）比重	%	81.91	85.4	90.3	92.7
邮政储蓄市场占有率	%	-	4.04	7.7	8
通电话的乡（镇）比重	%	97.66	96.78	100	100
按固定班期投递邮件的乡（镇）比重	%	-	98.24	99.6	99.8
通电话的行政村比重	%	-	-	98.5	93.6

注：1995年以来的“平均每万人拥有电话机数”含移动电话用户。

16—10　主要年份邮政和电信主要指标

指　标	单位	1990年	1995年	2001年	2002年
邮电局、所总数	个	1416	1503	1658	1645
邮路总长度（含农村投递线路）	万公里	16.52	16.33	18.16	20.01
邮政汽车	辆	328	683	1100	1198
长途业务电路总数	路	2079	21905	64203	144408
邮电业务总量	万元	14235	205600	1036708	1265902
函件	万件	14547	20833	15584	22387
报刊期发数	万份	562.6	720.0	410.6	411.2
公众电报	万份	810	458		
长途电话	万次	1459	24369	41702	
市内电话年末户数	户	89108	656469	2896518	3557424
农村电话年末户数	户	34979	110368	1256333	1608184
订销报纸累计数	万份	39062	54392	38787	37239
订销杂志累计数	万份	3626	4284	3120	3133
计算机互联网用户(专线、拨号用户）	户	-	10	669541	982535
无线寻呼用户	户	5438	552927	1865345	2302721
移动电话用户合计	户	-	99156	2709535	4310172
公用电话	户	383	22554	103421	243847

注：1．邮电业务总量1990年、1995年为1990年价格，2001、2002年为2000年价格；

2．2002年邮政函件包括邮送广告。

主要统计指标解释

铁路营业里程 又称营业长度，指办理客货运输业务的铁路正线总长度。凡是全线或部分建成双线及以上的线路，以第一线的实际长度计算；复线、站线、段管线、岔线和特殊用途线以及不计算运费的联络线都不计算营业里程。铁路营业里程是反映铁路运输业基础设施发展水平的重要指标，也是计算客货周转量、运输密度和机车车辆运用效率等指标的基础资料。

公路里程 指在一定时期内实际达到《公路工程[WTBZ]技术标准 JTJ01-88》规定的等级公路，并经公路主管部门正式验收交付使用的公路里程数。包括大中城市的郊区公路以及通过小城镇街道部分的公路里程和桥梁、渡口的长度，不包括大中城市的街道、厂矿、林区生产用道和农业生产用道的里程。两条或多条公路共同经由同一路段，只计算一次，不得重复计算里程长度。它是反映公路建设发展规模的重要指标，也是计算运输网密度等指标的基础资料。

内河航道里程 也称内河通航里程，指在一定时期内，能通航运输船舶及排筏的天然河流、湖泊水库、运河及通航渠道的长度。包括全年季节性通航累计三个月以上的航道，不包括仅供零散流放竹、木排的河道。它是反映内河水运网规模、水平和发展情况的主要指标。

民用航空航线里程 指民航运输定期班机飞行的航线长度的总和。航线长度按机场之间的距离计算，通常有两种计算方法：一是将每条航线长度相加称为重复计算航线里程；一是将两线或两条以上航线经过同一区段里程，只计算一次航线长度称为不重复计算航线里程。一般常用的是后者，它能确切反映民航运输网的规模，是表明民航事业为国民经济服务和方便人民生活程度的主要指标。

货(客)运量 指在一定时期内，各种运输工具实际运送的货物(旅客)数量。它是反映运输业为国民经济和人民生活服务的数量指标，也是制定和检查运输生产计划、研究运输发展规模和速度的重要指标。货运按吨计算，客运按人计算。货物不论运输距离长短、货物类别，均按实际重量统计。旅客不论行程远近或票价多少，均按一人一次客运量统计；半价票、小孩票也按一人统计。

货物(旅客)周转量 指在一定时期内，由各种运输工具运送的货物(旅客)数量与其相应运输距离的乘积之总和。它是反映运输业生产总成果的重要指标，也是编制和检查运输生产计划，计算运输效率、劳动生产率以及核算运输单位成本的主要基础资料。计算货物周转量通常按发出站与到达站之间的最短距离，也就是计费距离计算。

沿海主要港口货物吞吐量 指由水运进出沿海主要港区范围，并经过装卸的货物数量，包括邮件及办理托运手续的行李、包裹以及补给运输船舶的燃、物料和淡水。货物吞吐量的货种分类及其主要流向流量，反映了港口在国内外物资交流和对外贸易运输中的地位和作用。吞吐量可以分为进口、出口，又可以分为国内贸易和对外贸易。

邮电业务总量 指以货币表现的邮电业生产和服务的总量。邮电业务量按专业分类包括函件、包件、汇票、报刊发行、邮政快件、特快专递、邮政储蓄、集邮、公众电报、用户电报、传真、长途电话、出租电路、市话无线寻呼、移动电话、分组交换数据通信、出租代维等。核算方法为各类产品乘以相应的平均单价(不变价)之和，再加上出租电路和设备、代用户维护电话交换机和线路等的服务收入。它综合反映了一定时期邮电工作的总成果，是研究邮电业务量构成和发展趋势的重要指标。

第十七篇

CHAPTER 17

国内贸易

DOMESTIC TRADE

社会消费品零售总额（亿元）

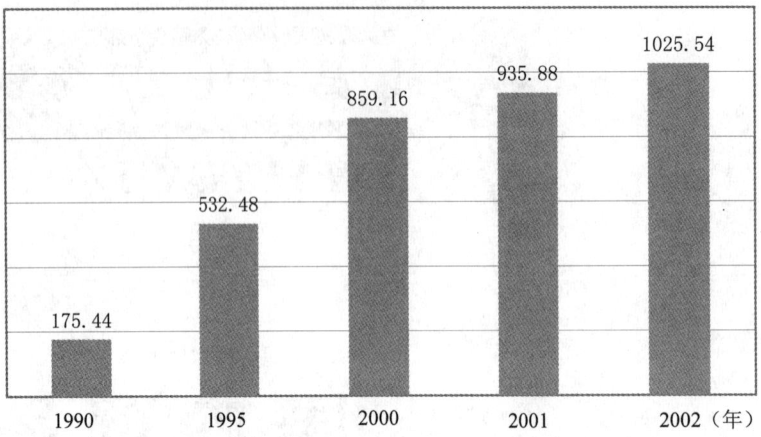

社会消费品零售总额构成（%）

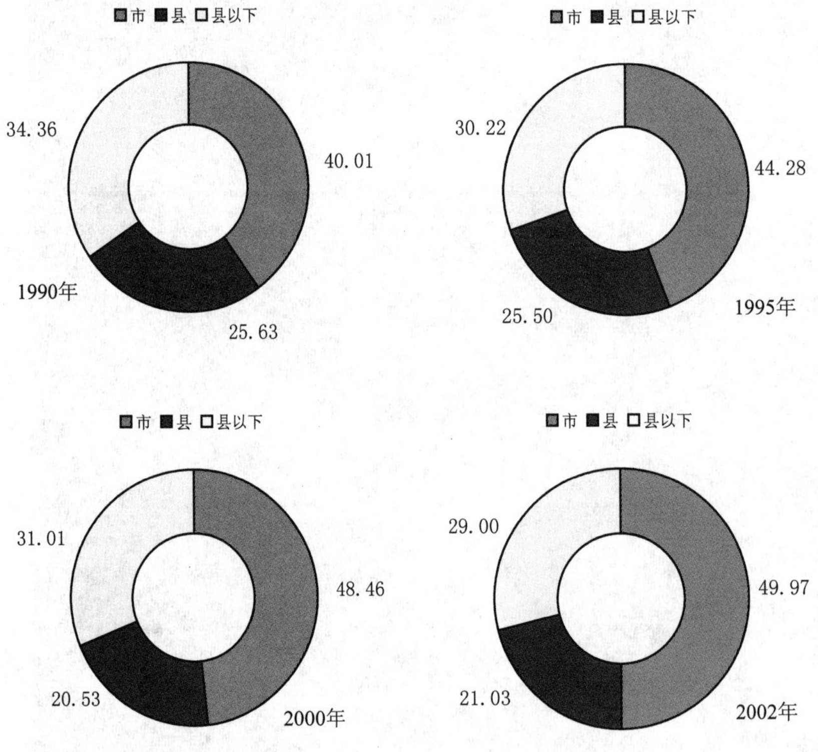

17—1　限额以上批发零售贸易、餐饮业基本情况(2002年)

项　　目	法人企业(个)	产业活动单位(个)	从业人员(人)
总　计	652	768	99497
一、批发业	**335**	**368**	**37807**
其中：国有及国有控股	229	255	27286
1.按登记注册类型分组			
内资企业	332	364	37639
国有企业	198	212	22349
集体企业	54	54	4751
股份合作企业	0	4	491
联营企业	1	1	32
国有联营企业	1	1	32
有限责任公司	36	39	3940
国有独资企业	4	6	574
其他有限责任公司	32	33	3366
股份有限公司	20	34	5263
私营企业	19	20	813
私营有限责任公司	18	19	805
私营股份有限公司	1	1	8
港、澳、台商投资企业	3	4	168
独资经营企业	2	3	149
投资股份有限公司	1	1	19
2.按国民经济行业分组			
食品、饮料、烟草和家庭用品批发业	161	168	21663
食品、饮料、烟草批发业	104	110	13226
粮食、食用油批发业	8	8	644
烟草及其制品批发业	58	59	5076
棉、麻、土畜产品批发业	5	5	627
纺织品、服装和鞋帽批发业	1	1	239
日用百货批发业	9	9	1410
日用杂品批发业	3	3	240
五金、交电、化工批发业	15	16	1304
药品及医疗器械批发业	24	24	4617
能源、材料和机械电子设备批发业	112	138	11377
能源批发业	40	58	6027
石油及制品批发业	37	55	5972
煤炭及制品批发业	3	3	55
化工材料批发业	6	7	183

17—1　续表1

项　　目	法人企业(个)	产业活动单位(个)	从业人员(人)
木材批发业	3	3	297
建筑材料批发业	3	4	171
矿产品批发业	6	6	248
金属材料批发业	15	19	859
机械、电子设备批发业	21	22	1574
汽车、摩托车及零配件批发业	15	16	1646
汽车批发业	11	11	1158
再生物资回收批发业	3	3	372
其他批发业	62	62	4767
工艺美术批发业	4	4	282
图书报刊批发业	11	11	913
农业生产资料批发业	41	41	3362
其他类未包括的批发业	6	6	210
二、零售业	**234**	**249**	**41288**
其中：国有及国有控股	137	146	28494
1、按登记注册类型分组			
内资企业	233	244	40246
国有企业	121	126	21930
集体企业	36	37	3516
股份合作企业	8	8	803
联营企业	2	2	995
国有联营企业	2	2	995
有限责任公司	23	24	2039
国有独资企业	1	1	102
其他有限责任公司	22	23	1937
股份有限公司	11	15	7263
私营企业	32	32	3700
私营独资企业	3	3	455
私营有限责任公司	25	25	3014
私营股份有限公司	4	4	231
港、澳、台商投资企业		2	105
合资经营企业		2	105
外商投资企业	1	3	937
中外合资经营企业		1	15
中外合作经营企业		1	9
外商投资股份有限公司	1	1	913
2、按国民经济行业分组			
食品、饮料和烟草零售业	21	21	4175
粮油食品零售业	4	4	279
副食品零售业	8	8	1639
日用百货零售业	68	72	16534
百货零售业	51	53	15159
纺织品、服装和鞋帽零售业	2	2	941

17—1　续表2

项　　目	法人企业(个)	产业活动单位(个)	从业人员(人)
日用杂品零售业	4	5	653
五金、交电、化工零售业	28	29	4379
药品及医疗器械零售业	32	32	6328
图书报刊零售业	19	19	3228
其他零售业	60	69	5050
家具零售业	1	1	12
汽车、摩托车及其零配件零售业	25	25	1852
计算机及软件、办公设备零售业	15	15	551
三、餐饮业	83	151	20402
1. 按登记注册类型分组			
内资企业	79	134	17857
国有企业	28	51	7907
集体企业	14	25	2776
股份合作企业	5	6	392
联营企业	1	1	101
其他联营企业	1	1	101
有限责任公司	7	14	3746
其他有限责任公司	7	14	3746
股份有限公司	3	9	411
私营企业	21	28	2524
私营独资企业	5	8	744
私营合伙企业	2	3	175
私营有限责任公司	12	15	1447
私营股份有限公司	2	2	158
港、澳、台商投资企业	3	12	1989
合资经营企业	3	6	1296
合作经营企业		4	441
独资经营企业		2	252
外商投资企业	1	5	556
中外合资经营企业		2	178
中外合作经营企业	1	1	30
外资企业		1	268
外商投资股份有限公司		1	80
2. 按国民经济行业分组			
正餐	78	142	19498
快餐	4	7	817
其他	1	2	87

17—2 社会消费品零售总额及指数

年 份	合 计	市	县	县以下
绝对数（万元）				
1978	335918	64621	116439	154858
1980	457228	116797	151543	188888
1985	886005	299701	249384	336920
1990	1754369	701925	449653	602791
1991	2002276	806073	523474	672729
1992	2436189	1009302	629186	797701
1993	3224031	1452179	861952	909900
1994	4165108	1815716	1109003	1240389
1995	5324847	2357849	1357684	1609314
1996	6113439	2854382	1252349	2006708
1997	6737174	3204852	1369897	2162425
1998	7340151	3523272	1468030	2348849
1999	7912683	3813562	1578592	2520529
2000	8591591	4163337	1764012	2664242
2001	9358820	4630424	1946228	2782168
2002	10255395	5124935	2156208	2974252
指数（上年=100）				
1978	-	-	-	-
1980	117.9	132.8	109.7	116.7
1985	129.1	129.8	132.3	126.1
1990	103.2	108.1	102.3	98.7
1991	114.1	114.8	116.4	111.6
1992	121.7	125.2	120.2	118.6
1993	132.3	143.9	137.0	114.1
1994	129.2	125.0	128.7	136.3
1995	127.8	129.9	122.4	129.7
1996	114.8	121.1	92.2	124.7
1997	110.2	112.3	109.4	107.8
1998	109.0	109.9	107.2	108.6
1999	107.8	108.2	107.5	107.3
2000	108.6	109.2	111.8	105.7
2001	108.9	111.2	110.3	104.4
2002	109.6	110.7	110.8	106.9

17—3 主要年份社会消费品零售总额

单位：万元

项　　　目	1990年	1995年	2000年	2001年	2002年
社会消费品零售总额	1754369	5324847	8591591	9358820	10255395
（一）按销售地区分					
市的零售额	701925	2357849	4163337	4630424	5124935
县的零售额	449653	1357684	1764012	1946228	2156208
县以下的零售额	602791	1609314	2664242	2782168	2974252
（二）按经济类型分					
国有经济		1447013	1370104	1334530	1299736
集体经济		796383	1045452	1060398	1034553
私营经济		107903	291328	359503	482673
个体经济		1948752	4414084	4964097	5617046
联营经济		6790	6602	8041	7365
股份制经济		177614	238910	273131	376880
外商投资经济		16510	37388	46483	50768
港澳台投资经济		38594	17912	15776	24042
其他经济		785288	1169811	1296861	1362332
（三）按行业分					
批发零售贸易业		3497771	5908822	6288071	6880114
餐饮业		438832	963030	1127356	1276360
制造业		427331	441420	470404	534521
其他		960913	1278319	1472989	1564400

17—4 主要年份限额以上批发零售贸易业商品购进、销售和库存总额

单位：万元

项　　　目	1990年	1995年	2000年	2001年	2002年
一、商品购进总额		**5009775**	**3890602**	**3896571**	**4269777**
#进口		214441	66953	37018	62563
二、商品销售总额		**5637665**	**4181138**	**4223867**	**4480859**
1.批　　发		4654163	3071302	3148201	3108369
# 出口		690372	371065	350623	298526
2.零　　售		983502	1109836	1075666	1372490
三、年末库存总额		**720914**	**394164**	**373151**	**424291**

17—5 限额以上批发零售贸易业商品购进、销售、库存总额（2002年）

单位：万元

项目	购进总额		销售总额				年末库存总额
		进口	合计	批发		零售	
					出口		
总计	4269777	62563	4480859	3108369	298526	1372491	424291
一、批发业	**3171811**	**32555**	**3182040**	**2715498**	**291580**	**466542**	**263902**
其中：国有及国有控股	2439420	14779	2471922	2097914	273958	374009	187343
1.按登记注册类型分组							
内资企业	3149384	32555	3156803	2692687	291580	464116	263140
国有企业	1670806	11801	1725640	1488793	169829	236848	123816
集体企业	251864	17776	260100	236052	330	24048	16238
股份合作企业	32592		34789	25877		8912	3293
联营企业	953	838	1250	747	115	503	13
国有联营企业	953	838	1250	747	115	503	13
有限责任公司	521506	2140	428750	359031	109872	69720	50039
国有独资企业	183583	2078	177017	175993	82002	1024	2339
其他有限责任公司	337923	62	251734	183038	27869	68696	47700
股份有限公司	526341		557389	452917	6838	104472	30107
私营企业	145323		148885	129271	4597	19614	39633
私营有限责任公司	144579		148097	128482	4597	19614	39578
私营股份有限公司	744		788	788			55
港、澳、台商投资企业	22427		25237	22811		2426	762
独资经营企业	15965		18378	15952		2426	718
投资股份有限公司	6462		6858	6858			44
2.按国民经济行业分组							
食品、饮料、烟草和家庭用品批发业	1187900	2971	1235301	1071403	146310	163897	123296
食品、饮料、烟草批发业	777411	1179	806382	773545	48597	32837	47028
粮食、食用油批发业	50625	341	47342	45392	20442	1950	12908
烟草及其制品批发业	416843		476919	474712		2207	24233
棉、麻、土畜产品批发业	28934		32627	32022	24384	606	4494
纺织品、服装和鞋帽批发业	60212	1789	52880	52880	52880		1057
日用百货批发业	45889	1	48613	32457		16156	6372
日用杂品批发业	5040		5583	4419	2395	1164	326
五金、交电、化工批发业	73945	2	78319	70349	8421	7970	7762
药品及医疗器械批发业	196468		210897	105732	9634	105164	56257
能源、材料和机械电子设备批发业	1646485	10643	1603310	1322879	108319	280432	116044
能源批发业	967324		916142	716382		199760	43163
石油及制品批发业	963550		912065	712305		199760	42990
煤炭及制品批发业	3774		4077	4077			172
化工材料批发业	20840	3046	22107	21360	3656	747	1205
木材批发业	2210	1144	14729	14729	12891		1399
建筑材料批发业	87643		89031	89031	4912		33551
矿产品批发业	8192	1206	9056	9056	3375		863
金属材料批发业	202620	5248	208624	206485	70418	2140	9784

17—5　续表　　　　单位：万元

项　　　目	购进总额		销售总额				年末库存总额
		进口	合计	批发	出口	零售	
机械、电子设备批发业	118933		132340	120330	13068	12010	11183
汽车、摩托车及零配件批发业	222197		194237	130658		63580	14251
汽车批发业	125312		130908	90777		40131	8087
再生物资回收批发业	16526		17045	14849		2196	644
其他批发业	337426	18941	343429	321215	36951	22214	24563
工艺美术批发业	16318		17495	17495	17495		2296
图书报刊批发业	35238		37040	25722	1082	11318	1843
农业生产资料批发业	238512	18678	249365	238479	330	10886	15192
其他类未包括的批发业	47359	263	39528	39519	18044	10	5232
二、零售业	**1097966**	**30009**	**1298820**	**392871**	**6946**	**905948**	**160388**
其中：国有及国有控股	743354	19311	827612	273751	6946	553861	103802
1.按登记注册类型分组							
内资企业	1056102	30009	1245078	388124	6946	856955	156128
国有企业	537172	2114	649585	276791	3226	372794	92451
集体企业	112051	224	111837	17305		94532	16769
股份合作企业	16613		20126	2975		17152	2972
联营企业	46219		50256	22422		27834	1459
国有联营企业	46219		50256	22422		27834	1459
有限责任公司	94319	27671	101907	26017		75890	8389
国有独资企业	856		946	887		59	90
其他有限责任公司	93463	27671	100961	25130		75831	8298
股份有限公司	161226		217169	20967	3720	196202	15121
私营企业	88502		94198	21649		72550	18966
私营独资企业	10782		10708			10708	1042
私营有限责任公司	71241		77090	19649		57440	17321
私营股份有限公司	6479		6400	1999		4401	604
港、澳、台商投资企业	3820		3281	2589		691	881
合资经营企业	3820		3281	2589		691	881
外商投资企业	38044		50461	2158		48302	3380
中外合资经营企业			2158	2158			
中外合作经营企业	6695		8210			8210	261
外商投资股份有限公司	31349		40092			40092	3119
2.按国民经济行业分组							
食品、饮料和烟草零售业	74814		88799	11720		77079	5714
粮油食品零售业	5764		6751	4744		2007	171
副食品零售业	14773		18695	4565		14130	1447
日用百货零售业	335572	5	381161	31435	1992	349726	49484
百货零售业	305667		347432	19901	1992	327531	46235
纺织品、服装和鞋帽零售业	2837		26846	3067	1728	23779	2951
日用杂品零售业	20868		22333	2135		20198	5336
五金、交电、化工零售业	94792		101164	43545		57619	18883
药品及医疗器械零售业	68202		82232	22463		59769	16077
图书报刊零售业	144644		136432	93008		43424	35589
其他零售业	356237	30004	459853	185499	3226	274354	26355
家具零售业	1145		1173	782		391	
汽车、摩托车及其零配件零售业	253741	29785	254921	88523	3226	166398	15651
计算机及软件、办公设备零售业	21497		22572	5466		17106	2168

17—6　限额以上批发零售贸易业商品销售类值（2002年）

单位：万　元

项　　　目	合　计	批　发	零　售
合　　计	4128019	2963880	1164139
食品、饮料、烟酒类	884406	735402	149004
#肉禽蛋类	169609	113488	56121
饮料类	22245	9427	12818
烟酒类	536693	512281	24412
服装鞋帽、针、纺织品类	158368	35910	122458
#服装类	81748	15232	66516
鞋帽类	29108	5752	23356
针、纺织品类	47512	14926	32586
化妆品类	29890	2062	27828
金银珠宝类	13404	37	13367
日用品类	90594	31330	59264
#洗涤用品类	18839	3743	15096
五金、电料类	14780	3908	10872
体育、娱乐用品类	6749	90	6659
书报杂志类	162285	108219	54066
电子出版物及音像制品类	1667	25	1642
家用电器和音响器材类	160141	36101	124040
中西药品类	283632	118692	164940
文化办公用品类	47160	23705	23455
家具类	972	115	857
通讯器材类	47287	33205	14082
煤炭及制品类	17652	16493	1159
木材及制品类	5495	5478	17
石油及制品类	1099218	837868	261350
化工材料及制品类	254730	253032	1698
金属材料类	159725	159276	449
建筑及装潢材料类	14062	13182	880
机电产品及设备类	506319	401757	104562
#汽车类	302619	229838	72781
种子饲料类	9269	9269	
棉麻土畜类	27991	27708	283
其他类	132223	111016	21207

17—7 限额以上批发零售贸易业主要商品销售数量（2002年）

项目	计量单位	销售	批发	零售
粮食	吨	65513	50447	15066
食用植物油	吨	9209	735	8474
食糖	吨	191092	187506	3586
棉花	吨	45	31	14
鞋	百双	52682	11613	41069
布	百米	23374	7513	15861
电视机	台	261230	65208	196022
组合音响	台	6668	68	6600
摄像机	台	724		724
录像机	台	145		145
影碟机	台	92906	30326	62580
家用电冰箱	台	102394	27374	75020
家用洗衣机	台	105870	23349	82521
房间空调器	台	105134	37377	67757
微波炉	台	68077	19374	48703
微型计算机	台	27603	15266	12337
普通电话机	部	145077	31317	113760
移动电话机	部	159246	26053	133193
寻呼机	部	3320		3320
化学肥料	吨	1705078	1705078	
化学农药	吨	14883	14883	
农用薄膜	吨	150	150	
煤炭	吨	401896	365206	36690
木材	立方米	111160	111160	
汽油	吨	1052755	726975	325780
煤油	吨	134632	131179	3453
柴油	吨	2472620	1972773	499847
钢材	吨	71875	69915	1960
铝	吨	8052	8052	
水泥	吨	508701	506901	1800
汽车	辆	29134	16055	13079
其中：轿车	辆	6264	3145	3119
摩托车	辆	67903	19668	48235
拖拉机	台	9342	9342	

17—8 限额以上餐饮企业财务状况（2002年）

单位：万元

项　　目	营业收入	营业成本	营业费用	营业税金及附加	营业利润
总　　计	44599	20378	15397	2339	-2842
其中：国有及国有控股	18218	7550	6950	950	-1820
一、按登记注册类型分组					
内资企业	41258	19397	13792	2165	-1939
国有企业	14400	6098	5263	748	-1516
集体企业	4605	2126	2068	291	-467
股份合作企业	2618	1027	895	142	-440
联营企业	363	132	150	29	5
国有联营企业					
集体联营企业					
国有与集体联营企业					
其他联营企业	363	132	150	29	5
有限责任公司	4736	1911	1389	228	-116
国有独资企业					
其他有限责任公司	4736	1911	1389	228	-116
股份有限公司	1852	995	465	101	158
私营企业	12684	7107	3562	626	437
私营独资企业	2283	1481	562	70	28
私营合伙企业	630	347	84	45	94
私营有限责任公司	8201	4212	2630	404	308
私营股份有限公司	1569	1068	286	108	7
其他企业					
港、澳、台商投资企业	3319	974	1603	173	-900
合资经营企业	3135	890	1518	161	-874
合作经营企业					
独资经营企业	184	84	85	12	-26
投资股份有限公司					
外商投资企业	21	7	2	1	-3
中外合资经营企业					
中外合作经营企业	21	7	2	1	-3
外资企业					
外商投资股份有限公司					
二、按国民经济行业分组					
正餐	41503	18861	14545	2165	-2796
快餐	2876	1395	809	159	-67
其他餐饮业	220	121	43	16	20

17—9　限额以上批发零售贸易企业主要财务指标（2002年）

单位：万元

项　　目	流动资产 小　计	存货	固定资产 小　计	累计折旧
总　　计	1318551	349048	1050961	443574
一、批发企业	**874170**	**221808**	**472305**	**142505**
其中：国有及国有控股	630626	165594	408519	121703
(一)按登记注册类型分组				
内资企业	871693	221068	469587	141405
国有企业	480166	117173	263169	83923
集体企业	113658	22635	28860	10460
股份合作企业	10119	2271	5554	1635
联营企业	207	157	97	82
国有联营企业	207	157	97	82
有限责任公司	159572	38068	33989	13240
国有独资企业	64824	15799	12774	5472
其他有限责任公司	94748	22269	21214	7768
股份有限公司	69368	26990	134572	31593
私营企业	38604	13776	3346	472
私营有限责任公司	38275	13720	3343	471
私营股份有限公司	329	56	3	1
港、澳、台商投资企业	2477	740	2718	1100
独资经营企业	1960	672	2692	1070
投资股份有限公司	517	68	27	30
(二)按国民经济行业分组				
食品、饮料、烟草和家庭用品批发业	429378	107187	173251	63869
食品、饮料、烟草批发业	227159	57173	127901	46135
粮食、食用油批发业	60793	20141	19241	7142
烟草及其制品批发业	82837	22552	45575	18171
棉、麻、土畜产品批发业	21600	6430	4619	3321
纺织品、服装和鞋帽批发业	42703	1599	5325	2064
日用百货批发业	17569	5308	4357	1170
日用杂品批发业	9103	136	553	260
五金、交电、化工批发业	27792	7068	10216	1840
药品及医疗器械批发业	83453	29474	20279	9080
能源、材料和机械电子设备批发业	302880	80218	255706	65535
能源批发业	70689	38727	221915	52952
石油及制品批发业	69150	38554	221852	52939
煤炭及制品批发业	1539	172	62	13
化工材料批发业	15183	2026	4009	1413
木材批发业	16236	1967	4349	1251
建筑材料批发业	22625	6641	364	81

17—9 续表1 单位：万元

项目	本年折旧	资产合计	负债合计	所有者权益合计	实收资本	国家资本
总 计	64550	2551021	1802102	748920	374281	208682
一、批发企业	**22373**	**1463096**	**1145315**	**317781**	**240644**	**145600**
其中：国有及国有控股	20136	1138421	915672	222749	185279	137641
(一)按登记注册类型分组						
内资企业	22337	1457472	1142077	315395	238378	145600
国有企业	13031	830661	703892	126769	117776	101894
集体企业	616	147626	116616	31010	25883	1859
股份合作企业	316	18571	12464	6107	4180	
联营企业	31	304	246	59	15	
国有联营企业	31	304	246	59	15	
有限责任公司	2004	206335	138078	68258	28454	18010
国有独资企业	650	79784	64921	14863	10997	10790
其他有限责任公司	1354	126551	73156	53395	17457	7220
股份有限公司	6200	208179	136939	71240	52882	23837
私营企业	141	45795	33842	11953	9188	
私营有限责任公司	140	45463	33611	11852	9178	
私营股份有限公司	1	332	231	101	10	
港、澳、台商投资企业	36	5624	3238	2386	2266	
独资经营企业	24	5067	2681	2386	2266	
投资股份有限公司	12	557	557			
(二)按国民经济行业分组						
食品、饮料、烟草和家庭用品批发业	8737	652362	491464	160898	100652	70215
食品、饮料、烟草批发业	6732	385610	248516	137094	63996	45897
粮食、食用油批发业	744	84221	70498	13723	15674	15534
烟草及其制品批发业	3340	140995	68632	72363	14258	12999
棉、麻、土畜产品批发业	239	27101	21002	6099	4853	3101
纺织品、服装和鞋帽批发业	236	49898	45009	4888	5385	5385
日用百货批发业	32	24673	16650	8023	6107	2680
日用杂品批发业	2	13608	11762	1846	4136	2886
五金、交电、化工批发业	196	43395	46268	-2874	5653	3231
药品及医疗器械批发业	1300	108078	102256	5822	10522	7035
能源、材料和机械电子设备批发业	12274	616199	495992	120207	115941	68157
能源批发业	10471	312595	181298	131298	74770	43397
石油及制品批发业	10463	310675	180197	130478	74020	43397
煤炭及制品批发业	8	1921	1101	820	750	
化工材料批发业	154	21269	20266	1003	2282	2184
木材批发业	198	31032	34746	-3714	6491	4566
建筑材料批发业	37	24842	21934	2908	5550	

17—9 续表2 单位：万元

项目	流动资产小计	存货	固定资产小计	累计折旧
矿产品批发业	37888	2814	1216	1186
金属材料批发业	44328	9282	3857	2172
机械、电子设备批发业	56684	7750	4920	2983
汽车、摩托车及零配件批发业	35231	10294	12578	2688
汽车批发业	28431	8571	9373	1966
再生物资回收批发业	4018	719	2499	810
其他批发业	141911	34403	43348	13101
工艺美术批发业	12471	2852	770	197
图书报刊批发业	9740	1854	7283	2295
农业生产资料批发业	101543	24376	32168	9776
其他类未包括的批发业	18158	5321	3128	833
二、零售企业	444381	127240	578656	301069
其中：国有及国有控股	302703	85876	487484	282420
(一)按登记注册类型分组				
内资企业	436143	124958	559708	294734
国有企业	199356	71852	215805	47325
集体企业	49677	8612	12795	3519
股份合作企业	8103	2333	11226	1267
联营企业	37582	5244	214068	217586
国有联营企业	37582	5244	214068	217586
有限责任公司	20118	5634	8635	5385
国有独资企业	495	77	684	178
其他有限责任公司	19622	5557	7951	5208
股份有限公司	90961	18941	86725	17660
私营企业	30346	12342	10454	1992
私营独资企业	1285	749	320	331
私营有限责任公司	28368	11008	9426	1623
私营股份有限公司	694	585	708	38
外商投资企业	8238	2282	18948	6336
外商投资股份有限公司	8238	2282	18948	6336
(二)按国民经济行业分组				
食品、饮料和烟草零售业	22751	5909	20382	5217
粮油食品零售业	6581	296	2377	887
副食品零售业	7435	1445	9592	2837
日用百货零售业	140684	37906	182160	41335
百货零售业	134233	36831	178902	40370
纺织品、服装和鞋帽零售业	24763	2347	12717	2021
日用杂品零售业	6594	230	1441	474
五金、交电、化工零售业	60215	14953	247275	223105
药品及医疗器械零售业	31003	13117	14877	4244
图书报刊零售业	57938	21885	56851	14750
其他零售业	100435	30893	42954	9924
家具零售业	367		12	3
汽车、摩托车及其零配件零售业	76149	18047	8933	2293
计算机及软件、办公设备零售业	5072	1575	1321	498
(三)按业态分组				
百货商店	131140	34471	200293	41691
超级市场	45966	11608	27139	6409
专业(专卖)商店	170848	52551	86928	23733
其他	96427	28611	264297	229237

17—9 续表3　　　　单位：万元

项目	本年折旧	资产合计	负债合计	所有者权益合计	实收资本	国家资本
矿产品批发业	104	44181	105657	-61476	3457	2749
金属材料批发业	326	55762	48093	7669	6129	5237
机械、电子设备批发业	548	69107	40225	28882	7837	5071
汽车、摩托车及零配件批发业	385	50869	37858	13011	7881	4224
汽车批发业	275	40134	29997	10137	6264	3061
再生物资回收批发业	50	6542	5916	626	1544	729
其他批发业	1362	194535	157859	36676	24051	7229
工艺美术批发业	47	14506	20933	-6427	1240	640
图书报刊批发业	437	19604	12415	7189	1742	1687
农业生产资料批发业	709	137955	106723	31232	19913	4019
其他类未包括的批发业	170	22470	17788	4682	1157	883
二、零售企业	42177	1087926	656787	431139	133637	63082
其中：国有及国有控股	37883	822561	458622	363939	89585	53353
(一)按登记注册类型分组						
内资企业	41032	1060189	626996	433193	131336	61932
国有企业	7807	462439	315911	146528	61284	47843
集体企业	266	68578	63953	4626	14599	4967
股份合作企业	343	10530	5315	5216	2187	290
联营企业	25424	256261	52202	204059	1636	80
国有联营企业	25424	256261	52202	204059	1636	80
有限责任公司	3427	34616	19011	15605	7795	1235
国有独资企业	32	1200	1124	76	135	135
其他有限责任公司	3395	33416	17887	15529	7660	1100
股份有限公司	3165	183834	138770	45064	32617	7517
私营企业	601	43931	31836	12095	11219	
私营独资企业	56	1606	1572	34	320	
私营有限责任公司	515	40964	29260	11704	10688	
私营股份有限公司	30	1362	1004	357	211	
外商投资企业	1144	27737	29791	-2055	2301	1150
外商投资股份有限公司	1144	27737	29791	-2055	2301	1150
(二)按国民经济行业分组						
食品、饮料和烟草零售业	1179	47706	33784	13923	9537	7054
粮油食品零售业	449	10573	7886	2687	2487	2228
副食品零售业	357	18404	12909	5494	4119	3789
日用百货零售业	9017	338016	274517	63499	58576	17884
百货零售业	8978	327187	268421	58766	53345	17467
纺织品、服装和鞋帽零售业	369	39887	35384	4503	4792	2616
日用杂品零售业	10	8194	8260	-66	2412	
五金、交电、化工零售业	26343	312040	104886	207154	8414	4498
药品及医疗器械零售业	566	47797	36344	11453	8042	4155
图书报刊零售业	2406	123063	63048	60016	15204	14198
其他零售业	2288	171221	100564	70657	26660	12677
家具零售业		379	90	289		
汽车、摩托车及其零配件零售业	562	95036	71416	23621	14834	8150
计算机及软件、办公设备零售业	117	6512	4144	2368	2599	90
(三)按业态分组						
百货商店	9199	342902	292153	50749	45368	17583
超级市场	1267	80894	62078	18816	19332	5155
专业(专卖)商店	3883	276520	177149	99371	44553	27012
其他	27828	387610	125407	262203	24383	13333

17—9 续表4 单位：万元

项 目	商品销售收入净额	商品销售成本	经营费用	商品销售利润
总 计	3898153	3467675	182743	235050
一、批发企业	**2685902**	**2423221**	**123293**	**134850**
其中：国有及国有控股	2111392	1889009	99287	119335
(一)按登记注册类型分组				
内资企业	2664837	2403436	122149	134714
国有企业	1517221	1353114	66916	94281
集体企业	227280	212012	9308	5839
股份合作企业	33345	31068	1508	716
联营企业	1079	941	74	57
国有联营企业	1079	941	74	57
有限责任公司	302921	277889	13320	11198
国有独资企业	84818	80693	2613	1487
其他有限责任公司	218103	197196	10706	9711
股份有限公司	448507	399094	26408	22182
私营企业	134486	129317	4615	442
私营有限责任公司	133698	128565	4599	422
私营股份有限公司	788	752	17	19
港、澳、台商投资企业	21065	19784	1144	136
独资经营企业	14156	13325	698	133
投资股份有限公司	6909	6460	446	4
(二)按国民经济行业分组				
食品、饮料、烟草和家庭用品批发业	1103619	985207	45423	70694
食品、饮料、烟草批发业	682133	597549	28622	54284
粮食、食用油批发业	41366	38664	2148	479
烟草及其制品批发业	443666	382009	16908	43736
棉、麻、土畜产品批发业	30659	27921	1280	1450
纺织品、服装和鞋帽批发业	65163	60999	1528	2635
日用百货批发业	44596	41899	792	1832
日用杂品批发业	347	342	1	4
五金、交电、化工批发业	76924	71260	4198	1350
药品及医疗器械批发业	203798	185238	9001	9140
能源、材料和机械电子设备批发业	1273625	1154836	62570	54194
能源批发业	793130	700514	47954	43305
石油及制品批发业	788984	696753	47693	43187
煤炭及制品批发业	4146	3762	261	118
化工材料批发业	17156	16307	696	129
木材批发业	16765	14838	1045	808
建筑材料批发业	84119	83382	1934	-1217

17—9 续表5 单位：万元

项目	主营业务利润	管理费用	财务费用	利息支出	营业利润	利润总额
总计	**245873**	**193986**	**41271**	**44888**	**66140**	**71324**
一、批发企业	**144401**	**124289**	**27237**	**25645**	**34985**	**39968**
其中：国有及国有控股	128735	74822	24720	23236	31288	34960
(一)按登记注册类型分组						
内资企业	144265	124155	27181	25645	34999	40003
国有企业	103468	61371	21277	20469	21634	22857
集体企业	5842	6885	1826	1767	-983	1304
股份合作企业	716	826	266	186	82	-1128
联营企业	57	41	15	15	6	6
国有联营企业	57	41	15	15	6	6
有限责任公司	11390	11359	2350	2058	508	5702
国有独资企业	1516	2998	1741	1449	-2700	588
其他有限责任公司	9874	8361	609	609	3208	5114
股份有限公司	22349	9320	1472	1009	13049	12146
私营企业	443	34353	-26	141	703	-884
私营有限责任公司	424	34335	-26	141	702	-885
私营股份有限公司	19	19	0		1	1
港、澳、台商投资企业	136	134	56		-14	-35
独资经营企业	133	134	56		-20	-41
投资股份有限公司	4		0		6	6
(二)按国民经济行业分组						
食品、饮料、烟草和家庭用品批发业	75999	54073	12184	11146	12403	17832
食品、饮料、烟草批发业	59342	38408	6504	6834	14944	19939
粮食、食用油批发业	489	2897	2563	2517	-4203	-353
烟草及其制品批发业	48767	22521	972	1444	20064	20041
棉、麻、土畜产品批发业	1464	1440	631	180	-342	-222
纺织品、服装和鞋帽批发业	2658	1694	990	702	184	533
日用百货批发业	1832	1190	226	218	693	751
日用杂品批发业	4	165	2	2	-34	-88
五金、交电、化工批发业	1530	1483	1300	808	-558	-1208
药品及医疗器械批发业	9168	9694	2530	2402	-2484	-1874
能源、材料和机械电子设备批发业	58251	58439	11752	11244	23203	20718
能源批发业	46741	13667	498	557	29598	26999
石油及制品批发业	46623	13532	500	558	29532	26934
煤炭及制品批发业	118	134	-1	0	66	65
化工材料批发业	157	552	136	128	-197	-627
木材批发业	847	940	1913	1898	-1471	-1195
建筑材料批发业	-1217	368	-5	115	-67	-1580

17—9　续表6　　单位：万元

项　　目	商品销售收入净额	商品销售成本	经营费用	商品销售利润
矿产品批发业	11988	11305	567	95
金属材料批发业	87978	81964	3418	2437
机械、电子设备批发业	91097	82148	3397	5349
汽车、摩托车及零配件批发业	151590	145357	2829	3237
汽车批发业	127690	123105	2328	2157
再生物资回收批发业	19803	19020	731	52
其他批发业	308659	283178	15300	9961
工艺美术批发业	17431	15906	1610	-86
图书报刊批发业	29239	23748	2496	2906
农业生产资料批发业	222685	207339	9226	6008
其他类未包括的批发业	39304	36185	1968	1133
二、零售企业	**1212251**	**1044455**	**59450**	**100200**
其中：国有及国有控股	777839	651750	35228	83565
(一)按登记注册类型分组				
内资企业	1177948	1016966	57757	95131
国有企业	537713	469985	36624	29039
集体企业	92230	87908	2316	1835
股份合作企业	18826	17492	666	631
联营企业	182265	131302	1594	44494
国有联营企业	182265	131302	1594	44494
有限责任公司	88855	84096	2341	2317
国有独资企业	809	710	87	9
其他有限责任公司	88046	83386	2253	2308
股份有限公司	159460	136153	8539	14094
私营企业	98600	90030	5677	2721
私营独资企业	9575	8717	706	140
私营有限责任公司	83416	76160	4400	2700
私营股份有限公司	5609	5153	571	-118
外商投资企业	34304	27489	1692	5069
外商投资股份有限公司	34304	27489	1692	5069
(二)按国民经济行业分组				
食品、饮料和烟草零售业	59860	53396	3720	2551
粮油食品零售业	5148	5038	357	-254
副食品零售业	13033	10862	965	1124
日用百货零售业	290291	250827	15872	22404
百货零售业	273512	234381	15705	22270
纺织品、服装和鞋帽零售业	22353	19010	1465	1754
日用杂品零售业	857	765	83	8
五金、交电、化工零售业	222996	169004	4236	44811
药品及医疗器械零售业	80637	69785	5744	4909
图书报刊零售业	107043	85305	7999	12984
其他零售业	428216	396364	20331	10779
家具零售业	1173	1106	63	4
汽车、摩托车及其零配件零售业	282449	268451	7425	6160
计算机及软件、办公设备零售业	21891	20248	747	822
(三)按业态分组				
百货商店	240746	203797	12902	22984
超级市场	122515	110360	8285	3495
专业(专卖)商店	486888	439047	22323	24044
其他	362102	291250	15939	49676

17—9 续表7 单位：万元

项目	主营业务利润	管理费用	财务费用	利息支出	营业利润	利润总额
矿产品批发业	113	855	6041	5100	-6732	-6585
金属材料批发业	2888	34922	1706	2040	-545	-313
机械、电子设备批发业	5434	2961	1120	1134	2683	3736
汽车、摩托车及零配件批发业	3237	3567	237	222	303	239
汽车批发业	2157	2930	75	58	-176	-175
再生物资回收批发业	52	610	105	50	-369	43
其他批发业	10151	11777	3302	3255	-621	1417
工艺美术批发业	-84	1524	1028	984	-665	-551
图书报刊批发业	2906	1977	81	75	863	695
农业生产资料批发业	6158	7064	2027	1991	-1067	929
其他类未包括的批发业	1171	1213	165	204	248	344
二、零售企业	**101472**	**69697**	**14033**	**19244**	**31155**	**31357**
其中：国有及国有控股	84700	54321	8013	13667	32406	31363
(一)按登记注册类型分组						
内资企业	96404	66917	12447	17754	30307	30508
国有企业	30120	33143	6685	11359	-3388	-2744
集体企业	1835	3565	1428	1542	-1141	-699
股份合作企业	631	805	108	100	-81	55
联营企业	44494	10746	423	504	33850	34003
国有联营企业	44494	10746	423	504	33850	34003
有限责任公司	2317	2849	536	487	-3	1481
国有独资企业	9	186	49	49	-27	18
其他有限责任公司	2308	2664	488	438	24	1463
股份有限公司	14153	11677	2885	3444	2250	-472
私营企业	2854	4133	382	317	-1179	-1116
私营独资企业	140	179	4		-46	-46
私营有限责任公司	2700	3494	362	304	-688	-624
私营股份有限公司	14	460	16	14	-446	-446
外商投资企业	5069	2780	1586	1490	848	848
外商投资股份有限公司	5069	2780	1586	1490	848	848
(二)按国民经济行业分组						
食品、饮料和烟草零售业	2551	3860	813	801	-1143	-400
粮油食品零售业	-254	694	297	297	-799	281
副食品零售业	1124	1817	346	339	-757	-1088
日用百货零售业	23666	28446	7285	12155	-4385	-6078
百货零售业	23531	27706	7185	12056	-4017	-6044
纺织品、服装和鞋帽零售业	1757	1367	506	463	79	62
日用杂品零售业	8	384	238	238	-310	-323
五金、交电、化工零售业	44811	13708	2390	2394	29751	30191
药品及医疗器械零售业	4915	6128	1042	929	-1932	-2227
图书报刊零售业	12984	7581	379	1139	5682	5735
其他零售业	10781	8224	1381	1126	3413	4396
家具零售业	4	24	0		-19	-19
汽车、摩托车及其零配件零售业	6160	4946	872	968	1944	3423
计算机及软件、办公设备零售业	822	795	17	9	252	-5
(三)按业态分组						
百货商店	24193	25152	8459	13289	-3390	-4813
超级市场	3551	7066	1565	1543	-2997	-3301
专业(专卖)商店	24050	19237	2190	2896	5774	7347
其他	49678	18243	1820	1516	31768	32124

17—10　年商品销售收入净额亿元以上批发零售贸易企业主要指标一览表（2002年）

单位：万元

项目	商品销售收入净额	经营费用	资产合计	管理费用	利润总额
广西壮族自治区土产进出口公司	13450	785	21215	559	-671
广西壮族自治区食品公司	15744	689	10624	694	13
广西粮油食品进出口公司	17946	692	31375	642	-83
广西壮族自治区农业生产资料总公司	60388	5058	39835	2648	222
广西华昌汽车贸易有限责任公司	11099	200	4307	268	248
广西壮族自治区机电设备总公司	59891	1413	12708	761	183
广西壮族自治区烟草公司	45367	1332	18833	2788	993
广西壮族自治区糖酒副食总公司	17461	434	19194	446	-240
广西壮族自治区交通物资总公司	16270	341	3589	407	134
广西壮族自治区南宁医药批发站	20448	827	13215	1244	-77
广西壮族自治区南宁药材批发站	22979	864	10571	784	32
广西壮族自治区新华书店	60874	4093	47593	2104	3372
广西五金矿产进出口集团公司	41971	2378	43062	1027	-325
广西外商投资企业物资有限公司	16908	505	2307	95	132
广西经贸集团有限责任公司	13956	70	5345	555	-45
广西利隆贸易有限责任公司	15001	1238	4269	224	283
广西广达进出口集团有限公司	65163	1528	49898	1694	533
广西农垦集团有限责任公司	12583	224	9001	150	-54
广西农垦糖业（集团）有限公司	26864	4	8040	773	5
南宁百货大楼股份有限公司	59784	2476	62231	4859	2248
广西壮族自治区机电设备南宁公司	28528	415	8671	516	86
广西壮族自治区农业机械南宁公司	14972	223	3526	275	5
广西南宁石油工贸企业集团公司	148195	10420	56823	1416	6783
广西南宁梦之岛购物中心	23438	696	17657	4233	934
广西南宁通信发展有限责任公司	13874	317	37147	1115	4195
广西南宁市农业生产资料公司	11729	460	2546	289	-35
南宁市机电设备股份有限公司	17144	217	8877	579	-494
广西壮族自治区出版印刷物资公司	19629	501	8521	592	423
南宁市邮政局	14046		34554	1964	1012
南宁医药有限责任公司	24171	1059	13968	1558	-541
南宁康迈商业有限责任公司	31851	2274	26422	4148	-3201
广西玉柴机电有限责任公司	27342	414	13683	283	228
广西侨丰物资贸易有限责任公司	40205	1001	17573	150	-1513
广西华联综合超市有限公司	13201	963	12020	178	113
广西解放汽车贸易有限公司	21997	201	4019	80	29
水成钢铁集团有限责任公司南宁经营部	12216	103	154		-4
广西联道计算机有限责任公司	16027	547	2674	132	227
广西森华汽车贸易有限公司	10350	381	1704	100	187
中油广西分公司	86017	9396	42464	1281	963
广西华联民族宫综合超市有限公司	17969	1032	12093	386	126
广西弘通汽车销售服务有限公司	16587	244	3372	220	335
南宁市海尔工贸有限公司	24398	1732	3649	515	4

17—10 续表 单位：万元

项目	商品销售收入净额	经营费用	资产合计	管理费用	利润总额
广西联航投资有限公司	31698	830	7116	218	-63
广西弘帆汽车销售服务有限公司	14007	103	1538	150	461
南宁鼎华商业有限责任公司糖业烟酒公司	13417	265	5709	232	33
上海汽车工业广西销售公司	17307	151	3776	234	25
广西南宁电信实业有限公司	164957	1443	252486	10512	33979
中石化武鸣石油分公司	10160	546	2633	4	80
柳州市百货股份有限公司	27870	1840	35525	2646	-350
柳州工贸大厦股份有限公司	22308	1464	39567	1336	61
柳州烟草有限责任公司	34458	1074	9427	2358	2063
柳州石油分公司	80980	4993	26427	1186	4228
柳州市医药总公司	26090	1136	11672	1282	15
柳州医药有限责任公司	21896	661	10056	1004	58
柳州药材批发站	18860	554	10205	552	
柳州市佳用商贸股份有限公司	25124	1329	13309	926	150
广西机电设备柳州公司	17836	228	4567	379	100
柳江县农业生产资料公司	19330	369	3225	198	2
广西区农资公司柳江经营部	10847	79	4546	92	20
广西烟草集团桂林烟草有限责任公司	26753	1392	8634	1183	1577
广西壮族自治区机电设备桂林公司	16700	391	4708	293	81
广西壮族自治区桂林医药批发站	11349	724	6801	538	-158
中国燕兴桂林公司	30128	873	9496	899	31
桂林百货大楼股份有限公司	13279	414	16092	1877	-2349
桂林微笑堂实业发展有限公司	34304	1692	27737	2780	848
华南蓝天航空油料公司	25934	950	18135	3233	425
中国石油化工股份有限公司广西桂林分公司	79651	5341	27321	843	4507
梧州烟草专卖局梧州烟草分公司	21301	367	5339	100	721
中国土产进出口梧州分公司	21119	915	13720	832	7
梧州口岸粮油进出口公司	18208	464	8893	674	80
中国石油化工股份有限公司广西梧州分公司	45932	3231	21993	550	1263
广西壮族自治区烟草公司北海分公司	26721	884	7661	1304	1650
北海强盛进出口贸易有限公司	12717	1219	8011	503	432
中国石油化工股份有限公司北海分公司	86574	3604	26974	2451	-880
广西壮族自治区烟草公司钦州分公司	13842	432	4854	778	761
中国石油化工股份有限公司钦州分公司	11619	702	4598	7	215
浦北县食品公司	14947	340	1412	238	8
广西区烟草公司贵港分公司	15814	624	5056	749	900
中石化股份公司广西贵港石油分公司	57451	4093	32780	477	2458
广西壮族自治区烟草公司玉林分公司	22071	502	7413	1185	1037
广西桂玉医药有限责任公司	16343	428	5840	759	75
广西玉柴机器集团机电公司	59400	1249	33481	1808	391
中国石油化工股份有限公司广西玉林分公司	62268	3723	21218	577	3257
广西正宇股份有限公司	12798	946	19270	1020	543
广西壮族自治区百色烟草公司	18459	560	14976	595	748
中国石化股份有限公司广西百色分公司	48427	3631	17491	609	2311
田东县经济实业公司	13492	269	2271		657
贺州烟草有限责任公司	17037	616	6630	946	618
中国石油化工股份公司河池石油分公司	21647	1204	8620	296	624

17—11 主要年份城乡集市贸易情况

指　　标	单　位	1990年	1995年	2000年	2001年	2002年
集市贸易市场	个	2208	2826	3268	3305	3293
城　市	个	151	245	459	479	542
农　村	个	2057	2581	2809	2826	2751
集市贸易成交总额	万元	884875	3552826	6715267	6842338	7639404
城　市	万元	149050	954598	2333068	2072580	2517137
农　村	万元	735825	2598228	4382199	4769758	5122267
在城乡集市贸易成交额中						
粮食类	万元	49982	196348	403745	522597	601902
#粮食	吨	355114	708105	2086227	2153216	2397457
油脂油料类	万元	22861	97973	218652	260714	293443
棉烟麻类	万元	19792	22920	23386	32295	46191
肉禽蛋类	万元	427686	1233980	1920860	2139750	2276511
#猪肉	吨	470413	613259	972006	999986	1170947
牛肉	吨	44937	72955	97775	106749	184147
羊肉	吨	861	2246	20437	22539	56386
家禽	吨	87552	128965	303350	297192	313001
水产品类	万元	43601	142642	400116	413729	476151
蔬菜类	万元	54574	199105	477462	462569	595736
干鲜果类	万元	57504	242302	553158	501796	569385
大牲畜类	万元	18284	56520	58332	67496	89899
家畜幼禽类	万元	66962	292069	313813	341942	328374
工业品类	万元	71152	337499	1215654	1220405	1363230
其他类	万元	52477	731468	1130089	879045	998582

注：集市贸易市场和集市贸易成交总额的"城市"系指南宁市、柳州市、桂林市、梧州市和北海市。

17—12　主要年份个体工商业发展情况

指　　标	1990年	1995年	2000年	2001年	2002年
一、户数（户）	**560518**	**923679**	**967512**	**1035834**	**1018204**
按城乡分					
城　镇	192518	362450	451020	525767	515014
农　村	368000	561229	516492	510067	503190
按行业分					
农林牧渔业		2432	12888	17294	15856
采掘业	778	3562	1972	3237	4338
制造业	43831	76662	85900	95056	79734
建筑业	374	762	1164	1253	1276
交通运输、仓储业	44717	82886	85435	100257	108660
批发零售贸易业	336167	546260	529569	585881	554902
餐饮业	60802	97128	137143	107437	126323
社会服务业	54684	102206	104507	119427	120586
其他行业	19165	11781	8934	5992	6529
二、从业人员（人）	**775589**	**1307050**	**1394187**	**1513006**	**1508033**
按城乡分					
城　镇	267690	529941	678565	763615	763653
农　村	507899	777109	715622	749391	744380
按行业分					
农林牧渔业		3515	23066	27995	27487
采掘业	2855	7960	5702	10133	13738
制造业	69537	139534	146868	162409	153429
建筑业	1144	1759	3627	3745	2853
交通运输、仓储业	53373	104559	117835	126965	132404
批发零售贸易业	445771	732757	726665	828612	762152
餐饮业	97464	159363	199147	169444	222130
社会服务业	71466	142052	157557	175678	182984
其他行业	33979	15551	13720	8025	10856
三、销售总额或营业收入（万元）	**549833**	**2207961**	**3780945**	**4241949**	**4454079**
按城乡分					
城　镇	245437	1079079	2289149	2474898	2671102
农　村	304396	1128882	1491796	1767051	1782977
按行业分					
农林牧渔业		1802	26672	35241	38128
采掘业					
制造业					
建筑业					
交通运输、仓储业		446543	554342	670591	719860
批发零售贸易业	435960	1314567	2163885	2518081	2655665
餐饮业	65699	243321	690281	551521	575878
社会服务业	41307	181030	323732	436318	438494
其他行业	6867	20698	22033	30197	26054

主要统计指标解释

批发零售贸易业 指专门从事商品流通活动行业。根据其经营方式不同可分为批发贸易业和零售贸易业两大部分。

批发贸易业 指从工农业生产者或从商品流通企业购进商品，转卖给工业、农业、建筑业、运输邮电业、餐饮业和服务业等生产经营单位作为生产经营用，以及将商品转卖给其他批发贸易企业或零售贸易企业的商品流通企业和单位。农副产品采购、供应企业、对国(境)外商品进口、出口的对外贸易企业、物资供销企业等，一般都属于批发贸易企业。

零售贸易业 指从工农业生产者、批发零售企业或居民购进商品，转卖给城乡居民作为生活消费和售给社会集团作为公共消费的商品流通企业和单位。

餐饮业 指从事食品的烹饪、调制并直接售给居民和社会集团的机构。包括中西餐馆、饭店、各种小吃店、冷饮店、酒店、茶楼等。

法人单位 指各种经济类型独立核算法人批发零售贸易企业、餐饮企业的单位个数。它应同时具备以下条件：(1)依法成立、有自己的名称、组织机构和场所，能独立承担民事责任；(2)独立拥有和使用资产、承担负债，有权与其他单位签订合同；(3)独立核算盈亏，并能编制资产负债表。

活动单位 也称产业活动单位。指经工商行政管理部门注册登记，领取营业执照从事批发零售贸易业、餐饮业单位个数。它必须同时具备以下三个条件：(1)在一个场所内从事或主要从事批发零售贸易业、餐饮业活动；(2)相对独立组织经营活动；(3)能够掌握收入和支出等业务核算资料。一个法人单位至少有一个活动单位。

人员 即从业人员。指报告期末从事批发零售贸易业、餐饮业劳动并取得劳动报酬或经营收入的人员。包括职工(含长期职工、合同制职工、临时职工)和其他从业人员(含再就业的离退休人员、三资企业中的外方人员和港澳台方人员)。

商品购进总额 指批发零售贸易企业(单位)从本企业(单位)以外的单位和个人购进(包括从国外直接进口)作为转卖或加工后转卖的商品总额。它反映批发零售贸易业从国内、国外市场上购进商品的总量。由从生产者购进额、从批发零售贸易业购进额、进口额和其他项目组成。

商品销售总额 指批发零售贸易企业对本企业以外的单位和个人出售(包括对国(境)外直接出口)的商品。这个指标反映批发零售贸易企业在国内市场上出售商品以及出口商品的总量。

零售 指售给城乡居民直接用于生活消费的商品和社会集团直接用于消费的商品。

批发 指除零售以外的一切商品销售活动，包括对生产经营单位批发、对批发零售贸易企业批发和出口。

年末库存 指报告期末各种登记注册类型的批发零售贸易企业(单位)已取得所有权的商品。这指标反映批发零售贸易企业(单位)的商品库存情况对市场商品供应的的保证程度。

社会消费品零售总额 指国民经济各行业直接售给城乡居民和社会集团的消费品总额。它是反映各行业通过多种商品流通渠道向居民和社会集团供应的生活消费品总量，是研究国内零售市场变动情况、反映经济景气程度的重要指标。

实收资本 指实际收到投资者投入的资本总额，包括国家资本金、法人资本金、个人资本金和外商资本金。

商品销售收入净额 指批发零售贸易企业商品销售收入减去商品销售折扣与折让后的净额。

商品销售成本（营业成本） 指批发零售贸易企业已销售商品应负担的进货原价和餐饮企业的原材料成本、商品进价成本。

经营费用（营业费用） 指批发零售贸易企业在商品购、销、存过程中发生的各种经营费用和餐饮企业在经营中发生的各项费用。包括运输费、包装费、保险费、展览费、差旅费、广告费、商品损耗、进出口商品累计佣金、经营人员的工资及福利费等。

商品销售利润 指批发零售贸易企业由于商品销售得到的利润。

营业利润 指企业营业收入扣除成本、费用和各种销售税金及附加费（或营业税金及附加）后的数额。

利润总额 指批发零售贸易企业全年实现的利润。包括营业利润、投资净收益以及营业外收支净额。

城乡集市贸易成交额 指在城市和农村集市上买卖双方(包括农民、城镇居民、机关、团体、企事业单位和个体商贩)成交的全部商品金额。目前农民在集市外对城镇居民的商品销售也包括在内。

第十八篇

CHAPTER 18

对外经济贸易和旅游

FOREIGN ECONOMY,TRADE AND TOURISM

进出口贸易总额（亿美元）

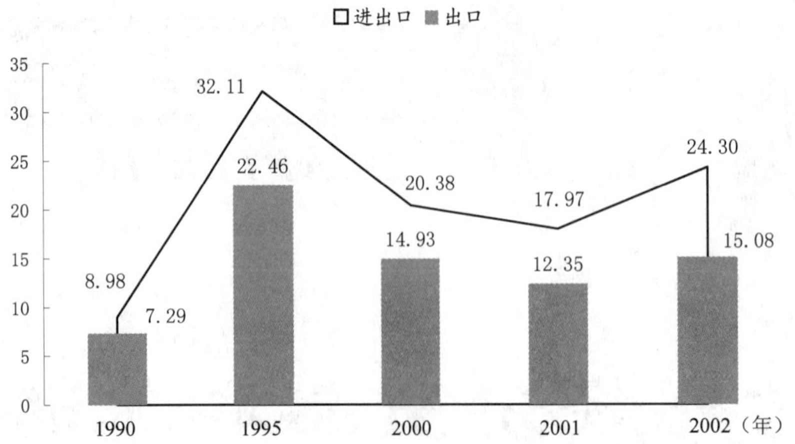

国际旅游人数（万人）

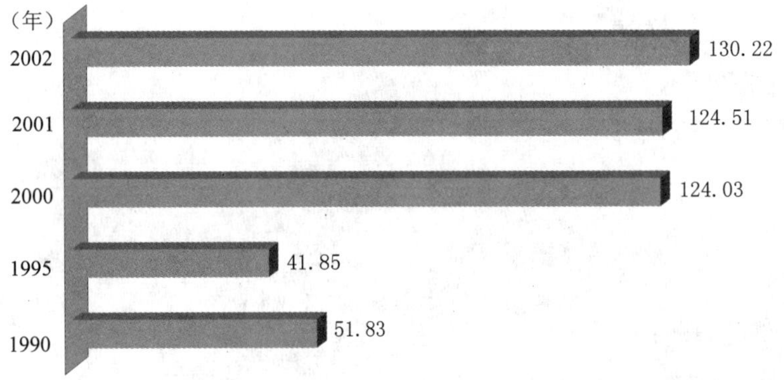

国际旅游收入（亿元）

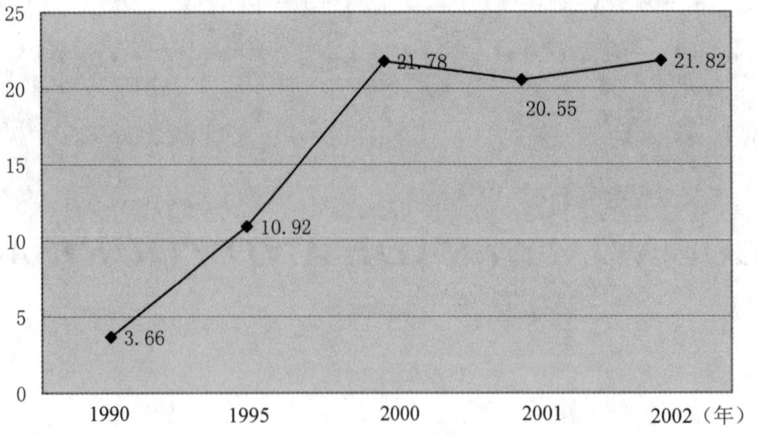

18—1　主要年份外贸进出口总额（按贸易方式分）

单位：万美元

项　　目	1990年	1995年	2000年	2001年	2002年
合计	**89797**	**321111**	**203789**	**179715**	**243032**
一般贸易	86859	261645	149839	127746	160439
国家间、国际组织无偿援助和赠送的物资			2	4	5
华侨、港澳台同胞、外籍华人捐赠物资			3	13	1
补偿贸易	1646	3706			
来料加工装配贸易	1292	25112	16317	13346	21689
进料加工贸易			21221	18286	21476
寄售、代销贸易			8	9	6
边境小额贸易		24652	15013	16708	34474
来料加工装配进口的设备			7	36	67
对外承包工程出口货物			18	14	2
租赁贸易					
外商投资企业作为投资进口的设备物资			1134	3416	4830
出料加工贸易			1		
易货贸易		5996	5	4	1
免税外汇商品			6		
保税仓库进出境货物			156	112	8
保税区仓储转口货物					
其它			59	21	34

注：外贸进出口数字自1999年起（含1999年）采用海关统计数据。

18—2　主要年份外贸出口总额（按贸易方式分）

单位：万美元

项　　目	1990年	1995年	2000年	2001年	2002年
合计	**72944**	**224585**	**149319**	**123554**	**150775**
一般贸易	70147	188402	118392	99015	105607
国家间、国际组织无偿援助和赠送的物资					
补偿贸易	1508	3429			
来料加工装配贸易	1289	16037	7976	6965	10214
进料加工贸易			14509	11787	14350
寄售、代销贸易			8	9	6
边境小额贸易		11369	8351	5751	20582
对外承包工程出口货物			18	14	2
租赁贸易					1
出料加工贸易			1		
易货贸易		5348	2	2	
免税外汇商品					
保税仓库进出境货物			59	9	8
保税区仓储转口货物					
其它			3	2	5

18—3　主要年份外贸进口总额（按贸易方式分）

单位：万美元

项　　目	1990年	1995年	2000年	2001年	2002年
合计	**16853**	**96526**	**54470**	**56161**	**92257**
一般贸易	16712	73243	31447	28731	54831
国家间、国际组织无偿援助和赠送的物资			2	4	5
华侨、港澳台同胞、外籍华人捐赠物资			3	13	1
补偿贸易	138	277			
来料加工装配贸易	3	9075	8341	6381	11475
进料加工贸易			6712	6499	7126
寄售、代销贸易					
边境小额贸易		13283	6662	10957	13892
来料加工装配进口的设备			7	36	67
租赁贸易					
外商投资企业作为投资进口的设备物资			1134	3416	4830
出料加工贸易					
易货贸易		648	3	2	1
免税外汇商品			6		
保税仓库进出境货物			97	103	
其它			56	19	29

18—4　外贸进出口总额

年　份	按人民币计算（万元）				按美元计算（万美元）			
	进出口总额	出口总额	进口总额	差额顺差+、逆差-	进出口总额	出口总额	进口总额	差额顺差+、逆差-
1978	45783	42305	3478	38827	26931	24885	2046	22839
1980	57112	55234	1878	53356	37823	36579	1244	35335
1985	153619	109260	44359	64901	52310	37205	15105	22100
1990	429517	348906	80611	268295	89797	72944	16853	56091
1991	544732	443062	101670	341392	102351	83248	19103	64145
1992	903567	611189	292378	318811	163850	110831	53019	57812
1993	1197113	763413	433700	329713	207760	132491	75269	57222
1994	2119857	1380777	739080	641697	245983	160222	85761	74461
1995	2689369	1880944	808425	1072519	321111	224585	96526	128059
1996	2349656	1590216	759440	830776	283132	191620	91512	100108
1997	2543484	1975177	568307	1406870	306821	238266	68555	169711
1998	2469994	2001785	468209	1533576	298377	241817	56560	185257
1999	1451332	1032287	419045	613242	175322	124701	50621	74080
2000	1686986	1236078	450908	785170	203789	149319	54470	94849
2001	1487461	1022629	464832	557797	179715	123554	56161	67393
2002	2011854	1248137	763717	484420	243032	150775	92257	58518

18—5　外贸进出口总额（按贸易方式及企业性质分，2002年）

单位:万美元

	合计	国有企业	外商投资企业				集体企业	其它
			小计	中外合作	中外合资	外商独资		
进口总值	**92257**	**38803**	**47512**	**1543**	**36768**	**9201**	**2827**	**3115**
一般贸易	54831	23569	29861	1511	24176	4174	110	1291
国家间、国际组织无偿援助和赠送的物资	5							5
华侨、港澳台同胞、外籍华人捐赠物资	1							1
来料加工装配贸易	11475	213	10511	27	7158	3326	751	
进料加工贸易	7126	3112	2230		2092	138	1748	36
寄售代销贸易								
边境小额贸易	13892	11896					217	1779
来料加工装配进口的设备	67		67		18	49		
租赁贸易								
外商投资企业作为投资进口的设备物资	4830		4830	4	3312	1514		
易货贸易	1						1	
免税外汇商品								
保税仓库进出境货物								
保税区仓储转口货物								
其它	29	13	13	1	12			3
出口总值	**150775**	**93146**	**30688**	**1171**	**20583**	**8934**	**16186**	**10755**
一般贸易	105607	70586	18037	1126	12511	4400	10837	6147
补偿贸易								
来料加工装配贸易	10214	379	8786	45	4700	4041	1049	
进料加工贸易	14350	7044	3863		3370	493	3435	8
寄售代销贸易	6	6						
边境小额贸易	20582	15119					864	4599
来料加工装配进口的设备								
对外承包工程出口货物	2	2						
租赁贸易	1		1		1			
出料加工贸易								
易货贸易								
免税外汇商品								
保税仓库进出境货物	8	8						
保税区仓储转口货物								
其它	5	2	1		1		1	1

18—6　广西同主要国家(地区)进出口商品总值(2002年)

单位:万美元

进口原产国(地) 出口最终目的(地)	进出口	出口	进口	2002年比2001年增减%		
				进出口	出口	进口
总　值	**243032**	**150775**	**92257**	**35.2**	**22.0**	**64.2**
亚洲	**136087**	**98613**	**37474**	**35.9**	**41.3**	**23.5**
香港	27185	25745	1440	35.1	41.3	-24.3
印度	2334	1950	384	33.9	40.2	9.1
印度尼西亚	2232	1982	250	-22.3	-21.6	-27.7
日本	18553	12072	6481	19.9	4.9	63.4
马来西亚	3611	2342	1269	15.1	19.7	7.5
菲律宾	1644	1219	425	63.5	79.1	30.9
新加坡	2189	1633	556	-6.7	3.5	-27.8
韩国	6780	3977	2803	1.0	19.7	-17.2
泰国	4030	2622	1408	7.3	32.7	-20.8
越南	48607	34058	14549	68.9	98.1	25.5
台湾省	12363	6329	6034	32.9	10.8	67.9
非洲	**9194**	**3978**	**5216**	**19.5**	**6.5**	**31.8**
加蓬	2241	1	2240	36.6	-45.8	36.7
南非	3223	322	2901	40.3	-13.5	50.8
欧洲	**40268**	**26036**	**14232**	**4.3**	**-10.5**	**50.1**
比利时	1934	1163	771	20.7	12.0	36.6
英国	4212	2940	1272	6.6	10.7	-1.7
德国	6443	3350	3093	13.6	-12.1	66.6
法国	4749	2349	2400	73.0	6.5	345.3
意大利	4666	3522	1144	1.0	12.6	-23.3
荷兰	6457	5729	728	-41.7	-46.4	86.1
西班牙	3135	2970	165	-16.2	-9.0	-65.5
奥地利	1647	163	1484	1030.1	300.2	1312.0
芬兰	1516	88	1428	-12.9	52.6	-15.1
俄罗斯联邦	473	305	168	3.3	20.8	-18.2
拉丁美洲	**21934**	**3537**	**18397**	**218.4**	**15.5**	**380.8**
北美洲	**29868**	**16697**	**13171**	**39.7**	**5.3**	**138.3**
加拿大	2768	975	1793	137.8	21.4	396.9
美国	27100	15722	11378	34.0	4.4	120.2
大洋洲	**5681**	**1914**	**3767**	**11.8**	**-5.3**	**23.2**
澳大利亚	5368	1694	3674	10.7	-9.2	23.3
东南亚国家联盟	**62726**	**44238**	**18488**	**49.6**	**70.7**	**15.6**
欧洲联盟	**37251**	**23846**	**13405**	**1.2**	**-14.7**	**52.1**
亚太经济合作组织	**166622**	**111887**	**54735**	**79.1**	**69.7**	**101.8**

注：东南亚国家联盟包括：文莱、印度尼西亚、马来西亚、菲律宾、新加坡、泰国、越南、缅甸、柬埔寨、老挝

欧洲联盟包括：比利时、丹麦、英国、德国、法国、爱尔兰、意大利、卢森堡、荷兰、希腊、葡萄牙、西班牙、奥地利、芬兰、瑞典

亚太经济合作组织包括：文莱、香港、印度尼西亚、日本、马来西亚、菲律宾、新加坡、韩国、泰国、中华人民共和国、台湾省、智利、墨西哥、加拿大、美国、澳大利亚、新西兰、巴布亚新几内亚、越南、俄罗斯、秘鲁

18—7　主要出口商品数量和金额(2002年)

金额单位：万美元

商品名称	数量单位	数量	金额
活猪	万头	10	1201
活家禽	万只	185	516
鲜、冻猪肉	万吨		115
水海产品	万吨		659
谷物及谷物粉	万吨	1	295
蔬菜	万吨	10	2287
干豆	万吨	3	993
鲜、干水果及坚果	万吨	9	2795
食用油籽	万吨	3	691
茶叶	吨	1467	229
蘑菇罐头	吨	2045	162
植物榨油后的剩余物	万吨	7	1213
填充用羽毛、羽绒	吨	2184	333
药材	吨	12402	2124
生丝	吨	318	499
黏土及其他耐火矿物	万吨	17	303
重晶石	万吨	50	1381
滑石	万吨	25	2266
氧化锌及过氧化锌	吨	62626	4012
锌钡白（立德粉）	吨	19250	506
医药品	吨	785	605
烟花、爆竹	吨	26187	4064
松香及树脂酸	吨	103210	4538
轮胎	万条	18	670
家用或装饰用木制品	吨	6442	637
纸及纸板（未切成形的）	万吨	1	530
纺织纱线、织物及制品	-		3981
水泥	万吨	35	1012

18—7 续表　　金额单位：万美元

商品名称	数量单位	数量	金额
平板玻璃	万平方米	567	1239
家用陶瓷器皿	吨	91928	4889
装饰用陶瓷制品	吨	1500	271
珍珠、宝石及半宝石	千克	2682	953
钢坯及粗锻件	万吨		86
钢材	万吨	4	1090
珍珠、宝石及半宝石	千克	2682	953
未锻造的铜及铜材	吨	3543	869
未锻造的铝及铝材	吨	1576	257
未锻造的锌及锌合金	吨	60324	4681
未锻造的锡及锡合金	吨	11069	4275
未锻造的锰	吨	3356	245
餐桌、厨房及其它家用搪瓷器	吨	1547	156
手用或机用工具	吨	2741	358
金属加工机床	万台	1	216
轴承	万套	136	146
原电池	万个	38768	1803
录音机及收录（放）音组合机（包括整套散件）	万台	6	11
录、放像机	台	20192	98
电容器	吨	124	207
电线和电缆	吨	4086	761
汽车和汽车底盘	辆	748	413
汽车零件	-		773
家具	-		637
床垫、寝具及类似品	-		223
灯具、照明装置及类似品	-		277
旅行用品及箱包	-		350
服装及衣着附件	-		10342
鞋类	-		815
塑料制品	吨	994	1041
玩具	-		593
贵金属或包贵 金属的首饰	-		2885
伞	万把	19	19
竹编结品	吨	5324	1112
藤编结品	吨	8583	1430
草编结品	吨	6310	1128
柳编结品	吨	534	90
摩托车	辆	51989	985
机电产品（包括本目录已具体列名的机电产品）			29443
高技术产品（包括本目录已具体列名的机电产品）	-		2246

18—8 主要进口商品数量和金额(2002年)

金额单位:万美元

商品名称	计量单位	数量	金额
香蕉	吨	42206	205
食用植物油	万吨	5	1960
其他植物油	万吨	2	538
天然橡胶（包括胶乳）	万吨	2	1198
合成橡胶（包括胶乳）	吨	1164	146
原木	万立方米	1	233
锯材	立方米	4991	65
纸浆	万吨	1	294
纺织用合成纤维	万吨		351
铁矿砂	万吨	143	4025
锰矿砂	万吨	44	3847
成品油	万吨	1	109
异氰酸酯	吨	3549	532
医药品	吨	9	151
肥料	万吨		48
初级形状的塑料	万吨	1	1053
牛皮革及马皮革	吨	32579	2466
纸及纸板（未切成形的）	万吨		126
合成纤维纱线	吨	122	33
合成纤维长丝机织物	万米	118	159
针织或钩编织物	吨	55	28
钻石	千克	127	3143
钢材	万吨	4	2011
未锻造的铜及铜材	吨	188	49
废铝	吨	3173	212
液泵及液体提升机	台	12119	743
活塞式内燃机的零件	吨	7474	774
空气调节器	台	797	91
机械提升搬运装卸设备及零件	-		297
建筑及采矿机械	-		773
食品加工机械	-		239
制造纸及纸制品用机械	—		1974
印刷、装订机械	-		329
纺织机械	-		82
金属加工机床	台	223	391
橡胶或塑料加工机械	-		123
阀门	万套	2	217
自动数据处理设备及其部件	台	14794	826
有线电话电报设备的零附件	吨	38	1685
通断及保护电路装置及零件	万个		157
电线和电缆	吨	62	70
汽车和汽车底盘	辆	405	1025
汽车零件	-		1242
医疗仪器及器械	-		466
计量检测分析自控仪器及器具	-		1102
机电产品（包括本目录具体列名的机电产品）	-		24339

18—9 边境贸易主要商品进出口数量和金额（2002年）

金额单位：万元

项目	数量单位	进口		出口	
		数量	金额	数量	金额
总额	万元		153122		319502
一、农副土特产品	万元		**80911**		**46745**
#粮食	吨	273	44	46654	12069
肉禽蛋	吨	1100	770	321	244
蔬菜	吨			55186	9196
水产品	吨	9978	7982		
干鲜果	吨	220863	36966	79546	17974
中草药	吨	28913	2622		
二、工业品	万元		**43187**		**139032**
#服装	万件			606	33171
布匹	万米			3802	31741
啤酒	吨				308
水泥	吨			16143	518
煤炭	吨	486787	7555	390	21
玻璃	平方米			272927	2320
锌矿	吨	16524	1024		
干电池	万只			13	86
化肥	吨			933	217
农药	吨			1065	1010
缝纫机	台			160	5
自行车	辆			20100	363
家用电器	万元				7548
橡胶	吨	102596	21461		
中成药	万元		184		9375
木材	立方米	29015	2843	74	4
三、其他商品	万元		**29024**		**133725**
#废旧物资	万元		826		469

18—10　实际利用外资额（1979—2002年）

单位：万美元

年份	合计	对外借款	外商直接投资	外商其他投资
1979-1983	4651		1226	3875
1985	4493	1405	1251	1837
1990	6031	1780	3025	1226
1991	6636	1624	3871	1141
1992	23741	4355	18026	1360
1993	92415	3891	87203	1321
1994	104724	22036	81506	1182
1995	96395	29042	66952	401
1996	102010	34697	66618	695
1997	126991	38412	87986	593
1998	128254	39641	88613	
1999	92108	28378	63730	
2000	75281	22515	52466	300
2001	57576	19161	38415	
2002	68550	20078	48472	

18—11　主要年份实际利用外资情况

单位：万美元

项目	1990年	1995年	2000年	2002年
总计	6031	96395	75281	68550
对外借款	**1780**	**29042**	**22515**	**20078**
外国政府贷款	920	6943	6630	6133
国际金融组织贷款	389	5301	11835	11945
国际商业性贷款		14195	4050	2000
出口信贷	471	2603		
外商直接投资	**3025**	**66952**	**52466**	**48472**
按投资方式分				
独资经营	141	15163	18476	19494
合资经营	1861	41367	16413	14974
合作经营	1023	10422	15477	8294
按国民经济行业分				
1. 农林牧渔业	89	2917	2092	2929
2. 工业	2271	33316	22697	25839
3. 建筑业		3517	6157	1708
4. 运输、邮电业	29	4587	2147	454
5. 批发和零售贸易、餐饮业		1369	492	425
6. 房地产、公用服务业	633	19997	18563	16254
7. 其他行业	3	1249	318	863
按国别、地区分				
#香港	2623	37226	20204	21610
澳门	31	2420	1321	1142
日本	5	3175	524	2895
新加坡	66	4039	1407	948
台湾	138	4295	4750	4318
美国	42	2004	1282	3211
泰国		4464	609	517
外商其他投资	**1226**	**401**	**300**	
加工装配		92		
补偿贸易	646	309	300	
国际租赁	580			

18—12　主要年份分地市新签外商直接投资项目和金额

地　　市	1990年	1995年	2000年	2001年	2002年
新签项目个数（个）	**114**	**571**	**246**	**274**	**271**
南 宁 市	13	88	31	41	53
柳 州 市	7	36	8	12	24
桂 林 市	28	116	45	60	47
梧 州 市	15	85	41	46	44
北 海 市	20	56	17	19	21
防城港市	-	24	23	10	12
钦 州 市	3	20	8	15	16
贵 港 市	-	-	9	14	12
玉 林 市	11	62	43	37	22
百 色 市	1	2	3	7	7
贺 州 市	8	30	7	10	13
河 池 市	1	9	5	3	0
南宁地区	1	18	5	8	4
柳州地区	1	4	1	3	4
新签项目合同外资额（万美元）	**12523**	**104177**	**71549**	**58707**	**73758**
南 宁 市	934	23557	10637	16031	20258
柳 州 市	208	8275	3380	4389	23922
桂 林 市	5751	10772	6550	8389	10797
梧 州 市	170	5837	3151	6606	3731
北 海 市	3584	10155	821	4602	4432
防城港市	18	3746	34536	3067	2270
钦 州 市	60	12048	3057	3344	3072
贵 港 市	-	-	521	432	342
玉 林 市	1255	16465	2210	713	1021
百 色 市	40	429	412	1004	1136
贺 州 市	324	2303	559	5898	2414
河 池 市	14	2605	4345	241	85
南宁地区	40	947	530	3072	102
柳州地区	17	903	840	919	176

18—13　主要年份分地市外商实际投入金额和年末实有企业数

地　　市	1990年	1995年	2000年	2001年	2002年
外商实际投入金额（万美元）	**3025**	**66952**	**52466**	**38415**	**48472**
南 宁 市	-	8657	8105	6148	11901
柳 州 市	319	3424	1018	1294	4472
桂 林 市	894	9142	11563	8354	10160
梧 州 市	124	4032	5860	6133	6283
北 海 市	932	21977	3629	1810	2260
防城港市	-	1800	3110	3580	2055
钦 州 市	356	2948	646	333	780
贵 港 市	-	-	660	573	750
玉 林 市	70	6004	7564	4542	4997
百 色 市	139	418	352	1050	1160
贺 州 市	128	2303	1550	1566	1807
河 池 市	-	1679	907	226	67
南宁地区	22	1527	752	1611	1680
柳州地区	41	35	6750	1195	100
年末实有企业数（个）	**376**	**5175**	**3427**	**3254**	**3279**
南 宁 市	47	468	531	500	495
柳 州 市	38	284	211	220	142
桂 林 市	98	623	426	401	438
梧 州 市	33	537	433	399	443
北 海 市	69	1142	514	517	491
防城港市	1	229	86	80	80
钦 州 市	24	221	293	308	324
贵 港 市	-	-	96	110	122
玉 林 市	34	907	440	460	336
百 色 市	6	48	36	43	50
贺 州 市	15	471	70	44	47
河 池 市	-	64	93	95	96
南宁地区	4	139	170	46	182
柳州地区	6	42	28	31	33

18—14 主要年份对外承包工程

项目	1990年	1995年	2000年	2001年	2002年
合同项目（个）	**40**	**19**	**14**	**17**	**7**
#巴基斯坦	2	3	-	1	-
孟加拉国	-	-	-	-	2
越南	-	11	8	7	2
泰国	-	-	-	2	2
美国	-	-	1	6	-
马来西亚	-	-	-	-	1
合同金额（万美元）	**2945**	**7634**	**2994**	**1200**	**2595**
#巴基斯坦	1700	930	-	600	-
孟加拉国	-	-	-	-	1876
越南	-	5137	699	531	200
泰国	-	-	-	41	256
美国	-	-	45	26	-
马来西亚	-	-	-	-	263
当年完成营业额（万美元）	**3353**	**8292**	**5042**	**1159**	**1361**
# 境内国际招标工程	-	-	-	188	-

18—15 旅游部门职工人数（2002年）

单位：人

	合计	管理机构人员	旅行社员工	涉外饭店员工	其它人员
总计	**67474**	**669**	**6829**	**47902**	**12074**
南宁市	12611	78	1155	10474	904
柳州市	5232	18	433	3954	827
桂林市	18992	167	2742	10387	5696
梧州市	2682	29	165	1795	693
北海市	7140	39	1241	4440	1420
防城港市	1752	22	248	1321	161
钦州市	1241	22	54	1072	93
贵港市	2014	14	57	1519	424
玉林市	4886	43	200	4219	424
百色市	3318	60	79	2950	229
贺州市	1130	42	97	750	241
河池市	2849	56	117	2220	456
南宁地区	3057	36	210	2441	370
柳州地区	570	43	31	360	136

18—16 旅游机构数（2002年）

单位：家

	总计	旅游管理部门	旅行社	#国际社	#国内社	旅游涉外饭店	星级饭店	五星	四星	三星	二星	一星
总　　计	**783**	**91**	**331**	**49**	**280**	**361**	**258**	**5**	**14**	**80**	**140**	**19**
南宁市	116	5	68	16	52	43	37	1	6	7	18	5
柳州市	44	1	26	4	22	17	16		2	7	6	1
桂林市	157	13	87	17	70	57	53	3	4	24	22	
梧州市	40	5	14	2	12	21	17			5	8	4
北海市	86	2	45	8	37	39	33	1	2	11	18	1
防城港市	33	4	11	1	10	18	12			7	4	1
钦州市	20	3	7		7	10	5			2	3	
贵港市	26	2	7		7	17	8			3	5	
玉林市	44	7	12	1	11	25	20			7	13	
百色市	45	11	7		7	27	11			2	9	
贺州市	27	5	6		6	16	10			2	7	1
河池市	52	12	11		11	29	10			3	7	
南宁地区	67	13	19	2	17	35	23				17	6
柳州地区	26	8	11		11	7	3				3	

注：“旅游管理部门”指各地市县旅游局

18—17 旅游部门旅游客车和游船年末实有数（2002年）

	合计（辆）	大型客车（辆）	中型客车（辆）	小型客车（辆）	游船总数（艘）	游船总座位（座）
总　　计	**1631**	**517**	**647**	**467**	**276**	**25857**
南宁市	131	26	44	61	3	350
柳州市	32	5	6	21	2	320
桂林市	1102	427	452	223	190	19284
梧州市	51	10	27	14	4	910
北海市	177	37	49	91	5	1400
防城港市	1		1			
钦州市	35	2	12	21	15	480
贵港市	5		4	1	4	225
玉林市	35	4	20	11	15	1200
百色市	20	3	6	11	8	292
贺州市	4		3	1	8	346
河池市	16	3	5	8	6	540
南宁地区	17		16	1	4	210
柳州地区	5		2	3	12	300

18—18　主要年份国际旅游接待人数及收入

项　　目	1990年	1995年	2000年	2001年	2002年
接待旅游人数（人次）	**518263**	**418499**	**1240265**	**1245148**	**1302160**
港澳和台湾同胞	340758	107672	730706	699477	663708
华侨	24120	3399	3271	965	1096
外国人	153385	307428	506288	544706	637356
#日本	50378	72706	86469	8669	109253
新加坡	2803	7164	6174	5473	6036
泰国	3610	5166	8256	16387	15084
越南	-	1110	66327	79489	91036
印度尼西亚	357	15057	14351	11414	14692
美国	19505	34878	58517	55226	61227
加拿大	3243	5497	6376	7906	12680
英国	10041	12374	15795	17361	21629
法国	8078	23241	40519	32408	30304
德国	8070	22987	27802	30351	34425
意大利	5036	10075	8732	7163	8778
澳大利亚	3697	5587	7782	8810	11394
新西兰	543	1178	1440	1731	2121
旅游收入（万元）	**36595**	**109243**	**217841**	**205537**	**218174**
商品收入	7312	24331	71399	68939	79060
商品销售收入	4457	7314	46914	47245	54215
饮食销售收入	2855	17017	24485	21694	24845
劳务性收入	29283	84912	146442	136598	139114
交通费收入	18085	36502	74300	69898	68357
旅行社收入	2998	16543	12071	9472	9113
住宿费收入	6579	23254	32655	26935	26347
其它收入	1621	8613	27416	30293	35297

18—19 主要年份各地接待国际旅游人数和旅游收入

项目	1990年		1995年		2000年		2001年		2002年	
	合计	外国人	合计	外国人	合计	外国人	合计	外国人	合计	外国人
接待旅游人数（人次）	**518263**	**153385**	**418499**	**307428**	**1240265**	**506288**	**1245148**	**544706**	**1302160**	**637356**
#南宁市	7937	2337	20128	9982	45586	23746	56685	31685	59180	36695
柳州市	3761	333	10250	2519	20268	4148	17580	4143	12401	4875
桂林市	484929	147748	355863	285025	950172	403872	932638	420350	984323	487792
梧州市	12710	2142	13692	2856	49858	3110	55058	4538	36756	8132
北海市	2203	667	3940	1631	38087	4523	25393	5576	17863	7294
旅游收入（万元）	**36595**		**109243**		**217841**		**205537**		**218174**	
#南宁市	527		6895		5736		11122		12248	
柳州市	201		811		1031		576		565	
桂林市	25551		92981		188712		174129		185249	
梧州市	226		6530		3004		2371		2220	
北海市	43		1013		8367		4780		3380	
平均每一旅游者消费额（元）	**706**		**2610**		**1756**		**1651**		**1675**	
#南宁市	664		3426		1258		1962		2070	
柳州市	534		791		509		328		456	
桂林市	733		2613		1986		1867		1882	
梧州市	178		4769		603		431		604	
北海市	134		2571		2197		1882		1892	

18—20 旅游涉外饭店经营情况（2002年）

名称	客房数（间）	床位数（张）	接待总人数（人次）	营业总收入（万元）	营业税及附加（万元）	利润总额（万元）
总计	**39925**	**78358**	**9661258**	**240623**	**13101**	**-34148**
南宁市	7974	14849	1832733	69211	3636	-9020
柳州市	2787	5573	536435	21266	1076	-1854
桂林市	8774	17135	1617568	59979	3057	-10840
梧州市	1811	3570	489992	7284	514	-1210
北海市	4666	9210	1094141	20175	1204	-6815
防城港市	1338	2494	399308	2007	135	-732
钦州市	907	1975	270545	4779	267	-1649
贵港市	1487	2986	411499	5189	323	18
玉林市	2244	4497	786515	15665	972	-426
百色市	2109	4231	498921	17764	1014	-913
贺州市	915	1875	813965	3149	124	-111
河池市	2214	4463	435662	6545	409	-336
南宁地区	2502	5118	209363	5600	300	-193
柳州地区	197	382	264611	2010	70	-67

18—21　广西与国外缔结友好城市一览表

国　别	区（市）名称	缔结日期
日　本	熊本市--桂林市	1979年10月1日
新西兰	黑斯廷市--桂林市	1981年3月4日
日　本	熊本县--广西壮族自治区	1982年5月20日
意大利	西西里大区--广西壮族自治区	1982年6月14日
美　国	奥兰多布--桂林市	1986年5月14日
奥地利	克恩滕州--广西壮族自治区	1987年2月10日
美　国	塔尔萨市--北海市	1987年3月6日
英　国	新港市--梧州市	1987年7月7日
冈比亚	班珠尔市--南宁市	1987年6月22日
美　国	辛辛那提市--柳州市	1988年5月5日
巴　西	北里约格朗德州--广西壮族自治区	1995年11月28日
日　本	八代市--北海市	1996年3月5日
乍　得	恩贾梅纳市--柳州市	1997年4月10日
澳大利亚	黄金海岸市--北海市	1997年9月17日
韩　国	济州市--桂林市	1997年10月29日
俄罗斯	沃罗涅日州--广西壮族自治区	1997年12月16日
斐　济	苏瓦市--北海市	1998年4月2日
澳大利亚	班伯格市--南宁市	1998年5月12日
美　国	蒙大那州--广西壮族自治区	1999年10月26日
美　国	普罗沃市--南宁市	2000年9月21日
德　国	帕绍市--柳州市	2001年4月25日
奥地利	克拉根福市—南宁市	2002年6月13日
泰　国	孔敬市---南宁市	2002年8月25日
法　国	普瓦图-夏朗特大区----广西壮族自治区	2002年11月23日

18—22 广西风景名胜区

类别	风景名胜区名称	所在地
国家级	桂林漓江风景名胜区	桂林市、阳朔县
	桂平西山风景名胜区	桂平市
	花山风景名胜区	宁明县
自治区级	龙虎山风景名胜区	隆安县
	澄碧湖风景名胜区	百色市
	南山---东胡风景名胜区	贵港市
	水月岩---龙珠湖风景名胜区	玉林市 、北流市、陆川县
	谢鲁山庄风景名胜区	陆川县
	林溪--八江风景名胜区	三江侗族自治县
	香桥岩风景名胜区	鹿寨县
	勾漏洞风景名胜区	北流市
	都峤山--真武阁风景名胜区	容县
	南湾--涠洲岛海滨风景名胜区	北海市
	古龙河--白龙洞风景名胜区	宜州市
	六峰山--三海岩风景名胜区	灵山县
	太平石山风景名胜区	藤县
	八角寨--资江风景名胜区	资源县
	青狮潭风景名胜区	灵川县
	龙胜龙脊风景名胜区	龙胜各族自治县
	元宝山--贝江风景名胜区	龙胜各族自治县、融水苗族自治县
	八仙天地--百崖槽风景名胜区	武宣县
	龙潭--都乐岩风景名胜区	柳州市
	大瑶山风景名胜区	金秀瑶族自治县
	白云山风景名胜区	梧州市
	青秀山风景名胜区	南宁市
	碧水风景名胜区	钟山县
	宴石山风景名胜区	博白县
	江山半岛风景名胜区	防城港市
	京岛风景名胜区	东兴市
	龙泉岩风景名胜区	玉林市
	浮山风景名胜区	贺州市
	黄姚风景名胜区	昭平县
	珍珠岩--金城江风景名胜区	河池市
	大化红水河 -- 七百弄风景名胜区	大化瑶族自治县

18—23 广西各类对外经济开发区

类 别	开发区类型	开发区名称	规划面积（平方公里）	批准时间
国家级	边境经济合作区	凭祥边境经济合作区	7.2	1992.9.26
		东兴边境经济合作区	4	1992.9.26
	高新技术开发区	桂林高新技术产业开发区	12	1991.3.6
		南宁高新技术产业开发区	12	1992.12.22
	经济技术开发区	南宁经济技术开发区	10.8	2001.5.26
	旅游度假区	北海银滩国家旅游度假区	12	1992.10.4
自治区级	经济开发区	梧州市对外加工区	0.27	1991.5.8
		容县侨乡经济开发区	0.1	1991.9.15
		柳州古亭山经济开发区	4	1992. 3. 19
		桂林八里街经济开发区	2	1992 .6. 12
		合浦平田阳塘经济开发区	1.41	1992.7.7
		柳州高新技术产业开发区	1	1992.9.10
		金城江民族经济开发区	0.65	1992.10.24
		鹿寨城南综合经济开发区	1.2	1992.12.12
		柳江县经济开发区	1.5	1992.12.21
		荔浦县龙口经济开发区	0.66	1992.12.23
		宜州市城西经济开发区	0.59	1992.12.29
		环江县城西经济开发区	1.2	1993.1.14
		南宁大沙田经济开发区	6.5	1994.11.30
		柳州市阳和开发区	15.73	1994.11.30
		桂林西城经济开发区	16.05	1994.11.30
		钦州港经济开发区	10	1996.6.14
		邕宁沿海经济走廊开发区	8	1998.3.22
		南宁市仙葫经济开发区	18	2001.1.16
		贺州旺高工业区	6	2002. 5. 20
		梧州市外向型工业园区	19.2	2002. 9. 4
		玉林市经济开发区	9.57	2002. 12. 3
		横县六景工业园区	7	2002. 12. 6
	旅游度假区	桂林桃花江旅游度假区	11.88	1994.12.17
		龙胜温泉旅游度假区	10	1994.12.17
		灵川青狮潭旅游度假区	10	1994.12.17
		桂平西山旅游度假区	5	1994.12.17
		玉林佛子山旅游度假区	6.5	1994.12.17
		防城江山半岛旅游度假区	63	1994.12.17
		合浦南国星岛湖旅游度假区	73.5	1995.3.2
		北海涠洲岛旅游度假区	24.74	1995.12.4
		荔浦丰鱼岩田园旅游度假区	55	1996.9.10
	华侨投资区	南宁华侨投资区	34	1990.12.20
		北海华侨投资开发区	3	1991.10.31

主要统计指标解释

进出口总额 指实际进出我国国境的货物总金额。包括对外贸易实际进出口货物，来料加工装配进出口货物，中外合资企业、合作企业和外商独资企业进出口货物和公用物品，以及国家间、联合国及国际组织无偿援助物资和赠送品，华侨、港澳同胞、外籍华人的捐赠物品金额。包括代理进出口额。进口按到岸价计算，出口按离岸价计算。

利用外资 指我国各级政府、部门、企业、中国银行和其他单位通过对外借款，吸收外商直接投资和外商其他投资方式筹借的境外现汇、设备、技术等。

对外借款 指由我国政府、部门、企业和其他经济组织在境外借入的资金或发行的外币债券等。包括由我国政府和政府授权部门对外提供担保的借款。

外国政府贷款 指一国家政府利用国库资金向另一发展中国家提供的优惠贷款。

国际金融组织贷款 指国际金融业务机构对我国的贷款。

国际商业性贷款 指国家批准的商业贷款项目。有权对外签订借款协议（合同）的单位和中国银行按利用外资计划借入的各种现汇资金。

外商直接投资 指依法批准在我国境内设立的外国、港澳台地区客商投资企业和海洋石油勘探开发项目合同中，由境外投资者以现金、实物、技术等对企业的投资（包括外商投资收益的再投资）以及批准的项目投资总额内，企业从境外借入的资金。直接投资按照投资方式分为中外合资、中外合作、外资、港澳台与大陆合资、合作、港澳台独资等。

实际利用外资 指利用外资协议（合同）的执行数。即对外借款实际提取数或拨交的使用数，客商直接投资项目（合同）中实际投入的现金、实物、工业产权及专有技术的计价投资款。

对外承包工程 指我国对外承包公司承包国外建设工程项目，我国援外成套项目，我国驻外机构的工程项目和以服务成果向业主收费的技术服务项目以及由各对外承包公司提供的成套设备，工程物资等。对外承包工程的营业款是以货币表现的本期内完成的对外承包工程的工作量。

旅游人数 指来我国参观、访问、旅行、探亲、访友、休养、考察、参加会议和从事经济、科技、文化、体育、宗教等活动的外国人、华侨、港澳和台湾同胞的人数。

旅游收入 指国内各行业为来我国旅游的外国人、华侨、港澳和台湾同胞提供商品和劳务而得到的收入。

边境贸易 指在两国的边境地区，通过居民、贸易机构或指定的企业进行的进出口贸易。是实际到达我国边境（口岸）和实际离开我国边境（口岸）直接进出口的所有商品贸易（我区试行包括边民互市贸易）。

第十九篇
CHAPTER 19

教育、科技和文化

EDUCATION,SCIENCE AND CULTURE

每万人拥有普通高校在校大学生（人）

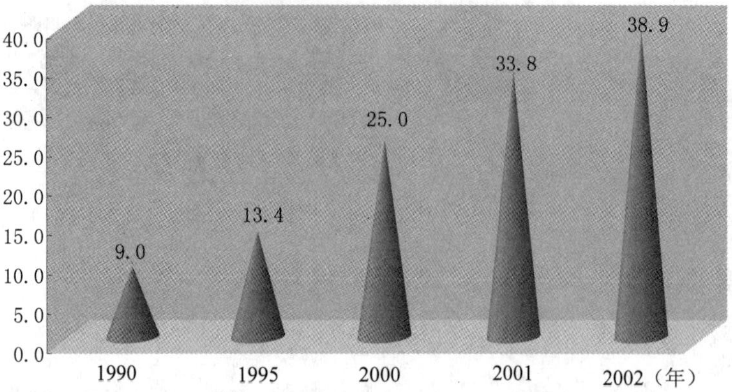

每万人拥有专业技术人员（人）

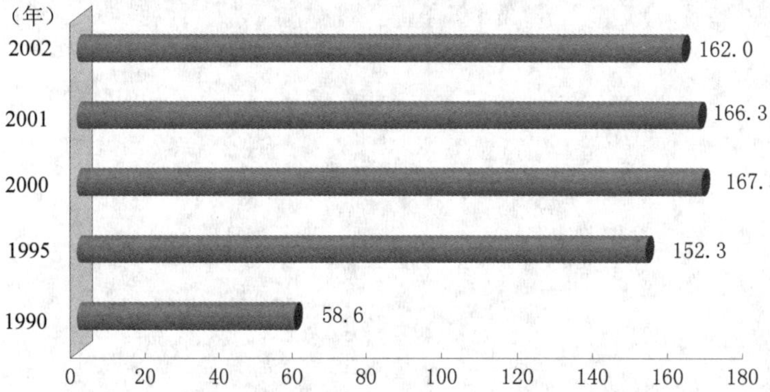

报纸、图书出版

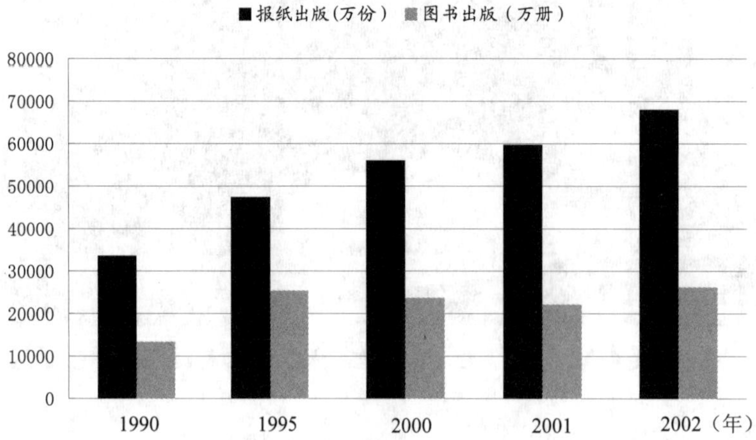

19—1 主要年份各类学校基本情况

项　目	单　位	1990年	1995年	2000年	2001 年	2002年
培养研究生单位	所	7	9	9	9	9
毕业生人数	人	157	228	444	539	580
招生人数	人	116	318	912	1547	1756
在校学生数	人	375	747	2057	3057	4020
普通高等学校	所	24	27	30	30	36
毕业生人数	万人	1.07	1.78	2.02	2.36	3.20
招生人数	万人	1.08	2.04	4.72	5.84	6.85
在校学生数	万人	3.78	6.00	11.79	15.16	18.63
专任教师	人	6834	7542	9326	10131	12115
普通中等专业学校	所	121	123	127	126	126
毕业生人数	万人	2.25	3.83	4.17	4.39	4.43
招生人数	万人	2.18	4.07	4.10	4.44	6.03
在校学生数	万人	7.17	11.67	15.87	15.77	17.18
专任教师	人	7268	7797	8800	8741	9170
职业中学	所	210	274	240	213	192
毕业生人数	万人	1.46	2.68	4.08	2.84	4.24
招生人数	万人	3.16	4.57	4.73	3.88	4.75
在校学生数	万人	7.04	11.35	12.53	11.68	11.25
专任教师	人	4600	6758	6532	6399	6709
技工学校	所	104	120	82	77	72
毕业生人数	万人	0.72	2.05	1.60	1.17	1.39
招生人数	万人	1.08	3.07	1.80	2.02	2.35
在校学生数	万人	2.81	6.39	4.14	4.46	5.15
专任教师	人	2623	3780	3405	3805	3672
普通中学	所	2751	3077	3019	3040	2884
毕业生人数	万人	36.89	48.73	74.07	73.81	82.85
招生人数	万人	51.04	76.73	109.84	107.70	110.00
在校学生数	万人	140.88	194.05	285.63	288.69	298.71
专任教师	人	81518	97749	126660	133698	140697
普通高中	所	457	437	464	501	516
毕业生人数	万人	5.75	6.60	8.20	9.64	11.54
招生人数	万人	7.83	7.84	15.34	17.12	20.60
在校学生数	万人	21.26	20.93	36.93	43.60	51.58
专任教师	人	14885	14344	18913	22580	25825
普通初中	所	2294	2640	2555	2539	2368
毕业生人数	万人	31.14	42.13	65.87	64.17	71.30
招生人数	万人	43.21	68.89	94.50	90.58	89.40
在校学生数	万人	119.62	173.12	248.70	245.09	247.13
专任教师	人	66633	83405	107747	111118	114872
普通小学	所	15789	16005	16109	16077	16070
毕业生人数	万人	69.03	81.05	103.70	96.85	94.80
招生人数	万人	97.95	107.48	76.76	78.82	80.15
在校学生数	万人	560.55	639.92	536.79	525.29	510.04
专任教师	人	204686	194780	198977	200320	205469
幼儿园	所	2368	2555	3846	2465	2460
在园儿童	万人	81.28	100.07	72.84	79.44	79.74
专任教师	人	20471	22956	22942	20193	19789

19—2 普通高等学校分科学生数（2002年）

单位：人

项　目	毕业生数		招生数		在校学生数	
	本科	专科	本科	专科	本科	专科
总　计	**12129**	**19838**	**27411**	**41105**	**87058**	**99266**
哲　学	38		77		234	
经济学	41	526	735	1554	1590	3839
法　学	461	806	1218	2030	3277	4469
教育学	1063	4323	1170	4680	3020	11878
文　学	1489	4094	4968	6255	14346	15934
历史学	185	44	208		804	
理　学	1308	2656	3067	3595	8956	9514
工　学	4242	3755	8136	12142	27599	27827
农　学	683	267	712	856	2818	1648
医　学	1777	1281	3606	2045	14832	5791
管理学	842	2086	3514	7948	9582	18366

19—3 普通中等专业学校分科学生数(2002年)

单位：人

项　目	毕业生数	招生数			在校生数	毕业班学生数
		合　计	招收高中毕业生数	招收初中毕业生数		
合　计	**44292**	**60306**	**359**	**59947**	**171792**	**58849**
农林类	5435	3168	42	3126	15664	8983
资源与环境类	1196	95		95	1910	1408
能源类	709	1110	70	1040	1987	456
土木水利工程类	1372	1482		1482	4856	2586
加工制造类	6276	6162	6	6156	19921	9556
交通运输类	1377	1916		1916	5606	2366
信息技术类	2112	10179	5	10174	22759	6157
医药卫生类	3369	13595		13595	37627	6146
商贸与旅游类	2938	7191		7191	14431	3590
财经类	4079	2771		2771	11652	5886
文化艺术与体育类	2707	2662	4	2658	8624	3135
社会公共事物类	2598	2130	146	1984	6804	2969
其他	10124	7845	86	7759	19951	5611

19—4 主要年份教师负担学生数

单位：人

指　　标	1990年	1995年	2000年	2001 年	2002年
普通高等学校					
教师人数	6834	7542	9326	10131	12115
平均每个教师负担学生数	5.6	8	12.6	15	15.4
中等学校					
教师人数	96009	116084	145397	152643	160248
平均每个教师负担学生数	16.4	19.2	20.6	21	20.7
小学					
教师人数	204686	194780	198977	200320	205469
平均每个教师负担学生数	27.4	32.9	27	26.2	24.8

注：中等学校包括初中、普通高中、普通中专、职业高中、技工学校

19—5 主要年份各级各类教育平均每万人在校学生数

单位：人

指　　标	1990年	1995年	2000年	2001 年	2002年
1、高等学校	16.42	24.98	46.45	63.55	75.12
普通高校	9.01	13.36	25.02	33.77	38.91
其中：地方院校	8.08	11.72	25.02	33.77	38.91
成人高校	7.41	11.62	21.43	29.78	36.20
2、中等专业学校	17.09	25.97	33.67	35.13	35.88
中等技术学校	11.37	18.59	27.83	29.63	31.07
中等师范学校	5.36	7.38	5.84	5.50	4.81
3、普通高中	50.67	46.59	78.35	97.13	107.73
4、普通初中	285.08	385.31	527.7	545.98	516.15
5、职业中学	16.78	25.25	26.59	26.02	23.50
6、小学	1335.92	1424.26	1138.97	1170.17	1065.25
7、幼儿园	193.71	188.65	154.55	176.97	160.76

19—6 主要年份各级成人教育在校学生数

单位：人

项　　目	1990年	1995年	2000年	2001年	2002年
总　　计	**1997489**	**3000298**	**3714884**	**3834107**	**3636444**
成人高等学校	31092	52200	100992	133694	173329
广播电视大学	11671	12142	13784	13319	12053
职工(农民)高等学校	3351	5518	3180	4109	3148
管理干部学院	1494	4142	10502	12449	16662
教育学院	7954	10995	6421	7854	11252
普通高等学校举办	6622	19403	67105	95963	130214
成人中等学校	655525	2788519	3448494	3565867	3346987
成人中等专业学校	59585	125679	95147	72853	63159
成人中学	11397	41465	3347	5473	24178
成人技术培训学校	584543	2621375	3350000	3487541	3259650
成人初等学校	1310872	159579	165398	134546	116128
职工初等学校	4249	5244	225	725	3616
农民初等学校	1036623	154335	165173	133821	112512
其中：扫盲班	234632	43912	79713	89262	24335

19—7 主要年份科技活动基本情况

指　　标	单 位	1995年	1996年	2000年	2001年	2002年
科技机构数	个	620	644	441	688	584
#科学研究与技术开发机构	个	210	206	203	198	196
科技情报与文献机构	个	20	20	21	21	20
大中型工业企业属技术开发机构	个	262	266	189	175	165
全日制高等院校属科研机构	个	123	161	126	91	69
科技活动人员数	万人	4.17	4.89	4.07	5.6	4.87
#科学家、工程师	万人	2.37	3.31	2.93	3.94	3.31
科技活动经费筹集总额	万元	127322	137486.7	166563.95	325551	264016
政府拨款	万元	18724	21796.2	42990.39	101286.7	75324
企业资金	万元	71775	76908.3	107028.4	163404.5	149547
金融机构贷款	万元	16346	29129.4	12177.9	24910.8	18676
其　他	万元	20477	9652.8	4367.26	35949	20469
科技活动经费使用总额	万元	104545	131460.4	155206.9	329677	276942
#内部支出	万元	102917.1	129352.3	147862.4	317181.6	261205
#劳务费	万元	22143	23372.9	52352.1	92710.9	77732
业务费	万元	25360	43175.6	48295.8		
固定资产购建支出	万元	38998	44864.8	30024.4	82611	67745
其　他	万元	11953	17939	17217.1		
研究与发展经费内部支出	万元		9578	59755	73834	91363

注：2001年的数据包括小型工业企业、建筑企业、交通运输仓储及邮电通信企业、农业及地质水利企事业单位、医疗卫生机构、软件开发等企事业单位的数据。

19—8 主要年份县及县以上政府部门所属研究与开发机构

项　　目	单 位	1995年	1996年	2000年	2001年	2002年
机构数	个	230	226	224	219	216
从事科技活动人员	人	9227	9042	7954	7161	7403
#科学家、工程师	人	5048	5130	4787	4403	4568
技术员	人	2048	1948	1916	1701	1925
经费筹集总额	万元	44526	40368.5	54820	57566	74065
#政府拨款	万元	16910	17224.2	31272	31789	47870
经费使用总额	万元	39087	37638.5	53090	56754	72557
#固定资产购建支出	万元	8910	8674.7	7818	6238	10955

19—9 主要年份大中型工业企业技术开发情况

指标	单位	1990年	1995年	2000年	2001年	2002年
企业数	个	270	574	610	578	546
#有科技活动机构的企业数	个	127	262		175	165
企业办科技活动机构数	个	137	262	189	175	165
从事科技活动的人员总计	万人	0.88	1.82	2.16	2.07	2.04
#工程技术人员	万人	0.50	1.11			
#有高中级职称或大学本科以上学历人员	万人	0.25	0.62			
#科技活动机构中的人员	万人	0.35	0.57	0.67	0.70	0.77
#有高中级职称或大学本科以上学历人员	万人	0.13	0.29	0.43	0.48	0.50
科技活动经费筹集总额	万元	14044	80032	102233	114930	126543
#政府拨款	万元	807	803	4710	3516	4532
银行贷款	万元	1924	9853	10450	15730	11045
企业自筹	万元	10619	55474	86384	93687	109986
接受外单位委托	万元	257	244		658	455
科技活动经费支出总额	万元	13628	63320	92977	110520	125156
#劳务费	万元	1945	7525	26953	24062	25726
原材料费	万元	4783	18256	23407	30251	36616
固定资产购建费	万元	3468	29933	19288	32916	20448
开发新产品用款	万元	6615	30878	50349	49719	59946
技术改造支出总额	万元	43037	149461	127063	185054	285054
技术引进支出总额	万元	9055	20409	27910	38166	47902
#引进设计、图纸、工艺、专利用款	万元	828	1083	14460	33622	36737
用于消化吸收的经费	万元	261	745	754	1369	1317
购买国内技术支出	万元	728	1779	6657	7291	8877
科技活动产出						
新产品销售收入合计	万元	116421	420591	1206963	1088806	1182812
新产品实现利税	万元	11515	43576			——
企业开发的科技成果转让收入	万元	20	631		——	——
企业对外技术服务收入	万元	28	521		——	——
企业科技活动成果获奖数	项		206		——	——
企业专利申请数	项	23	63	162	227	198
企业专利获准数	项	9	35		——	——

19—10 县及县以上政府部门所属研究与开发机构情况(2002年)

项　目	机构数（个）	从事科技活动人员合计（人）		经费筹集总额（万 元）		经费使用总额（万元）
			科学家工程师		政府拨款	
总　计						
一、按单位类型分	216	7403	4568	74065	47870	72557
科学研究与技术开发机构	196	7063	4322	71679	46166	70105
科技情报与文献机构	20	340	246	2386	1704	2452
二、按隶属关系分						
中央属	8	797	562	9689	5394	9077
自治区属	67	4096	2764	53938	35520	52762
地（市）属	84	2005	1121	9459	6265	9563
县属	57	505	121	979	691	1155
三、按学科领域分						
自然科学	10	582	479	8332	5380	7663
农业科学	100	2813	1264	28608	20918	28075
医药科学	14	917	604	8312	5795	11044
工程与技术科学	51	2344	1673	23240	11270	20223
人文与社会科学	41	747	548	5573	4507	5552

19—11 县及县以上政府部门所属研究与开发机构成果情况

年　份	科学著作（万字）	科学论文（篇）	获奖成果（项）
1990	887	579	185
1991	1520	675	189
1992	881	945	170
1993	1027	1072	135
1994	841	1135	202
1995	583	1274	176
1996	35	1403	192
1997	23	1691	124
1998	50	1505	121
1999	79	1525	128
2000	84	1839	
2001	62	1456	
2002	58	1400	

注：1999年以后科学著作计量单位为：种；1990年科学著作、科学论文不包含科技情报与文献机构数。

19—12 县及县以上政府部门所属研究与开发机构课题情况(2002年)

项　　目	课题数（项）	投入人员（人年）	#科学家工程师	投入经费（万元）
总　　计	**1275**	**2735**	**1888**	11492
一、按单位类型分				
科学研究与技术开发机构	1227	2657	1843	11173
科技情报与文献机构	48	78	45	319
二、按活动类型分				
基础研究	27	27	26	108
应用研究	179	300	252	955
实验发展	382	769	584	3670
研究与实验发展成果应用	452	1187	721	4649
科技服务	235	452	305	2110

注：投入的人员和经费为直接投入数据，不包括间接投入数据。

19—13 主要年份国有企事业单位各类专业技术人员

单位：万人

指　　标	1990年	1995年	2000年	2001年	2002年
各类专业技术人员总计	**24.86**	**69.19**	**79.50**	**79.62**	**78.13**
#工程技术人员	9.03	10.68	12.85	12.53	11.72
农业技术人员	2.29	1.99	2.36	2.38	2.31
科学研究人员	0.41	0.33	0.28	0.28	0.30
卫生技术人员	8.23	9.15	10.42	10.49	10.46
教学人员	4.91	32.96	39.82	40.70	40.97

19—14 主要年份国有企事业单位分行业各类专业技术人员

单位：万人

行　　业	1990年	1995年	2000年	2001年	2002年
总　　计	**24.86**	**69.19**	**79.50**	**79.62**	**78.13**
农、林、牧、渔、水利业	3.80	5.82	5.67	5.63	5.09
工　业	4.27	10.20	9.35	8.30	6.77
地质普查和勘探业	0.03	0.09	1.43	1.48	1.43
建 筑 业	0.86	1.93	1.48	1.57	1.50
交通运输、邮电通讯业	0.48	1.56	2.41	2.33	2.10
商业、公共饮食业、物资供销和仓储业	0.54	4.30	2.40	2.18	1.89
房地产管理、公用事业、居民服务和咨询服务业	0.26	1.16	3.88	4.25	0.85
卫生、体育和社会福利事业	7.10	8.65	10.00	10.10	12.68
教育文化艺术和广播电视事业	5.36	33.70	41.35	42.37	42.87
科学研究和综合技术服务	0.76	0.88	1.33	1.22	1.52
金融保险事业	0.01	0.06	0.13	0.13	0.17
其他行业	0.03	0.83	0.12	0.07	1.26

19—15　主要年份文化事业机构和人员

项　目	单　位	1990年	1995年	2000年	2001年	2002年
电影事业						
机构	个	5575	3530	1180	998	962
人员	人	16924	12870	5963	5448	5674
艺术表演团体						
机构	个	115	116	118	118	118
人员	人	4610	4386	4518	4529	4532
图书馆						
机构	个	90	99	94	94	96
人员	人	1208	1335	1540	1520	1494
群众文化事业						
机构	个	1422	1523	1408	1473	1451
人员	人	3630	5716	3387	3297	3729
其他文化事业						
机构	个	14	54	34	30	44
人员	人	321	1129	466	437	905

19—16　艺术表演团体演出情况(2002年)

项　目	国内演出场数（千场）		观众人数（千人次）
		到农村演出	
总　计	**14**	**7**	**17852**
按经济类型分			
#国有剧团	14	7	17852
集体剧团			
按剧种分			
#话剧、儿童剧、滑稽剧团			141
歌剧、歌舞剧团、舞蹈			
歌舞团、轻音乐团	2	1	2690
文工团、文宣队、乌兰牧骑	7	4	9101
戏曲剧团	4	2	4828
曲艺、木偶、杂技团、皮团	1		1092

19—17　主要年份电影放映情况

项　目	单　位	1990年	1995年	2000年	2001年	2002年
放映单位	个	5455	3414	1079	897	862
放映场数	万场	115.14	51.20	8.50	6.20	3.21
观众人次	万人次	52800	11306	1046	804	212
放映收入	万元	8987	7998	1898	1289	1596
发行收入	万元	3876	2837	785	567	788

19—18 主要年份广播事业发展情况

项　　目	单位	1990年	1995年	2000年	2001年	2002年
基本情况						
电台	座	13	26	27	11	11
发射台及转播台	座	27	24	25	25	22
节目	套	15	31	33	42	39
平均每日播出时间	小时	130	322	434	490	509
广播人口覆盖率	%	63.2	66.3	85	86.29	86.7
制作广播节目						
新闻节目	小时	1875	6801	9780	11773	13529
文艺节目	小时	2685	17362	17983	21338	29701
专题节目	小时	2765	11999	20712	25500	28087
教育节目	小时	512	3034	7493	7103	5931
服务节目	小时	1803	7856	14688	15644	15285

19—19 主要年份电视事业发展情况

项　　目	单位	1990年	1995年	2000年	2001年	2002年
基本情况						
电视台	座	9	19	21	15	15
1 千瓦以上发射及转播台	座	14	24	27	22	34
节目	套	9	20	23	70	50
平均每周播出时间	小时	530	818	1426	3935	6631
电视人口覆盖率	%	77.5	79.5	90.0	91.0	91.5
制作电视节目						
新闻节目	小时	463	1591	2452	4611	5731
文艺节目	小时	259	768	1268	2382	2218
电视剧	部/集			11/80	8/134	9/149
专题节目	小时	234	1387	1925	3357	3179
服务节目	小时	273	1884	1382	4823	6269

19—20 主要年份图书、报纸及杂志出版情况

项　　目	单位	1990年	1995年	2000年	2001年	2002年
图　书						
种　数	种	1672	2694	2727	2898	3138
印　数	万册	13360	25397	23688	22158	26229
印　张	千印张	515829	1031173	1166654	1176658	1423208
报　纸						
种　数	种	48	66	76	75	84
印　数	万份	33603	47475	56056	59724	68024
印　张	千印张	242066	451524	834491	1059245	1390232
杂　志						
种　数	种	124	159	190	202	202
印　数	万册	3226	4630	5243	5491	5492
印　张	千印张	76671	129001	149238	169060	185069

主要统计指标解释

普通高等学校 指按照国家规定的设置标准和审批程序批准举办，通过国家统一招生考试，招收高中毕业生为主要培养对象，实施高等教育的全日制大学、独立设置的学院和高等专科学校、短期职业大学。

成人高等学校 指按照国家有关规定审批，招收通过全国成人高教统一招生考试的具有高中毕业或同等学历的在职从业人员，利用脱产、半脱产、业余或函授等多种形式对其实施高等学历教育，培养高等教育专科或本科毕业水平的专门人才，修业年限、课程设置和总学时数均按高等学历教育要求付诸实施的学校。包括广播电视大学、职工高等学校、农民高等学校、管理干部学院、教育学院、独立设置的函授学院等。

艺术表演团体 指从事戏曲、音乐、舞蹈、杂技等专业艺术表演，有独立帐户的单位，不包括半工半艺、半农半艺和民间职业剧团。

电影放映单位 指具有放映机器设备、固定或不固定的放映场所与专职或兼职的放映技术人员，经有关部门登记批准，经常为一定的观众对象放映电影的机构。包括经批准对外开放进行营业，并与电影发行放映管理机构分帐的专用放映单位和军委系统租片单位。

科技活动 指在自然科学、农业科学、医药科学、工程与技术科学、人文与社会科学领域(简称科学技术领域)中，与科技知识的产生、发展、传播和应用密切相关的有组织的活动。可分为研究与试验发展(R&D)、研究与试验发展成果应用及相关的科技服务三类活动。

科学家与工程师 指科技活动人员中具有高、中级技术职称(职务)的人员和不具有高、中级技术职称(职务)的大学本科及以上学历人员。

研究与试验发展(R&D) 指在科学技术领域，为增加知识总量、以及运用这些知识去创造新的应用而进行的系统的创造性的活动，包括基础研究、应用研究、试验发展三类活动。

基础研究 指为获得关于现象和可观察事实的基本原理的新知识(揭示客观事物的本质、运动规律，获得新发现、新学说)而进行的实验性或理论性研究，它不以任何专门或特定的应用或使用为目的。基成果以科学论文和科学著作为主要形式。

应用研究 指为获得新知识而进行的创造性研究，主要针对某一特定的目的或目标。应用研究是为了确定基础研究成果可能的用途，或是为达到预定的目标探索应采取的新方法(原理性)或新途径。其成果形式以科学论文、专著、原理理性模型或发明专利为主。

试验发展 指利用从基础研究、应用研究和实际经验所获得的现有知识，为产生新的产品、材料和装置，建立新的工艺、系统和服务，以及对已产生和建立的上述各项作实质性的改进而进行的系统性工作。其成果形式主要是专利、专有技术，具有新产品基本特征的产品原型或具有新装置基本特征的原始样机等。在社会科学领域，试验发展是指把通过基础研究、应用研究获得的知识转变成可以实施的计划(包括为进行检验和评估实施示范项目)的过程。人文科学领域没有对应的试验发展活动。

研究与试验发展人员 指参与研究与试验发展项目研究、管理和辅助工作的人员，包括项目(课题)组人员，企业科技行政管理人员和直接为项目(课题)活动提供服务的辅助人员。

科技活动经费筹集 指从各种渠道筹集到的计划用于科技活动的经费，包括政府资金、企业资金、事业单位资金、金融机构贷款、国外资金和其他资金等。

政府资金 指从各级政府部门获得的计划用于科技活动的经费，包括科学事业费、科技三项费、科研基建费、科学基金、教育等部门事业费中计划用于科技活动的经费以及政府部门预算外资金中计划用于科技活动的经费等。

第二十篇

CHAPTER 20

体育、卫生、社会福利及服务业

SPORT,PUBLIC HEALTH,
SOCIAL WELFARE AND OTHERS

国家体育锻炼标准及格人数（万人）

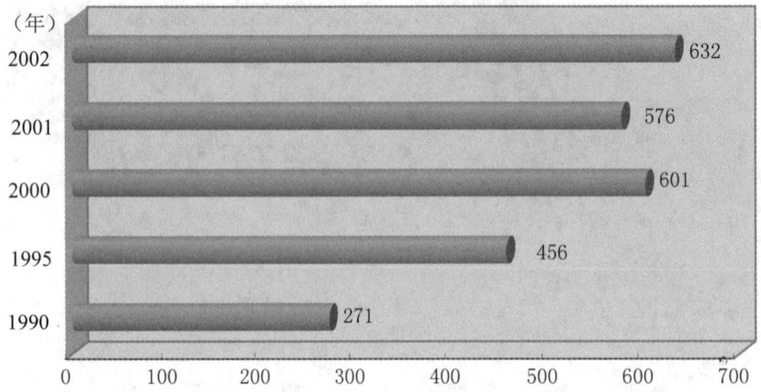

广西运动员在国际国内比赛获得金牌（枚）

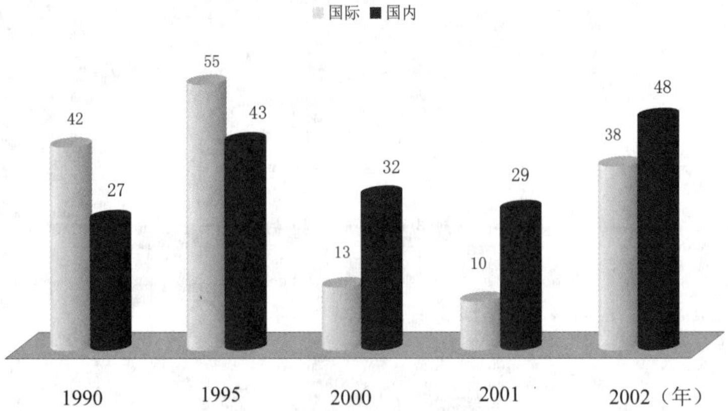

每万人拥有卫生技术人员（人）

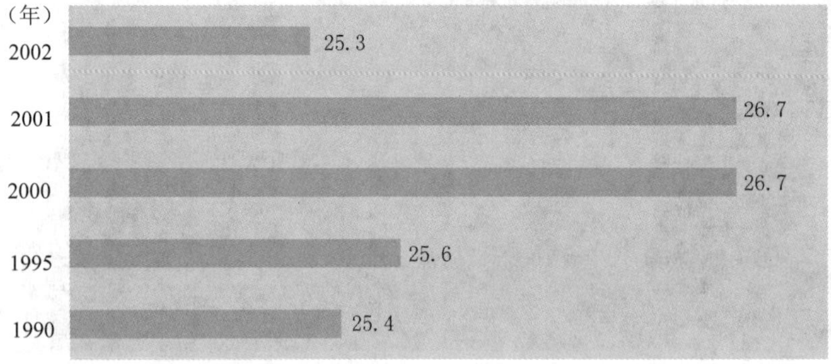

20—1 主要年份体育事业发展情况

项目	单位	1990年	1995年	2000年	2001年	2002年
体育系统固定职工人数	人	3234	3335	3824	3623	3860
#体育运动学校	人	174	180	178	172	165
业余体校	人	779	1028	1202	1097	1178
训练基地	人	119	184	216	203	132
公共体育场、馆	人	146	272	289	288	281
体育场地	个			40564		
体育场	个	15	27			
体育馆	个	7	18			
游泳池	个	166	142			
灯光球场	个	614	891			
运动场	个	92	127			
各级体委举办运动会次数	次	6502	3535	1019		331
国家体育锻炼标准及格人数	万人	271.21	456.48	601.00	576.00	632.00
等级运动员发展人数	人	1216	2552	1281	1698	553
#国际级健将	人			1	1	
运动健将	人		27	34	16	
一级运动员	人	27	41	27	56	23
二级运动员	人	269	354	219	460	530
三级运动员	人	412	428	467	664	
等级裁判员发展人数	人	1550	2154	2211	2785	1050
#国家级裁判	人		10	16		
打破纪录情况						
破世界纪录						
项　数	项	1			1	
人　数	人	1			1	
次　数	次	1			1	
破全国纪录						
项　数	项	3	2			4
人　数	人	3	3			1
次　数	次	4	3			4
获奖情况						
在国际比赛中						
金　牌	枚	42	55	13	10	38
银　牌	枚	15	22	8	1	5
铜　牌	枚	21	9	3		4
在全国比赛中						
金　牌	枚	27	43	32	29	48
银　牌	枚	38	23	43	21	73
铜　牌	枚	34	28	42	10	92

20—2 主要年份卫生基本情况

项　　目	单　位	1995年	2000年	2001年	2002年
一、各类卫生机构、卫生技术人员					
卫生机构数	个	5571	13707	13363	10107
其中：医院、卫生院	个	1709	1868	1870	1762
疗养院	个	11	8	9	9
门诊部、诊所、医务室	个	3333	11361	11015	7873
疾病预防控制中心（防疫站）	个	132	136	139	107
卫生监督所（局）	个				9
专科疾病防治院（所、站）	个	66	66	66	77
妇幼保健院（所、站）	个	81	103	103	105
医学学科研究机构	个	26	22	21	12
其他卫生机构	个	126	147	144	131
病床总数	张	83963	85422	88291	88156
医院、卫生院病床数	张	78788	82975	85610	83153
每千人中医院、卫生院病床数	张	1.73	1.74	1.79	1.72
卫生技术人员	人	116547	127036	127874	122005
执业医师、执业助理医师	人	41305	45981	47621	51959
注册护士	人	35636	40331	41303	41121
每千人中有卫生技术人员数	人	2.56	2.67	2.67	2.53
疾病预防控制机构	个	132	136	139	107
卫生技术人员	人	5152	5340	5426	5037
妇幼保健机构	个	81	103	103	105
卫生技术人员	人	2190	5879	6081	6372
乡镇卫生院	个	1273	1134	1127	1299
床位数	张	18470	12720	13174	19532
卫生技术人员	人	23829	20134	20094	27818
农村有医疗点的村占总村数的比重	%	95.83	97.51	98.02	83.54
乡村医生和卫生员人数	人	44617	47099	48169	32773
二、医院病床使用情况					
病床周转次数	次	18.5	18.7	19.5	20.9
病床工作日数	日	263.70	218.79	218.49	244.21
病床使用率	%	72.70	59.78	59.86	66.91
出院者平均住院日数	日	13.60	11.34	11.22	11.18

注：①2002年的卫生机构数不包括高中等医学院校、药检机构和非卫生部门举办的计划生育指导站。

②1995年、2000年、2001年的执业医师、执业助理医师为中医师、西医师、中西医结合医师，注册护士为护师、护士。

20—3　政府办医院出院病人前十位主要疾病死亡情况（2002年）

项　　目	死亡人数（人）	占死亡人数%
合计	7884	91.55
损伤、中毒和外因的某些其他后果	1515	17.59
损伤和体内损伤	761	8.84
呼吸系统疾病	1273	14.78
消化系统疾病	1139	13.23
肿瘤	910	10.57
恶性肿瘤	680	7.90
泌尿生殖系统疾病	855	9.92
妊娠、分娩和产褥期	816	9.48
循环系统疾病	763	8.86
心脏病	186	2.16
脑血管病	401	4.66
某些传染病和寄生虫病小计	270	3.13
症状、体征和临床与实验异常所见，不可分断分处者小计	183	2.12
起源于围生期的某些情况	160	1.86

20—4　医院诊疗人次和入院人数（2002年）

医　院　类　别	诊疗人数（万人次）	#门、急诊	入院人数（万人次）	每百门、急诊次的入院人数（人次）
总计	7302.71	6858.87	198.84	2.90
县及县以上医院	4026.97	3745.00	119.24	3.18
政府办	3449.08	3320.23	112.05	3.37
卫生院	2588.54	2457.22	61.00	2.48

20—5　优抚和社会福利收养性单位基本情况（2002年）

项　　目	机构（个）	职工人数（人）	床位（张）	年末收养人数（人）
城乡社会福利收养性单位	749	4161	21749	14240
残废军人休养院	1	76	172	164
光荣院	18	127	598	283
复退军人精神病院	4	295	670	504
社会福利院	57	1268	5105	3747
社会儿童福利院	6	266	711	587
社会精神病人福利院	4	422	934	724
城乡老年福利机构	653	1524	13210	7942
其他收养性单位	6	183	349	289

20—6　主要年份优抚和社会福利事业单位机构和人员

项　　目	1990年	1995年	2000年	2001年	2002年
机构（个）					
收养性事业单位合计	190	423	634	682	749
优抚事业单位	21	20	22	23	23
社会福利事业单位	169	403	612	659	726
民政部门举办	40	42		655	715
社会举办	129	361		27	34
军队离退休干休所	10	10	18	21	21
军供站	11	11	12	12	12
社会福利企业单位合计	317	482	325	307	305
民政部门举办	205	310		282	272
社会举办	112	172		25	33
流浪乞讨收容遣送及安置单位	17	17	17	17	17
收容遣送站	15	15	15	15	15
安置农场	2	2	2	2	2
殡葬事业单位	24	24	44	40	43
职工人数（人）					
收养性事业单位合计	1390	2135	3134	3417	4161
优抚事业单位	356	409	446	470	498
社会福利事业单位	1034	1704	2688	2947	3663
民政部门举办	804	1081		2988	3655
社会举办	230	623		429	506
军队离退休干休所	78	93	141	157	157
军供站	297	388	395	387	396
社会福利企业单位合计	8198	12398	9981	9251	10106
民政部门举办	6314	9043		8455	9292
社会举办	1884	3355		796	814
流浪乞讨收容遣送及安置单位	675	715	645	653	603
收容遣送站	237	245	255	260	256
安置农场	438	470	390	393	347
殡葬事业单位	442	613	784	875	1004

20—7　主要年份社会救济对象享受救济情况

项　　　目	单 位	2000年	2001年	2002年
社会救济户总人数	人	493678	698877	810627
一、城镇居民最低生活保障人数	人	108173	321905	534763
城镇居民最低生活保障家庭数	户			202411
城镇临时救济	人次	31226	40730	40191
二、农村居民最低生活保障人数	人	204293	196660	78797
农村居民最低生活保障家庭数	户			45363
三、农村传统定期定量救济人数	人	50292	57721	66794
困难户	人			15933
五保户	人		41171	45789
其他对象	人			5072
临时救济人次数	人次	1298570	1527869	1026896
四、精减退职老职工救济人数	人	6054	5956	5712
享受原工资40%的救济人数	人	3967	3778	3553
享受定期定量救济人数	人	2087	2178	2159
五、五保户集体供养人数	人	124866	116635	124561

注："社会救济总人数"含"五保户集体供养人数"

20—8　服务业主要财务指标（行政单位,2002年）

单位：万元

指　　标	单位数（个）	从业人员（人）	经费实际支出	预算外支出	专用基金支出	专项资金支出	年末固定资产原值
合　计	12849	254550	913928	82765	12519	87700	1588907
国家机关	11247	237523	834790	81362	12298	81916	1474100
政党机关	1203	13876	67056	1162	11	5061	89708
社会团体	399	3151	12082	241	210	723	25099

20—9　服务业主要财务指标（事业单位,2002年）

单位：万元

指　　标	单位数（个）	从业人员（人）	收入合计	业务事业	支出合计	业务事业	专用基金支出	专项资金支出	年末固定资产原价
合　　计	24012	805207	2231722	1075521	2130202	2012125	88377	47788	3003420
按国民经济类型分									
公共设施服务业	631	34149	81138	28288	77688	71456	1326	5895	77642
居民服务业	69	1577	10303	8835	9268	8406	512	649	25706
旅馆业	27	1060	3870	2582	4037	3465	34	116	7780
租赁服务业	40	477	246	79	439	439	0	0	6227
旅游业	26	162	291	265	292	287	36	0	35
娱乐服务业	10	92	591	511	560	551	0	0	260
信息服务业	150	1616	10378	3701	8796	8611	126	336	5887
计算机应用服务业	11	195	1303	463	1194	706	62	257	1522
其它社会服务业	933	20718	45708	26934	44677	40256	934	2434	135864
卫生	2638	133563	663524	532896	649664	611082	54558	7365	595298
体育	57	1851	7980	2080	6012	5819	12	398	84504
社会福利保障业	313	4274	22288	7572	34118	31405	1447	1715	44006
教育	15030	528811	891008	323504	939233	905771	21082	17167	1618164
文化艺术业	921	14145	51912	28834	51633	47736	714	1264	81431
广播电影电视业	614	8843	234014	36305	106116	99726	1250	1908	75688
科学研究业	213	16506	63291	13135	56351	52707	2236	1245	68513
综合技术服务业	692	16521	64007	22370	60919	56944	1275	3391	56511
国家机关	1489	19035	75146	35224	74513	62340	2738	3490	114816
政党机关	18	150	867	320	964	943	0	0	1014
社会团体	130	1462	3857	1623	3728	3475	35	158	2552

20—10　服务业企业和企业化管理的事业单位主要财务指标（2002年）

单位：万元

指　　标	单位数（个）	从业人员（人）	资本金合计	资产总计	负债总计	所有者权益	主营业务收入	利润总额	年末固定资产原值
合　　计	1075	73466	460256	1696753	1181802	514950	631717	43192	1092312
按国民经济类型分									
公共设施服务业	70	10573	37797	91667	36364	55303	42731	1891	67764
居民服务业	40	2076	8753	10060	6141	3918	6149	-296	5300
旅馆业	404	36010	270598	876492	715886	160607	267413	15215	732651
租赁服务业	7	152	4290	16201	11594	4606	12460	-183	3077
旅游业	123	8967	43938	293636	202436	91200	123906	4128	116397
娱乐服务业	21	808	19401	68592	17798	50794	2837	-2128	31817
信息服务业	79	2055	7642	31751	18498	13253	24754	582	10507
计算机应用服务业	19	557	4268	9974	7355	2619	10305	194	2540
其它社会服务业	26	2640	4879	26318	24400	1919	7517	-234	16460
卫生	11	477	2980	7285	2807	4478	3628	-29	6184
体育	1	30	0	5031	11	5020	1973	-2059	31
社会福利保障业	4	114	176	1827	1507	320	667	189	112
教育	14	261	2345	4480	1323	3157	1826	-73	2887
文化艺术业	33	1514	25814	121691	52591	69100	72083	24443	38334
广播电影电视业	134	3017	5547	32608	17944	14665	3987	-860	27460
科学研究业	18	1290	10745	34668	39780	-5112	23904	641	16345
综合技术服务业	70	2899	11083	62066	24247	37817	25577	1771	13344
国家机关	1	26	0	2406	1120	1286	0	0	1102

主要统计指标解释

等级运动员人数 指经考核正式批准授予等级运动员称号的人数。运动员等级分为国际级运动健将、运动健将、一级运动员、二级运动员、三级运动员、少年级运动员。

等级裁判员人数 指经考核正式批准授予等级裁判员称号的人数。裁判员等级分为国际裁判、国家级裁判、一级裁判、二级裁判、三级裁判。

体育场 指有400米跑道(中心含足球场)，有固定道牙，跑道6条以上，并有固定看台的室外田径场地。体育场按看台容纳观众人数分为：甲级25000人以上，乙级15000-25000人，丙级5000-15000人，丁级5000人以下。

体育馆 指有国家看台，可供篮球、排球、羽毛球、乒乓球、体操等项目训练比赛活动用的室内运动场地。体育馆按看台容纳观众人数分为：甲级6000人以上，乙级4000-6000人，丙级2000-4000人，丁级2000人以下。

医院 指设有固定床位，能收容病人住院并能为病人提供医疗、护理服务的医疗机构，包括县及县以上医院、农村乡卫生院和其他医院三部分。医院按所属性质不同分为卫生部门、工业及其他部门和集体经济单位三类。县及县以上医院按业务性质不同分为综合医院和专科医院。

卫生技术人员 指卫生事业机构支付工资的全部职工中现任职务为卫生技术工作的专业人员，包括中医师、西医师、中西医结合高级医师、护师、中药师、西药师、检验师、其他技师、中医士、西医士、护士、助产士、中药剂士、西药剂士、检验士、其他技士、其他中医、护理员、中药剂员、西药剂员、检验员和其他初级卫生技术人员。

经费实际支出 指行政单位本年经费实际支出合计，包括工资、补助工资、其他工资、职工福利费、社会保障费、助学金、公务费、设备购置费、修缮费、业务费、其他费用(以上十一项支出口径与会计“经费支出明细表”科目的规定相同)。

预算外支出 指核算行政单位用预算外资金开支的实际支出数。该指标根据会计“预算外支出”科目中的合计数填列

专用基金支出 指行政单位本年用专用基金开支的实际支出合计。专用基金是行政单位根据国家规定提存或设置的由单位自有自用的专用基金，如奖励基金、机关基金和固定资产变价基金等。

专项资金支出 指从拨出的专项资金中开支的实际支出。专项资金是由同级财政机关或上级部门在正常的事业经费以外拨入的指定用途、专款专用、单独核算的资金，如设备购置费、大型修缮费、专项调查费。

业务(事业)支出 指单位本年发生的事业费及各项实际支出合计，包括工资、补助工资、其他工资、职工福利费、社会保障费、公务费、设备购置费、修缮费、业务费、其他费用(以上十项支出口径与会计“事业支出明细表”科目的规定相同)。

专用基金支出 指单位本年从专用基金中实际支出的合计。

专项资金支出 指单位本年从专项资金中实际支出的合计。

第二十一篇

CHAPTER 21

区域经济

ECONOMIC ZONES

21—1 各个经济区域主要经济指标（2002年）

区域	土地面积（平方公里）	年末总人口（万人）	国内生产总值（亿元）	第一产业	第二产业	#工业	第三产业
一、五大经济区域							
桂东经济区	**47887**	**1549.46**	**615.30**	**215.26**	**178.94**	**157.85**	**221.10**
梧州市	12588	291.35	153.16	46.10	47.06	39.86	60.00
贵港市	10606	462.45	126.27	46.73	29.70	24.91	49.84
玉林市	12838	587.13	225.61	80.61	71.50	65.34	73.50
贺州市	11855	208.53	110.26	41.82	30.68	27.74	37.76
桂南沿海经济区	**30390**	**854.95**	**714.40**	**186.23**	**192.20**	**148.08**	**335.97**
南宁市	10029	297.71	356.07	51.16	102.56	75.47	202.35
北海市	3337	145.49	134.39	39.43	36.77	31.05	58.19
防城港市	6181	78.31	69.28	20.35	22.03	18.30	26.90
钦州市	10843	333.44	154.66	75.29	30.84	23.26	48.53
桂西经济区	**99312**	**1309.87**	**486.02**	**175.62**	**122.26**	**88.82**	**188.13**
南宁地区	29603	563.49	197.17	79.84	42.45	33.37	74.88
百色市	36201	366.87	144.24	51.15	41.65	29.98	51.44
河池市	33508	379.51	144.61	44.63	38.16	25.47	61.81
桂北经济区	**27809**	**487.62**	**357.75**	**106.72**	**110.54**	**90.02**	**140.50**
桂林市	27809	487.62	357.75	106.72	110.54	90.02	140.50
桂中经济区	**32097**	**589.46**	**388.82**	**81.24**	**161.74**	**140.91**	**145.85**
柳州市	18686	348.51	258.23	41.41	128.15	112.91	115.68
来宾市	13411	240.95	103.59	39.83	33.59	28.00	30.17
二、沿边经济区	**18329**	**246.54**	**128.90**	**41.03**	**29.31**	**22.55**	**58.55**
防城港市辖区	2822	47.44	45.18	11.77	14.29	11.82	19.12
东兴市	549	10.20	13.88	3.64	2.28	1.50	7.96
凭祥市	650	10.20	11.21	0.95	0.66	0.28	9.59
大新县	2742	35.50	11.35	4.64	3.78	2.98	2.92
宁明县	3695	39.50	17.30	5.58	2.61	1.92	9.12
龙州县	2318	26.70	12.20	5.21	2.79	2.14	4.20
靖西县	3322	57.80	14.40	7.59	2.48	1.65	4.33
那坡县	2231	19.20	3.38	1.65	0.42	0.26	1.31

注：总人口数为公安户籍统计数。

21—1 续表

区域	全社会固定资产投资（亿元）	一般预算收入（亿元）	一般预算支出（亿元）	粮食产量（万吨）	猪牛羊肉产量（万吨）	社会消费品零售总额（亿元）	城乡居民储蓄存款（亿元）
一、五大经济区域							
桂东经济区	**103.03**	**29.33**	**60.53**	**513.82**	**88.38**	**254.29**	**424.97**
梧州市	30.14	8.2	16.46	96.55	14.95	69.54	98.08
贵港市	27.39	6.59	12.88	135.78	20.63	41.48	103.23
玉林市	33.86	10.87	20.84	206.71	32.44	110.65	181.00
贺州市	11.64	3.67	10.35	74.78	20.36	32.62	42.66
桂南沿海经济区	**202.32**	**43.91**	**68.48**	**258.93**	**33.93**	**312.64**	**519.69**
南宁市	124.39	26.18	34.36	74.51	12.85	183.11	327.34
北海市	26.60	7.19	13.33	42.32	5.66	40.75	85.82
防城港市	16.03	3.57	7.54	25.15	2.9	24.29	39.19
钦州市	35.3	6.97	13.25	116.95	12.52	64.49	67.34
桂西经济区	**156.04**	**32.29**	**75.79**	**399.62**	**49.07**	**182.45**	**281.65**
南宁地区	44.51	13.32	28.26	173.07	23.96	83.43	122.65
百色市	58.08	9.54	23.55	112.12	3.22	39.99	69.97
河池市	53.45	9.43	23.98	114.43	21.89	59.03	89.03
桂北经济区	**97.41**	**20.19**	**36.57**	**196.61**	**32.91**	**136.04**	**248.77**
桂林市	97.41	20.19	36.57	196.61	32.91	136.04	248.77
桂中经济区	**103.17**	**28.11**	**44.67**	**180.43**	**40.02**	**125.85**	**260.20**
柳州市	79.06	22.76	30.52	87.48	16.14	102.86	220.30
来宾市	24.11	5.35	14.15	92.95	23.88	22.99	39.90
二、沿边经济区	**31.48**	**8.69**	**16.39**	**72.43**	**10.7**	**50.21**	**73.41**
防城港市辖区	9.67	2.19	4.9	13.02	1.95	17.03	26.86
东兴市	4.11	0.8	1.23	3.71	0.41	4.62	7.47
凭祥市	1.82	0.87	1.23	2.29	0.38	10.11	9.10
大新县	3.82	1.25	1.64	9.92	1.83	2.33	6.69
宁明县	3.28	1.76	2.21	10.13	2.03	6.31	8.73
龙州县	3.18	0.88	1.65	7.36	0.97	5.23	7.13
靖西县	4.42	0.77	2.31	20.79	2.55	3.34	5.5
那坡县	1.18	0.17	1.22	5.21	0.58	1.24	1.93

21—2 桂东经济区(2002年)

(按人口平均)

区　域	国内生产总值(元)	第一产业	第二产业	#工业	第三产业	全社会固定资产投资(元)
梧州市	**5276**	**1588**	**1621**	**1373**	**2067**	**1038**
梧州市辖区	18371	388	6510	5474	11474	5099
苍梧县	3821	1620	1216	1037	985	494
藤　县	3308	2024	684	590	599	485
蒙山县	4328	2306	816	638	1209	758
岑溪市	3132	1393	1059	1015	681	464
贵港市	**2745**	**1016**	**646**	**541**	**1083**	**595**
贵港市辖区	2866	868	811	628	1187	1066
平南县	2255	1090	455	426	709	224
桂平市	2110	970	392	325	749	243
玉林市	**3859**	**1379**	**1223**	**1118**	**1257**	**579**
玉林市辖区	6375	1293	3017	2846	2065	1079
兴业县	3166	1513	708	583	945	515
容　县	3553	1465	886	775	1204	550
陆川县	3394	1162	1032	963	1198	571
博白县	3095	1467	545	476	1083	358
北流市	3838	1363	1362	1247	1115	539
贺州市	**5301**	**2011**	**1475**	**1334**	**1815**	**560**
贺州市辖区	5717	2020	1540	1389	2085	706
昭平县	4407	2328	570	493	1509	463
钟山县	5630	1843	2122	1958	1665	483
富川瑶族自治县	4300	1836	817	697	1649	376

21—2　续表　　　　　　　　（按人口平均）

区　　域	一般预算收　入（元）	一般预算支　出（元）	粮　食产　量（公斤）	社会消费品零售总额（元）	农民人均纯收入（元）	居民储蓄存　款（元）
梧州市	**282**	**567**	**333**	**2395**	**1897**	**3378**
梧州市辖区	1296	2449	16	8624	3304	14097
苍梧县	237	334	483	1416	1840	1958
藤　县	191	284	319	1622	1800	1595
蒙山县	226	584	350	1080	1702	2556
岑溪市	134	301	353	1788	1962	2263
贵港市	**143**	**280**	**295**	**902**	**2091**	**2244**
贵港市辖区	225	389	305	1293	2134	2653
平南县	87	220	279	658	2103	2068
桂平市	104	215	297	695	2044	1968
玉林市	**186**	**356**	**354**	**1892**	**1959**	**3096**
玉林市辖区	544	855	308	4465	2056	8891
兴业县	126	273	392	1395	1806	0
容　县	135	291	347	2142	1801	2907
陆川县	126	252	338	1135	1872	2224
博白县	84	217	365	1152	1860	1699
北流市	153	319	367	1552	2281	2951
贺州市	**176**	**498**	**360**	**1568**	**1793**	**2051**
贺州市辖区	162	320	329	1793	1947	2554
昭平县	118	441	367	932	1645	1527
钟山县	107	318	389	1579	1800	1988
富川瑶族自治县	123	556	395	1714	1488	1946

21—3 桂南沿海经济区(2002年)

（按人口平均）

区　域	国内生产总值（元）	第一产业	第二产业	#工业	第三产业	全社会固定资产投资（元）
南宁市	**12025**	**1727**	**3463**	**2549**	**6833**	**4200**
南宁市辖区	19340	773	5460	3814	13108	7279
邕宁县	4924	2193	1635	1377	1097	1395
武鸣县	6422	3116	1779	1500	1525	1585
北海市	**9262**	**2718**	**2534**	**2140**	**4010**	**2522**
北海市辖区	15626	3433	4143	3401	8049	3365
合浦县	5654	2311	1618	1422	1724	985
防城港市	**8879**	**2608**	**2823**	**2345**	**3448**	**2055**
防城港市辖区	9543	2486	3019	2498	4040	2044
上思县	5603	2380	1998	1822	1228	1093
东兴市	13684	3602	2260	1481	7877	4073
钦州市	**4663**	**2270**	**930**	**701**	**1463**	**1064**
钦州市辖区	6331	2981	1169	782	2181	1757
灵山县	3412	1511	690	561	1211	615
浦北县	4294	2509	981	822	804	788

21—3　续表　　（按人口平均）

区　域	一般预算收入（元）	一般预算支出（元）	粮食产量（公斤）	社会消费品零售总额（元）	农民人均纯收入（元）	居民储蓄存款（元）
南宁市	**884**	**1160**	**252**	**6183**	**2524**	**11054**
南宁市辖区	1586	2003	75	11483	2672	20892
邕宁县	244	361	365	1138	2368	2041
武鸣县	288	489	471	1985	2643	2760
北海市	**496**	**919**	**292**	**2808**	**2454**	**5915**
北海市辖区	1020	1812	126	5796	2511	10600
合浦县	197	410	386	1107	2434	3247
防城港市	**457**	**967**	**322**	**3113**	**2164**	**5023**
防城港市辖区	463	1035	275	3597	2251	5674
上思县	280	689	410	1289	1793	2367
东兴市	794	1218	367	4570	2658	7394
钦州市	**210**	**399**	**353**	**1944**	**2441**	**2031**
钦州市辖区	306	616	371	2632	2406	2904
灵山县	138	238	355	1407	2431	1428
浦北县	190	349	320	1835	2519	1745

21—4 桂西经济区（2002年）

（按人口平均）

区　域	国内生产总值（元）	第一产业	第二产业	#工业	第三产业	全社会固定资产投资（元）
南宁地区	**3507**	**1420**	**755**	**593**	**1332**	**792**
凭祥市	11206	934	651	277	9400	1783
横　县	3262	1327	521	400	1409	578
宾阳县	2866	1015	830	701	1045	647
上林县	2593	1347	409	258	838	753
隆安县	2958	1700	652	479	606	830
马山县	2017	886	473	363	663	524
扶绥县	4699	2410	882	757	1410	713
崇左县	6036	2340	1909	1661	1869	1181
大新县	3206	1311	1069	842	825	1080
天等县	2454	1241	371	171	844	1001
宁明县	4436	1414	662	487	2311	830
龙州县	4519	1952	1043	802	1574	1191
百色市	**3877**	**1397**	**1138**	**819**	**1405**	**1586**
百色市辖区	9132	1785	2963	1997	4396	4604
田阳县	5230	2459	1308	1074	1503	1256
田东县	5130	1488	1434	1163	2214	1293
平果县	4720	1366	2069	1662	1275	2977
德保县	2840	1250	440	289	1151	606
靖西县	2483	1315	429	286	749	766
那坡县	1762	863	218	136	685	616
凌云县	2579	1237	515	260	835	1157
乐业县	1746	854	325	181	590	895
田林县	2812	1428	604	441	781	937
隆林各族自治县	2166	752	799	552	645	1585
西林县	2972	1513	399	177	1059	1045
河池市	**3864**	**1177**	**1007**	**672**	**1631**	**1410**
河池市辖区	5630	1203	2479	2005	4788	2488
宜州市	6433	2039	1263	1095	3131	730
罗城仫佬族自治县	2652	1005	767	554	879	869
环江毛南族自治县	2538	1265	459	240	815	856
南丹县	4734	1635	901	650	2198	1260
天峨县	4479	1432	1935	247	1109	11986
凤山县	1719	890	281	154	546	622
东兰县	1756	808	242	95	707	704
巴马瑶族自治县	2564	1352	411	212	801	817
都安瑶族自治县	1875	678	486	198	712	1212
大化瑶族自治县	3695	646	2163	2081	887	436

21—4 续表 （按人口平均）

区 域	一般预算收入（元）	一般预算支出（元）	粮食产量（公斤）	社会消费品零售总额（元）	农民人均纯收入（元）	居民储蓄存款（元）
南宁地区	**237**	**503**	**308**	**1484**	**1849**	**2181**
凭祥市	856	1209	225	9911	1833	8921
横 县	161	293	321	1435	1968	2209
宾阳县	243	297	323	1750	1979	2192
上林县	132	375	332	696	1803	1479
隆安县	308	451	348	1348	1745	1959
马山县	90	351	247	679	1616	1083
扶绥县	327	572	397	1507	1852	2764
崇左县	834	746	261	1824	2001	2930
大新县	354	462	280	658	1776	1891
天等县	148	426	312	831	1731	1438
宁明县	447	559	257	1599	1822	2213
龙州县	330	617	276	1959	1741	2669
百色市	**261**	**643**	**565**	**3022**	**1959**	**4943**
百色市辖区	535	829	844	12236	2056	24363
田阳县	266	519	340	1607	1559	1921
田东县	220	499	340	1424	1518	2379
平果县	500	616	290	1572	1392	2350
德保县	97	461	280	564	1118	908
靖西县	133	400	360	579	1381	952
那坡县	88	637	272	646	1137	1010
凌云县	120	605	245	685	1024	956
乐业县	114	697	303	666	1028	978
田林县	185	521	358	749	1336	1434
隆林各族自治县	290	565	235	533	1254	1135
西林县	163	789	382	705	1327	956
河池市	**249**	**633**	**302**	**1557**	**1419**	**2349**
河池市辖区	546	708	300	4401	1470	8325
宜州市	322	477	464	2545	2056	2522
罗城仫佬族自治县	109	406	371	973	1097	1729
环江毛南族自治县	121	432	389	1205	1409	1804
南丹县	578	1122	304	2017	1818	4940
天峨县	344	841	359	1450	1218	1931
凤山县	81	569	220	813	1097	928
东兰县	98	495	198	995	1161	1023
巴马瑶族自治县	99	490	274	1235	1275	956
都安瑶族自治县	80	368	215	670	1229	1098
大化瑶族自治县	192	431	165	716	1327	1173

21—5 桂北经济区(2002年)

(按人口平均)

区域	国内生产总值(元)	第一产业	第二产业	#工业	第三产业	全社会固定资产投资(元)
桂林市	**7358**	**2195**	**2274**	**1852**	**2890**	**2004**
桂林市辖区	18809	942	7760	6317	10106	7325
阳朔县	3720	1729	595	418	1397	822
临桂县	4540	2065	1158	920	1317	1133
灵川县	6607	2955	1533	1253	2113	1319
全州县	5718	2462	1232	987	2025	850
兴安县	6508	2507	1732	1331	2270	1594
永福县	5474	2482	1836	1672	1156	1065
灌阳县	3625	1793	743	577	1084	959
龙胜各族自治县	5183	2189	1367	918	1627	1936
资源县	4262	1806	689	451	1771	1203
平乐县	5400	2910	1022	878	1464	1031
荔浦县	6115	2376	1954	1667	1787	1321
恭城瑶族自治县	5482	2915	999	741	1572	1106

21—5 续表

(按人口平均)

区域	一般预算收入(元)	一般预算支出(元)	粮食产量(公斤)	社会消费品零售总额(元)	农民人均纯收入(元)	居民储蓄存款(元)
桂林市	**415**	**752**	**404**	**2798**	**2194**	**5117**
桂林市辖区	1789	2409	52	9709	2742	20328
阳朔县	223	490	351	1668	1985	2638
临桂县	172	429	459	1106	2134	2701
灵川县	252	530	506	2017	2333	3968
全州县	136	349	538	1443	2277	2392
兴安县	271	553	540	2036	2603	3440
永福县	200	477	535	1601	2085	2406
灌阳县	136	595	543	1177	1681	2357
龙胜各族自治县	230	770	373	1081	1679	2586
资源县	196	728	297	950	1632	2764
平乐县	149	343	394	1929	2240	2097
荔浦县	238	529	350	2479	2632	3010
恭城瑶族自治县	190	512	469	2223	1864	2307

21—6 桂中经济区（2002年）

（按人口平均）

区域	国内生产总值（元）	第一产业	第二产业	#工业	第三产业	全社会固定资产投资（元）
柳州市	**8207**	**1191**	**3687**	**3349**	**3328**	**2275**
柳州市辖区	19205	407	10563	9418	8235	6189
柳江县	5552	1739	1741	1641	2083	664
柳城县	5255	2323	1607	1431	1326	955
鹿寨县	5078	1838	1575	1294	1671	1338
融安县	4179	1111	818	608	2255	1000
三江侗族自治县	2085	731	462	215	892	657
融水苗族自治县	2193	894	424	330	878	446
来宾市	**4324**	**1653**	**1394**	**1162**	**1252**	**1001**
兴宾区	5314	1705	2055	1907	1553	706
忻城县	2957	1487	726	372	748	1708
象州县	4364	1932	1136	989	1290	720
武宣县	3504	1988	509	400	1011	519
金秀瑶族自治县	3267	1499	565	365	1214	1004
合山市	4258	720	2492	1871	1047	3235

21—6 续表

（按人口平均）

区域	一般预算收入（元）	一般预算支出（元）	粮食产量（公斤）	社会消费品零售总额（元）	农民人均纯收入（元）	居民储蓄存款（元）
柳州市	**655**	**878**	**252**	**2960**	**1954**	**6339**
柳州市辖区	1863	2109	34	7984	2727	17852
柳江县	271	458	344	1373	2267	2582
柳城县	308	535	449	1430	2433	2129
鹿寨县	256	368	380	1053	2155	2692
融安县	176	446	326	1057	1717	2319
三江侗族自治县	98	404	208	727	1367	1240
融水苗族自治县	99	407	262	869	1380	1214
来宾市	**222**	**587**	**386**	**954**	**1769**	**1656**
兴宾区	302	423	381	914	1966	1451
忻城县	123	380	376	743	1433	1165
象州县	205	467	549	1086	1838	1937
武宣县	142	389	360	926	1766	1521
金秀瑶族自治县	140	922	314	907	1421	2224
合山市	337	543	227	1730	1530	4407

21—7 沿边经济区(2002年)

（按人口平均）

区 域	国内生产总值（元）	第一产业	第二产业	#工业	第三产业	全社会固定资产投资（元）
防城港市辖区	9543	2486	3019	2498	4040	2044
东兴市	13684	3602	2260	1481	7877	4073
凭祥市	11206	934	651	277	9400	1783
大新县	3206	1311	1069	842	825	1080
宁明县	4436	1414	662	487	2311	830
龙州县	4519	1952	1043	802	1574	1191
靖西县	2483	1315	429	286	749	766
那坡县	1762	863	218	136	685	616

21—7 续表

（按人口平均）

区 域	一般预算收入（元）	一般预算支出（元）	粮食产量（公斤）	社会消费品零售总额（元）	农民人均纯收入（元）	居民储蓄存款（元）
防城港市辖区	463	1035	275	3597	2251	5674
东兴市	794	1218	367	4570	2658	7394
凭祥市	856	1209	225	9911	1833	8921
大新县	354	462	280	658	1776	1891
宁明县	447	559	257	1599	1822	2213
龙州县	330	617	276	1959	1741	2669
靖西县	133	400	360	579	1381	952
那坡县	88	637	272	646	1137	1010

第二十二篇

CHAPTER 22

地、市基本情况

BASIC STATISTICS OF PREFECTURE AND CITY

22—1　各市、地社会经济主要指标（2002年）

指　　标	单　位	南宁市	南宁市辖区	柳州市	柳州市辖区
行政区域土地面积	平方公里	10029	1834	18686	658
城市建成区面积	平方公里		119.72		93.77
年末总人口	万人	297.71	140.39	348.51	94.38
男性	万人	154.72	72.47	181.74	48.82
女性	万人	142.99	67.92	166.78	45.57
年末总户数	万户	82.54	40.99	93.08	27.97
#乡村户数	万户	48.17	12.42	56.37	2.98
出生人口	万人	2.97	1.44	3.22	0.80
死亡人口	万人	0.94	0.35	1.29	0.35
人口密度	人/平方公里	297	765	187	1421
经济活动人口	万人	168.79	82.45	188.42	45.14
从业人员	万人	167.32	81.33	186.17	43.82
城镇从业人员按登记注册类型分					
国有经济	万人	27.42	21.17	26.43	17.21
城镇集体经济	万人	3.38	2.84	4.56	3.88
其他单位合计	万人	8.69	7.73	9.42	8.37
内资	万人	7.18	6.75	8.50	7.79
港澳台投资经济	万人	0.68	0.44	0.16	0.15
外商投资经济	万人	0.84	0.54	0.44	0.43
城镇私营经济	万人	7.21	6.23	5.39	4.12
城镇个体	万人	11.97	7.76	8.98	3.98
从业人员按行业分					
第一产业	万人	83.83	19.25	100.76	4.69
第二产业	万人	27.22	17.36	31.24	17.28
第三产业	万人	56.27	44.73	54.18	21.85
城镇登记失业人员数	万人	1.47	1.12	2.24	1.32
职工人数	万人	38.17	30.63	37.31	27.07
职工按登记注册类型分					
国有经济	万人	21.17	20.37	24.95	16.32
城镇集体经济	万人	2.84	2.78	3.13	2.53
其他单位合计	万人	7.73	7.47	9.23	8.22
乡村劳动力	万人	105.56	24.42	131.39	6.25
#农林牧渔业	万人	78.96	18.08	98.14	4.40
耕地面积	千公顷	170.8	34.6	228.2	9.9
农林牧渔业总产值（当年价）	万元	800529	170070	683384	66258
农林牧渔业总产值指数	上年=100	111.8	111.6		104.4
农业机械总动力	万千瓦	138.76	28.39	98.32	8.75
化肥使用量(折纯量)	吨	166703	30831	133527	8775
农村用电量	万千瓦小时	24552	8537	20942	2795
有效灌溉面积	千公顷	98.0	25.0	96.7	4.4
农作物总播种面积	千公顷	398.3	73.1	424.2	21.9
#粮食作物	千公顷	161.0	22.9	193.7	6.7

22—1　续表1

指　　标	单　位	南宁市	南宁市辖区	柳州市	柳州市辖区
粮食产量	吨	745067	103704	874774	31837
油料产量	吨	48830	8991	31310	2366
猪肉产量	吨	122771	24621	145473	14817
牛肉产量	吨	5143	396	13539	253
羊肉产量	吨	604	17	2407	67
水产品产量	吨	68197	23085	43130	10246
工业企业单位数（规模以上）	个	358	249	425	289
大型企业	个	32	26	55	48
中型企业	个	32	25	87	65
小型企业	个	294	198	283	176
全部工业总产值（当年价）	万元	2205788	1597573	4427280	3328416
全部工业总产值指数	上年=100	111.5	114.9		
工业总产值（规模以上，当年价）	万元	1491185	1219597	3451608	2952899
内资企业	万元	1244968	1069291	2860361	2428289
国有工业	万元	247800	209127	1096969	960958
集体工业	万元	135195	103234	159299	140772
股份合作企业	万元	4274	2857	47075	46148
联营企业	万元	2763	1912	74761	71921
有限责任公司	万元	429656	408475	941258	717062
股份有限公司	万元	248410	223428	338424	338424
私营企业	万元	176268	119656	202575	153004
其他企业	万元	603	603	0	0
港澳台商投资企业	万元	110700	80938	113878	78538
外商投资企业	万元	135518	69367	477370	446071
工业总产值指数　（规模以上）	上年=100	117.2	117.5		120.8
工业企业增加值	万元	514763	415678	958239	811822
工业企业资产总计	万元	2573196	2143776	5263452	4403155
工业企业负债合计	万元	1694732	1434660	3387231	2832200
工业企业产品销售收入	万元	1382617	1102103	3470616	2965265
工业企业利润总额	万元	22651	12337	79092	80084
批发贸易业法人企业个数	个	106	98	49	41
零售贸易业法人企业个数	个	79	74	30	27
批发贸易业从业人员	人	9942	9066	5353	4783
零售贸易业从业人员	人	13869	13015	8812	8697
社会消费品零售总额	万元	1831100	1597562	1028609	746317
贸易业	万元	1085999	952281	655853	491803
餐饮业	万元	270857	236223	125322	93451
制造业	万元	49329	28380	75386	58997
其它	万元	424915	380678	43262	36764

22—1 续表2

指　　标	单　位	南宁市	南宁市辖区	柳州市	柳州市辖区
批发零售贸易业批发总额	万元	1236891	1203793	513833	446622
批发零售贸易业零售总额	万元	575330	556177	193632	187306
批发零售贸易业购进总额	万元	1771189	1734213	678240	608304
批发零售贸易业销售总额	万元	1812221	1759970	707465	633929
# 零售额	万元	575330	556177	193632	187306
批发零售贸易业库存总额	万元	223133	217977	61856	57883
集市贸易成交额	万元	1372714	1193321	527697	358860
外商直接投资	万美元	11987	10954	5283	5018
国内生产总值（当年价）	万元	3560670	2690634	2852319	1799368
第一产业	万元	511573	107484	414062	38046
第二产业	万元	1025567	759528	1281475	987401
工业	万元	754742	530552	1129124	880378
建筑业	万元	270825	228976	152351	107023
第三产业	万元	2023530	1823622	1156782	773921
#交通仓储和邮电通信业	万元	371807	325113	292221	186804
批发和零售贸易餐饮业	万元	553207	505828	280233	176805
人均国内生产总值	元	12024	19340	8207	19249
国内生产总值指数	上年=100	111.5	112.1	113.7	116.6
第一产业	上年=100	109.7	111.3	106.9	103.9
第二产业	上年=100	111.7	112.2	117.8	119.6
工业	上年=100	111.6	111.9	115.8	116.7
建筑业	上年=100	111.9	113.0	139.2	158.7
第三产业	上年=100	112.0	112.2	111.7	113.4
#交通仓储和邮电通信业	上年=100	112.4	111.9	111.7	118.0
批发和零售贸易餐饮业	上年=100	113.1	113.3	109.4	105.7
人均国内生产总值指数	上年=100	110.4	110.2		114.3
全部财政收入	万元	449779	390160	489936	404672
一般预算收入	万元	261766	220645	227611	174160
#增值税	万元	35623	129900	60654	51460
营业税	万元	99246	90710	43653	37449
企业所得税	万元	14217	11250	10936	8505
一般预算支出	万元	343581	278627	305237	197106
#基建支出	万元	39905	39325	19539	16882
科技三项费	万元	4630	4241	3645	3196
文教科卫事业费	万元	68303	46431	68627	37698
金融机构存款	万元	7777301	7290857	3727611	3014943
#企业存款	万元	2834685	2769828	1228351	1129028
居民储蓄存款余额	万元	3273428	2906427	2203031	1668834
定期	万元	1632893	1538380	1239654	976897
活期	万元	1640535	1512115	963377	691937
金融机构贷款	万元	7338731	7102235	2216349	1790820
#工业贷款	万元	733385	709704	624278	560101
商业贷款	万元	496925	458359	276353	216334
农业贷款	万元	108540	42779	110316	27115

22—1　续表3

指　　标	单　位	南宁市	南宁市辖区	柳州市	柳州市辖区
职工工资总额	万元	464361	405706	480404	374910
国有经济	万元	344601	296647	326732	235285
城镇集体经济	万元	26124	23553	27278	23232
其他单位合计	万元	93636	85506	126394	116393
职工平均工资	元	12090	13170	12836	13694
全社会固定资产投资	万元	1243897	1012602	790619	578573
#国有单位	万元	762369	690022	361201	274657
按性质分固定资产投资					
基本建设	万元	641287	567301	251831	163050
更新改造	万元	195454	165027	275820	247822
房地产开发	万元	238761	231301	161627	159042
其他	万元	33958	20953	101341	8659
国有投资新增固定资产	万元	436787	387887	213240	111132
商品房屋销售额	万元	268461	266308	142221	136453
商品房屋销售面积	万平方米	113.03	111.71	88.82	79.78
建筑企业单位数	个	280	266	78	56
建筑业企业从业人员	人	118900	116600	49985	46058
建筑业总产值	万元	869493	856832	333889	314075
房屋建筑施工面积	万平方米	865.38	788.54	551.93	496.20
#住宅	万平方米	495.77	468.67		0.00
房屋建筑竣工面积	万平方米	243.48	214.48	199.76	179.07
#住宅	万平方米	166.79	153.21	130.10	124.05
公路里程	公里	2537	654	3665	666
等级路里程	公里	2462	603	3235	666
民用汽车拥有量	辆	64384		45904	30187
出租汽车数	辆	3803		1172	1074
市内公共电汽车数	辆		964		556
邮电业务总量	万元	291120	259285	126124	99530
本地电话用户	万户	75.04	62.63	59.46	42.45
移动电话用户	万户	79.30	68.60	45.15	30.57
幼儿园数	所	264	130	172	105
入园儿童数	人	41686	24365	47849	24979
学龄儿童入学率	%	99.5	100.0		100.0
小学专任教师数	人	12766	6662	16673	5350
小学学校数	所	744	265	1211	215
小学在校学生数	人	278153	134700	334177	94219
小学招生数	人	43374	23212	46909	14559
小学毕业生数	人	54156	22630	62637	16253
普通中等学校专任教师数	人	14188	8814	12577	5293
#普通中学	人	10231	5166	10611	3429
普通中等学校数	所	313	181	262	88
#普通中学	所	236	112	232	62
普通中等学校招生数	人	80888	39970	88151	33366
#普通中学	人	72143	33298	73708	19685

22—1　续表4

指　　标	单　位	南宁市	南宁市辖区	柳州市	柳州市辖区
普通中等学校毕业生数	人	70241	33260	68720	26399
#普通中学	人	63760	28402	59078	16293
初中在校学生数	人	160208	69417	168485	37408
初中招生数	人	53756	23297	59210	12708
初中毕业生数	人	52540	21874	49719	11351
高中在校学生数	人	49259	27140	37175	19044
高中招生数	人	18387	10001	14498	6977
高中毕业生数	人	11220	6528	9337	4942
普通中等专业学校数	所	42	39	14	13
普通中等专业学校在校学生数	人	74888	70707	28118	27422
普通中等专业学校招生数	人	26432	24663	10085	9711
普通中等专业学校毕业生数	人	18142	16776	8153	7950
普通高等学校数	所	18	17	4	4
普通高等学校专任任教师	人	7191	6727	1319	1319
普通高等学校在校学生数	人	88164	83716	21583	21583
普通高等学校招生数	人	31276	29533	8851	8851
普通高等学校毕业生数	人	13340	11928	4555	4555
广播覆盖率	%	96.0	100.0		100.0
电视覆盖率	%	94.0	100.0		100.0
公共图书馆	个	6	4	33	1
公共图书馆藏书量	万册	2574	2318	1167	63
国内旅游人数	万人次	1075	1075	420	
国内旅游总收入	万元	583772	583772	255112	
国际旅游人数	万人次	5.92	5.92	2.54	1.24
#外国人	万人次	3.67	3.67	1.66	0.49
星级饭店数	个	36	36	18	18
涉外饭店数	个	47	45		
旅游外汇收入	万美元	1479	1468	569	0
卫生机构数	个	738	518	1581	642
医院、卫生院	个	99	50	180	65
卫生防疫站	个	6	4	9	3
妇幼保健站	个	5	3	5	1
卫生机构床位数	张	12804	10679	11329	7757
#医院、卫生院	张	12207	10202	10711	7601
卫生机构人员数	人	20949	17619	17862	11541
医院、卫生院技术人员	人	16455	13763	11333	7387
#医生	人	6853	5747	4561	2855
护师、护士	人	6143	5251	4695	3244
城镇居民人均可支配收入	元	8796			7928
城镇居民人均消费性支出	元	6970			5992
#食品支出	元	2611			2327
农村人均住房面积	平方米	31.23	38.93		27.40
农村居民人均纯收入	元	2524	2672	1954	2727
农村居民人均生活费总支出	元	2184	2459		2232
#食品支出	元	1184	1241		1182

22—1 续表5

指　　标	单　位	桂林市	桂林市辖区	梧州市	梧州市辖区
行政区域土地面积	平方公里	27809	565	12588	307
城市建成区面积	平方公里		58.00		23.11
年末总人口	万人	487.62	69.09	291.35	34.01
男性	万人	253.85	35.08	153.35	17.17
女性	万人	233.76	34.01	138.00	16.84
年末总户数	万户	137.07	18.38	74.94	10.81
#乡村户数	万户	101.31	3.61	58.01	2.26
出生人口	万人	3.98	0.57	3.38	0.29
死亡人口	万人	1.91	0.22	1.23	0.15
人口密度	人／平方公里	175	1223	231	1108
经济活动人口	万人	267.51	41.98	151.28	17.59
从业人员	万人	265.36	41.37	150.45	17.22
城镇从业人员按登记注册类型分					
国有经济	万人	24.20	11.16	10.67	4.01
城镇集体经济	万人	2.75	1.40	1.62	0.82
其他单位合计	万人	5.86	4.37	2.64	2.29
内资	万人	4.22	3.26	1.87	1.70
港澳台投资经济	万人	1.04	0.57	0.69	0.52
外商投资经济	万人	0.60	0.53	0.08	0.08
城镇私营经济	万人	2.25	0.68	2.33	1.43
城镇个体	万人	9.62	2.92	6.11	1.48
从业人员按行业分					
第一产业	万人	159.48	6.38	84.10	2.57
第二产业	万人	48.50	13.94	24.66	5.74
第三产业	万人	57.37	21.05	41.69	8.92
城镇登记失业人员数	万人	2.15	0.61	0.83	0.37
职工人数	万人	32.02	16.54	14.53	7.09
职工按登记注册类型分					
国有经济	万人	23.70	10.94	10.38	4.00
城镇集体经济	万人	2.60	1.34	1.54	0.81
其他单位合计	万人	5.72	4.25	2.60	2.28
乡村劳动力	万人	211.17	8.16	130.59	4.71
#农林牧渔业	万人	158.98	6.26	84.10	2.62
耕地面积	千公顷	272.39	7.80	93.39	1.20
农林牧渔业总产值（当年价）	万元	1641003	109354	808672	20940
农林牧渔业总产值指数	上年=100	102.4	100.4	105.5	97.3
农业机械总动力	万千瓦	164.12	5.85	66.72	3.26
化肥使用量(折纯量)	吨	188680	5313	58109	660
农村用电量	万千瓦小时	35461	1542	17554	1049
有效灌溉面积	千公顷	219.72	6.10	70.67	0.89
农作物总播种面积	千公顷	774.14	19.64	274.17	4.99
#粮食作物	千公顷	396.95	7.83	162.44	1.26

22—1 续表6

指　　标	单　位	桂林市	桂林市辖区	梧州市	梧州市辖区
粮食产量	吨	1966089	35030	965460	5322
油料产量	吨	88209	872	29639	730
猪肉产量	吨	317824	19804	146362	9539
牛肉产量	吨	9566	124	3075	12
羊肉产量	吨	1685	54	64	2
水产品产量	吨	76835	6219	43048	8149
工业企业单位数（规模以上）	个	459	188	207	97
大型企业	个	33	28	12	12
中型企业	个	58	43	23	19
小型企业	个	368	117	172	66
全部工业总产值（当年价）	万元	2737297	1297736	1365900	559100
全部工业总产值指数	上年=100	108.7	107.1	107.5	109.1
工业总产值（规模以上，当年价）	万元	1426620	990469	562693	363777
内资企业	万元	1231792	843982	439901	290270
国有工业	万元	550843	398819	198490	139596
集体工业	万元	117584	77996	99599	30922
股份合作企业	万元	105058	68478	4661	4661
联营企业	万元	1284		1200	0
有限责任公司	万元	201909	118730	7099	2738
股份有限公司	万元	167529	150458	99739	96900
私营企业	万元	87584	29501	29113	15453
其他企业	万元			0	0
港澳台商投资企业	万元	54809	29822	68434	27119
外商投资企业	万元	140019	116665	54358	46388
工业总产值指数　（规模以上）	上年=100	109.4	106.7	103.4	98.3
工业企业增加值	万元	476071	333048	167433	107780
工业企业资产总计	万元	2413850	1717098	951900	720556
工业企业负债合计	万元	1588096	1088774	651049	519371
工业企业产品销售收入	万元	1370879	949772	544739	343340
工业企业利润总额	万元	47870	37458	7584	4711
批发贸易业法人企业个数	个	27	15	21	9
零售贸易业法人企业个数	个	19	12	14	6
批发贸易业从业人员	人	12428	5299	2656	1542
零售贸易业从业人员	人	6535	3416	1577	622
社会消费品零售总额	万元	1360386	659817	695411	291589
贸易业	万元	917386	514613	511120	232599
餐饮业	万元	268147	121254	74994	27490
制造业	万元	54633	3965	32562	0
其它	万元	120220	19985	10340	2900

22—1 续表7

指 标	单 位	桂林市	桂林市辖区	梧州市	梧州市辖区
批发零售贸易业批发总额	万元	665709	173982	136306	104170
批发零售贸易业零售总额	万元	954027	125863	44776	23755
批发零售贸易业购进总额	万元	353127	278425	171884	133097
批发零售贸易业销售总额	万元	1619736	299845	181082	127925
# 零售额	万元	930579	88037	44776	23755
批发零售贸易业库存总额	万元	29555	24370	22748	19222
集市贸易成交额	万元	833422	362775	448106	184038
外商直接投资	万美元	10160	8044	6283	3373
国内生产总值（当年价）	万元	3577507	1278236	1531624	621123
第一产业	万元	1067163	64031	460956	13108
第二产业	万元	1105393	527389	470644	220090
工业	万元	900158	429276	398573	185070
建筑业	万元	205235	98113	72071	35020
第三产业	万元	1404951	686816	600024	387925
#交通仓储和邮电通信业	万元	325730	118312	108634	68539
批发和零售贸易餐饮业	万元	347076	173253	187726	135092
人均国内生产总值	元	7358	18809	5275	18371
国内生产总值指数	上年=100	109.2	113.9	110.2	111.2
第一产业	上年=100	102.5	102.0	106.8	103.1
第二产业	上年=100	111.6	109.4	111.5	110.4
工业	上年=100	110.6	110.0	109.7	110.6
建筑业	上年=100	116.2	106.6	122.9	109.2
第三产业	上年=100	113.1	118.8	1119.0	112.0
#交通仓储和邮电通信业	上年=100	108.5	133.8	107.5	108.4
批发和零售贸易餐饮业	上年=100	112.3	114.7	109.7	111.1
人均国内生产总值指数	上年=100	108.6	109.9	109.4	112.6
全部财政收入	万元	328986	202083	125860	70279
一般预算收入	万元	201928	121598	81957	43825
#增值税	万元	29975	17995	11166	6863
营业税	万元	55540	38768	16612	11233
企业所得税	万元	13459	9195	4529	3319
一般预算支出	万元	365725	163682	164631	82813
#基建支出	万元	33257	20896	16299	15718
科技三项费	万元	2635	2383	397	384
文教科卫事业费	万元	105269	37506	48306	16387
金融机构存款	万元	3663109	2229422	1291712	709550
#企业存款	万元	834504	666362	199770	156857
居民储蓄存款余额	万元	2487711	1381487	980759	476631
定期	万元	1482386	836417	570429	282042
活期	万元	1031565	545070	410330	194589
金融机构贷款	万元	2155418	1325448	822645	567423
#工业贷款	万元	358538	289207	142279	128217
商业贷款	万元	252124	124261	166863	120602
农业贷款	万元	193134	14189	66187	2850

22—1 续表8

指　　标	单　位	桂林市	桂林市辖区	梧州市	梧州市辖区
职工工资总额	万元	377898	216217	140210	82593
国有经济	万元	293320	154649	105023	53242
城镇集体经济	万元	22181	12261	9369	5660
其他单位合计	万元	62397	49307	25818	23691
职工平均工资	元	11411	13099	9628	11450
全社会固定资产投资	万元	974087	497838	301355	172382
＃国有单位	万元	412285	233556	133618	75365
按性质分固定资产投资					
基本建设	万元	384739	197593	115895	60218
更新改造	万元	93828	77494	39253	26282
房地产开发	万元	170330	146926	60818	52459
其他	万元	325190	75825	85389	33423
国有投资新增固定资产	万元	342237	222732	35142	7328
商品房屋销售额	万元	140471	125805	59146	58255
商品房屋销售面积	万平方米	60.39	47.51	33.03	32.04
建筑企业单位数	个	144	81	46	30
建筑业企业从业人员	人	35600	25900	11000	10000
建筑业总产值	万元	277257	230030	78133	63013
房屋建筑施工面积	万平方米	483.41	360.22	157.94	112.77
#住宅	万平方米	0.00	0.00	55.90	45.50
房屋建筑竣工面积	万平方米	199.41	145.54	75.62	57.60
#住宅	万平方米	102.20	72.10	55.90	45.50
公路里程	公里	6717	212	3198	108
等级路里程	公里	6710	212	2601	108
民用汽车拥有量	辆	51985	27119	18912	5530
出租汽车数	辆		2799	445	445
市内公共电汽车数	辆			145	145
邮电业务总量	万元	125096	79210	60407	32187
本地电话用户	万户	60.68	29.88	32.07	14.84
移动电话用户	万户	56.69	33.59	19.65	8.66
幼儿园数	所	340	114	69	21
入园儿童数	人	57355	9433	49812	9156
学龄儿童入学率	%	99.3	100.0	99.3	100.0
小学专任教师数	人	20427	3168	12949	1572
小学学校数	所	1701	98	911	43
小学在校学生数	人	368100	46900	381251	26043
小学招生数	人	49322	7067	62015	3973
小学毕业生数	人	79713	8799	64175	4350
普通中等学校专任教师数	人	17776	3727	9081	1940
#普通中学	人	16416	2525	7895	1117
普通中等学校数	所	376	73	182	32
#普通中学	所	341	40	155	16
普通中等学校招生数	人	122464	28258	80171	18337
#普通中学	人	106762	13677	65542	7491

22—1 续表9

指　　标	单　位	桂林市	桂林市辖区	梧州市	梧州市辖区
普通中等学校毕业生数	人	113484	20625	47095	12036
#普通中学	人	104297	12262	39044	6322
初中在校学生数	人	245800	26100	142852	14566
初中招生数	人	78357	8571	57108	5110
初中毕业生数	人	86618	8506	34082	4910
高中在校学生数	人	71500	13900	21253	6095
高中招生数	人	28405	5106	8434	2381
高中毕业生数	人	17679	3756	4962	1412
普通中等专业学校数	所	35	33	8	5
普通中等专业学校在校学生数	人	29504	27133	13419	7634
普通中等专业学校招生数	人	15702	14681	7092	4504
普通中等专业学校毕业生数	人	9187	8363	4792	3236
普通高等学校数	所	7	7	1	1
普通高等学校专任教师	人	3109	3109	100	100
普通高等学校在校学生数	人	54415	54415	2913	2913
普通高等学校招生数	人	20040	20040	1471	1471
普通高等学校毕业生数	人	8530	8530	473	473
广播覆盖率	%	91.8	100.0	92.7	100.0
电视覆盖率	%	95.3	100.0	91.6	97.0
公共图书馆	个	13	1	5	1
公共图书馆藏书量	万册	336	144	88	45
国内旅游人数	万人次	997.37	644.63	168.30	
国内旅游总收入	万元	308056	256341	63752	
国际旅游人数	万人次	98.43	69.80	3.68	3.68
#外国人	万人次	48.78	48.78	0.81	0.81
星级饭店数	个	52	36	16	12
涉外饭店数	个	52	36	19	14
旅游外汇收入	万美元	22591	17303	937	583
卫生机构数	个	1354	63	728	299
医院、卫生院	个	206	41	89	15
卫生防疫站	个	14	2	5	1
妇幼保健站	个	13	1	5	1
卫生机构床位数	张	12608	5542	6037	3313
#医院、卫生院	张	11436	5392	5766	3208
卫生机构人员数	人	19111	7409	9793	4857
医院、卫生院技术人员	人	13728	5823	6942	3155
#医生	人	6995	2737	2615	1152
护师、护士	人	5646	2536	2799	1419
城镇居民人均可支配收入	元		7852	6282	6282
城镇居民人均消费性支出	元		6123	5129	5129
#食品支出	元		2495	2442	2442
农村人均住房面积	平方米	27.15	41.24	20.22	43.53
农村居民人均纯收入	元	2194	2742	1897	3304
农村居民人均生活费总支出	元	1719	1784	1509	2108
#食品支出	元	928	988	768	1159

22—1 续表10

指　　标	单　位	北海市	北海市辖区	防城港市	防城港市辖区
行政区域土地面积	平方公里	3337	957	6181	2822
城市建成区面积	平方公里		32.78		17.40
年末总人口	万人	145.49	52.90	78.31	47.44
男性	万人	76.10	27.14	43.23	26.08
女性	万人	69.39	25.76	35.09	21.36
年末总户数	万户	38.20	15.66	21.52	13.13
#乡村户数	万户	26.67	7.80	14.16	7.85
出生人口	万人	1.48	0.54	0.98	0.55
死亡人口	万人	0.40	0.10	0.32	0.16
人口密度	人／平方公里	0	553	127	168
经济活动人口	万人	83.42	38.40	41.84	25.32
从业人员	万人	83.03	38.11	41.60	25.15
城镇从业人员按登记注册类型分					
国有经济	万人	7.65	5.73	4.71	3.00
城镇集体经济	万人	0.74	0.35	0.39	0.23
其他单位合计	万人	1.12	0.95	0.30	0.14
内资	万人	0.89	0.77	0.18	0.04
港澳台投资经济	万人	0.09	0.03	0.04	0.02
外商投资经济	万人	0.15	0.15	0.08	0.08
城镇私营经济	万人	1.03	0.00	0.57	0.31
城镇个体	万人	3.77	0.00	1.21	0.52
从业人员按行业分					
第一产业	万人	46.29	11.73	23.06	11.85
第二产业	万人	18.28	14.22	6.26	4.22
第三产业	万人	18.46	12.16	12.28	9.08
城镇登记失业人员数	万人	0.39	0.29	0.25	0.17
职工人数	万人	8.82	6.77	5.10	3.21
职工按登记注册类型分					
国有经济	万人	7.08	5.51	4.49	2.86
城镇集体经济	万人	0.66	0.34	0.32	0.22
其他单位合计	万人	1.08	0.92	0.29	0.13
乡村劳动力	万人	63.84	17.13	31.40	18.18
#农林牧渔业	万人	45.79	11.69	22.73	12.28
耕地面积	千公顷	79.60	24.04	46.94	18.52
农林牧渔业总产值（当年价）	万元	713012	333177	327612	192317
农林牧渔业总产值指数	上年=100	105.1	107.4	102.5	100.9
农业机械总动力	万千瓦	79.43	43.73	38.96	21.04
化肥使用量(折纯量)	吨	56713	22828	31728	11381
农村用电量	万千瓦小时	10650	4716	6997	3935
有效灌溉面积	千公顷	46.53	9.95	26.87	12.04
农作物总播种面积	千公顷	184.97	49.62	115.56	53.32
#粮食作物	千公顷	93.74	16.15	65.64	35.48

指　　标	单　位	北海市	北海市辖区	防城港市	防城港市辖区
粮食产量	吨	423167	66376	251538	130182
油料产量	吨	38902	13841	10166	5445
猪肉产量	吨	54232	19009	27855	18865
牛肉产量	吨	2292	1004	961	573
羊肉产量	吨	97	34	145	97
水产品产量	吨	899943	518540	415963	299691
工业企业单位数（规模以上）	个	111	71	62	33
大型企业	个	5	4	4	2
中型企业	个	19	14	2	2
小型企业	个	87	53	56	29
全部工业总产值（当年价）	万元	1028743	599768	610286	175804
全部工业总产值指数	上年=100	104.2	113.6	142.9	156.1
工业总产值（规模以上，当年价）	万元	480888	318155	327629	259917
内资企业	万元	398475	294848	90030	22318
国有工业	万元	92888	63581	32986	9107
集体工业	万元	53134	18275	15865	2484
股份合作企业	万元	786	786	1676	1676
联营企业	万元			23746	0
有限责任公司	万元	68155	53269	644	644
股份有限公司	万元	135968	135160	3005	3005
私营企业	万元	47544	23777	12108	5402
其他企业	万元			0	0
港澳台商投资企业	万元	71880	12773	644	644
外商投资企业	万元	10533	10533	236955	236955
工业总产值指数 （规模以上）	上年=100	108.0	106.3	197.1	234.0
工业企业增加值	万元	135542	91852	82138	60146
工业企业资产总计	万元	578485	458138	328383	248345
工业企业负债合计	万元	395068	301200	232024	173194
工业企业产品销售收入	万元	436365	306984	311332	249046
工业企业利润总额	万元	4321	6526	11998	895
批发贸易业法人企业个数	个	14	14	7	5
零售贸易业法人企业个数	个	10	6	0	0
批发贸易业从业人员	人	2180	2180	247	193
零售贸易业从业人员	人	1087	525	0	0
社会消费品零售总额	万元	407503	305145	242931	170275
贸易业	万元	270955	201875	189889	136712
餐饮业	万元	73681	61661	28389	16979
制造业	万元	18550	8434	4841	3932
其它	万元	44317	33175	19812	12652

22—1 续表12

指 标	单 位	北海市	北海市辖区	防城港市	防城港市辖区
批发零售贸易业批发总额	万元	213604	210589	22351	1898
批发零售贸易业零售总额	万元	10143	9364	5411	4908
批发零售贸易业购进总额	万元	226792	223138	25583	21837
批发零售贸易业销售总额	万元	223747	219953	27762	23141
#零售额	万元	10143	9364	5411	4908
批发零售贸易业库存总额	万元	14529	13579	757	745
集市贸易成交额	万元	239899		253960	143172
外商直接投资	万美元	2223	0	2055	1419
国内生产总值（当年价）	万元	1362296	822559	692829	451777
第一产业	万元	394336	180720	203514	117657
第二产业	万元	384608	218103	220298	142897
工业	万元	330326	179023	183019	118239
建筑业	万元	54282	39080	37279	24658
第三产业	万元	583352	423736	269017	191223
#交通仓储和邮电通信业	万元	177404	135844	79319	62069
批发和零售贸易餐饮业	万元	164853	95933	107271	74796
人均国内生产总值	元	9398	15626	8879	9543
国内生产总值指数	上年=100	112.0	112.3	113.1	111.1
第一产业	上年=100	104.6	109.1	102.7	99.1
第二产业	上年=100	118.6	111.4	127.9	124.5
工业	上年=100	118.9	109.3	138.6	140.2
建筑业	上年=100	116.0	126.5	90.0	78.2
第三产业	上年=100	112.6	114.3	111.1	110.5
#交通仓储和邮电通信业	上年=100	112.9	117.4	112.1	113.3
批发和零售贸易餐饮业	上年=100	111.8	110.6	109.7	105.3
人均国内生产总值指数	上年=100	111.1	110.1	112.8	110.2
全部财政收入	万元	116319	87535	50305	29836
一般预算收入	万元	71906	53700	35696	21918
#增值税	万元	9925	7638	3432	1831
营业税	万元	15618	12598	8049	5801
企业所得税	万元	2156	2010	2558	1337
一般预算支出	万元	133313	95377	75448	48981
#基建支出	万元	27861	24453	11283	9553
科技三项费	万元	265	245	80	75
文教科卫事业费	万元	33410	20244	15910	9817
金融机构存款	万元	1322896	989257	521793	372979
#企业存款	万元	244218	223496	81180	67402
居民储蓄存款余额	万元	858211	558045	391921	268593
定期	万元	373322	250512	219869	161311
活期	万元	484889	307533	172052	107282
金融机构贷款	万元	1042692	829945	305296	231174
#工业贷款	万元	167469	142055	22880	14932
商业贷款	万元	191443	134827	51244	45985
农业贷款	万元	95264	47320	40462	22919

22—1 续表13

指　　标	单　位	北海市	北海市辖区	防城港市	防城港市辖区
职工工资总额	万元	94963	79004	52948	35750
国有经济	万元	78153	66571	48598	33471
城镇集体经济	万元	4871	2226	1602	983
其他单位合计	万元	11939	10207	2748	1296
职工平均工资	元	10716	11941	10446	11136
全社会固定资产投资	万元	265967	177132	160329	96732
#国有单位	万元	126600	80414	80894	55927
按性质分固定资产投资					
基本建设	万元	148018	82240	80783	56111
更新改造	万元	46128	45528	11709	7645
房地产开发	万元	26705	26705	6761	4304
其他	万元	45116	22779	61076	28672
国有投资新增固定资产	万元	33634	12527	41836	25211
商品房屋销售额	万元	11735	11735	3471	3404
商品房屋销售面积	万平方米	9.97	9.97	6.29	6.22
建筑企业单位数	个	42	35	25	22
建筑业企业从业人员	人	12400		6207	5477
建筑业总产值	万元	57577	46805	30533	27258
房屋建筑施工面积	万平方米	67.98	51.40	38.96	31.67
#住宅	万平方米	-			
房屋建筑竣工面积	万平方米	29.49	23.09	32.91	28.65
#住宅	万平方米	11.20	8.50	12.50	11.16
公路里程	公里	1690	556	1525	860
等级路里程	公里	1512	472	1175	781
民用汽车拥有量	辆	21617	21617	9136	6455
出租汽车数	辆	580	580	126	87
市内公共电汽车数	辆	171	171	90	70
邮电业务总量	万元	74012	49855	34393	18511
本地电话用户	万户	24.22	14.54	11.29	6.95
移动电话用户	万户	25.47	10.47	10.11	5.27
幼儿园数	所	159	98	51	24
入园儿童数	人	32610	15012	13933	8298
学龄儿童入学率	%	100.0	100.0	98.9	99.1
小学专任教师数	人	7109	3161	5231	3123
小学学校数	所	428	138	357	240
小学在校学生数	人	184709	66349	88732	48605
小学招生数	人	29101	10192	16181	8885
小学毕业生数	人	31471	12045	15242	9104
普通中等学校专任教师数	人	5560	2750	2684	1645
#普通中学	人	5061	2224	2595	1582
普通中等学校数	所	95	47	60	34
#普通中学	所	85	39	56	31
普通中等学校招生数	人	42023	17455	18752	11771
#普通中学	人	38515	15456	18178	11300

22—1 续表14

指　　标	单　位	北海市	北海市辖区	防城港市	防城港市辖区
普通中等学校毕业生数	人	51740	13619	14308	8241
#普通中学	人	49644	12737	14003	8026
初中在校学生数	人	86533	33663	40389	24637
初中招生数	人	30485	11849	14431	8714
初中毕业生数	人	25355	10900	11898	6619
高中在校学生数	人	19822	8805	8966	6283
高中招生数	人	8030	3607	3747	2586
高中毕业生数	人	4289	1837	2105	1407
普通中等专业学校数	所	4	2		
普通中等专业学校在校学生数	人	5522	1135		
普通中等专业学校招生数	人	2012	599		
普通中等专业学校毕业生数	人	1261	173		
普通高等学校数	所				
普通高等学校专任教师	人				
普通高等学校在校学生数	人				
普通高等学校招生数	人				
普通高等学校毕业生数	人				
广播覆盖率	%	98.0	98.0	90.8	86.8
电视覆盖率	%	98.0	98.0	89.6	89.1
公共图书馆	个	2	2	4	2
公共图书馆藏书量	万册	31	31	19.3	12.1
国内旅游人数	万人次	380.41		144.94	34.76
国内旅游总收入	万元	182000		50098	9407
国际旅游人数	万人次	4.21		3.64	0.73
#外国人	万人次	2.26		3.24	0.98
星级饭店数	个	14		12	3
涉外饭店数	个	3		17	5
旅游外汇收入	万美元	790		648	76
卫生机构数	个	261	219	147	91
医院、卫生院	个	43	22	42	25
卫生防疫站	个	4	3	4	2
妇幼保健站	个	3	2	0	0
卫生机构床位数	张	3099	1703	1384	867
#医院、卫生院	张	2829	1478	1384	867
卫生机构人员数	人	5659	3174	2347	1572
医院、卫生院技术人员	人	3642	1917	1492	998
#医生	人	2139	785	671	414
护师、护士	人	1326	749	530	347
城镇居民人均可支配收入	元	7692	7692		7664
城镇居民人均消费性支出	元	5898	5898		4666
#食品支出	元	2674	2674		2152
农村人均住房面积	平方米	27.00		22.08	22.55
农村居民人均纯收入	元	2454	2511	2164	2251
农村居民人均生活费总支出	元	1962		1602	1610
#食品支出	元	1010		838	809

22—1 续表15

指　　标	单 位	钦州市	钦州市辖区	贵港市	贵港市辖区
行政区域土地面积	平方公里	10843	4772	10606	3543
城市建成区面积	平方公里		63.86		50.51
年末总人口	万人	333.44	119.34	462.45	167.58
男性	万人	178.80	65.10	241.00	86.40
女性	万人	154.63	54.24	221.44	81.18
年末总户数	万户	74.83	28.24	110.04	41.98
#乡村户数	万户	66.79	23.22	96.61	32.6
出生人口	万人	4.94	1.65	6.83	2.00
死亡人口	万人	1.33	0.49	1.78	0.48
人口密度	人／平方公里	308	250	436	473
经济活动人口	万人	191.28	76.37	225.97	84.88
从业人员	万人	190.54	75.97	225.44	84.50
城镇从业人员按登记注册类型分					
国有经济	万人	8.91	4.13	11.08	5.05
城镇集体经济	万人	1.30	0.42	1.71	0.74
其他单位合计	万人	0.79	0.57	0.98	0.82
内资	万人	0.59	0.44	0.81	0.76
港澳台投资经济	万人	0.14	0.07	0.04	0.04
外商投资经济	万人	0.06	0.06	0.13	0.03
城镇私营经济	万人	1.08	1.01	1.03	0.59
城镇个体	万人	3.56	1.29	5.14	2.96
从业人员按行业分					
第一产业	万人	107.20	26.38	128.48	47.70
第二产业	万人	40.93	24.66	22.18	8.36
第三产业	万人	42.41	24.93	74.78	28.44
城镇登记失业人员数	万人	0.73	0.40	0.53	0.38
职工人数	万人	9.92	4.41	12.34	6.37
职工按登记注册类型分					
国有经济	万人	8.01	3.54	10.21	4.83
城镇集体经济	万人	1.22	0.40	1.17	0.72
其他单位合计	万人	0.69	0.47	0.96	0.82
乡村劳动力	万人	187.84	66.22	205.50	74.34
#农林牧渔业	万人	106.63	39.61	127.83	47.28
耕地面积	千公顷	144.85	24.04	46.94	18.52
农林牧渔业总产值（当年价）	万元	1211465	573596	846735	270940
农林牧渔业总产值指数	上年=100	110.0	108.8	109.0	109.2
农业机械总动力	万千瓦	73.54	34.02	129.73	52.10
化肥使用量(折纯量)	吨	190980	81171	131909	61398
农村用电量	万千瓦小时	14093	3836	22393	9892
有效灌溉面积	千公顷	84.24	35.70	26.87	12.04
农作物总播种面积	千公顷	352.33	160.56	115.56	53.32
#粮食作物	千公顷	213.35	92.77	65.64	35.48

22—1 续表16

指　　标	单　位	钦州市	钦州市辖区	贵港市	贵港市辖区
粮食产量	吨	1169491	440621	1357841	509285
油料产量	吨	25404	13805	61616	25159
猪肉产量	吨	121067	37112	199391	86832
牛肉产量	吨	3755	1085	6736	2075
羊肉产量	吨	340	162	212	55
水产品产量	吨	545005	471374	100849	28941
工业企业单位数（规模以上）	个	123	60	121	58
大型企业	个	1	1	5	5
中型企业	个	14	7	18	12
小型企业	个	108	52	98	41
全部工业总产值（当年价）	万元	801928	262565	840232	420135
全部工业总产值指数	上年=100	110.2	110.3	110.5	113.5
工业总产值（规模以上，当年价）	万元	254003	124563	407208	334791
内资企业	万元	227925	106668	387076	319046
国有工业	万元	68775	30360	101940	66146
集体工业	万元	62536	9570	17102	16165
股份合作企业	万元	12896			
联营企业	万元				
有限责任公司	万元	14177	5875	50263	36295
股份有限公司	万元	19074	17374	116602	115815
私营企业	万元	50466	43489	101169	84625
其他企业	万元				
港澳台商投资企业	万元	20896	17894	15962	14006
外商投资企业	万元	51823		4170	1739
工业总产值指数 （规模以上）	上年=100	117.4	115.5	108.7	112.3
工业企业增加值	万元	70629	39055	105344	76567
工业企业资产总计	万元	395118	271507	873841	670103
工业企业负债合计	万元	286547	200396	507964	366040
工业企业产品销售收入	万元	243394	110542	427704	347249
工业企业利润总额	万元	-124	-637	-1258	3602
批发贸易业法人企业个数	个	16	10	21	15
零售贸易业法人企业个数	个	10	4	17	11
批发贸易业从业人员	人	2430	1587	2811	2211
零售贸易业从业人员	人	1312	620	2351	1573
社会消费品零售总额	万元	644866	312047	414766	215645
贸易业	万元	483477	240502	259281	163264
餐饮业	万元	59728	27784	35889	10160
制造业	万元	30585	21236	53536	22191
其它	万元	71076	22525	66060	20030

22—1 续表17

指　　标	单　位	钦州市	钦州市辖区	贵港市	贵港市辖区
批发零售贸易业批发总额	万元	67102	30741	163322	124740
批发零售贸易业零售总额	万元	50965	35814	71357	54758
批发零售贸易业购进总额	万元	121608	73656	207856	169448
批发零售贸易业销售总额	万元	118067	66555	234679	179498
# 零售额	万元	50965	35814	71357	54758
批发零售贸易业库存总额	万元	5801	2916	11762	8887
集市贸易成交额	万元	311589	133828	465908	220474
外商直接投资	万美元	780	700	750	609
国内生产总值（当年价）	万元	1546561	751584	1262664	478203
第一产业	万元	752925	353834	467263	144847
第二产业	万元	308355	138807	297030	135368
工业	万元	232616	92866	249103	104781
建筑业	万元	75739	45941	47927	30587
第三产业	万元	485281	258943	498371	197988
#交通仓储和邮电通信业	万元	116777	43426	147197	53734
批发和零售贸易餐饮业	万元	154428	80409	150628	69929
人均国内生产总值	元	4664	6331	2745	2866
国内生产总值指数	上年=100	110.9	111.6	110.7	111.0
第一产业	上年=100	109.8	109.8	109.5	108.8
第二产业	上年=100	112.1	117.1	111.1	115.9
工业	上年=100	109.9	115.0	109.1	112.0
建筑业	上年=100	120.3	122.2	124.5	133.8
第三产业	上年=100	111.9	111.5	111.8	109.5
#交通仓储和邮电通信业	上年=100	112.7	114.1	114.2	115.1
批发和零售贸易餐饮业	上年=100	106.9	103.4	107.7	113.4
人均国内生产总值指数	上年=100	109.8	110.6	110.0	111.5
全部财政收入	万元	92449	47360	100328	59624
一般预算收入	万元	69728	36300	65873	37609
#增值税	万元	5542	3009	9318	6138
营业税	万元	9471	6041	13521	8554
企业所得税	万元	1834	835	3159	2057
一般预算支出	万元	132464	73111	128759	64969
#基建支出	万元	20549	1524	12398	8669
科技三项费	万元	122	73	288	125
文教科卫事业费	万元	37196	15042	44835	18451
金融机构存款	万元	854776	475701	1336943	657291
#企业存款	万元	106597	80139	181994	130358
居民储蓄存款余额	万元	673410	344676	1032312	442663
定期	万元	283795	106727	533573	216004
活期	万元	389615	237949	498739	226659
金融机构贷款	万元	570605	334121	664665	343298
#工业贷款	万元	61313	42127	91853	71081
商业贷款	万元	95637	56842	96461	42569
农业贷款	万元	116321	61197	111886	38130

22—1　续表18

指　　标	单　位	钦州市	钦州市辖区	贵港市	贵港市辖区
职工工资总额	万元	80501	38111	108592	59274
国有经济	万元	69276	31840	93714	47538
城镇集体经济	万元	6069	2407	7052	4502
其他单位合计	万元	5155	3864	7826	7234
职工平均工资	元	8134	8616	8777	9346
全社会固定资产投资	万元	352951	208580	273883	177771
#国有单位	万元	137983	87710	110469	69051
按性质分固定资产投资					
基本建设	万元	133744	92561	87911	52644
更新改造	万元	37272	24552	45467	40276
房地产开发	万元	10771	4846	30193	24461
其他	万元	171164	86621	110312	60390
国有投资新增固定资产	万元	112705	59840	66509	41307
商品房屋销售额	万元	3719	280	25207	22684
商品房屋销售面积	万平方米	4.60	0.20	25.02	20.58
建筑企业单位数	个	45	33	30	21
建筑业企业从业人员	人	13300	8823	16500	9800
建筑业总产值	万元	59694	44484	74316	47045
房屋建筑施工面积	万平方米	86.70	51.25	168.46	104.87
#住宅	万平方米	10.50	7.79	0.00	0.00
房屋建筑竣工面积	万平方米	43.04	26.28	83.63	40.42
#住宅	万平方米	10.50	7.79	39.80	20.60
公路里程	公里	3487	1461	2196	928
等级路里程	公里	2770	1217	1762	854
民用汽车拥有量	辆	11845	8615	16106	9883
出租汽车数	辆	240	200	418	277
市内公共电汽车数	辆	161	128	156	104
邮电业务总量	万元	68726	46021	41548	20735
本地电话用户	万户	25.80	11.91	37.64	17.63
移动电话用户	万户	12.91	9.10	18.95	8.70
幼儿园数	所	129	88	105	55
入园儿童数	人	57555	19237	68016	29157
学龄儿童入学率	%	98.6	98.3	99.2	99.3
小学专任教师数	人	12493	4339	18109	6976
小学学校数	所	1123	388	1164	452
小学在校学生数	人	337665	110313	558943	211893
小学招生数	人	59342	20390	91255	32947
小学毕业生数	人	65386	22704	111153	43504
普通中等学校专任教师数	人	8558	3381	15008	6324
#普通中学	人	7943	3021	14537	6141
普通中等学校数	所	154	69	279	115
#普通中学	所	141	61	272	113
普通中等学校招生数	人	76279	29386	132462	50975
#普通中学	人	70996	26533	129608	50536

22—1 续表19

指标	单位	钦州市	钦州市辖区	贵港市	贵港市辖区
普通中等学校毕业生数	人	55025	21410	81511	34844
#普通中学	人	51562	19042	79964	34325
初中在校学生数	人	168268	55316	275904	111959
初中招生数	人	59788	20891	107407	41348
初中毕业生数	人	45239	16354	68874	29284
高中在校学生数	人	26444	11747	55385	24131
高中招生数	人	11208	5642	22201	9188
高中毕业生数	人	6323	2688	11090	5041
普通中等专业学校数	所	4	4	3	1
普通中等专业学校在校学生数	人	6412	6412	1060	1060
普通中等专业学校招生数	人	2682	2682	107	107
普通中等专业学校毕业生数	人	2076	2076	900	424
普通高等学校数	所	1	1		
普通高等学校专任教师	人	136	136		
普通高等学校在校学生数	人	3255	3255		
普通高等学校招生数	人	1407	1407		
普通高等学校毕业生数	人	973	973		
广播覆盖率	%	100.0	100.0	96.1	98.0
电视覆盖率	%	94.3	95.0	96.4	97.8
公共图书馆	个	3	1	3	1
公共图书馆藏书量	万册	42	19	49	13
国内旅游人数	万人次	139.55	97.69	323.52	152.45
国内旅游总收入	万元	47498	33249	63500	34600
国际旅游人数	万人次	0.10	0.10	0.67	0.36
#外国人	万人次	0.06	0.06	0.04	0.03
星级饭店数	个	5	5	6	3
涉外饭店数	个	10	7	14	8
旅游外汇收入	万美元	24	24	137	79
卫生机构数	个	94	41	2313	655
医院、卫生院	个	76	31	104	40
卫生防疫站	个	5	3	3	1
妇幼保健站	个	5	3	3	1
卫生机构床位数	张	4225	2077	4178	2062
#医院、卫生院	张	4225	2077	4178	2062
卫生机构人员数	人	6519	3000	7704	3276
医院、卫生院技术人员	人	4383	1998	6050	2558
#医生	人	1673	740	2365	1044
护师、护士	人	1442	667	2032	895
城镇居民人均可支配收入	元	6734	6734	6927	6927
城镇居民人均消费性支出	元	5163	5163	4563	4563
#食品支出	元	1985	1985	1863	1863
农村人均住房面积	平方米	22.84	20.92	27.61	29.15
农村居民人均纯收入	元	2441	2406	2091	2134
农村居民人均生活费总支出	元	1760	1819	1474	1473
#食品支出	元	909	942	760	748

22—1 续表20

指　　标	单　位	玉林市	玉林市辖区	百色市	百色市辖区
行政区域土地面积	平方公里	12838	1251	36201	3702
城市建成区面积	平方公里		44.77		29.21
年末总人口	万人	587.13	89.70	366.87	32.71
男性	万人	311.77	47.73	188.49	16.72
女性	万人	275.36	41.97	178.39	15.99
年末总户数	万户	144.86	24.57	85.03	7.97
#乡村户数	万户	116.11	17.46	71.87	4.87
出生人口	万人	6.92	0.84	3.85	0.27
死亡人口	万人	1.81	0.21	2.06	0.16
人口密度	人/平方公里	239	717	101.34	49.58
经济活动人口	万人	299.24	51.08	202.61	18.36
从业人员	万人	297.84	50.65	201.83	17.82
城镇从业人员按登记注册类型分					
国有经济	万人	17.23	4.78	18.13	4.56
城镇集体经济	万人	2.80	0.93	1.02	0.27
其他单位合计	万人	2.88	1.01	1.55	0.74
内资	万人	1.66	0.45	1.47	0.70
港澳台投资经济	万人	0.46	0.05	0.08	0.04
外商投资经济	万人	0.76	0.52	0.00	0.00
城镇私营经济	万人	1.46	0.51	0.00	0.29
城镇个体	万人	9.16	3.85	1.03	1.46
从业人员按行业分					
第一产业	万人	180.00	24.97	145.99	10.51
第二产业	万人	57.06	11.42	16.70	3.13
第三产业	万人	60.78	14.26	39.14	4.17
城镇登记失业人员数	万人	1.40	0.43	0.78	0.54
职工人数	万人	20.12	6.26	17.53	4.52
职工按登记注册类型分					
国有经济	万人	15.01	4.46	15.06	3.52
城镇集体经济	万人	2.38	0.73	0.99	0.26
其他单位合计	万人	2.72	1.00	1.48	0.74
乡村劳动力	万人	307.79	42.66	195.37	12.99
#农林牧渔业	万人	179.96	24.97	145.99	10.50
耕地面积	千公顷	190.16	29.13	257.14	25.09
农林牧渔业总产值（当年价）	万元	1343608	206238	795200	92523
农林牧渔业总产值指数	上年=100	107.3	106.0	105.6	109.0
农业机械总动力	万千瓦	183.70	28.76	133.84	13.21
化肥使用量(折纯量)	吨	142197	22961	74219	7903
农村用电量	万千瓦小时	46201	9804	28704	2214
有效灌溉面积	千公顷	148.22	26.44	108.16	9.42
农作物总播种面积	千公顷	482.49	73.42	528.73	51.21
#粮食作物	千公顷	333.44	42.84	332.71	19.39

22—1 续表21

指　　标	单　位	玉林市	玉林市辖区	百色市	百色市辖区
粮食产量	吨	2067069	275737	1121242	82530
油料产量	吨	40450	8973	8210	645
猪肉产量	吨	318009	32823	16918	11814
牛肉产量	吨	6166	975	11052	1164
羊肉产量	吨	209	9	4224	63
水产品产量	吨	97712	23382	29740	5230
工业企业单位数（规模以上）	个	262	68	189	49
大型企业	个	7	4	13	3
中型企业	个	30	5	20	8
小型企业	个	225	59	156	38
全部工业总产值（当年价）	万元	2282576	918621	1015340	192100
全部工业总产值指数	上年=100	112.4	136.5	109.1	107.4
工业总产值（规模以上，当年价）	万元	862609	558079	672480	120749
内资企业	万元	440703	178755	670989	120749
国有工业	万元	93467	44499	466220	77050
集体工业	万元	61897	19707	22663	2397
股份合作企业	万元	27998		3902	949
联营企业	万元			742	742
有限责任公司	万元	104099	86540	62380	4833
股份有限公司	万元	50981	4084	37826	26607
私营企业	万元	102261	23925	77257	8171
其他企业	万元				
港澳台商投资企业	万元	28633	1984	728	
外商投资企业	万元	393272	377340	762	
工业总产值指数（规模以上）	上年=100	131.5	172.2	112.3	112.0
工业企业增加值	万元	272011	177362	232672	42962
工业企业资产总计	万元	1400480	854522	1296256	230148
工业企业负债合计	万元	943616	553595	847223	143180
工业企业产品销售收入	万元	886004	539567	623938	117368
工业企业利润总额	万元	35658	40999	36151	2836
批发贸易业法人企业个数	个	22	9	15	4
零售贸易业法人企业个数	个	15	7	11	4
批发贸易业从业人员	人	4095	1240	1644	367
零售贸易业从业人员	人	2458	760	1123	301
社会消费品零售总额	万元	1106477	399554	399875	86720
贸易业	万元	797633	348514	267113	50862
餐饮业	万元	114144	36454	41498	11572
制造业	万元	103786	2449	15559	2054
其它	万元	90914	12137	75705	22232

22—1 续表22

指　　标	单　位	玉林市	玉林市辖区	百色市	百色市辖区
批发零售贸易业批发总额	万元	191738	769692	149182	35534
批发零售贸易业零售总额	万元	167245	122776	59892	2446
批发零售贸易业购进总额	万元	293349	192424	129492	32024
批发零售贸易业销售总额	万元	358983	208469	123851	41742
# 零售额	万元	167245	122776	25306	5277
批发零售贸易业库存总额	万元	24387	20510	7305	3365
集市贸易成交额	万元	978041	381436		
外商直接投资	万美元	4997	4506	1160	281
国内生产总值（当年价）	万元	2256110	570448	1442420	298602
第一产业	万元	806113	115653	511493	58289
第二产业	万元	714998	269989	416515	96768
工业	万元	653432	254629	299824	65198
建筑业	万元	61566	15360	116691	31570
第三产业	万元	734999	184806	514412	143545
#交通仓储和邮电通信业	万元	223623	71464	113663	31569
批发和零售贸易餐饮业	万元	223613	51304	118860	31253
人均国内生产总值	元	3859	6375	3877	9049
国内生产总值指数	上年=100	110.4	121.9	109.5	109.4
第一产业	上年=100	105.8	105.8	105.4	104.0
第二产业	上年=100	116.7	140.9	117.4	117.5
工业	上年=100	117.6	142.3	108.5	105.3
建筑业	上年=100	107.0	119.1	153.1	156.1
第三产业	上年=100	110.1	109.6	113.1	107.7
#交通仓储和邮电通信业	上年=100	110.2	109.5	108.5	107.1
批发和零售贸易餐饮业	上年=100	111.2	111.6	108.8	107.7
人均国内生产总值指数	上年=100	109.8	122.7	108.9	109.4
全部财政收入	万元	183184	90657	166917	27570
一般预算收入	万元	108701	48718	95401	17477
#增值税	万元	19881	11094	20644	2636
营业税	万元	21446	10123	19226	5167
企业所得税	万元	5991	4749	3718	603
一般预算支出	万元	208360	76526	235540	27077
#基建支出	万元	13422	9062	20823	1345
科技三项费	万元	147	78	493	162
文教科卫事业费	万元	77275	19216	77077	8681
金融机构存款	万元	2285577	1123549	1065449	359605
#企业存款	万元	288219	212468	190211	61146
居民储蓄存款余额	万元	1810003	795558	699725	212983
定期	万元	1034172	405336	357070	118842
活期	万元	775831	390222	342655	34141
金融机构贷款	万元	1285648	672958	858402	210963
#工业贷款	万元	221189	136925	581933	42106
商业贷款	万元	166762	100520	92212	34296
农业贷款	万元	194888	48786	83105	8924

22—1　续表23

指　　标	单　位	玉林市	玉林市辖区	百色市	百色市辖区
职工工资总额	万元	184986	74805	196683	53114
国有经济	万元	140103	49097	177169	44861
城镇集体经济	万元	15329	5842	5978	1829
其他单位合计	万元	29555	19868	13537	6424
职工平均工资	元	9191	11828	11035	10604
全社会固定资产投资	万元	338613	96541	580840	150334
#国有单位	万元	137449	57311	355188	79774
按性质分固定资产投资					
基本建设	万元	114706	35756	327751	75922
更新改造	万元	38787	24369	89253	41392
房地产开发	万元	10911	6217	8512	5646
其他	万元	174209	30199	155324	27374
国有投资新增固定资产	万元	100522	41462	143095	34066
商品房屋销售额	万元	6807	4507	2995	2387
商品房屋销售面积	万平方米	5.39	2.94	3.08	3.08
建筑企业单位数	个	57	16	45	11
建筑业企业从业人员	人	31137	8087	11300	5400
建筑业总产值	万元	204015	59225	41083	21822
房屋建筑施工面积	万平方米	331.65	70.13	80.98	48.06
#住宅	万平方米				
房屋建筑竣工面积	万平方米	118.7	27.22	39.25	21.03
#住宅	万平方米	85.89	8.99	20.00	
公路里程	公里	5005	717	6784	639
等级路里程	公里	4117	643	3178	224
民用汽车拥有量	辆	53806			
出租汽车数	辆	539	416	241	199
市内公共电汽车数	辆	230	104	231	80
邮电业务总量	万元	96046	40814	53600	
本地电话用户	万户	51.33	15.01	3.45	7.28
移动电话用户	万户	32.67	11.21	15.53	4.45
幼儿园数	所	476	8	245	49
入园儿童数	人	109710	11678	56548	3601
学龄儿童入学率	%	99.1		99.2	99.9
小学专任教师数	人	19380	3542	17469	2048
小学学校数	所	1558	266	1810	129
小学在校学生数	人	715592	89876	354105	26138
小学招生数	人	114619	13156	54761	3879
小学毕业生数	人	142995	19542	62277	5560
普通中等学校专任教师数	人	18532	4305		
#普通中学	人	17983	3941	9089	1197
普通中等学校数	所	360	67		
#普通中学	所	342	59	211	34
普通中等学校招生数	人	158580	29162		
#普通中学	人	153861	25315	71536	8869

22—1 续表24

指　　标	单　位	玉林市	玉林市辖区	百色市	百色市辖区
普通中等学校毕业生数	人	125794	22349		
#普通中学	人	105667	20463	54990	6570
初中在校学生数	人	343049	52964	165405	15346
初中招生数	人	130068	18441	58419	5507
初中毕业生数	人	92071	16314	48718	5238
高中在校学生数	人	60314	17666	31676	8201
高中招生数	人	23793	6874	13117	3362
高中毕业生数	人	13596	4149	6272	1332
普通中等专业学校数	所	10	5		
普通中等专业学校在校学生数	人	8058	6750		
普通中等专业学校招生数	人	2803	2378		
普通中等专业学校毕业生数	人	2617	1467		
普通高等学校数	所	1	1	2	2
普通高等学校专任任教师	人	411	411	434	434
普通高等学校在校学生数	人	8116	8116	6599	6599
普通高等学校招生数	人	2953	2953	2217	2217
普通高等学校毕业生数	人	2448	2448		
广播覆盖率	%	95.0	95.0	84.5	
电视覆盖率	%	96.9	100.0	73.1	
公共图书馆	个	5	1	12	1
公共图书馆藏书量	万册	1002	330		10
国内旅游人数	万人次	307.26		120	53
国内旅游总收入	万元	140300		27800	6750
国际旅游人数	万人次	1.52	0.50	0.44	0.24
#外国人	万人次	0.13	0.04	0.10	0
星级饭店数	个	20	11	7	5
涉外饭店数	个	20	11	18	8
旅游外汇收入	万美元	638		145	37
卫生机构数	个	974	298	261	33
医院、卫生院	个	157	27	216	23
卫生防疫站	个	6	1	13	2
妇幼保健站	个	6	1	13	2
卫生机构床位数	张	7979	3195	6834	2008
#医院、卫生院	张	7613	3034	6343	1894
卫生机构人员数	人	13672	4167	9427	2659
医院、卫生院技术人员	人	9474	3165	7866	2227
#医生	人	3968	1574	3496	696
护师、护士	人	3339	1287	2570	721
城镇居民人均可支配收入	元			7215	7215
城镇居民人均消费性支出	元			5635	5635
#食品支出	元			2215	2215
农村人均住房面积	平方米	23.72	26.83	14.66	23.56
农村居民人均纯收入	元	1959	2056	1331	1523
农村居民人均生活费总支出	元	1528	1594	1291	1609
#食品支出	元	735	763	327	807

22—1 续表25

指 标	单 位	贺州市	贺州市辖区	河池市	河池市辖区
行政区域土地面积	平方公里	11855	5124	33508	2340
城市建成区面积	平方公里		21		14.46
年末总人口	万人	208.53	90.37	379.51	31.23
男性	万人	109.26	46.94	195.46	16.07
女性	万人	99.27	43.43	184.06	15.16
年末总户数	万户	48.33	21.60	94.28	8.10
#乡村户数	万户	39.88	17.23	78.33	5.04
出生人口	万人	1.74	0.76	3.98	0.26
死亡人口	万人	0.63	0.27	1.98	0.14
人口密度	人 / 平方公里	176	176	113	133
经济活动人口	万人	116.84	47.70	158.89	17.03
从业人员	万人	116.37	47.53	157.73	16.56
城镇从业人员按登记注册类型分					
国有经济	万人	6.81	2.72	14.29	3.21
城镇集体经济	万人	0.36	0.07	1.75	0.32
其他单位合计	万人	0.95	0.70	1.29	0.04
内资	万人	0.89	0.69	7.73	2.20
港澳台投资经济	万人	0.06	0.01	0.04	
外商投资经济	万人			0.19	0.01
城镇私营经济	万人	2.24	0.90	2.08	
城镇个体	万人	9.14	3.01	13.73	2.02
从业人员按行业分					
第一产业	万人	77.17	32.02	136.66	8.68
第二产业	万人	17.26	5.33	6.33	2.72
第三产业	万人	21.94	10.18	14.75	5.16
城镇登记失业人员数	万人	0.47	0.17	1.16	0.47
职工人数	万人	7.83	3.50	16.65	3.43
职工按登记注册类型分					
国有经济	万人	6.54	3.44	13.71	3.11
城镇集体经济	万人	0.35	0.07	1.65	0.28
其他单位合计	万人	0.94	0.70	1.28	0.04
乡村劳动力	万人	100.56	42.74	176.92	11.56
#农林牧渔业	万人	74.02	32.02	136.14	8.68
耕地面积	千公顷	109.36	39.86	237.39	15.24
农林牧渔业总产值（当年价）	万元	713371	291627	703437	57046
农林牧渔业总产值指数	上年=100	101.3	100.0	102.2	103.7
农业机械总动力	万千瓦	51.47	20.61	152.83	15.08
化肥使用量(折纯量)	吨	55551	26186	88153	7145
农村用电量	万千瓦小时	12933	6622	19791	3788
有效灌溉面积	千公顷	67.71	26.12	85.06	7.77
农作物总播种面积	千公顷	288.57	118.67	564.95	40.65
#粮食作物	千公顷	155.66	57.34	357.66	24.31

22—1　续表26

指　　标	单　位	贺州市	贺州市辖区	河池市	河池市辖区
粮食产量	吨	747818	296272	1144319	93520
油料产量	吨	15128	15128	30487	2161
猪肉产量	吨	195531	61021	190620	22158
牛肉产量	吨	7469	2438	18971	1605
羊肉产量	吨	615	291	9332	619
水产品产量	吨	51260	19200	27874	4356
工业企业单位数（规模以上）	个	105	50	184	32
大型企业	个	1	1	8	1
中型企业	个	6	4	21	7
小型企业	个	98	45	155	24
全部工业总产值（当年价）	万元	868699	418149	721307	187108
全部工业总产值指数	上年=100	103.1	112.0	65.6	82.6
工业总产值（规模以上，当年价）	万元	189254	121423	506149	142299
内资企业	万元	180061	113144	450973	140698
国有工业	万元	69224	25812	253517	103025
集体工业	万元	12585	10353	13244	2061
股份合作企业	万元	10961	2047	8643	
联营企业	万元				
有限责任公司	万元	52054	49960	65825	1007
股份有限公司	万元	11817	7284	39954	1005
私营企业	万元	23421	17688	69790	33600
其他企业	万元				
港澳台商投资企业	万元	5150	4236	1602	1602
外商投资企业	万元	4043	4043	53574	
工业总产值指数　（规模以上）	上年=100	97.0	126.8	73.7	92.7
工业企业增加值	万元	69844	42047	207622	44533
工业企业资产总计	万元	573880	372576	1445819	459626
工业企业负债合计	万元	392253	193683	987037	336884
工业企业产品销售收入	万元	199762	129953	506963	154468
工业企业利润总额	万元	4003	6713	22055	3883
批发贸易业法人企业个数	个	6	2	11	4
零售贸易业法人企业个数	个	5	2	12	6
批发贸易业从业人员	人	672	188	1056	625
零售贸易业从业人员	人	828	540	1481	1017
社会消费品零售总额	万元	326205	161595	590320	137371
贸易业	万元	222376	118167	415951	97666
餐饮业	万元	32819	17542	89176	27255
制造业	万元	18229	7682	12689	77
其它	万元	16005	18204	34402	12373

指　　标	单　位	贺州市	贺州市辖区	河池市	河池市辖区
批发零售贸易业批发总额	万元	36640	14979	65359	38969
批发零售贸易业零售总额	万元	18491	14973	17927	13678
批发零售贸易业购进总额	万元	47144	28909	91767	66353
批发零售贸易业销售总额	万元	55132	29952	83286	52647
#零售额	万元	18491	14973	17927	14049
批发零售贸易业库存总额	万元	3369	2215	8418	6308
集市贸易成交额	万元			258600	47700
外商直接投资	万美元	1471	1160	67	
国内生产总值（当年价）	万元	1102567	508849	1446067	264403
第一产业	万元	418162	182088	446340	37544
第二产业	万元	306839	138814	381608	77396
工业	万元	277369	125157	254670	62572
建筑业	万元	29470	13657	126938	14824
第三产业	万元	377566	187947	618119	149463
#交通仓储和邮电通信业	万元	82407	36452	150393	36679
批发和零售贸易餐饮业	万元	109133	48833	204067	53040
人均国内生产总值	元	5301	5702	3815	8469
国内生产总值指数	上年=100	107.6	108.0	95.2	95.2
第一产业	上年=100	102.0	100.8	102.0	102.7
第二产业	上年=100	109.0	110.3	74.6	80.4
工业	上年=100	108.9	111.2	65.6	80.1
建筑业	上年=100	109.5	102.5	105.5	81.6
第三产业	上年=100	113.5	114.2	108.5	102.5
#交通仓储和邮电通信业	上年=100	112.1	110.8	104.0	88.3
批发和零售贸易餐饮业	上年=100	111.3	111.7	106.8	108.0
人均国内生产总值指数	上年=100	107.0	107.4	95.5	94.7
全部财政收入	万元	99291	39748	166278	30314
一般预算收入	万元	36652	14637	94321	17040
#增值税	万元	5780	2950	18587	
营业税	万元	5283	2394	17382	
企业所得税	万元	3710	555	5220	
一般预算支出	万元	103547	28817	239773	23094
#基建支出	万元	6259	258	17664	
科技三项费	万元	894	4	1029	26
文教科卫事业费	万元	30162	11256	75093	6552
金融机构存款	万元	551883	310344	1276625	410045
#企业存款	万元	74653	51089	283040	
居民储蓄存款余额	万元	426646	230184	890266	259865
定期	万元	234005	120688	450170	
活期	万元	192641	109496	440096	
金融机构贷款	万元	331751	195565	759610	256598
#工业贷款	万元	87006	53751	155856	
商业贷款	万元	38976	19146	72735	
农业贷款	万元	51348	23643	75248	7333

22—1 续表28

指　　标	单　位	贺州市	贺州市辖区	河池市	河池市辖区
职工工资总额	万元	73524	35232	176471	43474
国有经济	万元	64894	29139	154265	41352
城镇集体经济	万元	2165	850	10189	1883
其他单位合计	万元	6591	5243	12017	239
职工平均工资	元	9242	10304	10270	12549
全社会固定资产投资	万元	116389	63669	534517	77674
#国有单位	万元	47089	25470	235566	60242
按性质分固定资产投资					
基本建设	万元	41935	23085	368155	40521
更新改造	万元	14291	12062	39005	20424
房地产开发	万元	6011	5261	2114	2114
其他	万元	54152	23261	2532	1384
国有投资新增固定资产	万元	47023	25582	13049	44121
商品房屋销售额	万元	1039	916		1150
商品房屋销售面积	万平方米	0.72	0.50		1.37
建筑企业单位数	个	33	12	46	11
建筑业企业从业人员	人	3766	1370	14000	5100
建筑业总产值	万元	18099	8581	60587	29520
房屋建筑施工面积	万平方米	26.45	10.96	98.70	41.18
#住宅	万平方米	18.78	7.68	33.07	16.01
房屋建筑竣工面积	万平方米	9.13	3.75	39.67	15.03
#住宅	万平方米	5.65	2.32	16.43	8.75
公路里程	公里	2281	845	6148	481
等级路里程	公里	1952	721	2997	292
民用汽车拥有量	辆	141163	6186	18008	5214
出租汽车数	辆	131	124	248	194
市内公共电汽车数	辆	93	79	221	87
邮电业务总量	万元	22932	11007	5103	
本地电话用户	万户	16	7.03	32	7.45
移动电话用户	万户	8.73	6.04	20.47	4.20
幼儿园数	所	33	8	116	32
入园儿童数	人	27255	12701	46216	4258
学龄儿童入学率	%	98.6	99.6	99.9	99.9
小学专任教师数	人	9428	3520	20593	1815
小学学校数	所	751	296	1719	144
小学在校学生数	人	290648	127531	381800	24800
小学招生数	人	43442	19633	69617	3703
小学毕业生数	人	47591	21790	61026	5327
普通中等学校专任教师数	人	6417	2811	10394	1669
#普通中学	人	5878	2550	10394	1366
普通中等学校数	所	134	59	269	34
#普通中学	所	124	54	269	28
普通中等学校招生数	人	52892	24005	76512	10239
#普通中学	人	48114	21668	76512	8721

22—1 续表29

指 标	单 位	贺州市	贺州市辖区	河池市	河池市辖区
普通中等学校毕业生数	人	30950	14835	57233	8911
#普通中学	人	29266	13584	57233	7121
初中在校学生数	人	107274	48745	160300	16649
初中招生数	人	42482	19202	60360	5406
初中毕业生数	人	25909	12282	44868	5609
高中在校学生数	人	14722	6229	41218	7857
高中招生数	人	5632	2466	16152	3315
高中毕业生数	人	3357	1302	8937	1512
普通中等专业学校数	所	6	5		5
普通中等专业学校在校学生数	人	7723	5095		5161
普通中等专业学校招生数	人	4778	2337		1464
普通中等专业学校毕业生数	人	1684	1251		1965
普通高等学校数	所	1	1		
普通高等学校专任任教师	人	185	185		
普通高等学校在校学生数	人	2879	2879		
普通高等学校招生数	人	1285	1285		
普通高等学校毕业生数	人	1005	1005		
广播覆盖率	%	83.6	85.7	62.4	60.0
电视覆盖率	%	94.7	96.2	76.2	83.0
公共图书馆	个	79	23	11	1
公共图书馆藏书量	万册	46	14	73	11
国内旅游人数	万人次	169.19	103.76	435662	82100
国内旅游总收入	万元	60400	37056	1548.02	900
国际旅游人数	万人次	6.58	4.54	0.24	
#外国人	万人次	0.39	0.38	0.06	
星级饭店数	个	8	6		
涉外饭店数	个	8	6		
旅游外汇收入	万美元	175	146		
卫生机构数	个	98	820	248	32
医院、卫生院	个	83	27	191	21
卫生防疫站	个	5	1	13	1
妇幼保健站	个	5	1	12	2
卫生机构床位数	张	3104	1124	6542	1410
#医院、卫生院	张	2750	999	6157	1344
卫生机构人员数	人	5593	2939	7735	1953
医院、卫生院技术人员	人	2538	1333	6537	1375
#医生	人	1610	545	3739	579
护师、护士	人	928	478	2619	585
城镇居民人均可支配收入	元	6980	7030		
城镇居民人均消费性支出	元	5019	5075	4388	5320
#食品支出	元	2070	2093	1794	2124
农村人均住房面积	平方米	25.34	26.53	31.52	
农村居民人均纯收入	元	1793	1947	1419	1470
农村居民人均生活费总支出	元	1349	1356	1447	2296
#食品支出	元	694	732	775	1289

22—1　续表30

指　　标	单　位	来宾市	来宾市辖区	南宁地区
行政区域土地面积	平方公里	13411	4364	29603
城市建成区面积	平方公里		18	7.14
年末总人口	万人	240.95	96.67	563.49
男性	万人	126.03	50.32	292.99
女性	万人	114.92	46.35	270.5
年末总户数	万户	57.37	21.76	134.48
#乡村户数	万户	46.49	16.92	115.10
出生人口	万人	2.35	1.13	5.31
死亡人口	万人	0.94	0.31	2.54
人口密度	人/平方公里	180	222	190
经济活动人口	万人	125.34	47.78	323.31
从业人员	万人	124.98	47.60	321.86
城镇从业人员按登记注册类型分				
国有经济	万人	7.93	3.19	18.47
城镇集体经济	万人	0.54	0.13	1.49
其他单位合计	万人	1.46	0.82	2.89
内资	万人	1.16	0.82	2.25
港澳台投资经济	万人			0.41
外商投资经济	万人	0.30		0.23
城镇私营经济	万人	0.90		1.24
城镇个体	万人	5.87		6.42
从业人员按行业分				
第一产业	万人	89.33	34.77	246.55
第二产业	万人	18.53	7.46	24.84
第三产业	万人	17.12	5.36	50.48
城镇登记失业人员数	万人	0.36	0.18	1.44
职工人数	万人	9.55	4.12	21.11
职工按登记注册类型分				
国有经济	万人	7.75	3.19	17.24
城镇集体经济	万人	0.48	0.13	1.23
其他单位合计	万人	1.33	0.82	2.64
乡村劳动力	万人	113.77	41.83	288.66
#农林牧渔业	万人	89.20	34.77	208.56
耕地面积	千公顷	215.96	91.16	428.86
农林牧渔业总产值（当年价）	万元	627189	249492	1271833
农林牧渔业总产值指数	上年=100	112.8	113.0	114.9
农业机械总动力	万千瓦	92.36	33.14	234.2
化肥使用量(折纯量)	吨	164283	76430	282588
农村用电量	万千瓦小时	18231	8779	33472
有效灌溉面积	千公顷	100.83	39.40	217.42
农作物总播种面积	千公顷	490.36	215.74	839.22
#粮食作物	千公顷	243.08	100.89	443.42

22—1　续表31

指　　标	单　位	来宾市	来宾市辖区	南宁地区
粮食产量	吨	929528	365577	1730725
油料产量	吨	52879	32786	55506
猪肉产量	吨	216439	98606	225882
牛肉产量	吨	18386	10610	11108
羊肉产量	吨	3928	2394	2651
水产品产量	吨	33925	16460	117975
工业企业单位数（规模以上）	个	83	22	217
大型企业	个	11	4	9
中型企业	个	13	6	23
小型企业	个	59	12	185
全部工业总产值（当年价）	万元	824980	504448	1007441
全部工业总产值指数	上年=100	117.6	118.6	139.5
工业总产值（规模以上，当年价）	万元	521948	348902	651229
内资企业	万元	298667	177661	458847
国有工业	万元	93050	10775	122926
集体工业	万元	12231		26029
股份合作企业	万元			36218
联营企业	万元			
有限责任公司	万元	166626	153732	156992
股份有限公司	万元	12453	12453	70747
私营企业	万元	14308	701	785307
其他企业	万元			
港澳台商投资企业	万元			104012
外商投资企业	万元	223281	171241	88369
工业总产值指数（规模以上）	上年=100	129.0	127.9	149.7
工业企业增加值	万元	185834	128870	226232
工业企业资产总计	万元	1183475	874720	1039390
工业企业负债合计	万元	6977908	511506	610187
工业企业产品销售收入	万元	5220661	355008	677764
工业企业利润总额	万元	320991	30584	54147
批发贸易业法人企业个数	个	7	3	13
零售贸易业法人企业个数	个			12
批发贸易业从业人员	人	526	194	1810
零售贸易业从业人员	人			1770
社会消费品零售总额	万元	229854	87678	834306
贸易业	万元	148543	50184	523517
餐饮业	万元	25436	10862	60217
制造业	万元	20605	11512	35613
其它	万元	35270	15120	214959

指　　标	单　位	来宾市	来宾市辖区	南宁地区
批发零售贸易业批发总额	万元	25173		97306
批发零售贸易业零售总额	万元			39598
批发零售贸易业购进总额	万元	28649	17912	125058
批发零售贸易业销售总额	万元	33107	20546	134600
#零售额	万元	7934	7413	37294
批发零售贸易业库存总额	万元	1300	752	7547
集市贸易成交额	万元			803181
外商直接投资	万美元	58		1680
国内生产总值（当年价）	万元	1035931	509571	1971745
第一产业	万元	398265	163543	798419
第二产业	万元	335941	197064	424503
工业	万元	279996	182854	333710
建筑业	万元	55945	14210	90793
第三产业	万元	301725	148964	748823
#交通仓储和邮电通信业	万元	108228	61077	171497
批发和零售贸易餐饮业	万元	73225	36527	212651
人均国内生产总值	元	4324	5314	3507
国内生产总值指数	上年=100	109.8	109.7	110.5
第一产业	上年=100	108.5	109.6	106.4
第二产业	上年=100	112.2	110.2	120.9
工业	上年=100	108.6	110.7	121.9
建筑业	上年=100	138.3	103.6	117.4
第三产业	上年=100	109.0	109.0	109.8
#交通仓储和邮电通信业	上年=100	106.0	108.8	106.9
批发和零售贸易餐饮业	上年=100	109.5	112.5	108.3
人均国内生产总值指数	上年=100	108.9	109.7	110.4
全部财政收入	万元	155732	90703	198868
一般预算收入	万元	53479	28985	133194
#增值税	万元	14306	9943	17316
营业税	万元	7604	4144	18391
企业所得税	万元	2022	1307	8736
一般预算支出	万元	141450	40561	282595
#基建支出	万元	13425	1015	20357
科技三项费	万元	212	280	383
文教科卫事业费	万元	36782	3098	81544
金融机构存款	万元	543841	203852	1523432
#企业存款	万元	87200	43180	160554
居民储蓄存款余额	万元	399028	139161	1226459
定期	万元	199506	62656	578911
活期	万元	199522	76505	647548
金融机构贷款	万元	356501	166888	669267
#工业贷款	万元	75032	55568	72150
商业贷款	万元	35042	12671	94616
农业贷款	万元	76190	28456	171283

22—1　续表33

指　　标	单　位	来宾市	来宾市辖区	南宁地区
职工工资总额	万元	95018	41644	190507
国有经济	万元	77416	31100	157868
城镇集体经济	万元	3504	1014	8068
其他单位合计	万元	14098	9512	22945
职工平均工资	元	9990	10345	8649
全社会固定资产投资	万元	241142	67665	445100
#国有单位	万元	140635	25061	195756
按性质分固定资产投资				
基本建设	万元	119947	26006	187637
更新改造	万元	52902	13653	36808
房地产开发	万元	293		7256
其他	万元	1336	150	213399
国有投资新增固定资产	万元	68362	36101	165630
商品房屋销售额	万元			4466
商品房屋销售面积	万平方米			6.41
建筑企业单位数	个	25	8	48
建筑业企业从业人员	人	4600	1700	12100
建筑业总产值	万元	17072	6264	42771
房屋建筑施工面积	万平方米	43.05	14.01	87.92
#住宅	万平方米			
房屋建筑竣工面积	万平方米	21.77	9.86	49.60
#住宅	万平方米	12.50	8.60	25.20
公路里程	公里	2530	1259	7913
等级路里程	公里	2320	632	6691
民用汽车拥有量	辆	2607		17125
出租汽车数	辆	80	150	70
市内公共电汽车数	辆	32	30	14
邮电业务总量	万元	22140	10259	42910
本地电话用户	万户	15.77	7.14	34.3
移动电话用户	万户	10.45	3.40	23.72
幼儿园数	所	84	30	214
入园儿童数	人	30584	11876	62060
学龄儿童入学率	%	99.5	99.7	96.6
小学专任教师数	人	9691	3745	23220
小学学校数	所	778	270	1806
小学在校学生数	人	274535	138424	447835
小学招生数	人	37609	18682	83711
小学毕业生数	人	51408	22768	96169
普通中等学校专任教师数	人	7124	2694	16532
#普通中学	人	6565	2575	15556
普通中等学校数	所	166	55	363
#普通中学	所	150	52	338
普通中等学校招生数	人	66454	28029	120100
#普通中学	人	62190	27231	112682

22—1　续表34

指　　标	单　位	来宾市	来宾市辖区	南宁地区
普通中等学校毕业生数	人	47575	15946	100846
#普通中学	人	43945	15524	97066
初中在校学生数	人	135158	57025	271524
初中招生数	人	50911	23649	90764
初中毕业生数	人	38413	13333	85599
高中在校学生数	人	27769	8533	52886
高中招生数	人	11279	3582	21918
高中毕业生数	人	5532	2191	11467
普通中等专业学校数	所	5	2	2
普通中等专业学校在校学生数	人	5651	1819	4672
普通中等专业学校招生数	人	1702	475	1663
普通中等专业学校毕业生数	人	1932	480	1387
普通高等学校数	所	1		1
普通高等学校专任任教师	人	223		137
普通高等学校在校学生数	人	3336		2611
普通高等学校招生数	人	1491		1412
普通高等学校毕业生数	人	1014		623
广播覆盖率	%	92.3	100.0	85.9
电视覆盖率	%	96.1	100.0	85.6
公共图书馆	个	79	1	12
公共图书馆藏书量	万册	34	23	94
国内旅游人数	万人次	68.57		376.45
国内旅游总收入	万元	16010		109755
国际旅游人数	万人次	0.06		5.75
#外国人	万人次	0.06		4.79
星级饭店数	个	3	1	24
涉外饭店数	个			33
旅游外汇收入	万美元	19		949
卫生机构数	个	1104	380	822
医院、卫生院	个	97	42	217
卫生防疫站	个	6	1	12
妇幼保健站	个	6	1	12
卫生机构床位数	张	3396	1062	7524
#医院、卫生院	张	2933		4350
卫生机构人员数	人	5289	3669	16042
医院、卫生院技术人员	人	4383	1345	10184
#医生	人	2200	724	3144
护师、护士	人	1433	660	4688
城镇居民人均可支配收入	元		7071	
城镇居民人均消费性支出	元		5450	4301
#食品支出	元		1902	1926
农村人均住房面积	平方米	25.80	23.31	
农村居民人均纯收入	元	1769	1965	1849
农村居民人均生活费总支出	元	1639	1634	1820
#食品支出	元	803	860	901

第二十三篇
CHAPTER 23

县(市)基本情况

BASIC STATISTICS OF COUNTY(CITY)

23—1　各县（市）社会经济主要指标（2002年）

指标名称	单　位	邕宁县	武鸣县	柳江县	柳城县
行政区域土地面积	平方公里	4725	3470	2504	2124
年末总人口	万人	92.6	64.7	52.9	40.6
#乡村人口	万人	82.5	60.7	49.4	37.5
出生人口	人	10302	5077	4062	5276
死亡人口	人	3423	2463	1045	1432
年末总户数	户	233982	181512	146918	106515
#乡村户数	户	190600	166900	123000	95500
全社会从业人员	人	480728	379128	269799	215563
第一产业	人	365307	280485	186800	156400
第二产业	人	50555	48087	30456	21643
#工业	人	39472	36276	27223	16243
第三产业	人	64866	50556	52543	37520
年末职工人数	人	38600	38800	26520	18480
#在岗职工	人	38276	37177	22812	18480
城镇登记失业人数	人	1681	1862	520	113
国内生产总值（当年价）	万元	454310	415726	294237	213625
第一产业	万元	202336	201753	91972	94410
第二产业	万元	150820	115219	92080	65316
#工业	万元	127068	97122	86800	58186
第三产业	万元	101154	98754	110185	53899
人均国内生产总值	元	4924	6422	5552	5255
国内生产总值指数	上年=100	110.3	109.1	110.3	111.3
第一产业	上年=100	109.7	108.8	106.3	109.5
第二产业	上年=100	111.8	108.2	116.9	112.9
#工业	上年=100	112.7	108.6	123.3	108.9
第三产业	上年=100	109.4	111.0	109.1	112.6
人均国内生产总值指数	上年=100	109.5	109.0	110.3	111.3
财政收入	万元	36785	26386	26818	19528
#一般预算收入	万元	22483	18638	14335	12533
财政支出	万元	33280	31674	24226	21750
金融机构存款余额	万元	266714	219730	177247	131309
#城乡居民储蓄存款	万元	188269	178732	136602	86556
金融机构贷款余额	万元	120850	115646	91751	67332
全社会固定资产投资	万元	128671	102624	35109	38830
基本建设投资	万元	51324	22662	7502	19682
更新改造投资	万元	13711	16716	14990	1635
房地产开发	万元	6975	485	800	110
其他投资	万元	56661	62761	11817	17403

23—1 续表1

指标名称	单位	邕宁县	武鸣县	柳江县	柳城县
乡村从业人员	人	482300	329100	255100	198900
#农林牧渔业	人	361900	246900	186500	156400
年末实有耕地	公顷	76470	59741	54126	44814
#水田	公顷	49056	24598	21453	19676
农业机械总动力	万千瓦	60.3	50.1	19.3	20.5
化肥施用折纯量	吨	78251	57621	27641	40480
农村用电量	万千瓦时	8910	7105	1694	4164
有效灌溉面积	公顷	43040	29920	18790	18610
农作物总播种面积	公顷	186151	139001	92970	96922
#粮食作物	公顷	77962	60112	39385	39395
粮食产量	吨	336414	304949	182120	182393
油料产量	吨	19904	19935	4685	9327
糖料产量	吨	2376362	1778601	2115167	2611715
水果产量	吨	107500	212277	21046	29733
肉类产量	吨	66276	77284	39171	33816
奶类产量	吨	228	142	100	769
蔬菜产量	吨	564952	460773	444178	144586
水产品产量	吨	18015	27097	8070	9686
全部工业总产值（当年价）	万元	345619	262593	301423	180345
全部工业总产值指数	上年=100	102.1	102.7	122.9	128.6
规模以上工业企业数	个	62	47	41	21
#内资企业	个	50	42	38	21
规模工业企业总产值（当年价）	万元	194598	76991	201200	114122
内资企业	万元	111548	64128	142452	114122
国有	万元	8486	30188	22751	7445
集体	万元	13013	18948	10967	6134
股份合作企业	万元	1417	0	0	927
联营企业	万元	851	0	0	2840
有限责任公司	万元	18318	2862	97469	77384
股份有限公司	万元	24982	0	0	0
私营企业	万元	44482	12130	11265	19392
其他企业	万元	0	0	0	0
港澳台投资企业	万元	18232	11530	35340	0
外商投资企业	万元	64818	1333	23408	0
工业企业增加值	万元	72770	26315	58470	38953
工业企业资产总计	万元	301785	127636	196006	119492
工业企业负债合计	万元	187362	72710	102727	61804
工业企业税金总额	万元	9300	3805	12098	6303
工业企业产品销售收入	万元	202228	78289	209500	104490

23—1 续表2

指标名称	单位	邕宁县	武鸣县	柳江县	柳城县
流动资产年平均余额	万元	113008	36600	85388	50038
固定资产净值年平均余额	万元	132545	62390	66646	42962
利润总额	万元	9784	529	12651	6162
规模以下工业：企业数	个	4341	4481	4775	2646
工业总产值	万元	151024	185602	100222	66224
境内公路里程	公里	864	1019	496	528
境内铁路里程	公里	114	0	108	74
民用汽车拥有量	辆	5836	3620	3378	2698
载客汽车	辆	839	600	0	193
私人汽车	辆	3081	2896	0	564
邮电业务总量	万元	17121	14710	7801	4190
本地电话用户	户	69695	52053	33852	31415
#农话	户	38911	26203	15594	20556
年末移动用户	户	54728	52205	41860	27600
互联网上网用户	户	10481	9384	5899	7999
社会消费品零售总额	万元	105020	128518	72620	58119
贸易业	万元	53906	79812	33201	30273
餐饮业	万元	19391	15243	5419	6706
制造业	万元	13591	7358	341	8452
其他	万元	18132	26105	33659	12688
城镇在岗职工年平均人数	人	38855	37481	21848	17434
在岗职工工资总额	万元	31789	26866	24713	18742
农民人均纯收入	元	2368	2643	2267	2433
农民人均住房面积	平方米	24	37	22	27
社会福利院	个	9	11	14	20
社会福利院床位数	张	435	433	219	155
参加基本养老保险的职工数	人	15719	10815	19434	16060
参加基本医疗保险的职工数	人	23778	17135	19200	18120
普通中学	所	73	51	37	24
小学	所	252	227	179	130
普通中学专任教师	人	2897	2168	1627	1250
小学专任教师	人	3634	2470	2396	1799
普通中学在校生	人	65940	46970	33814	22729
小学在校生	人	90503	52950	58488	35653
医院卫生院数	所	28	22	15	19
医院卫生院床位数	张	1178	847	458	575
卫生技术人员	人	1168	974	597	582
#医生	人	413	422	219	186

23—1 续表3

指标名称	单位	鹿寨县	融安县	三江侗族自治县	融水苗族自治县
行政区域土地面积	平方公里	3356	2905	2454	4664
年末总人口	万人	47.7	31.8	34.5	46.5
#乡村人口	万人	39.0	27.8	32.0	42.0
出生人口	人	3704	2408	4000	4749
死亡人口	人	1460	1046	1881	2578
年末总户数	户	126989	83526	80432	106690
#乡村户数	户	91600	68700	69700	90700
全社会从业人员	人	261931	180500	168310	234270
第一产业	人	156300	124500	130672	183017
第二产业	人	36131	18000	13924	5371
#工业	人	34631	13900	11128	3102
第三产业	人	69500	38000	23714	45882
年末职工人数	人	23817	13315	10041	14922
#在岗职工	人	23817	13315	9313	14731
城镇登记失业人数	人	2464	1770	1093	1820
国内生产总值（当年价）	万元	242215	133293	71733	101973
第一产业	万元	87580	35390	25148	41516
第二产业	万元	75031	26067	15897	19683
#工业	万元	61645	19379	7406	15330
第三产业	万元	79604	71836	30688	40774
人均国内生产总值	元	5078	4179	2085	2193
国内生产总值指数	上年=100	109.5	107.1	106.8	111.1
第一产业	上年=100	107.6	110.3	100.3	105.5
第二产业	上年=100	109.1	93.7	116.1	124.1
#工业	上年=100	109.6	92.1	108.7	117.6
第三产业	上年=100	112.1	111.0	108.4	112.7
人均国内生产总值指数	上年=100	108.8	107.1	106.5	110.9
财政收入	万元	17813	9107	4588	7410
#一般预算收入	万元	12193	5598	3359	4596
财政支出	万元	17521	14206	13886	18922
金融机构存款余额	万元	165704	97724	57145	67522
#城乡居民储蓄存款	万元	128261	73869	42645	56381
金融机构贷款余额	万元	98394	80633	37826	49593
全社会固定资产投资	万元	63743	31849	22613	20727
基本建设投资	万元	23589	13711	14750	8846
更新改造投资	万元	2634	3679	446	4614
房地产开发	万元	1675	0	0	0
其他投资	万元	35845	14459	7417	7267

23—1　续表4

指标名称	单　位	鹿寨县	融安县	三江侗族自治县	融水苗族自治县
乡村从业人员	人	221900	157100	184100	234300
#农林牧渔业	人	156300	124500	130700	183000
年末实有耕地	公顷	46825	25976	14563	32036
#水田	公顷	23371	16359	9078	15445
农业机械总动力	万千瓦	27.3	8.3	6.3	9.4
化肥施用折纯量	吨	29322	8864	5864	12581
农村用电量	万千瓦时	4534	2118	2983	2672
有效灌溉面积	公顷	18860	14480	9110	14000
农作物总播种面积	公顷	87292	42775	31248	51035
#粮食作物	公顷	41956	22641	16768	26598
粮食产量	吨	181117	103788	71571	121576
油料产量	吨	9183	1959	1248	2615
糖料产量	吨	916785	191788	30	296059
水果产量	吨	60166	19110	5155	25787
肉类产量	吨	44462	16968	17996	18989
奶类产量	吨	242	68	0	70
蔬菜产量	吨	301465	123014	41754	91883
水产品产量	吨	4998	3380	2230	4520
全部工业总产值（当年价）	万元	238380	61748	27652	36001
全部工业总产值指数	上年=100	114.0	100.6	101.6	117.0
规模以上工业企业数	个	35	15	10	14
#内资企业	个	35	0	10	14
规模工业企业总产值（当年价）	万元	123180	35457	6735	18016
内资企业	万元	123180	27567	6735	18016
国有	万元	66568	19804	2458	18016
集体	万元	1012	414	0	0
股份合作企业	万元	0	0	0	0
联营企业	万元	0	0	0	0
有限责任公司	万元	41286	6014	1011	0
股份有限公司	万元	0	0	0	0
私营企业	万元	14314	1335	3266	0
其他企业	万元	0	0	0	0
港澳台投资企业	万元	0	0	0	0
外商投资企业	万元	0	7890	0	0
工业企业增加值	万元	28233	9894	2517	10564
工业企业资产总计	万元	411082	78259	37124	31737
工业企业负债合计	万元	292704	49081	28490	18049
工业企业税金总额	万元	5217	3235	625	1810
工业企业产品销售收入	万元	125738	36876	9805	16913

23—1　续表5

指标名称	单　位	鹿寨县	融安县	三江侗族自治县	融水苗族自治县
流动资产年平均余额	万元	83028	24425	16021	9461
固定资产净值年平均余额	万元	288385	48031	10338	19580
利润总额	万元	-19894	-330	-514	2816
规模以下工业：企业数	个	3270	1115	6359	1210
工业总产值	万元	115200	26291	20918	17985
境内公路里程	公里	766	449	406	636
境内铁路里程	公里	89	34	73	25
民用汽车拥有量	辆	2462	1769	591	1057
载客汽车	辆	1143	972	405	240
私人汽车	辆	264	683	460	131
邮电业务总量	万元	5385	3612	1548	1851
本地电话用户	户	42257	24215	19038	21293
#农话	户	20687	8817	11900	6702
年末移动用户	户	23850	23276	9341	12580
互联网上网用户	户	5273	1444	2835	1113
社会消费品零售总额	万元	50164	33661	25002	40367
贸易业	万元	32614	26568	17834	25777
餐饮业	万元	7150	2949	4161	5312
制造业	万元	3100	569	619	3328
其他	万元	7300	3575	2388	5950
城镇在岗职工年平均人数	人	24358	13352	9231	14523
在岗职工工资总额	万元	25109	12626	9021	15198
农民人均纯收入	元	2155	1717	1367	1380
农民人均住房面积	平方米	29	20	14	19
社会福利院	个	12	8	2	9
社会福利院床位数	张	263	146	62	201
参加基本养老保险的职工数	人	6135	5600	3283	5474
参加基本医疗保险的职工数	人	18530	7965	7100	10739
普通中学	所	40	20	22	28
小学	所	150	143	186	213
普通中学专任教师	人	1302	971	731	736
小学专任教师	人	1987	1440	1571	2061
普通中学在校生	人	33619	19171	14794	19655
小学在校生	人	40789	26703	36967	43432
医院卫生院数	所	20	17	17	24
医院卫生院床位数	张	654	509	423	551
卫生技术人员	人	796	646	366	626
#医生	人	324	274	191	291

23—1 续表6

指标名称	单位	阳朔县	临桂县	灵川县	全州县
行政区域土地面积	平方公里	1428	2202	2287	4021
年末总人口	万人	29.9	45.2	35.1	76.7
#乡村人口	万人	27.1	40.5	30.3	69.5
出生人口	人	2349	4493	2417	6621
死亡人口	人	1035	1241	1194	3455
年末总户数	户	82379	112255	105390	225970
#乡村户数	户	65500	91100	75300	198800
全社会从业人员	人	150433	241967	214245	428911
第一产业	人	105126	163498	129110	270810
第二产业	人	16403	17560	38152	37632
#工业	人	12998	9042	30580	25342
第三产业	人	28904	60909	46983	120469
年末职工人数	人	12044	16166	20265	27779
#在岗职工	人	10932	15545	18827	23561
城镇登记失业人数	人	1653	1711	984	1559
国内生产总值（当年价）	万元	111066	204755	231705	438350
第一产业	万元	51613	93143	103734	188728
第二产业	万元	17753	52237	53819	94396
#工业	万元	12492	41507	43994	75636
第三产业	万元	41700	59375	74152	155226
人均国内生产总值	元	3720	4540	6607	5718
国内生产总值指数	上年=100	109.4	111.9	107.8	107.4
第一产业	上年=100	107.4	105.0	105.8	101.9
第二产业	上年=100	109.9	126.7	106.9	113.8
#工业	上年=100	109.2	122.6	107.2	115.8
第三产业	上年=100	112.3	110.8	111.5	110.7
人均国内生产总值指数	上年=100	109.3	111.6	107.8	107.3
财政收入	万元	17404	20414	21115	25482
#一般预算收入	万元	6669	7770	8840	10449
财政支出	万元	14636	19366	18595	26775
金融机构存款余额	万元	109436	167069	168748	223681
#城乡居民储蓄存款	万元	78749	121827	139263	183381
金融机构贷款余额	万元	62860	85987	119097	127699
全社会固定资产投资	万元	24542	51113	46286	65165
基本建设投资	万元	14631	12633	22422	37853
更新改造投资	万元	1032	5726	1366	3780
房地产开发	万元	800	12977	7977	500
其他投资	万元	8079	19777	14521	23032

23—1 续表7

指标名称	单位	阳朔县	临桂县	灵川县	全州县
乡村从业人员	人	148600	215100	168100	360000
#农林牧渔业	人	105100	163000	129100	269100
年末实有耕地	公顷	17718	35044	23110	47477
#水田	公顷	11321	28356	19210	35333
农业机械总动力	万千瓦	9.6	9.0	20.2	20.7
化肥施用折纯量	吨	14739	19469	15583	30826
农村用电量	万千瓦时	1427	1619	6220	5020
有效灌溉面积	公顷	13650	26770	18380	37590
农作物总播种面积	公顷	53376	84346	69803	143918
#粮食作物	公顷	24801	47125	35974	76325
粮食产量	吨	104906	207035	177469	412248
油料产量	吨	6398	1352	2937	29171
糖料产量	吨	38841	80458	16653	16851
水果产量	吨	84538	22239	55064	107783
肉类产量	吨	22182	58130	33498	64342
奶类产量	吨	42	17	16	4
蔬菜产量	吨	120499	285580	429694	531276
水产品产量	吨	4790	10800	6924	16501
全部工业总产值（当年价）	万元	44233	144712	156315	225911
全部工业总产值指数	上年=100	110.6	114.9	104.8	113.9
规模以上工业企业数	个	7	25	38	37
#内资企业	个	7	22	35	37
规模以上工业企业总产值（当年价）	万元	3812	68931	60517	43841
内资企业	万元	3812	53815	50136	43841
国有	万元	1937	19171	23759	22665
集体	万元	0	10814	5954	11462
股份合作企业	万元	0	4147	5459	3958
联营企业	万元	0	0	0	0
有限责任公司	万元	1875	16978	1403	4087
股份有限公司	万元	0	2220	5824	0
私营企业	万元	0	486	7738	1669
其他企业	万元	0	0	0	0
港澳台投资企业	万元	0	903	10381	0
外商投资企业	万元	0	14213	0	0
工业企业增加值	万元	2112	26742	16273	17534
工业企业资产总计	万元	6341	88388	145567	65275
工业企业负债合计	万元	3969	36413	111149	43142
工业企业税金总额	万元	508	4085	2636	4822
工业企业产品销售收入	万元	5083	64145	57764	42375

23—1 续表8

指标名称	单位	阳朔县	临桂县	灵川县	全州县
流动资产年平均余额	万元	1895	38975	58080	19780
固定资产净值年平均余额	万元	3487	33422	66254	33810
利润总额	万元	195	8392	-3501	1053
规模以下工业：企业数	个	968	1586	1898	6147
工业总产值	万元	40421	75781	95798	182070
境内公路里程	公里	393	581	627	1242
境内铁路里程	公里	0	21	54	88
民用汽车拥有量	辆	413	1847	3773	3993
载客汽车	辆	109	191	571	870
私人汽车	辆	67	272	765	543
邮电业务总量	万元	4094	4017	4638	5832
本地电话用户	户	23726	24707	30481	44361
#农话	户	10543	12295	8875	22824
年末移动用户	户	22623	19858	20406	30290
互联网上网用户	户	2302	1990	2727	3288
社会消费品零售总额	万元	49785	49869	70804	110589
贸易业	万元	24683	26043	45567	57602
餐饮业	万元	16290	11025	10988	10026
制造业	万元	1412	2833	7908	18858
其他	万元	7400	9968	6341	24103
城镇在岗职工年平均人数	人	10924	15392	18979	23975
在岗职工工资总额	万元	11695	14404	18325	20881
农民人均纯收入	元	1985	2134	2333	2277
农民人均住房面积	平方米	24	25	28	28
社会福利院	个	7	4	10	17
社会福利院床位数	张	83	103	120	293
参加基本养老保险的职工数	人	4909	4815	5664	9009
参加基本医疗保险的职工数	人	7191	11116	14112	27050
普通中学	所	21	29	32	60
小学	所	107	172	128	287
普通中学专任教师	人	1144	1703	1534	2587
小学专任教师	人	1196	2203	1552	2592
普通中学在校生	人	19949	30277	26724	57457
小学在校生	人	22678	46221	24020	56104
医院卫生院数	所	9	15	18	22
医院卫生院床位数	张	333	417	591	598
卫生技术人员	人	406	582	737	1054
#医生	人	157	262	304	386

23—1 续表9

指标名称	单位	兴安县	永福县	灌阳县	龙胜各族自治县
行政区域土地面积	平方公里	2344	2806	1837	2538
年末总人口	万人	37.1	26.8	27.1	16.6
#乡村人口	万人	33.1	24.0	25.4	14.7
出生人口	人	2584	2519	2152	1147
死亡人口	人	1555	1416	1231	1035
年末总户数	户	110854	70793	82107	44931
#乡村户数	户	91200	58300	72300	36300
全社会从业人员	人	210364	143008	139926	101071
第一产业	人	143341	96368	105856	66646
第二产业	人	34968	9531	15634	3904
#工业	人	32821	6496	11409	3330
第三产业	人	32055	37109	18436	30521
年末职工人数	人	18245	10400	9873	9181
#在岗职工	人	15206	9046	8480	8394
城镇登记失业人数	人	1802	1088	932	801
国内生产总值（当年价）	万元	241168	146696	98093	86034
第一产业	万元	92898	66517	48582	36338
第二产业	万元	64171	49204	20126	22688
#工业	万元	49332	44815	15630	15232
第三产业	万元	84099	30975	29385	27008
人均国内生产总值	元	6508	5474	3625	5183
国内生产总值指数	上年=100	104.3	109.3	99.2	108.6
第一产业	上年=100	100.2	103.9	96.9	105.3
第二产业	上年=100	109.3	114.6	94.5	113.8
#工业	上年=100	103.7	113.8	90.8	116.4
第三产业	上年=100	105.8	114.4	106.9	108.6
人均国内生产总值指数	上年=100	104.2	109.4	99.2	108.9
财政收入	万元	22442	13708	10722	13910
#一般预算收入	万元	10052	5354	3677	3826
财政支出	万元	20478	12783	16135	12783
金融机构存款余额	万元	164254	77792	79275	64871
#城乡居民储蓄存款	万元	127439	64490	63867	42933
金融机构贷款余额	万元	94098	42459	40093	44641
全社会固定资产投资	万元	59040	28540	25976	32142
基本建设投资	万元	17175	7337	11863	16871
更新改造投资	万元	0	495	0	2931
房地产开发	万元	468	0	70	0
其他投资	万元	41397	20708	14043	12340

23—1 续表10

指标名称	单 位	兴安县	永福县	灌阳县	龙胜各族自治县
乡村从业人员	人	187900	124800	139600	79800
#农林牧渔业	人	143000	95900	105800	66500
年末实有耕地	公顷	21680	22834	15291	13489
#水田	公顷	16826	16418	10992	6630
农业机械总动力	万千瓦	21.6	9.1	13.4	6.0
化肥施用折纯量	吨	17054	14335	10492	3741
农村用电量	万千瓦时	1748	2638	2952	676
有效灌溉面积	公顷	20870	16240	12240	7210
农作物总播种面积	公顷	68624	61721	43112	22321
#粮食作物	公顷	40624	31253	27141	13172
粮食产量	吨	199973	143411	147092	61978
油料产量	吨	5237	3842	3137	755
糖料产量	吨	2427	44713	2275	0
水果产量	吨	105946	35327	63802	28774
肉类产量	吨	42218	22651	17208	9987
奶类产量	吨	5	0	10	254
蔬菜产量	吨	231126	238003	113680	98244
水产品产量	吨	6838	4178	3033	573
全部工业总产值（当年价）	万元	182552	158523	50571	45430
全部工业总产值指数	上年=100	106.3	113.5	92.3	115.0
规模以上工业企业数	个	33	28	15	12
#内资企业	个	31	28	15	11
规模工业企业总产值（当年价）	万元	35107	55360	10363	23330
内资企业	万元	31213	55360	10363	15245
国有	万元	12643	13723	7570	14860
集体	万元	4248	2776	0	0
股份合作企业	万元	8171	530	0	0
联营企业	万元	0	0	0	0
有限责任公司	万元	2515	35162	0	0
股份有限公司	万元	0	0	0	0
私营企业	万元	3637	3170	2793	385
其他企业	万元	0	0	0	0
港澳台投资企业	万元	3894	0	0	0
外商投资企业	万元	0	0	0	8085
工业企业增加值	万元	8995	15236	3579	11043
工业企业资产总计	万元	47134	152487	16900	37893
工业企业负债合计	万元	35104	124736	10750	21963
工业企业税金总额	万元	2293	4528	1014	2278
工业企业产品销售收入	万元	36918	53148	11663	20689

23—1 续表11

指标名称	单位	兴安县	永福县	灌阳县	龙胜各族自治县
流动资产年平均余额	万元	19346	24087	6517	12378
固定资产净值年平均余额	万元	23559	108517	8961	19835
利润总额	万元	230	-1816	143	2057
规模以下工业：企业数	个	2479	2735	1675	793
工业总产值	万元	147445	103163	40209	22100
境内公路里程	公里	560	479	442	466
境内铁路里程	公里	50	70	0	0
民用汽车拥有量	辆	2558	1502	1048	1395
载客汽车	辆	550	286	144	310
私人汽车	辆	441	424	235	342
邮电业务总量	万元	5196	3005	2057	2440
本地电话用户	户	32519	20325	16060	14926
#农话	户	12495	8771	7807	6699
年末移动用户	户	15160	13647	10749	13496
互联网上网用户	户	2679	2015	1502	1434
社会消费品零售总额	万元	75429	42902	31902	17942
贸易业	万元	46586	28025	24335	13052
餐饮业	万元	11961	6379	2416	1591
制造业	万元	7198	610	2288	1843
其他	万元	9684	7888	2863	1456
城镇在岗职工年平均人数	人	15032	9224	8676	8383
在岗职工工资总额	万元	14509	9909	8655	8194
农民人均纯收入	元	2603	2085	1681	1679
农民人均住房面积	平方米	27	24	25	28
社会福利院	个	10	5	3	1
社会福利院床位数	张	221	100	62	9
参加基本养老保险的职工数	人	5896	4013	3242	3699
参加基本医疗保险的职工数	人	12652	10306	7240	11355
普通中学	所	23	18	24	14
小学	所	113	107	143	88
普通中学专任教师	人	1132	721	870	499
小学专任教师	人	1408	1100	1146	899
普通中学在校生	人	26401	15520	18012	8413
小学在校生	人	22898	18024	21184	11589
医院卫生院数	所	16	10	12	12
医院卫生院床位数	张	915	318	421	235
卫生技术人员	人	924	415	490	287
#医生	人	330	186	228	120

23—1 续表12

指标名称	单位	资源县	平乐县	荔浦县	恭城瑶族自治县
行政区域土地面积	平方公里	1954	1919	1759	2149
年末总人口	万人	16.6	42.9	36.8	27.9
#乡村人口	万人	15.3	39.1	32.7	24.8
出生人口	人	1672	3199	2465	2451
死亡人口	人	835	1095	1261	1572
年末总户数	户	50902	111219	109073	80973
#乡村户数	户	40600	93300	92000	62300
全社会从业人员	人	94046	203766	222398	147911
第一产业	人	53155	142727	141106	112970
第二产业	人	12806	25930	41791	17639
#工业	人	8648	20092	32532	14914
第三产业	人	28085	35109	39501	17302
年末职工人数	人	8429	14789	14242	12977
#在岗职工	人	8074	12855	13101	10839
城镇登记失业人数	人	905	1652	1298	1046
国内生产总值（当年价）	万元	70826	230895	224789	152793
第一产业	万元	29987	124528	87329	81193
第二产业	万元	11440	43721	71803	27813
#工业	万元	7485	37582	61262	20644
第三产业	万元	29399	62646	65657	43787
人均国内生产总值	元	4262	5400	6115	5482
国内生产总值指数	上年=100	109.0	105.4	103.3	108.8
第一产业	上年=100	109.1	103.7	91.7	107.1
第二产业	上年=100	109.9	106.6	111.3	110.5
#工业	上年=100	111.0	106.2	111.6	117.2
第三产业	上年=100	108.6	108.3	112.6	111.0
人均国内生产总值指数	上年=100	109.0	105.2	103.2	108.5
财政收入	万元	10570	14838	20906	16400
#一般预算收入	万元	3252	6390	8756	5295
财政支出	万元	12090	14694	19448	14260
金融机构存款余额	万元	59316	107210	134268	77909
#城乡居民储蓄存款	万元	45888	89753	110612	64262
金融机构贷款余额	万元	30349	64322	87928	51345
全社会固定资产投资	万元	19972	44128	48551	30794
基本建设投资	万元	14688	9892	12538	9243
更新改造投资	万元	0	0	875	129
房地产开发	万元	0	612	0	0
其他投资	万元	5284	33624	35138	21422

23—1 续表13

指标名称	单位	资源县	平乐县	荔浦县	恭城瑶族自治县
乡村从业人员	人	83700	199500	192200	126800
#农林牧渔业	人	53300	142800	140400	113000
年末实有耕地	公顷	7683	19674	21942	18640
#水田	公顷	6832	12709	13857	11800
农业机械总动力	万千瓦	5.2	13.6	9.2	20.6
化肥施用折纯量	吨	2565	22218	13556	18789
农村用电量	万千瓦时	446	5843	3757	1663
有效灌溉面积	公顷	7070	14170	16680	22750
农作物总播种面积	公顷	23748	67431	57017	59086
#粮食作物	公顷	10165	31191	24117	27228
粮食产量	吨	49280	168443	128713	130511
油料产量	吨	1828	12467	5212	15001
糖料产量	吨	4	16111	77489	6131
水果产量	吨	11039	224469	86480	331467
肉类产量	吨	5626	26640	39292	24897
奶类产量	吨	0	16	98	20
蔬菜产量	吨	74312	367189	219507	104890
水产品产量	吨	987	6211	4792	4989
全部工业总产值（当年价）	万元	25850	148694	191058	65713
全部工业总产值指数	上年=100	111.4	103.6	111.4	113.6
规模以上工业企业数	个	14	17	25	20
#内资企业	个	13	17	21	20
规模工业企业总产值（当年价）	万元	10291	27394	64992	32213
内资企业	万元	9689	27394	54729	32213
国有	万元	5744	2031	10792	17129
集体	万元	0	0	2649	1686
股份合作企业	万元	1959	7535	253	4569
联营企业	万元	1284	0	0	0
有限责任公司	万元	0	893	15221	5046
股份有限公司	万元	0	7538	0	1489
私营企业	万元	702	9397	25813	2295
其他企业	万元	0	0	0	0
港澳台投资企业	万元	602	0	9207	0
外商投资企业	万元	0	0	1056	0
工业企业增加值	万元	2544	8190	19805	10970
工业企业资产总计	万元	13485	24676	58503	40101
工业企业负债合计	万元	8084	14935	44905	44173
工业企业税金总额	万元	798	1124	5110	1760
工业企业产品销售收入	万元	9803	23836	68479	27204

23—1　续表14

指标名称	单位	资源县	平乐县	荔浦县	恭城瑶族自治县
流动资产年平均余额	万元	3739	8808	28433	21923
固定资产净值年平均余额	万元	5836	14733	21180	12477
利润总额	万元	90	585	2092	891
规模以下工业：企业数	个	850	2229	2046	2172
工业总产值	万元	15559	121300	126066	33500
境内公路里程	公里	541	493	506	503
境内铁路里程	公里	0	0	0	0
民用汽车拥有量	辆	922	2451	3422	1542
载客汽车	辆	270	446	450	200
私人汽车	辆	239	705	907	791
邮电业务总量	万元	1914	4345	5058	3290
本地电话用户	户	14289	30016	33387	23143
#农话	户	6484	17082	17160	11755
年末移动用户	户	15608	19201	20602	29360
互联网上网用户	户	1197	2488	3076	1811
社会消费品零售总额	万元	15774	82542	91114	61917
贸易业	万元	8781	32715	60885	34499
餐饮业	万元	1612	47699	17498	9408
制造业	万元	2203	1210	600	3705
其他	万元	3178	918	12131	14305
城镇在岗职工年平均人数	人	8140	12942	12737	11081
在岗职工工资总额	万元	8326	11273	12385	11021
农民人均纯收入	元	1632	2240	2632	1864
农民人均住房面积	平方米	30	30	26	21
社会福利院	个	2	8	6	1
社会福利院床位数	张	50	144	116	25
参加基本养老保险的职工数	人	2021	5679	4467	4833
参加基本医疗保险的职工数	人	5888	9338	14770	7147
普通中学	所	16	21	20	25
小学	所	67	136	139	116
普通中学专任教师	人	623	1246	900	932
小学专任教师	人	807	1606	1532	1218
普通中学在校生	人	9957	29535	19813	15242
小学在校生	人	10641	39763	24081	24022
医院卫生院数	所	9	16	16	10
医院卫生院床位数	张	269	497	540	376
卫生技术人员	人	327	510	658	450
#医生	人	157	222	287	191

23—1 续表15

指标名称	单位	苍梧县	藤 县	蒙山县	岑溪市
行政区域土地面积	平方公里	4273	3946	1279	2783
年末总人口	万人	67.0	92.8	19.7	77.8
#乡村人口	万人	63.6	85.7	18.3	70.4
出生人口	人	6818	12237	1863	9967
死亡人口	人	2490	3749	964	3618
年末总户数	户	163745	229326	54672	193612
#乡村户数	户	149000	194700	49500	164300
全社会从业人员	人	386948	456093	109764	389822
第一产业	人	216435	299385	70258	229442
第二产业	人	59938	35020	11126	79250
#工业	人	48248	13725	5440	56875
第三产业	人	110575	121688	28380	81130
年末职工人数	人	23340	20951	8181	25731
#在岗职工	人	22465	20287	7581	23994
城镇登记失业人数	人	1120	1285	0	936
国内生产总值（当年价）	万元	255059	305956	85304	243001
第一产业	万元	108147	187217	45419	108036
第二产业	万元	81192	63309	16068	82156
#工业	万元	69208	54560	12566	78680
第三产业	万元	65720	55430	23817	52809
人均国内生产总值	元	3821	3308	4328	3132
国内生产总值指数	上年=100	109.8	109.0	110.4	109.0
第一产业	上年=100	104.8	106.9	107.0	106.5
第二产业	上年=100	112.9	112.4	113.1	111.5
#工业	上年=100	112.7	111.6	113.0	110.7
第三产业	上年=100	114.8	112.7	115.8	110.3
人均国内生产总值指数	上年=100	108.8	108.4	110.3	108.3
财政收入	万元	17054	19768	10047	17389
#一般预算收入	万元	15810	17670	4452	10391
财政支出	万元	22291	26253	11507	23344
金融机构存款余额	万元	160777	166187	59074	195146
#城乡居民储蓄存款	万元	130713	147547	50346	175522
金融机构贷款余额	万元	74632	78398	26274	75915
全社会固定资产投资	万元	32953	44825	14928	35992
基本建设投资	万元	11439	15885	8807	16933
更新改造投资	万元	2817	1344	530	9316
房地产开发	万元	4034	4325	0	0
其他投资	万元	14663	23271	5591	9743

23—1　续表16

指标名称	单　位	苍梧县	藤　县	蒙山县	岑溪市
乡村从业人员	人	355000	430800	101400	371600
#农林牧渔业	人	216000	299400	70000	229400
年末实有耕地	公顷	28850	32791	8939	21608
#水田	公顷	24496	26791	7653	18141
农业机械总动力	万千瓦	26.9	15.9	6.1	14.6
化肥施用折纯量	吨	19338	17825	5606	14680
农村用电量	万千瓦时	6848	3467	1197	4992
有效灌溉面积	公顷	22420	22760	6590	18010
农作物总播种面积	公顷	65860	93428	23108	86745
#粮食作物	公顷	50560	49668	11349	49596
粮食产量	吨	322685	294657	68973	273823
油料产量	吨	5895	8668	1440	12906
糖料产量	吨	11182	21197	74545	77155
水果产量	吨	24448	40333	7286	27050
肉类产量	吨	48771	68237	30805	64051
奶类产量	吨	405	5	82	32
蔬菜产量	吨	134522	551638	99580	301241
水产品产量	吨	8390	11868	4488	10153
全部工业总产值（当年价）	万元	223050	229003	51747	334956
全部工业总产值指数	上年=100	110.9	112.1	114.7	106.0
规模以上工业企业数	个	21	22	14	47
#内资企业	个	17	18	13	38
规模工业企业总产值（当年价）	万元	68729	36027	16515	78559
内资企业	万元	52901	18631	14211	67843
国有	万元	23672	12463	4114	17707
集体	万元	26880	1529	2911	39374
股份合作企业	万元	0	0	0	0
联营企业	万元	0	0	0	1200
有限责任公司	万元	0	3492	0	870
股份有限公司	万元	0	0	2003	836
私营企业	万元	2350	1148	5183	7857
其他企业	万元	0	0	0	0
港澳台投资企业	万元	15113	17396	0	9524
外商投资企业	万元	715	0	2304	1192
工业企业增加值	万元	21747	10719	5270	22183
工业企业资产总计	万元	88231	43462	20392	78546
工业企业负债合计	万元	52948	26167	17471	34175
工业企业税金总额	万元	0	2822	1292	3194
工业企业产品销售收入	万元	68420	36623	16237	81093

23—1 续表17

指标名称	单位	苍梧县	藤县	蒙山县	岑溪市
流动资产年平均余额	万元	39224	14113	8429	20519
固定资产净值年平均余额	万元	40089	17676	8476	30255
利润总额	万元	642	1134	-106	899
规模以下工业：企业数	个	4794	4581	1350	3754
工业总产值	万元	154321	192976	35232	256397
境内公路里程	公里	1007	984	238	871
境内铁路里程	公里	0	0	0	0
民用汽车拥有量	辆	3290	2400	355	2603
载客汽车	辆	658	580	103	926
私人汽车	辆	3222	2030	232	95
邮电业务总量	万元	6360	6475	2048	10871
本地电话用户	户	47412	52473	16854	55554
#农话	户	26210	28580	4100	21839
年末移动用户	户	29576	25020	10000	24562
互联网上网用户	户	1737	908	1200	1727
社会消费品零售总额	万元	94494	150076	21283	138669
贸易业	万元	64499	124103	13247	76672
餐饮业	万元	15763	12275	3060	17106
制造业	万元	6320	3910	759	21573
其他	万元	7912	9788	4217	23318
城镇在岗职工年平均人数	人	22485	19595	7629	23789
在岗职工工资总额	万元	17178	14520	6432	19488
农民人均纯收入	元	1840	1800	1702	1962
农民人均住房面积	平方米	18	20	20	20
社会福利院	个	12	11	4	7
社会福利院床位数	张	162	141	53	147
参加基本养老保险的职工数	人	7520	11873	540	5195
参加基本医疗保险的职工数	人	14657	22960	9402	23000
普通中学	所	37	40	11	51
小学	所	239	275	77	277
普通中学专任教师	人	1759	2044	651	2324
小学专任教师	人	2911	3426	929	4111
普通中学在校生	人	34102	47888	13049	48405
小学在校生	人	82869	139966	19636	112737
医院卫生院数	所	20	21	11	21
医院卫生院床位数	张	610	625	416	805
卫生技术人员	人	1022	950	340	1286
#医生	人	371	449	149	458

23—1 续表18

指标名称	单 位	合浦县	上思县	东兴市	灵山县
行政区域土地面积	平方公里	2380	2810	549	3550
年末总人口	万人	92.6	20.6	10.2	136.1
#乡村人口	万人	82.3	18.4	7.7	129.3
出生人口	人	9445	2497	1734	18820
死亡人口	人	3044	979	656	5296
年末总户数	户	225410	53495	30452	283372
#乡村户数	户	188700	43900	19200	266000
全社会从业人员	人	451196	102970	61500	734708
第一产业	人	342783	74550	37506	563379
第二产业	人	43205	11548	8850	83636
#工业	人	24335	8929	5707	46865
第三产业	人	65208	16872	15144	87693
年末职工人数	人	33087	14252	6394	31080
#在岗职工	人	33087	12756	6108	31080
城镇登记失业人数	人	1064	465	295	2302
国内生产总值（当年价）	万元	522571	115196	138758	461991
第一产业	万元	213616	48911	36376	204541
第二产业	万元	149584	41050	22823	93481
#工业	万元	131482	37442	14959	76019
第三产业	万元	159371	25235	79559	163969
人均国内生产总值	元	5654	5603	13684	3412
国内生产总值指数	上年=100	105.4	106.5	109.1	110.1
第一产业	上年=100	97.0	100.5	109.2	109.7
第二产业	上年=100	116.9	110.1	118.1	107.7
#工业	上年=100	115.7	109.2	120.1	106.1
第三产业	上年=100	106.9	113.7	106.6	112.2
人均国内生产总值指数	上年=100	105.2	106.0	108.6	109.0
财政收入	万元	38258	9592	10877	24299
#一般预算收入	万元	18206	5754	8024	18694
财政支出	万元	37936	14162	12305	32288
金融机构存款余额	万元	333689	59312	89502	224592
#城乡居民储蓄存款	万元	300166	48644	74684	193405
金融机构贷款余额	万元	212700	41964	32158	137534
全社会固定资产投资	万元	91023	22456	41141	83271
基本建设投资	万元	65768	11631	13041	17596
更新改造投资	万元	600	3600	464	6270
房地产开发	万元	0	0	2457	3350
其他投资	万元	24655	7225	25179	56055

23—1 续表19

指标名称	单位	合浦县	上思县	东兴市	灵山县
乡村从业人员	人	442700	89700	42500	693000
#农林牧渔业	人	341000	74800	29700	426000
年末实有耕地	公顷	55567	23519	4903	57337
#水田	公顷	37576	12540	3120	40455
农业机械总动力	万千瓦	35.7	14.3	3.7	21.6
化肥施用折纯量	吨	33885	18487	1860	69777
农村用电量	万千瓦时	5934	962	2100	7500
有效灌溉面积	公顷	36573	10750	4080	37860
农作物总播种面积	公顷	135347	48918	13314	124028
#粮食作物	公顷	77589	20848	9309	75711
粮食产量	吨	356791	84279	37077	480538
油料产量	吨	25061	3652	1069	7666
糖料产量	吨	1030849	1125142	3669	586662
水果产量	吨	39049	18812	9500	415753
肉类产量	吨	75769	6814	4977	77814
奶类产量	吨	84	758	0	533
蔬菜产量	吨	330919	79143	42024	355014
水产品产量	吨	376368	13950	102322	34159
全部工业总产值（当年价）	万元	451709	116147	59657	314274
全部工业总产值指数	上年=100	111.8	109.3	122.6	113.1
规模以上工业企业数	个	40	21	8	29
#内资企业	个	38	21	8	26
规模工业企业总产值（当年价）	万元	162733	59597	8116	68031
内资企业	万元	103626	59597	8116	59847
国有	万元	29307	21196	2683	12255
集体	万元	34859	13381	0	35516
股份合作企业	万元	0	0	0	3399
联营企业	万元	0	23747	0	0
有限责任公司	万元	14886	0	0	0
股份有限公司	万元	807	0	0	1700
私营企业	万元	23766	1273	5433	6977
其他企业	万元	0	0	0	0
港澳台投资企业	万元	59107	0	0	3002
外商投资企业	万元	0	0	0	5182
工业企业增加值	万元	43719	19828	2163	14315
工业企业资产总计	万元	120346	78134	1904	58738
工业企业负债合计	万元	93868	55682	3148	39945
工业企业税金总额	万元	7352	3189	635	3570
工业企业产品销售收入	万元	129382	54451	7836	73796

23—1　续表20

指标名称	单位	合浦县	上思县	东兴市	灵山县
流动资产年平均余额	万元	41682	31602	1851	20604
固定资产净值年平均余额	万元	67142	37589	4114	30675
利润总额	万元	-2205	2803	241	-696
规模以下工业：企业数	个	4029	821	748	5459
工业总产值	万元	286976	56551	51541	246243
境内公路里程	公里	1131	478	160	1260
境内铁路里程	公里	32	0	0	64
民用汽车拥有量	辆	3743	1363	1318	1120
载客汽车	辆	520	774	751	412
私人汽车	辆	2099	755	744	650
邮电业务总量	万元	16640	2689	13193	12106
本地电话用户	户	96822	17448	25938	81979
#农话	户	47267	3660	4787	54298
年末移动用户	户	150000	14000	34408	28431
互联网上网用户	户	7197	358	1347	7848
社会消费品零售总额	万元	102358	26499	46157	190549
贸易业	万元	69080	21363	31814	129754
餐饮业	万元	12020	2079	9331	20150
制造业	万元	10116	909	0	1784
其他	万元	11142	2148	5012	38861
城镇在岗职工年平均人数	人	32871	12418	6165	30974
在岗职工工资总额	万元	28393	10032	7166	22820
农民人均纯收入	元	2434	1793	2658	2431
农民人均住房面积	平方米	26	21	22	24
社会福利院	个	32	8	4	12
社会福利院床位数	张	607	196	104	350
参加基本养老保险的职工数	人	30300	2103	5866	14969
参加基本医疗保险的职工数	人	20838	6428	3660	19622
普通中学	所	46	18	7	51
小学	所	290	78	39	400
普通中学专任教师	人	2837	660	353	3069
小学专任教师	人	3948	1373	735	4969
普通中学在校生	人	63887	11723	6712	86505
小学在校生	人	118360	26353	13774	141764
医院卫生院数	所	21	12	4	25
医院卫生院床位数	张	1351	322	145	1386
卫生技术人员	人	1725	341	133	1427
#医生	人	726	172	74	543

23—1 续表21

指标名称	单位	浦北县	平南县	桂平市	容 县
行政区域土地面积	平方公里	2521	2989	4074	2257
年末总人口	万人	78.0	127.1	167.8	75.8
#乡村人口	万人	73.6	115.9	157.0	67.0
出生人口	人	14122	18433	29850	7857
死亡人口	人	3115	5620	7430	2148
年末总户数	户	182510	286088	394423	211079
#乡村户数	户	169700	256900	383200	167800
全社会从业人员	人	411015	625554	851206	382549
第一产业	人	244834	308930	499285	240559
第二产业	人	79129	74338	75976	47714
#工业	人	34936	43775	34901	37732
第三产业	人	87052	242286	275945	94276
年末职工人数	人	24036	27296	32409	25883
#在岗职工	人	24036	27296	32409	23730
城镇登记失业人数	人	1078	1264	218	1395
国内生产总值（当年价）	万元	332986	284816	352123	268705
第一产业	万元	194550	137747	161835	110722
第二产业	万元	76067	57493	65396	66985
#工业	万元	63731	53785	54174	58559
第三产业	万元	62369	89576	124892	90998
人均国内生产总值	元	4294	2255	2110	3553
国内生产总值指数	上年=100	110.4	109.1	109.5	107.8
第一产业	上年=100	110.3	108.1	109.5	104.9
第二产业	上年=100	108.9	107.6	108.6	110.2
#工业	上年=100	107.1	106.8	106.4	110.5
第三产业	上年=100	112.5	112.1	110.1	110.4
人均国内生产总值指数	上年=100	109.3	107.9	108.0	107.3
财政收入	万元	20860	16078	24626	16408
#一般预算收入	万元	14734	10965	17299	10227
财政支出	万元	27065	27830	35954	22026
金融机构存款余额	万元	154500	293835	385817	251824
#城乡居民储蓄存款	万元	135300	261268	328381	219740
金融机构贷款余额	万元	98900	149505	171862	110600
全社会固定资产投资	万元	61100	28358	40526	41604
基本建设投资	万元	18843	12425	22842	15566
更新改造投资	万元	3202	1896	3295	1085
房地产开发	万元	2575	0	5732	136
其他投资	万元	36480	14037	8657	24817

23—1 续表22

指标名称	单 位	浦北县	平南县	桂平市	容 县
乡村从业人员	人	384600	548500	763100	364200
#农林牧渔业	人	244200	307600	497900	240500
年末实有耕地	公顷	28339	45857	69333	21990
#水田	公顷	23902	34827	50480	18577
农业机械总动力	万千瓦	17.9	40.1	37.6	19.3
化肥施用折纯量	吨	40032	29160	41351	17539
农村用电量	万千瓦时	2757	3920	8581	5619
有效灌溉面积	公顷	10680	42030	54690	18990
农作物总播种面积	公顷	67738	108632	165254	58758
#粮食作物	公顷	44872	66058	100994	39728
粮食产量	吨	248332	352906	495650	261986
油料产量	吨	3933	13407	23050	4875
糖料产量	吨	70029	325266	288031	21739
水果产量	吨	361332	56082	42940	51052
肉类产量	吨	46508	53452	87190	40646
奶类产量	吨	80	148	45	27
蔬菜产量	吨	162023	455158	378269	206942
水产品产量	吨	39472	34633	37275	8387
全部工业总产值（当年价）	万元	225089	195387	224710	231021
全部工业总产值指数	上年=100	107.1	106.2	108.4	108.1
规模以上工业企业数	个	34	22	41	36
#内资企业	个	34	22	38	29
规模工业企业总产值（当年价）	万元	61410	27482	44935	57820
内资企业	万元	61410	27482	40548	47964
国有	万元	26160	13579	22215	10307
集体	万元	17450	937	0	3427
股份合作企业	万元	9498	0	0	20604
联营企业	万元	0	0	0	0
有限责任公司	万元	0	710	13258	4515
股份有限公司	万元	0	787	0	0
私营企业	万元	8302	11469	5075	9111
其他企业	万元	0	0	0	0
港澳台投资企业	万元	0	0	1956	4001
外商投资企业	万元	0	0	2431	5856
工业企业增加值	万元	17259	9782	18995	17901
工业企业资产总计	万元	64873	87117	116621	114411
工业企业负债合计	万元	46206	66501	75422	73443
工业企业税金总额	万元	3848	2247	2846	94
工业企业产品销售收入	万元	59056	31529	48925	58091

23—1 续表23

指标名称	单位	浦北县	平南县	桂平市	容县
流动资产年平均余额	万元	24874	28720	40922	45001
固定资产净值年平均余额	万元	33957	42596	53369	42479
利润总额	万元	1209	-2914	-1955	523
规模以下工业：企业数	个	9796	4087	5992	2845
工业总产值	万元	163680	167905	179775	173201
境内公路里程	公里	778	590	731	704
境内铁路里程	公里	0	0	0	0
民用汽车拥有量	辆	2110	3006	3217	2045
载客汽车	辆	652	459	2295	937
私人汽车	辆	890	0	650	1684
邮电业务总量	万元	10599	10034	10779	8899
本地电话用户	户	56922	89403	110687	66086
#农话	户	38179	51648	52953	33163
年末移动用户	户	13027	52767	49748	31322
互联网上网用户	户	9169	5242	5339	4508
社会消费品零售总额	万元	142270	83170	115951	161963
贸易业	万元	113221	38480	57537	106583
餐饮业	万元	11794	13331	12398	19286
制造业	万元	7565	17075	14270	18825
其他	万元	9690	14284	31746	17269
城镇在岗职工年平均人数	人	23759	27649	32657	24133
在岗职工工资总额	万元	19569	22124	27194	19411
农民人均纯收入	元	2519	2103	2044	1801
农民人均住房面积	平方米	25	26	27	22
社会福利院	个	6	7	16	3
社会福利院床位数	张	87	149	358	128
参加基本养老保险的职工数	人	12193	11338	15747	11407
参加基本医疗保险的职工数	人	16402	21643	35286	19567
普通中学	所	29	79	80	60
小学	所	335	283	429	233
普通中学专任教师	人	1853	3605	4791	2295
小学专任教师	人	3185	5334	5799	2746
普通中学在校生	人	41144	86121	109078	50973
小学在校生	人	85588	151038	196012	87689
医院卫生院数	所	20	28	32	18
医院卫生院床位数	张	672	923	1074	865
卫生技术人员	人	958	1391	1571	1222
#医生	人	390	536	553	457

23—1　续表24

指标名称	单位	陆川县	博白县	兴业县	北流市
行政区域土地面积	平方公里	1551	3835	1487	2457
年末总人口	万人	88.1	149.3	65.9	118.3
#乡村人口	万人	78.2	138.4	65.3	105.4
出生人口	人	12828	15877	7785	16400
死亡人口	人	3828	4055	2423	3541
年末总户数	户	194512	320586	155016	321737
#乡村户数	户	155700	274800	149100	239100
全社会从业人员	人	435138	702509	310455	641211
第一产业	人	289345	498600	197608	324154
第二产业	人	83988	65078	60451	199119
#工业	人	51555	62480	40351	121315
第三产业	人	61805	138831	52396	117938
年末职工人数	人	31320	39887	13904	50912
#在岗职工	人	26750	33466	12518	42152
城镇登记失业人数	人	1880	2513	661	3263
国内生产总值（当年价）	万元	296864	460097	208031	451965
第一产业	万元	101705	218096	99423	160514
第二产业	万元	90339	81045	46498	160142
#工业	万元	84286	70822	38312	146824
第三产业	万元	104820	160956	62110	131309
人均国内生产总值	元	3394	3095	3166	3838
国内生产总值指数	上年=100	107.5	104.0	107.8	109.4
第一产业	上年=100	105.4	101.0	107.3	112.4
第二产业	上年=100	105.5	101.7	105.1	106.7
#工业	上年=100	105.1	102.6	108.1	106.1
第三产业	上年=100	111.5	110.1	111.0	108.9
人均国内生产总值指数	上年=100	106.0	103.0	108.3	108.7
财政收入	万元	16065	18913	11003	30138
#一般预算收入	万元	11009	12474	8250	18023
财政支出	万元	22091	32274	17939	37504
金融机构存款余额	万元	218574	282581	0	409049
#城乡居民储蓄存款	万元	194639	252540	0	347526
金融机构贷款余额	万元	146144	159501	0	196445
全社会固定资产投资	万元	49986	53244	33814	63424
基本建设投资	万元	10519	23547	3670	25648
更新改造投资	万元	606	0	267	12460
房地产开发	万元	908	450	0	3200
其他投资	万元	37953	29247	29877	22116

指标名称	单位	陆川县	博白县	兴业县	北流市
乡村从业人员	人	421000	755900	356100	551600
#农林牧渔业	人	289000	498600	197600	324200
年末实有耕地	公顷	25494	53326	25851	34365
#水田	公顷	20894	43322	19051	32263
农业机械总动力	万千瓦	29.2	44.8	22.8	38.8
化肥施用折纯量	吨	15979	37562	16459	31697
农村用电量	万千瓦时	7289	10860	5129	7500
有效灌溉面积	公顷	21380	36240	19650	25520
农作物总播种面积	公顷	64657	133285	64210	88162
#粮食作物	公顷	47549	98754	41524	63043
粮食产量	吨	296079	543155	257485	432627
油料产量	吨	2610	11491	6467	6034
糖料产量	吨	72808	245329	53258	92943
水果产量	吨	29306	106547	22782	113542
肉类产量	吨	71860	148851	86285	60811
奶类产量	吨	85	82	26	927
蔬菜产量	吨	180510	254433	177105	338212
水产品产量	吨	12564	25406	7880	20093
全部工业总产值（当年价）	万元	282704	201199	128112	520919
全部工业总产值指数	上年=100	105.1	102.9	107.1	107.4
规模以上工业企业数	个	31	40	27	60
#内资企业	个	28	30	26	51
规模工业企业总产值（当年价）	万元	46266	49210	35359	115875
内资企业	万元	42057	39116	33837	98975
国有	万元	15020	8737	1186	13719
集体	万元	4618	8880	18638	6627
股份合作企业	万元	1125	0	0	6269
联营企业	万元	0	0	0	0
有限责任公司	万元	4291	1066	0	7689
股份有限公司	万元	3404	5311	0	38181
私营企业	万元	13600	15123	14014	26489
其他企业	万元	0	0	0	0
港澳台投资企业	万元	2516	2225	1522	16386
外商投资企业	万元	1693	7869	0	515
工业企业增加值	万元	16532	14963	5359	39895
工业企业资产总计	万元	99265	87583	57372	187328
工业企业负债合计	万元	72913	63852	70533	109279
工业企业税金总额	万元	33	120	41	254
工业企业产品销售收入	万元	47959	56310	33381	150696

23—1 续表26

指标名称	单位	陆川县	博白县	兴业县	北流市
流动资产年平均余额	万元	25918	29862	12631	58347
固定资产净值年平均余额	万元	58497	33284	39298	100226
利润总额	万元	-1328	-449	-4195	108
规模以下工业：企业数	个	2336	2197	2050	4251
工业总产值	万元	236438	151989	92753	405044
境内公路里程	公里	626	1333	650	1009
境内铁路里程	公里	67	16	23	0
民用汽车拥有量	辆	2723	3963	1174	3684
载客汽车	辆	783	894	326	1343
私人汽车	辆	2704	1597	1174	2907
邮电业务总量	万元	10857	14356	5632	15488
本地电话用户	户	66195	83446	44761	102678
#农话	户	40700	50895	32853	57980
年末移动用户	户	41453	59108	25645	57076
互联网上网用户	户	3717	5183	3814	6397
社会消费品零售总额	万元	99275	171277	91673	182735
贸易业	万元	55436	131921	34567	120612
餐饮业	万元	13555	21950	6455	16444
制造业	万元	16212	7210	36250	22840
其他	万元	14072	10196	14401	22839
城镇在岗职工年平均人数	人	27284	33265	11780	41569
在岗职工工资总额	万元	20203	25038	10339	35189
农民人均纯收入	元	1872	1860	1806	2281
农民人均住房面积	平方米	25	23	19	28
社会福利院	个	8	11	6	12
社会福利院床位数	张	127	379	120	321
参加基本养老保险的职工数	人	9350	16830	2790	14946
参加基本医疗保险的职工数	人	17318	789	0	29998
普通中学	所	42	90	36	55
小学	所	179	383	209	288
普通中学专任教师	人	2758	3779	1806	3404
小学专任教师	人	3077	4642	1977	3396
普通中学在校生	人	69794	89481	40054	82431
小学在校生	人	105876	207343	63771	161037
医院卫生院数	所	23	37	14	28
医院卫生院床位数	张	942	1081	462	1229
卫生技术人员	人	1144	1573	501	1725
#医生	人	465	539	184	643

23—1 续表27

指标名称	单 位	田阳县	田东县	平果县	德保县
行政区域土地面积	平方公里	2387	2806	2473	2575
年末总人口	万人	32.7	39.3	45.7	34.0
#乡村人口	万人	28.4	35.6	40.8	31.6
出生人口	人	2958	4252	4375	3116
死亡人口	人	2463	2070	2096	2212
年末总户数	户	81759	94054	110321	78171
#乡村户数	户	69000	78800	92600	69000
全社会从业人员	人	178826	211924	216741	165728
第一产业	人	146718	158691	161580	129683
第二产业	人	12110	22663	23815	10949
#工业	人	11425	17728	21529	7516
第三产业	人	19998	30570	31346	25096
年末职工人数	人	18250	22910	24913	11991
#在岗职工	人	16428	20184	22277	10376
城镇登记失业人数	人	980	1035	876	515
国内生产总值（当年价）	万元	172599	201099	214771	96571
第一产业	万元	80538	58252	62293	42493
第二产业	万元	42845	56158	94359	14961
#工业	万元	35161	45524	75793	9811
第三产业	万元	49216	86689	58119	39117
人均国内生产总值	元	5230	5130	4720	2840
国内生产总值指数	上年=100	104.3	110.0	110.5	106.0
第一产业	上年=100	103.5	108.6	107.1	97.9
第二产业	上年=100	99.6	112.1	111.9	138.0
#工业	上年=100	97.9	109.2	107.3	115.0
第三产业	上年=100	110.2	109.7	111.6	106.5
人均国内生产总值指数	上年=100	104.3	109.5	110.0	106.0
财政收入	万元	13253	17180	48380	4550
#一般预算收入	万元	8725	8614	22801	3292
财政支出	万元	17012	19532	28075	15663
金融机构存款余额	万元	77828	126883	155501	41010
#城乡居民储蓄存款	万元	62922	93150	107173	30862
金融机构贷款余额	万元	63138	74608	223762	47749
全社会固定资产投资	万元	41126	50639	135735	20609
基本建设投资	万元	11793	11860	95400	11294
更新改造投资	万元	1398	14246	17743	1219
房地产开发	万元	0	1886	0	165
其他投资	万元	27935	22647	22592	7931

23—1 续表28

指标名称	单位	田阳县	田东县	平果县	德保县
乡村从业人员	人	181600	205400	222900	175300
#农林牧渔业	人	146700	157900	161600	129700
年末实有耕地	公顷	22315	25744	20505	21772
#水田	公顷	10121	11555	9107	10168
农业机械总动力	万千瓦	19.3	18.7	19.8	6.2
化肥施用折纯量	吨	17385	9547	12753	5336
农村用电量	万千瓦时	1429	2302	4385	3208
有效灌溉面积	公顷	13770	15090	9540	10250
农作物总播种面积	公顷	58201	63228	52775	48510
#粮食作物	公顷	24228	29261	33751	39166
粮食产量	吨	111200	133087	132087	95343
油料产量	吨	1185	632	563	370
糖料产量	吨	627505	889306	357894	26216
水果产量	吨	68900	80620	18546	14630
肉类产量	吨	32605	31139	41244	15068
奶类产量	吨	9	10	103	0
蔬菜产量	吨	505372	237755	97657	56820
水产品产量	吨	5952	6424	4640	882
全部工业总产值（当年价）	万元	94262	122978	392390	26991
全部工业总产值指数	上年=100	96.5	132.1	110.6	104.6
规模以上工业企业数	个	16	16	23	14
#内资企业	个	16	16	22	14
规模工业企业总产值（当年价）	万元	48115	85627	311338	13677
内资企业	万元	48115	85627	310576	13677
国有	万元	23320	42740	238385	9453
集体	万元	0	4760	14110	0
股份合作企业	万元	2953	0	0	0
联营企业	万元	0	0	0	0
有限责任公司	万元	21842	25279	1675	0
股份有限公司	万元	0	6589	0	0
私营企业	万元	0	6259	56407	4224
其他企业	万元	0	0	0	0
港澳台投资企业	万元	0	0	0	0
外商投资企业	万元	0	0	762	0
工业企业增加值	万元	19923	31473	106897	4815
工业企业资产总计	万元	79438	140995	583147	46921
工业企业负债合计	万元	59206	76318	406809	33902
工业企业税金总额	万元	3134	9361	25811	1264
工业企业产品销售收入	万元	42081	87909	272266	12345

23—1 续表29

指标名称	单位	田阳县	田东县	平果县	德保县
流动资产年平均余额	万元	27016	40609	105525	13066
固定资产净值年平均余额	万元	40334	80142	355001	20451
利润总额	万元	1419	4374	27637	-680
规模以下工业：企业数	个	3243	1877	2557	1403
工业总产值	万元	46146	37350	81052	13314
境内公路里程	公里	529	415	465	525
境内铁路里程	公里	30	50	31	0
民用汽车拥有量	辆	0	0	0	0
载客汽车	辆	0	0	0	0
私人汽车	辆	0	0	0	0
邮电业务总量	万元	4250	4974	6050	2673
本地电话用户	户	38189	45048	53043	17498
#农话	户	20588	24373	23394	8792
年末移动用户	户	14256	16094	21617	6534
互联网上网用户	户	2365	2302	4177	1208
社会消费品零售总额	万元	52618	55731	71694	19187
贸易业	万元	27123	40973	54623	12960
餐饮业	万元	8229	4115	5549	1618
制造业	万元	4401	1803	1668	107
其他	万元	12865	8840	9854	4502
城镇在岗职工年平均人数	人	17209	20354	22346	10585
在岗职工工资总额	万元	15161	24425	32921	10078
农民人均纯收入	元	1559	1518	1392	1118
农民人均住房面积	平方米	29	24	25	22
社会福利院	个	4	15	8	0
社会福利院床位数	张	94	157	172	0
参加基本养老保险的职工数	人	4312	4264	5267	3320
参加基本医疗保险的职工数	人	8772	10780	10415	7755
普通中学	所	23	29	25	21
小学	所	161	164	171	179
普通中学专任教师	人	855	1209	1331	748
小学专任教师	人	1472	1951	1915	1526
普通中学在校生	人	19307	23193	28917	14572
小学在校生	人	22134	36352	46615	28336
医院卫生院数	所	16	17	20	21
医院卫生院床位数	张	378	620	637	433
卫生技术人员	人	488	700	762	352
#医生	人	203	340	350	143

23—1 续表30

指标名称	单位	靖西县	那坡县	凌云县	乐业县
行政区域土地面积	平方公里	3322	2231	2039	2620
年末总人口	万人	57.8	19.2	18.4	14.8
#乡村人口	万人	53.2	17.5	17.1	13.8
出生人口	人	5558	2193	2230	1537
死亡人口	人	2984	1375	1056	631
年末总户数	户	125029	44366	42026	32877
#乡村户数	户	110900	37800	42000	29000
全社会从业人员	人	306279	100750	86960	72765
第一产业	人	221351	85870	63657	58904
第二产业	人	18328	4855	9197	4870
#工业	人	10687	4135	3529	4283
第三产业	人	66600	10025	14106	8991
年末职工人数	人	16430	7997	6401	7108
#在岗职工	人	14601	6918	5838	6684
城镇登记失业人数	人	702	405	300	278
国内生产总值（当年价）	万元	143984	33825	47453	26188
第一产业	万元	75917	16526	22692	12645
第二产业	万元	24793	4179	9445	4804
#工业	万元	16536	2595	4774	2674
第三产业	万元	43274	13120	15316	8739
人均国内生产总值	元	2483	1762	2579	1746
国内生产总值指数	上年=100	107.0	107.2	109.2	108.5
第一产业	上年=100	105.0	103.9	104.9	103.8
第二产业	上年=100	104.8	106.1	124.6	121.8
#工业	上年=100	105.3	109.4	103.3	109.7
第三产业	上年=100	112.2	112.1	108.1	109.1
人均国内生产总值指数	上年=100	107.0	106.6	108.6	108.5
财政收入	万元	9667	2237	2880	2258
#一般预算收入	万元	7670	1685	2196	1691
财政支出	万元	23087	12193	11110	10321
金融机构存款余额	万元	86717	25158	30775	24714
#城乡居民储蓄存款	万元	54988	19349	17538	14471
金融机构贷款余额	万元	57377	21117	26062	24642
全社会固定资产投资	万元	44249	11805	21223	13248
基本建设投资	万元	27883	7439	16049	10760
更新改造投资	万元	2276	265	170	0
房地产开发	万元	712	103	0	0
其他投资	万元	13378	3998	5004	2488

23—1 续表31

指标名称	单 位	靖西县	那坡县	凌云县	乐业县
乡村从业人员	人	306600	103100	87000	67600
#农林牧渔业	人	221200	85900	69000	58900
年末实有耕地	公顷	34176	10881	9485	13171
#水田	公顷	16797	4132	3401	3654
农业机械总动力	万千瓦	10.6	7.7	5.3	5.2
化肥施用折纯量	吨	8501	1157	2029	602
农村用电量	万千瓦时	8924	718	417	386
有效灌溉面积	公顷	16970	4160	4800	4750
农作物总播种面积	公顷	82438	27406	28622	16932
#粮食作物	公顷	70658	20309	19638	12497
粮食产量	吨	207870	52142	45015	44831
油料产量	吨	1041	67	677	521
糖料产量	吨	21259	2937	1279	2524
水果产量	吨	8869	6996	5779	3876
肉类产量	吨	29894	6448	9351	5337
奶类产量	吨	0	0	0	0
蔬菜产量	吨	166148	38310	38324	41197
水产品产量	吨	3130	320	347	271
全部工业总产值（当年价）	万元	52783	7421	13209	7395
全部工业总产值指数	上年=100	105.2	129.7	97.5	112.3
规模以上工业企业数	个	17	10	7	9
#内资企业	个	17	10	7	9
规模工业企业总产值（当年价）	万元	16214	3101	5296	2287
内资企业	万元	16214	3101	5296	2287
国有	万元	7374	3101	5296	2287
集体	万元	1397	0	0	0
股份合作企业	万元	0	0	0	0
联营企业	万元	0	0	0	0
有限责任公司	万元	1187	0	0	0
股份有限公司	万元	4630	0	0	0
私营企业	万元	1627	0	0	0
其他企业	万元	0	0	0	0
港澳台投资企业	万元	0	0	0	0
外商投资企业	万元	0	0	0	0
工业企业增加值	万元	6025	1093	2070	861
工业企业资产总计	万元	36861	12010	17962	9215
工业企业负债合计	万元	18051	9918	12591	6736
工业企业税金总额	万元	1061	175	459	252
工业企业产品销售收入	万元	16385	3170	5063	2179

23—1 续表32

指标名称	单位	靖西县	那坡县	凌云县	乐业县
流动资产年平均余额	万元	8550	4756	4057	1045
固定资产净值年平均余额	万元	22714	3018	10172	8211
利润总额	万元	-140	17	-32	-60
规模以下工业：企业数	个	1772	870	727	1268
工业总产值	万元	36569	4320	7913	5108
境内公路里程	公里	844	639	531	276
境内铁路里程	公里	0	0	0	0
民用汽车拥有量	辆	0	0	0	0
载客汽车	辆	0	0	0	0
私人汽车	辆	0	0	0	0
邮电业务总量	万元	3642	2140	2099	1885
本地电话用户	户	34408	10988	12121	10015
#农话	户	14964	4380	5850	4590
年末移动用户	户	12091	5425	4815	5281
互联网上网用户	户	1194	755	652	512
社会消费品零售总额	万元	33410	12375	12578	9851
贸易业	万元	25786	7524	7070	6498
餐饮业	万元	2015	1353	992	997
制造业	万元	1314	1174	1252	142
其他	万元	4295	2324	3264	2214
城镇在岗职工年平均人数	人	14605	7006	5971	6753
在岗职工工资总额	万元	14383	6750	6261	6487
农民人均纯收入	元	1381	1137	1024	1028
农民人均住房面积	平方米	21	22	21	21
社会福利院	个	3	4	7	3
社会福利院床位数	张	89	59	137	58
参加基本养老保险的职工数	人	6173	2453	1826	935
参加基本医疗保险的职工数	人	12290	5873	5046	4550
普通中学	所	28	13	13	12
小学	所	287	126	107	86
普通中学专任教师	人	1255	348	424	332
小学专任教师	人	2560	1093	995	885
普通中学在校生	人	28490	7390	8679	7968
小学在校生	人	51539	16741	22477	21353
医院卫生院数	所	26	14	10	12
医院卫生院床位数	张	604	391	219	153
卫生技术人员	人	562	244	257	257
#医生	人	252	126	111	114

23—1 续表33

指标名称	单位	田林县	西林县	隆林各族自治县	昭平县
行政区域土地面积	平方公里	5532	2963	3551	3273
年末总人口	万人	23.6	13.0	35.6	39.3
#乡村人口	万人	21.2	11.7	33.5	36.3
出生人口	人	2972	1783	4878	3064
死亡人口	人	1236	746	2133	1012
年末总户数	户	54294	29806	77868	90211
#乡村户数	户	46900	25100	68900	82500
全社会从业人员	人	129659	72236	190278	232447
第一产业	人	108288	58836	159187	170213
第二产业	人	6564	5383	6488	26300
#工业	人	4377	3836	3449	23117
第三产业	人	14807	8017	24603	35934
年末职工人数	人	11141	5556	12111	15316
#在岗职工	人	10216	5270	11319	15174
城镇登记失业人数	人	278	182	589	1237
国内生产总值（当年价）	万元	66083	38629	77961	172961
第一产业	万元	33553	19672	26707	91391
第二产业	万元	14186	5192	28354	22358
#工业	万元	10370	2297	19590	19360
第三产业	万元	18344	13765	22900	59212
人均国内生产总值	元	2812	2972	2166	4407
国内生产总值指数	上年=100	103.3	109.5	112.9	107.5
第一产业	上年=100	105.0	104.1	103.6	105.4
第二产业	上年=100	92.7	103.3	135.3	104.5
#工业	上年=100	83.8	102.5	115.0	103.6
第三产业	上年=100	110.0	117.9	105.6	112.3
人均国内生产总值指数	上年=100	102.4	108.7	109.8	107.1
财政收入	万元	5806	3542	24186	6834
#一般预算收入	万元	4354	2121	10285	4622
财政支出	万元	12253	10260	20069	17318
金融机构存款余额	万元	46202	22364	68827	72904
#城乡居民储蓄存款	万元	33690	12430	40304	59946
金融机构贷款余额	万元	39304	27068	42606	37783
全社会固定资产投资	万元	22028	13585	56259	18171
基本建设投资	万元	7710	10071	41570	9280
更新改造投资	万元	9000	500	1044	795
房地产开发	万元	0	0	0	0
其他投资	万元	5318	3014	13645	8096

指标名称	单 位	田林县	西林县	隆林各族自治县	昭平县
乡村从业人员	人	120900	66000	168700	189200
#农林牧渔业	人	107900	62300	153800	148700
年末实有耕地	公顷	25663	23372	24960	14391
#水田	公顷	7018	4255	6216	11523
农业机械总动力	万千瓦	11.3	5.1	11.6	13.9
化肥施用折纯量	吨	2396	1287	5323	7908
农村用电量	万千瓦时	499	594	3628	2135
有效灌溉面积	公顷	7560	5010	6840	11870
农作物总播种面积	公顷	34012	29331	36049	50015
#粮食作物	公顷	23431	15903	24483	31205
粮食产量	吨	84116	49722	83299	143870
油料产量	吨	389	870	1250	2570
糖料产量	吨	5487	8276	56273	8837
水果产量	吨	17524	7364	6496	32524
肉类产量	吨	11441	7054	9508	58743
奶类产量	吨	0	0	0	27
蔬菜产量	吨	45227	60884	48020	161290
水产品产量	吨	792	610	1142	13000
全部工业总产值（当年价）	万元	35150	7692	62966	63342
全部工业总产值指数	上年=100	83.8	96.0	121.5	103.0
规模以上工业企业数	个	10	7	11	15
#内资企业	个	9	7	11	15
规模工业企业总产值（当年价）	万元	17617	2845	45612	17429
内资企业	万元	16889	2845	45612	17429
国有	万元	8756	2845	45612	6511
集体	万元	0	0	0	0
股份合作企业	万元	0	0	0	8914
联营企业	万元	0	0	0	0
有限责任公司	万元	7564	0	0	1458
股份有限公司	万元	0	0	0	0
私营企业	万元	569	0	0	546
其他企业	万元	0	0	0	0
港澳台投资企业	万元	728	0	0	0
外商投资企业	万元	0	0	0	0
工业企业增加值	万元	5684	906	9963	12798
工业企业资产总计	万元	38838	18664	82057	67555
工业企业负债合计	万元	26525	12669	41319	54123
工业企业税金总额	万元	532	127	2225	2043
工业企业产品销售收入	万元	14741	2806	47624	16503

23—1　续表35

指标名称	单　位	田林县	西林县	隆林各族自治县	昭平县
流动资产年平均余额	万元	14511	3104	25267	25837
固定资产净值年平均余额	万元	18863	11329	36195	35787
利润总额	万元	-489	-118	1388	2638
规模以下工业：企业数	个	1267	1110	674	2730
工业总产值	万元	17533	4847	17354	44206
境内公路里程	公里	726	461	734	665
境内铁路里程	公里	81	0	0	0
民用汽车拥有量	辆	0	0	0	1395
载客汽车	辆	0	0	0	725
私人汽车	辆	0	0	0	524
邮电业务总量	万元	2297	2033	2960	3637
本地电话用户	户	18511	11091	21251	31117
#农话	户	8891	4935	8367	15636
年末移动用户	户	8546	5060	11154	6336
互联网上网用户	户	1001	628	1690	2376
社会消费品零售总额	万元	17611	9162	18938	36591
贸易业	万元	13840	6230	13624	27186
餐饮业	万元	2034	852	2172	5352
制造业	万元	367	0	1277	1549
其他	万元	1370	2080	1865	2504
城镇在岗职工年平均人数	人	10109	11493	5354	15119
在岗职工工资总额	万元	8988	5471	12644	12197
农民人均纯收入	元	1336	1327	1254	1645
农民人均住房面积	平方米	19	17	23	20
社会福利院	个	1	6	7	7
社会福利院床位数	张	26	132	104	76
参加基本养老保险的职工数	人	3307	1690	3159	6045
参加基本医疗保险的职工数	人	7033	4226	8652	10559
普通中学	所	22	10	25	20
小学	所	125	79	196	150
普通中学专任教师	人	524	227	639	1115
小学专任教师	人	1132	557	1335	1860
普通中学在校生	人	11288	5607	18123	23486
小学在校生	人	23140	17157	42123	48817
医院卫生院数	所	22	12	23	18
医院卫生院床位数	张	216	127	382	352
卫生技术人员	人	269	190	298	573
#医生	人	142	100	145	263

23—1 续表36

指标名称	单位	钟山县	富川瑶族自治县	南丹县	天峨县
行政区域土地面积	平方公里	1885	1573	3916	3196
年末总人口	万人	49.6	29.3	28.2	14.3
#乡村人口	万人	42.8	25.7	22.7	11.8
出生人口	人	4199	2496	1812	1645
死亡人口	人	1555	1050	1222	740
年末总户数	户	106288	70843	78243	35067
#乡村户数	户	85200	58800	54800	28400
全社会从业人员	人	299250	156751	135876	75892
第一产业	人	171687	109652	100737	54791
第二产业	人	77381	15596	9989	7741
#工业	人	65409	10196	9084	3241
第三产业	人	50182	31503	25150	13360
年末职工人数	人	16472	12377	15391	7131
#在岗职工	人	16472	12040	14420	6705
城镇登记失业人数	人	595	1153	1596	717
国内生产总值（当年价）	万元	278392	125431	133741	64011
第一产业	万元	91152	53531	46190	20481
第二产业	万元	104915	23818	25452	27674
#工业	万元	96804	20316	18355	3527
第三产业	万元	82325	48082	62099	15856
人均国内生产总值	元	5630	4300	4734	4479
国内生产总值指数	上年=100	106.2	102.2	59.9	114.7
第一产业	上年=100	101.8	100.5	94.9	104.4
第二产业	上年=100	103.9	92.8	21.9	128.0
#工业	上年=100	103.7	91.1	18.4	101.6
第三产业	上年=100	114.8	109.9	105.9	110.1
人均国内生产总值指数	上年=100	105.9	101.5	59.6	114.0
财政收入	万元	10292	7518	30188	6626
#一般预算收入	万元	5309	3587	16316	4917
财政支出	万元	15704	16214	31710	12026
金融机构存款余额	万元	115734	72114	173837	56212
#城乡居民储蓄存款	万元	98299	56716	139543	27619
金融机构贷款余额	万元	60601	46415	69720	44308
全社会固定资产投资	万元	23864	10959	35603	171395
基本建设投资	万元	6002	3518	20546	171095
更新改造投资	万元	986	448	0	150
房地产开发	万元	350	400	0	0
其他投资	万元	16526	6593	15057	150

23—1 续表37

指标名称	单 位	钟山县	富川瑶族自治县	南丹县	天峨县
乡村从业人员	人	211700	134700	116500	63900
#农林牧渔业	人	163300	108000	97500	54800
年末实有耕地	公顷	24171	18133	16899	14700
#水田	公顷	16791	12249	8766	3518
农业机械总动力	万千瓦	10.8	6.2	8.2	10.1
化肥施用折纯量	吨	12233	9224	4425	1276
农村用电量	万千瓦时	2444	1732	2220	437
有效灌溉面积	公顷	16470	13020	5560	3280
农作物总播种面积	公顷	59717	60321	36063	28704
#粮食作物	公顷	37752	29369	22482	19865
粮食产量	吨	192556	115120	85948	51314
油料产量	吨	6196	14322	2078	307
糖料产量	吨	11733	3311	115	6085
水果产量	吨	37850	30477	13188	5279
肉类产量	吨	65394	43503	17892	9473
奶类产量	吨	2	15	45	0
蔬菜产量	吨	266974	173332	61617	29004
水产品产量	吨	13644	5416	955	444
全部工业总产值（当年价）	万元	324603	57985	54880	11392
全部工业总产值指数	上年=100	93.8	95.5	119.1	106.2
规模以上工业企业数	个	23	17	14	15
#内资企业	个	22	17	12	15
规模工业企业总产值（当年价）	万元	37107	13294	35833	4404
内资企业	万元	36193	13294	31376	4404
国有	万元	26511	10390	10471	4404
集体	万元	2232	0	3162	0
股份合作企业	万元	0	0	5251	0
联营企业	万元	0	0	0	0
有限责任公司	万元	0	637	6730	0
股份有限公司	万元	3593	940	0	0
私营企业	万元	3858	1328	5763	0
其他企业	万元	0	0	0	0
港澳台投资企业	万元	914	0	4458	0
外商投资企业	万元	0	0	0	0
工业企业增加值	万元	7931	7069	11960	1498
工业企业资产总计	万元	102060	31689	110185	62748
工业企业负债合计	万元	112437	32011	6963	14276
工业企业税金总额	万元	4413	4682	2875	24
工业企业产品销售收入	万元	39339	14367	35069	3347

23—1 续表38

指标名称	单 位	钟山县	富川瑶族自治县	南丹县	天峨县
流动资产年平均余额	万元	44430	12023	36998	6136
固定资产净值年平均余额	万元	44898	15899	54293	7195
利润总额	万元	-3935	-1413	-10538	-542
规模以下工业：企业数	个	5124	2237	399	151
工业总产值	万元	285567	44311	18647	6988
境内公路里程	公里	563	527	561	587
境内铁路里程	公里	0	0	78	0
民用汽车拥有量	辆	1758	835	3479	400
载客汽车	辆	1584	529	2355	204
私人汽车	辆	922	457	10686	159
邮电业务总量	万元	4676	2280	8918	2632
本地电话用户	户	35518	23066	37561	14389
#农话	户	20507	10063	18000	2971
年末移动用户	户	14569	7831	30363	10931
互联网上网用户	户	1616	1270	2391	1148
社会消费品零售总额	万元	78067	49952	56969	20741
贸易业	万元	42570	34453	50822	13657
餐饮业	万元	5851	4074	3132	2503
制造业	万元	4178	4820	359	17
其他	万元	25468	6605	2656	4564
城镇在岗职工年平均人数	人	16472	13040	14420	6859
在岗职工工资总额	万元	13737	12169	17364	6342
农民人均纯收入	元	1800	1488	1818	1218
农民人均住房面积	平方米	20	23	24	26
社会福利院	个	3	5	7	2
社会福利院床位数	张	76	92	225	30
参加基本养老保险的职工数	人	7145	3848	3884	2477
参加基本医疗保险的职工数	人	11538	8401	8458	5008
普通中学	所	31	19	26	13
小学	所	173	132	152	93
普通中学专任教师	人	1106	1107	834	306
小学专任教师	人	2144	1904	1771	908
普通中学在校生	人	25606	17930	16609	5233
小学在校生	人	73091	41209	31545	16927
医院卫生院数	所	19	15	16	12
医院卫生院床位数	张	418	419	617	232
卫生技术人员	人	559	637	662	243
#医生	人	227	268	298	115

指标名称	单位	凤山县	东兰县	罗城仫佬族自治县	环江毛南族自治县
行政区域土地面积	平方公里	1738	2414	2658	4553
年末总人口	万人	18.9	27.9	35.8	34.9
#乡村人口	万人	16.8	25.9	32.1	33.3
出生人口	人	1676	3302	3018	2918
死亡人口	人	815	1669	1622	1695
年末总户数	户	42844	65526	89096	86957
#乡村户数	户	37200	59700	73400	80400
全社会从业人员	人	80000	135737	187307	183603
第一产业	人	63465	113504	127170	137844
第二产业	人	5543	7158	9766	12641
#工业	人	3803	4393	6992	5730
第三产业	人	10992	15075	50371	33118
年末职工人数	人	9052	8425	14631	12990
#在岗职工	人	8614	8425	14571	12990
城镇登记失业人数	人	57	876	723	1187
国内生产总值（当年价）	万元	32289	48946	94794	88227
第一产业	万元	16739	22495	35924	43975
第二产业	万元	5283	6753	27434	15937
#工业	万元	2887	2647	19821	8342
第三产业	万元	10267	19698	31436	28315
人均国内生产总值	元	1719	1756	2652	2538
国内生产总值指数	上年=100	100.8	104.7	100.8	80.8
第一产业	上年=100	104.3	100.1	99.9	96.6
第二产业	上年=100	81.3	107.4	98.8	46.3
#工业	上年=100	80.7	88.9	93.7	31.5
第三产业	上年=100	108.5	109.4	103.9	98.0
人均国内生产总值指数	上年=100	99.7	104.9	100.9	80.4
财政收入	万元	1965	13779	6830	7927
#一般预算收入	万元	1521	2731	3881	4202
财政支出	万元	10690	13779	14521	14996
金融机构存款余额	万元	27375	41580	75279	82226
#城乡居民储蓄存款	万元	17437	28492	61795	62680
金融机构贷款余额	万元	23115	31594	42399	73582
全社会固定资产投资	万元	11693	19597	31049	29753
基本建设投资	万元	7991	11320	10870	13583
更新改造投资	万元	802	2738	1550	651
房地产开发	万元	0	0	0	0
其他投资	万元	2900	5539	18629	15519

23—1 续表40

指标名称	单 位	凤山县	东兰县	罗城仫佬族自治县	环江毛南族自治县
乡村从业人员	人	81800	127400	172700	169900
#农林牧渔业	人	63500	113500	126400	137100
年末实有耕地	公顷	7502	11372	21669	24096
#水田	公顷	3528	5610	13534	16260
农业机械总动力	万千瓦	7.9	15.6	12.6	20.9
化肥施用折纯量	吨	1396	2813	14245	8116
农村用电量	万千瓦时	395	1455	2518	1521
有效灌溉面积	公顷	4310	4480	12060	11070
农作物总播种面积	公顷	35328	27615	58453	57361
#粮食作物	公顷	21529	18705	33680	32900
粮食产量	吨	41284	55091	132466	135024
油料产量	吨	311	86	7489	3116
糖料产量	吨	14	2686	300265	155693
水果产量	吨	3894	13199	11226	9200
肉类产量	吨	9026	13885	22665	23711
奶类产量	吨	0	0	0	0
蔬菜产量	吨	24221	42075	51774	108994
水产品产量	吨	297	1250	2310	2620
全部工业总产值（当年价）	万元	10003	9128	65823	28225
全部工业总产值指数	上年=100	79.9	88.9	93.6	131.7
规模以上工业企业数	个	13	18	15	11
#内资企业	个	13	18	15	11
规模工业企业总产值（当年价）	万元	10003	4136	24744	19205
内资企业	万元	10003	4136	24744	19205
国有	万元	3606	2005	11275	13097
集体	万元	0	0	0	2927
股份合作企业	万元	0	0	1228	0
联营企业	万元	0	0	0	0
有限责任公司	万元	0	0	9590	3182
股份有限公司	万元	0	2131	0	0
私营企业	万元	0	0	2652	0
其他企业	万元	6397	0	0	0
港澳台投资企业	万元	0	0	0	0
外商投资企业	万元	0	0	0	0
工业企业增加值	万元	1026	1067	8629	5684
工业企业资产总计	万元	7748	21746	61916	64643
工业企业负债合计	万元	4795	17638	35482	47844
工业企业税金总额	万元	2	1643	2729	235
工业企业产品销售收入	万元	2015	3538	26079	20606

23—1 续表41

指标名称	单位	凤山县	东兰县	罗城仫佬族自治县	环江毛南族自治县
流动资产年平均余额	万元	1272	10704	20477	21694
固定资产净值年平均余额	万元	6016	6311	36665	32498
利润总额	万元	-354	-698	683	-2910
规模以下工业：企业数	个	640	633	2233	872
工业总产值	万元	6397	4992	41078	9020
境内公路里程	公里	475	624	403	570
境内铁路里程	公里	0	0	43	102
民用汽车拥有量	辆	363	571	1087	1570
载客汽车	辆	281	235	565	950
私人汽车	辆	281	245	867	769
邮电业务总量	万元	1128	1114	2451	3009
本地电话用户	户	8245	14420	25400	30090
#农话	户	3074	6687	12693	17601
年末移动用户	户	3480	5500	10000	18792
互联网上网用户	户	429	564	1334	1064
社会消费品零售总额	万元	15277	27702	34786	41889
贸易业	万元	10537	17592	25958	20867
餐饮业	万元	1561	3501	2825	3782
制造业	万元	99	288	2145	3930
其他	万元	3080	6321	3858	13310
城镇在岗职工年平均人数	人	8850	8671	15858	14685
在岗职工工资总额	万元	7277	8199	12821	12120
农民人均纯收入	元	1097	1161	1097	1409
农民人均住房面积	平方米	21	23	20	28
社会福利院	个	3	4	4	5
社会福利院床位数	张	35	133	37	86
参加基本养老保险的职工数	人	7339	2068	4770	4438
参加基本医疗保险的职工数	人	6267	7390	8942	10070
普通中学	所	16	14	20	27
小学	所	110	126	146	161
普通中学专任教师	人	417	616	957	1069
小学专任教师	人	1072	1502	1742	2353
普通中学在校生	人	8462	12490	16710	19271
小学在校生	人	23549	28480	33643	32983
医院卫生院数	所	12	132	15	17
医院卫生院床位数	张	231	332	471	450
卫生技术人员	人	277	366	568	494
#医生	人	120	151	245	244

23—1 续表42

指标名称	单位	巴马瑶族自治县	都安瑶族自治县	大化瑶族自治县	宜州市
行政区域土地面积	平方公里	1971	4095	2716	3869
年末总人口	万人	23.9	62.5	40.8	61.1
#乡村人口	万人	22.3	61.5	35.7	52.2
出生人口	人	2793	5592	3528	5015
死亡人口	人	1456	3015	2002	2084
年末总户数	户	54035	144703	102210	163132
#乡村户数	户	48500	134600	85500	130400
全社会从业人员	人	112199	300419	186965	324810
第一产业	人	80343	232503	142999	226041
第二产业	人	10124	26328	16207	34049
#工业	人	7339	8656	9290	24157
第三产业	人	21732	41588	27759	64720
年末职工人数	人	10166	18133	13217	28155
#在岗职工	人	9180	17284	12049	27984
城镇登记失业人数	人	546	116	1405	1620
国内生产总值（当年价）	万元	61158	117180	151169	391743
第一产业	万元	32245	42356	26426	124150
第二产业	万元	9810	30351	88474	76889
#工业	万元	5065	12374	85100	66694
第三产业	万元	19103	44473	36269	190704
人均国内生产总值	元	2564	1875	3695	6433
国内生产总值指数	上年=100	100.5	111.3	100.9	102.4
第一产业	上年=100	100.7	98.1	104.0	107.9
第二产业	上年=100	90.2	145.6	99.3	84.8
#工业	上年=100	105.9	116.7	98.9	91.3
第三产业	上年=100	106.6	107.6	102.9	108.1
人均国内生产总值指数	上年=100	100.6	109.9	101.6	102.4
财政收入	万元	4028	8661	18302	30111
#一般预算收入	万元	2369	5015	7861	19632
财政支出	万元	11692	23019	17613	29047
金融机构存款余额	万元	31931	100260	72721	205376
#城乡居民储蓄存款	万元	22797	68654	47986	153561
金融机构贷款余额	万元	23873	40867	37976	115576
全社会固定资产投资	万元	19484	75736	17845	44437
基本建设投资	万元	8415	66791	9752	35557
更新改造投资	万元	1157	0	3414	8119
房地产开发	万元	318	0	0	0
其他投资	万元	9594	8945	4679	761

23—1 续表43

指标名称	单 位	巴马瑶族自治县	都安瑶族自治县	大化瑶族自治县	宜州市
乡村从业人员	人	105000	315100	205700	295600
#农林牧渔业	人	80300	232500	143000	226000
年末实有耕地	公顷	9990	32251	14822	44404
#水田	公顷	4293	6737	3822	21207
农业机械总动力	万千瓦	5.0	18.1	9.1	30.2
化肥施用折纯量	吨	2516	8128	6469	31624
农村用电量	万千瓦时	768	2031	1652	3007
有效灌溉面积	公顷	3620	9050	4550	19310
农作物总播种面积	公顷	42684	74628	35604	127860
#粮食作物	公顷	20957	66432	28927	67878
粮食产量	吨	65235	134556	67283	282598
油料产量	吨	908	295	338	13398
糖料产量	吨	63750	25925	8509	1711791
水果产量	吨	13503	13411	4530	42376
肉类产量	吨	17324	37953	20965	47266
奶类产量	吨	0	0	0	0
蔬菜产量	吨	38686	38533	25028	244030
水产品产量	吨	2055	1134	5275	7178
全部工业总产值（当年价）	万元	15739	40255	96849	202306
全部工业总产值指数	上年=100	94.5	118.3	96.9	97.9
规模以上工业企业数	个	4	22	11	29
#内资企业	个	4	22	11	27
规模工业企业总产值（当年价）	万元	4784	23338	84701	159098
内资企业	万元	4784	23338	84701	109981
国有	万元	182	4727	46599	54126
集体	万元	0	749	1283	3063
股份合作企业	万元	2051	965	0	1200
联营企业	万元	0	0	0	0
有限责任公司	万元	2552	1032	0	39683
股份有限公司	万元	0	0	36819	0
私营企业	万元	0	15866	0	11909
其他企业	万元	0	0	0	0
港澳台投资企业	万元	0	0	0	0
外商投资企业	万元	0	0	0	49117
工业企业增加值	万元	2167	5665	83302	42333
工业企业资产总计	万元	21639	30765	385478	215871
工业企业负债合计	万元	19882	19129	270549	149676
工业企业税金总额	万元	549	287	16841	10517
工业企业产品销售收入	万元	5294	22894	81644	151497

23—1　续表44

指标名称	单　位	巴马瑶族自治县	都安瑶族自治县	大化瑶族自治县	宜州市
流动资产年平均余额	万元	8618	12369	10950	91770
固定资产净值年平均余额	万元	11076	16211	377894	104615
利润总额	万元	-647	-440	26460	7188
规模以下工业：企业数	个	787	850	1215	2159
工业总产值	万元	10955	16917	12149	43208
境内公路里程	公里	524	767	494	732
境内铁路里程	公里	0	0	0	96
民用汽车拥有量	辆	497	1221	735	2388
载客汽车	辆	331	893	603	1393
私人汽车	辆	72	760	203	1060
邮电业务总量	万元	1108	2444	3223	9526
本地电话用户	户	13473	25623	20383	55961
#农话	户	5340	12835	7709	22370
年末移动用户	户	5946	11500	14611	30000
互联网上网用户	户	537	1720	1310	2100
社会消费品零售总额	万元	29443	41875	29285	154982
贸易业	万元	18309	30340	21142	109061
餐饮业	万元	3850	3954	1874	34939
制造业	万元	639	1785	2058	1292
其他	万元	6645	5796	4211	9690
城镇在岗职工年平均人数	人	6602	17338	12049	28456
在岗职工工资总额	万元	5459	14953	13820	31870
农民人均纯收入	元	1275	1229	1327	2056
农民人均住房面积	平方米	21	25	25	32
社会福利院	个	6	6	7	5
社会福利院床位数	张	124	99	139	390
参加基本养老保险的职工数	人	8890	15047	3301	7454
参加基本医疗保险的职工数	人	6378	11580	7435	12689
普通中学	所	19	42	28	36
小学	所	118	264	180	225
普通中学专任教师	人	507	1535	1107	1680
小学专任教师	人	1246	3290	1973	2921
普通中学在校生	人	10087	35179	23345	29626
小学在校生	人	29196	73391	42897	44374
医院卫生院数	所	14	23	21	25
医院卫生院床位数	张	310	631	405	1134
卫生技术人员	人	297	668	501	1086
#医生	人	133	336	273	471

指标名称	单位	忻城县	象州县	武宣县	金秀瑶族自治县	合山市
行政区域土地面积	平方公里	2541	1898	1739	2518	350
年末总人口	万人	39.9	34.6	41.2	14.7	13.9
#乡村人口	万人	37.5	32.7	36.1	13.1	8.3
出生人口	人	2991	2881	3811	1284	1221
死亡人口	人	2111	1654	1264	757	542
年末总户数	户	102091	86194	94267	37637	35871
#乡村户数	户	85900	79500	79500	32500	18300
全社会从业人员	人	231602	207086	234253	74831	66419
第一产业	人	158975	132083	182075	56796	33305
第二产业	人	15967	40500	16529	7085	20284
#工业	人	8031	33000	10929	4299	7669
第三产业	人	56660	34503	35649	10950	12830
年末职工人数	人	15602	12964	16153	9717	10090
#在岗职工	人	15145	12010	14158	5734	10020
城镇登记失业人数	人	766	785	1085	266	1100
国内生产总值（当年价）	万元	117968	150557	143310	48024	58762
第一产业	万元	59240	66751	81198	21955	9931
第二产业	万元	28912	39234	20806	8279	34389
#工业	万元	14834	34182	16354	5343	25823
第三产业	万元	29816	44572	41306	17790	14442
人均国内生产总值	元	2957	4364	3504	3267	4258
国内生产总值指数	上年=100	115.6	108.9	110.4	109.4	104.8
第一产业	上年=100	108.6	110.9	107.6	106.1	111.9
第二产业	上年=100	144.1	103.9	124.9	121.0	103.6
#工业	上年=100	105.0	107.6	132.6	102.6	86.3
第三产业	上年=100	109.0	110.6	110.3	109.0	103.1
人均国内生产总值指数	上年=100	115.9	109.5	109.3	108.6	106.3
财政收入	万元	7101	11988	9243	3085	9118
#一般预算收入	万元	4888	7093	5808	2051	4654
财政支出	万元	15132	16131	15876	13508	7499
金融机构存款余额	万元	66058	89250	77588	44983	79508
#城乡居民储蓄存款	万元	46434	66922	62124	32582	60823
金融机构贷款余额	万元	42542	44662	54994	27215	23077
全社会固定资产投资	万元	68044	24887	21198	14707	44641
基本建设投资	万元	60259	9636	8751	10109	5186
更新改造投资	万元	508	623	405	1275	36438
房地产开发	万元	0	0	293	0	0
其他投资	万元	7277	14628	11749	3323	3017

23—1 续表46

指标名称	单 位	忻城县	象州县	武宣县	金秀瑶族自治县	合山市
乡村从业人员	人	216000	170200	218100	70600	44500
#农林牧渔业	人	158500	131500	164200	56800	33300
年末实有耕地	公顷	30348	39468	35955	13299	5725
#水田	公顷	7558	20804	14425	5691	3258
农业机械总动力	万千瓦	13.9	17.7	15.6	7.2	5.0
化肥施用折纯量	吨	18201	43141	21284	2470	2757
农村用电量	万千瓦时	2716	1314	3671	1359	392
有效灌溉面积	公顷	12520	20420	18880	6350	3260
农作物总播种面积	公顷	84371	80345	73738	23185	12977
#粮食作物	公顷	50721	38447	33712	12033	7276
粮食产量	吨	149809	189554	147157	46059	31372
油料产量	吨	3619	6659	7415	1301	1154
糖料产量	吨	421337	1355229	1304934	88702	97341
水果产量	吨	10150	12821	57756	12825	761
肉类产量	吨	34102	44508	42856	13255	5701
奶类产量	吨	15	38	165	0	30
蔬菜产量	吨	228415	166623	161552	62819	32683
水产品产量	吨	3990	6738	5498	623	616
全部工业总产值（当年价）	万元	51463	102202	77247	18338	71284
全部工业总产值指数	上年=100	103.1	107.5	117.1	102.9	86.3
规模以上工业企业数	个	13	13	13	14	8
#内资企业	个	13	12	12	14	8
规模工业企业总产值（当年价）	万元	17840	49646	37823	8015	59723
内资企业	万元	17840	23217	13461	8015	59723
国有	万元	4456	9687	11287	1729	55250
集体	万元	0	7866	0	3337	1961
股份合作企业	万元	0	315	0	0	0
联营企业	万元	0	0	0	0	0
有限责任公司	万元	4425	4666	0	2949	855
股份有限公司	万元	0	0	0	0	0
私营企业	万元	8959	682	2175	0	1657
其他企业	万元	0	0	0	0	0
港澳台投资企业	万元	0	0	0	0	0
外商投资企业	万元	0	26429	24362	0	0
工业企业增加值	万元	8758	15252	9150	2481	21322
工业企业资产总计	万元	43375	78082	55226	18580	113492
工业企业负债合计	万元	18522	52831	39215	13500	62216
工业企业税金总额	万元	1617	2932	2488	598	1753
工业企业产品销售收入	万元	19744	40987	35696	6673	63958

23—1 续表47

指标名称	单位	忻城县	象州县	武宣县	金秀瑶族自治县	合山市
流动资产年平均余额	万元	13691	33662	21857	6673	28501
固定资产净值年平均余额	万元	25921	36909	29207	9105	45493
利润总额	万元	1603	83	1203	-115	-1259
规模以下工业：企业数	个	1363	3105	1944	1205	329
工业总产值	万元	33623	52556	39424	10322	11561
境内公路里程	公里	471	356	359	397	136
境内铁路里程	公里	0	0	0	0	33
民用汽车拥有量	辆	1028	1534	1172	665	2272
载客汽车	辆	508	854	700	304	222
私人汽车	辆	892	1227	524	213	1300
邮电业务总量	万元	2501	2198	2996	1882	2068
本地电话用户	户	18190	20386	21918	13013	17320
#农话	户	10725	12488	10392	9776	3160
年末移动用户	户	13370	18870	16700	6780	5200
互联网上网用户	户	3483	743	2215	2632	5182
社会消费品零售总额	万元	29605	37522	37816	13294	23876
贸易业	万元	16721	34533	24669	10324	12112
餐饮业	万元	6333	1695	3058	1787	1701
制造业	万元	3314	245	4389	92	990
其他	万元	3237	1049	5700	1091	9073
城镇在岗职工年平均人数	人	8931	12761	14163	5804	10431
在岗职工工资总额	万元	10577	9954	13662	5942	11314
农民人均纯收入	元	1433	1838	1766	1421	1530
农民人均住房面积	平方米	25	29	30	26	21
社会福利院	个	13	6	10	7	2
社会福利院床位数	张	186	90	203	124	40
参加基本养老保险的职工数	人	10135	4599	5878	3895	8048
参加基本医疗保险的职工数	人	8356	9242	11859	5346	19033
普通中学	所	22	15	24	13	15
小学	所	130	123	151	71	33
普通中学专任教师	人	879	983	1175	320	518
小学专任教师	人	1210	1718	1590	739	689
普通中学在校生	人	24515	20261	27978	7259	9424
小学在校生	人	36135	28968	45460	12063	13485
医院卫生院数	所	15	12	15	12	8
医院卫生院床位数	张	413	317	441	332	571
卫生技术人员	人	497	423	656	299	567
#医生	人	208	147	244	160	176

23—1　续表48

指标名称	单　位	凭祥市	横　县	宾阳县	上林县
行政区域土地面积	平方公里	650	3465	2308	1869
年末总人口	万人	10.2	107.3	97.6	45.3
#乡村人口	万人	7.5	100.1	86.2	40.9
出生人口	人	993	10897	8248	3662
死亡人口	人	509	5569	1865	2091
年末总户数	户	26658	270186	215694	110999
#乡村户数	户	16900	243800	186400	90400
全社会从业人员	人	57626	601560	487889	245285
第一产业	人	37330	433404	356312	159816
第二产业	人	1701	72143	55951	18037
#工业	人	1249	37474	38355	10125
第三产业	人	18595	96013	75626	67432
年末职工人数	人	8998	26711	39561	12968
#在岗职工	人	7695	26711	36523	11613
城镇登记失业人数	人	532	2368	2579	344
国内生产总值（当年价）	万元	112056	348984	280873	117264
第一产业	万元	9528	142135	98621	60893
第二产业	万元	6645	55855	80638	18476
#工业	万元	2827	42857	68109	11649
第三产业	万元	95883	150994	101614	37895
人均国内生产总值	元	11206	3262	2866	2593
国内生产总值指数	上年=100	110.4	107.7	109.7	107.8
第一产业	上年=100	105.8	102.0	106.8	106.6
第二产业	上年=100	95.4	125.4	114.2	104.1
#工业	上年=100	80.8	133.1	112.8	100.3
第三产业	上年=100	112.0	108.2	109.5	111.8
人均国内生产总值指数	上年=100	110.4	107.7	108.6	107.4
财政收入	万元	11583	25819	26903	7884
#一般预算收入	万元	8734	17220	23648	5964
财政支出	万元	12333	31448	28880	16958
金融机构存款余额	万元	115201	277718	251049	79170
#城乡居民储蓄存款	万元	90999	236733	213082	66854
金融机构贷款余额	万元	40452	128484	109846	38492
全社会固定资产投资	万元	18183	61896	62877	34035
基本建设投资	万元	13653	15148	19151	14105
更新改造投资	万元	239	4480	10694	750
房地产开发	万元	480	598	2679	1650
其他投资	万元	3811	41670	30353	17530

指标名称	单位	凭祥市	横县	宾阳县	上林县
乡村从业人员	人	43000	561600	501500	225100
#农林牧渔业	人	35800	382900	356300	159800
年末实有耕地	公顷	4201	63054	54461	27031
#水田	公顷	2594	40466	35833	17462
农业机械总动力	万千瓦	3.3	38.3	30.6	27
化肥施用折纯量	吨	1926	40326	37379	14076
农村用电量	万千瓦时	303	6883	7833	4871
有效灌溉面积	公顷	2880	49720	42730	17370
农作物总播种面积	公顷	8693	132153	108991	57905
#粮食作物	公顷	5178	71874	67256	39986
粮食产量	吨	22900	344011	314207	150131
油料产量	吨	276	9496	8025	4864
糖料产量	吨	72317	1212426	1049338	373887
水果产量	吨	4714	36882	6531	2653
肉类产量	吨	5260	56102	38501	27212
奶类产量	吨	0	0	16	48
蔬菜产量	吨	13948	380913	180465	73895
水产品产量	吨	2057	24484	22052	10118
全部工业总产值（当年价）	万元	9154	117398	250483	39737
全部工业总产值指数	上年=100	82.5	132.9	116.5	98.2
规模以上工业企业数	个	7	25	32	19
#内资企业	个	7	23	30	19
规模工业企业总产值（当年价）	万元	6583	75242	99788	19342
内资企业	万元	6583	69850	76186	19342
国有	万元	6583	14399	27463	17297
集体	万元	0	8649	0	0
股份合作企业	万元	0	3622	0	0
联营企业	万元	0	0	0	0
有限责任公司	万元	0	14690	23693	0
股份有限公司	万元	0	14767	2833	1460
私营企业	万元	0	13723	22197	585
其他企业	万元	0	0	0	0
港澳台投资企业	万元	0	5392	23602	0
外商投资企业	万元	0	0	0	0
工业企业增加值	万元	2018	28870	28308	5525
工业企业资产总计	万元	2676	107340	152546	59271
工业企业负债合计	万元	707	79927	72218	34868
工业企业税金总额	万元	178	6714	6477	1737
工业企业产品销售收入	万元	5759	79096	106688	21154

23—1 续表50

指标名称	单位	凭祥市	横县	宾阳县	上林县
流动资产年平均余额	万元	1864	34427	48970	14762
固定资产净值年平均余额	万元	677	56303	75440	38021
利润总额	万元	565	767	3207	-613
规模以下工业：企业数	个	71	3711	6689	519
工业总产值	万元	2572	24156	150695	20395
境内公路里程	公里	336	942	593	514
境内铁路里程	公里	31	73	55	0
民用汽车拥有量	辆	375	3370	6192	966
载客汽车	辆	268	1493	2958	223
私人汽车	辆	337	1453	4166	958
邮电业务总量	万元	1759	5939	9400	3912
本地电话用户	户	19675	67079	63037	21198
#农话	户	4396	41445	35538	12036
年末移动用户	户	17630	36000	40000	17774
互联网上网用户	户	4514	13169	7820	4126
社会消费品零售总额	万元	101093	153801	170052	31460
贸易业	万元	90919	106789	76034	24060
餐饮业	万元	2733	11435	10158	1850
制造业	万元	215	5829	7625	1250
其他	万元	7226	29748	76235	4300
城镇在岗职工年平均人数	人	7695	26969	36303	10986
在岗职工工资总额	万元	8593	22743	31399	9235
农民人均纯收入	元	1833	1968	1979	1803
农民人均住房面积	平方米	18	27	28	33
社会福利院	个	1	8	6	10
社会福利院床位数	张	30	175	138	242
参加基本养老保险的职工数	人	5381	9172	29286	16161
参加基本医疗保险的职工数	人	4340	20928	22330	9936
普通中学	所	6	60	58	32
小学	所	41	304	247	131
普通中学专任教师	人	335	2753	3019	1503
小学专任教师	人	816	4457	3639	2018
普通中学在校生	人	5128	59659	62934	26912
小学在校生	人	11573	113435	116379	48767
医院卫生院数	所	7	25	31	15
医院卫生院床位数	张	190	975	1467	354
卫生技术人员	人	245	1112	1512	419
#医生	人	100	511	632	178

23—1　续表51

指标名称	单　位	隆安县	马山县	扶绥县	崇左县
行政区域土地面积	平方公里	2277	2345	2836	2954
年末总人口	万人	36.9	49.9	40.9	33.4
#乡村人口	万人	35.6	47.8	32.7	28.2
出生人口	人	3400	5176	4105	3117
死亡人口	人	1932	2179	1886	1751
年末总户数	户	86800	106382	112914	83341
#乡村户数	户	79800	96500	80700	66500
全社会从业人员	人	194300	274600	218921	194354
第一产业	人	143918	165400	168460	139966
第二产业	人	12824	23724	14013	22524
#工业	人	6612	5824	8914	19414
第三产业	人	37558	85476	36448	31864
年末职工人数	人	15171	12179	23199	21103
#在岗职工	人	12765	12179	22859	18965
城镇登记失业人数	人	756	143	1059	1337
国内生产总值（当年价）	万元	108965	100393	191816	204022
第一产业	万元	62634	44001	98314	78036
第二产业	万元	24017	23498	35973	63649
#工业	万元	17636	18035	30884	55382
第三产业	万元	22314	32894	57529	62337
人均国内生产总值	元	2958	2017	4699	6036
国内生产总值指数	上年=100	110.0	107.9	112.3	111.6
第一产业	上年=100	108.7	105.6	113.8	105.8
第二产业	上年=100	120.5	104.7	114.4	124.1
#工业	上年=100	127.9	104.5	111.5	126.7
第三产业	上年=100	104.4	113.6	108.5	107.7
人均国内生产总值指数	上年=100	110.4	106.9	112.0	117.2
财政收入	万元	12341	6868	22853	28991
#一般预算收入	万元	11344	4452	13333	27802
财政支出	万元	16612	17408	23354	24873
金融机构存款余额	万元	91166	70843	148239	133888
#城乡居民储蓄存款	万元	72183	53749	112773	97719
金融机构贷款余额	万元	49286	37078	69653	52504
全社会固定资产投资	万元	30585	26013	29080	39370
基本建设投资	万元	11715	8970	11094	21056
更新改造投资	万元	1800	387	4894	3594
房地产开发	万元	1080	0	0	0
其他投资	万元	15990	16656	13092	14720

23—1　续表52

指 标 名 称	单　位	隆安县	马山县	扶绥县	崇左县
乡村从业人员	人	194300	260400	201100	166600
#农林牧渔业	人	143900	165400	164800	135300
年末实有耕地	公顷	32248	23719	55746	49388
#水田	公顷	9749	10354	15544	8793
农业机械总动力	万千瓦	16.7	11.0	25.3	16.9
化肥施用折纯量	吨	17586	8496	39538	49140
农村用电量	万千瓦时	2075	2073	2063	4579
有效灌溉面积	公顷	15990	10570	18030	10870
农作物总播种面积	公顷	62737	51801	116995	87819
#粮食作物	公顷	34045	39076	42112	24475
粮食产量	吨	128218	122417	162099	86934
油料产量	吨	1839	2266	15775	4034
糖料产量	吨	1140752	127803	3182806	3692832
水果产量	吨	72011	5474	69087	29322
肉类产量	吨	21770	28208	19650	11202
奶类产量	吨	15	0	15	12
蔬菜产量	吨	164767	125485	313323	94533
水产品产量	吨	7685	7105	11719	7462
全部工业总产值（当年价）	万元	61665	46068	104725	145747
全部工业总产值指数	上年=100	138.1	112.7	163.4	139.8
规模以上工业企业数	个	10	13	22	26
#内资企业	个	10	13	21	23
规模工业企业总产值（当年价）	万元	41785	31262	90890	121616
内资企业	万元	41785	31262	49221	37111
国有	万元	13464	1380	2001	8411
集体	万元	1477	0	3399	1521
股份合作企业	万元	26844	0	0	0
联营企业	万元	0	0	0	0
有限责任公司	万元	0	2490	39899	971
股份有限公司	万元	0	24842	0	0
私营企业	万元	0	2550	3923	26208
其他企业	万元	0	0	0	0
港澳台投资企业	万元	0	0	0	75017
外商投资企业	万元	0	0	41669	9488
工业企业增加值	万元	12286	13381	27956	48833
工业企业资产总计	万元	65044	122469	130230	159402
工业企业负债合计	万元	36918	114447	66977	6924
工业企业税金总额	万元	353	3461	7070	7535
工业企业产品销售收入	万元	45641	33742	104197	97851

指标名称	单位	隆安县	马山县	扶绥县	崇左县
流动资产年平均余额	万元	23918	4026	43477	42974
固定资产净值年平均余额	万元	34404	88450	68120	103230
利润总额	万元	4022	7312	11167	16238
规模以下工业：企业数	个	1230	537	1107	1422
工业总产值	万元	19880	14806	13835	24131
境内公路里程	公里	516	751	783	591
境内铁路里程	公里	65	0	57	44
民用汽车拥有量	辆	0	1289	2765	600
载客汽车	辆	0	162	518	203
私人汽车	辆	0	364	2198	397
邮电业务总量	万元	3513	2898	2684	3625
本地电话用户	户	21480	20422	32194	26172
#农话	户	12427	10524	16953	12500
年末移动用户	户	11000	32300	14162	18205
互联网上网用户	户	2995	4108	5089	4233
社会消费品零售总额	万元	49684	33732	61501	60841
贸易业	万元	28969	13757	46232	44033
餐饮业	万元	4112	1583	4585	7608
制造业	万元	2440	6042	1670	285
其他	万元	14163	12350	9014	8915
城镇在岗职工年平均人数	人	12581	12949	22881	13725
在岗职工工资总额	万元	11782	9714	18600	17588
农民人均纯收入	元	1745	1616	1852	2001
农民人均住房面积	平方米	24	32	32	22
社会福利院	个	3	8	3	11
社会福利院床位数	张	63	169	64	250
参加基本养老保险的职工数	人	11844	8251	9000	14974
参加基本医疗保险的职工数	人	9183	952	15186	11682
普通中学	所	23	30	24	22
小学	所	132	150	135	114
普通中学专任教师	人	902	1420	1316	858
小学专任教师	人	1445	1724	1288	1435
普通中学在校生	人	21628	33672	22621	17656
小学在校生	人	32190	49866	30062	28558
医院卫生院数	所	16	17	20	13
医院卫生院床位数	张	483	422	589	450
卫生技术人员	人	609	444	735	547
#医生	人	260	180	301	234

23—1　续表54

指标名称	单　位	大新县	天等县	宁明县	龙州县
行政区域土地面积	平方公里	2742	2159	3695	2318
年末总人口	万人	35.5	40.3	39.5	26.7
#乡村人口	万人	31.0	38.5	36.6	25.1
出生人口	人	3536	4148	3320	2473
死亡人口	人	1962	2484	1489	1730
年末总户数	户	84308	86213	95900	65386
#乡村户数	户	69200	81900	84500	57800
全社会从业人员	人	211180	262900	200528	143763
第一产业	人	183500	149600	141320	111083
第二产业	人	10342	19300	11562	8072
#工业	人	9796	10700	8154	6890
第三产业	人	17338	94000	47646	24608
年末职工人数	人	17180	12398	18392	19799
#在岗职工	人	14646	11263	16518	19195
城镇登记失业人数	人	128	100	732	765
国内生产总值（当年价）	万元	113468	98884	173018	122002
第一产业	万元	46411	49965	55763	52118
第二产业	万元	37846	14950	26099	27857
#工业	万元	29815	6892	19220	21404
第三产业	万元	29211	33969	91156	42027
人均国内生产总值	元	3206	2454	4436	4519
国内生产总值指数	上年=100	109.9	109.9	108.3	108.2
第一产业	上年=100	105.3	106.7	105.8	103.5
第二产业	上年=100	115.9	116.3	119.2	119.9
#工业	上年=100	113.5	116.2	125.2	128.0
第三产业	上年=100	110.6	112.3	106.9	107.8
人均国内生产总值指数	上年=100	109.7	109.7	108.3	108.2
财政收入	万元	14340	7609	23097	13516
#一般预算收入	万元	12536	5943	17615	8806
财政支出	万元	16352	17142	22060	16484
金融机构存款余额	万元	88895	72873	101215	93566
#城乡居民储蓄存款	万元	66925	57872	87320	71257
金融机构贷款余额	万元	41919	32895	31346	37178
全社会固定资产投资	万元	38241	40272	32759	31789
基本建设投资	万元	21897	15988	13345	21515
更新改造投资	万元	1514	2542	3074	2840
房地产开发	万元	769	0	0	0
其他投资	万元	14061	21742	16340	7434

指标名称	单 位	大新县	天等县	宁明县	龙州县
乡村从业人员	人	183500	250500	187200	138800
#农林牧渔业	人	135200	149600	145600	111000
年末实有耕地	公顷	33417	25905	32142	27549
#水田	公顷	15437	13131	13866	11083
农业机械总动力	万千瓦	21.9	16.2	16.0	10.9
化肥施用折纯量	吨	20936	12049	23068	18068
农村用电量	万千瓦时	2435	1090	1100	2610
有效灌溉面积	公顷	16290	10420	14470	8080
农作物总播种面积	公顷	57954	52758	55584	52443
#粮食作物	公顷	35001	38794	23964	21658
粮食产量	吨	99240	125698	101268	73602
油料产量	吨	900	1151	3934	2946
糖料产量	吨	933854	188659	1354686	1443745
水果产量	吨	24587	7612	25848	44577
肉类产量	吨	21912	19207	22625	13285
奶类产量	吨	0	0	0	200
蔬菜产量	吨	29267	58254	62902	44329
水产品产量	吨	6915	1982	6265	10131
全部工业总产值（当年价）	万元	84592	21824	64788	61261
全部工业总产值指数	上年=100	126.4	110.3	126.8	0
规模以上工业企业数	个	23	16	13	10
#内资企业	个	23	16	11	10
规模工业企业总产值（当年价）	万元	66863	10358	43241	44260
内资企业	万元	66863	10358	6027	44260
国有	万元	21340	4212	6027	1808
集体	万元	9526	0	0	0
股份合作企业	万元	0	0	0	0
联营企业	万元	0	0	0	0
有限责任公司	万元	27288	6146	0	41816
股份有限公司	万元	0	0	0	0
私营企业	万元	8710	0	0	635
其他企业	万元	0	0	0	0
港澳台投资企业	万元	0	0	0	0
外商投资企业	万元	0	0	37214	0
工业企业增加值	万元	23118	4236	13766	18069
工业企业资产总计	万元	82138	29096	21366	61084
工业企业负债合计	万元	49642	19966	30449	35608
工业企业税金总额	万元	164	966	3110	1645
工业企业产品销售收入	万元	69197	10480	44044	36535

23—1 续表56

指标名称	单位	大新县	天等县	宁明县	龙州县
流动资产年平均余额	万元	41687	7909	23231	22434
固定资产净值年平均余额	万元	36109	15081	35730	27499
利润总额	万元	2641	-87	5523	3923
规模以下工业：企业数	个	676	3134	1071	849
工业总产值	万元	17729	11466	21548	17001
境内公路里程	公里	725	512	850	709
境内铁路里程	公里	0	0	51	0
民用汽车拥有量	辆	2451	529	1767	1887
载客汽车	辆	695	206	692	166
私人汽车	辆	1756	411	839	1580
邮电业务总量	万元	3085	3412	1822	2314
本地电话用户	户	19063	17437	23439	20322
#农话	户	8808	9022	9959	7220
年末移动用户	户	18236	9807	23000	11200
互联网上网用户	户	3003	1933	3296	3742
社会消费品零售总额	万元	23279	33456	63096	52311
贸易业	万元	15549	18283	39136	34581
餐饮业	万元	3843	1675	4173	6462
制造业	万元	851	3436	3938	2032
其他	万元	3036	10062	15849	9236
城镇在岗职工年平均人数	人	14855	11189	16518	19097
在岗职工工资总额	万元	13229	9088	14783	14998
农民人均纯收入	元	1776	1731	1822	1741
农民人均住房面积	平方米	22	28	21	27
社会福利院	个	2	5	6	3
社会福利院床位数	张	69	130	84	91
参加基本养老保险的职工数	人	6585	2800	11511	4422
参加基本医疗保险的职工数	人	13210	8560	10008	6031
普通中学	所	22	26	25	22
小学	所	152	122	166	112
普通中学专任教师	人	649	945	1134	722
小学专任教师	人	1491	1435	2262	1210
普通中学在校生	人	16628	22419	22431	12722
小学在校生	人	23308	31564	40405	23818
医院卫生院数	所	20	17	19	17
医院卫生院床位数	张	441	440	440	562
卫生技术人员	人	495	484	637	439
#医生	人	209	216	234	172

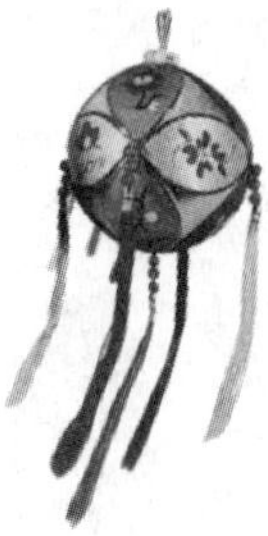

附　录

APPENDIX

附录一　2002年广西国民经济和社会发展统计公报

广西壮族自治区统计局

2003年2月28日

2002年，全区各族人民在自治区党委、自治区人民政府的领导下，认真贯彻落实中央关于进一步扩大内需和加快发展的方针政策以及全区经济工作会议精神，全面实施富民兴桂新跨越战略，积极应对加入世贸组织的新形势，抓住机遇，深化改革，扩大开放，扎实推进西部大开发和经济结构调整，国民经济快速健康发展，主要经济预期目标全面完成，各项社会事业全面进步，经济整体形势好于上年，好于预期，是“九五”以来最好的年份。

一、综合

国民经济快速增长，三次产业全面发展。初步统计，全年实现国内生产总值2455.36亿元，按可比价计算，比上年增长10.5%，增幅比上年提高2.3个百分点，比预期经济增长8%的目标高2.5个百分点，为1996年以来最快增速。其中，第一产业增加值595.68亿元，增长7.3%；第二产业增加值863.96亿元，增长11.3%；第三产业增加值995.72亿元，增长11.9%。三次产业增加值增幅分别比上年提高3.9、3.2和0.1个百分点。人均国内生产总值5099元，比上年增长9.7%。

市场物价总水平略降。全年居民消费价格总水平比上年下降0.9%。其中，城市下降1.1%，农村下降0.7%。八大类商品价格呈“一升一平六降”的格局，其中，娱乐教育文化用品类价格上升1.3%；烟酒及用品类价格持平；食品、衣着、家庭设备用品、交通和通信工具、医疗保健及个人用品、居住类价格比上年均呈不同程度下降。工业品出厂价格比上年下降4.4%，其中轻工业下降9.4%，重工业下降1.6%；原材料、燃料、动力购进价格下降4.4%；房屋销售和土地交易价格分别上涨2.4%和3.2%；房屋租赁价格下降0.3%；固定资产投资价格上涨0.3%（见附表1）。

劳动就业工作得到加强。年末全区就业人员2589万人，比上年增长0.4%，其中城镇就业人员（含农村进城从业人员）640万人。职工收入水平继续提高，城镇单位从业人员平均劳动报酬10484元，比上年增长17.9%，城镇单位在岗职工平均工资10774元，增长18.7%。年末全区国有企业下岗职工人数5.28万人，比上年减少51.7%。全年国有企业下岗职工再就业人数3.48万人。通过各种途径使16.25万城镇失业人员实现了就业。年末城镇登记失业率为3.7%。

财政收入较快增长。全年财政总收入305.34亿元，按同比口径计算，比上年增长12.7%。其中，一般预算收入186.66亿元，增长20%；财政收入占GDP的比重达12.4%，比上年提高0.6个百分点。

国民经济和社会发展中存在的主要问题是：产业、产品总体竞争力不够强，工业效益改善的基础仍较脆弱；农业产业化程度不高，农民增产不增收问题仍较突出；部分低收入群体生活较困难，社会就业和再就业压力仍然较大；重大安全生产事故仍时有发生。

二、农业

农业生产在结构调整中加快发展。2002年，全区各地认真贯彻落实中央提出的“多予、少取、放活”的农村工作方针，紧紧围绕增加农民收入这一中心，进一步调整和优化农业结构，促进了农业生产的较快发展。全年农林牧渔业总产值916亿元，比上年增长7.8%。主要农产品产量除粮食、油料、烤烟因种植面积调减等原因而减产外，其余均保持不同程度的增长，其中粮食产量1549.38万吨，比上年减少3.6%；油料产量55.99万吨，下降2.2%；烤烟1.11万吨，下降38.9%；甘蔗产量4593.38万吨，实际增长7.8%；水果产量455.78万吨，增长12.2%；蔬菜产量1781.53万吨，增长4.2%；茶叶产量1.96万吨，增长3.7%；蚕茧产量7.43万吨，增长32.7%。

农业结构调整继续推进。农业种养结构、品种结构进一步改善。全年粮食作物种植面积5132万亩，比上年调减194万亩；经济作物和其他农作物种植面积4115万亩，比上年增加145万亩，其中，甘蔗种植面积1006万亩，增加144万亩，蔬菜种植面积1452万亩，增加55万亩；粮食和经济作物种植比例由上年的1∶0.75调整为1∶0.80；名优畜牧水产品养殖较快发展。农产品优质品率进一步提高，其中优质水稻面积比重达64.4%，蔬菜、水果良种覆盖率均超过70%。区域特色农业加快发展，农业产业化经营取得新成绩，现代农业示范园区建设取得初步成效。

林业生产持续发展，以退耕还林还草为主的生态建设得到加强。全年完成造林面积17.47万公顷，比上年增长147.4%;完成退耕造林面积5.98万公顷，增长319.3%。

畜牧、水产业生产稳定增长。全年肉类总产量329.67万吨，比上年增长7.4%。其中，猪牛羊肉产量259.54万吨，增长6.1%。水产品产量255.15万吨，比上年增长3%。其中，淡水产品产量88.73万吨，增长5.9%；海水产品产量166.42万吨，增长1.5%。

农业生产条件进一步改善。年末全区农业机械总动力1639.54万千瓦，比上年增长5.6%。全年农村用电量31.2亿千瓦小时，增长1.8%；农田有效灌溉面积151.85万公顷，与上年基本持平。

三、工业和建筑业

工业生产快速增长。全年全部工业增加值699.16亿元，比上年增长10.9%。国有工业企业及年产品销售收入500万元以上的非国有工业企业（简称规模以上工业，下同）增加值366.97亿元，增长12.3%，增幅提高3.6个百分点，创1995年以来最好水平。其中，国有及国有控股企业增加值226.18亿元，增长10.2%。分所有制看，国有企业增加值133.43亿元，增长5.6%；集体企业24.76亿元，下降14.7%；股份制企业135.35亿元，增长19.2%；外商及港澳台投资企业56.9亿元，增长36.1%；其他经济类型企业9.56亿元，下降2%。分轻重工业看，轻工业增加值150.14亿元，增长19.8%；重工业增加值216.83亿元，增长7.5%。全年规模以上工业产品销售率为97.9%，比上年提高0.8个百分点。工业新产品产值170.81亿元，增长44%。

工业结构调整取得积极成效。制糖、汽车、烟草、建材等传统优势行业改造升级步伐加快，水电、铝矿等优势资源开发力度加大，平果铝业、柳州五菱等大型骨干企业实现资产重组，优势产业对工业增长的推动作用进一步增强。继续关闭一批五小企业，新的工业园区建设积极推进。主要工业产品产量增多降少。其中机制糖增长77.5%，卷烟增长8.6%，钢材增长43.1%，水泥增长12.2%，汽车增长21.2%，集成电路增长 47.3%，十种有色金属下降 16.1%（详见附表 2）。

工业整体经济效益好于上年。全年规模以上工业经济效益综合指数 104.1，比上年提高 0.7 个点；产品销售收入 1152.72 亿元，增长 12.9%；规模以上工业企业在主要工业产品市场价格较大幅度下跌的情况下仍保持较高盈利水平，盈亏相抵后仍实现利润 35.63 亿元。

建筑业生产较快增长，效益明显提高。全社会建筑业完成增加值 164.80 亿元，比上年增长 13.1%。全区资质等级在四级及四级以上的建筑企业实现利润总额 2.64 亿元，比上年增长 17.3%；上缴税金 7.12 亿元，增长 13.2%。全年施工单位工程 23849 个，其中，投标承包工程 9267 个，分别比上年增长 25%和 20%；施工房屋建筑面积 2845.7 万平方米，增长 15.4%；房屋竣工面积 1277 万平方米，增长 11%。

四、固定资产投资

固定资产投资规模实现新突破。继续抓住实施西部大开发机遇，进一步加强投资和项目工作，积极培育多元投资主体，多渠道筹集建设基金，千方百计扩大投入，全社会固定资产投资首次突破 800 亿元大关，达 835 亿元，比上年增长 14.2%。其中，国有及其他经济类型投资 561.93 亿元，增长 18.3%；城乡集体投资 55.39 亿元，增长 4%；城乡居民个人投资 207.92 亿元，增长 7.2%。在国有及其他经济类型投资中，基本建设投资 372.41 亿元，增长 14.8%；更新改造投资 105.51 亿元，增长 21.8%；房地产开发投资 74.43 亿元，增长 33.9%；其他完成投资 9.57 亿元，增长 9.9%。

投资结构继续改善。分行业看，第二产业投资明显增强，完成投资 179.44 亿元，增长 46.5%，其中原材料工业投资 33.64 亿元，增长 43.9%；机械电子工业投资 12.82 亿元，增长 114%；轻纺工业投资 34.57 亿元，增长 63.8%。第三产业投资 374.54 亿元，增长 12.1%，其中房地产公用服务咨询业投资 146.43 亿元，增长 26%；运输邮电通信业投资 128.99 亿元，下降 4.8%。第一产业由于现代农业示范园区工程建设已基本完工，投入力度减弱，仅完成投资 7.94 亿元，比上年明显下降。

重大项目建设进展顺利。全年重点项目完成投资 165 亿元，增长 26.9%。开工建设了南宁至友谊关高等级公路、百色至罗村口高速公路以及平班水电站、上汽通用五菱汽车技改等 17 个自治区重点项目；全部或部分投产了南宁快速环道、广西边境公路、南宁市社会应急联动系统、区人民医院综合门诊楼、广西城乡电网建设与改造等 16 项自治区重点工程。龙滩水电站、百色水利枢纽、平果铝氧化铝二期以及南宁国际会展中心（一期工程）等续建项目工程进度达到或超过预期目标。全年国债项目完成投资 140.48 亿元，比上年增长 56.5%。总投资达 20 多亿元，共 18400 多个边境建设大会战项目全部建成投入使用。

基本建设和更新改造投资新增主要生产能力有：发电机组容量 8.1 万千瓦；11 万伏及以上变电设备能力 306.4 万千伏安；新建铁路主线、正线交付运营里程 38.5 公里；新建公路 2429 公里；新增局用交换机容量 49.1 万门。

五、国内贸易

市场销售稳中趋升，新的消费热点逐步形成。全年实现社会消费品零售总额首次突破千亿元大关，达 1025.54 亿元，比上年增长 9.6%，增幅提高 0.7 个百分点。分城乡看，全年城市消费品零售额 512.49 亿元，增长 10.7%；农村(县及县以下)消费品零售额 513.05 亿元，增长 8.5%。分行业看，批发零售贸易业零售额

688.01 亿元，增长 9.4%；餐饮业零售额 127.64 亿元，增长 13.2%；制造业零售额 53.45 亿元，增长 13.6%；其他行业零售额 156.44 亿元，增长 6.2%。分商品看，汽车、通讯器材、建筑及装璜材料、化妆品、文化办公用品等销售大幅增长，增幅分别达 90.2%、66.7%、76.8%、28.5%、37%，明显高于其他消费品的增长水平，成为市场消费热点。

贸易企业经济效益明显改善。1-11 月，全区限额以上批发零售贸易企业商品销售收入净额 295.34 亿元，比上年增长 3.4%，其中批发业增长 1.2%，零售业增长 10.4%；商品销售利润 16.14 亿元，增长 32.7%；毛利率 10.6%，同比提高 1.8 个百分点；费用率 10.1%，同比提高 0.8 个百分点；实现利润总额 2.4 亿元，增长 3.4 倍，其中国有及国有控股贸易企业扭亏为盈，利润总额由上年同期亏损 0.21 亿元扭转为盈利 1.18 亿元；批发业实现利润总额 3.86 亿元，增长 1.9 倍。

六、对外经济

对外贸易形势明显转好。抓住加入 WTO 和世界经济有所好转的有利时机，认真落实鼓励和扶持外贸出口的各项政策措施，实施“多元化”出口战略，着力调整出口商品结构，开辟新的出口市场，全区外贸出口摆脱了自 2001 年初以来下降的局面，实现较大幅度增长。全年进出口总额 24.3 亿美元，比上年增长 35.2%。其中，进口 9.23 亿美元，增长 64.2%；出口 15.08 亿美元，增长 22%。从出口企业看，各性质企业出口全面增长，其中，国有企业出口 9.31 亿美元，增长 7.5%；外商投资企业出口 3.07 亿美元，增长 26%；集体企业出口 1.62 亿美元，增长 39%。从出口方式看，一般贸易出口 10.56 亿美元，加工贸易出口 2.46 亿美元，分别增长 6.6%和 31%。从出口产品看，机电产品出口 2.94 亿美元，增长 30.8%；高技术产品出口 0.22 亿美元，增长 71.2%。从出口市场看，除欧盟外，对其他主要国家和地区的出口全面增长。其中，对美国出口 1.57 亿美元，对日本出口 1.21 亿美元，对东南亚国家联盟出口 4.42 亿美元，对香港地区出口 2.57 亿美元，分别比上年增长 4.4%、4.9%、70.7%、41.3%；对拉丁美洲出口 0.35 亿美元，对非洲出口 0.4 亿美元，分别增长 15.5%和 6.5%；对欧盟出口 2.38 亿美元，下降 14.7%。在进口中，机电产品进口 2.43 亿美元，增长 54%；高新技术产品进口 0.58 亿美元，下降 0.3%。

边境贸易大幅增长。全年实现边境贸易进出口总额 47.26 亿元，比上年增长 19.6%。

实际利用外资呈恢复性较快增长。全年新签利用外资项目 282 项，合同外资额 9.69 亿美元，增长 30.1%；新批外商直接投资项目 279 项，外商投资项目合同外资额 7.38 亿美元，增长 25.6%。全年实际利用外资 6.85 亿美元，增长 18.9%，其中，外商直接投资 4.85 亿美元，增长 26.2%。

对外承包工程和劳务合作取得新成绩。全年新签对外承包工程和劳务合作合同金额 2599 万美元，比上年增长 74.7%；对外承包工程和劳务合作完成营业额 1796 万美元，增长 6.9%。

七、交通、邮电和旅游业

交通运输业保持稳定发展。全年交通运输和邮电通讯业增加值 225.81 亿元，比上年增长 10.6%。各种运输方式完成货物周转量 860.73 亿吨公里，比上年增长 7.7%。其中，铁路 540.91 亿吨公里，增长 7.3%；公路 218.51 亿吨公里，增长 3%；水运 101.31 亿吨公里，增长 21.8%。完成货运量 3.34 亿吨，比上年增长 4%，其中铁路 0.66 亿吨，增长 5.1%；公路 2.43 亿吨，增长 2.4%。完成旅客周转量 502.5 亿人公里，比上年增长 2.2%。其中，铁路 117.1 亿人公里，增长 0.2%；公路 382.7 亿人公里，增长 2.9%；水运 2.7 亿人公里，增长 2.6%。完成客运量 4.59 亿人，比上年增长 3.2%。其中铁路 0.22 亿人，下降 5.5%，公路 4.25 亿人，增长 3.5%；水运 0.09 亿人，增长 12.6%；民航 0.04 亿人，增长 10.2%。全区港口货物吞吐量 3730 万吨，比上年增长 20.7%，其中，外贸货物吞吐量 1249 万吨，增长 14.7%。

邮电通讯业发展势头良好。全年完成邮电业务总量（按 2000 年不变价计算）123.9 亿元，比上年增长 19.5%。其中电信业务总量 114.6 亿元，增长 39.2%；邮政业务总量 9.4 亿元，增长 4.9%。年末局用交换机总容量达到 661 万门，比上年增长 17.2%；固定电话用户达 517.2 万户，比上年增长 24.6%，其中，城市电话用户 357.2 万户，增长 23.3%；乡村电话用户 160.1 万户，增长 28.2%。年末住宅电话用户 410.5 万户，增长 51.5%。电话普及率达到 19.4 部/百人，比上年增加 5 部/百人。年末移动电话用户达 414.3 万户，增长 52.9%，其中，本年新增 135.6 万户。年末计算机互联网用户达 98 万户，比上年增长 46.5%。

旅游业较快发展。全年全区接待国内旅游人数 4886.92 万人次，比上年增长 11%；接待外国及港澳台过夜旅游人数 130.22 万人次，比上年增长 4.6%。其中，外国人 63.74 万人次，增长 17%；港澳台同胞 66.37 万人次，下降 5.1%。全年国内旅游收入 201.11 亿元，比上年增长 13.9%;国际旅游外汇收入 2.64 亿美元，增长 6.1%。全年出境人数 20.08 万次，增长 19.7%，其中因私出境 18.06 万人次，增长 16.7%。

八、金融、证券和保险业

金融运行保持稳定。年末，全区金融机构各项存款余额 2784.15 亿元，比年初增加 293.26 亿元，增长 11.8%。其中，企业存款余额 679.79 亿元，增长 7.7%；城乡居民储蓄存款余额 1736.6 亿元，增长 12.9%。金融机构各项贷款余额 1941.07 亿元，比年初增加 215.57 亿元，增长 12.5%。其中，短期贷款 1006.08 亿元，增长 7.7%；中长期贷款 803.94 亿元，增长 17.3%；个人消费贷款 162 亿元，增长 55.4%。

证券业继续发展。年末全区 A 股上市公司已达 19 家。上市公司股票市价总值达 382.97 亿元。全年通过发行、配售股票共筹集资金 5.85 亿元。

快速发展。全年保费收入 48.17 亿元，比上年增长 37.4%。其中，财产险保费收入 14.75 亿元，增长 10.8%；寿险保费收入 29.74 亿元，增长 60.8%；健康险和意外伤害险保费收入 3.68 亿元，增长 13.6%。全年赔付额 12.04 亿元，比上年下降 17.9%。其中，财产险赔付 6.66 亿元，增长 5.7%；寿险赔付 3.81 亿元，下降 45.2%；健康险和意外伤害险赔付 1.57 亿元，增长 10.6%。

九、科学技术和教育

科技事业不断发展，科学研究与技术开发取得新成果。科技队伍基本保持稳定。年末全区国有企事业单位共有各类专业技术人员 78.13 万人;科研院所从事研究与试验发展活动人员 0.21 万人，其中科学家和工程师 0.17 万人，研究与试验发展经费支出 0.71 亿元。科学研究与技术开发成果显著。全年共组织实施创新计划项目 1430 项；取得重大科技成果 291 项，其中应用技术成果 266 项，软科学成果 23 项；专利申请量 1925 件，授权专利 1054 件。共签订各类技术合同 905 项，合同成交金额 4.44 亿元。

高新技术产业发展加快。到年末，全区高新技术企业已发展到 392 家，比上年增加 61 家。桂林、南宁、柳州、北海四个高新技术开发区技工贸总收入 252.4 亿元，利税 21.58 亿元，工业总产值 216.74 亿元，高新技术产品产值131.16亿元，同比分别增长23%、19%、26％和27％。

教育事业稳步向前发展。年末全区共有普通高等院校36所，比上年增加6所；招生6.85万人，在校生18.63万人，分别比上年增长17.2%和22.9%。研究生培养单位9个，招收研究生0.18万人，比上年增长13.5%；在校(学)研究生0.40万人，增长31.5%。成人高校10所，招生7.03万人，增长17.6%；在校生17.33万人，增长29.7%。中等职业技术教育学校514所，招生14.58万人，比上年增长26.3%；在校生37.23万人，增长6.6%。普通高中516所，招生20.6万人，比上年增长20.3%;在校生51.58万人，增长18.3%。初中2375所，招生90.01万人，在校生249.62万人。普通小学16070所，招生80.15万人，在校生510.04万人。小学学龄儿童入学率达98.5%。特殊教育学校招生0.24万人，在校生1.46万人。幼儿园在园幼儿79.74万人。

十、文化、卫生和体育

文化事业继续推进。实施文化精品战略取得丰硕成果，一批作品获国家级奖项。文化基础设施得到改善，文化活动健康活跃。至年末，全区有各种艺术表演团体117个，公共图书馆96个（不含乡镇部分），群众艺术馆、文化馆100个，博物馆42个，档案馆105个，已开放各类档案40.2万卷（件）。全年报纸出版6.8亿份，各类杂志出版0.55亿册，图书出版2.62亿册（张）。全区共有电视台15座，广播电台12座，中短波广播发射台和转播台25座，电视、广播人口覆盖率分别达91.5%和86.7%。

卫生保健工作得到加强。积极推进城镇医药卫生体制改革，不断加强农村卫生工作，逐步建立卫生监督和疾病预防控制体系，卫生服务的供给能力进一步增强；县、乡、村三级医疗预防保健网进一步健全，农村缺医少药的局面得到进一步改善，村设医疗点的覆盖率达98%；常规孕产妇保健覆盖率扩大，计划免疫接种率保持较高水平；城市社区卫生服务网络初具规模，卫生监督执法力度加大，食品卫生、化妆品、公共场所等卫生监督合格率稳中有升。

体育事业取得新成绩。在国际重大比赛上，我区体育健儿共获得世界冠军5个。1人1次1项创亚洲纪录。在国内重大比赛中，获金牌50枚，银牌87枚，铜牌81枚。体育基础设施持续改善，全民健身活动蓬勃开展。

十一、城市建设和环境保护

城市基础设施建设继续加强，城市面貌进一步改善。全年城市(县城以上)基础设施完成投资44.93亿元，比上年增长15%。自来水供水综合生产能力650万立方米/日，增长4.2%；污水处理能力430万立方米/日，增长8.5%;污水处理率和垃圾处理率分别为38%和69%。城市燃气普及率达58.4%，比上年提高8.3个百分点；城市道路长度为4300公里，增长8.8%。公共交通运营车辆3350辆，增长8.2%。新建了一批绿地广场和游园绿地，城市公共绿地面积3964公顷，增长8%，人均公共绿地面积4.5平方米，增长6.3%。

环境保护工作力度加大。全年完成环境污染限期治理项目315个，总投资0.42亿元。城市环境综合治理取得新成绩。到年末全区建成城市烟尘控制区68个，比上年增加6个，面积达850.7平方公里，增长21.8%；建成城市噪声达标区53个，面积达371.5平方公里。近岸海域海水水质基本稳定。在监测点中，达到一类、二类、三类和四类海水水质标准比例分别为40.7%、25.9%、7.4%和14.8%；劣四类海水水质比例为11.1%。

生态保护得到加强。全区建成各类自然保护区 66 个，其中，国家级 9 个；自然保护区面积 158.6 万公顷。生态示范区建设单位 7 个。

十二、人口、人民生活和社会保障

人口保持低速增长。2002 年全区出生人口 64 万人，人口出生率为 13.3‰；死亡人口 30 万人，死亡率为 6.3‰；全年净增人口 34 万人，人口自然增长率为 7‰，比上年下降 0.7 个千分点。年末全区总人口 4822 万人，增长 0.7%。其中，城镇人口 1365 万人，占总人口 28.3%；乡村人口 3457 万人，占总人口 71.7%。在总人口中，男性人口 2521 万人，占 52.3%；女性人口 2301 万人，占 47.7%。0—14 岁人口 1204 万人，占总人口 24.9%；15—64 岁人口 3258 万人，占 67.6%；65 岁及以上人口 360 万人，占 7.5%。

城乡居民收入稳定增加，生活质量继续提高。全年城镇居民人均可支配收入达 7315 元，比上年增长 9.7%，考虑价格因素，实际增长 10.7%；人均消费性支出 5413 元，增长 3.6%。农民人均纯收入 2013 元，增长 3.5%，考虑价格因素，实际增长 6.6%；人均生活消费性支出 1686 元，增长 8.7%。城镇居民和农村居民的恩格尔系数分别为 40.7%和 51.9%。

居住条件不断改善。全年城镇竣工住宅面积 2476.45 万平方米，比上年增长 7.4%；农村竣工住宅面积 3005.01 万平方米，增长 12.3%。城镇居民人均居住面积 21 平方米，比上年增加 1.5 平方米；农村居民人均居住面积 24.9 平方米，增加 0.8 平方米。

社会保障和福利事业进一步发展。年末全区参加失业保险职工人数 215.53 万人，与上年基本持平；领取失业保险金人数 10.22 万人，比上年增长 66.2%。参加城镇基本养老保险职工人数 193.68 万人，增长 1.8%；参加基本养老保险的离退休人员人数 63.48 万人，增长 8.1%；参加城镇基本医疗保险人数 201 万人，增长 21.8%。基本养老金社会化发放率为 98.1%。全区有 62.3 万人享受城镇最低生活保障。至年末，全区各类福利院床位 2.31 万张，比上年末增长 28.3%；福利院收养人数 1.5 万人，增长 40%。全年筹集社会福利资金 3.1 亿元，比上年增长 76.1%。接受社会捐赠 0.14 亿元。

注：1. 本公报为初步统计数；

2. 公报中国内生产总值、各产业增加值和总产值绝对数按当年价格计算，增长速度按可比价格计算。

附表 1:

2002 年市场价格变动情况

类　别	指数（上年=100）
全区居民消费价格指数	99.1
城市	98.9
农村	99.3
食品	99.9
粮食	100.1
肉禽及其制品	100.1
油脂类	98.6
蛋类	107.5
水产品类	98.6
鲜菜	96.3
在外用餐	99.9
烟酒及用品	100
衣着	95.7
家庭设备及用品	96.6
医疗保健	98.7
交通和通讯工具	96.3
娱乐教育文化用品	101.3
居住	99.1
农业生产资料价格指数	98.2
工业品出厂价格指数	95.6
原材料、燃料、动力购进价格指数	95.6
房屋销售价格指数	102.4
土地交易价格指数	103.2
房屋租赁价格指数	99.7
固定资产投资价格指数	100.3

附表 2：　　**2002 年工业主要产品产量**

产品名称	计量单位	绝对数	比上年增减%
机制糖	万 吨	480.03	77.5
发酵酒精	万 吨	16.05	9.8
卷烟	万 箱	88.90	8.6
机制纸及纸板	万 吨	86.71	4.6
原煤	万 吨	436.75	-28.8
发电量	亿千瓦小时	317.03	6.7
钢	万 吨	165.32	34.5
钢材	万 吨	184.13	43.1
铁合金	万 吨	58.52	18.5
十种有色金属	万 吨	61.03	-14.7
氧化铝	万 吨	43.92	-0.1
水泥	万 吨	2401.18	12.2
平板玻璃	万重量箱	172.76	-8.6
纯碱	万 吨	3.21	20.7
化肥（折纯 100%）	万 吨	71.84	-2.6
化学农药	万 吨	1.19	26.6
发电设备	万千瓦	8.79	26.8
汽车	万 辆	17.23	21.2
小型拖拉机	万 台	9.84	-5.0
集成电路	万 块	32.32	47.3
内燃机	万千瓦	2450.73	74.1

附录二　广西第二次基本单位普查主要指标

附录2—1　广西法人单位及从业人员（2001年）

指标	法人单位数（个）	#企业法人（个）	从业人员数（人）	#企业法人（人）
全区合计	123298	47400	4200675	2702077
按登记注册类型分				
国有经济	64440	11477	2496342	1185854
集体经济	19053	16642	696931	659419
私营经济	15753	13356	366461	346082
联营经济	177	126	9793	8934
股份经济	1158	1148	154043	153515
外商投资	344	338	47702	44573
港澳投资	891	889	89907	89869
其他	21482	3242	342496	213831
按隶属关系分				
中央	1946	1532	265592	235352
自治区	3218	1574	446968	313700
市、地区	13160	7623	963045	718029
县	33086	10854	1101509	604636
街道	1358	831	12230	9265
镇	26023	4247	553540	205678
乡	13587	1702	187122	37263
居委会	644	380	7940	4787
村委会	8046	545	66739	17650
其他	22230	18112	595990	555717
按三次产业分				
第一产业	1337	899	154047	129932
第二产业	19244	19244	1665175	1665175
第三产业	102717	27257	2381453	906970
按国民经济行业分				
农、林、牧、渔业	8081	1146	203474	133208
采掘业	1165	1165	107319	107319
制造业	15105	15105	1167008	1167008
电力、煤气及水的生产和供应业	1069	1069	91278	91278
建筑业	1905	1905	299570	299570
地质勘查业、水利管理业	1482	114	29360	7005
交通运输、仓储及邮电通信业	2787	1870	230877	200572
批发和零售贸易、餐饮业	15746	15741	370687	370567
金融、保险业	2085	1988	93736	93210
房地产业	2417	1616	51292	43326
社会服务业	7132	4399	200151	138980
卫生、体育和社会福利业	6338	101	169667	3712
教育、文化艺术及广播电影电视业	21766	270	615641	9972
科学研究和综合技术服务业	1867	566	45491	13188
国家机关、政党机关和社会团体	31554	0	466175	0
其他行业	2796	345	58949	23162

附录2—2　各种分组的法人单位、产业活动单位及从业人数（2001年）

指　标	法人单位					产业活动单位			
	单位数（个）	单产业法人	多产业法人	从业人数（人）	#女性	单位数（个）	多产业法人所属的产业活动单位	从业人数（人）	#女性
全区合计	**123298**	**107874**	**15424**	**4200675**	**1610188**	**189458**	**81584**	**4272838**	**1639264**
按单位类别分									
企业法人	47400	39766	7634	2702077	1030218	85480	45714	2741776	1049174
事业法人	40316	36914	3402	984954	441377	52668	15754	996171	445078
机关法人	12254	10769	1485	312970	76450	22756	11987	318953	78190
社团法人	3324	3201	123	59720	20273	3739	538	59828	20323
居委会	1245	1046	199	7425	4241	2126	1080	7639	4334
村委会	14731	12203	2528	86060	13558	17567	5364	87236	13886
民办非企业	4004	3953	51	45800	23895	4109	156	45910	23924
其他类未包括法人	24	22	2	1669	176	1013	991	15325	4355
按隶属关系分									
中央	1946	1104	842	265592	88540	9025	7921	264265	90025
自治区	3218	2403	815	446968	159628	8356	5953	461457	164264
市、地区	13160	10832	2328	963045	388023	22824	11992	976293	394393
县	33086	28655	4431	1101509	417480	57209	28554	1119621	424886
街道	1358	1196	162	12230	5947	1862	666	12690	6129
镇	26023	23540	2483	553540	221342	34430	10890	558740	223180
乡	13587	12265	1322	187122	59926	18549	6284	190289	60898
居委会	644	532	112	7940	4024	1296	764	8021	4061
村委会	8046	6579	1467	66739	19293	9753	3174	67621	19561
其他	22230	20768	1462	595990	245985	26154	5386	613841	251867
按国民经济行业分									
农、林、牧、渔业	8081	7250	831	203474	76714	11184	3934	204851	75452
采掘业	1165	1092	73	107319	25604	1356	264	95301	21320
制造业	15105	13912	1193	1167008	486386	17831	3919	1175180	487026
电力、煤气及水的生产和供应业	1069	916	153	91278	30491	2364	1448	95285	31088
建筑业	1905	1683	222	299570	55775	2470	787	296511	51936
地质勘查业、水利管理业	1482	1355	127	29360	6639	1890	535	28381	6099
交通运输、仓储及邮电通信业	2787	2224	563	230877	65042	7239	5015	226964	63495
批发和零售贸易、餐饮业	15749	12133	3616	370687	171375	39371	27238	395477	184476
金融、保险业	2085	1261	824	93736	42242	6845	5584	97466	44364
房地产业	2417	2225	192	51292	18870	3031	806	55592	20202
社会服务业	7132	6530	602	200151	97741	11375	4845	218642	107686
卫生、体育和社会福利业	6338	5827	511	169667	99986	11403	5576	180589	105271
教育、文化艺术及广播电影电视业	21766	20068	1698	615641	283829	28734	8666	630925	291411
科学研究和综合技术服务业	1867	1714	153	45491	15440	2180	466	44580	15020
国家机关、政党机关和社会团体	31554	27219	4335	466175	114522	38373	11154	439658	105180
其他行业	2796	2465	331	58949	19532	3812	1347	87456	29238

附录2—3　按登记注册类型划分的法人单位、产业活动单位及从业人员（2001年）

指标	法人单位					产业活动单位			
	单位数（个）	单产业法人	多产业法人	从业人数（人）	#女性	单位数（个）	多产业法人所属的产业活动单位	从业人数（人）	#女性
全区合计	**123298**	**107874**	**15424**	**4200675**	**1610188**	**189458**	**81584**	**4272838**	**1639264**
国有	64005	56101	7904	2413834	929131	100880	44779	2456824	944739
集体	17432	14631	2801	634394	235318	37658	23027	669073	249726
股份合作	1429	1275	154	57270	22519	1969	694	59789	23688
国有联营	86	77	9	6158	1759	200	123	6191	1831
集体联营	192	182	10	5267	1559	262	80	5977	1741
国有与集体联营	54	49	5	6465	2686	236	187	3514	1370
其他联营	123	121	2	3328	1355	168	47	3636	1487
国有独资公司	349	264	85	76350	25364	656	392	62056	20692
其他有限责任公司	3198	2753	445	208329	79929	4461	1708	209117	80028
股份有限公司	1158	898	260	154043	61750	2557	1659	154118	61687
私营独资	7379	7224	155	147034	61769	8764	1540	152164	64074
私营合伙	2378	2316	62	52806	21051	2654	338	54832	21999
私营有限责任公司	5306	4743	563	140191	56774	6358	1615	142361	57789
私营股份有限公司	690	622	68	26430	10549	793	171	25817	10321
其他内资	18284	15503	2781	134167	33489	20313	4810	131158	32287
与港澳台商合资经营	451	405	46	55050	27239	521	116	55160	27384
与港澳台商合作经营	101	90	11	6432	3095	113	23	5751	2961
港澳台商独资	283	265	18	25948	14312	324	59	26025	14411
港澳台商投资股份有限公司	56	52	4	2477	1445	76	24	2931	1540
中外合资经营	185	164	21	26626	12051	254	90	27042	12126
中外合作经营	54	49	5	4360	1626	73	24	5275	1852
外资企业	76	66	10	6458	3561	119	53	6415	3534
外商投资股份有限公司	29	24	5	7258	1857	49	25	7612	1997

附录2—4　分地市按单位类别划分的法人单位及从业人员（2001年）

	企业法人		事业法人		机关法人		社会团体法人		其他法人	
	单位数（个）	从业人员（人）	单位数（个）	从业人员（人）	单位数（个）	从业人员（人）	单位数（个）	从业人员（人）	单位数（个）	从业人员（人）
全区合计	**47400**	**2702077**	**40316**	**984954**	**12254**	**312970**	**3324**	**59720**	**20004**	**140954**
南宁市	7820	438273	2713	124425	841	34416	626	17548	1294	14046
柳州市	5793	440492	1465	62167	669	22183	292	5232	976	8929
桂林市	8304	352427	4116	111048	1458	44509	577	15090	2158	14253
梧州市	3052	169280	2504	53228	763	16685	219	2577	1166	6589
北海市	1974	105435	1146	37341	396	10792	166	2629	577	9708
防城港市	1032	53065	971	18318	378	7928	80	598	362	2407
钦州市	1860	110878	1247	48253	618	18878	112	2165	1147	10736
贵港市	1810	127371	3124	68374	594	14815	88	879	1441	8835
玉林市	3918	266071	4253	108384	782	22672	175	1472	2516	15617
南宁地区	3462	172867	5244	104245	1409	33037	217	3202	2182	15164
柳州地区	2141	118123	3880	70382	1013	21625	191	2883	1675	10492
贺州地区	972	62971	1839	37574	504	12188	79	1045	807	4372
百色地区	2642	129669	3070	67375	1391	27437	209	1689	1959	10312
河池地区	2620	155155	4744	73840	1438	25805	293	2711	1744	9494

附录2—5　分地市工业企业法人单位及从业人员（2001年）

	工业企业法人单位数（个）	特大型	大型	中型	小型	从业人数（人）	特大型	大型	中型	小型
全区合计	**17339**	**5**	**212**	**678**	**16444**	**1365605**	**23827**	**259505**	**241536**	**840737**
南宁市	2024	2	38	86	1898	159165	7593	37355	28892	85325
柳州市	2024	1	49	68	1906	220641	7951	85153	28162	99375
桂林市	3425	0	43	105	3277	187191	0	39622	32561	115008
梧州市	1139	0	13	62	1064	94912	0	9458	20571	64883
北海市	684	0	8	58	618	49229	0	3279	14116	31834
防城港市	236	0	4	13	219	14105	0	1538	3543	9024
钦州市	747	0	1	38	708	52471	0	430	7496	44545
贵港市	813	0	5	38	770	56598	0	8010	9326	39262
玉林市	1892	0	8	73	1811	158703	0	7595	29344	121764
南宁地区	1377	0	8	44	1325	94169	0	11256	19001	63912
柳州地区	850	0	13	36	801	71667	0	20542	12884	38241
贺州地区	400	0	2	11	387	37979	0	5215	6487	26277
百色地区	803	1	10	24	768	74500	7834	12413	13550	40701
河池地区	925	1	10	22	892	94275	447	17639	15603	60586

附录2—6　分地市的法人单位、产业活动单位及从业人数（2001年）

	法人单位				产业活动单位		
	单位数（个）	单产业法人	多产业法人	从业人数（人）	单位数（个）	多产业法人所属的产业活动单位	从业人数（人）
全区合计	**123298**	**107874**	**15424**	**4200675**	**189458**	**81584**	**4272838**
南宁市	13294	11656	1638	628708	19009	7353	647659
柳州市	9195	7519	1676	539003	15286	7767	500044
桂林市	16613	14011	2602	537327	27377	13366	548873
梧州市	7704	6928	776	248359	10772	3844	257341
北海市	4259	3969	290	165905	5746	1777	171778
防城港市	2823	2488	335	82316	4173	1685	86983
钦州市	4984	4424	560	190910	8602	4178	193501
贵港市	7057	6549	508	220274	10313	3764	222779
玉林市	11644	10611	1033	414216	18013	7402	428849
南宁地区	12514	10853	1661	328515	19080	8227	335995
柳州地区	8900	7915	985	223505	13407	5492	230693
贺州地区	4201	3854	347	118150	5851	1997	118982
百色地区	9271	8126	1145	236482	15590	7464	246468
河池地区	10839	8971	1868	267005	16239	7268	282893

附录2—7　分地市企业法人单位资本构成（2001年）

	合计（千元）	国家资本	集体资本	法人资本	个人资本	港澳台资本	外商资本
全区合计	**199366932**	**111845057**	**18245724**	**33360033**	**16084818**	**10768268**	**9063032**
南宁市	57555350	28777444	2579306	14005088	3836943	4985669	3370900
柳州市	44362087	34161354	1923567	4238584	2867809	594585	576188
桂林市	19891076	8335223	2364349	3944655	2234378	2022138	990333
梧州市	8444499	3773293	962772	1567191	1099027	941113	101103
北海市	10066349	4673440	1193176	2455745	779141	682254	282593
防城港市	4141349	2671446	566204	285511	205240	64943	348005
钦州市	4907665	2749165	899765	464568	453693	197185	143289
贵港市	4673039	2102421	1221313	719845	557416	53664	18380
玉林市	10339744	3814023	2573121	1580698	1250079	545779	576044
南宁地区	8681589	5091735	1104037	765704	795248	324101	600764
柳州地区	7514672	3921325	659247	861479	359982	34055	1678584
贺州地区	2677061	1014967	304410	1028140	162792	110172	56580
百色地区	8736948	6783174	730402	722631	450320	47097	3324
河池地区	7375504	3976047	1164055	720194	1032750	165513	316945

附录2—8　分地市按三次产业划分的全部法人单位和从业人员（2001年）

	单位数（个）	第一产业	第二产业	第三产业	从业人数（人）	第一产业	第二产业	第三产业
全区合计	**123298**	**1337**	**19244**	**102717**	**4200675**	**154047**	**1665175**	**2381453**
南宁市	13294	132	2386	10776	628708	35122	229317	364269
柳州市	9195	45	2209	6941	539003	9332	270331	259340
桂林市	16613	164	3726	12723	537327	7018	217068	313241
梧州市	7704	96	1346	6262	248359	1544	112617	134198
北海市	4259	89	760	3410	165905	10581	55743	99581
防城港市	2823	70	298	2455	82316	8090	21454	52772
钦州市	4984	79	845	4060	190910	12169	69537	109204
贵港市	7057	51	889	6117	220274	5239	81269	133766
玉林市	11644	120	2001	9523	414216	9253	187521	217442
南宁地区	12514	118	1466	10930	328515	23201	104027	201287
柳州地区	8900	95	922	7883	223505	14010	77727	131768
贺州地区	4201	48	448	3705	118150	3900	43900	70350
百色地区	9271	132	912	8227	236482	8354	83951	144177
河池地区	10839	98	1036	9705	267005	6234	110713	150058

附录2—9　按地市三次产业划分的个体工商户（2001年）

	总计		第一产业		第二产业		第三产业	
	户数（户）	人数（人）	户数（户）	人数（人）	户数（户）	人数（人）	户数（户）	人数（人）
全区合计	**1163437**	**1818827**	**3484**	**7225**	**166057**	**396324**	**993896**	**1415278**
南宁市	119264	198252	214	597	12516	26034	106534	171621
柳州市	115157	192406	281	370	12455	28304	102421	163732
桂林市	120269	165566	115	256	14505	27872	105649	137438
梧州市	48637	103469	28	97	8772	36624	39837	66748
北海市	34008	59808	73	292	2974	7573	30961	51943
防城港市	27215	36008	1244	2234	1961	3559	24010	30215
钦州市	67700	114102	327	684	12648	33340	54725	80078
贵港市	54303	80974	27	55	6346	13067	47930	67852
玉林市	107935	188257	342	882	16815	54483	90778	132892
南宁地区	169182	242254	484	895	22905	51965	145793	189394
柳州地区	91221	132185	134	235	18519	39778	72568	92172
贺州地区	41057	65019	63	169	8070	17067	32924	47783
百色地区	80520	113469	91	321	16658	32735	63771	80413
河池地区	86969	127058	61	138	10913	23923	75995	102997

主要统计指标解释

法人单位 是指具备以下条件的单位：

1、依法成立，有自己的名称、组织机构和场所，能够独立承担民事责任；

2、独立拥有和使用（或授权使用）资产，承担负债，有权与其他单位签订合同；

3、会计上独立核算，能够编制资产负债表。

法人单位包括企业法人、事业单位法人、机关法人、社会团体法人和其他法人。

法人单位所属的产业活动单位（简称产业活动单位） 是指具备以下条件的单位：

1、在一个场所从事一种或主要从事一种社会经济活动；

2、相对独立组织生产经营或业务活动；

3、能够掌握收入和支出等业务核算资料。

产业活动单位按以下具体办法认定：

经过法定程序批准建立的、不能独立承担民事责任的单位，认定为产业活动单位。包括：由各级工商行政管理机关核准登记，领取《营业执照》的分支机构或经营单位；由各级登记主管机关备案，或依据相关法律法规由各级主管部门批准建立的事业单位分支机构和社会团体分支机构。

未经法定程序批准在法人内部建立的机构，具备产业活动单位条件的认定为产业活动单位。

产业活动单位分为单产业法人单位和多产业法人单位。

单产业法人 法人单位只位于一个场所并主要从事一种社会经济活动，称为单产业法人。单产业法人本身也是一个产业活动单位。

多产业法人 法人单位从事多种经济活动，或者位于多个地点，称为多产业法人。多产业法人由两个或两个以上产业活动单位组成。

中国石油化工股份有限公司

广西玉林石油分公司

中国石油化工股份有限公司广西玉林石油分公司前身为玉林石油供应组，始建于1953年。1998年划归中国石油化工集团，2000年改组为股份制企业。公司下辖北流、容县、陆川、博白、兴业5个县公司，现有员工1000多人，油库座，油料接卸铁路专用线一条，加油站111座，资产总额.16亿元。公司主要经营柴油、汽油、煤油、润滑油的批发和零售业务。

近年来，公司根据中石化集团“内部紧密化、外部市场化”的要求，开拓进取，锐意改革，从1999年起，推行“五统一”管理模式，内部管理水平和职工素质明显提高，经济效益快速增长，2002年实现商品销售收入6.23亿元，实现税利4245.38万元。

为了应对WTO的挑战，玉林石油分公司把发展终端销售网点，争占零售市场作为“饭碗工程”来抓，通过收购、租赁、新建、联营等多种形式大力发展加油站，加油站数量比98年增加近4倍，布局日趋完善，初步形成了以玉林市区为中心，向五个县(市)扩散、辐射农村的加油网络，成品油市场占有率迅速提高到85%以上。与此同时，公司突出抓好加油站的综合管理，推行“星级服务”，按照中石化集团公司的统一要求，对所属加油站实行规范化管理，全部加油站统一标识、统一品牌形象，统一员工服务行为，站容站貌和员工的服务水平明显改观。

公司还致力于企业精神文明建设，大力弘扬“爱我中华，振兴石化”的企业精神，先后获得了“中国石化集团优秀思想政治工作基层单位”、“全国群众体育先进单位”、“广西百名诚信纳税人”等荣誉称号。

面向新世纪，公司将始终秉承“信誉第一，顾客至上”的经营宗旨，严格履行“计量准确，质量合格，明码标价，服务一流”的服务承诺，竭诚为广大顾客提供优质服务。

单位负责人：钱昆伦　　单位地址：玉林市大南路　　邮政编码：537005　　联系电话：3829001

玉林市邮政局

YULINSHI YOUZHENG JU

玉林市邮政局是桂东南邮件处理中心，下辖容县、北流、陆川、博白、兴业5个县级邮政局以及104个邮政支局所和24个代办所、90个邮政储蓄网点，城乡邮政储蓄全国联网。2002年末，全局邮政职工835人，固定资产原值2.09亿元，汽车85辆；开办邮路36条，邮路单程长度2017公里；投递线路8875公里。

该局在开办全部邮政传统业务的基础上，积极拓展新领域，业务项目种类不断扩大。目前已与电信、移动、联通等公司开展长期合作，代办电信各类业务；与保险公司合作，代办保险多项业务；与创维、康佳、TCL等公司代办物流业务等等。

2002年，该局在加快业务发展的同时，狠抓通信服务质量，认真做好普遍服务工作，经济效益和社会效益都有较大的提高。全年完成邮政业务总量7448万元，比上年增长8.8%；完成邮政总收入6655万元，比上年增长9.3%，比邮电分营时的1998年增长69.7%；实现收支差额306万元，比上年增加122万元，与“邮电分营”时的1998年亏损3169万元相比，实现了根本性的跨越；全年在岗职工劳动生产率7.9万元，比上年增加1万元，比“邮电分营”时1998年的4.05万元增加近一倍。近年在上级开展的邮政服务质量社会满意度考核中，分别被广西区质量管理协会授予“用户满意服务单位”；国家邮政局问卷调查用户综合满意度荣获全区邮政部门第二名。该局的博白邮政营业班和兴业储汇班被评为全区优质服务先进单位，东门邮政支局被评为2002年度全国邮政先进集体，兴业局的范芦寿同志被评为全国优秀乡村投递员。此外，该局还荣获“全国邮电模范职工之家”、玉林市推行政务公开先进单位、玉林市纪检监察目标责任制一等奖。

玉林市邮政局除力促邮政业务发展外，还拓展多种经营业务。该局的邮政宾馆是目前玉林市档次最高之一的三星级宾馆，由于服务质量优良，又处在交通最便利的繁华闹市区，因此已成为外地、特别是港澳台游客到玉林旅游首选入住的宾馆。

玉林市邮政局正在通过贯彻“科技兴邮”的战略方针，积极推进邮政信息化进程，建立和完善适应邮政持续、快速、健康发展的管理顺畅、机制灵活、质量过硬、支撑有力的邮政信息技术体系以及为邮政生产、经营、管理、服务提供全面支撑的技术应用平台，以进军新的技术领域，同时走邮商结合的路子，做强做大邮政储蓄、报刊、特快专递、物流等龙头业务，积极发展代办电信类业务，推进社区服务，加快传统邮政向现代化邮政迈进。

柳州压缩机总厂

柳州压缩机总厂是全国500家最大机械工业企业之一，属国家大型二类企业，是全国生产大中型压缩机的骨干企业，在同行业中率先通过ISO9001：1994和ISO9001：2000质量管理体系认证。连续十五年荣获广西“重合同，守信用”称号。企业具备独立设计、制造各类压缩机和压力容器的资格。

主要产品有：空气压缩机、煤气压缩机、天燃气压缩机、氢氮压缩机、无油润滑压缩机、螺杆压缩机、蜗杆压缩机、空气净化设备、离心机、制砖机、挖掘装载机、混凝土输送泵等产品。V系列、L系列、D系列、H系列、LG系列各类介质的压缩机有200多种，广泛应用于冶金、矿山、机械制造、轻工、化工、建材、玻璃、医药、食品、水利、电力、军工及科研等领域。LGY-17/7双螺杆压缩机、OGF-3/7单螺杆压缩机是国家重点科技项目，质量达到优等品标准。2001年，D-100/8-e型空压机获“九五”国家技术创新优秀新产品奖；螺杆压缩机技术开发项目获“九五”国家技术创新优秀项目奖。企业有自营进出口权，产品远销亚、非、拉、欧洲等21个国家和地区，在我国北京亚运会、京九铁路、天津大港油田、三峡水电站等国家重点工程使用中展示出良好的品质。

九十年代先后引进了德国ECOCUTIZ型、俄罗斯NC800 Ⅱ MΦ4型加工中心、引进德国和芬兰螺杆压缩机技术、日本蜗杆压缩机技术、美国挖掘装载机技术、德国混凝土输送泵技术，企业科研开发水平迅速提高。与中国科学院、西安交通大学等国家级研究单位、高等院校有着紧密的合作，装备了CAD/CAM/CAPP计算机辅助设计制造系统，有较强的产品开发研究能力。

厂　　长：刘声付
地　　址：柳州市北雀路129号
电　　话：(0772)2313027、2310098
传　　真：(0772)2313274
邮　　编：545002
网　　址：http://www.lyhy.com.cn
电子信箱：lzgcw@public.lzptt.gx.cn

玉林市环境监测站

玉林市环境监测站前身为玉林地区环境监测站，于1977年6月成立，隶属于当时的玉林地区环保办公室。1979年建立化验室，逐步开展环境监测业务。1996年玉林地区改为地级玉林市，玉林地区环境监测站改名为玉林市环境监测站，隶属于玉林市环境保护局。

玉林市环境监测站是独立法人事业单位，受玉林市环境保护局领导，技术业务工作受自治区环境监测中心站的指导。为全国环境监测网络体系中的三级监测站。玉林市环境监测站现有职工43人，其中高级工程师6人，工程师13人，初级技术职务人员16人，初、中、高级技术人员占总人数的81.4%，大专、本科毕业生31人，占总人数的72.1%。拥有环境监测车和经广西计量测试所或玉林市计量测试所检定合格的原子吸收分光光度计、微机型紫外可见分光光度计、冷原子荧光测汞仪、打印式流速仪、噪声统计分析仪、智能中流量总悬浮微粒采样器、皮托管烟尘烟气测试仪等设备。1996年通过了自治区级计量认证，2001年年底复查也获得自治区级计量认证合格证。所出具的监测报告具备合法性。

环境监测主要有三种类型：

（一）监视性监测。为了解环境质量状况，对环境各要素进行的质量监测及生态指标监测;为了解污染源排污情况进行的污染物排放浓度监测、污染物排放总量监测和污染源达标排放监督监测。

（二）服务性监测。为环境污染事故应急处理、环境污染纠纷仲裁、企业污染限期治理工程验收、建设项目环境影响评价、建设项目环境保护设施竣工验收等提供技术服务实施的监测。

（三）科研性监测。为深化环境监测科学的基础理论，探讨环境污染的机理和生态破坏的过程、掌握环境质量变化的规律而进行的科研监测。

玉林市环境监测站在2001年度完成了监视性监测任务，在突发性环境污染事故监测方面，实施了陆川县境内甲苯污染事故应急监测。2001年6月6日凌晨1时30分，陆川县境内马盘二级公路54km+100m处，粤K-T1757罐车（车上装有约13吨化工液体原料甲苯），发生撞车事故，车上甲苯液体全部缓慢流出进入附近的龙化河，再汇入不远处的九洲江。监测站接报后派出技术人员于7时45分赶到事故现场，进行了调查、采集样品工作，于第二天中午又对陆川县境内九洲江河段进行一次跟踪采样工作，及时提供监测结果报给陆川县、玉林市、自治区及国家环保主管部门，为事故处理和解除警报及时地提供科学依据。在2001年玉林市5市斤氰化钠（剧毒物品）误售的“9.9”案件发生后，监测站对南流江玉林城区河段进行了连续61天的追踪监测，每天及时向市委、市政府提供监测报告，使社会上一些对南流江玉林城区河段死鱼的种种猜疑得以澄清，也为市政府领导提供了环保方面的数据。在各县（市、区）的污染纠纷方面，也完成了多起仲裁监测，为当事双方提供了责任依据。另外首长环境目标责任制监测、建设项目环评和竣工验收监测等监测工作也完成良好，对一些个体企业或个人送样的样品分析工作，也热情应接、完成分析并提供结果，做到准确、公正。

环境保护是我国的一项基本国策。玉林市环境监测站一贯贯彻执行“环境管理必须依靠环境监测，环境监测必须为环境管理服务”的工作方针，面对社会，面对广大人民群众，所出具的监测报告做到合法、公正。

站长：黄世全
电话：0775～2825945（办）　　地址：玉林市政府大院内

● LIUZHOUKONGQI
YASUOJI ●

柳州第二空气压缩机总厂

柳州第二空气压缩机总厂是国家大型企业、机械工业部骨干企业，主要生产气体压缩机、压缩空气干燥净化器、塑料成型机械、电控设备和新型高效冷却器等五大类十六个系列150多个品种规格的产品。产品质量优良，行销全国各地并出口到其他国家和地区。

工厂为自治区首批获得机械工业部“质量管理奖”企业，1996年通过ISO9001-1994质量体系认证，并先后获得全国“五一劳动奖状”等50多项国家级、部级和自治区级荣誉称号。

工厂拥有10多个专业生产分厂和一个中外合资企业，占地面积约25万平方米，建筑面积16.35万平方米，其中生产区占地7.57万平方米，建筑面积5.32万平方米。现有专业技术人员600多人，其中高、中级职称人员200多人；全厂拥有固定资产原值1亿多元，各类生产设备1500多台(套)，其中有数控加工中心等先进设备。工厂建立了先进的计算机网络和CAD/CAPP/CAM技术开发系统和计算机管理系统，工厂的技术开发等工作均由计算机完成。

工厂各项经济指标多年来一直名列压缩机行业前茅。

工厂的主导产品ZW-6/7、ZW-3/7和ZW-0.67/7型无润滑空气压缩机自1983年以来连续两次荣获国家质量银质奖、三次荣获原机械工业部优质产品称号；VW-22/7型无油润滑压缩机于1989年获市科技进步奖；LGY20-10/7-B型移动式螺杆机于1990年获广西科技进步奖；WW-42/7型无油润滑压缩机于1998年获市科技进步奖并被列为国家级重点新产品；引进美国专利技术生产的PE型、GWU型和AD型空气干燥器，填补国内技术空白；引进英国技术生产的VHN-16/8型无基础式无油润滑压缩机于1993年获广西科技进步奖；九十年代初，工厂与美国合资创办“柳州怡风涡卷压缩机实业有限公司”，开发出具有世界先进水平的涡卷式空调压缩机，使工厂的压缩机设计、制造水平又跃上了一个新的台阶。

柳州第二空气压缩机总厂
地址：广西柳州城站路94号
邮编：545005
电话：(0772)3837346
传真：(0772)3834041
电挂：6715
E-MAIL: LZEKX@PUBLIC.LZPTT.GX.CN
网址：HTTP://WWW.LIFNG.COM

柳州市乡镇企业管理局

2002年是“十五”计划承前启后、极为关键的一年，党中央、国务院、区、市党委、政府对加快乡镇企业的发展给予高度重视，面临供求关系发生根本变化、我国加入世贸和国际经济形势的机遇和挑战，柳州市乡镇企业局领导班子在深入学习的基础上，认真贯彻党的十五届六中全会、十六大精神，围绕实现“工业立柳、强市富民”的总体工作思路及五大主攻方向，围绕增加农民收入这个目标，深入调研，总结经验，查找差距，增强忧患意识和危机感，统一思想，提高认识，明确任务，拓宽思路，制定措施，把握增加农民收入和结构战略性调整等关键点，分类指导，突出特色，有效推动全市乡镇企业的发展。

面对我国加入世贸后的新形势，柳州市乡镇企业局积极推进农业产业化经营，发展有柳州特色的乡镇企业，同时发展工业园区推进小城镇建设，确保了任务目标的实现。

通过努力，2002年，柳州市乡镇企业（柳江县、柳城县）共有1.79万家，其中盈利企业1.78万家，占企业总数的99.19%；从业人员8.54万人；固定资产原值12.21亿元；全年完成总产值58.43亿元，增长12.97%；增加值15.16亿元，增长13.28%；利润总额2.99亿元，增长24.43%；实交税金1.59亿元，增长22.11%。人均主要经济指标均高于全区乡镇企业平均水平。矿产、化工类等产品分别出口美国、德国等国家和地区，出口交货额4543万元。市乡镇企业管理局获自治区乡镇企业主管部门目标管理责任状一等奖，继续保持市委、市政府授予的文明机关称号。

广西华正房地产评估咨询有限公司

广西华正房地产评估咨询有限公司组建于2001年7月，其前身是柳州市房地产评估事务所，专门从事房地产价格评估、交易、代理及各类手续代办业务、项目可研等房地产中介服务。

华正是柳州唯一一家具有国家二级房地产评估资质的专业房地产中介企业，并已取得了中国房地产评估委员会理事单位资格，业务立足于柳州已遍及全区各市县。

华正是承担柳州市房改房(福利分房)上市评估业务的唯一机构，还是柳州市拆迁办认可的能进行城市房屋拆迁评估的评估机构。

华正拥有一个敬业、团结的估价师、经纪人群体，遵循公平、公正、公开的原则，按照有关技术标准和程序，凭藉多年的评估、办证及策划代理方面经验，愿意为广大客户提供值得信赖的房地产业务咨询和专业评估服务。

总部地址：柳州市三中路龙都2#
Tel:(0772)2813135
柳州公司：柳州市公园路31号
Tel:(0772)2808875
南宁公司：南宁市安湖路广图大厦4栋2单元504号
Tel:(0771)5700773
公司网址：www.gxre.com.cn

柳州大公工程建设监理有限责任公司

柳州大公工程建设监理有限责任公司成立于1995年7月，乙级监理资质单位，公司注册资金100万元，下设工程技术部、经营开发部、信息资料室、材料试验室、财务统计室等职能部门，分别管理公司的有关业务，并组织实施各工程项目的建设监理。本公司现有专业人员65人，其中注册监理工程师18人，高中级职称人员占全公司人员的80%以上。公司各类专业齐全，人员配套，在工业及民用建筑、交通、市政、设备制作安装等项目建设全过程或分阶段监理方面具有较强的技术和管理力量。

公司以"守法、诚信、公正、科学"为宗旨，强化内部管理，重视监理人员的培训和素质的提高，恪守职责，以项目监理规划为纲，实现监理工作的程序化、规范化、科学化。

自从公司成立以来，主要监理的工程项目有：中外合资柳州采埃孚工业厂房(获自治区优质工程奖)、柳州国税局办公大楼、广西电力检修公司住宅小区(19万㎡)、柳工机械有限公司住宅小区、柳南区政府办公大楼(龙城杯金奖)、柳州市人大办公楼、柳州市中院审判大楼、妇幼保健院、协和·康城、柳州两面针公司综合车间及柳州学院路工程、柳州欧阳岭垃圾场扩建工程、柳州市光亮工程、柳城县白阳广场及道路工程等市政工程。

公司兼管中心试验室(甲级资质)一个，配备的试验仪器能完全满足建筑工程、市政工程试验检验的需要。

本公司制度严谨，作风踏实，监理到位，收费合理，监理的工程优良品率高，在社会上创立了良好的信誉。公司热忱期望与各界建设方合作，为客户提供诚挚服务。

市柳南区政府办公楼

柳州市两面针集团公司车间

中德合资柳州采埃孚公司

柳州市儿童福利院

柳州聚宝大厦

地　址：柳州市柳太路11号
传　真：(0772)3719656
E-mail　dgcom@lzet.com.cn
电　话：(0772)3710124
邮　编：545007
公司法人：谭　杰(高级工程师、注册监理工程师)
公司经理：魏天峰(高级工程师、注册监理工程师)

柳州市人事局

局长：冷永景

2002年，柳州市人事局以江泽民同志“三个代表”重要思想为指导，树立“西部大开发，人才是关键”的观念，紧紧围绕市委、市政府“人才强市”的战略目标，实施人才资源整体开发，大力开展引才引智工作，为各类人才和企业做好服务工作。一是大力实施“双百工程”，2002年，柳州市聘请的政府科技、经济高级顾问达73人；二是开展“人才储备工程”，组织用人单位8批150人次到全国80多所重点学校招聘毕业生，引进大学本科生757人，硕士研究生23人到柳州工作；三是大力引进国外智力，获外国专家局资助45万元、获联合国开发计划署援助资金50万美元。完成引智项目33项，外国专家来柳服务38人次，利用人才与智力直接为企业的科技创新服务。

领导班子

正泰和律师事务所

正泰和律师事务所原名柳州市律师事务所（下称事务所），位于柳州市三中路68-6号，设立于一九八一年，是柳州市最早的律师执业机构。事务所现属合作制性质，拥有建所二十年来全部健在的执业老律师。全所律师30名，多为复合型人才，高级职称者10名。律师中既有以学识渊博、办案细腻而蜚声司法界的老律师，又有以逻辑严密、反应敏捷而著称的资深律师，还有年富力强、业务精湛的中年律师以及朝气蓬勃、好学上进的后起之秀，其中7名律师受聘柳州仲裁委任仲裁员。事务所拥有宽敞优雅的办公场所250平方米和计算机信息网络及成套的现代化办公设备，设一个专业咨询委员会和6个专业部。

“作社会各界的忠诚参谋，为民主法治奋斗终生”是事务所的座右铭；“务实求真、诚信为民、法律至上”是事务所的宗旨；“分工配合，程序与实体并重”是事务所的办案特色；“集全所律师的智慧为您提供法律服务”是事务所对每一个委托人的郑重承诺。

建所以来，为大量有重大影响的刑事案件，作了成功辩护，如广西前区革委副主任颜△△（文革期间广西两大群众组织之一“联指”总指挥）被控“故意杀人（对63人被杀负直接责任）案”；国营南宁机械厂厂长陈△“抗税”案；在广西有重大影响的“毒酒案”及彭△△等十人“跨国集团贩毒案”等等。近年来，一审判处死刑（立即执行）的“强奸、盗窃、抢劫、贩毒”等案件中，二审经事务所承办的4件在自治区高级法院辩护后，全部获得改判。

如果说刑事辩护是事务所律师的看家本领，那么在承办重大的民、商事以及涉外经济诉讼与非诉讼案件中，更体现了事务所律师的代理风采。如“桂林花园酒店1500万美元贷款担保案”；“台湾中兴大学教务长、典试委员谢康房产被占案”；“白崇禧子女交涉白家房产被没收落实政策发还案”；代理“柳州联压集团公司赴泰国参加国际经济贸易纠纷仲裁案”；代理“柳冠股份有限公司赴北京国际经济贸易委员会涉外仲裁案”；作为外商投资项目法律顾问及谈判代表，参与“涉及投资总额2.4亿人民币的大连市土地成片开发项目”谈判，等等，均获成功。律师撰写的案例，还荣获司法部首届全国律师业务案件“金獬奖”之优秀奖。

历史翻过了厚重的一页，跨入21世纪，事务所正致力于朝着一个能为社会各界提供全面法律服务的大型综合所迈进。市场经济需要律师，值中国加入“世贸”和西部大开发的黄金时机，事务所愿与各界携起手来，共创辉煌的未来。

事务所业务机构及律师名单如下：

一、主任龙凤麟、副主任刘明华

二、专业咨询委员会及委员：龙凤麟、彭卓宗、刘汉秋、苏秀介、赖增尤、潘维燕、邓林琦

三、六专业部：公司法律事务部、涉外暨知识产权部、商贸部、建筑工程暨房地产部、责任事故赔偿部、综合部

四、其他律师：曾昭豪、刘建中、韦绍忠、王成、廖杰珍、毛锦华、何敬文、吴洁、王文霞、覃柳芳、刘伯州、张东华、翟小平、王玺、邵林、邹素文、方钢、陈兵、孟昭樟、冯坚、黄培、王崇勋等。

桂林市第二人民医院

桂林市第二人民医院始建于1916年10月，原名为桂林浸信会锡安医院，30年代改名为广西省立医院，1951年更名为桂林市工人医院，1958年改为现名。现占地面积28681.73平方米，建筑总面积37362.74平方米，职工579人，设有临床科室35个，医技科室12个，病床503张。2001年完成门诊工作量147918人次，收住院病人6867人次。

该院万元以上的设备有288台，总价值为2800万元，是目前桂林市常规设备最先进的医院之一。医院具有较强的综合实力，除了治疗常规疾病外，还开展鼻咽、颈部、肝、肺、肾、小肠等等部位肿瘤的介人性治疗术、还可冠脉内支架置放。

该院特色专科主要有心血管内科、消化内科、眼科等。心血管内科利用大C臂、CT、彩超先后开展了“选择性冠状动脉造影”、“左右心导管检查及造影”、安装“心脏起博器”和“静脉起博器”等多项技术和项目。一些项目达到广西先进水平，如冠心病重症劳累型心绞痛左主干病变介入治疗在广西属首例。消化内科在本地区也颇有影响。如“鼻胆管引流”、“逆行性胰胆管造影并十二指肠乳头切开及网篮取石”、“腹水超滤后腹腔回输治疗顽固性腹水”等高新技术的开展已达到广西先进水平。该院的“桂林市眼科中心”，是广西眼科设备最先进最齐全的医疗部门之一。

该院颅脑神经外科技术水平，早在上世纪八、九十年代在本地区就较有名气，该院于2002年3月正式与天津医科大学总院结成“技术协作医院”，天医大总院将轮流派遣神经外科专家常驻该院，指导和协助该院开展颅脑疾病的诊疗工作。此外，还与北京朝阳医院结成业务技术协作单位。

该院紧紧围绕“以病人为中心”这条主线，实行住院“一日清单制”，让病人每天都能监督收费情况。实行“病人选医生”制度，把选择权还给百姓，把竞争留给医生。药品实行招标采购，让利于患者，努力减轻患者的负担。

该院经过近三年来的努力，医院的内涵建设和医疗质量显著提高，医院面貌大大改观，并于2001年4月被批准为“三级甲等医院”。

邮政编码：541001
电　　话：0773-2821874
法人代表：谈志强

桂林市医疗电子仪器厂
桂林高新区宝利泰医疗电子有限公司

桂林市医疗电子仪器厂（桂林高新区宝利泰医疗电子有限公司）主要生产经营各种医疗仪器、电子产品、生化试剂等高科技产品，是中国医疗器械行业协会理事单位，是我国临床分析仪器及试剂的研发生产骨干厂家，多次荣获国家经贸委、原国家科委、原电子工业部、广西壮族自治区科技成果奖等多项荣誉，历年来被评为区、市级先进企业、经济效益好、重合同、守信用先进单位。2000年6月组建注册成立“桂林高新区宝利泰医疗电子有限公司”，并被广西区科技厅授予“高新技术企业”称号。

桂林市医疗电子仪器厂始建于1954年11月，工厂位于桂林市九华路东巷四号，企业占地近三万平方米，经“八五、九五”两个五年计划的建设及技术改造，现已建成园林式工厂。工厂生产厂房、科研设施和辅助设施配套齐全，全厂生产场地近万平方米，共有科研、生产用测试仪器和设备330台（套），形成了年产各种医疗电子仪器近万台，配套试剂近亿人份的生产能力。

“视质量为企业生命，严格管理、精心操作、不断进取，及时向顾客提供满意的产品和服务”是桂林市医疗电子仪器厂的质量方针，企业于2000年10月通过ISO9001质量体系认证，并严格按照ISO9001质量保证体系及GMP《药品生产质量管理规范》生产，产品质量达到了国际同类产品水平。1998年我厂产品被中国城市主导产品调查委员会确认为“用户首选品牌”，在全国质量无投诉活动中被评为“全国最受买方推崇的行业单位”、“世纪中国质量——双佳单位”，被中国企业形象认定委员会授予“中国企业最佳形象AAA及称号企业”，2000年，被中国企业发展中心授予“质量、服务、信誉AAA级称号企业”。

随着我国加入世界贸易组织（WTO），市场竞争日趋激烈，企业将以崭新的面貌做强做大。我们的承诺是：产品在使用过程中出现质量问题，省内24小时，省外48小时作出答复，如需要，将派出服务人员前往处理，做到故障不排除，服务人员不撤离现场。

我们诚心邀请国内外有识之士参与我们的事业，发展我们的事业，开发有利于提高全人类健康水平的产品。**让我们做您健康的哨兵！**

单位名称：桂林市医疗电子仪器厂
地址：桂林市九华路东巷4号　　邮编：541001
联系电话：0773-2696447　　传真：0773-2693847
法人代表：石平

桂林晶盛玻璃有限责任公司

桂林晶盛玻璃有限责任公司是广西目前最大的玻璃瓶生产厂家，共有十三条自动制瓶生产线，年产各种玻璃瓶11.5万吨，占地面积九万多平方米，拥有职工1200余名。产品的类别有：啤酒瓶、白酒瓶、食品罐头瓶、饮料瓶、酱料瓶和农药瓶。产品规格从85ml至1500ml达400种。在产品料色上，分别有：翠绿色、茶色、青白色和纯白色（俗称：普白料、高白料），还有表面蒙砂和印花加工，是广西同类产品品种最多的企业。

公司坚持以质量求生存、求发展的经营原则，奉行“高效、快捷、规范、诚实地为用户提供满意的产品和服务”的质量方针。所有出厂产品均经过了严格的检验并达到合格的标准，其中主导产品啤酒瓶在二000年度获广西优质产品，产品销售不仅覆盖广西全区，而且还畅销湘、粤、滇、黔等地，产品销售率近年来一直保持在98%以上。一九九六年至二000年，公司先后获广西三好企业、广西学邯钢先进企业、广西优秀科技企业、广西质量管理小组活动优秀企业和中国包装200强企业的荣誉称号，二000年底，在广西玻璃行业首家通过ISO9000质量认证。

公司技术力量雄厚、开发实力强劲。目前拥有中、高级技术管理人员80余人，在产品设计上，开发了新一代的三维图形的CAD计算机模具辅助设计系统；在配料工艺上，自行设计、安装了既具有本企业特色又具有高科技含量且属于国内领先水平的智能型电子配料系统；在制瓶技术上，广泛地采用了电子控制技术和冷热端喷涂，有效地提高了产品的一次合格率和增强了产品的表面抗冲击强度；在产品检测手段上，开发出了国内领先水平的无触点红外线检瓶仪。由于有坚强的技术实力作后盾，产品在市场上具有强劲的竞争能力。

自动检瓶机

电子控制的制瓶生产

地　　址：桂林市上海路31号
销售电话：0773-3832151　3832693
邮　　编：541002

桂林桂广滑石开发有限公司

桂林桂广滑石开发有限公司（广西滑石工业公司），1969年建矿。1987年成立中外合资企业。公司坚持依法经营、诚信经营，依靠科技创新，优化产品结构，积极拓展国际国内市场，促进企业稳步发展，成为广西和全国重点滑石产品出口企业。

公司拥有世界闻名的优质露天滑石矿，已形成年采矿20万吨、粉体加工10万吨的生产能力。公司技术装备先进，检测手段齐全，管理规范，集采矿、运输、加工、销售、自营出口一体化。公司实行“限量开采，综合利用、优化品种，增加效益”的经营方针，不断提升技术创新能力，产品结构形成多元化，主要产品有医药、食品、化妆品、油漆、塑料、涂料、造纸滑石粉，以及超微细和改性滑石粉9个系列40多个品种，产品畅销全国30多个省、市、自治区，远销欧美、日本、东南亚和大洋洲20多个国家和地区，在国内外享有较高的知名度。

公司1996年率先在全国滑石行业获得ISO9002国际质量认证，1999年公司K牌系列滑石粉，被评为广西著名商标，1997年获得“全国环境保护工作先进单位”称号。1995年以来连年荣获广西重合同守信用企业，广西经济效益先进企业；广西出口创汇先进企业等荣誉称号。

桂林桂广滑石开发有限公司将一如既往地遵循诚信经营，互利互惠原则和国际惯例，愿与国内外广大客户精诚合作，利益共享，共同开发利用桂林滑石资源。

董事长兼总经理：卢德云

公司采场全景

董事长兼总经理：卢德云　　党委书记：蒲裕光
地址：桂林市西路二塘　　邮编：541100
电话：(0773)5592275　　5592452
传真：(0773)5592420
E-mail:gxtalc @pubic.glptt.gx.cn

桂林市城市建设开发总公司

GUILINSHI CHENGSHI JIANSHE

公司总经理王日忠同志在办公

桂林市城市建设开发总公司隶属桂林市市政公用事业管理局，是具有国家二级房地产综合开发资质的国营企业。公司现有注册资金2000万元，正式职工101人，其中大、中专以上学历92人，拥有房地产、建筑工程、经济、财会等门类齐全的专业技术人才，有高级职称6人，中级职称32人。公司坚持“以路带房，以房补路”，代政府管理和实施市政重点工程，并从事房地产开发、承包、施工和监理工作。多次获桂林市房地产先进企业、桂林市市政公用事业管理局先进单位、桂林市劳动保险先进单位等。

市政重点工程方面，公司先后代政府实施和管理了中山北路扩建工程、桂林国际机场路建设工程、翊武路改造工程、桂林市五美路、文明路改造工程、桂林市榕杉湖景区建设工程等市政重点工程建设，并参与实施桂林市解放桥建设工程，为城市建设改造做出了突出贡献，多次受到市政府的表彰。

桂林市首次实施“以路带房、以房补路”政策，实行综合开发的翊武路改造工程一角。道路工程又于1996、1999年分别完成一、二期工程，房屋开发正在实施。

公司在确保市政重点工程建设的基础上，开发经营实现产销两旺。公司先后在中山北路、清风小区、铁西、解放西路、翊武路、虞山桥等开发了大批商品房。下属实体桂林市城建建筑工程有限公司、广西桂林八桂市政公用监理公司第二监理部、城嘉物业公司都获得了较好的发展。目前已定点拟开发项目有虞山桥小区、清风小区等，正开发热卖项目有翊武路小区。

由公司担任业主并实施管理的桂林市五美路、文明路改造工程局部路段(图中左侧为桂林市政府大门)。

桂林旅游高等专科学校

学校学生棒球队在比赛中。

桂林旅游高等专科学校成立于1985年11月，为全国3所独立建制的旅游高等院校之一，也是国家旅游局在中西南地区的重要培训基地。自1985年11月创立以来，我校在办学条件、办学规模和办学层次等方面都取得长足发展：到2002年底、学校全日制高职高专生、函授生、自考助学生等各类学生将超过4000人；办学层次有全日制普通专科、高职、函授、自考助学、短期培训、岗位资格培训等多种层次，15年来，为广西及全国二十几个省、市、地区输送了大批旅游应用人才；培训导游、饭店员工、旅行社经理、饭店经理等41900多人次。

学校现设四系一部16个专业，其中工艺美术系的旅游工艺品设计与制作专业、广告装潢设计和环境艺术设计3个专业在全国高等旅游院校中独树一帜、颇有特色，该系师生多次圆满完成了自治区人民政府和区科技厅、区旅游局下达的广西景点旅游工艺品设计研制任务，作品屡获区、市各级比赛的优秀作品奖，其中帅立功教授的旅游产品“象山水月”茶具在第十届中国国内旅游交易会上获银奖。旅游英语、旅游日语、导游服务与管理3个专业在社会上具有良好的信誉；旅游管理、旅游资源开发与利用、旅游电子商务、饭店管理、烹饪与餐饮管理五个专业贴近市场，适应了社会紧缺人才的培养需求。

学校下设广西旅游科学研究所、广西旅游商品研究所和旅行社与导游文化研究所，在旅游科学研究和旅游商品开发方面卓有成效。《桂林旅游高等专科学校学报》自1998年第3期开始公开发行以来，已成为国内旅游理论界享有盛誉的旅游学术研究阵地。

学校积极发展对外合作与交流，长期聘请英国、澳大利亚、美国、日本等国的多位外籍教师，学校与瑞士洛桑、美国俄克拉荷马、蒙特玛利、威斯康星、奥兰多、夏威夷、康奈尔，加拿大西安大略、越南河内等多所高等旅游院校有密切的交往合作关系。

在新世纪，校党委提出了“加快发展，创特色名校；强化管理，育旅游能人”的发展目标。按广西教育厅教育布局，“十五”计划期间，学校将按桂林旅游学院的目标建设和发展，逐步发展成为立足广西，服务全国的旅游高等应用型人才培养基地，建成一所富有特色的、在国内外有较大影响的旅游高等院校。

校园全景

电话：(0773)5815222(校　办)
5812177(教务处)
5820096(成教处)
传真：(0773)5843543
5819351(学生处)

桂林市土产总公司

桂林市土产总公司始建于一九五三年，经过四十多年的发展壮大，已形成一个集农副土特产为主的购销、生产、加工和仓储为一体的综合性经营企业。

总公司下设茶叶公司;农副产品批发部;日用杂品经营部;废旧物资经营部和一个日用杂品批发市场。主要经营棉花、茶叶、竹类、麻类及其制品;农副土特产品;食用干果、干菜;蜂产品、淀粉、木薯片;粮油食品及工业用油脂油料（桐油、蓖麻油、松香等);日用杂品及小型家电。兼营建筑材料、橡胶制品、家用电器等。

目前总公司与全国二十多个省市的几百家企业建立了长期的、固定的业务关系，充分利用各自的资源在业务上进行交流，互通信息。根据市场的需求各取所需，实现了购销利“三同步”增长的好势头，使土产总公司进入了一个新的发展阶段。

桂林市土产总公司(Guilin local pro-duce company)
地　　址:桂林市中山北路269号
邮政编码:541001
联系电话:2823353
总 经 理:李任强

桂林市城区农村信用合作社联合社

桂林市城区农村信用合作社联合社是经中国人民银行批准的农村合作金融机构，主要办理农村存贷款、储蓄、结算等业务。它位于市漓江路29号，下辖穿山、甲山、大河、朝阳、柘木、二塘、雁山、竹江、草坪九个农村信用社和一个联社营业部，现有在职职工201人。

桂林市城区农村信用联社自1990年成立以来，坚持为农服务的办社宗旨，大力支持农业、农民和农村经济发展，在支持城乡经济发展的同时，企业自身业务也得到较快发展。至2001年底，全辖农村信用社各项存款余额为35575万元，比年初增加3898万元，增幅为12.3%;各项贷款余额为19359万元，比年初增加4325万元，增幅为28.8%。桂林市城区农村信用联社在支持“三农”经济发展中发挥着重要的作用，已成为桂林市城郊农村的金融主力军。

NONG CUN XIN YONG HE ZUO SHE LIAN HE SHE

广西航空有限公司

广西航空有限公司是由中国南方航空集团公司和广西斯壮股份有限公司共同组建的现代化航空企业，1993年10月28日开始试运营。广航的成立结束了广西没有自己航空公司的历史，实现了广西人民多年来渴望乘坐自己的飞机翱翔蓝天的夙愿。

公司基地设在山水甲天下的国际旅游名城桂林，现已开辟了桂林至北京、深圳、广州等46条国内航线和地区航线以及三条国际航线，每周飞行200多个航班，航线网络连接全国30多个大中城市和香港、福冈、汉城、曼谷等地，电脑销售系统也与全国联网，可售全国各大城市的机票。

9年来，公司认真贯彻落实民航总局提出的“安全第一、正常飞行、优质服务”的方针，克服了航空技术人员短缺和资金严重不足的困难，勇于探索，大胆实践，积极发展，稳步经营，为社会提供优质的航空服务。9年来，共安全飞行9.7万小时，航班6.5万班，共发送旅客585万人次，完成运输总周转量46534万吨公里，为广西的经济发展作出了突出贡献。9年来，她年年从南航捧回安全生产奖杯，杜绝了人为责任事故征候，公司机务部实现了民航总局提出的“机务维修活动零事故”安全目标，公司飞行部还被国家民航总局评为“全国民航先进集体”。这样的成绩在南航和民航中南地区可谓是一枝独秀。

“安全是航空企业的生命，是广航的立足之本，没有安全，广航的一切都无从谈起”。这是广航的老总在公司运营的第一天向全体员工说的并要求员工们时刻牢记的一句话。运营8年来，公司领导一直把安全视为头等大事，坚持在员工中深入开展全方位的全员安全思想教育，强化广大员工的安全意识，建立了公司的安全防范体系。在飞行部、机务部等安全关键部门建立了严格的安全、质量控制体系，对生产流程的每一道工序、每一个岗位、每一个环节进行有效的监控。公司上下形成了“事事讲安全，人人为安全”的良好氛围，杜绝了人为原因而发生的差错事故。

广航严格按照国际航空业的服务标准来要求自己，用“安全、舒适、热情、周到”的服务宗旨走出一条“让旅客满意在广航”的道路。公司执行的桂林—北京—桂林航线和营运部售票处分别荣获南航授予的“精品航线”、“文明售票处”称号；乘务队金桂乘务组被评为南航“青年文明号”；银桂乘务组和售票处玉桂组也都先后获桂林市及自治区“青年文明号”称号。

桂林市人民医院

桂林市人民医院始建于1946年，位于市中心，座落在象鼻山北侧，毗邻漓江，占地面积3.6万平方米，建筑面积5.7万平方米，固定资产6700余万元，是一所学科齐全、设备先进、环境优美，集医疗、急救、教学、科研、预防为一体的综合性三级甲等医院。是卫生部国际紧急救援中心网络医院和国际SOS紧急救援中心、亚洲紧急救援中心（AEA）定点医院，桂林急救中心挂靠本院。1993年被国家卫生部医院管理研究所认定为全国500家大型医院之一，1995年被国家卫生部授予“爱婴医院”称号。2001年度桂林市“十佳”服务单位，首批全国“明明白白看病百姓放心医院”。

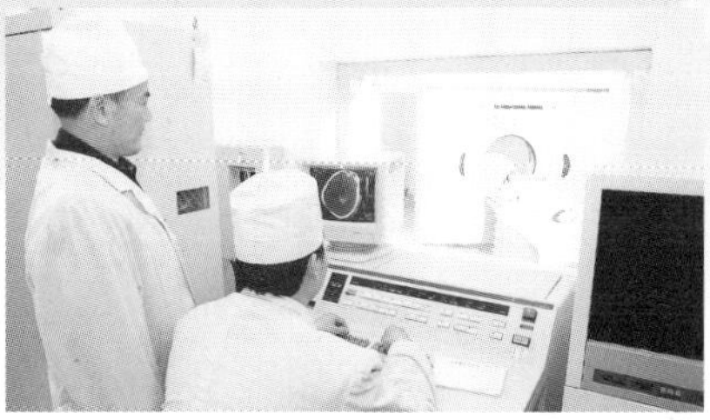

医院现有在职职工820人，高级技术职称71人，中级技术职称333人。医院实际开放病床607张，设有18个临床科室和11个医技科室、22个护理单元、五个中心（桂林市脊柱椎间盘病治疗中心、临床检验中心、PRK近视眼治疗中心、血液透析中心、碎石中心），拥有一批高新医疗设备，基本实现了检查、诊疗、治疗手段现代化。2001年门急诊量30余万人次，收治住院病人1万余人次，业务收入6954.61万元，比上年增长14%，病床使用率81.36%，平均住院日14.23天，病人综合满意率98.13%。

在医疗技术方面，以骨科、颅脑外科、心胸外科、耳鼻喉科、心血管内科、儿科、急救医学见长。开展了“漂浮导管监测各种心衰，主动脉气囊反搏术，PICA支架植入术，非体外循环冠状动脉搭桥术，主动脉夹层动脉瘤带膜支架植入术，部分主动脉更换、冠状动脉移植、捆绑式十二指肠切除、第八肝段癌切除术，肝门部胆管癌切除术，肾上腺切除术，全麻下腭咽成形术”等先进技术。近年来承担省、市科研项目29项，16项已通过鉴定，获省、市科技进步13个奖项，先后与日本天草慈惠病院、澳门镜湖医院、意大利松达嵝省立综合医院和国内多家大医院建立了友好合作关系，促进了医院发展。

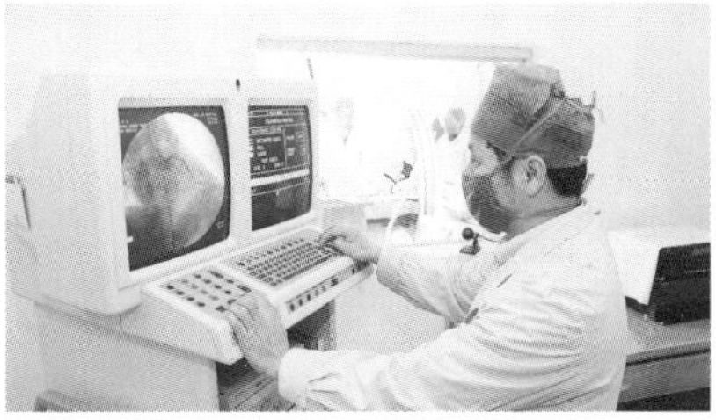

桂林轻工机械厂

厂长兼党委书记　以善性

桂林轻工机械厂始建于1969年，位于桂林市火车站往西一公里机场路旁，占地面积13万平方米，固定资产3800多万元，是以生产制糖、造纸、酒精、食品、电子汽车衡器以及石化、建材、水利电力机械设备的综合厂家，也是国家经贸委、外经部批准的机电产品出口企业以及国家级CAD应用示范企业。

该厂技术力量雄厚，拥有各类专业技术人员110多人，加工设备齐全、精良、分设铸造、金工、铆焊、电子衡器、机修等主要车间，拥有精、大、稀生产设备180多台。质量检测手段先进，具有BR级压力容器设计、制造许可证，具有ISO9001质量体系认证证书。可生产500～5000吨/日甘蔗糖厂成套设备。工厂设计、制造的各类产品遍及广西、湖南、江西、四川、云南等省区，远销马里、几内亚、卢旺达、越南、缅甸等国家，获得广大用户的信赖和好评。开发生产的QXY/Z1400-3型压榨机、ZJQ40m³蒸球曾经获得区、市科技进步奖，QXY/Z还获得区优质产品证书。

该厂的经营宗旨：“质量第一，用户至上”，做到价格合理、优惠、保质、保量、按时交货，并提供优质满意的售后服务。热忱欢迎海内外客户光临惠顾，共创美好的“甜蜜事业”。

厂址：广西桂林市象山区翠竹路南巷4号
电话：(0773)3836227　　3832115
传真：(0773)3836214　　电挂：6535
邮编：541002

厂生产区大门

40m³蒸球

广西注册会计师协会

广西注册会计师协会于1990年1月8日经自治区财政厅批准成立，是由广西注册会计师组成并经自治区民政厅注册登记的社会团体，是中国注册会计师协会的地方组织，依法对全区注册会计师行业进行管理、监督，其业务主管部门为自治区财政厅。

广西各会计师事务所，资产评估事务所是经自治区财政厅批准设立的为社会提供经济鉴证服务的中介机构，其服务范围是：依法从事各类企业会计报表审计、注册资本验证、资产评估、税务代理、基建预决算审核、司法活动中有关会计鉴证、企业改制、兼并、清算的审计、各类财务会计咨询服务等。截止2002年12月31日，广西共有50家会计师事务所，16家资产评估机构。

广西会计师事务所、资产评估事务所名录

广西众益会计师事务所	南宁市金湖路38-1号时代丽都大厦四、五层	0771-5503803
广西祥浩会计师事务所	南宁嘉宾路2号南宁晚报社新闻中心第13层	0771-5535521
广西新时代会计师事务所	南宁市星湖路28号	0771-5324075
广西华通会计师事务所	南宁市新民路48号	0771-2814853
广西正德会计师事务所	南宁市民族大道68号	0771-5855080
广西诚信会计师事务所	南宁市民主路7号	0771-5653519
广西桂鑫诚会计师事务所	南宁市新竹路20号	0771-5862063
中天银会计师事务所广西分所	南宁市桃源路88-3号	0771-5302843
广西起元（联合）会计师事务所	南宁市七星路129号	0771-2806752
广西兴瑞（联合）会计师事务所	南宁市园湖南路19号	0771-5877246
广西风华（联合）会计师事务所	南宁市星湖路17号	0771-5863409
广西东方广信会计师事务所	南宁市葛村路10号	0771-5881490
广西同德会计师事务所	南宁市金州路36号金州大厦3楼	0771-5523078
南宁金誉（联合）会计师事务所	南宁明秀东路191号	0771-3108897
广西正则会计师事务所	柳州市滨江东路1号海鸿广场1栋5楼	0772-2865697
北京中路华会计师事务所柳州分所	柳州市鹅山路三区1号	0772-3923722
广西公立会计师事务所	桂林市中山北路296号	0773-2823020
广西立信会计师事务所	桂林市中山中路十字街大世界七楼	0773-2855066
广西方中会计师事务所	桂林市中山中路8号桂名大厦	0773-2833176
桂林信达会计师事务所	桂林市翊武路20号	0773-2823047
桂林阳光（联合）会计师事务所	桂林市中山北路3号	0773-2814182
广西健业会计师事务所	梧州市新兴一路196号3楼	0774-3831188
贺州汇业会计师事务所	贺州市建设东路种子公司大楼东侧3楼	0774-5273355
南宁公信（联合）会计师事务所	南宁市民族大道38-2号泰安大厦金座901室	0771-5850806
广西天辰会计师事务所	北海市北京路城建大厦4楼	0779-2038979
北海中泰（联合）会计师事务所	北海市北部湾西路中航大厦	0779-3062717
北海珠城（联合）会计师事务所	北海市北部湾东路3号	0779-2056031
钦州永信会计师事务所	钦州市南珠西大街45号二楼	0777-2830381

钦州中恒（联合）会计师事务所	钦州市文锋北路市工商局	0777-2813578
广西英威尔会计师事务所	玉林市香莞路55号	0775-2823575
百色德盛（联合）会计师事务所	百色市中山2路嘉和商厦	0776-8809076
容县泰和（合伙）会计师事务所	容县容城镇南门街113号	0775-5325168
平南鸿达（联合）会计师事务所	平南县冬笋塘136号	0775-7827752
河池华信会计师事务所	河池市新建路271号	0778-2285774
河池龙江（联合）会计师事务所	宜州市公园东路2号	0778-3143573
华寅会计师事务所广西分所	南宁桃源路67号	0771-5329496
上海东华会计师事务所广西分所	南宁市民族大道103号投资大厦	0771-5536579
广西银海会计师事务所	南宁市东葛路葛东大厦七楼	0771-5700493
柳州天立（联合）会计师事务所	柳州市广场路4号商厦4楼	0772-2832886
桂林新鹏（联合）会计师事务所	桂林市八桂路大厦南三层楼	0773-2832238
贵港广源（联合）会计师事务所	贵港市中山北路	0775-4215073
柳州永禾会计师事务所	柳州市五一路21号	0772-2827881
南宁武鸣诚德（联合）会计师事务所	武鸣县审计局内	0771-6223103
广西中和（联合）会计师事务所	北海市贵州南路金海岸中心3楼	0779-3061455
柳州中阳（联合）会计师事务所	柳州市三中路45号龙都花苑3号楼	0772-2802802
柳州众益会计师事务所	柳州市北站路14号中百大厦4楼	0772-2827612
桂林华浩会计师事务所	桂林市文明路科学技术局2楼	0773-3892001
贵港众益会计师事务所	贵港市中山路证券营业部三楼	0775-4552698
北海永华联合会计师事务所	北海市海玉小区88幢五楼508号房	0779-3200584
中通诚资产评估有限责任公司广西分公司	南宁市东葛路26号	0771-5860846
北方亚事资产评估有限公司广西分公司	柳州市滨江东路1号7楼	0772-2866520
广西大公财产评估有限公司	南宁市桃源路86号桃苑大厦4楼	0771-5335457
广西桂科资产评估有限公司	南宁市东葛路20-1号	0771-5881032
广西信达友邦资产评估有限责任公司	南宁市东葛路22号万锋大厦	0771-5875137
南宁新科资产评估事务所	南宁市桃源路88-3号	0771-5303505
梧州弘正资产评估事务所	梧州市新兴二路51-52号广辉楼2单元4楼	0774-3846509
钦州正和资产评估事务所	钦州市文锋北路141号	0777-2822723
北海诚信资产评估事务所	北海市贵州南路33号桂兴大院内	0779-3057441
百色红星资产评估事务所	百色市中山一路100号	0776-2823798
东方资产评估公司广西分公司	南宁市东葛路银宇大厦8楼	0771-5302332
桂林市方圆资产评估事务所	桂林市民主路5号	0773-2881003
北海明大资产评估事务所	北海市四川路35号	0779-3033331
上海华审资产评估有限公司广西分公司	南宁市民族大道103号投资大厦	0771-5536579
南宁市金正资产评估事务所	南宁市葛村路7-1号金都大厦	0771-5892163
梧州三益联合会计师事务所	柳州市北站路14号中百大厦4楼	0772-2827612
荔浦立德联合会计师事务所	荔浦县城西街荔柳路24号	0773-7224358
崇左县众信联合会计师事务所	崇左市江南一中	13978138500

广西柳州市东环医院在改革中前进

医院院长　韦成友同志

东环医院建于1953年，原名为“精神病收容所”，80年代改名为社会福利医院，97年命名为柳州市东环医院，宗旨和服务性质不变，任务特殊，工作艰苦而光荣。他是“三无”精神病人和公安部门“110”精神异常患者及残联等部门的救济对象定点医院。

近几年来，东环医院发展很快，以实事求是、全新的态势服务于社会。现社会效益特别突出，已成为市属新兴的精神病专科医院、柳州市“花园式单位”、市级“先进基层党组织”、自治区最高等级社会福利性综合医院、“自治区文明单位”。现又入选为市医保中心定点医疗机构，也是一些企事业单位的定点医院。

医院各科室机构完善，现有干部职工108人，其中高级医生3人，中级医疗技术人员21人，初级专业技术人员52人。该院占地面积10185m²，建筑面积 11816m²，现有床位200张，每月床位使用率达到95%以上。2001年精神病人出入院人数各400多人次，其中大部分为救济对象。全院设有A、B、C、D男女四个精神病科和心理咨询部等。为了搞好社区服务工作，专设精神病防治办公室。在以精神病专科为龙头的同时，为了方便群众就医，医院还开设了一所综合门诊部及特殊疾病治疗专科、并成立水平较高的口腔科。

该院新领导班子朝气蓬勃、开拓进取，努力探索以改革求生存、促发展的路子，一是狠抓医院改造建设。按园林化，对医院进行全面规划改造整治，大大改善了病人的治疗环境，使医院面貌以全新的态势亮相于社会。该院具有先进的设备，拥有脑电地形图、麦迪逊B超等先进仪器；二是探索多功能办院模式，走“大专科、小综合”的发展道路;三是强化内部管理，向技术水平、服务质量进军，使医院职工整体素质有了较大的提高，增强了实力。

改革开放后的今天，东环医院以幽雅的环境、精湛的技术、优质的服务、合理的收费等面向社会为民服务的举措，深得上级和群众的好评。在新的世纪里，必将以全新的工作姿态和良好的医德医风，努力完成“上为国家分忧，下为民众解愁”的光荣任务。

我院属民政福利事业单位，不以盈利为目的，是一所明显的慈善公益性服务医疗机构，直接参与社会保障工作，担负着全市“三无”精神病人的收治工作和配合“110”警务活动的主要任务。如2001年配合“110”收治各类精神病患者249人次，住院“三无”精神病人42人，从而稳定了社会，净化了市容市貌。除此之外，还对市里困难企业(含退休、下岗或外流被收容病人)的精神病人给予救济治疗，其中常住免费或半费治疗的以上人员就达26人。为维护柳州市的社会治安和两个文明建设做出了应有的贡献。

医院由于在1989年就提前从全额拨款的事业单位进入了差额拨款的事业单位，使医院过早地承受了较重的经济负担，每年微薄的经济收入，在支付正常的业务开支后，所剩资金有限。加之“110”收容精神病人和“三无”等精神病人，财政每月每人只拨173元生活费，这些病人在我院的生活、治疗、护理、穿衣、水电等消耗经费约每月每人480元以上，这样每人每月余下的300多元均是我院负担，每年要投入几十万元，虽然帮助市财政减少了有关压力，但医院经济十分困难。

当前，随着新形式的发展，我院救助精神病人不断增多，老年精神病人(含老年痴呆)也呈上升趋势。为了使医院有一个良好的治疗康复环境，希望能得到社会各界人士的理解和支持，“消除偏见，勇于关爱”，共同为失去理智的最可怜的精神残疾人早日康复，回归社会贡献爱心吧！

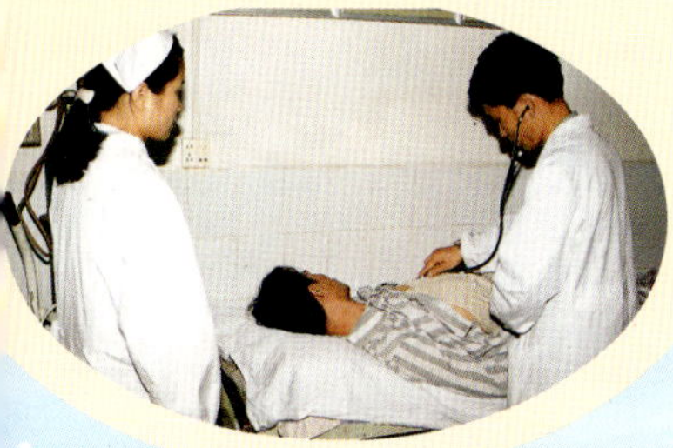

精心治疗，优质服务。

以病人为中心，提供微笑服务。

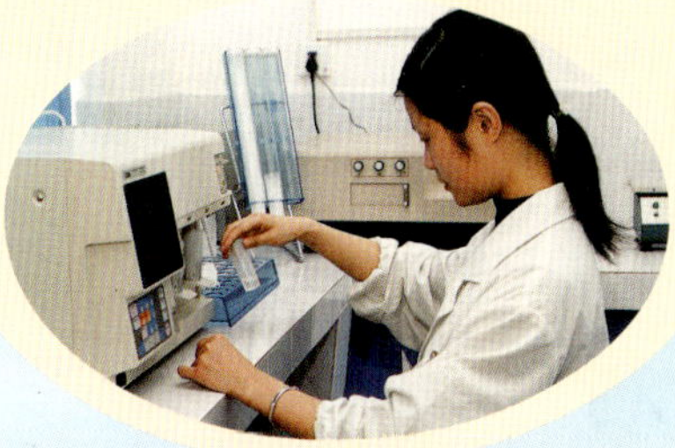

认真负责，细心操作。

优雅的花园式单位

训练有素的护理队伍

院　长：韦成友

书　记：杨爱群

电　话：(0772)3131648　3131649

地　址：柳州市东环路27号(6、12、36、35、8、23、34、30路公交车终点站对面)

广西壮族自治区

广西壮族自治区统计信息咨询服务中心是自治区统计局主管的一个综合性信息咨询机构，是广西统计系统对政府、企业和社会提供咨询服务的主要窗口，是目前我区最专业化和最具权威的信息咨询、市场调查机构之一。中心具有法人资格，财务独立。

中心以国家统计局在全国的社会经济信息调查网络和地方调查系统为依托，具有计算机、信息、网络、人才四大优势和信息资源丰富、智力密集、反馈迅速、资信权威四大特点。中心每年为政府和部门组织实施各种专项调查，为宏观与微观决策提供可行性报告和预测资料。同时，定期编印、发行《广西统计年鉴》，向国内外客户提供统计资料，并与全国各省市的政府统计信息机构以及部分专业市场调查中心有着密切的业务协作关系。中心还承接国内外客户委托的项目整体策划、问卷设计、方案实施、数据处理、提供调查报告等。

团结、拼搏、开拓、创新的中心领导班子（左起：杨寿欧副主任、卢金邦主任、卢增勤副主任）。

中心办公区

中心利用抗非典无法开展工作期间对职工进行业务培训。图为卢增勤副主任正在讲解关于项目国际国内规范化管理要求。

主　任：卢金帮　　电　话：(0771)5877615　13607877987
副主任：卢增勤　　电　话：(0771)5864621　13807715338
杨寿欧　　电　话：(0771)5864621　13557013066
综合科：(0771)5868052　　开发科：(0771)5843013

抽样访员部：(0771)5867028
传　真：(0771)5840912
调查科：(0771)5843361　5843390　5843362　584368
5848764　5848747　5848754